ERNST GÜNTER SCHUMACHER

Grundprobleme der Entstehung von Selbsthilfeorganisationen in Entwicklungsländern

Schriften zum Genossenschaftswesen
und zur Öffentlichen Wirtschaft

Herausgegeben von
Prof. Dr. W. W. Engelhardt, Köln und Prof. Dr. Th. Thiemeyer, Bochum

Band 15

Grundprobleme der Entstehung von Selbsthilfeorganisationen in Entwicklungsländern

Von

Dr. Ernst Günter Schumacher

DUNCKER & HUMBLOT / BERLIN

CIP-Kurztitelaufnahme der Deutschen Bibliothek

Schumacher, Ernst Günter:
Grundprobleme der Entstehung von Selbsthilfe-
organisationen in Entwicklungsländern / von Ernst
Günter Schumacher. — Berlin: Duncker und Humblot, 1985.
  (Schriften zum Genossenschaftswesen und zur
  Öffentlichen Wirtschaft; Bd. 15)
  ISBN 3-428-05774-0

NE: GT

Alle Rechte vorbehalten
© 1985 Duncker & Humblot, Berlin 41
Gedruckt 1985 bei Werner Hildebrand, Berlin 65
Printed in Germany

ISBN 3-428-05774-0

Vorwort

Die vorliegende umfangreiche Untersuchung betrifft einen interdisziplinär
angelegten Forschungsbeitrag zu dem entwicklungspolitischen Schlüsselproblem
der Entstehung von genossenschaftsartigen und anderen Selbsthilfeorganisationen (SHO) in den Ländern der dritten und vierten Welt. Ihrem Verfasser,
Herrn Dr. E.G. Schumacher aus Arcis sur Aube (Frankreich), geht es dabei
einerseits um erklärende Ansätze einer Theorie der Hilfe zur Selbsthilfe.
Seine Überlegungen werden von Ergebnissen vieler Einzelwissenschaften — von
der Ökonomie, Soziologie, Psychologie, Politologie, Völkerkunde bis hin zu
der bislang meist wenig beachteten Pädagogik bzw. Erziehungswissenschaft —
befruchtet. Zum andern zieht der Autor aus diesen Ansätzen und den im
Anschluß an sie formulierten zahlreichen Arbeitshypothesen zu den Voraussetzungen einer SHO-Entstehung Schlußfolgerungen für die Evaluierung ihrer
exogenen Entstehungsart. Dabei setzt er sich mit den weitestentwickelten der-
zeitigen Evaluierungskonzepten der Kooperationswissenschaft und der empirischen Sozialforschung auseinander. Dr. Schumacher versucht, diese Konzepte
in Richtung einer dynamischen Evaluierung fortzubilden, die sich statt auf
Outputfaktoren auf solche des Inputs stützt.

Unverkennbar ist die Arbeit damit um die Abklärung zahlreicher Grundprobleme der Entstehung von Selbsthilfegruppen, -organisationen und -institu-
tionen bemüht, die in heutigen Entwicklungsländern eine Rolle spielen
können oder bereits seit längerem tatsächlich spielen. Vor allem aber geht es
ihrem Autor von Anfang an um ihre synthetische Behandlung, d.h. ihre
Integrierung in ein theoretisch-praktisches Gesamtkonzept, wobei Bedürfnisse
der wirtschaftlich und sozial schwächeren Bevölkerungsteile in heutigen Entwicklungsländern erkenntnisleitende Bedeutung gewonnen haben. Die Tatsache, daß Herr Dr. Schumacher bei Misereor gearbeitet hat und durch ein
Stipendium der Friedrich-Ebert-Stiftung gefördert wurde, das auch einen
Aufenthalt in Burkina (ehemals Obervolta) einschloß, ist der Arbeit zugute
gekommen.

Insgesamt belegt der vorliegende Forschungsbeitrag überdeutlich, daß sehr
verschiedene nebeneinander in getrennten Einzeldisziplinen entwickelte Ergebnisse in wesentlichen Hinsichten konvergieren, so daß ihre Synthese heute

überfällig erscheint. Die auf hohem begrifflich-analytischen und empirisch-theoretischen Niveau geschriebene Arbeit berücksichtigt dabei in pointierter Weise erziehungswissenschaftliche Aspekte und bietet somit nicht zuletzt einen interessanten Ansatz zu einer Pädagogik der Hilfe zur Selbsthilfe. Sie läßt erkennen, was zur Erzeugung kooperationsgeeigneter psychischer Dispositionen und daran anschließender Verhaltensweisen mittels Nutzung der Spielräume vor allem privater Fremdhilfe getan werden kann. Der Forschungsbeitrag wurde von der Wirtschafts- und Sozialwissenschaftlichen Fakultät der Universität zu Köln als Dissertation angenommen und danach von den Herausgebern zur Publikation in der Reihe „Schriften zum Genossenschaftswesen und zur Öffentlichen Wirtschaft" vorgesehen.

W.W. Engelhardt

INHALTSVERZEICHNIS

VERZEICHNIS DER ABBILDUNGEN

VERZEICHNIS DER ABKÜRZUNGEN

BMZ	=	Bundesministerium für wirtschaftliche Zusammenarbeit
CFA	=	Communauté Financière Africaine
DED	=	Deutscher Entwicklungsdienst
DSE	=	Deutsche Stiftung für Internationale Entwicklung
EHESS	=	Ecole des Hautes Etudes en Sciences Sociales
FAO	=	Food and Agricultural Organization
FES	=	Friedrich-Ebert-Stiftung
GTZ	=	Gesellschaft für Technische Zusammenarbeit
HdG	=	Handwörterbuch des Genossenschaftswesens
HdSW	=	Handwörterbuch der Sozialwissenschaften
HdWW	=	Handwörterbuch der Wirtschaftswissenschaft
HWO	=	Handwörterbuch der Organisation
ILO	=	International Labour Organization
KZfSS	=	Kölner Zeitschrift für Soziologie und Sozialpsychologie
NGO	=	Non-Governmental-Organization
OECD	=	Organization for Economic Cooperation and Development
OECD / DAC	=	Organization for Economic Cooperation and Development, Development Assistance Committee
SHF	=	Selbsthilfe-Förderungsinstitution
SHO	=	Selbsthilfeorganisation bzw. self-help organization
SSIP	=	Sozialwissenschaftliche Studien zu internationalen Problemen
UNESCO	=	United Nations Educational Scientific and Cultural Organization
UNO	=	United Nations Organization
WiST	=	Wirtschaftswissenschaftliches Studium
WISU	=	das Wirtschaftsstudium
WSI	=	Wirtschafts- und Sozialwissenschaftliches Institut
ZfgG	=	Zeitschrift für das gesamte Genossenschaftswesen

EINLEITUNG

1. PROBLEMSTELLUNG

In den letzten Jahren ist in der internationalen und in der deutschen Entwicklungspolitik der Selbsthilfeorganisation — oft abgekürzt als „SHO" bezeichnet — als entwicklungspolitischem Instrument zunehmend Bedeutung zugesprochen worden. [1] Ebenso wie bei den Genossenschaften [2], die — wie die Untersuchung zeigen wird — unter dem neueren und weiter gefaßten SHO-Begriff subsumiert werden oder subsumiert werden können, ist auch bei den Selbsthilfeorganisationen die Diskussion über ihre Grenzen und Möglichkeiten bis heute nicht abgerissen.

Auch die vorliegende Studie ist als Beitrag zu dieser entwicklungspolitischen Diskussion zu verstehen. Es liegt ihr folglich eine *entwicklungspolitische Perspektive* zugrunde. Diese Perspektive impliziert unter anderem eine *Praxisorientierung* dieser Untersuchung sowie die Beschäftigung mit der Selbsthilfeorganisation unter dem speziellen Blickwinkel ihrer potentiellen entwicklungspolitischen *Instrumental*funktion. Im Hinblick auf diese Funktion wird im entwicklungspolitischen Bereich zwar auch an die Förderung bereits bestehender, vor allem aber an die Anregung neuer Selbsthilfeorganisationen gedacht.

---

[1] Vgl. z.B.: DSE (Hrsg.), Selbsthilfeorganisationen als Instrument der ländlichen Entwicklung (Seminar vom 1.–12.10.1979 in Berlin/West), Seminarbericht, o.O., o.J.

[2] Vgl. z.B. DÜLFER, E. (Hrsg.), Zur Krise der Genossenschaften in der Entwicklungspolitik, in: Schriften des Instituts für Kooperation in Entwicklungsländern, Marburger Schriften zum Genossenschaftswesen, Reihe B, Göttingen 1975.

Wie im Verlaufe der Darlegungen unter anderem deutlich zu machen versucht wird, läßt sich die Selbsthilfeorganisation als Instrument *mehreren* entwicklungspolitischen Konzeptionen oder Strategien, aber *nicht ausschließlich* einer *bestimmten* von ihnen zuordnen. Mithin ergibt sich vom Untersuchungsgegenstand her keine zwingende Beziehung des SHO-Instruments zu einer bestimmten — auf spezielle *Ziele* ausgerichteten — entwicklungspolitischen Konzeption oder Strategie.

Angesichts dieses Sachverhalts verwundert es nicht, daß die am SHO-Instrument interessierte entwicklungspolitische Praxis weniger solchen wissenschaftlichen Überlegungen Beachtung schenkt, bei denen durch die Diskussion von Entwicklungstheorien, -konzeptionen und -strategien eben auch — wenn nicht sogar überwiegend — *Ziel*fragen eingehend erörtert werden, sondern vielmehr für jene wissenschaftliche Überlegungen Interesse zeigt, die das SHO-*Instrument* selbst, d.h. seine Beschaffenheit, seine Grenzen und Möglichkeiten zu analysieren suchen.

Diesem so formulierten Interesse der entwicklungspolitischen Praxis folgt die vorliegende Untersuchung. Als *erstes* zu behandelndes *Grundproblem* ergibt sich demnach die *Klärung* des SHO-*Begriffs* und der von ihm umfaßten realtypischen Erscheinungen.

Auf der Basis einer solchen Begriffsklärung ließe sich auf verschiedenen Wegen versuchen, die konstitutiven Merkmale von Selbsthilfeorganisationen in Entwicklungsländern zu ermitteln. Da die *Anregung* von *neuen* Selbsthilfeorganisationen ein Hauptanliegen der SHO-bezogenen Entwicklungspolitik ist und erwiesenermaßen die Analyse des *Entstehungsprozesses* eines Phänomens eine effektive Methode darstellt, Klarheit über die Beschaffenheit desselben zu erhalten, wird in dieser Untersuchung der aufgeworfenen Frage durch die Analyse des Entstehungsprozesses nachgegangen. Das *zweite* zu behandelnde *Grundproblem* ist demnach der *Prozeß* der *Entstehung* von Selbsthilfeorganisationen in Entwicklungsländern.

Dieses Entstehungsproblem wird im folgenden hauptsächlich als Frage nach den konstitutiven Faktoren, d.h. nach den *Voraussetzungen* von Selbsthilfeorganisationen in Entwicklungsländern aufgefaßt. Da hierbei nicht an Aussagen gedacht ist, die allein die Entstehung spezieller SHO-Formen oder einer ganz bestimmten Selbsthilfeorganisation erklären sollen, sondern die vielmehr grundsätzlich auf jeden SHO-Entstehungsprozeß bezogen sind, richtet sich die durchgeführte Analyse auf die Ermittlung von *allgemeinen* und nicht speziellen *Voraussetzungen.*

Wird im Rahmen entwicklungspolitischer Bemühungen die Entstehung von Selbsthilfeorganisationen angeregt oder die Förderung bereits bestehender versucht, so gilt die Aufmerksamkeit der Entwicklungspolitiker in diesem Zusammenhang auch der Frage, ob bei den betreffenden SHO-Aufbauversuchen bzw. bei den bereits bestehenden Selbsthilfeorganisationen die allgemeinen SHO-Voraussetzungen (bereits) gegeben sind. Aus diesem Grund lenkt die diese Untersuchung leitende Praxisorientierung das analytische Interesse außerdem auf sogenannte „Evaluierungs-"Fragen, so daß schließlich als *drittes Grundproblem* die Frage der *Bewertung* von SHO-*Entstehungsprozessen* zu behandeln bleibt. Hierbei wird dieses Bewertungsproblem wegen der bisherigen entwicklungspolitischen Schwerpunkte vor allem in Hinblick auf *von außen* angeregte (exogene) SHO-Entstehungsprozesse erörtert werden.

Um eine Lösung der aufgeworfenen Grundprobleme wird sich in dieser Arbeit in erster Linie durch die Entwicklung eines *interdisziplinären sozialwissenschaftlichen* Ansatzes zur Erklärung der Entstehung von Selbsthilfeorganisationen in Entwicklungsländern bemüht. Dieser interdisziplinäre sozialwissenschaftliche Erklärungsansatz resultiert aus einer Prüfung verschiedener sozialwissenschaftlicher Theorien bzw. Theorienansätze auf ihren Erklärungswert für den hier zu untersuchenden Sachverhalt hin. [1]

---

[1] Sollten sich aus der Perspektive mancher Leser bei dieser Prüfung durch die teilweise Berücksichtigung des — auch historischen — Kontextes von Begriffen, Theorien und Theorienansätzen hermeneutische Elemente ergeben, so ist darauf hinzuweisen, daß in einem solchen Falle diese nur als eines von zahlreichen *methodischen* Elementen, *auf keinen Fall aber als Indikatoren* einer im Gegensatz zur sozialwissenschaftlichen Ausrichtung dieser Studie eingenommenen hermeneutischen geisteswissenschaftlichen Position aufzufassen wären.

Hierbei ist beabsichtigt, das explikative Aussagesystem nicht nur widerspruchsfrei — als ein logisch „wahres" System — zu entwickeln, sondern dem vorliegenden theoretischen Erklärungsversuch auch *informativen* Charakter zu verleihen. Dies heißt nichts anderes, als daß nicht nur eine intersubjektive Überprüfbarkeit der Aussagen auf ihre logische Richtigkeit, sondern auch auf ihre *empirische* Wahrheit hin vorgesehen ist.

Die empirische Ausrichtung der Studie darf jedoch nicht so verstanden werden, als daß der sehr grundsätzlich angelegte Erklärungsversuch mittels empirischer Studien vollzogen wird. Solche Studien ließen sich wegen der Weite des zu untersuchenden Feldes nicht im nötigen Umfang und in der vorgegebenen Zeit verwirklichen. Vielmehr impliziert diese Ausrichtung für die vorliegende Untersuchung den Versuch, den Erklärungsansatz so zu formulieren, daß seine Aussagen empirisch überprüfbar sind. Dieses Bemühen findet darin seinen Ausdruck, daß im Verlaufe dieser „empirisch-theoretischen" [1] Analyse bestimmte Teilerkenntnisse in Form von *Hypothesen* formuliert werden.

Ein empirischer Bezug wurde bei dieser Untersuchung außerdem durch einen mehrmonatigen Forschungsaufenthalt in einem Entwicklungsland (Obervolta/Westafrika) herzustellen versucht. Dieser Aufenthalt, bei dem SHO-Entstehungsprozesse unmittelbar beobachtet werden konnten [2], ermöglichte praktische Erfahrungen vor Ort, die in dieser Arbeit verwertet wurden und in sie somit eingegangen sind, die jedoch aufgrund einer Erkrankung des Verfassers nicht, wie beabsichtigt, zu einer zumindest teilweisen empirischen Überprüfung ausgebaut werden konnten.

Voll zum Tragen kam der Auslandsaufenthalt hingegen bei der Ausarbeitung der inhaltlichen und praktisch-methodischen Schlußfolgerungen für die Beantwortung des Bewertungs- bzw. Evaluierungsproblems, welche sich aus dem entwickelten Erklärungsversuch ergeben. Diese Schlußfolgerungen bilden den

---

[1] Vgl. ENGELHARDT, W.W., Entscheidungslogische und empirisch-theoretische Kooperationsanalyse, in: WiST, Heft 3, 1978, S. 104—110.

[2] Es handelte sich hier um Aktivitäten der „Association 6 S" in Obervolta.

letzten Teil des vorliegenden Versuchs, die drei aufgeworfenen Grundprobleme einer Lösung näherzubringen. Bei ihnen findet vor allem der
erzieherische Aspekt, dessen Bedeutung für exogene SHO-Entstehungsprozesse im Verlaufe der Untersuchung immer deutlicher wird und der deshalb neben den anderen Aspekten nach einer Erklärung verlangt, besondere Berücksichtigung.

2. AUFBAU DER UNTERSUCHUNG

Die Untersuchung beginnt (Teil A) mit der Kennzeichnung der vor allem in
wissenschaftstheoretischer Hinsicht zu spezifizierenden Ausgangsbasis der
vorliegenden Studie. Hierbei wird in erster Linie das Problem von Wertung
und Wissenschaftlichkeit angesprochen.

Anschließend (Teil B) wird der Untersuchungsgegenstand bestimmt. Dabei
werden in einem ersten Analyseschritt die Implikationen des SHO-Begriffs,
der Entwicklungsländerbegriff, die SHO-Entstehung sowie die angesprochene
Evaluierungsfrage problematisiert.

Erzieherische (pädagogische) Elemente sowie erziehungswissenschaftliche
Aspekte des exogenen SHO-Entstehungsprozesses, die sich bei der Bestimmung des Untersuchungsgegenstandes herauskristallisieren, werden dann in
einem gesonderten Analyseteil (Teil C) vor allem im Hinblick auf ihr Verhältnis zu politischen Elementen beim SHO-Entstehungsprozeß diskutiert.

Gemäß dem ausgewiesenen Erkenntnisinteresse (Einleitung), den bei der
Kennzeichnung der Untersuchungsausgangsbasis aufgeführten Grundannahmen
(Teil A) und vor allem der herausgearbeiteten Beschaffenheit des Untersuchungsgegenstandes (Teile B und C) werden im folgenden, soweit wie möglich interdisziplinäre sozialwissenschaftliche Ansätze als erklärungsrelevant

ausgewählt und auf ihre tatsächliche Erklärungsfähigkeit hin untersucht. Dabei werden die gewonnenen explikativen Teilaussagen zur Erklärung des SHO-Entstehungsprozesses in Entwicklungsländern, wenn möglich, in Form von Hypothesen festgehalten (Teil D).

Die Konsequenzen, die sich aus den Teilerkenntnissen zum SHO-Entstehungsprozeß für die Evaluierung von exogenen Entstehungsvorgängen dieser Art ergeben, bilden den Inhalt des letzten Untersuchungsschrittes (Teil E). In diesem Teil wird nach einer Würdigung bisheriger SHO-bezogener Evaluierungskonzepte der Evaluierungsansatz dieser Studie, die „Dynamische Evaluierung", entwickelt. Zu diesem Zweck werden unter anderem die vorher ermittelten Erkenntnisse über SHO-Entstehungsprozesse in Ausführungen zu „allgemeinen Voraussetzungen" (Teil E, 3.1.1), zu „Vor-Voraussetzungen" (Teil E, 3.1.3) und zu „möglichen Ursachen bzw. Einflußfaktoren" (Teil E, 3.3.1) zusammengefaßt. Außerdem wird eine „Erzieherische Grundstrategie" als „*Soll*größe" bzw. Bewertungs- oder Evaluierungskriterium vorgeschlagen und ausgearbeitet. Den Abschluß der Ausführungen bilden Überlegungen und vor allem im Rahmen des Afrikaaufenthalts entwickelte Vorschläge zur Erhebung von Informationen über das tatsächliche exogene SHO-Anregungsvorgehen vor Ort als „*Ist*größe" der Dynamischen Evaluierung.

A. WISSENSCHAFTSTHEORETISCHE STANDORT-BESTIMMUNG

Im Vorgriff auf ein Ergebnis des nächsten Kapitels sei hier schon bemerkt, daß der Untersuchungsgegenstand, verbunden mit der oben genannten Zielsetzung dieser Arbeit, ein interdisziplinäres Vorgehen nötig macht. [1] Ein solches Vorgehen bedeutet, über das bisher gewohnte Wissenschaftsgebiet hinauszugehen. Es beherbergt so zwangsläufig die Gefahr, für die Analyse des Gesamtfeldes entweder nur den Bezugsrahmen einer speziellen, anderen Disziplin oder aber mehrere unintegriert und mehr oder weniger inkonsistent zu verwenden, was man als halb- oder unwissenschaftliches Vorgehen bezeichnen kann.

In der vorliegenden Arbeit wird versucht, die gerade angesprochene Gefahr dadurch auszuschalten, daß von einem allgemeinen sozialwissenschaftlichen Bezugsrahmen ausgegangen wird. Diese Vorgehensweise macht es jedoch erforderlich, am Anfang darzulegen, von welchem wissenschaftstheoretischen Standort der Autor seine sozialwissenschaftliche Analyse zu entwickeln versucht, da es bis heute keine für die Sozialwissenschaften allgemein verbindliche und selbstverständliche wissenschaftstheoretische Ausrichtung gibt. [2]

Da ein sozialwissenschaftlicher Ansatz zur Erklärung von Selbsthilfeorganisationen in Entwicklungsländern als ein (logisches) *Aussagensystem* aufzufassen ist, sei hier die Bestimmung des wissenschaftstheoretischen Standorts dieser Studie in der Form vorgenommen, daß *Grundannahmen,* auf denen das zu

---

[1] Vgl. hierzu: DAMS, TH., Marginalität – Motivierung und Mobilisierung von Selbsthilfegruppen als Aufgabe der Entwicklungspolitik, Bensheim 1970, S. 11 und 14f.

[2] Zu den verschiedenen wissenschaftstheoretischen Schulen im deutschen Sprachgebiet siehe u.a.: RADNITZKY, G., Contemporary Schools of Metascience, 2 Bände, Göteborg 1968.

entwickelnde Aussagesystem *basiert,* explizit herausgestellt werden. Charakteristisch für diese Grundannahmen ist es, daß sie als Behauptungen in das vorliegende Aussagensystem eingehen und innerhalb desselben nicht abgeleitet, d.h. nicht begründet werden können.

Die explizite Herausstellung der Grundannahmen erscheint deshalb angebracht, weil diese implizit und unreflektiert im Aussagensystem zu belassen, ein Vorgehen wäre, das dem kritischen Leser den direkten Zugang zu ihnen versperrt. Der durch die explizite Herausstellung erzielte direkte Zugang zu ihnen erleichtert aber wesentlich die erwünschte intersubjektive Überprüf- und Nachvollziehbarkeit der nachfolgenden Darlegungen.

1. GRUNDANNAHME I: DIE TRENNBARKEIT VON DESKRIPTIVEN UND NORMATIVEN AUSSAGEN

Die erste Grundannahme, die dieser Arbeit zugrundeliegt, ist die der Trennbarkeit von deskriptiven und normativen Aussagen. Sie besagt, daß von der Möglichkeit ausgegangen wird, einen Unterschied machen zu können zwischen einer Aussage über etwas, was tatsächlich *ist, war* oder *sein wird,* und Aussagen über etwas, was *sein soll.* Unterscheidungskriterium ist folglich der Geltungsmodus der Aussage.

Zur Bezeichnung des ersten Aussagetyps wird in der Literatur manchmal auch statt des Ausdrucks „deskriptiv" der Ausdruck „explikativ" verwandt [1]

---

[1] Vgl. z.B. BÜSCHER, H., Axiomatische Grundlagen einer gesellschaftspolitischen Konzeption nach Weisser, in: Sozialer Fortschritt, 30. Jg., 1981, Heft 5, S. 109–115 und Heft 6, S. 132–134, hier S. 110 et passim.

oder an Stelle von „deskriptiven Sätzen" [1] von „empirischen Sätzen" [2] gesprochen. Außerdem findet man zu ihrer terminologischen Kennzeichnung Ausdrücke wie „Tatsachenaussagen" [3], „Sachaussagen" [4] oder „Tatsachenurteile" [5] vor.

Bei der Bezeichnung des zweiten Aussagetyps wurde lange Zeit vor allem der Terminus „Werturteil" [6] verwandt, der häufig eine der terminologischen Grundlagen für die erkenntnistheoretische Diskussion der ausgewiesenen ersten Grundannahme bildete. Bei dieser Diskussion [7] wurden „Werturteile" auch als „präskriptive" Aussagen bzw. Sätze [8] kenntlich gemacht und von Albert schließlich vorgeschlagen, anstatt von einem Werturteil von einer „normativen Aussage" zu sprechen. [9]

Nach der Schwerpunktsetzung dieser Arbeit kann auf die zum Teil mit den verschiedenen genannten Termini verbundenen Versuche um logische und

---

[1] Vgl. JONGEBLOED, H.C. und TWARDY, M., Wissenschaftstheoretische Voraussetzungen zur Grundlegung der Fachdidaktik Wirtschaftswissenschaften, in: Twardy, M. (Hrsg.), Fachdidaktik Wirtschaftswissenschaften, Studienbriefe der Fernuniversität Hagen, Kurseinheit 1, Hagen 1980, S. 23 ff.

[2] Vgl. z.B. BÜSCHER, H., Axiomatische Grundlagen ... a.a.O., S. 110.

[3] Siehe hierzu ebenda S. 110.

[4] BECK, U., Soziologische Normativität, in: KZfSS, 24. Jg., 1972, S. 202–231, hier S. 212 et passim.

[5] Siehe z.B. KASTENING, W., Die Werturteilsproblematik in den Wirtschafts- und Sozialwissenschaften, eine vergleichende Darstellung der bekanntesten wissenschaftstheoretischen Positionen, in: WISU, Nr. 2, 1978, S. 71–77, hier S. 72. Der Autor weist noch auf weitere Synonyma wie „feststellende" oder „positive" Aussagen hin.

[6] Siehe z.B. ALBERT, H. und TOPITSCH, E. (Hrsg.), Werturteilsstreit, Darmstadt 1971.

[7] Als Diskussionsbeiträge siehe z.B. ebenda, aber auch: ADORNO, Th. et al., Der Positivismusstreit in der deutschen Soziologie, Neuwied, Berlin 1972; POPPER, K.R., Logik der Forschung, 4. verb. Aufl., Tübingen 1971 und PRIM, R. und TILMANN, H., Grundlagen einer kritisch-rationalen Sozialwissenschaft, 4. Aufl., Heidelberg 1975, vor allem S. 65 ff.

[8] Vgl. z.B. BÜSCHER, H., Axiomatische Grundlagen ... a.a.O., S. 110.

[9] Vgl. ALBERT, H., Wertfreiheit als methodisches Prinzip, Zur Frage der Notwendigkeit einer normativen Sozialwissenschaft, in: Topitsch, E. (Hrsg.), Logik der Sozialwissenschaften, 4. Aufl., Köln, Berlin 1967, S. 181–210, hier S. 183.

inhaltliche Präzisierung von Begriffen des Deskriptions- und des Präskrip-
tionsbereichs nicht näher eingegangen werden. Die auf der problematisierten
Ebene der Aussagen festgemachte Auseinandersetzung um Wertung und
Wissenschaftlichkeit hat in der Literatur „inzwischen den Umfang einer
Spezialbibliothek angenommen." [1]

Festzuhalten bleibt jedoch zweierlei. Die Komplexität der Wertungsproble-
matik in der Wissenschaft, die unter anderem auch in den differenzieren-
den Präzisierungsversuchen des normativen Bereichs zum Ausdruck kommt,
findet im folgenden durch die zweite Grundannahme dieser Studie (die
Unvermeidbarkeit von Wertimplikationen) Berücksichtigung. Zum anderen
sei darauf aufmerksam gemacht, daß es oft nicht einfach ist, anhand der
syntaktischen Struktur eines Satzes deskriptive und normative Aussagen eindeutig zu unterscheiden. [2] Denn es kommt durchaus vor, daß normativ gemeinte Sätze äußerlich die Form von deskriptiven Aussagen haben. [3]

So kann der Satz: „Die Mitgliedschaft in einer Selbsthilfeorganisation ist
freiwillig." als Beschreibung (Deskription) der Tatsache gemeint sein, daß
die genannte Mitgliedschaft tatsächlich freiwillig ist. Es kann aber auch beabsichtigt sein, mit diesem Satz eine Norm (Präskription) (z.B. als Teil einer
SHO-Satzung) wiederzugeben, nach der diese Mitgliedschaft freiwillig sein
soll.

Mithin läßt sich der Geltungsmodus einer Aussage oft nur aus dem Text-
zusammenhang oder unter Berücksichtigung anderer Merkmale, welche die
Situation kennzeichnen, in der die Aussage steht, ermitteln. Myrdal [4]
schlägt zur Lösung dieses Unterscheidungsproblems vor, den Geltungsmodus
einer Aussage durch die Aussagenden selber explizit kennzeichnen zu lassen.

---

[1] TWARDY, M., Konsumpädagogik, Versuch eines wirtschaftswissenschaftlich orientierten
curricularen Ansatzes, unveröff. Habilitationsschrift, Duisburg 1978, S. 29.

[2] Vgl. JONGEBLOED, H.C. und TWARDY, M., Wissenschaftstheoretische ... a.a.O., S. 27f.

[3] Vgl. ebenda, S. 27.

[4] MYRDAL, G., Das Wertproblem in der Sozialwissenschaft, Hannover 1965.

Geht man, wie in der vorliegenden Untersuchung, von der Möglichkeit aus, deskriptive und normative Aussagen unterscheiden zu können, und läßt man selbst Myrdals Vorschlag der expliziten Ausweisung des Geltungsmodus einer Aussage als eine von mehreren Unterscheidungshilfen gelten, so bedeutet das nicht, daß man sich selbst für einen qualifizierten Wissenschaftstheoretiker oder Psychologen hält, der, was die Entstehung von Aussagen betrifft, jeden seiner eigenen Bewußtseinsakte auf die „wirklichen" Absichten hin durchleuchten kann. Die Komplexität des Bewußtseins und der es bestimmenden Faktoren wird hierbei durchaus nicht verkannt. Allerdings zieht man aus dem Umstand, daß man nur unzulänglich die 'Tiefe' seiner Intentionen erfaßt, nicht den Schluß, daher auf jeglichen Versuch der Unterscheidung von 'Feststellen' und 'Werten' zu verzichten. Hierin kann man sich auch durch viele unleugbare Erkenntnisfortschritte in den letzten Jahrhunderten, die aus diesem Versuch resultierten, bestätigt sehen.

2. GRUNDANNAHME II: DIE UNVERMEIDBARKEIT VON WERT-IMPLIKATIONEN

Im Zusammenhang mit der in der Grundannahme I ausgedrückten Position zur Trennbarkeit von deskriptiven und normativen Aussagen, die man als „analytischen Ansatz" in der Erkenntnistheorie auffassen kann [1], wird oft die Frage gestellt, ob diese Trennbarkeit es ermöglicht, normative Elemente vollständig aus dem Bereich wissenschaftlicher Bemühungen fernzuhalten. Die Grundannahme II ist hierauf eine (negative) Antwort, die auf folgendem Hintergrund besser verständlich wird.

---

[1] Vgl. KASTENING, W., Die Werturteilsproblematik ... a.a.O., S. 72.

An einer wissenschaftlichen Aussage kann man drei Phasen unterscheiden:
a) die Phase des Suchens und Entdeckens,
b) die Phase des Begründens und
c) die Phase des Verwendens.
Es wird in diesem Kontext auch von Entdeckungs-, Begründungs- und Ver-
(An-)-wendungszusammenhang gesprochen.

Die Grundannahme I bezieht sich auf die Ebene der Aussagen, d.h. in
diesem Phasenschema auf den Begründungszusammenhang. Denn anhand von
Aussagensystemen bemühen sich die Wissenschaftler, ihre Erkenntnisse intersubjektiv nachprüfbar zu begründen. Da es in der Regel [1] unter den heutigen Wissenschaftlern nicht mehr umstritten ist, daß in der ersten und
dritten Phase – die erste Phase wird auch als „Basisbereich" bezeichnet –
Wertgesichtspunkte unvermeidbar sind, konzentriert sich seit einiger Zeit
die Diskussion der aufgeworfenen Frage auf den Begründungszusammenhang.

Hierbei entzündet sich die Auseinandersetzung nicht am Objekt- bzw. Ge-
genstandsbereich wissenschaftlicher Aussagen. Normative Aussagen können
demnach durchaus Gegenstand wissenschaftlicher Betrachtungen sein. Vielmehr bleibt bis heute umstritten, ob im Rahmen der wissenschaftlichen
Aussagenzusammenhänge selbst (Inhaltsbereich) normative Elemente vermeidbar sind.

Sehr häufig wird die Auffassung vertreten, daß zwar im Entdeckungs- und
Verwendungszusammenhang Wertgesichtspunkte unvermeidbar seien, der Begründungszusammenhang hiervon aber trennbar sei und durch „Wertaussagefreiheit" [2] eine Abgrenzung vom Normativen erreicht werden kann. [3]

---

[1] Eine Ausnahme von dieser Regel bildet vor allem die Position des logischen Positivismus.
Siehe KASTENING, W., Die Werturteilsproblematik ... a.a.O., S. 71f.

[2] BECK, U., Soziologische Normativität ... a.a.O., S. 201.

[3] Vgl. ALBERT, H., Wertfreiheit als methodisches Prinzip, in: Topitsch, E. (Hrsg.), Logik
der Sozialwissenschaften, 5. Aufl., Köln, 1968, S. 181–210, hier S. 186 und d e r s ., Theorie und Praxis, in: Albert, H. und Topitsch, E. (Hrsg.), Werturteilsstreit, Darmstadt 1971,
S. 200–236, hier 216 ff.

In dieser Arbeit wird jedoch dieser Argumentation nicht gefolgt, da zwar eine logische, nicht aber eine soziologische Trennung der obengenannten Zusammenhänge oder Phasen für möglich gehalten wird. [1]

In neuerer Zeit hat unter anderem Ulrich Beck [2] mehrere Sachverhalte herausgestellt, die zeigen, daß trotz Wertaussagefreiheit im Begründungszusammenhang Wertimplikationen im Aussagensystem anzutreffen sind, die den Verwendungszusammenhang beeinflussen. Hierbei hat diese Beeinflussung, so Beck, nicht die Form einer „effektiven Folgendetermination" [3], sondern die einer möglichen „*Prä*determination von Folgen bzw. der Folgen*kalkulation* sozialwissenschaftlicher Theorien." [4] Denn: „In Sachaussagen können praktische Wertungen und Handlungsbezüge konserviert sein, selbst, wenn das effektive Handeln dadurch keineswegs determiniert ist." [5]

Eine erste Möglichkeit, bei einem (Tat-)Sachenaussagensystem den Verwendungszusammenhang unbewußt oder bewußt zu präterminieren, bietet sich bei der Auswahl von Erklärungsvariablen. Ferner gelangen durch bestimmte Formen der Darstellung, den Grad der Präzisierung der einzelnen Aussagenteile, Global- oder Partialanalysen, die Wahl bestimmter Vergleichs- und Bezugspunkte und die Wahl anderer gestalterischer und methodischer Mittel Wertelemente in das Aussagensystem. [6]

Andere Möglichkeiten, bewußt oder unbewußt „Wertungseinflüsse wertaussagenfrei zu rezipieren bzw. auszustrahlen," [7] bestehen entweder darin, wert-

---

[1] Vgl. HONDRICH, K.O., Demokratisierung und Leistungsgesellschaft, Stuttgart et al. 1972, S. 138 ff.

[2] Vgl. BECK, U., Soziologische Normativität ... a.a.O.

[3] Ebenda S. 211. Im Original kursiv gedruckt.

[4] Ebenda S. 211 f.

[5] Ebenda S. 211. Im Original kursiv gedruckt.

[6] Vgl. ebenda S. 215 f.

[7] Ebenda S. 216.

besetzte Hauptbegriffe in Termini ohne greifbare Wertassoziationen zu klei-
den oder (und) wertassoziationsbeladene Worte beizubehalten und trotz
ihrer umgangssprachlichen Wertbedeutung mit dem Anspruch auf Wissenschaftlichkeit zu definieren. [1]

Schließlich fließen durch den Abbruch der Argumentationskette an einer
bestimmten Stelle, an welcher der sozialwissenschaftliche Ursachenforscher
„unausgesprochen Verantwortliche und Schuldige hinterläßt und infolgedessen unwillkürlich Ansatzpunkte für gesellschaftliches Handeln markiert" [2],
in den Begründungszusammenhang Wertelemente ein, die wiederum den Verwendungszusammenhang beeinflussen. Beck spricht hier vom „Prinzip der
Normativität der letzten Ursache" [3].

Aus diesen Erkenntnissen wird in der vorliegenden Studie das Fazit gezogen, daß Wertimplikationen bei wissenschaftlichen Bemühungen — auch im
Begründungszusammenhang (Aussagenzusammenhang) — unvermeidbar sind.

3. SCHLUSSFOLGERUNGEN AUS DEN BEIDEN GRUNDANNAHMEN

Geht man einerseits davon aus, daß der Versuch, deskriptive und normative
Aussagen zu unterscheiden, wissenschaftlich sinnvoll und fruchtbar ist, andererseits Wertimplikationen selbst bei Sachaussagen nicht völlig vermeidbar
sind, so stellt sich die Frage, wie angesichts dieses scheinbaren Dilemmas
wissenschaftliches Arbeiten möglich ist.

---

[1] Vgl. BECK, U., Soziologische Normativität ... a.a.O., S. 216.

[2] Ebenda S. 217.

[3] Ebenda S. 217. Im Original kursiv gedruckt.

Ein Antwortversuch, zu dem in Deutschland in der Nachkriegszeit vor allem Gerhard Weisser den Grundstein gelegt hat [1], besteht darin, angesichts der Unvermeidbarkeit von Wertimplikationen normative Elemente in Form von normativen *Aussagen* explizit herauszustellen und als „praktische Axiome" gemeinsam mit, deskriptive Aussagen wiedergebenden „theoretischen Axiomen" in ein (Aussagen-)„System praktischer Sozialwissenschaft" zu integrieren. [2]

Obwohl die Auffassung Alberts nicht geteilt wird, nach der dieses meist als „neo-normativ" bezeichnete [3] Vorgehen nur eine Scheinlösung des Normativitätsproblems darstellt [4], so wird es doch als legitim erachtet, danach zu fragen, ob die explizite Wertaussage und die offene Parteinahme besonders taugliche Mittel sozialwissenschaftlicher Normativitätskontrolle sind. [5] Gemeinsam mit Twardy sei diese Frage als vorzugsweise in *Abhängigkeit* von der *Beschaffenheit* des *Untersuchungsgegenstandes* beantwortbar angesehen. [6]

---

[1] Vgl. WEISSER, G., Politik als System aus normativen Urteilen, Göttingen 1951; d e r s ., Praktische Axiome der normativen Sozialpolitiklehre, unveröff. Manuskript, Köln 1958; d e r s ., Das Problem der systematischen Verknüpfung von Normen und von Aussagen der positiven Ökonomik in grundsätzlicher Betrachtung, Erläutert anhand des Programms einer sozialwissenschaftlichen Grunddisziplin aus Empfehlungen und Warnungen, in: Beckerath, E. und Giersch, H. (Hrsg.), Probleme der normativen Ökonomik und der wirtschaftlichen Beratung, Berlin 1963, S. 16—31.

[2] Vgl. BÜSCHER, H., Axiomatische Grundlagen ... a.a.O.

[3] Vgl. z.B. Kastening, der neben Weisser noch Lompe und Jochimsen als Vertreter des Neo-Normativismus benannt. KASTENING, W., Die Werturteilsproblematik ... a.a.O., S. 74f.

[4] Vgl. ALBERT, H., Probleme der Wissenschaftslehre in der Sozialforschung, in: König, R. (Hrsg.), Handbuch der empirischen Sozialforschung, Band 1, Stuttgart 1962, S. 38—63, hier S. 46f.

[5] Vgl. BECK, U., Soziologische Normativität ... a.a.O., S. 225.

[6] Vgl. TWARDY, M., Konsumpädagogik ... a.a.O., S. 32. Bei seinem Untersuchungsgegenstand „Fachdidaktik Wirtschaftswissenschaften" sieht er die Ausweisung von normativen Aussagen, die den Ausgangspunkt seines „deontologisch-pragmatischen" Ansatzes bilden, als erforderlich an. Zum „deontologisch-pragmatischen Paradigma" siehe auch: JONGEBLOED, H.C. und TWARDY, M., Wissenschaftstheoretische Voraussetzungen ... a.a.O., S. 121.

Bei dem hier vorliegenden Erkenntnisobjekt der Entstehung von Selbsthilfeorganisationen in Entwicklungsländern scheint dem Verfasser das Aufstellen
von Normen für die wissenschaftliche Analyse verzichtbar. Von daher wird
dem neo-normativistischen Weg nicht gefolgt und mithin werden keine
Sätze mit normativem Geltungsmodus in das Aussagensystem dieser Studie
integriert.

Als taugliches Mittel zur Normativitätskontrolle wird es vielmehr angesichts
der Unvermeidbarkeit von Wertimplikationen – selbst bei Sachaussagen –
angesehen, die Entscheidungen und Annahmen, welche die *Basis* des Aussagesystems bilden und deren *Wertimplikationen* von grundlegenderer und
richtungsweisenderer *Bedeutung* als diejenigen späterer Einzelentscheidungen
und Annahmen sind, dem kritischen Leser durch ihre explizite Herausstellung direkt zugänglich zu machen. [1] Durch dieses Zugänglichmachen der
Hauptquellen normativer Implikationen, das dem Leser ihr Aufsuchen er-
spart und die intersubjektive Überprüfbarkeit dieser Untersuchung erleichtert, erscheint dem Verfasser eine Normativitätskontrolle am ehesten möglich.

Diese Grundentscheidungen und -annahmen werden in der vorliegenden
Studie entsprechend dem Verzicht auf normative Sätze in einer deskriptiven
Sprache formuliert, was, wie gezeigt, Wertimplikationen nicht vermeidet.
Solche Entscheidungen und Annahmen können hier insofern als in das Aussagesystem integriert angesehen werden, als sie zum Teil in der Einleitung,
zum Teil in diesem ersten Kapitel dieser Untersuchung vorgestellt und erörtert werden. Sie beziehen sich unter anderem auf die Wahl der Vorgehensweise, die Wahl einer wissenschaftstheoretischen Basis, beinhalten aber
auch deskriptive Aussagen, die den Objektbereich dieser Studie direkt betreffen, wie z.B. die Wahl des Erkenntnisobjekts oder die folgende Grundannahme III.

---

[1] Der Unterschied zum bereits zitierten Vorschlag Myrdals besteht darin, daß hier keine normativen Aussagen, sondern deskriptive Aussagen, die jedoch Wertimplikationen beinhalten,
ausgewiesen werden.

4. GRUNDANNAHME III: DIE NICHT-TOTALE DETERMINIERTHEIT DES MENSCHEN

Diese Grundannahme, mit der die Kennzeichnung der Untersuchungsausgangs-basis abgeschlossen wird, hat folgenden Inhalt: Obwohl die Menschen zu einem wesentlichen Teil durch die Umwelt und ihre eigene Natur beeinflußt und bestimmt werden, gehen diese Beeinflussung und Bestimmung nicht so weit, daß die Menschen total determiniert sind, d.h. nur noch auf die Um-welt reagieren und letztendlich in einer bestimmten Situation und zu einer bestimmten Zeit mit absoluter Sicherheit von vorgegebenen Faktoren abhän-gig sind.

Es ist leicht zu erkennen, daß diese dritte Grundannahme in deskriptiver Sprache das Problem der *Freiheit* des Menschen anspricht, ohne den Terminus der „Freiheit" selbst zu verwenden. Da mit dem Freiheitsbegriff aber Wert-assoziationen verbunden sind [1], könnte mit Beck diese Grundannahme als ein Beispiel dafür angesehen werden, wie Wertungseinflüsse dadurch wertaussagen-frei in ein Aussagensystem einfließen, indem wertbesetzte Hauptbegriffe in Termini ohne greifbare Wertassoziationen gekleidet werden. [2] Von daher täuscht auch bei dieser Grundannahme ihr deskriptiver Geltungsmodus nicht über die Wertimplikationen einer solchen Aussage hinweg.

Angeregt zu dieser Formulierung jener prinzipiell schon sehr alten Freiheits-auffassung wurde der Verfasser unter anderem von Johann Heinrich Pesta-lozzi, der schon vor über 180 Jahren den Menschen als ein Werk der Na-tur („Tier"), ein Werk der Gesellschaft („Bürger") und ein Werk seiner selbst ansah („sittliches Wesen"). [3] Für die Existenz einer so ausgedrückten

---

[1] Vgl. TWARDY, M., Konsumpädagogik ... a.a.O., S. 23.

[2] Vgl. BECK, U., Soziologische Normativität ... a.a.O., S. 216.

[3] Vgl. PESTALOZZI, J.H., Meine Nachforschungen über den Gang der Natur in der Entwick-lung des Menschengeschlechts, in: Buchenau, A., Spranger, E., Stettbacher, H. (Hrsg.), Pesta-lozzi; Sämtliche Werke, 12. Band: Schriften aus der Zeit von 1797–1799, Berlin 1938. Vgl. aber zur nicht-totalen Determiertheit auch POPPER, K.R., Objektive Erkenntnis, Hamburg 1973.

nicht-totalen Determiniertheit sprechen nach John Dewey zahlreiche empirisch feststellbare Tatsachen [1], während nur „deductive reasoning from certain fixed premisses creates a bias in favor of complete determination and finality". [2]

Nach Dewey manifestiert sich diese nicht-totale Determiniertheit des Menschen empirisch nachprüfbar unter anderem in „variability, initiative, innovation, departure from routine, experimentation" [3], was in dieser Untersuchung beispielsweise durch die Problematisierung des innovativen, nicht routinierten Problemlösungshandelns zukünftiger SHO-Mitglieder zum Ausdruck kommen wird. Seinen Niederschlag findet diese Grundannahme unter anderem aber auch in der Beschäftigung mit dem Utopie-Ansatz Engelhardts, der die nicht-totale Determiertheit des Menschen vor allem im Zusammenhang mit der Genese von Utopien ausdrücklich betont. [4]

Abschließend sei festgehalten, daß diese in deskriptiver Sprache formulierte, aber durchaus wertimplizierende Grundannahme speziell auf den Untersuchungsgegenstand dieser Arbeit, die Entstehung von Selbsthilfeorganisationen bezogen, vor kurzem durch Dorothee von Brentano bekräftigt worden ist. [5]

---

[1] Vgl. DEWEY, J., Human Nature and Conduct, An Introduction to Social Psychology, New York 1922, S. 310f.

[2] Ebenda S. 310.

[3] Ebenda S. 310.

[4] Vgl. ENGELHARDT, W.W., Politische Ökonomie und Utopie, in: Lührs, G. et al. (Hrsg.), Kritischer Rationalismus und Sozialdemokratie II, Berlin, Bad Godesberg 1976, S. 201—233, hier S. 223ff.

[5] Vgl. v.BRENTANO, D., Grundsätzliche Aspekte der Entstehung von Genossenschaften, Dargestellt insbesondere an Problemen von Konsum- und Wohnungsbaugenossenschaften, in: Engelhardt, W.W. und Thiemeyer, Th. (Hrsg.), Schriften zum Genossenschaftswesen und zur öffentlichen Wirtschaft, Band 1, Berlin 1980, vor allem Teil I und IV.

B. BESTIMMUNG DES UNTERSUCHUNGS-GEGENSTANDES

1. DER BEGRIFF: SELBSTHILFEORGANISATION

1.1. Implikationen des Begriffs

Der Ausdruck „Selbsthilfeorganisation" (bzw. „self-help organization") (SHO) ist vielfach in der jüngeren entwicklungspolitischen Literatur anzutreffen [1], wobei ihm zum Teil unterschiedliche Begriffe zugrundegelegt werden. Von den folgenden Nominaldefinitionen wird angenommen, daß sie das von den verschiedenen Begriffen abgesteckte Bedeutungsfeld in einem für diese Untersuchung ausreichendem Maße abdecken: [2]

(1) „Self-help organizations are understood to be formal or informal non-governmental groups (organizations) of rural people, directed to better the economic and social status of individual members by common activities." [3]

---

[1] Siehe hierzu u.a.: DÜLFER, E., Kooperative Organisationen in Entwicklungsländern, in: Grochla, E. (Hrsg.), Handwörterbuch der Organisation (HWO), 2. völlig neugestaltete Aufl., Stuttgart 1980, Sp. 1117–1130, hier Sp. 1128f.; d e r s e l b e , Leitfaden für die Evaluierung kooperativer Organisationen in Entwicklungsländern, in: ders. (Hrsg.), Organisation und Kooperation in Entwicklungsländer, Band 17, Göttingen 1979, S. 5f.; BODENSTEDT, A.A., Selbsthilfe: Überlegungen zur entwicklungsstrategischen Verwendbarkeit eines allgemeinen sozialen Handlungsmusters, in: ders. (Hrsg.), Selbsthilfe: Instrument oder Ziel ländlicher Entwicklung, SSIP (Sozialwissenschaftliche Studien zu internationalen Problemen) – Schriften, Heft 24, Saarbrücken 1975, S. 1–24; POPP, U., Zukunft der traditionellen Genossenschaftsförderung, in: Entwicklungs und Zusammenarbeit, Heft 12, 1973, S. 19f.

[2] Die Aufzählung erhebt keinen Anspruch auf Vollständigkeit. Sie kann jedoch nach Ansicht des Verfassers als repräsentativ für den deutschen Sprachraum angesehen werden.

[3] ZUREK, E.C., Self-help Organizations within integrated rural development, Some propositions for Discussion, in: DSE (Hrsg.), Self-help Organizations-Projects, Models, Experiences, Report of the International Conference from 26. to 28.3.1979, Berlin (West) o.J., S. 19.

(2) „SHOs, or self-help organizations, are understood here as institutions which promote self-help initiative going hand in hand with increasing responsibility. The term does not imply that the associated individuals can already help themselves. It does imply that they already contribute towards helping themselves and consider themselves responsible for improving their situation". [1]

(3) „A SHO is an organization to promote self-help of natural persons". [2]

(4) „Selbsthilfeorganisationen sind Organisationen, die – im Gegensatz zu anderen Projekten und Programmen – die für jeden entwicklungspolitischen Erfolg eigentlich unabdingbare 'Beteiligung der Bevölkerung' (Mobilisierung der Ressourcen der Bevölkerung) etc. dadurch erreichen wollen, daß sie ein bestimmtes Arsenal an Erfahrungen, Begriffen oder Vorstellungen benutzen, das aus ursprünglich echten Selbsthilfeerfahrungen abgeleitet, jetzt aber in mehr oder weniger vermittelter und veränderter Form angeboten und akzeptiert wird." [3]

(5) „SHO sind solche Organisationen, deren (personelle) Mitglieder sich aufgrund gemeinsamer Interessen zusammengeschlossen haben, um die dauerhafte Verfolgung ihrer übergeordneten Ziele durch Verbesserung ihrer wirtschaftlichen oder sozialen Situation anzustreben. Dabei soll diese Verbesserung nicht durch geldliche Zuwendungen (wie z.B. bei der Kapitalgesellschaft durch die Dividende), sondern durch die Erbringung von Dienstleistungen im weitesten Sinne erreicht werden. Diese Definition umfaßt nicht nur registrierte Genossenschaften und bäuerliche Vereinigungen, sondern auch alle Arten präkooperativer Gruppierungen (z.B. Communauté Rurale, Better Living Societies, Ligas Campesinas u.ä.)." [4]

---

[1] BENECKE, D.W., Promotion of SHO through training with special reference to DSE target groups and instruments, in: DSE (Hrsg.), Self-help Organizations ... a.a.O., S. 27.

[2] o.V., Conclusions and Recommendations of the Discussion Group No. 2, in: DSE (Hrsg.), Self-help Organizations ... a.a.O., S. 48.

[3] BODENSTEDT, A.A., Selbsthilfe: ... a.a.O., S. 14. Bodenstedt weist ausdrücklich darauf hin, daß diese Definition kritisch gemeint ist.

[4] Fußnote siehe folgende Seite 31.

(6) „Die Selbsthilfeorganisation entsteht durch einen Zusammenschluß wirtschaftlich und sozial schwacher und politisch benachteiligter Personen. Die an der Willensbildung beteiligten Mitglieder der so konstituierten Gruppe haben gemeinsame Ziele, die sie auf dem Wege der Selbsthilfe dauerhaft und durch wirtschaftliche und soziale Verbesserungen verfolgen wollen. Diese Besserstellung geschieht, indem die Selbsthilfeorganisation bestimmte Funktionen für die Mitglieder übernimmt oder ihnen bestimmte betriebliche Leistungen zuführt." [1]

Aus diesen Nominaldefinitionen lassen sich folgende weithin übereinstimmende Aspekte abheben: [2]

1. Mit Selbsthilfe, wie sie in der nach ihr benannten Organisation praktiziert wird, ist ein Handeln gemeint, das unter anderem dadurch charakterisiert wird, daß Menschen sich *selbst* gemäß *eigenen* Vorstellungen angesichts einer als *verbesserungsbedürftig* angesehenen Situation helfen.

2. Es werden bei den SHO-Mitgliedern *gemeinsame Vorstellungen* in bezug auf die Selbsthilfeorganisation angenommen.

3. Eine Kapitalverwertung (z.B. Dividende) wird nicht oder jedenfalls nicht vorrangig als einer der durch die Selbsthilfeorganisation angestrebten Vorteile für ihre Mitglieder angesehen. [3]

4. Es wird von *gemeinsamen Anstrengungen* im Rahmen einer Selbsthilfeorganisation ausgegangen.

Fußnote [4] von Seite 30: BMZ (Hrsg.), Grundsätze für die Förderung von Selbsthilfeorganisationen in Entwicklungsländern, Bonn, 9.11.1977, S. 12. Maßgeblich beteiligt an der Entstehung dieser Grundsätze war Eberhard Dülfer in Zusammenarbeit mit Rolf D. Baldus. Siehe daher zum Begriff der Selbsthilfeorganisation und zu einer Klassifikation von SHO auch DÜLFER, E., Aufbau und Förderung von Selbsthilfe-Organisationen in Entwicklungsländern nach „Phasenschema", in ZfgG, Band 27, 1977, S. 15–35.

[1] FRIEDRICH-EBERT-STIFTUNG (FES) (Hrsg.), Grundsätze für die Förderung von Selbsthilfeorganisationen, 1. Aufl., Bonn 1979, S. 27f.

[2] Vgl. hierzu: BODENSTEDT, A.A., Selbsthilfe ... a.a.O., S. 2–5. Bodenstedt unterzieht hier das Wort „Selbsthilfe" einer semantischen Analyse hinsichtlich seiner Extension und spricht anstatt von Aspekten von „inhaltlichen Assoziationen".

[3] Siehe hierzu die Definitionen (5) und (6).

5. Die Mitglieder einer Selbsthilfeorganisation gelten im Vergleich zu anderen Personen oder Personengruppen meist als *schlechter gestellt,* d.h. sie werden in der Regel den sozial, kulturell, wirtschaftlich und/oder politisch Benachteiligten zugerechnet.

Betrachtet man diese Aspekte im einzelnen, so werden weitere Implikationen des oben umrissenen Begriffsbedeutungsfeldes sichtbar.

So führt die Betonung des Umstandes, daß im Rahmen einer Selbsthilfeorganisation die beteiligten Personen ihre Situation *selber,* aus *eigener Kraft* zu verbessern suchen, zur Frage, von welcher anderen denkbaren Form von Problembewältigung hier abgehoben werden soll.

Zur *Selbst*hilfe im Gegensatz stünde die *Fremd*hilfe. Letztere läge dann vor, wenn Maßnahmen zur Verbesserung der Situation nicht durch diejenigen erfolgen, die vom Problem unmittelbar betroffen sind, sondern von Personen ergriffen werden, auf die die schwierige Lage keine unmittelbaren Auswirkungen hat, die sich aber dennoch durch diese Lage berührt bzw. mitbetroffen fühlen. Bei der Fremdhilfe lassen sich, gerade angesichts problematischer Situationen von sozial, kulturell, wirtschaftlich und/oder politisch Benachteiligten [1], grundsätzlich zwei Formen von Fremdhilfe unterscheiden: [2]

a) die *private Fremd*hilfe und
b) die *staatliche Fremd*hilfe.

Es sei hier dann von *privater* Fremdhilfe gesprochen, wenn ein Individuum oder mehrere Individuen, sei es als Gruppen, sei es in Form nicht-staatlicher Organisationen, obwohl selbst durch eine schwierige Lage nicht direkt berührt, den unmittelbar Betroffenen bei der Problemlösung helfen.

---

[1] Siehe Aspekt 5 auf dieser Seite.

[2] Vgl. zur grundsätzlichen Unterscheidung und den mit den unterschiedlichen Fremdhilfeformen verbundenen Utopien: ENGELHARDT, W.W., Grundlagen empirisch-theoretischer Analysen der Genossenschaftsgeschichte, in: ZfgG, Band 31, 1981, S. 108–117, S. 114ff.; bezogen auf die Entwicklungsländerproblematik vgl. MÜLLER, J.O. (Hrsg.), Gesellschaftspolitische Konzeptionen der Förderung von Selbsthilfe durch Fremdhilfe in Afrika, Theorie und Praxis im Test konkreter Vorhaben, in: Studien und Berichte des Instituts für Kooperation in Entwicklungsländern, Nr. 13, Marburg/Lahn 1981.

Staatliche Fremdhilfe liegt dann vor, wenn staatliche Organe bzw. Organisationen „von außen" kommend helfen.

Zur näheren Kennzeichnung des Verhältnisses von Selbsthilfe zur Fremdhilfe wird in der Literatur darauf hingewiesen, daß die Fremdhilfe einen Problemlösungsversuch darstellt, der „von oben" [1] durchgeführt wird. Dieses „Oben" im Vergleich zu den Selbsthilfeakteuren umfaßt sowohl einzelne Individuen „aus den gebildeten Schichten" [2], deren Handlungen der privaten Fremdhilfe zuzurechnen wäre, als auch „übergeordnete soziale Institutionen" [3] oder eine „höhere umfassendere Autorität" [4], womit die staatliche Fremdhilfe ins Betrachtungsfeld käme.

Entscheiden sich in einer als verbesserungsbedürftig angesehenen Situation Problembetroffene dazu, sich selbst zu helfen, so besagt dies, daß sie eine Hilfe „von oben" entweder *nicht erwarten* — sei es, weil andere Personen bzw. Organisationen zur Fremdhilfe objektiv nicht in der Lage sind, sei es, weil „Außenstehende" aus den unterschiedlichsten Gründen keine Fremdhilfe leisten wollen — oder trotz objektiv gegebener Möglichkeiten bewußt auf Fremdhilfe *verzichten,* wobei auch hier sehr unterschiedliche Gründe eine Rolle spielen können. Eine solche Selbsthilfehandlung impliziert außerdem, daß ihre Akteure einen *Anspruch* darauf erheben, daß ihr Problem sofort oder zumindest ohne unzumutbare Verzögerung gelöst wird. [5]

---

[1] Vgl. MÜLLER, J.O., Voraussetzungen und Verfahrensweisen bei der Errichtung von Genossenschaften in Europa vor 1900, in: Marburger Schriften zum Genossenschaftswesen, Reihe B, Band 11, Göttingen 1976, S. 127 ff.; BODENSTEDT, A.A., Selbsthilfe ... a.a.O., S. 8 f.

[2] Vgl. MÜLLER, J.O., Voraussetzungen ... a.a.O., S. 127.

[3] Vgl. BÜSCHER, H., Solidarische Selbsthilfe als innovatives kooperatives Handeln, Betrachtungen zur vorkooperativen Phase sozioökonomischer Entwicklung, in: Archiv für öffentliche und freigemeinnützige Unternehmen — Jahrbuch für nichterwerbswirtschaftliche Betriebe und Organisationen (Nonprofits), 12. Jg., 1980, S. 33–60, S. 58.

[4] STEINMETZ, S.R., Selbsthilfe, in: Vierkandt, A. (Hrsg.), Handwörterbuch der Soziologie, Stuttgart 1959, S. 518–522, hier S. 518.

[5] Vgl. BÜSCHER, H., Solidarische Selbsthilfe ... a.a.O., S. 38.

Ihr Anliegen ist in ihren Augen ein *berechtigter* Anspruch. Die Selbsthilfe-akteure schaffen so mit ihrer Handlung „Recht aus eigener Macht" [1]. Hierbei bleibt die Frage offen, ob die anfangs nur subjektiv legitimierte Selbsthilfehandlung auch von den Nichtbetroffenen, vor allem „von oben", akzeptiert und als allgemein legitimiert anerkannt wird.

Bisher noch nicht erörterte Aspekte des Bedeutungsfeldes der zitierten SHO-Definitionen ermöglichen es, die im Rahmen einer Selbsthilfeorganisation praktizierte Selbsthilfe noch zusätzlich näher zu bestimmen. So wurde darauf hingewiesen, daß bei Selbsthilfeorganisationen von *gemeinsamen* Anstrengungen der Beteiligten ausgegangen wird, die wiederum von gemeinsamen Vorstellungen getragen werden. Von daher handelt es sich bei der Selbsthilfe im Rahmen der nach ihr benannten Organisationen um *gemeinsame* und nicht um individuelle *Selbsthilfe.*

Zur Bezeichnung dieser gemeinsamen Selbsthilfe werden häufig andere Ausdrücke benutzt. So stößt man unter anderem auf die Termini „Kooperation" [2], „genossenschaftliche Zusammenarbeit" [3], „kooperative Selbsthilfe" [4] und „solidarische Selbsthilfe" [5]. Sie alle können vom Ausdruck „gemeinsame Selbsthilfe" nicht nur terminologisch, sondern auch inhaltlich abweichen. Diese Abweichungen erklären sich vor allem durch unterschiedliche Annahmen der Autoren über die jeweiligen individuellen Motive, Vorstellungen und Ziele, die zur *gemeinsamen* Selbsthilfe führen. Diese Annahmen sind

---

[1] BODENSTEDT, A.A., Selbsthilfe ... a.a.O., S. 23.

[2] Vgl. hierzu u.a. BOETTCHER, E., Kooperation und Demokratie in der Wirtschaft, in: ders. et al. (Hrsg.), Schriften zur Kooperationsforschung, A Studien, Band 10, Tübingen 1974, passim; ESCHENBURG, R., Ökonomische Theorie der genossenschaftlichen Zusammenarbeit, in: Boettcher, E. et al. (Hrsg.), Schriften zur Kooperationsforschung, A Studien, Band I, Tübingen 1971, passim.

[3] Vgl. ESCHENBURG, R., Ökonomische Theorie ... a.a.O., passim.

[4] Vgl. BÜSCHER, H., Solidarische Selbsthilfe ... a.a.O., S. 35.

[5] Vgl. ebenda passim; außerdem ENGELHARDT, W.W., Selbsthilfe, in: Schober, Th. et al. (Hrsg.), Evangelisches Soziallexikon, 7. vollst. neu bearb. und erweiterte Aufl., Stuttgart 1980, Sp. 1130–1132, hier Sp. 1130.

nämlich in den jenen Ausdrücken zugrundeliegenden Begriffen mitenthalten.
In diesem Kapitel B sei der Terminus „gemeinsame Selbsthilfe" jedoch bei-
behalten, wobei der ihm zugrundegelegte Begriff nicht mehr aussagt, als daß
gemeinsame Selbsthilfe eine von mehreren Individuen gemeinsam durchgeführte Selbsthilfehandlung ist, die von gemeinsamen Vorstellungen getragen
wird. Wie man sieht, läßt dieser Begriff die Frage von Motiven und
Zielen bei den einzelnen Selbsthilfeakteuren bewußt grundsätzlich offen.
Es wird hier so verfahren, um indirekte bzw. implizite Aussagen zu
dem obengenannten Bereich, die über die von den zitierten SHO-Definitionen
vorgegebenen Angaben hinausgehen, zu vermeiden.

Die einzige Angabe in den besagten SHO-Definitionen, die sich auf diesen
Bereich bezieht, hat die Form einer Negation. Sie besagt, daß die in einer
nach ihr benannten Organisation durchgeführte gemeinsame Selbsthilfe nicht
oder zumindest nicht prioritär auf eine Kapitalverwertung ausgerichtet ist.
Dies kann als Versuch verstanden werden, die Selbsthilfeorganisationen
definitorisch von Aktiengesellschaften und vergleichbaren hauptsächlich kapi-
talverwertenden, wirtschaftlichen Organisationen abzugrenzen. In Verbindung
mit dem Aspekt der relativ benachteiligten Position der Selbsthilfeakteure
läuft dieser Abgrenzungsversuch schließlich auch darauf hinaus, Kartelle und
ähnliche Kooperationsformen (markt)mächtiger „Kapitalverwerter" aus dem
durch die Aspekte umrissenen Bedeutungsfeld auszuschließen.

Ist man bisher den Erläuterungen der Implikationen der zitierten SHO-Definitionen und des von ihnen abgesteckten Begriffsbedeutungsfeldes gefolgt,
so wird einem die Nähe zu Ausdrücken, Begriffen und Vorstellungen der
Genossenschaftswissenschaft aufgefallen sein. In der Tat sind der Terminus
„Selbsthilfeorganisation" und die mit ihm verbundenen Begriffe wesentlich
von Genossenschaftswissenschaftlern mitgeprägt bzw. entwickelt worden.
Dies wird nicht nur durch die genossenschaftswissenschaftliche Herkunft der
bereits zitierten Autoren angezeigt. Hierauf weisen speziell für den Bereich
der Entwicklungspolitik auch indirekt die bereits zitierten Grundsätze des
Bundesministeriums für wirtschaftliche Zusammenarbeit hin. [1]

---

[1] Vgl. BMZ (Hrsg.), Grundsätze ... a.a.O., S. 5.

Diese Nähe bedeutet jedoch nicht, daß der Ausdruck „Selbsthilfeorganisation" ausschließlich als Synonym für genossenschaftswissenschaftliche Termini wie „Genossenschaft", „kooperative Organisationen" oder „Selbsthilfeunternehmen"[1] verwandt wird. Es liegen zahlreiche begriffliche Abgrenzungen des SHO-Terminus von den obengenannten Ausdrücken vor, die teils ohne, teils mit einer entwicklungspolitischen Blickrichtung durchgeführt wurden. Ihnen allen gemeinsam ist die Verwendung des Ausdrucks „Selbsthilfeorganisation" zur Bezeichnung eines Oberbegriffs, unter den verschiedene Organisationsformen gemeinsamer Zusammenarbeit subsumiert werden.

Ohne eine spezielle entwicklungspolitische Blickrichtung verwendet Engelhardt den Ausdruck „Selbsthilfeorganisation". Er bezeichnet mit ihm einen Oberbegriff für all die Organisationen[2], in denen eine von einer ganz bestimmten Haltung bestimmte Form von Zusammenarbeit, nämlich die „solidarische Selbsthilfe", praktiziert wird.[3] Zu diesen Organisationen zählt er unter anderem die Genossenschaften. Von einer entwicklungspolitischen Blickrichtung her bedient sich hingegen Bodenstedt des SHO-Ausdrucks. Er kennzeichnet mit ihm einen noch umfassenderen Oberbegriff für Organisationen gemeinsamer Zusammenarbeit, unter den er auch „industriegesellschaftliche Konzentrationsformen" zählt.[4] Es wird deutlich, daß die so umrissenen Bedeutungsfelder der SHO-Begriffe Engelhardts und Bodenstedts nicht genau dem Bedeutungsfeld entsprechen, das oben aus den zitierten SHO-Definitionen herauszuarbeiten versucht wurde. So begrenzt Engelhardt bei seinem SHO-Begriff die gemeinsame Selbsthilfe auf die „solidarische", was sich als übereinstimmender Aspekt der obengenannten SHO-Definitionen nicht ohne weiteres herleiten läßt. Bodenstedt hingegen geht mit seinem

---

[1] WEISSER, G., Selbsthilfeunternehmen, in: Beckerath, E. et al. (Hrsg.), HdSW, Band 9, Stuttgart, Tübingen, Göttingen 1956, S. 217–219.

[2] Vgl. ENGELHARDT, W.W., Selbsthilfe ... a.a.O., S. 1131f.

[3] Hierauf wird im Kapitel D.II.1. noch näher eingegangen.

[4] Vgl. BODENSTEDT, A.A., Selbsthilfe ... a.a.O., S. 18f.

SHO-Begriff, der unter anderem auch Kartelle und industriegesellschaftliche Konzentrationsformen umfaßt, über das bisher skizzierte Bedeutungsfeld hinaus.

Sinnvoller für die Bestimmung des Untersuchungsgegenstandes scheint es daher zu sein, eine Abgrenzung zu genossenschaftswissenschaftlichen Termini und Begriffen dort zu suchen, wo dem SHO-Terminus dasjenige Bedeutungsfeld zugrundegelegt wird, das sich bei den bisherigen Untersuchungsschritten herauskristallisiert hat. Eine solche Abgrenzung findet man bei Dülfer, der sie aus einer entwicklungspolitischen Perspektive heraus vornimmt. Bezugnehmend auf die von ihm maßgeblich mitbeeinflußte SHO-Definition des BMZ stellt er fest:

„Diese Definition der SHO deckt sich weitgehend mit der kooperativen Organisation, ohne jedoch die besondere Organisationsstruktur zum Ausdruck zu bringen. Außerdem geht sie insofern über die letztere hinaus, als auch Organisationen mit rein sozialer (ggf.: politischer) Zielsetzung unter die SHO einbezogen werden." [1]

Diese Abgrenzung wird hier als ausreichend zum Bestimmen und Abstecken der vom Untersuchungsgegenstand abgedeckten Sachverhalte angesehen.

Am Schluß dieses Abschnitts soll noch auf einen weiteren Typ von Implikationen des oben umrissenen Begriffsbedeutungsfeldes eingegangen werden. Der erste der anfangs genannten Aspekte hob hervor, daß mit Selbsthilfe, die in der nach ihr benannten Organisation vollzogen wird, ein Handeln gemeint ist, bei dem Menschen sich *selbst* nach *eigenen* Vorstellungen in einer als verbesserungsbedürftig angesehenen Situation helfen. Wird dieses Handeln auf dem Hintergrund der bereits durchgeführten Gegenüberstellung von Selbsthilfe und Fremdhilfe auf weitere Implikationen hin untersucht, so kann, ohne das früher skizzierte semantische Feld zu verlassen, folgendes festgehalten werden: Gemeinsame Selbsthilfe stellt ein Verhalten dar, das

---

[1] DÜLFER, E., Leitfaden ... a.a.O., S. 5.

ohne einige grundsätzliche, ihm zugrundeliegende Bewußtseinsformen schwer vorstellbar ist.

Die oben charakterisierte Selbsthilfe ist nicht leicht erklärbar, wenn man nicht zumindest davon ausgeht, daß bei einem Selbsthilfeakteur die Fähigkeit vorliegt, sich selbst als Einheit zu erleben und sich dabei geistig vom eigenen Körper abzusetzen, was schließlich dazu führt, daß man der eigenen Grenzen, aber auch der eigenen Möglichkeiten gewahr wird. Eine solche Fähigkeit bzw. ein solches Gewahrgewordensein wird im wissenschaftlichen Schrifttum oft als *Selbstbewußtsein* bezeichnet. [1]

Die Charakterologie [2] weicht jedoch wie auch der alltägliche Sprachgebrauch hiervon ab. Bei ihnen wird in der Regel dann von „Selbstbewußtsein" gesprochen, wenn zu der obengenannten Fähigkeit bzw. zu dem obengenannten Gewahrgewordensein eine grundsätzlich positive Haltung gegenüber der eigenen Person hinzukommt. So wird mit dem Wort „Selbstbewußtsein" eine Einstellung mitumfaßt, die besagt, daß man sich seiner selbst als eines positiven Wertes innegeworden ist [3]. Da eine Selbsthilfehandlung jedoch ohne auch eine solche Haltung schwer vorstellbar ist, sei in der folgenden sozialwissenschaftlichen Untersuchung der Ausdruck „Selbstbewußtsein" zur Bezeichnung des zuletzt umrissenen umfassenderen Begriffsfeldes verwandt.

Gemeinsame Selbsthilfe impliziert folglich Selbstbewußtsein der einzelnen Akteure, wobei zum jeweiligen Bewußtseins*grad* hier keine Aussagen gemacht werden können. Er kann bei den Akteuren durchaus unterschiedlich sein.

---

[1] Vgl. z.B. ALLPORT, G.W., Gestalt und Wachstum in der Persönlichkeit, übertragen und hrsg. von Helmut von Bracken, Meisenheim am Glan, 1970, S. 109 ff.; SCHRAML, W., Selbstbewußtsein, Selbstwerterlebnis, in: Lexikon der Pädagogik, Band IV, 4. Aufl., Freiburg, Basel, Wien 1965, S. 267–270.

[2] Zur Charakterologie siehe: THURN, H., Charakterologie, in Lexikon der Pädagogik, Band I, 4. Aufl., Freiburg, Basel, Wien 1964, S. 618–620.

[3] Vgl. SCHRAML, W., Selbstbewußtsein ... a.a.O.

Außerdem wird die oben skizzierte gemeinsame Selbsthilfe kaum verständlich, schreibt man den Selbsthilfeakteuren nicht eine Haltung zu, welche die aufgrund von Erfahrungen gewonnene Überzeugung widerspiegelt, daß man sich auf seine bewußtgewordenen eigenen Möglichkeiten und Fähigkeiten in unterschiedlichen Situationen verlassen kann. Zur Bezeichnung einer solchen Haltung wird in der Regel der Ausdruck *Selbstvertrauen* verwandt. Selbstvertrauen scheint hiermit ebenso wie Selbstbewußtsein, eng mit Selbsthilfehandlungen verbunden zu sein.

Schwer vorstellbar ist ferner, daß gerade *Selbst*hilfehandlungen von Akteuren vollzogen werden, die nicht von einer Einstellung geprägt sind, nach der ein Individuum sich selbst als für sich und sein weiteres Schicksal verantwortlich bzw. sich selbst gegenüber rechenschaftspflichtig ansieht. Diese Einstellung sei in dieser Untersuchung *Selbstverantwortungsbewußtsein* genannt.

Schließlich scheint eine Selbsthilfehandlung kaum denkbar, bei der man nicht davon ausgeht, daß bei den an der gemeinsamen Selbsthilfe Beteiligten eine Bereitschaft vorliegt, über die Lösung eigener Probleme selbst zu entscheiden bzw. selbst zu bestimmen, soweit diese vom Menschen beeinflußbar sind. Diese letzte der hier anzuführenden Implikationen sei mit *Bereitschaft zur Selbstbestimmung* bezeichnet.

Diesen gerade herausgehobenen Fähigkeiten, Haltungen, Einstellungen bzw. Bereitschaften ist vor allem eines gemeinsam. Es sind allesamt *psychische* Gegebenheiten. Diese Gemeinsamkeit legt die Suche nach einem Terminus und einem ihm zugrundeliegenden Begriff nahe, unter welche man die so verschieden bezeichneten Sachverhalte subsumieren könnte. Im Bereich der Psychologie werden hierfür häufig die Ausdrücke „Disposition" oder spezifizierender „psychische Disposition" verwandt [1], wobei erläuternd darauf hingewiesen wird, daß „die Bezeichnung 'psychisch' ... hier nicht im eigentlichen Sinne eine Eigenschaft der Disposition" ausdrückt, sondern vielmehr

---

[1] Vgl. hierzu vor allem: STERN, W., Differentielle Psychologie, 3. Aufl., Leipzig 1921, S. 23 ff. et passim. ALLPORT, G.W., Werden der Persönlichkeit, in: Heiß, R. (Hrsg.), Enzyklopädie der Psychologie in Einzeldarstellungen, Band 1, Bern, Stuttgart 1958, S. 31 ff.

andeuten soll, „daß die Prozesse, für deren Entstehung uns diese Dispositionen als Kausalfaktoren unerläßlich erscheinen, psychische Prozesse, Bewußtseinsprozesse sind". [1] Als charakteristisch für die psychischen Dispositionen
wird angegeben, daß sie als nicht wahrnehmungsfähige Quellen, Ursachen
bzw. Bedingungen wahrnehmbaren Verhaltens von Menschen nur „erschlossen" und nicht erlebnismäßig an wirklich „bemerkbaren" Merkmalen festgemacht werden können. [2] Dieser Mangel an tatsächlich wahrnehmbaren Merkmalen erschwert eine genaue Lokalisierung sowie Spezifizierung der psychischen Dispositionen erheblich. Von daher bieten sich die psychischen Dispositionen oft als sehr komplexe Sachverhalte dar. Strohal bemerkt dazu, daß
man zur Bezeichnung dieser Komplexität der psychischen Dispositionen besser von „Gefüge" oder „Struktur" sprechen sollte, als von einem „summa-
tiven Zusammensein von Teildispositionen". [3] Dieser Ansicht sei sich hier
abschließend angeschlossen.

So kann resümiert werden, daß das Bedeutungsfeld der oben zitierten SHO-
Definitionen auch bestimmte psychische Dispositionen bei den an einer
Selbsthilfeorganisation Beteiligten impliziert, nämlich Selbstbewußtsein, Selbstvertrauen, Selbstverantwortungsbewußtsein und eine Bereitschaft zur Selbstbestimmung. Jedoch nicht nur diese psychischen Dispositionen, sondern auch
alle anderen hervorgehobenen Implikationen haben schließlich deutlich gemacht, daß mit dem Begriff der Selbsthilfeorganisation ein komplexer Sachverhalt angesprochen wird, der politische, wirtschaftliche, soziale, kulturelle
und psychologische Aspekte umfaßt.

---

[1] STROHAL, R., Bemerkungen zu dem Begriff der psychischen Disposition und seiner Bedeutung für die Pädagogik, in: Brezinka, W. (Hrsg.), Weltweite Erziehung, Freiburg, Basel, Wien
1961, S. 251–262, hier S. 253.

[2] Vgl. ebenda S. 252. Siehe S. 252 ff. auch zu den folgenden Ausführungen.

[3] Vgl. ebenda S. 258.

1.2. Selbsthilfeorganisation als Begriff der Entwicklungspolitik

Nachdem im vorigen Abschnitt die grundlegenden Sachverhalte, die vom SHO-Begriff in der oben umrissenen Bedeutung miteinbezogen werden, angesprochen worden sind, gilt es nunmehr zu prüfen, inwieweit sich aus dem *entwicklungspolitischen Kontext,* in dem der Begriff häufig gebraucht wird, noch spezielle Implikationen ergeben. Es erscheint zweckmäßig, eine solche Prüfung mit einem Hinweis darauf einzuleiten, was in dieser Arbeit im allgemeinen unter Politik verstanden werden soll.

In Anlehnung an Drechsler sei im folgenden mit „Politik" das auf Macht und Herrschaft in der Gesellschaft und auf die Gestaltung des öffentlichen Lebens gerichtete Handeln von Individuen, Gruppen, Organisationen, Parteien, Parlamenten und Regierungen bezeichnet. [1] Zielen das Verhalten und Handeln der obengenannten Akteure darauf ab, die wirtschaftliche und/oder soziale Situation in Entwicklungsländern zu verbessern, so sei hier von „Entwicklungspolitik" gesprochen. [2]

Wenn Selbsthilfeorganisationen im bisher inhaltlich bestimmten Sinne im Rahmen der so definierten Entwicklungspolitik Erwähnung finden, liegt die Frage nahe, ob sie als *Ziel* oder *Instrument* der Entwicklungspolitik angesehen werden. Ausführliche und systematische Erörterungen genau dieser Frage mit einem speziellen und ganz präzisen Bezug auf „Selbsthilfeorganisationen" liegen nach Kenntnis des Verfassers nicht vor. [3] Vorzufinden sind

---

[1] Vgl. DRECHSLER, H. et al. (Hrsg.), Gesellschaft und Staat, Lexikon der Politik, 5. neu bearb. und erweiterte Aufl., Baden-Baden 1979, S. 432f.

[2] Vgl. WIESEBACH, H.P., Entwicklungspolitik II: Entwicklungshilfe, in: HdWW (Handwörterbuch der Wirtschaftswissenschaft), Band 2, Stuttgart, New York, Tübingen, Göttingen, Zürich 1980, S. 407–421, hier S. 407.

[3] Der Vollständigkeit halber sei hier dennoch auf den Artikel: „Selbsthilfe – Instrument oder Ziel ländlicher Entwicklung" von D. ROTHERMUND aufmerksam gemacht, in dem dieser zwar nicht zur oben gestellten Frage, jedoch zu einer ähnlich gelagerten Position bezieht; in: Bodenstedt, A.A. (Hrsg.), Selbsthilfe: Instrument oder Ziel ländlicher Entwicklung, SSIP-Schriften, Heft 24, Saarbrücken 1975, S. 103–106.

solche Erörterungen jedoch bezogen auf „Genossenschaften". [1] Da, wie bereits gezeigt wurde, der Begriff „Selbsthilfeorganisation" nicht im Gegensatz zum Genossenschaftsbegriff steht, sondern ein weiter gefaßtes Bedeutungsfeld umspannt, unter das sich „Genossenschaften" subsumieren lassen, scheint es vertretbar, die grundsätzlichen, übereinstimmenden Schlußfolgerungen dieser Erörterungen analog auch auf die Frage der Ziel- oder Instrumenten-Rolle der Selbsthilfeorganisationen zu beziehen.

Als Ziel der Entwicklungspolitik ließen sich Selbsthilfeorganisationen dann bezeichnen, wenn den Entwicklungspolitikern als Ideal ein gesellschaftlicher Endzustand dienen würde, bei dem alle ökonomischen und sozialen Bereiche in SHO-Form strukturiert wären. Somit entstünde neben dem System der Marktwirtschaft und der Zentralverwaltungswirtschaft ein drittes idealtypisches System der Wirtschafts- und Gesellschaftsordnung, das man vielleicht ein „Gesellschaftssystem auf SHO-Basis" nennen könnte. Ein solches gesellschaftspolitisches Ideal, bei dem die „Selbsthilfeorganisation" Ausgangs- und Angelpunkt wäre, ist bisher jedoch nicht entwickelt worden. „Kooperativer Sozialismus" oder allgemeiner ausgedrückt eine Wirtschafts- und Gesellschaftsordnung auf „genossenschaftlicher Basis" sind hingegen in der Vergangenheit als sogenannter „dritter Weg" schon öfter in Entwicklungsländern als gesellschaftspolitisches Ideal proklamiert worden. [2] Diese Vorstellung, nach der eine ganze Gesellschaft genossenschaftlich organisiert werden soll, ist nicht neu und keine Erfindung bestimmter politischer Persönlichkeiten in Entwicklungsländern, sondern sie kann in ihrer Entwicklung zurück bis

---

[1] Siehe vor allem: GHAUSSY, A.G., Das Genossenschaftswesen in den Entwicklungsländern, in: Tuchtfeld, E. (Hrsg.), Beiträge zur Wirtschaftspolitik, Band 2, 1. Aufl., Freiburg i.Br. 1964, S. 14—23; siehe aber auch: HANEL, A., Probleme staatlicher Genossenschaftspolitik und ländlicher Armut in Entwicklungsländern, in: ZfgG, Band 31, 1981, S. 131—140; v. STOCKHAUSEN, J., Zur Planung von Genossenschaften als Entwicklungsträger in den Ländern der Dritten Welt, in: ZfgG, Band 32, 1982, S. 216—226; BÜSCHER, H., Die Rolle der Genossenschaften im Rahmen einer entwicklungspolitischen Konzeption, in: Genossenschaften und Genossenschaftsforschung, Festschrift zum 65. Geburtstag v. Georg Draheim, hrsg. v. Weisser, G. unter Mitarbeit von Engelhardt, W.W., Göttingen 1968, S. 317—331.

[2] Vgl. GHAUSSY, A.G., Das Genossenschaftswesen ... a.a.O., S. 14ff.; v.STOCKHAUSEN, J., Zur Planung ... a.a.O., S. 216f.

zu ihren historischen Wurzeln bei den sogenannten „Genossenschaftssoziali-
sten" (vor allem: Owen, Fourier, Blanc, Buchez und Proudhon) [1] verfolgt
werden.

Ghaussy stellt jedoch einschränkend fest, daß ein solcher „dritter Weg" in
den Entwicklungsländern zumindest bisher überwiegend Theorie geblieben ist
und daß die Realität in diesen Ländern indessen in verschiedenen Formen
einer „gemischten Ordnung" mit marktwirtschaftlichen und zentralverwaltungs-
wirtschaftlichen Elementen zum Ausdruck kommt. [2] Angesichts dieses Sachverhalts und aufgrund bestimmter dem oben skizzierten gesellschaftspolitischen Ideal widersprechender Formen von Genossenschaften, die in diesen
Entwicklungsländern des „dritten Weges" vorzufinden sind, resümiert er
schließlich, daß „die Vergenossenschaftlichung daher kaum als tatsächliches
Endziel der Entwicklungspolitik angesehen werden" [3] kann, sondern nur als
„*Zwischenziel* zur Erreichung eines größeren Wohlstands der Bevölkerung und
einer gerechteren Verteilung des Einkommens" [4]. Als Zwischenziel gewinnen
die Genossenschaften in der Entwicklungspolitik jedoch den Charakter eines
politischen Mittels bzw. *Instrumentes.* [5]

Es kann somit festgehalten werden, daß Selbsthilfeorganisationen *nicht* als
ein mögliches entwicklungspolitisches *Ziel* angesehen werden. Dies geschieht
wohl deshalb nicht, weil zum einen ein speziell auf „Selbsthilfeorganisationen" abgestelltes gesellschaftspolitisches Ideal nicht vorliegt, und zum anderen gesellschaftspolitische Vorstellungen, die sich an der genossenschaftlichen
Struktur als Ideal orientieren, sich tatsächlichen Gegebenheiten in den Entwicklungsländern des „dritten Weges" gegenübersehen, die es, wie Ghaussy
zeigt, erschweren, sie als entwicklungspolitisches Endziel aufzufassen. Spricht

---

[1] Vgl. ENGELHARDT, W.W., Genossenschaftstheorie, in: Mändle, E. et al. (Hrsg.), HdG
(Handwörterbuch des Genossenschaftswesens), Wiesbaden 1980, Sp. 812–838, hier Sp. 820.

[2] Vgl. GHAUSSY, A.G., Das Genossenschaftswesen ... a.a.O., S. 18.

[3] Ebenda S. 18.

[4] Ebenda S. 20.

[5] Vgl. ebenda S. 20.

man im entwicklungspolitischen Kontext folglich von „Selbsthilfeorganisationen", so spricht man von einem entwicklungspolitischen *Instrument.* [1]

An diese Feststellung läßt sich die Überlegung anschließen, ob man das entwicklungspolitische Instrument „Selbsthilfeorganisation" nicht einer ganz bestimmten entwicklungspolitischen Konzeption bzw. Strategie zuordnen kann. Hierbei sei in Anlehnung an Engelhardt [2] unter einer politischen Konzeption (bzw. einem politischen Gesamtkonzept) ein Aussagegefüge (Verfassung oder Satzung, Grundsatz- oder Aktionsprogramm, Ziel- oder Ziel-Mittel-System) verstanden, das von der politischen Praxis oder auch durch politische Wissenschaftszweige und die praktische Philosophie in Anknüpfung an individuelle Entwürfe ansetzenden Handelns unter Einsatz der Logik und erfahrungswissenschaftlicher Erkenntnis erarbeitet wird. Dieses Aussagegefüge dient der Entscheidungsvorbereitung von Einzelnen und Gruppen. Geht es nicht nur um den Entwurf eines solchen politischen Gesamtkonzepts, sondern auch um seine Durchführung und die dabei genau geplante Vorgehensweise, so sei in dieser Arbeit von „Strategie" gesprochen.

In der noch jungen Geschichte der Entwicklungspolitik sind bisher schon eine Unzahl von Konzeptionen und Strategien entworfen bzw. angewandt worden. Zur Klärung der Frage nach eventuellen Zuordnungsmöglichkeiten des entwicklungspolitischen Instrumentes „Selbsthilfeorganisation" zu einer bestimmten entwicklungspolitischen Konzeption bzw. Strategie erscheint es angebracht, sich zuerst einmal als eine Art Grobraster die verschiedenen

---

[1] Dies geschieht meist implizit, manchmal jedoch auch explizit. Siehe z.B.: DSE (Hrsg.), Selbsthilfeorganisationen als Instrument ... a.a.O. Um Mißverständnissen vorzubeugen, sei darauf hingewiesen, daß hier von der instrumentalen Funktion der Selbsthilfeorganisation im Rahmen der Entwicklungspolitik gesprochen wird. Scharf hiervon zu unterscheiden ist die Funktion, die die Selbsthilfeorganisation in den Augen ihrer Mitglieder, also nicht in den der Entwicklungspolitiker, innehat. Aus der Sicht der Mitglieder kann eine Selbsthilfeorganisation durchaus *mehr als* nur ein Instrument ihrer Bedürfnisbefriedigung sein. Vgl. z.B. ENGELHARDT, W.W., Grundlagen ... a.a.O.

[2] Vgl. zum folgenden: ENGELHARDT, W.W., Die Bedeutung von Utopien und Leitbildern für sozialpolitische Konzeptionen und soziale Reformen, in: Sozialer Fortschritt, 24. Jg., 1975, S. 169–173, hier S. 172.

entwicklungspolitischen Strategien zu vergegenwärtigen, die im Verlauf der letzten Jahrzehnte in den jeweiligen Hauptströmungen der Entwicklungspolitik zum Ausdruck kamen. [1]

Allen entwicklungspolitischen Strategien gemeinsam ist das Ziel, das „Wachstum" in den Entwicklungsländern zu fördern. Doch bei der Frage, was dabei unter „Wachstum" zu verstehen ist und ob mit dieser Wachstumsförderung den Entwicklungsländern beim „Aufholen" der Industrieländer geholfen werden kann bzw. soll oder nicht, schieden und scheiden sich die Geister. Die „Aufholstrategie" ist erst seit kurzem umstritten. [2] Bis vor nicht allzulanger Zeit nämlich erschien es westlichen als auch östlichen Entwicklungspolitikern so gut wie selbstverständlich, daß es Ziel all ihrer Bemühungen sei, die Entwicklungsländer in die Lage zu versetzen, den „Rückstand" zu den Industrieländern aufzuholen. Kontrovers diskutiert wurde jedoch der Weg, der hierbei einzuschlagen sei, ob z.B. zuerst rein wirtschaftliches Wachstum oder sofort wirtschaftliches und soziales Wachstum gleichzeitig anzustreben sei und ob man sich z.B. um Produktivitätssteigerungen vor allem im industriellen oder vor allem im landwirtschaftlichen Bereich oder in beiden gleichzeitig bemühen sollte.

Zu Beginn der Entwicklungspolitik, Ende der vierziger Jahre [3], wurde in der politischen Praxis, vor allem in den Entwicklungsländer selber, ganz im Geiste des Aufholens oder Nachholens bzw. Imitierens der Industrieländer unter Wachstum ein Wachstum des *industriellen* Sektors verstanden. Dies geschah, obwohl die den Industrialisierungsstrategien zugrundeliegenden Konzeptionen oft globalen Charakter besaßen, d.h. auf alle Wirtschaftsbereiche einer Gesellschaft bezogen waren. So war die investive Verwendung der Er-

---

[1] Vgl. zum folgenden: HOFFMANN, L. und SANDERS, H., Entwicklungspolitik I: Strategien, in HdWW, Band 2, Stuttgart, New York, Tübingen, Göttingen, Zürich 1980, S. 393—407.

[2] Vgl. BÜSCHER, H., Handlungsorientierung, Bezugsgruppenerwartungen und Erkenntnisfortschritt in der Entwicklungstheorie, in KZfSS, Heft 1, 1979, S. 25—55, hier S. 25 und S. 40f.

[3] Vgl. ebenda S. 30.

sparnisse und der Kapitalimporte, die durch die anfängliche Entwicklungs-
strategie der *Erhöhung des Kapitalangebots* ermöglicht wurden, von der
Konzeption her grundsätzlich nicht auf einen Wirtschaftsbereich beschränkt.
In der Praxis allerdings floß das so gewonnene Finanzkapital ganz überwie-
gend in Investitionen des industriellen Sektors. Als sich gegen Ende der
fünfziger Jahre die Erkenntnis durchsetzte, daß allein ein vorhandenes
Kapitalangebot noch keine Garantie dafür bietet, daß es auch wirklich für
Investitionen genutzt wird, wurde vielerorts die Strategie geändert. Man
ging zur *Stimulierung der Kapitalnachfrage* über. Es entstanden politische
Gesamtkonzepte, die einen kräftigen Investitionsstoß zum Anreiz weiterer
Investionen vorsahen (,,big-push-Konzepte"). Dabei gingen die Meinungen
bei der Frage wieder auseinander, ob die Investitionsanreize so gegeben
werden sollen, daß ein ,,ausgewogenes Wachstum" (,,balanced-growth-Kon-
zept") entsteht oder ob durch gezielte Schwerpunktinvestitionen ein ,,un-
ausgewogenes Wachstum" (,,unbalanced-growth-Konzept") hergestellt wird,
bei dem durch partielle Überkapazitäten und Engpässe in bestimmten wirtschaftlichen Schlüsselbereichen erhebliche Investitionsanreize geschaffen werden. In die Tat umzusetzen versucht wurde, von wenigen Ausnahmen abgesehen, nicht das binnenmarktorientierte balanced-growth-Konzept, sondern die
Strategie des unausgewogenen Wachstums.

Selbsthilfeorganisationen — Ausdruck wie Begriff waren zu dieser Zeit im
entwicklungspolitischen Kontext nicht gebräuchlich — in ihrer möglichen
Ausprägung als Genossenschaften wurden in den fünfziger und sechziger
Jahren durchaus dem entwicklungspolitischem Instrumentarium zugerechnet. [1]
Dies erklärt sich zum einen dadurch, daß die Verbreitung ,,moderner" Genossenschaften in verschiedenen Wirtschaftsbereichen eines Entwicklungslan-
des schon früh als erstrebenswert angesehen wurde [2], und zum anderen

---

[1] Vgl. GHAUSSY, A.G., Das Genossenschaftswesen ... a.a.O., S. 20 ff. et passim; HANEL, A.,
Aspekte staatlicher Förderungsstrategien für Genossenschaften in Ländern der Dritten Welt,
in: ZfgG, Band 31, 1981, S. 27—36 und d e r s., Die Entwicklung von kooperativen Organisationen im Agrarbereich der Dritten Welt unter wirtschaftsordnungspolitischen Aspekten,
in: Der Tropenlandwirt, Zeitschrift für die Landwirtschaft in den Tropen und Subtropen,
Beiheft 14, o.J., S. 64—81, vor allem S. 65 ff.

[2] Vgl. HANEL, A., Aspekte ... a.a.O., S. 29.

durch die Tatsache, daß der Förderung des landwirtschaftlichen Sektors, für dessen Entwicklung Genossenschaften als besonders geeignet galten, trotz vorherrschender Industrialisierungspräferenz in einigen Ländern zeitweilig besondere Bedeutung beigemessen wurde. Verursacht wurde diese vorübergehende Schwerpunktverlagerung der Entwicklungspolitik auf den landwirtschaftlichen Sektor vor allem durch Fehlschläge in der Industrialisierungspolitik oder einer drastischen Verschlechterung in der Versorgung mit landwirtschaftlichen Erzeugnissen, sei es wegen außergewöhnlicher, klimatisch bedingter Ereignisse (Trockenheit, Überschwemmungen), sei es wegen des Ausbleibens ausländischer Nahrungsmittellieferungen. [1]

So wurden spezielle Konzepte zur staatlichen Initiierung genossenschaftlicher Organisationen entwickelt, bei denen Hanel zwei Grundkonzepte unterscheidet:

a) das sogenannte „klassische" Konzept staatlicher Initiierung kooperativer Organisationen in Entwicklungsländern, und

b) das „Konzept zur Errichtung von Genossenschaften mit (relativ umfassenden) Hilfen staatlicher oder staatlich kontrollierter (Selbsthilfe-)Förderungsorganisationen" [2].

Das „klassische" Konzept sieht zusätzlich zu indirekten Maßnahmen des Staates (wie z.B. Steuererleichterungen, Kredite, Hilfen bei der Informationsbeschaffung, Bildungs-, Ausbildungs-, Beratungs- und Prüfungseinrichtungen)

---

[1] Vgl. HOFFMAN, L. und SANDERS, H., Entwicklungspolitik I: Strategien ... a.a.O., S. 398.

[2] Vgl. HANEL, A., Government Concepts and Strategies for the Promotion of Cooperation and other Forms of Self-help-Organizations, in: DSE (Hrsg.), Government Promotion of Cooperatives and other Self-help Organizations for Rural Development, (Seminar v. 22.9. bis 3.10.1980 in Berlin (West), Seminar Report, Vol. 2, o.O., o.J., S. 105–118; d e r s ., Probleme staatlicher Genossenschaftspolitik ... a.a.O.; d e r s ., Aspekte ... a.a.O.; d e r s ., Selbsthilfeförderung durch staatliche und halbstaatliche Organisationen, Vortrag gehalten auf der X. Internationalen Genossenschaftswissenschaftlichen Tagung in Marburg 1981 (im Druck); d e r s ., Staatliche Entwicklungspolitik und die Förderung moderner Genossenschaften, in: Kuhn, J. (Hrsg.), Die Genossenschaft – eine anpassungsfähige Form der Selbstorganisation ländlicher Gruppen?, in: Studien und Berichte des Instituts für Kooperation in Entwicklungsländern, Nr. 14, Marburg/Lahn 1981, S. 131–169.

staatliche „Promotoren" vor, die potentielle Mitglieder iniitieren, motivieren und befähigen sollen, Genossenschaften zu gründen. [1] Nach einem nur relativ kurzen Lernprozeß sollen diese Genossenschaften dann schon eigenverantwortlich handeln. [2] Beim zweiten Konzept geht man davon aus, daß eine so rasch erworbene Eigenständigkeit der Genossenschaften wegen der knappen finanziellen Ressourcen der potentiellen Mitglieder nicht möglich ist. Man schlägt daher vor, Genossenschaften durch relativ umfassende Unterstützung von Seiten staatlicher, halbstaatlicher oder staatlich kontrollierter Selbsthilfeförderungsorganisationen zu initiieren, zu errichten und graduell, also über mehere Phasen hinweg, zu leistungsfähigen Selbsthilfeorganisationen zu entwickeln. [3] Ausführende eines solchen Konzepts in den Entwicklungsländern waren und sind bis heute meist Genossenschaftsbehörden, -ministerien, Ministerialabteilungen oder para-staatliche Einrichtungen, die bald Kennzeichen einer „administrativ-bürokratischen" [4] staatlichen Genossenschaftspolitik wurden.

Als Zwischenresümee läßt sich somit festhalten, daß Selbsthilfeorganisationen in ihrer möglichen Ausprägung als Genossenschaften mit den bisher genannten globalen Entwicklungskonzeptionen und -strategien grundsätzlich vereinbar waren und sind und ihre Förderung ohne weiteres aus diesen hergeleitet wurde bzw. herleitbar ist.

In den siebziger Jahren setzten die Erkenntnis und das Eingeständnis, daß die Not in den Entwicklungsländern und das Wohlstandsgefälle zwischen den Industrie- und Entwicklungsländern trotz aller entwicklungspolitischer Bemühungen zu- und nicht abgenommen hatten, ein weiteres Umdenken im entwicklungsstrategischen Bereich in Gang. Dieses Umdenken fand in zahlreichen Überlegungen und Entscheidungen seinen Ausdruck. So „entdeckte" man nach jahrzehntelanger Bevorzugung der Industrie die Bedeutung der Landwirt-

---

[1] Vgl. HANEL, A., Aspekte ... a.a.O., S. 29.

[2] Vgl. ebenda S. 30.

[3] Vgl. ebenda S. 32.

[4] Vgl. ebenda S. 32.

schaft (wieder), in der in den meisten Entwicklungsländern die ganz überwiegende Mehrheit der Bevölkerung arbeitet. Aber auch der ländliche Raum
insgesamt kam stärker ins Blickfeld.

Mit der Erfahrung konfrontiert, daß in Entwicklungsländer exportierte europäische Organisationsformen scheiterten, da diese in Europa aus europäischen
Wertvorstellungen, Zielsetzungen und Verhaltensweisen entstanden sind und
ihre rationale Funktion erst auf dieser Grundlage erreichen[1], während in der
„Dritten" Welt ganz andere Umweltbedingungen und Verhaltensweisen vorla-
gen bzw. vorliegen, verwandte man statt des Ausdrucks „Genossenschaft"
nun immer häufiger den Ausdruck „Selbsthilfeorganisation"[2]. Er bezeichnet
das weiter oben umrissene Begriffsbedeutungsfeld, das die spezielle Ausgestaltung der Organisationsform der gemeinsamen Selbsthilfe im Gegensatz zum
Genossenschaftsbegriff nicht von vornherein festgelegt. Seit dieser Zeit ist der
Ausdruck „Selbsthilfeorganisation" bzw. seine Übersetzungen im entwicklungspolitischen Kontext gebräuchlich.

Schließlich löste man sich — ein gedanklicher Durchbruch zu einer völlig
neuen Betrachtungsweise[3] — von der vielerorts als Dogma angesehenen[4]
Aufholstrategie, welche die Grundlage aller bisher erwähnten entwicklungspolitischen Konzeptionen gewesen war. Man war nunmehr der Auffassung, daß
das Ziel entwicklungspolitischer Bemühungen nicht mehr in der Fiktion bestehen könne, den „Graben zwischen Arm und Reich" überwinden zu wollen, sondern daß das Ziel unter ökonomischen Aspekt darauf beschränkt
werden müsse, der benachteiligten Mehrheit der Weltbevölkerung wenigstens
eine erträgliche materielle Existenzgrundlage zu schaffen.[5]

---

[1] Vgl. DÜLFER, E., Aufbau und Förderung ... a.a.O., S. 19.

[2] Vgl. DÜLFER, E., Entwicklungsländer und Genossenschaften, in: HdG, Wiesbaden 1980,
Sp. 403—421, hier Sp. 410f.; außerdem: BMZ (Hrsg.), Grundsätze ... a.a.O., S. 5f.

[3] Vgl. BÜSCHER, H., Handlungsorientierung ... a.a.O., S. 40.

[4] Vgl. ebenda S. 25.

[5] Vgl. PETER, H.B., Wirtschaftsstrukturelle Bedingungen der Entwicklungsländer, in: ders.
und Hauser, J.A. (Hrsg.), Entwicklungsprobleme — interdisziplinär, Bern, Stuttgart 1976,
S. 131—151; hier S. 140.

Diese neue Betrachtungsweise mündete unter anderem in der vor allem vom Internationalen Arbeitsamt entwickelten *Grundbedürfnisstrategie* [1]. Bei ihr wird als Ziel die Befriedigung der Grundbedürfnisse der breiten Masse der Bevölkerung anvisiert, die in absoluter Armut lebt, wobei man mit den Grundbedürfnissen folgendes umfaßt:

„— den laufenden Mindestbedarf des Einzelnen und seiner Familie an Ernährung, Unterkunft und Kleidung,

— lebenswichtige öffentliche Dienstleistungen, insbesondere Trinkwasser, sanitäre Anlagen, öffentliche Verkehrsmittel, Gesundheits- und Bildungseinrichtungen." [2]

Der für die Realisierung dieses Ziels vorgeschlagene Maßnahmenkatalog ist lang. [3] Neben der Forderung nach Agrarreformen sieht er höhere Investitionen im traditionellen landwirtschaftlichen Bereich vor. Hierbei wird einerseits eine Umfangs- und Produktivitätssteigerung der Beschäftigung armer Bevölkerungsgruppen angestrebt, andererseits soll eine stärkere Ausrichtung der Nahrungsmittelproduktion auf die eigenen Bedürfnisse gerade dieser Bevölkerungsgruppe erreicht werden. Außerdem sind Investitionen für die Bereitstellung der genannten Dienstleistungen vorgesehen. Um eine aktive Beteiligung der armen Bevölkerung am Entwicklungsprozeß zu ermöglichen, wird außerdem die Unterstützung bzw. Gründung von „Selbsthilfeorganisationen" gefordert.

Diese Grundbedürfnisstrategie ist im Verlauf der Jahre Teil verschiedener nationaler entwicklungspolitischer Bemühungen geworden, so auch in der Bundesrepublik. Hierbei muß jedoch darauf hingewiesen werden, daß —

---

[1] ILO (Hrsg.), The Basic Needs Approach to Development, Genf 1977.

[2] BMZ (Hrsg.), Grundbedürfniskonzept, in: BMZ-aktuell 6.11.1978, S. 3 und ebenso d e r s. (Hrsg.), Fortschritte bei der Verwirklichung der Grundbedürfnisstrategie, Informationsvermerk 41/79 für den Bundestagsausschuß für wirtschaftliche Zusammenarbeit, Bonn 4.10.79.

[3] Vgl. zum folgenden: HOFFMANN, L. und SANDERS, H., Entwicklungspolitik I: Strategien ... a.a.O., S. 400; BMZ (Hrsg.), Grundbedürfniskonzept ... a.a.O., S. 3f.

zumindest in der Bundesrepublik — der der Grundbedürfnisstrategie anfangs zugrundeliegende Bruch mit der Aufholkonzeption, vielleicht aufgrund zahlreicher negativer Reaktionen in den Entwicklungsländern, in der offiziellen Präsentation der neuen Strategie nicht nachvollzogen wurde, sondern man politisch pragmatisch nur von einer „Ergänzung der Wachstumsstrategie" [1] spricht und ausführt, daß „es sich um nichts substantiell Neues" [2] handele.

Die stärkere Berücksichtigung der armen Bevölkerungsgruppen und des ländlichen Raums in den Entwicklungsländern, die von der Grundbedürfnisstrategie ausgeht, ließen auf internationaler Ebene neue „armutsorientierte" Konzeptionen entstehen, die in der Bundesrepublik seit neuestem amtlichoffiziell ihren Ausdruck im „Konzept der integrierten ländlichen Entwicklung" [3] finden. Bei ihm decken sich viele Überlegungen und Maßnahmenvorschläge mit denen der Grundbedürfnisstrategie. Im Unterschied oder in Ergänzung zu ihr — hierüber ist man geteilter Meinung — legt das Konzept der integrierten ländlichen Entwicklung vor allem die Akzente auf

1. die dezentralisierte Planung und Durchführung,
2. die Beachtung von zwischensektoralen Beziehungen (regionale Perspektive),
3. die Notwendigkeit eines systematischen Institutionenaufbaus und
4. die Beteiligung („Partizipation") der betroffenen Bevölkerungsgruppe an
   Planung, Entscheidung und Durchführung von Maßnahmen. [4]

Vor allem die beiden letzten Punkte lassen das Konzept ebenso wie die Grundbedürfnisstrategie die Förderung bzw. Gründung von „Selbsthilfeorganisationen" empfehlen. [5]

---

[1] BMZ (Hrsg.), Grundbedürfniskonzept ... a.a.O., S. 3.

[2] Ebenda S. 4.

[3] Vgl. BMZ, WISSENSCHAFTLICHER BEIRAT (Hrsg.), Möglichkeiten und Grenzen der Kooperation der Bundesrepublik Deutschland mit Entwicklungsländern auf dem Gebiet der ländlichen Entwicklung — Das Konzept der integrierten ländlichen Entwicklung, o.O., Nov. 1979.

[4] Vgl. BMZ, WISSENSCHAFTLICHER BEIRAT (Hrsg.), Möglichkeiten ... a.a.O., S. 29 ff und BMZ (Hrsg.), Grundbedürfniskonzept ... a.a.O., S. 12 f.

[5] Vgl. BMZ, WISSENSCHAFTLICHER BEIRAT (Hrsg.), Möglichkeiten ... a.a.O., S. 33 et passim und BMZ (Hrsg.), Grundbedürfniskonzept ... a.a.O., S. 12.

Die zahlreichen Überschneidungen der Grundbedürfnisstrategie und des Konzepts der integrierten ländlichen Entwicklung werden in bestimmten Zuordnungen zueinander wiederzugeben versucht. Die bisherigen Zuordnungsversuche sind allerdings widersprüchlich. So faßt das Bundesministerium die Grundbedürfnisstrategie anscheinend als eine Strategie auf, bei der die integrierte ländliche Entwicklung ein wichtiges Teilelement darstellt [1], während sein Wissenschaftlicher Beirat betont, daß die Grundbedürfnisstrategie nur dann im ländlichen Bereich erfolgversprechend erscheint, „wenn sie als Bestandteil des umfassenderen Konzepts der integrierten ländlichen Entwicklung aufgefaßt wird" [2].

Das Umdenken in den siebziger Jahren spiegelt sich schließlich in Überlegungen wider, die den Einfluß der wirtschaftlichen Beziehungen zwischen den Industrieländern und den Entwicklungsländern als für die letzteren sehr nachteilhaft ansehen und daher ihre zumindest zeitweilige „Abkopplung" von den Industrieländern empfehlen. [3] Diese Konzeptionen der „autozentrierten Entwicklung" nehmen weder die bisherige internationale Arbeitsteilung noch die in den Entwicklungsländern herrschende Einkommensverteilung als gegeben an. Als ein die Entwicklung maßgebend vorantreibender Sektor wird die Landwirtschaft angesehen, die unter Nutzung vor allem einheimischer Ressourcen, auch der eigenen industriellen Kapazitäten, zu fördern ist. In dieser Konzeption gelten „Selbsthilfeorganisationen" gleichfalls als wertvolle entwicklungspolitische Instrumente.

Als resümierende Antwort auf die Ausgangsfrage der Zuordnungsmöglichkeit des entwicklungspolitischen Instrumentes „Selbsthilfeorganisation" zu einer ganz bestimmten entwicklungspolitischen Vorstellung ergibt sich, daß die

---

[1] Vgl. BMZ (Hrsg.), Grundbedürfniskonzept ... a.a.O., S. 4.

[2] BMZ, WISSENSCHAFTLICHER BEIRAT (Hrsg.), Möglichkeiten ... a.a.O., S. 92.

[3] Vgl. hierzu und zum folgenden: HOFFMANN, L. und SANDERS, H., Entwicklungspolitik I: Strategien ... a.a.O., S. 404f. und u.a.: BÜSCHER, H., Handlungsorientierung ... a.a.O., S. 42f.

Selbsthilfeorganisation grundsätzlich *nicht* einer *einzigen* entwicklungspolitischen *Konzeption / Strategie zugeordnet* werden kann. Die Verwendung des
Selbsthilfeorganisationsbegriffs *impliziert* folglich *nicht* eine ganz bestimmte
entwicklungspolitische Konzeption oder Strategie.

Gegen diese Feststellung mag eingewandt werden, daß der Terminus „Selbsthilfeorganisation" und der mit ihm bezeichnete Begriff doch erst in den
siebziger Jahren im entwicklungspolitischen Kontext gebräuchlich wurden,
zur selben Zeit also, in der bestimmte neue Strategien entstanden, in deren
Rahmen die „Selbsthilfeorganisation" auch eine ausdrückliche Erwähnung fand.
Folglich ergebe sich ihre Zuordnung zu den letzteren als logisch zwingend.

Dieser Einwand ist nicht überzeugend. Sind aller Wahrscheinlichkeit nach
die bis dahin nicht übliche Verwendung des SHO-Begriffs im entwicklungspolitischen Raum *und* die neuen Strategien der siebziger Jahre auch „Kinder" *desselben* Lern- und Umdenkungsprozesses, so heißt das doch, daß
eben nicht behauptet werden kann, daß das eine („Kind") ohne das andere
(„Kind") nicht denkbar wäre und somit das eine das andere impliziere. Daß
die Zuordnung des entwicklungspolitischen SHO-Instrumentes zu entwicklungspolitischen Strategien offen ist, machen auch die bereits zitierten SHO-
Grundsätze des Bundesministerums für wirtschaftliche Zusammenarbeit deutlich [1], die bezeichnenderweise vor der Übernahme der Grundbedürfnisstrategie und des Konzepts der integrierten ländlichen Entwicklung in die offizielle deutsche Entwicklungspolitik vom betreffenden Ministerium abgefaßt worden sind.

Kann das entwicklungspolitische Instrument der Selbsthilfeorganisation folglich nicht einer einzigen Entwicklungsstrategie zugeordnet werden, so impliziert die Verwendung des SHO-Begriffs ebensowenig eine bestimmte Entwicklungs*theorie*. Entwicklungstheorien [2] können als wissenschaftliche Aussagen

---

[1] Vgl. BMZ (Hrsg.), Grundsätze ... a.a.O.
[2] Fußnote siehe folgende Seite 54.

zwar in der Entstehung einer entwicklungspolitischen Konzeption einfließen [1], sie stellen jedoch nur eines von mehreren Elementen dar, die auf die Erarbeitung einer solchen Konzeption einwirken. Der Umstand, daß Selbsthilfeorganisationen mehreren Konzeptionen zugeordnet werden können, die oft von verschiedenen, sich zum Teil widersprechenden Entwicklungstheorien beeinflußt sind, zeigt die Unmöglichkeit einer zwingenden bzw. eindeutigen Zuordnung zu einer bestimmten Entwicklungstheorie auf.

Zu Anfang dieses Kapitels war festgehalten worden, daß die Selbsthilfeakteure das mit ihrer Selbsthilfehandlung verfolgte Anliegen als einen berechtigten Anspruch auffassen und ihr Handeln somit subjektiv legitimiert ist. [2] Der instrumentale Charakter der Selbsthilfeorganisationen in der Entwicklungspolitik wirft nunmehr die Frage auf, ob die so verstandene Selbsthilfe in Form von Selbsthilfeorganisationen in den Entwicklungsländern auch *objektiv legitimiert* ist, denn ein entwicklungspolitisches Instrument, dessen Legitimität in den Entwicklungsländern nicht allgemein anerkannt wäre, ließe erhebliche Zweifel an seiner Effizienz aufkommen. Zur Beantwortung dieser Frage empfiehlt es sich, zwischen einer *politischen* und einer *sozialen* Legitimität zu unterscheiden. Von „politischer" Legitimität kann dann gesprochen werden, wenn ein Sachverhalt von den politischen Instanzen, Autoritäten bzw. Machthabern eines Landes als legitim angesehen wird. Betrachtet die Mehrheit der gesellschaftlichen Gruppen eines Landes, mit deren Worten, die Mehrheit der Bevölkerung, einen Sachverhalt als legitim, so sei hier von „sozialer" Legitimität gesprochen. Hat man es in einem Entwicklungsland

---

Fußnote [2] von Seite 53: Zur Übersicht über Entwicklungstheorien sei hier nur auf einige Bücher und Artikel aufmerksam gemacht: BOHNET, M., Das Nord-Süd-Problem, München 1972; NUSCHELER, F. (Hrsg.) und NOHLEN, D., Handbuch der Dritten Welt, Band 1, Hamburg 1974; GRIMM, K., Theorien der Unterentwicklung und Entwicklungsstrategien, in: Studienbücher zur Sozialwissenschaft, Band 38, Opladen 1979; KNALL, B., Entwicklungstheorien, in: HdWW, Band 2, Stuttgart, New York, Tübingen, Göttingen, Zürich 1980, S. 421–435; BÜSCHER, H., Handlungsorientierung ... a.a.O.

[1] Siehe hierzu die Definition von „politischer Konzeption" auf S. 44 dieser Arbeit. Zur gegenseitigen Abhängigkeit von Entwicklungspolitik und -theorie siehe auch BÜSCHER, H., Handlungsorientierung ... a.a.O.

[2] Vgl. S. 33 f. dieser Arbeit.

mit einem demokratischen politischen System zu tun, so werden in den weit überwiegenden Fällen soziale und politische Legitimität übereinstimmen. Liegen andere politische Systeme vor, beobachtet man oft ein Auseinanderfallen der beiden Legitimitäten. Den Entwicklungspolitiker interessieren grundsätzlich beide Legitimitäten. Jedoch ist er bei der Realisierung seiner Maßnahmen zuerst auf eine positive oder zumindest duldende Haltung der politischen Autoritäten eines Landes angewiesen. So interessiert an *dieser* Stelle vornehmlich die Frage der *politischen Legitimität* des entwicklungspolitischen Instruments „Selbsthilfeorganisation". Aufgrund zahlreicher Verlautbarungen, Erklärungen, Regierungsprogramme und Gesetze in den verschiedensten Entwicklungsländern kann diese Frage positiv beantwortet werden. Die Selbsthilfeorganisation ist gemäß offizieller Deklaration der Entwicklungsländer prinzipiell als ein politisch legitimiertes entwicklungspolitisches Instrument anerkannt.

Läßt sich die Selbsthifeorganisation als politisch legitimiertes entwicklungspolitisches Instrument auch nicht einer bestimmten Konzeption oder Strategie der Entwicklungspolitik allein zuordnen, so wäre immerhin noch eine eindeutige Zuordnung zu einer ganz bestimmten Art von *Träger*(organisation) der Entwicklungspolitik denkbar. Bei diesen Organisationen lassen sich grundsätzlich drei verschiedene Trägertypen unterscheiden:

a) *staatliche* Träger, seien sie national (z.B. Regierung) oder international (z.B. Weltbank, FAO),

b) *nicht-staatliche* Träger (wie z.B. kirchliche oder private Hilfswerke), die in der Praxis meist als „nongovernmental organizations" (NGO) oder „Nichtregierungsorganisationen" [1] bezeichnet werden. Hierbei sei jedoch darauf hingewiesen, daß der NGO-Begriff ein weitgefaßter Begriff ist, unter den nicht nur freie Träger der Entwicklungspolitik, sondern sehr

---

[1] Siehe z.B.: KUHN, J., Voraussetzungen genossenschaftlicher Zusammenarbeit — einige Mitgliederaspekte, in: ders. (Hrsg.), Die Genossenschaft — eine anpassungsfähige Form der Selbstorganisation ländlicher Gruppen? in: Studien und Bericht des Instituts für Kooperation in Entwicklungsländern, Nr. 14, Marburg/Lahn 1981, S. 75–101, hier S. 87.

unterschiedliche Formen nichtstaatlicher Organisationen, wie z.B. auch Selbsthifeorganisationen [1], subsumiert werden können,

c) *gemischte* (halbstaatliche) Träger.

Unterschiedliche entwicklungspolitische *Ziele* können diesen verschiedenen Trägern *nicht* ohne weiteres zugeordnet werden. Entwicklungsstrategische Unterschiede lassen sich hingegen bei den *unterschiedlichen Ansatzpunkten* der jeweiligen entwicklungspolitischen Bemühungen ausmachen. So setzen die staatlichen, und in der Regel auch die halbstaatlichen Träger ihre entwicklungspolitischen Maßnahmen auf nationaler oder zumindest regionaler Ebene an, was jedoch eine Voruntersuchung oder ein Pilotprojekt auf lokaler Ebene nicht ausschließt. Die nicht-staatlichen Träger (NGO) hingegen wählen die Mikroebene, sei es in Form bestimmter lokaler Gruppen, sei es in Form von Ortschaften, Dörfern oder Gemeinden als Ansatzpunkte ihrer Bemühungen. Der Klarheit halber sei unterstrichen, daß hier von unterschiedlichen Ansatzpunkten gesprochen wird und nicht von unterschiedlichen Konzeptionen. So liegt bei vielen NGO durchaus ein regionales oder nationales entwicklungspolitisches Gesamtkonzept vor, in dessen Rahmen die einzelnen Projekte auf Mikroebene *Modellfunktion* übernehmen.

Bei den durch die unterschiedlichen Ansatzpunkte charakterisierten Vorgehensweisen lassen sich somit idealtypisch ein *Makro-Ansatz* („macro-approach") und ein *Mikro-Ansatz* („micro-approach") unterscheiden. Man spricht analog auch von „macro-economic approach" und „micro-economic approach". [2]

Der macro-approach ließe sich den staatlichen und halbstaatlichen, der micro-approach den nicht-staatlichen Trägern zuordnen. Da entwicklungspolitische Bemühungen, Projekte bzw. Ziele auf der Mikroebene instrumental für die Makroebene sein können, ergänzen sich diese Ansätze eher, als daß sie ge-

---

[1]   Siehe zur Selbsthilfeorganisation als NGO: DÜLFER, E., Kooperative ... a.a.O., S. 1128.

[2]   Vgl. hierzu: o.V., Episcopal Relief Fund Misereor, in: DSE (Hrsg.), Self-help organizations ... a.a.O., S. 187–194, hier S. 192 ff.

geneinander arbeiten. Eigene Erfahrungen des Verfassers in und mit entwicklungspolitischen Institutionen in der Bundesrepublik und „vor Ort" in Afrika sowie die Lektüre einschlägiger schriftlicher Unterlagen zeigen, daß der Begriff der Selbsthilfeorganisation bei allen entwicklungspolitischen Trägertypen verwandt wird und die Selbsthilfeorganisation als entwicklungspolitisches Instrument bei allen eine wichtige Rolle spielt.

So läßt sich festhalten, daß der Begriff der Selbsthilfeorganisation im entwicklungspolitischen Raum grundsätzlich keinen bestimmten entwicklungspolitischen Träger bzw. „approach" impliziert, sondern es möglich ist, ihn verschiedenen Trägern bzw. dem Makro- und dem Mikro-Ansatz zuzuordnen. Es soll jedoch nicht verschwiegen werden, daß in neuerer Zeit vor allem von wissenschaftlicher Seite den entwicklungspolitischen NGO eine größere Effizienz bei der Förderung von Selbsthilfeorganisationen zugemessen wird, da „sie im allgemeinen gerade das tun, was staatliche Förderungseinrichtungen häufig unterlassen: Selbsthilfe-Inhalte werden eben nicht durch Überredung oder Verordnung oktroyiert, sondern aus den autonom formulierten Grundbedürfnissen oder den lokal-kulturell angepaßten, freimütig akzeptierten Entwicklungszielen von unten her partizipativ gestaltet." [1] Es verwundert nicht, daß von derselben Seite daher gefordert wird, in Zukunft entwicklungspolitische NGO in größerem Umfang als bisher in die SHO-Förderungsbemühungen einzubeziehen. [2]

Der Umstand, daß der SHO-Terminus in den siebziger Jahren im entwicklungspolitischen Raum zur Bezeichnung eines Instrumentes gebräuchlich wurde, das eindeutig weder einer bestimmten Konzeption bzw. Strategie noch einem bestimmten entwicklungspolitischen Träger oder „approach" zugeordnet werden kann, macht deutlich, daß mit diesem Vorgehen wohl offensichtlich we-

---

[1] HANEL, A., MÜLLER, J.O., MÜNKNER, H.H., Ausblick, in: Müller, J.O. (Hrsg.), Gesellschaftspolitische Konzeptionen der Förderung von Selbsthilfe durch Fremdhilfe in Afrika, Theorie und Praxis im Test konkreter Vorhaben, in: Studien und Berichte des Instituts für Kooperation in Entwicklungsländern, Nr. 13, Marburg/Lahn 1981, S. 114–125, hier S. 118.

[2] Vgl. z.B. KUHN, J., Voraussetzungen genossenschaftlicher Zusammenarbeit ... a.a.O., S. 87.

niger ein ganz bestimmtes entwicklungspolitisches Ziel bzw. Gesamtkonzept herausgehoben werden soll. Er weist vielmehr darauf hin, daß durch die Hervorhebung einer bestimmten, nämlich der auf der gemeinsamen Selbsthilfe basierenden Vorgehensweise grundsätzlich mehr der *Methode* zur Erreichung verschiedener Ziele Bedeutung zugemessen wird. Die absichtliche Wahl eines Begriffs, der die konkrete Ausprägung der Organisationsform vor Ort nicht wie der Genossenschaftsbegriff von vornherein einengt, unterstreicht diese Feststellung. Denn wenn die Methode, hier die der gemeinsamen Selbsthilfe, als von erheblicher Bedeutung betrachtet wird, dann muß sich dies auch darin niederschlagen, daß man keine dem Sinn der Methode widersprechende definitorische Einengung vornimmt. Wird es entwicklungspolitisch als positiv angesehen, daß Menschen in den Entwicklungsländern sich der Methode der gemeinsamen Selbsthilfe bedienen, so wäre es nicht konsequent, in irgendeiner Form auszuschließen, daß diese dann auch *selber* ihre *eigene* Organisations*form* der gemeinsamen Selbsthilfe bestimmen.

Am Ende dieses Abschnitts weist somit die Prüfung möglicher Implikationen des entwicklungspolitischen Kontextes, in dem der SHO-Begriff gebraucht wird, den Begriff als einen *pragmatisch politischen* Begriff aus, der die Selbsthilfeorganisation als ein allgemein politisches legitimiertes entwicklungspolitisches Instrument auffaßt. Seine Verwendung im entwicklungspolitischen Raum impliziert, wie aufzuzeigen versucht wurde, weder eine ganz bestimmte entwicklungspolitische Konzeption bzw. Strategie noch einen bestimmten entwicklungspolitischen Träger bzw. „approach". Jedoch geht wohl offensichtlich mit der Begriffsverwendung eine Betonung der *Methode* der Zielerreichung einher.

1.3. Die der Untersuchung zugrundegelegte Definition des Begriffs der Selbsthilfeorganisation

Ist bisher versucht worden, den Untersuchungsgegenstand vor allem durch den Hinweis auf seine Implikationen näher zu bestimmen, so gilt es nunmehr, eine Definition des SHO-Begriffs zu wählen, die der Untersuchung als Arbeitsdefinition dienen kann. [1] Da der Gegenstand dieser Untersuchung Selbsthilfeorganisationen in Entwicklungsländern sind, liegt es nahe, hierzu eine Definition aus dem entwicklungspolitischen Bereich auszuwählen. Um das Untersuchungsfeld nicht vorschnell zu sehr einzuengen, sei die von Dülfer und Baldus maßgeblich mitbeeinflußte Definition des Bundesministeriums für wirtschaftliche Zusammenarbeit gewählt, weil sie eingedenk der im ersten Abschnitt dieses Kapitels gemachten Einschränkungen [2] noch recht weit gefaßt ist, ohne der Ungenauigkeit Tür und Tor zu öffnen. Die beim Bundesministerium mit dieser bereits an früherer Stelle zitierten Definition [3] einhergehende Differenzierung zwischen „formalen" und „informalen" Selbsthilfeorganisationen [4] wird in dieser Arbeit mit übernommen. Die so vom SHO-Begriff ebenfalls mitumfaßten Organisationsformen gemeinsamer Selbsthilfe werden in der nachstehenden Festlegung des Ministeriums deutlich [5]:

„SHO, in denen die Rechte und Pflichten der Mitglieder sowie ihrer Vertretung nach außen (z.B. durch Satzung) eindeutig geregelt sind, werden als *formale SHO* bezeichnet; sonstige SHO werden als *informale SHO* bezeichnet. Traditionelle autochthone Kooperationsformen, die aus früheren Sozialstrukturen erhalten geblieben sind, werden dann als formale SHO

---

[1] Hierbei ist wie bisher an eine Definition im nominalistischen Sinne gedacht, das heißt, daß die Definition nur als Instrument zur Bezeichnung eines Sachverhaltes dient. Mit ihr soll hingegen keine Aussage über das „Wesen" des so bestimmten Sachverhaltes gemacht werden.

[2] Vgl. Abschnitt B 1.1., vor allem S. 35 ff. dieser Arbeit.

[3] Siehe hierzu Punkt (5) auf S. 30 dieser Arbeit.

[4] Vgl. BMZ (Hrsg.), Grundsätze ... a.a.O., S. 12.

[5] Ebenda S. 12.

betrachtet, wenn die Rechte und Pflichten der Mitglieder gewohnheitsrecht-
lich eindeutig bestimmt sind."

2. DER BEGRIFF: ENTWICKLUNGSLÄNDER

Der Begriff der „Entwicklungsländer" ist im Rahmen der nach dem Zweiten Weltkrieg einsetzenden „entwicklungspolitischen" Überlegungen und Bemühungen nicht nur in der Politik, sondern etwas später auch in den relevanten wissenschaftlichen Erörterungen geläufig geworden. [1] Als Bezeichnung
für die Adressaten der von den Industrieländern praktizierten „Entwicklungshilfe" [2] nimmt der Begriff offensichtlich auf politische Sachverhalte Bezug.
Es verwundert daher nicht, daß sich die im politischen Leben sowie die in
der wissenschaftlichen Diskussion sichtbar werdenden Meinungsunterschiede
in unterschiedlichen Definitionen des Entwicklungsländerbegriffs widerspiegeln. So gibt es selbst zwischen internationalen Gremien, wie der UNO und
der OECD, unterschiedliche Auffassungen darüber, welche Länder zu den
Entwicklungsländern zu zählen sind. [3] Auch im wissenschaftlichen Bereich
ist hierüber bisher keine vollständige Einigkeit erzielt worden, und die diesbezügliche Auseinandersetzung findet vor allem in unterschiedlichen Ansich-

---

[1] Zur grundsätzlichen Abhängigkeit entwicklungstheoretischer Überlegungen vom politischen
Bereich siehe: BÜSCHER, H., Handlungsorientierung ... a.a.O.; zum politischen Einfluß auf
den Entwicklungsländerbegriff siehe aber auch: BENECKE, D.W., Kooperation und Wachstum in Entwicklungsländern, in: Schriften zur Kooperationsforschung, A Studien, Band 2,
Tübingen 1972, S. 12 ff; SCHOECK, H., Entwicklungshilfe, München, Wien 1972, S. 7 ff.

[2] Zum Begriff sowie zu den bisherigen Formen der Entwicklungshilfe siehe u.a.: SCHOECK,
H., Entwicklungshilfe ... a.a.O.; WIESEBACH, H.P., Entwicklungspolitik II: Entwicklungshilfe ... a.a.O.

[3] Vgl. SCHOECK, H., Entwicklungshilfe ... a.a.O., S. 13; OECD/DAC, Efforts and Policies of
the Members of the Development Assistance Committee, Paris 1968, zitiert nach Benecke,
D.W., Kooperation ... a.a.O., S. 12.

ten über die ein Entwicklungsland charakterisierenden Merkmale ihren Niederschlag.

Wie in der Einleitung zu dieser Arbeit begründet, liegt der Schwerpunkt dieser Studie nicht auf der Diskussion unterschiedlicher Entwicklungs*theorien* und/oder entwicklungspolitischer *Ziele*. Es sollen vielmehr die Entstehung des entwicklungspolitischen *Instrumentes* „Selbsthilfeorganisation" mit seinen Grenzen und Möglichkeiten und das damit verbundene Evaluierungsproblem untersucht werden. Von daher sei hier auf eine ausführliche Darstellung der unterschiedlichen, jeweils bestimmte Entwicklungstheorien implizierenden Begriffsdefinitionen verzichtet.

Wenn an dieser Stelle im Rahmen der Bestimmung des Untersuchungsgegenstandes eine Arbeitsdefinition für Entwicklungsländer gegeben wird, muß, um bei diesem Vorhaben konsistent zu bleiben, es sich um eine Definition handeln, die *keine* bestimmte Entwicklungstheorie impliziert. Dies muß deshalb versucht werden, weil die Verwendung des SHO-Begriffs im entwicklungspolitischen Kontext eben keine bestimmte Entwicklungstheorie mitbeinhaltet. Wählte man nämlich eine Definition mit entwicklungstheoretischen Implikationen, bedeutete dies, daß man dem SHO-Begriff nachträglich über den Umweg einer Entwicklungsländerdefinition doch noch indirekt eine bestimmte Entwicklungstheorie zuordnen würde, obwohl die selber als Arbeitsdefinition gewählte SHO-Definition solche entwicklungstheoretischen Implikationen ausschließt.

Es scheint jedoch logisch und faktisch schwer vorstellbar, eine Entwicklungsländerdefinition zu finden, die nicht in irgendeiner und sei es noch so indirekter und versteckter Form bestimmte entwicklungstheoretische Elemente impliziert. Hiermit offenbart sich ein Dilemma. Zum einen wird eine Definition benötigt, die keine entwicklungstheoretischen Implikationen besitzt, zum anderen ist genau eine solche Definition schwer zu finden. Da im Rahmen dieser Untersuchung aber mit einem Entwicklungsländerbegriff gearbeitet werden muß, ergibt sich die Notwendigkeit, an dieser Stelle festzuhalten, was in dieser Arbeit unter „Entwicklungsländern" verstanden werden soll. Angesichts der obengenannten Problematik geschieht dies hier nicht mit einer (theoretischen) Definition — auf eine solche wird aus den obengenannten Gründen verzichtet —, sondern mit der Aufzählung all der Länder, deren Zuordnung zu den Entwicklungsländern heute als allgemein akzeptiert angenommen werden kann.

Die in dieser Arbeit vom Entwicklungsländerbegriff umfaßten Länder sind: [1]

a) in Afrika: alle Länder zwischen Tunesien im Norden und Lesotho und Swaziland im Süden, die — außer Liberia — ehemals Kolonien waren, jetzt jedoch UNO-Mitglieder sind;

b) im Nahen Osten: alle Länder außer Israel;

c) in Fernost und Asien: alle, auch die angrenzenden Länder des indischen Subkontinents, die Länder des Fernen Ostens von China bis zu den Inseln nördlich Australiens (Korea einschließlich);

d) in Süd- und Mittelamerika: außer einigen kleinen kolonialen Territorien des südamerikanischen Subkontinents alle Staaten dieser Region.

---

[1] Vgl. DÜLFER, E., Operational Efficiency of Agricultural Cooperatives in Developing Countries, (FAO), Rom 1974, S. 12.

3. DAS PROBLEM: ENTSTEHUNG VON SELBSTHILFEORGANISATIONEN IN ENTWICKLUNGSLÄNDERN

3.1. Grundsätzliche Bemerkungen zum Prozeß der Entstehung und seiner Analyse

Der Terminus „Entstehung" ist eine Substantivierung des Verbs „entstehen". Dieses Verb hatte ursprünglich anstatt des Präfixes „ent" das Präfix „in" [1], das Lage, Erstreckung und Bewegung in Raum und Zeit angibt. [2] Als sinnverwandte Ausdrücke für „entstehen" findet man daher häufig die Termini „werden" und „zu sein beginnen". [3] Mit „Entstehung" wird folglich ein Werdeprozeß bezeichnet, wobei mit dem Terminus der *ganze Zeitraum* eines Werdevorgangs, von seinem Anfang bis zu seinem Abschluß, umfaßt ist. An eine ausschließliche Betrachtung nur des Anfangszeit*punktes* ist somit *nicht* gedacht, wenn der Ausdruck „Entstehung" gebraucht wird.

Wenn in dieser Arbeit die Entstehung von Selbsthilfeorganisationen in Entwicklungsländern untersucht werden soll, so bedeutet dies mithin die Analyse eines Sachverhalts, der Ablauf- bzw. Prozeßcharakter besitzt. In der Wirtschaftswissenschaft ist man seit längerer Zeit vielfach der Ansicht, einen solchen Sachverhalt bzw. ein solches Phänomen, das im Laufe der Zeit, sei es in seinem quantitativen, sei es in seinem qualitativen Erscheinungsbild Änderungen unterworfen ist, als „evolutorisch" zu bezeichnen. [4] Den Gegensatz hierzu bilden nach dieser Sprachregelung „stationäre" Phänomene. [5]

---

[1] Vgl. DROSDOWSKI, G. et al. (Hrsg.), Herkunftswörterbuch der deutschen Sprache, Mannheim, Wien, Zürich 1963, S. 138.

[2] Vgl. ebenda S. 284.

[3] Vgl. z.B. ebenda S. 674.

[4] Vgl. SCHNEIDER, E., Einführung in die Wirtschaftstheorie, II. Teil, Wirtschaftspläne und wirtschaftliches Gleichgewicht in der Verkehrswirtschaft, Tübingen 1949, S. 186—192, hier S. 187.

[5] Vgl. ebenda S. 187.

Diesem wirtschaftswissenschaftlichen Sprachgebrauch sei in dieser Arbeit gefolgt und somit der Untersuchungsgegenstand als ein *evolutorischer* Sachverhalt bezeichnet.

Scharf zu trennen von dem gerade angesprochenen Problem der Beschaffenheit des Untersuchungsgegenstandes ist die Frage nach der Art und Beschaffenheit der Untersuchung selbst. [1] In Anlehnung an Schneider [2] lassen sich in diesem Zusammenhang grundsätzlich zwei verschiedene Analyseformen unterscheiden, die „statische" und die „dynamische". Bei der statischen Analyse bedient man sich ausschließlich solcher Relationen relevanter Variablen, bei denen sich die Werte der Variablen auf den *gleichen Zeitpunkt* (oder auf die gleiche Zeitperiode) beziehen. Arbeitet man mit Relationen relevanter Variablen, bei denen sich deren Werte auf *unterschiedliche Zeitpunkte* beziehen, so analysiert man dynamisch. Hierbei kommt es mit Hilfe der dynamischen Relationen zu Aussagen über *intertemporale kausale* oder interdependente Zusammenhänge. Da eine Kausalanalyse wiederum Aussagen über solche Zusammenhänge erfordert, ist sie mithin nur im Rahmen einer dynamischen Analyse denkbar.

Wie schon zu Anfang dieser Arbeit begründet worden ist, richtet sich das diese Untersuchung leitende Interesse auf die Analyse derjenigen Faktoren, die für die Entstehung von Selbsthilfeorganisationen in Entwicklungsländern unerläßlich sind, und auf das zeitliche Dependenz- und Interdependenzgeflecht dieser konstitutiven Variablen. Auf dem Hintergrund der bisherigen Ausführungen wird deutlich, daß dieses Untersuchungsinteresse eine kausalanalytische Fragestellung beinhaltet, die eine dynamische Form der Analyse verlangt. Die Untersuchung der Entstehung (von Selbsthilfeorganisationen in Entwicklungsländern) hinsichtlich ihrer konstitutiven Faktoren – häufig als *Voraussetzungen* bezeichnet – und ihres Beziehungsgeflechts stellt sich somit als Versuch einer *dynamischen* Analyse eines *evolutorischen* Phänomens dar.

---

[1] Vgl. SCHNEIDER, E., Einführung ... a.a.O., S. 189 f.
[2] Vgl. zu folgendem ebenda S. 188 ff.

Es mag eingewandt werden, daß bestimmte Entstehungsvoraussetzungen einen stationären Charakter besitzen bzw. mit der Zeit erhalten können. Dies mag sein, doch widerspricht dies nicht der oben gemachten Aussage, und zwar aus folgendem Grund: Analog zur Feststellung Schneiders, daß die *gesamte* Wirtschaft eines Landes nicht stationär zu sein braucht, obwohl einzelne wirtschaftliche Variablen stationär sind [1], sei hier betont, daß der sich in dieser Untersuchung vielleicht herausstellende stationäre Charakter einiger Voraussetzungen am evolutorischen Charakter des *gesamten* Entstehungsprozesses nichts ändert. So wie im wirtschaftlichen Bereich konstante Nettoinvestitionen eine gesamtwirtschaftliche Vergrößerung des Sachkapitalbestandes mit sich bringen, so kann man sich vergleichbare Auswirkungen eines einzelnen stationären Faktors auf eine Gesamtgröße auch im nicht-wirtschaftlichen, z.B. im sozialen Bereich vorstellen, wo beispielsweise eine konstante Motivation eines Einzelnen im Laufe der Zeit die Gesamtmotivation einer Gruppe erhöhen kann. Um im weiteren Verlauf dieser Arbeit keine Verständnisschwierigkeiten aufkommen zu lassen, sei sich im folgenden darum bemüht, immer genau die verschiedenen Untersuchungsebenen auseinanderzuhalten, d.h. immer exakt den Entstehungsprozeß als Ganzes von seinen Teilelementen zu unterscheiden.

3.2. Das komplexe Voraussetzungsfeld und seine Systematisierung

Zu Beginn dieses Teilabschnitts sei darauf aufmerksam gemacht, daß wegen der Weite des SHO-Begriffs so unterschiedliche Formen gemeinsamer Selbsthilfe von ihm umfaßt werden, daß bei den Voraussetzungen *unterschieden* werden muß zwischen *denen, die* für *alle* SHO-Formen unverzichtbar (universal) sind, und *solchen, die speziell* für die jeweiligen unterschiedlichen

---

[1] Vgl. SCHNEIDER, E., Einführung ... a.a.O., S. 187 f.

konkreten Ausprägungen von Selbsthilfeorganisation von konstitutiver Bedeutung sind.

Wie bereits in der Einleitung ausgeführt, richtet sich das Untersuchungsinteresse dieser Studie *nur* auf die zuerstgenannten SHO-Voraussetzungen, die hier als ,,allgemeine" Voraussetzungen von den zuletztgenannten ,,speziellen Voraussetzungen" abgehoben werden können.

Werden im Verlauf dieser Arbeit zur Darstellung des *eigenen* Untersuchungsansatzes und der mit ihm verbundenen gedanklichen Vorklärungen die Ausdrücke ,,SHO-Voraussetzungen" bzw. ,,Voraussetzungen" verwandt, so sind damit folglich — soweit nicht anders ausgewiesen — nur die ,,allgemeine Voraussetzung" gemeint, selbst wenn der betreffende adjektivische Zusatz fehlt. Wird der Ausdruck jedoch bei der *Wiedergabe fremder* Voraussetzungsanalysen gebraucht, die wie die nun folgenden oft von einem ganz anderen Erkenntnisinteresse geleitet werden, so kann ihm nicht dieselbe allgemeine Perspektive unterstellt werden.

Entsprechend dem komplexen Charakter der Selbsthilfeorganisationen sind bisher in Verbindung mit Untersuchungen ihrer Entstehung die unterschiedlichsten Bereiche auf SHO-Voraussetzungen hin analysiert worden, wobei die meisten dieser Analysen von der möglichen SHO-Form der Genossenschaft ausgehen. Als erstes für SHO-Voraussetzungen relevantes Gebiet sei an dieser Stelle der *wirtschaftliche* Bereich angesprochen, der bei den bisherigen Betrachtungen sehr häufig Erwähnung findet. Zu seiner Veranschaulichung seien im folgenden einige bisher besonders hervorgehobene Voraussetzungen aufgeführt.

So werden von Johannes Kuhn z.B., speziell auf Entwicklungsländer bezogen, die betrieblichen Mindestvoraussetzungen einer Genossenschaft betont. [1]

---

[1] Vgl. KUHN, J., Aspekte der Mitgliederpartizipation in ländlichen Genossenschaften der Entwicklungsländer, in: ZfgG, Band 31, Heft 1, 1981, S. 37—44.

Als solche hebt er vor allem eine richtige Betriebsgröße, die die Verwertung genossenschaftlicher Dienstleistungen erst ermöglicht, und einen nicht zu umfangreichen Subsistenzbereich bei den potentiellen Mitgliedern hervor. [1] Ein nicht zu umfangreicher Subsistenzbereich gestattet nämlich eine Marktproduktion, die er einerseits im Gegensatz zum Subsistenzbereich relevanter für die genossenschaftlichen Dienstleistungen hält, und die zum andern ein monetäres Mindesteinkommen ermöglicht, das für die im Rahmen der Errichtung einer Genossenschaft benötigten Anteilszahlungen erforderlich ist. [2] Auf die Bedeutung dieser Kapitalbildung durch Eigenleistung hat auch J.O. Müller in seiner bereits zitierten historischen Analyse der Entstehung der Genossenschaften in Europa vor 1900 abgehoben. [3] In den meisten Untersuchungen wird darauf hingewiesen, daß somit *individuelle wirtschaftliche Vorleistungen* durch die potentiellen Mitglieder als unverzichtbare Voraussetzung einer Genossenschafts- bzw. SHO-Entstehung erbracht werden müssen. [4]

Das *soziale* Feld bildet den zweiten Voraussetzungsbereich. Als wichtige Bedingung für die Entstehung einer Selbsthilfeorganisation wird hier vor allem die problematische Situation, in der sich potentielle SHO-Mitglieder befinden, hervorgehoben, von J.O. Müller als „Notlage" [5] bezeichnet. Betont wird ferner die Notwendigkeit einer Selbsthilfe*gruppe* [6], ohne deren Existenz die Entstehung einer Selbsthilfeorganisation nicht denkbar ist.

---

[1] Vgl. KUHN, J., Aspekte ... a.a.O. und d e r s ., Genossenschaftsfähigkeit (in Entwicklungsländern), in: HdG, Wiesbaden 1980, Sp. 753–755.

[2] Vgl. KUHN, J., Genossenschaftsfähigkeit ... a.a.O.

[3] Vgl. MÜLLER, J.O., Voraussetzungen ... a.a.O.

[4] In neuerer Zeit wurde dies u.a. von D. v.BRENTANO problematisiert: d i e s e l b e , Grundsätzliche Aspekte ... a.a.O., vor allem 4. Teil V. 4, S. 238–244.

[5] Vgl. MÜLLER, J.O., Voraussetzungen ... a.a.O., S. 75.

[6] Vgl. u.a. ebenda. Den Gruppenaspekt hat als einer der ersten hervorgehoben: DRAHEIM, G., Die Genossenschaft als Unternehmungstyp, Göttingen 1952, S. 19ff.

Ein weiteres Feld, in dem bisher Voraussetzungen für eine SHO-Entstehung ermittelt wurden, stellt der *politisch-rechtliche* Raum dar. Von verschiedener Seite wird beispielsweise auf die Notwendigkeit bestimmter Agrarverfassungen bzw. Bodennutzungssysteme hingewiesen, die Selbsthilfeorganisationen erst möglich machen. Dabei wird betont, daß Selbsthilfeorganisationen politische und rechtliche Ordnungen voraussetzen, die unter anderem Privatinitiative und freiwillige Zusammenschlüsse erlauben. [1] Wie im Rahmen dieses Abschnitts (B.3.) noch näher zu zeigen sein wird, können bei bestimmten SHO-Entstehungsprozessen neben ordnungspolitischen Regelungen auch einzelne prozeßpolitische, d.h. aufbaustrategische Maßnahmen Voraussetzungscharakter erhalten.

Akzentuiert durch den Gruppenaspekt und die Notwendigkeit individueller wirtschaftlicher Vorleistungen gelangte ferner der *psychologische* Bereich ins Blickfeld der bisherigen analytischen Betrachtungen. So wird dieser Bereich ausdrücklich angesprochen, wenn z.B. Georg Draheim und im Anschluß an ihn J.O. Müller individuelle Motivationen bei der Genossenschafts- bzw. SHO-Gründung, wie „Kooperativneigung" und „Genossenschaftsgeist", als Voraussetzungen problematisieren [2] und wenn beispielsweise Kuhn auf die Notwendigkeit von Vertrauen der Mitglieder zueinander und gegenüber den SHO-Verantwortlichen verweist. [3]

Bisherige Untersuchungen, die sich wie die hier vorliegende Arbeit um die Analyse des Entstehungsprozesses von Selbsthilfeorganisationen in *Entwicklungsländern* bemühen, sehen schließlich noch im *kulturellen* Bereich ein mögliches Feld von SHO-Hindernissen bzw. von SHO-Voraussetzungen.

---

[1] Vgl. z.B. MÜNKNER, H.H., Die Gründung und Entwicklung von SHO – sozio-kulturelle und rechtliche Aspekte, in: DSE (Hrsg.), Selbsthilfeorganisationen als Instrument ... a.a.O., S. 91–101, hier S. 96f.; BENECKE, D.W., Kooperation ... a.a.O.

[2] Vgl. DRAHEIM, G., Die Genossenschaft ... a.a.O., S. 19ff; MÜLLER, J.O. Motivation und Anleitung zur Partizipation von Selbsthilfeorganisationen, in: DSE (Hrsg.), Selbsthilfeorganisation als Instrument ... a.a.O., S. 175–202.

[3] Vgl. KUHN, J., Aspekte ... a.a.O., S. 43f.; d e r s ., Voraussetzungen ... a.a.O., S. 82f.

So messen beispielsweise Paul Trappe mit seiner Schilderung der in den afrikanischen Sozialstrukturen gegebenen genossenschaftlichen Elemente [1] sowie Hans Dieter Seibel mit seiner Darstellung „offener" und „geschlossener" Gesellschaften in Entwicklungsländern, die jeweils unterschiedliche Selbsthilfevoraussetzungen bedingen, [2] der Frage der kulturellen Gegebenheiten in den Entwicklungsländern eine große Bedeutung zu.

Neben der in diesem Abschnitt bisher vorgenommenen Unterscheidung der einzelnen Voraussetzungsbereiche liegen noch andere Versuche vor, die Voraussetzungen der Entstehung von Selbsthilfeorganisationen zu systematisieren. Aus einer systemanalytischen Sicht unterscheidet z.B. Horst Büscher zwischen den Voraussetzungen im Bereich des *Umweltsystems* und denen im Bereich des *personalen Systems*. [3] Hierbei sind zur „Umwelt" zum einen die „natürlichen" Bedingungen auf der Erde, wie geographische Tatbestände (z.B. Klima, Bodenbeschaffenheit, Rohstoff- und Wasservorkommen), rassische und ethnische Gegebenheiten, zu zählen, und zum andern sind ihr die durch die Menschen bedingten „sozio-kulturellen" Sachverhalte zuzurechnen. Letztere kommen unter anderem in Gesellschaftsschichtung, Gruppen- und Rollenregeln, Religion, Tabus, Normen und Traditionen zum Ausdruck.

Die Voraussetzungen im personalen System, d.h. diejenigen, die beim Menschen selbst lokalisiert werden können, werden bei Dorothee von Brentano noch weiter differenziert. Sie unterscheidet im Rahmen ihrer Analyse, bei dem sie außerdem das Zusammenspiel vieler Faktoren aus dem Umwelt- und Personalbereich betont, drei Voraussetzungsdimensionen: [4]

---

[1] Vgl. TRAPPE, P., Die Entwicklungsfunktion des Genossenschaftswesens, in: Maus, H. und Fürstenberg, F. (Hrsg.), Soziologische Texte, Band 31, Neuwied a.R., Berlin 1966, S. 141 ff.

[2] Vgl. SEIBEL, H.D., Voraussetzungen und Folgen von Selbsthilfeprojekten in der Dritten Welt, in: Matthes, J. (Hrsg.), Lebenswelt und soziale Probleme, Verhandlungen des 20. Deutschen Soziologentages zu Bremen 1980, Frankfurt a.M. 1981, S. 229–304; zur idealtypischen Unterscheidung von „offener" und „geschlossener" Gesellschaft siehe d e n s e l b e n , Struktur und Entwicklung, Stuttgart 1980.

[3] Vgl. BÜSCHER, H., Solidarische Selbsthilfe ... a.a.O., S. 38 ff.

[4] Vgl. v.BRENTANO, D., Grundsätzliche Aspekte ... a.a.O., S. 177–180.

a) objektive Voraussetzungen der Genossenschaftsentstehung,

b) die subjektive Bedeutung objektiver Voraussetzungen,

c) personengebundene Voraussetzungen der Genossenschaftsentstehung.

Die „objektiven Voraussetzungen" sind dem Umweltbereich zuzuordnen. Wie in einem späteren Kapitel [1] dieser Arbeit noch ausführlicher zu zeigen sein wird, hebt v. Brentano in Anlehnung an Weisser und Engelhardt hervor, daß diese objektiven Voraussetzungen erst durch die Wahrnehmung und Verarbeitung von seiten potentieller SHO-Mitglieder zu handlungsbedingenden Interessen bei den Individuen werden. Diese Wahrnehmung und Verarbeitung der Umweltfaktoren durch die betroffenen Menschen werden durch viele Faktoren beeinflußt. Dorothee v. Brentano nennt hier vor allem in Anknüpfung an Erkenntnisse der neueren Entscheidungstheorie nicht-persönlichkeitsspezifische, allgemein-biologische, soziale, kulturelle, aber auch gesellschaftlich nicht determinierbare Faktoren. Um die Genese genossenschaftsgeeigneter Zielvorstellungen erklärbar zu machen, führt sie die zweite analytische Voraussetzungsdimension der „subjektiven Bedeutung der objektiven Voraussetzungen" in ihre Untersuchung ein. Mit der dritten Voraussetzungsdimension der „personengebundenen Voraussetzungen" hebt sie auf das Problem der individuellen Motivation bei potentiellen Genossenschaftsmitgliedern zur Gründung einer Genossenschaft ab. Bei der Beeinflussung dieser individuellen Motivation spielt wiederum das ganze, schon bei der zweiten Voraussetzungsdimension erwähnte Spektrum an Faktoren eine Rolle.

Aus diesen sehr kurz gehaltenen Bemerkungen wird bereits deutlich, daß der Systematisierungsversuch v. Brentanos einer gedanklich konstruierten Chronologie folgt. Die ersten beiden Voraussetzungsdimensionen sollen den ersten Entstehungsschritt, nämlich die Genese genossenschaftsgeeigneter Zielvorstellungen, erklärlich machen, während die dritte den sich dann anschließenden Gründungsakt verstehbar machen soll.

---

[1] Vgl. Kapitel D.II.1. S. 173 ff. dieser Arbeit, in dem auf die von D. v.Brentano zugrundegelegte neuere Entscheidungstheorie näher eingegangen wird.

Den bisherigen Ausführungen ist zu entnehmen, daß Systematisierungsversuche im Feld der SHO-Voraussetzungen bisher *nur zu analytischen* Unterscheidungen, die *realtypische* Konstellationen *nicht* wiedergeben, geführt haben. Dies überrascht angesichts des komplexen, von vielen interdependenten Faktoren beeinflußten Sachverhalts nicht und scheint in absehbarer Zukunft auch nicht vermeidbar. Dieser rein analytische Charakter der Unterscheidungen von Voraussetzungen bei der Entstehung von Selbsthilfeorganisationen in Entwicklungsländern sollte auch bei den folgenden Ausführungen im Auge behalten werden, bei denen es darum geht zu klären, welche Systematisierung der Voraussetzungen dieser Arbeit zugrundegelegt werden soll.

Obwohl die Systematisierung Büschers als informativ angesehen wird, scheint sie für diese Arbeit nicht ausreichend. Wie im wissenschaftstheoretischen Kapitel dieser Arbeit dargelegt wurde, wird in dieser Untersuchung auch von einem *nichtdeterminierten* Bereich beim Menschen ausgegangen. Von der entwicklungspolitischen Perspektive her, die dieser Arbeit zugrundeliegt, scheint es deshalb von Interesse, im personalen Bereich gesellschaftlich, sozial oder sonst in irgendeiner Form beeinflußbare Voraussetzungen beim Menschen von denen zu unterscheiden, die nicht-determinierbar sind. Gewiß liegt eine solche Trennung in der Realität nicht vor. Die Voraussetzungen werden dem Beobachter immer nur kombiniert, gebündelt oder gemischt sichtbar. Eine *analytische* Trennung verspricht jedoch im Hinblick auf die Entwicklung geeigneter SHO-Förderungsstrategien fruchtbare Einblicke in den Entstehungsprozeß.

Auf den ersten Blick läge es daher nahe, von Brentanos Systematisierungsansatz zu übernehmen, der im personalen Bereich weiter differenziert. Bei ihm spielt jedoch der Aspekt der Nicht-Determiniertheit keine Rolle als Unterscheidungskriterium. Diese Aufgabe übernimmt vielmehr die gedanklich konstruierte Chronologie des Ablaufs des Entstehungsprozesses. Solche Aussagen über zeitliche Abfolgen im Entstehungsprozeß sind in dieser Arbeit jedoch erst als eines der Ergebnisse der Untersuchung möglich. Sie sollen daher nicht durch eine Systematisierung, und sei es auch nur ansatzweise, vorweggenommen werden. Aus diesem Grund und wegen des gewählten anderen Unterscheidungskriteriums der Nicht-Determiniertheit seien in dieser Arbeit die Voraussetzungen folgendermaßen systematisiert:

a) Umweltbereich:

  — objektive Voraussetzungen (Voraussetzungsebene I),

b) personaler Bereich:

  — subjektive (gesellschaftlich und biologisch bedingte) Bedeutung der objektiven Voraussetzungen (Voraussetzungsebene II),

  — individuelle, nicht determinierte Voraussetzungen (Voraussetzungsebene III).

Mit der Voraussetzungsebene III wird somit im Gegensatz zu D. v. Brentano auf diejenigen personengebundenen Voraussetzungen abgehoben, die nicht gesellschaftlich oder biologisch determiniert sind, d.h. weder gesetzesmäßig vorhersagbar noch durch soziale Einwirkung erzwingbar sind.

Wie der nächste Abschnitt deutlich machen wird, liegt dieser Untersuchung noch eine weitere Systematisierung im Feld der Voraussetzungen zugrunde. Sie erklärt sich durch das besondere Augenmerk, das aufgrund des entwicklungspolitischen Hintergrunds dieser Studie auf den Aspekt des Anstoßes zu einem SHO-Entstehungsprozeß gerichtet wird. Dieses so formulierte Interesse findet im folgenden seinen Niederschlag in der Frage nach dem *Anreger* einer SHO-Entstehung in Entwicklungsländern. Bei diesem Anreger setzt die zusätzliche Systematisierung an, wie der folgende Abschnitt zeigt.

3.3. Endogene und exogene Entstehung bei Selbsthilfeorganisationen in Entwicklungsländern

Vergegenwärtigt man sich die weiter oben herausgestellten Implikationen des SHO-Begriffs und die beschriebene Funktion der Selbsthilfeorganisationen im entwicklungspolitischen Kontext, so stößt man im Zusammenhang mit der Entstehungsfrage auf einen widersprüchlich erscheinenden Sachverhalt. Denn im Rahmen einer Selbsthilfeorganisation werden, wie bereits gezeigt, Handlungen ausgeführt, mit denen mehrere Personen versuchen, sich *selber* gemeinsam, gemäß *eigener* Vorstellungen aus *eigener* Kraft angesichts einer als problematisch empfundenen Situation zu helfen, während andererseits die instrumentale Rolle der Selbsthilfeorganisationen in der Entwicklungspolitik darauf hinweist, daß bei der Förderung bzw. Gründung von Selbsthilfeorganisationen durchaus auch an *Fremd*hilfe gedacht wird. So erhält man auf die entstehungsrelevante Frage nach dem *Anreger* unterschiedliche Antworten. Während nämlich das der Selbsthilfeorganisation inhärente Selbsthilfeprinzip einen *eigenen* Anstoß bzw. eine *eigene* Initiative zur Ingangsetzung des Entstehungsprozesses durch die Betroffenen und potentiellen zukünftigen SHO-Mitglieder selbst nahelegt, ist im Rahmen der Nutzung des entwicklungspolitischen Instrumentes „Selbsthilfeorganisation" ausdrücklich auch *fremde* Anregung durch Außenstehende vorgesehen.

Tatsächlich können, wie vor allem J.O. Müller und D. v. Brentano in ihren allerdings nicht auf Entwicklungsländern bezogenen Untersuchungen herausgearbeitet haben [1], bei der Entstehung von Selbsthilfeorganisationen beide Anregungsformen beobachtet werden. Ein großer Teil der Genossenschaften des neunzehnten Jahrhunderts ist z.B. von „Fremden" angeregt worden, d.h. die Genossenschaften wurden durch „Fremdhilfe zur Selbsthilfe" initiiert. Dies erscheint nur dann als widersprüchlich, wenn man — vielleicht

---

[1] Vgl. MÜLLER, J.O., Voraussetzungen ... a.a.O.; v.BRENTANO, D., Grundsätzliche Aspekte ... a.a.O.

eines Idealtyps wegen — der Definition der Selbsthilfeorganisation die Bestimmung, daß bei ihr die Anregung des Entstehungsprozesses immer von den Betroffenen selber ausgeht, als konstitutives Element beifügt. Wenn wie in dieser Arbeit dies nicht geschieht, scheint es jedoch ohne weiteres möglich, die realen Entstehungsprozesse bei Selbsthilfeorganisationen in Entwicklungsländern zu analysieren, ohne in definitorische bzw. logische Schwierigkeiten zu geraten.

J.O. Müller spricht im Zusammenhang mit der obengenannten Fremdanregung von einer Anregung „von oben und außen" [1]. Die so charakterisierte Anregung bezeichnet er als „Zugang von der Ebene besserer Einsicht in die sozialen, ökonomischen und politischen Zusammenhänge, aus der besseren Bildung, der sozialen Verantwortung und der tatkräftigen, gezielten Hilfe zur Selbsthilfe der wirtschaftlich Unterdrückten." [2] Mit dem Terminus „von oben und außen" bezeichnet er also ein Bündel von Sachverhalten. Das so gekennzeichnete Bedeutungsfeld ist im Verlaufe der Zeit um zusätzliche Aspekte erweitert worden. So bezeichnet Seibel, der den Terminus von Müller übernimmt und auf Selbsthilfeorganisationen in Entwicklungsländern bezieht, nicht-partizipativ verlaufende Anregungen als Anregungen „von oben" und Anregungen, die von Ausländern und nicht von den in den Entwicklungsländern heimischen Institutionen, Organisationen und Prozessen ausgehen, als Anregungen „von außen". [3] Auch im weiteren auf Termini von Müller zurückgreifend, bezeichnet er schließlich partizipative Anregung als Anregung „von unten" und einheimische Initiativen, die von einheimischen Gegebenheiten ausgehen, als Anregung „von innen".

---

[1] Vgl. MÜLLER, J.O., Voraussetzungen ... a.a.O., S. 127 et passim.

[2] Ebenda S. 162.

[3] Vgl. SEIBEL, H.D., Autochthone Kooperationsgruppen und ihre Eignung für die Projektarbeit: Ansätze zu einer „Entwicklung von unten und innen" durch einheimische Organisationen und Vereinigungen in ländlichen Gebieten, in: DSE (Hrsg.), Selbsthilfeorganisationen als Instrument ... a.a.O., S. 129—150, hier S. 129ff.

Unter die Ausdrücke „von oben" und „von außen" ließen sich weitere Sachverhalte fassen. So könnte jeder bewußte, aber auch *unbewußte* Einfluß, denen sich potentielle SHO-Mitglieder von seiten ihrer Umwelt ausgesetzt sehen, als „von außen kommend" bezeichnet werden. Das sich so ergebende weite Bedeutungsfeld, das in Diskussionen bereits ab und zu den Ausdrücken „von außen" und „von oben" zugrundegelegt wird, läßt die heute anzutreffende Vieldeutigkeit dieser Ausdrücke erkennen. Um zu einer für diese Untersuchung fruchtbaren und eindeutigen Unterscheidung der verschiedenen Anregungsprozesse zu kommen, seien daher die obengenannten Ausdrücke in dieser Arbeit nicht weiter verwandt. Vielmehr seien in dieser Untersuchung bei Selbsthilfeorganisationen in Entwicklungsländern *„endogene"* und *„exogene"* Anregung oder Anreger bzw. Entstehung unterschieden. Als Unterscheidungskriterium dient hierbei ausschließlich das *Verhältnis des bewußten Anregers* einer Selbsthilfeorganisation *zu* deren *zukünftigen Leistungen.*

Es wird in dieser Arbeit mithin dann von einer *endogenen* Entstehung einer Selbsthilfeorganisation in Entwicklungsländern gesprochen, wenn der SHO-Entstehungsprozeß von einem Betroffenen, d.h. von einem potentiellen *künftigen SHO-Mitglied,* das an den künftigen Leistungen der Selbsthilfeorganisation für sich selber interessiert ist, angeregt bzw. in Gang gesetzt worden ist. Es liegt eine *exogene* Entstehung vor, wenn der SHO-Entstehungsprozeß von einem Nicht-direkt-Betroffenen initiiert und in Gang gesetzt worden ist, d.h. von einem *künftigen Nichtmitglied* [1], das an den künftigen SHO-Leistungen für sich selbst nicht interessiert, sondern vielmehr motiviert ist, als Anreger oder „Promotor" [2] einer Selbsthilfeorganisation aufzutreten.

---

[1] Eine mögliche künftige Rolle dieses Anregers als Angestellter der Selbsthilfeorganisation, z.B. als „Mitarbeiter" oder „Geschäftsführer", sowie die denkbare zukünftige Funktion eines „rein fördernden Mitglieds" widersprechen nach der hier vertretenen Auffassung dem künftigen Status „Nichtmitglied" nicht.

[2] MÜLLER, J.O., Voraussetzungen ... a.a.O., S. 110 et passim.

Mit den Termini „endogen" und „exogen" wird somit nicht mehr als auf die künftige Stellung eines (bewußten) Anregers innerhalb („endogen") oder außerhalb („exogen") einer sich in der Zukunft bildenden Selbsthilfeorganisation abgehoben. Die Nationalität des Anregers, seine organisatorische Eingebundenheit bzw. Nicht-Eingebundenheit, seine Schichtzugehörigkeit, die Art seiner Vorgehensweise, die übrigen Motive der Anreger, all dies spielt bei dieser Unterscheidung keine Rolle. Die Frage nach der Endogenität bzw. Exogenität eines SHO-Entstehungsprozesses stellt sich so nicht als Frage nach dem Vorliegen diverser Umwelteinflüsse dar, sondern ist allein als Frage

1. nach der *Person* eines (bewußten) Anregers und

2. nach seiner künftigen, von ihm anvisierten Stellung zu den Leistungen einer künftigen Selbsthilfeorganisation

zu verstehen.

3.4. Endogen und exogen entstandene Selbsthilfeorganisationen in Entwicklungsländern

Sind endogene und exogene Entstehung bei Selbsthilfeorganisationen in Entwicklunsländern mithin theoretisch unterschieden, so empfiehlt es sich, erläuternd darzulegen, welche Selbsthilfeorganisationen demnach in der Realität der Entwicklungsländer welcher Entstehungsform zuzuordnen sind. Dabei geht es nicht darum, im einzelnen auf die jeweiligen Enstehungsvorgänge einzugehen – wie bereits mehrfach betont, ist dies die Aufgabe der sich später anschließenden Untersuchung –, sondern es wird allein versucht, zur Veranschaulichung des Endogenitäts-/Exogenitätsaspekts aus einer ex post-Betrachtung heraus verschiedene endogen bzw. exogen entstandene SHO-Formen in Entwicklungsländern anzuführen.

Obwohl bei den sie betreffenden Studien sehr wenige Untersuchungen des Anregerproblems vorliegen und man somit über wenige, empirisch belegte Anhaltspunkte verfügt, scheint es angesichts der allgemeinen, meist völkerkundlichen Erkenntnisse dennoch vertretbar, davon auszugehen, daß die *historischen,* d.h. heute nicht mehr existierenden Selbsthilfeorganisationen der Vergangenheit [1] von einigen Ausnahmen abgesehen endogen im dargelegten Sinne entstanden sind. In der Regel ebenfalls endogen entstanden sind neben diesen Selbsthilfeorganisationen der Vergangenheit ferner folgende drei SHO-Formen der Gegenwart:

a) die traditionellen Selbsthilfeorganisationen,

b) die halbtraditionellen Selbsthilfeorganisationen und

c) die neuen traditionalen Selbsthilfeorganisationen.

Bei dieser Differenzierung wird „traditionell" als „der herkömmlichen Struktur und Funktion treu, geblieben" verstanden, während mit „traditional" die bestimmte Eigenschaft einer Haltung wiedergegeben werden soll, gemäß der man sich an Bisherigem orientiert. Zum besseren Verständnis dieser Unterscheidung sei hervorgehoben, daß sich eine solche traditionale Orientierung durchaus auch auf Bereiche beziehen kann, die selbst nicht-traditioneller Natur sind. Solche nicht-traditionellen („modernen") Bereiche werden ex definitione auch nicht durch traditionale, d.h. sich an der bisherigen Tradition orientierenden Einflüsse und Einwirkungen zu traditionellen Bereichen. Denn traditionale Bemühungen ändern nichts an der für die „modernen" Bereiche gerade charakteristischen „Untreue", die sie zumindest bis zum Beginn dieser Einflüsse gegenüber den herkömmlichen Strukturen und Funktionen bewiesen haben.

---

[1] Vgl. hierzu z.B.: SEIBEL, H.D. und KOLL, M., Einheimische Genossenschaften in Afrika, in: Oberndörfer, D. (Hrsg.), Materialien des Arnold Bergsträsser-Instituts für kulturwissenschaftliche Forschung, Band 18, Freiburg i.Br. 1968; SEIBEL, H.D. und MASSING, A., Traditional Organizations and Economic Development, Studies of Indigenous Cooperatives in Liberia, New York, Washington, London 1974; DALTON, G. (Hrsg.), Tribal and Peasant Economics, Readings in economic anthropology, American Museum, Sourcebooks in Anthropology, 22, New York 1967.

Trotz manchmal geäußerter Skepsis findet man heute noch zahlreiche Beispiele *traditioneller* Selbsthilfeorganisationen in den Entwicklungsländern
vor. [1] Vor allem für Afrika werden sie oft bezeugt. So berichtet z.B. Trappe
in seinen Untersuchungen des ostafrikanischen Raums von Wassernutzungs-
vereinigungen, Fischergilden, Pflanzervereinigungen und zahlreichen Bünden. [2]
Für den westafrikanischen Raum hebt Seibel vor allem traditionelle *Arbeits-*
und *Spargenossenschaften* hervor. [3] Wirtschaftliches Ziel dieser Arbeitsgenossenschaften ist die Gegenseitigkeitshilfe auf den Feldern der Mitglieder zur
Erhöhung der Arbeitsproduktivität. Dabei werden vor allem folgende Arbeiten ausgeführt: Abholzen des Gestrüpps, Fällen der Bäume, Hacken, Graben,
Säen, Ernten. [4] Die Genossenschaftsmitglieder werden reihum jeweils von
einem Mitglied zur gemeinsamen Arbeit „eingeladen". Die einzige Art von
Entgelt, die der Feldeigentümer den „Gästen" entrichtet, besteht in dem
Essen und in den Getränken, die für sie von der Frau des „Gastgebers"
bereitet werden. [5]

Im Rahmen seines mehrmonatigen Auslandsaufenthaltes im westafrikanischen
Obervolta beim Volk der Dagara wurde der Verfasser selber mehrmals Zeuge
von Aktivitäten solcher Genossenschaften. In seinem Fall handelte es sich
um Rodungsarbeiten. Als Entgelt wurde während der Mittagspause, am Abend
und nach den Gepflogenheiten der Dagara, zumindest was die Getränke betrifft, schon am Morgen vor Beginn der Rodungsarbeiten von der Frau des

---

[1] Hierbei sind isolierte Landesteile in den Entwicklungsländern, in denen ebenfalls traditionelle Selbsthilfeorganisationen angenommen werden können, nicht in Betracht gezogen.

[2] Vgl. TRAPPE, P., Die Entwicklungsfunktion ... a.a.O., S. 141 ff.

[3] Vgl. SEIBEL, H.D., Traditional Cooperatives among the Kpelle in Liberia, in: Oberndörfer, D. (Hrsg.), Africana Collecta I, Düsseldorf 1968, S. 115–125; d e r s., Landwirtschaftliche Entwicklung in Afrika: Durch Einführung moderner oder Modernisierung traditionaler Genossenschaften, in: Zeitschrift für ausländische Landwirtschaft, Heft 3, 1968, S. 219–232; d e r s., Arbeitsgenossenschaften bei den Mano in Liberia, in: Afrika heute, Sonderbeilage Nr. 10, 1968; d e r s., Das liberianische Genossenschaftswesen, in: ZfgG, Heft 1, 1970, S. 61–70; d e r s., Das Entwicklungspotential autochthoner Kooperationsformen in Afrika, in: Archiv für öffent- liche und freigemeinnützige Unternehmen — Jahrbuch für nichterwerbswirtschaftliche Betriebe und Organisationen (Nonprofits), 13. Jg., 1981, S. 313–333.

[4] Vgl. SEIBEL, H.D., Landwirtschaftliche Entwicklung ... a.a.O., S. 223.

[5] Vgl. ebenda S. 224.

„Gastgebers" Hirsebier („dolo") und Hirsepüree („to") gereicht. Auf Befragen wurde das Gegenseitigkeitsprinzip betont, und ihre kooperative Selbsthilfe von der Arbeit angeheuerter und mit Bargeld entlohnter Arbeitsgruppen, die beim Nachbarvolk der Bobo bekannt seien, abgehoben.

Das Funktionieren traditioneller Spargenossenschaften, die in Ländern Westafrikas unter unterschiedlichen Bezeichnungen (wie z.B. „esusu", „dashi", „gbe", „sodyodyo", „sodzodzo", „bunyei") [1] bekannt sind, beschreibt Seibel am Beispiel einer Reisspargenossenschaft:
„Bei der Gründungsversammlung wird die Grundspareinheit bestimmt, beispielsweise eine Tasse Reis, und jedes Mitglied legt sich auf eine bestimmte Tasse Reis fest, die es wöchentlich sparen will. An einem bestimmten Tag bringen alle ihren Reis, und einer erhält die Gesamtmenge. Eine Sparrunde ist beendet, wenn jeder die Gesamtmenge sooft erhalten hat, wie er Spareinheiten wöchentlich beigetragen hat (in der Regel einmal)." [2]

Die Reisspargenossenschaften lenken die Aufmerksamkeit auf einen interessanten Sachverhalt bei den endogen entstandenen traditionellen Selbsthilfeorganisationen. Bei ihnen sind nämlich in der Vergangenheit häufig Anpassungen an die sich ändernde Umwelt festzustellen. So gibt es viele traditionelle Spargenossenschaften, die ursprünglich wie die Reisspargenossenschaft in Naturalien sparten, dann aber dazu übergingen, „primitives" Geld (wie z.B. Hufeisen, Eisen-, Kupfer- und Messingstäbchen, Angelhaken, Pfeilspitzen, Tuchstreifen, Salzkegel, Gin, Kaurimuscheln) [3] und schließlich „modernes" Geld zu sparen. Anzutreffen sind ebenfalls Spargenossenschaften, bei dem Unterschiedliches (z.B. Kaurimuscheln und „modernes" Geld) gleichzeitig gespart wird. Wen letztere Bemerkung verwundern sollte, sei auf die eigenen Erfahrungen des Verfassers verwiesen, der noch 1982 bei den Dagara in

---

[1] Vgl. SEIBEL, H.D., Landwirtschaftliche Entwicklung ... a.a.O., S. 224.

[2] Ebenda, S. 225.

[3] Vgl. EINZIG, P., Primitive Money. In its Ethnological, Historical and Economic Aspects, London 1951, S. 152f; JONES, G.J., Native and Trade Currencies in Southern Nigeria during the Eighteenth and Nineteenth Centuries, in: Africa, 1958, S. 43—54; zitiert nach Seibel, H.D., ebenda S. 224.

Obervolta zumindest auf dem Lande bei den preiswerten alltäglichen Gütern wie Eiern, Hirsefladen, Hühnern etc. zwei de facto gültige, nebeneinander existierende Währungen feststellen konnte: die Kaurimuschel und den west-afrikanischen Franc (CFA), zwischen denen auch untereinander ein fester Wechselkurs bestand. [1]

Diese Anpassungen ändern jedoch nichts am traditionellen Charakter dieser Selbsthilfeorganisationen, da die Mitglieder nicht nur der alten gegebenen Struktur, sondern auch der bisherigen Genossenschaftsfunktion „Sparen" treu bleiben. Bei den *halbtraditionellen* Selbsthilfeorganisationen haben die Anpassungsprozesse jedoch zu grundsätzlichen Modifizierungen der Traditio-nen geführt. Bei ihnen ist vor allem der Funktionsbereich im Laufe der Zeit insofern Änderungen unterworfen worden, als bei ihnen neue Funk-tionen ausgeführt werden, die zum Teil zusätzlich hinzugenommen sind, zum Teil die alten ablösen. Diese neuen Funktionen erklären sich aus den Kontakten der Betroffenen mit einem für sie bis dahin unbekannten Wirt-schaftssystem, das im Gegensatz zum bisher üblichen Selbstversorgungssystem unter anderem eine Produktion für den Markt, ein „modernes" Geldsystem und Lohnarbeit vorsieht. [2]

So führen bestimmte halbtraditionelle Selbsthilfeorganisationen — traditionell bleiben die Strukturen — im Gegensatz zu traditionellen Selbsthilfeorganisa-tionen auch Nichtmitgliedergeschäfte durch; z.B. arbeitet man in einer Ar-beitsgenossenschaft gegen Barzahlung auch auf Feldern von Nichtmitgliedern. Spargenossenschaften erweitern sich zu multifunktionalen Spar-, Kredit- und Investitionsgenossenschaften, bei denen das ersparte Kapital nicht am Jahres-ende verteilt, sondern z.B. in den Kauf eines Lastwagens oder in Handels-kapital angelegt wird. Eine ganz wichtige Änderung stellt die Produktion

---

[1] Am augenfälligsten wurde dieser Sachverhalt bei den sonntäglichen Messekollekten, bei dem die Kollektenkörbchen immer eine für europäische Augen ungewöhnliche Mischung beider Währungen enthielten.

[2] Siehe zu den folgenden Ausführungen: SEIBEL, H.D., Das liberianische ... a.a.O.; d e n - s e l b e n , Landwirtschaftliche Entwicklung ... a.a.O., S. 226 ff.

für den Markt dar. So sind viele Naturalienspargenossenschaften dazu über-
gegangen, ihre Naturalien zu vermarkten. Seibel macht in diesem Zusammenhang darauf aufmerksam [1], daß aus der Erkenntnis heraus, daß eine Produk-
tionausweitung in der gegebenen Situation nur durch die Aufhebung der ge-
schlechtlichen Arbeitsteilung möglich ist, sich bei den Vermarktungsgenossenschaften selbst Modifizierungen im strukturellen Bereich ergeben können.

Als letzte endogen entstandene SHO-Form seien schließlich die Selbsthilfeorganisationen erwähnt, die erst vor einigen Jahrzehnten im marktwirtschaftlichen Kontext entstanden sind und bei denen hinsichtlich ihrer Struktur und
Funktion eine bewußte oder unbewußte Orientierung an der Tradition unverkennbar ist. Zu solchen *neuen traditionalen* Selbsthilfeorganisationen zählen beispielsweise viele neu gegründete Vermarktungsgenossenschaften. Hierunter fallen aber ebenso zahlreiche Sparvereine oder Sparclubs, die sich in den
Städten neu gebildet haben, bei denen traditionelle Kooperationsmuster als
Grundlage dienen. [2] Im Gegensatz zu den in der neueren Zeit entstandenen
„modernen" Genossenschaften sind sie in der Regel ohne exogene Anregung entstanden.

Bei den Selbsthilfeorganisationen, die in den Entwicklungsländern *exogen*
entstanden sind, können diejenigen, die durch private Fremdhilfe angeregt
wurden, von den staatlich initiierten unterschieden werden. Als private
Fremdhelfer, die als zukünftige Nichtmitglieder SHO-Entstehungsprozesse in
Gang setzen, können verschiedene Personenkreise ausgemacht werden. So
lassen sich exogene SHO-Entstehungsprozesse beobachten, die von Priestern
bzw. Missionaren ausgehen, die meist schon längere Zeit vor Ort leben. Die
Motive dieser Geistlichen sind sehr unterschiedlich und lassen sich gewiß
nicht alle als „entwicklungspolitisch" kennzeichnen. In vielen Fällen werden
sie jedoch bei ihren Vorhaben von entwicklungspolitischen kirchlichen Orga-

---

[1] Vgl. SEIBEL, H.D., Landwirtschaftliche Entwicklung ... a.a.O., S. 227.
[2] Vgl. SEIBEL, H.D., Das Entwicklungspotential ... a.a.O., S. 323 ff., d e r s ., Autochthone ...
a.a.O., S. 133 f.

nisationen unterstützt. [1] Diese bereits erwähnten nicht-staatlichen entwicklungspolitischen Träger bemühen sich jedoch nicht nur um die Förderung bereits im Gang befindlicher SHO-Entstehungsprozesse, sondern versuchen ebenso, selber mit eigens dafür gewonnenen Fachkräften SHO-Entstehungsprozesse einzuleiten. Deshalb lassen sie sich ebenfalls wie auch die anderen entwicklungspolitischen Nicht-Regierungsorganisationen der Kategorie „privater Fremdhelfer" zuordnen. Das heißt jedoch nicht, daß ihre weitere wichtige Rolle als „Anreger der Anreger", der seine Partner zur SHO-Anregung animiert, übersehen wird.

Als uneigennützige zukünftige Nichtmitglieder, die die Entstehung einer Selbsthilfeorganisation in einem Entwicklungsland anregen, treten ferner — interessante Parallele zur Genossenschaftsentstehung in Europa — Mitarbeiter bzw. ehemalige Mitarbeiter des Erziehungswesens und der Verwaltung auf. So gibt es beispielsweise pensionierte Genossenschaftsbeamte, die in „ihr" Dorf zurückkehren und dort für die Gründung einer Selbsthilfeorganisation werben. Seibel erwähnt den Fall eines früheren Marineoffiziers, der nach dem Tode des früheren Häuptlings, seines Onkels mütterlicherseits, Häuptling wurde und, weil er „etwas für das Dorf tun wollte", eine Mehrzweckgenossenschaft gründete. [2]

In Obervolta wurde der Verfasser im Rahmen der „Association 6S", einer internationalen Vereinigung zur Förderung von Selbsthilfe vor allem in den Sahelländern [3], selber Zeuge von SHO-Entstehungsprozessen, die zum Teil von einem einheimischen ehemaligen Mitarbeiter staatlicher ländlicher Entwicklungsprogramme, zum Teil von einem einheimischen ehemaligen Volksschulrektor in Gang gesetzt wurden. Der letztere hatte nach langjähriger

---

[1] Vgl. DÜLFER, E., Feldforschung und Entwicklungshilfe im ländlichen Genossenschaftswesen der Entwicklungsländer, in: Zeitschrift für ausländische Landwirtschaft, 8. Jg., 1969, S. 93 bis 109, hier S. 98 f.

[2] Vgl. SEIBEL, H.D., Das Entwicklungspotential ... a.a.O., S. 329.

[3] Die sechs „S" geben sechs Anfangsbuchstaben des folgenden Mottos der Vereinigung wieder: „Se servir de la saison sèche en savanne et en sahel!"

erfolgreicher Tätigkeit seine Stelle gekündigt, weil er „es satt war, halbge-
bildete Jugendliche heranzuziehen, die sich für die Landarbeit zu schade
vorkommen".

Nach dieser Erläuterung privater exogener Anregung sei zum Schluß dieses
Abschnitts noch auf die staatliche bzw. halbstaatliche exogene SHO-Anre-
gung eingegangen. Hier zuzuordnen sind die „klassischen" nationalen oder
internationalen SHO-Projekte, die mit Entwicklungshelfern mit Zwei- oder
Dreijahresverträgen arbeiten. Solche Projekte werden in der Bundesrepublik
Deutschland für die Bundesregierung vor allem von der Gesellschaft für
Technische Zusammenarbeit (GTZ) und dem Deutschen Entwicklungsdienst
(DED) durchgeführt. Die bedeutende Stellung der staatlichen exogenen SHO-
Anregung läßt sich unter anderem daran ablesen, daß in der Bundesrepublik
allein von staatlicher Seite von 1971—1976 über 112 Mill. DM für die
Genossenschaftsförderung in den Entwicklungsländern aufgewandt wurden. [1]
Der hier nur angedeutete Einfluß (nationaler und internationaler) staatlicher
exogener Anregung hat oft den Eindruck aufkommen lassen, daß die exogene Entstehung von Selbsthilfeorganisationen in Entwicklungsländern grundsätzlich auf staatliche Anregung zurückgeht. Die bisherigen Ausführungen
haben jedoch gezeigt, daß dem nicht so ist. Vielmehr muß der Klarheit
halber betont werden, daß man in den Entwicklungsländern durchaus Selbsthilfeorganisationen antreffen kann, die zwar exogen entstanden sind, bei deren Entstehung jedoch weder ein entwicklungspolitischer Träger noch notwendigerweise eine entwicklungspolitische Motivation eine Rolle gespielt
haben.

---

[1] Vgl. BALDUS, R.D., Selbsthilfe — Förderung in der deutschen Entwicklungspolitik, in:
Müller, J.O. (Hrsg.), Gesellschaftspolitische Konzeptionen ... a.a.O., S. 44—52, hier S. 50.

3.5. Die Entstehung von Selbsthilfeorganisationen in Entwicklungsländern aus entwicklungspolitischer Perspektive

Zur Verdeutlichung der entwicklungspolitischen Perspektive, die hier auf ihre Konsequenzen für die Untersuchung von SHO-Entstehungsprozessen durchleuchtet wird, sei daran erinnert [1], daß die bisherigen auf Selbsthilfeorganisationen bezogenen entwicklungspolitischen Bemühungen auf zwei Vorhaben abzielten, und zwar vor allem auf die Gründung von Selbsthilfeorganisationen, aber auch auf die Förderung bereits bestehender. Das zuerst genannte Anliegen der SHO-Gründung beinhaltet den Versuch einer *exogenen* Anregung und rückt somit den exogenen SHO-Entstehungsprozeß in den Vordergrund des Untersuchungsinteresses. Die erklärte Absicht, nicht nur Selbsthilfeorganisationen zu gründen, sondern auch bereits bestehende zu unterstützen, läßt die entwicklungspolitisch motivierte Analyse jedoch auch endogene SHO-Entstehungsprozesse in die Betrachtung mit einbeziehen. Denn bereits bestehende Selbsthilfeorganisationen in den Entwicklungsländern können durchaus endogen entstanden sein, und die Kenntnis des jeweiligen endogenen Entstehungsvorgangs einer bereits bestehenden Selbsthilfeorganisation liefert dem Entwicklungspolitiker wichtige Informationen über die Grenzen und Möglichkeiten des zur Förderung vorgesehenen entwicklungspolitischen Instrumentes.

Die Analyse endogener SHO-Entstehungsprozesse drängt sich noch aus einem weiteren Grund bei dieser Untersuchung auf. Gerade wenn die *exogene* Anregung einer Selbsthilfeorganisation im Vordergrund des Untersuchungsinteresses steht, sind Kenntnisse *auch endogener* Entstehungsabläufe von großem Wert. Sie ermöglichen nämlich eine Übersicht über die für eine (endogene) SHO-Entstehung konstitutiven Komponenten, von denen angenommen werden kann, daß sie bei einer exogenen Entstehung bei den Betroffenen anfangs zum Teil fehlen und somit erst vom exogenen Anreger geschaffen werden

---

[1] Siehe B.1.2., Seite 41 ff. dieser Arbeit.

müssen. Will man genauer erforschen, worin die Beiträge der Anreger bei einem exogenen SHO-Entstehungsprozesses liegen, so lassen sich solche Fremdhilfen leichter lokalisieren, wenn aufgrund von Analysen endogener Entstehungsprozesse schon Kenntnisse über die grundsätzlichen SHO-Voraussetzungen vorliegen.

Bevor am Schluß dieses Abschnitts die für diese Untersuchung notwendige Präzisierung des Entstehungsproblems resümierend vorgenommen wird, sei der Charakter der Fremdhilfe exogener Anreger im Rahmen der Entwicklungspolitik noch etwas genauer betrachtet. Ihr Versuch, auf Menschen in den Entwicklungsländern dahingehend einzuwirken, daß diese sich selbst helfen und zu einer Selbsthilfeorganisation zusammenschließen, kann als eine politische Aktivität bezeichnet werden. Jedoch wurde bereits darauf aufmerksam gemacht, daß das entwicklungspolitische Instrument „Selbsthilfeorganisationen" keiner speziellen entwicklungspolitischen Konzeption oder entwicklungspolitischer Strategie allein zugeordnet werden kann. Vielmehr war deutlich geworden, daß mit der Selbsthilfeorganisation in der Entwicklungspolitik die Betonung einer *Methode* der Zielerreichung, und zwar der der gemeinsamen Selbsthilfe, einhergeht. Dies spiegelt sich in der Regel auch im Vorgehen der exogenen entwicklungspolitischen SHO-Anreger wider.

Wollen sie sich nämlich nicht in einen Widerspruch zur „Methode" der gemeinsamen Selbsthilfe mit ihren unter anderem psychischen Voraussetzungen bei den Betroffenen — wie Selbstbewußtsein, Selbstverantwortungsbewußtsein, Selbstvertrauen und der Bereitschaft zur Selbstbestimmung — begeben, so müssen sie bei ihrem Vorgehen auf die eigenen Vorstellungen und Entscheidungen der Betroffenen immer Rücksicht nehmen. Dies bedeutet aber auch, daß die Anreger, die sich so ergebende grundsätzliche Offenheit des exogenen Anregungsprozesses, die das Risiko eines Anregungsmißerfolges einschließt, akzeptieren. Dies schlägt sich bei ihrem Vorgehen schließlich darin nieder, daß sie Zwang und Gewalt zur größtmöglichen „Gewährleistung" der Erreichung ihrer Anregungsziele und zur Vermeidung des obengenannten Risikos ablehnen und unterlassen.

Einem solchen entwicklungspolitischen Vorgehen, bei dem der Verzicht auf Zwang und Gewalt die methodische Konsequenz aus der Beschaffenheit des Anregungszieles „gemeinsame Selbsthilfe" darstellt, kann ein besonderer Charakter zugesprochen werden. Zur Kennzeichnung einer solchen möglichen Eigentümlichkeit beim exogenen SHO-Anregungsprozeß werden in der Literatur verschiedene, aber gleichzeitig sehr verwandte Ausdrücke gebraucht. So spricht Dülfer bei der Erörterung der Beziehung zwischen Staatsverwaltung und Genossenschaften im Vergleich mit den Verhältnissen in Europa in den Entwicklungsländern von einem „*Edukationsmodell*"[1]. Dieses Modell, bei dem die Genossenschaftsanreger ihre Aktivität als Erziehungs- und Bildungsarbeit auffassen, unterscheidet er deutlich vom „Administrationsmodell", das Spiegelbild reinen staatlichen Dirigismusses ist, bei dem die potentiellen SHO-Mitglieder nur Ausführende, nicht Selbstbestimmende sind.

Aufgrund der partizipativen Elemente innerhalb einer Selbsthilfeorganisation hebt nicht nur Dülfer auf einen „*edukationalen* Ansatz"[2] oder den „Denkansatz des *Pädagogen*"[3] ab. Ebenso betont Hanel, daß sich für „die integrative Partizipation der Mitglieder bei (der) Erarbeitung von und (der) Beschlußfassung über Anreiz-Beitragssysteme und Verteilungsregeln"[4] die Realisierung eines „*edukativ*-motivierenden"[5] Förderungsstils anbietet. Rückblickend bedauert er, daß in den letzten Jahrzehnten der Selbsthilfeförderung „der ursprünglich intendierte edukative, auf Information, Ausbildung, Beratung und Hilfe zur Selbsthilfe gegründete Förderungsstil (...) zunehmend durch einen 'paternalistischen' Ansatz, nicht selten aber auch durch einen administrativ-bürokratischen Pragmatismus verdrängt (wurde)."[6]

---

[1] DÜLFER, E., Feldforschung ... a.a.O., S. 101 f. Im Original nicht kursiv gedruckt.

[2] DÜLFER, E., Kooperative Organisationen ... a.a.O., Sp. 1128. Im Original nicht kursiv gedruckt.

[3] DÜLFER, E., Leitfaden ... a.a.O., S. 19. Im Original nicht kursiv gedruckt.

[4] HANEL, A., Staatliche Entwicklungspolitik ... a.a.O., S. 161. Klammerergänzungen vom Verfasser; im Original nicht kursiv gedruckt.

[5] Ebenda S. 161; im Original nicht kursiv gedruckt.

[6] HANEL, A., Aspekte ... a.a.O., S. 33; Klammerergänzen vom Verfasser.

Neben dem von ihm bevorzugten „edukativ-motivierenden 'partizipatorischen' Förderungsstil" [1] und der damit verbundenen „sozialökonomisch zu interpretierende(n) Grundstrategie" [2] findet bei ihm noch eine andere Strategie als zweites mögliches SHO-Anregungsvorgehen Erwähnung, und zwar „eine als *sozialpädagogisch* zu charakterisierende" [3]. Den Unterschied beider Strategien sieht er darin, daß bei der „sozial-ökonomischen" die Förderer im Konsensus mit den potentiellen Mitgliedern am Anfang erforderliche Entscheidungen selber treffen und diese im Mitgliederauftrag auch selber realisieren, während bei der sozialpädagogischen Strategie die Förderer potentielle Mitglieder befähigen wollen, *alle* mit der Gründung einer Selbsthilfeorganisation und der Errichtung eines Kooperationsbetriebes zusammenhängende Probleme *selbst* zu erkennen, entsprechende Entscheidungen *selbst* zu fällen und auszuführen sowie die Selbsthilfeorganisation *ausschließlich aus eigenen* Mitteln zu finanzieren. [4] Es wird deutlich, daß trotz der Differenzierung bei beiden Vorgehensweisen pädagogischen Elementen eine nicht unwesentliche Bedeutung zugemessen wird.

Wie Dülfer und Hanel ebenso mit den bisherigen unzulänglichen, dem angedeuteten SHO-Konzept manchmal widersprechenden exogenen Anregungsversuchen konfrontiert, spricht Bodenstedt eher kritisierend von einer *„pädagogisch-didaktisch* eingesetzten Form von Selbsthilfe" [5], wenn er die SHO-Initiierungsversuche der Vergangenheit kennzeichnen will. Auf das pädagogische Element kommt schließlich — hier wieder mit einem positiven Vorzeichen — Müller in seiner historischen Analyse der Genossenschaftsentstehung in Europa im 19. Jahrhundert zu sprechen, aus der seiner Meinung nach auch für die exogene Anregung von Selbsthilfeorganisationen in Entwicklungsländern

---

[1] HANEL, A., Probleme ... a.a.O., S. 139.

[2] HANEL, A., Staatliche Entwicklungspolitik ... a.a.O., S. 156; Klammerergänzung vom Verfasser.

[3] Ebenda S. 156; im Original nicht kursiv gedruckt.

[4] Vgl. ebenda S. 156.

[5] BODENSTEDT, A.A., Selbsthilfe ... a.a.O., S. 2; im Original nicht kursiv gedruckt.

zu lernen sei. [1] Er unterstreicht die Bedeutung der „Erziehung" [2] bei den Entstehungsvorgängen gegenüber „unpersönlicher Propaganda für eine Masse" [3] und macht in diesem Zusammenhang auf den mit dem pädagogischen Element verknüpften Aspekt des „mikrosoziologischen Zugangs" [4] der historischen Genossenschaftsanreger aufmerksam. Dieser mikrosoziologische Zugang der die Beschäftigung der Anreger bzw. „Genossenschaftspromotoren" [5] mit einer *kleinen Gruppe,* deren Bildung einer jeden Selbsthilfeorganisation vorausgeht, zum Inhalt hat, erinnert an den bereits besprochenen „microapproach" der entwicklungspolitischen Non-Governmental-Organizations. Seine Überlegenheit gegenüber dem „macro-approach" bei der SHO-Anregung ließe sich hier möglicherweise historisch fundieren.

Faßt man die bisherigen Ausführungen zusammen, so läßt sich das Anliegen dieser Arbeit, den Entstehungsprozeß von Selbsthilfeorganisationen in Entwicklungsländern zu untersuchen, folgendermaßen präzisieren: Gegenstand der dynamischen Analyse dieser Arbeit ist ein evolutorisches Phänomen. Bei diesem sind drei Voraussetzungsebenen zu unterscheiden, nämlich im Umweltbereich die „objektiven Voraussetzungen" und im Personalbereich die „subjektive (gesellschaftlich und biologisch bedingte) Bedeutung der objektiven Voraussetzungen" sowie die „individuellen, nicht determinierten Voraussetzungen". Außerdem werden bei ihm endogene und exogene Entstehungsprozesse differenziert. Die dieser Arbeit zugrundeliegende entwicklungspolitische Perspektive rückt zwar den exogenen Anregungsprozeß in den Vordergrund des Interesses, läßt den Untersuchenden jedoch auch nach den Voraussetzungen eines endogenen Entstehungsprozesses fragen, da auch die Förderung bereits bestehender Selbsthilfeorganisationen, die eventuell auch endogen entstanden

---

[1] Vgl. MÜLLER, J.O., Kritische Bemerkungen zum Konzept der Selbsthilfe und dem Problem ihrer exogenen Anregung, mit einem Blick auf historische Erfahrungen, in: DSE (Hrsg.), Selbsthilfeorganisationen als Instrument ... a.a.O., S. 81—88, vor allem S. 85.

[2] MÜLLER, J.O., Voraussetzungen ... a.a.O., S. 126.

[3] Ebenda S. 126.

[4] Vgl. ebenda S. 124 ff.

[5] Ebenda S. 101 et passim.

sein können, vorgesehen ist. Die Untersuchung des endogenen SHO-Entstehungsprozesses empfiehlt sich aber auch deswegen, weil von einer systematischen Analyse dieses Entstehungsvorgangs Erkenntnisse für den Ablauf eines exogenen SHO-Entstehungsprozesses erwartet werden können. Schließlich ist deutlich geworden, daß die in dieser Arbeit auf ihre Erklärungskraft hin zu prüfenden wissenschaftlichen Ansätze nicht nur wirtschaftliche, soziale, politisch-rechtliche, psychologische und kulturelle, sondern gewiß auch *pädagogische* Sachverhalte berücksichtigen müssen, da letztere offensichtlich bei SHO-Anregungsprozessen eine nicht unwesentliche Rolle spielen. Auf diese pädagogischen Elemente wird im Kapitel C noch gesondert eingegangen werden.

4. DIE EVALUIERUNGSFRAGE BEI DER ENTSTEHUNG VON SELBSTHILFEORGANISATIONEN IN ENTWICKLUNGSLÄNDERN

4.1. Begrenzung auf die Bewertung exogener Entstehungsprozesse

Das im Einleitungskapitel erläuterte Anliegen dieser Untersuchung lenkt bei der hier fortzusetzenden Bestimmung des Untersuchungsgegenstandes die Aufmerksamkeit abschließend auf die Frage, wie und in welcher Form man sich eine Bewertung von SHO-Entstehungsprozessen in Entwicklungsländern vorstellen kann. Auf dem vorangegangenen Abschnitt aufbauend ließe sich in einem ersten Klärungsschritt zwischen einer Bewertung endogener und einer Bewertung exogener SHO-Entstehungsprozesse unterscheiden. Angesichts einer solchen Unterscheidung gälte es, vorab zu klären, ob im Rahmen dieser Arbeit dem Bewertungsproblem bei beiden oder nur bei einem der beiden SHO-Entstehungsprozesse nachgegangen werden soll.

In der entwicklungspolitischen Praxis, zu der in dieser Studie durch die Erörterung von Bewertungsfragen, d.h. von Problemen der sogenannten „Evaluierung", ein direkter Bezug hergestellt werden soll, stand lange Zeit die exogene Anregung von Selbsthilfeorganisationen gegenüber der Förderung bereits bestehender, endogen entstandener Selbsthilfeorganisationen im Vordergrund.

Auch wenn in den letzten Jahren eine Intensivierung und Verstärkung der Förderung endogen entstandener Selbsthilfeorganisationen immer eindringlicher gefordert werden[1] und in dieser Richtung ein Umdenken ansatzweise sichtbar wird, scheint es jedoch verfrüht, davon auszugehen, daß eine grundsätzliche Schwerpunktverlagerung entwicklungspolitischer Maßnahmen hin zur Förderung endogen entstandener Selbsthilfeorganisationen bereits stattgefunden hat. Indessen selbst wenn Schwerpunkte in Zukunft derartig verlagert würden, behielte die exogene SHO-Anregung auch weiterhin einen nicht zu vernachlässigenden Stellenwert.

Die hier vorliegende Untersuchung ist, soweit sie sich auf die Praxis beziehen soll, als ein Verbesserungsvorschlag gedacht. Nach Ansicht des Verfassers besitzen Verbesserungsvorschläge, die die *gegebene* entwicklungspolitische Realität zu ihrem *Ausgangspunkt* nehmen, *größere Verwirklichungschancen* als solche, bei denen in der Zukunft erst noch vorzunehmende Änderungen die Vorschlagsgrundlage bilden. Daher wird in dieser Arbeit die Untersuchung der Evaluierungsfrage wegen der oben erwähnten Sachverhalte auf die Analyse der Bewertungsfragen bei *exogenen* SHO-Entstehungsprozessen konzentriert bzw. beschränkt.

Als das der Bewertungsdiskussion dieser Arbeit zugrundeliegende Evaluierungs*objekt* ließen sich im Anschluß an diese Beschränkung die *allgemeinen* Voraussetzungen[2] mit ihrem zeitlichen bzw. kausalen Dependenz- und

---

[1] Vgl. z.B. SEIBEL, H.D., Landwirtschaftliche Entwicklung ... a.a.O.; d e r s ., Autochthone Kooperationsgruppen ... a.a.O.

[2] Vgl. zum Begriff „allgemeine Voraussetzungen" S. 65 f.

Interdependenzgeflecht bei der exogenen SHO-Entstehung festhalten. Es wird deutlich, daß Untersuchungsgegenstand und Evaluierungsobjekt zwar nicht völlig identisch sind, sich aber teilweise decken. Überhaupt empfiehlt es sich, im weiteren Verlauf dieser Studie die Untersuchungsperspektive und die Evaluierungsperspektive korrekt auseinanderzuhalten.

Der Unterschied zwischen den beiden Perspektiven, aber auch ihre gegenseitige Verflochtenheit werden deutlicher, wenn man sich klarmacht, daß die Untersuchungsperspektive dieser Arbeit sich auf einen Untersuchungsgegenstand richtet, der durch *zwei verschiedene Ebenen* gekennzeichnet wird. So befinden sich Selbsthilfeorganisationen, Entwicklungsländer und SHO-Entstehungsprozesse auf der sogenannten „Objektebene", während die andere Komponente des Untersuchungsgegenstandes, die Frage der Evaluierung, bereits (bewertende) Aussagen über die Objektebene beinhaltet, einen Vorgang also, den man, falls Aussagensysteme vorliegen, der sogenannten „Meta-Objektebene" oder „Theorieebene" zuordnet [1].

Die Evaluierungsperspektive spiegelt diese Komponente des Untersuchungsgegenstandes wider. Sie selbst bezieht sich wiederum auf die Objektebene, wo sie sich bewertend auf ihr Evaluierungsobjekt richtet, das in dieser Arbeit durch die allgemeinen Voraussetzungen (einschließlich ihres zeitlichen bzw. kausalen Beziehungsgeflechts) einer exogenen SHO-Entstehung gebildet wird. Dieses so abgegrenzte Evaluierungsobjekt ließe sich mit Begriffen der Mengenlehre als „Teilmenge" der „(Gesamt)Menge" des Untersuchungsgegenstandes bezeichnen. Denn in dieser Arbeit werden, wie schon früher dargelegt, zuerst exogene *und* endogene SHO-Entstehungsprozesse untersucht, und erst im zweiten Schritt bei der Erörterung der Evaluierungsproblematik wird die Betrachtung auf exogene SHO-Entstehungsprozesse begrenzt.

---

[1] Vgl. zu diesen unterschiedlichen Ebenen und zur Terminologie z.B. JONGEBLOED, H.C. und TWARDY, M., Wissenschaftstheoretische Voraussetzungen ... a.a.O., S. 17 f.

4.2.   Der Evaluierungsbegriff

Im vorangegangenen Abschnitt wurde der Ausdruck „Evaluierung" unkommentiert als Synonym für „Bewertung" verwandt. Da mit diesem Wort herkömmlicherweise, sei es in der Bundesrepublik, sei es international, aber verschiedene Begriffe und außerdem unterschiedliche Methoden in Verbindung gebracht werden, ist es erforderlich, näher auf den Terminus bzw. den Begriff „Evaluierung" einzugehen.

4.2.1. Begriffskomponenten

„Evaluierung" ist die eingedeutschte Form der englischen und französischen Wörter „evaluation" bzw. „évaluation" (ursprünglich lateinisch), die „Auswerten" und „Bewerten" bedeuten. [1] Der Terminus „evaluation" erlangte zuerst in den USA im Zusammenhang mit staatlichen Wohlfahrtsprogrammen und Verwaltungsreformen wissenschaftliche Aufmerksamkeit. [2]

In der Bundesrepublik Deutschland fand der Evaluierungsausdruck und das mit ihm begrifflich ausgedrückte Forschungsinteresse zuerst im Bildungsbereich Eingang. [3] Von diesem Bereich weitgehend isoliert, diskutierte man na-

---

[1]   Statt der Eindeutschung „Evaluierung" findet man im deutschen Sprachraum, vor allem im Bildungsbereich, auch den Terminus „Evaluation" vor. Siehe z.B.: WULF, C. (Hrsg.), Evaluation, Beschreibung und Bewertung von Unterricht, Curricula und Schulversuchen, in: Flitner, A. (Hrsg.), Erziehung in Wissenschaft und Praxis, Band 18, München 1972; SEIBEL, H.D., Die Evaluation öffentlichkeitswirksamer Maßnahmen, in: Bauch, J. u.a. (Hrsg.), Handbuch für zahnärztliche Öffentlichkeitsarbeit, S. 1–16, Köln 1982.
    Da aber im deutschen Entwicklungshilfebereich überwiegend der Ausdruck „Evaluierung" verwandt wird, sei im folgenden nur dieser gebraucht.

[2]   Siehe hierzu: LACHENMANN, G., Evaluierungsforschung – historische Hintergründe, sozialpolitische Zusammenhänge und wissenschaftliche Einordnung, in: Kantowsky, D. (Hrsg.), Evaluierungsforschung und -praxis in der Entwicklungshilfe, Zürich 1977, S. 25–88, hier vor allem S. 30–48.

[3]   Vgl. BODEMER, K., Erfolgskontrolle der deutschen Entwicklungshilfe – improvisiert oder systematisch? in: Nohlen, D. et al. (Hrsg.), TRANSFINES, Band 3, Meisenheim am Glan 1979, S. 82; LACHENMANN, G., Evaluierungsforschung ... a.a.O., S. 47 ff.

hezu gleichzeitig im Rahmen der deutschen Planungs- und Verwaltungstheorie über die Institutionalisierung der Evaluierung als „Erfolgskontrolle" im staatlichen Planungssystem der Bundesrepublik. [1] Vermutlich von dort und wahrscheinlich angeregt durch internationale Entwicklungshilfeeinrichtungen, kamen schließlich der Terminus „Evaluierung" und die mit ihm verbundenen Begriffe auch im Bereich der deutschen Entwicklungshilfe zu Bedeutung. [2]

Ist somit die Herkunft des Terminus „Evaluierung" kurz skizziert, so gilt es, im nächsten Schritt näher darauf einzugehen, *was* herkömmlicherweise mit diesem Ausdruck *bezeichnet* wird, d.h. den Inhalt bisheriger Evaluierungs-*begriffe* zu erläutern.

Das grundsätzlich mit dem Ausdruck „Evaluierung" abdeckbare Bedeutungsfeld ist sehr weit. Denn „Evaluierung ist ein vieldeutiges Wort, mit dem die verschiedensten Arten von Beurteilung gemeint sein können." [3] Angesichts der Evaluierungspraxis — z.B. im Bereich des Erziehungs- und Ausbildungswesens, der psychiatrischen Betreuung, der Arbeitsförderung, der Sozialarbeit, des Gesundheitswesens, des öffentlichen Dienstes und der Entwicklungshilfe — [4] läßt sich für C.H. Weiss das Bedeutungsfeld des Evaluierungsbegriffs jedoch insoweit einengen, als daß man „Evaluierung" als eine „... Bezeichnung für Ergebnisbewertung von Maßnahmen verschiedenster Art" [5] verstehen kann.

In den einzelnen Anwendungsbereichen liegen zum Teil noch präzisere bzw. noch enger gefaßte Evaluierungsdefinitionen vor. Beispiele hierzu seien wegen

---

[1] Vgl. BODEMER, K., Erfolgskontrolle ... a.a.O., S. 82.

[2] Vgl. u.a. LACHENMANN, G., Evaluierungsforschung ... a.a.O., S. 68—70.

[3] WEISS, C.H., Evaluierungsforschung, Methoden zur Einschätzung von sozialen Reformprogrammen, Opladen 1974, S. 19.

[4] Vgl. SEIBEL, H.D., Die Evaluation ... a.a.O., S. 4.

[5] WEISS, C.H., Evaluierungsforschung ... a.a.O., S. 19.

des Erkenntnisinteresses dieser Arbeit nur aus dem Entwicklungshilfebereich aufgeführt.

So präzisiert beispielsweise Lachenmann den Evaluierungsbegriff im Bereich der Entwicklungshilfe, indem sie darauf hinweist, daß die Evaluierungen im Rahmen von Entwicklungshilfebemühungen dem Nachweis des „Erfolges" oder dem „Nachweis der beabsichtigten Wirkungen" dienen, wobei diese Evaluierungen zum einen die Form von Projektantragsprüfungen oder der Bewertung von Projektalternativen (ex ante-Evaluierungen), und zum anderen die Form von Wirkungsuntersuchungen laufender oder abgeschlossener Projekte (begleitende bzw. ex post-Evaluierungen) annehmen können. [1]

Bodemer weist darauf hin, daß der Evaluierungsbegriff im Bereich der Entwicklungshilfe den Begriff der „Erfolgskontrolle" verdrängt habe, da letzterer einen „statischen Charakter" besäße und allein auf die Betrachtung der „Ergebnisphase" eines Entwicklungsprojektes beschränkt sei. [2] Für ihn sind Evaluierungen

„... systematische Untersuchungen laufender oder abgeschlossener Projekte oder Programme oder von Teilbereichen solcher Projekte und Programme durch die verantwortliche Organisationseinheit und in der Regel unter der Einschaltung externer, d.h. nicht mit der Planung und Durchführung des Projekts/Programms befaßter Gutachter." [3]

Die so definierten Evaluierungen können, so Bodemer, in unterschiedlichen Phasen eines Projektes bzw. Programmes durchgeführt werden. [4] So ist es möglich, daß sie in der „Planungsphase" bei der Projektauswahl, in der „Durchführungsphase" in Form von „Wirtschaftlichkeitsprüfungen" und von

---

[1] Vgl. LACHENMANN, G., Evaluierungsforschung ... a.a.O., S. 68 und S. 70.

[2] Vgl. BODEMER, K., Evaluierung, in: Nohlen, D. (Hrsg.), Lexikon der Dritten Welt, Baden-Baden 1980, S. 120–122, hier S. 120.

[3] Ebenda S. 120.

[4] Vgl. zum folgenden BODEMER, K., Evaluierung ... a.a.O., S. 120f.

auf die „Effizienz" der Projekte abgestimmten „Kosten-Nutzen-Analysen" und in der „Ergebnisphase" bei der Prüfung, ob die „vorgegebenen Zielsetzungen" erfüllt wurden, angewandt werden.

Als letztes Beispiel einer inhaltlichen Festlegung des Evaluierungsbegriffs im Entwicklungshilfebereich sei Teil IV der BMZ-Grundsätze für die Förderung von Selbsthilfeorganisationen in Entwicklungsländern genannt. In diesem wird festgestellt, daß die Evaluierung dazu dient, „die Ergebnisse und Wirkungen der Förderungsmaßnahmen im voraus oder nachträglich zu bestimmen"[1] Bei der in den Grundsätzen vorgeschlagenen Evaluierung soll zum einen festgestellt werden, „in welchem Ausmaß die ... angestrebten Projektziele erreicht werden konnten"[2], und zum anderen „die Effizienz der jeweils neu errichteten oder geförderten Selbsthilfeorganisationen (SHO) ... bewertet werden."[3]

Prüft man die gerade zitierten Angaben zum Inhalt des Evaluierungsbegriffs näher, so stellt man folgendes fest:

1. Allen den Evaluierungsbegriff präzisierenden Ausführungen liegt als Begriffskomponente die Annahme eines *Ursache-Wirkungs*zusammenhangs zugrunde.

2. Aussagen über ein Bewertungs*kriterium* bilden eine Teilkomponente der meisten der obengenannten Ausführungen.

So liegt eine Ursache-Wirkungsannahme bei C.H. Weiss zugrunde, wenn er eine Evaluierung „Ergebnisse" (Wirkung) von „Maßnahmen" (Ursache) verschiedenster Art bewerten läßt. Das Bundesministerium läßt die tatsächliche Erreichung (Wirkung) der von „Förderungsmaßnahmen" (Ursache) anvisierten Ziele im Rahmen der Evaluierung beurteilen. Zur Kennzeichnung der Zielerreichung benützt es neben dem Ausdruck „Ergebnisse" sogar ausdrücklich das Wort „Wirkungen". Von „Wirkungen", und zwar „beabsichtigten",

---

[1] BMZ (Hrsg.), Grundsätze ... a.a.O., S. 49.

[2] Ebenda S. 49.

[3] Ebenda S. 49.

spricht auch Lachenmann, bei der sonst, wie bei Bodemer, die Ursachen nur indirekt durch den Projektbegriff angesprochen werden. „Projekte" oder „Programme" als bewußt geplante Vorhaben, denen Ziel-Mittel-Relationen zugrundeliegen, implizieren nämlich Mittel bzw. Maßnahmen, die man der Ursachenkategorie zuzuordnen hat. Die Wirkungskategorie wird schließlich bei Bodemer direkt angesprochen, wenn er es die Aufgabe der Evaluierung nennt, die *Erfüllung* von vorgegebenen Zielen zu bewerten.

Bezieht sich die erläuterte erste Feststellung einer Annahme eines Ursache-Wirkungszusammenhangs auch ausdrücklich nur auf die zuvor genannten Beispiele, so kann doch angenommen werden, daß die Annahme eines Ursache-Wirkungszusammenhangs für zumindest alle Evaluierungsdefinitionen im Bereich der deutschen Entwicklungshilfe kennzeichnend ist.

Das für eine Bewertung erforderliche Bewertungs*kriterium* wird in den meisten der genannten Ausführungen angesprochen durch Ausdrücke wie „Erfolg", „Effizienz", „Wirtschaftlichkeit" oder durch Formulierungen wie „in welchem Ausmaß die angestrebten Projektziele erreicht werden ..." [1] oder „ob die vorgegebenen Zielsetzungen tatsächlich erfüllt werden ..." [2], d.h. durch Formulierungen, die man als eine Frage nach der *Zielerreichung* auffassen kann.

Die Aussagen über Ursachen und Wirkungen und über Bewertungskriterien können als Antwortversuche aus dem Bereich der Entwicklungshilfe auf die zwei folgenden mit einer Evaluierung eng verbundenen Grundfragen verstanden werden:

1. *Was* wird bewertet bzw. „evaluiert"?
(Frage nach dem Evaluierungs*objekt*).
Antwort: Evaluiert werden die (beabsichtigten) Wirkungen von (von Menschen veranlaßten) Ursachen (Maßnahmen).

---

[1] BMZ (Hrsg.), Grundsätze ... a.a.O., S. 49.
[2] BODEMER, K., Evaluierung ... a.a.O., S. 121.

2. Anhand *welchen Kriteriums* wird bewertet?

(Frage nach Evaluierungs*kriterium*)

Antworten: „Erfolg", „Effizienz", „Wirtschaftlichkeit" und „Zielerreichung".

Soll im Verlaufe dieses Abschnitts deutlich gemacht werden, was in dieser Untersuchung unter der Evaluierung allgemein (allgemeine Evaluierungsdefinition) und insbesondere unter der Evaluierung exogener SHO-Entstehungsprozesse in Entwicklungsländern verstanden werden soll, so müssen auf die aufgeworfenen Fragen eigene Antworten gegeben werden. Bei der ersten Frage ist dies insofern schon geschehen, als im vorigen Abschnitt festgestellt wurde, daß die allgemeinen Voraussetzungen einschließlich ihres zeitlichen/kausalen oder interdependenten Beziehungsgeflechts bei der exogenen SHO-Entstehung in Entwicklungsländern das Evaluierungsobjekt dieser Untersuchung darstellen.

Eine Antwort auf die zweite Frage steht noch aus. Damit die in dieser Arbeit gegebene Antwort ausreichend verständlich wird, erscheint es angebracht, das Feld der oben erwähnten herkömmlichen Kriterienbegriffe, in das die Antwort einzubetten sein wird, zuvor näher darzulegen. Dies soll im anschließenden Unterabschnitt (4.2.2.) durch die Diskussion der Begriffe „Effizienz" und „Erfolg" geschehen. Dabei werden andere Kriterienbegriffe ebenfalls Erwähnung finden.

4.2.2. Die Evaluierungskriterien „Effizienz" und „Erfolg"

Einen guten zusammenfassenden Überblick über den Begriff der *Effizienz* gibt Musto [1], der als weitgefaßten Gliederungsrahmen die Effizienzdefinition der Praxeologie verwendet. [2] Diese unterscheidet zwischen der „universalen Effizienz" und der „synthetischen Effizienz".

---

[1] MUSTO, ST.A., Evaluierung sozialer Entwicklungsprojekte, Berlin 1972, S. 19–28.

[2] Zur Praxeologie siehe ebenda S. 20.

Die „universale Effizienz" gliedert sich in „Wirksamkeit", „Vorteilhaftigkeit" und „Wirtschaftlichkeit". Ausgehend von ihrer Interpretation der „Wirksamkeit" als Zielhaftigkeit ist die Frage der Effizienz für sie hierbei eine Frage der *Zielerreichung*. Die „Vorteilhaftigkeit" wird als *Differenz* von Ertragswert und Aufwand verstanden, wobei der Ertragswert höher als der Aufwand sein muß, um von einem vorteilhaften Verhalten zu sprechen. Das *Verhältnis* von Ertragswert (Zähler) zum Aufwand (Nenner) wird als „Wirtschaftlichkeit" verstanden. Je größer dieser Quotient ist, desto höher ist die Effizienz im Sinne der „Wirtschaftlichkeit".

Unter „synthetischer Effizienz" versteht Musto eine Größe, die eine Aussage darüber macht, ob eine Handlung hinsichtlich mehrerer Kriterien, deren Erfassung meist mehrdimensionale Maßstäbe erfordern, effizient ist. Die „synthetische Effizienz" verlangt mit anderen Worten — unter der Annahme, daß es immer verschiedene Kriterien und mehrdimensionale Maßstäbe gibt —, daß eine Handlung hinsichtlich *aller* Kriterien zumindest bis zu einem gewissen Minimum effizient ist.

Im Wirtschaftsleben [1] und in der Literatur der ökonomischen Wissenschaft wird bis heute der Effizienzbegriff für das optimale Verhältnis von Ertrag und Aufwand benutzt. In der oben angeführten Übersicht der Praxeologie wäre das die Kategorie der „Wirtschaftlichkeit". In diesem Sinne wären auch die Ausführungen Bodemers zu verstehen.

Dieser wirtschaftliche Effizienzbegriff spiegelt sich innerhalb der Betriebswirtschaftslehre in den verschiedenen Begriffen für Verhältnisse wider, wie im Begriff der „Rentabilität" (Gewinn/Kapital), im Begriff der „Wirtschaftlichkeit" (Leistung/Kosten-Beziehungen) und im Begriff der „Produktivität" (Ertrag der Faktoreinsatzmengen/Faktoreinsatzmengen oder Output/Input).

---

[1] Vgl. STOLBER, W.B., Effizienz in der Abwasserwirtschaft, in: Schmollers Jahrbuch für Wirtschafts- und Sozialwissenschaften, 88. Jg., 1968, S. 419–440; DORN, D. und ECKSTEIN, G., Wirtschaftlichkeit in der öffentlichen Verwaltung — Neuere Ziele und Methoden der Budgetgestaltung, in: Schmollers Jahrbuch ... a.a.O., S. 441–456.

Auch im Bereich der Volkswirtschaftslehre wird dieser wirtschaftliche Effizienzbegriff verwandt. Da er eine rechnerische Inbezugsetzung von verschiedenen Größen darstellt, ist zum einen eine (einzige) Bezugs- oder Zielgröße und zum anderen eine gemeinsame Dimension der aufeinanderbezogenen Sachverhalte erforderlich. Während lange Zeit im Bereich der Betriebswirtschaftslehre das Ziel „Gewinn" diese Bezugsgröße darstellte, die über die gemeinsame monetäre Dimension errechenbar war, bereitete die Notwendigkeit nur einer einzigen Zielgröße und der Eindimensionalität der Volkswirtschaftslehre einige Schwierigkeiten.

So sollte beispielsweise der „gesamtgesellschaftliche Nutzen" maximiert werden, wobei über die inhaltliche Auffüllung der Begriffe „gesamtgesellschaftlich", „Nutzen" und „gesamtgesellschaftliche Kosten" nach wie vor Uneinigkeit herrscht. Im Laufe der Zeit erkannte man zwar das Vorhandensein von verschiedenen Zielen und Dimensionen an, jedoch noch sehr oft beschränkte und beschränkt man sich aus Gründen der Meßbarkeit und allgemeinen Praktikabilität, weniger aus theoretischen Erwägungen [1], auf monetär faßbare Größen und auf *ein* Ziel, wobei andere Ziele als konstant angenommen werden und/oder in Form von Restriktionen größtmögliche Berücksichtigung finden.

Erst in den letzten Jahren nahmen die Versuche zu, Mehrdimensionalität und eine Mehrzahl an Zielen im Ertragsbereich zu berücksichtigen. Dieser Umstand wird später noch einmal angesprochen werden. Festzuhalten bleibt, daß in letzter Zeit der Aufwand in der Volkswirtschaftslehre manchmal seinen Charakter als eigenständiges Effizienzkriterium verliert und in das System der anderen Effizienzkriterien mit einfließt. [2] Dies bedeutet möglicherweise eine Modifizierung des Ertrag/Aufwand-Denkens und eine Zuwendung zur Zielerreichungsüberlegung (Aufwand wäre dann z.B. in Form der Kostenminimierung ein Ziel unter anderen). Daraus ergäbe sich ein Effizienzbegriff der Kategorie „Wirksamkeit" im Sinne Mustos.

---

[1] Vgl. MUSTO, ST.A., Evaluierung ... a.a.O., S. 88.
[2] Vgl. ebenda S. 144 f.

Eine Entwicklung in dieser Richtung ist heute mehr noch als in der Volkswirtschaftslehre innerhalb der Betriebswirtschaftslehre zu verzeichnen. Denn dort, wo früher die Ausrichtung auf ein Ziel, „Gewinn", unumstritten war, wird heute die Frage gestellt, ob nicht auch Unternehmungen *mehrere gewichtige Ziele* verfolgen. [1] Das Ausmaß der Zielerreichung wird daher — bei Annahme mehrerer Ziele — als bestimmend für die Effizienz angesehen. [2]

Möchte man untersuchen, was in den nicht-ökonomischen Sozialwissenschaften unter Effizienz verstanden wird, so empfiehlt es sich, in einem ersten Klärungsschritt zu fragen, ob bei den Handlungen und Entscheidungen, deren Ergebnisse später gemessen und bewertet werden sollen, ein direkter Mitteleinsatz erforderlich ist oder nicht. Es ist mit anderen Worten zu prüfen, ob durch sie unmittelbare Allokationsprobleme, also Probleme der Verteilung von Produktionsfaktoren, betroffen sind oder nicht.

Sind solche Probleme betroffen, spielt der Mitteleinsatz, also der Aufwand, zwar nicht eine primäre, wohl aber eine nicht zu vernachlässigende Rolle. In diesem Fall wird der Effizienzbegriff im Sinne der „Wirtschaftlichkeit" in dieser oder jener Variante einzusetzen sein. Ist dies nicht der Fall, z.B. bei dispositiven Entscheidungen (Organisationsentscheidungen) [3], so treten Effizienzbegriffe im Sinne der „Wirksamkeit" (Zielerreichungsanalyse) oder „synthetischen Effizienz" auf.

In der Vergangenheit wurden im Bereich der nicht-ökonomischen Sozialwissenschaft überwiegend „Wirksamkeit" oder „synthetische Effizienz" gemessen. Da es jedoch unmöglich ist, die Frage des Mitteleinsatzes völlig zu vernachlässigen, hat das Ertrag/Aufwand-Denken auch hier Eingang in die Beur-

---

[1] Vgl. HEINEN, E., Das Zielsystem der Unternehmung, Grundlagen betriebwirtschaftlicher Entscheidungen, Wiesbaden 1966; bezogen auf Selbsthilfeorganisationen siehe: DÜLFER, E., Zielsystem der Genossenschaft, in: Mändle, E. et al. (Hrsg.), HdG, Wiesbaden 1980, Sp. 1857–1872.

[2] Vgl. KUHN, J. und STOFFREGEN, H., How to measure the Efficiency of Agricultural Cooperatives in Developing Countries, Marburg/Lahn 1971, S. 1 ff.

[3] Vgl. MUSTO, ST.A., Evaluierung ... a.a.O., S. 144 f.

teilungsverfahren gefunden. Hierbei bereiten die Probleme der Mehrdimensionalität und der Zielkomplexität genauso wie im ökonomischen Bereich Lösungsschwierigkeiten.

Der Begriff „Erfolg" wurde und wird vor allem in der Betriebswirtschaftslehre verwandt, wo er lange nach den oben beschriebenen Gedankengängen mit dem Begriff des Gewinns gleichgesetzt wurde. [1] Bei der Betrachtung des Verhältnisses Ertrag/Aufwand mit der monetären Dimension und der Bezugsgröße (Zielgröße) „Gewinn" stellt der Begriff „Erfolg" *einen* möglichen Gewinnbegriff dar. [2] Die spätere Berücksichtigung eines „Zielsystems" [3] bei Unternehmungen in der Betriebswirtschaftslehre und das daraus resultierende Interesse für die „Zielerreichung" [4] führten dazu, daß der Begriff des Erfolges inhaltlich anders gefüllt wurde. So findet man heute den Erfolgsbegriff auch als Bezeichnung für das „Ausmaß der Zielerreichung" [5] oder für den „Zielerreichungsgrad" [6].

---

[1] Vgl. hierzu z.B. WÖHE, G., Einführung in die allgemeine Betriebswirtschaftslehre, 11. Aufl., München 1973, S. 36 ff.; WEISSER, G., Wirtschaft, in: Ziegenfuß, W. (Hrsg.), Handbuch der Soziologie, Sonderdruck, Stuttgart 1956, S. 970–1101, hier S. 993 ff.

[2] Vgl. WÖHE, G., Einführung ... a.a.O., S. 36 ff.

[3] Vgl. HEINEN, E., Das Zielsystem ... a.a.O., passim.

[4] Ebenda S. 83 et passim.

[5] DERFUSS, J., Erfolgsermittlung bei gewerblichen und ländlichen Genossenschaften, Wiesbaden 1974, S. 165 et passim. Eine Weiterentwicklung von Derfuß, die die Erfolgsmessung, verstanden als Ermittlung der Zielerreichung, noch weiter bei Genossenschaften differenziert, bietet RICHTER, D., Möglichkeiten der Operationalisierung des genossenschaftlichen Förderungsauftrags, Zur Frage der Ziele, Maßstäbe und Erfolge genossenschaftlicher Arbeit, Düsseldorf 1981.

[6] Vgl. dazu u.a.: FLOHR, H., Bemerkungen zur Frage der Erfolgswürdigung bei gemeinwirtschaftlichen Unternehmen, in: Archiv für öffentliche und freigemeinnützige Unternehmen, Band 8, 1966/67, S. 148–153; d e r s., Probleme der Ermittlung volkswirtschaftlicher Erfolge, Göttingen 1964.
Boettcher spricht im Rahmen der Genossenschaften beim „Erfolg" – bezogen auf die Mitglieder – von „Effektivität" im Sinne der Zielerreichung („Wirksamkeit"). Vgl. BOETTCHER, E., Kooperation und Demokratie ... a.a.O.
Der Terminus „Effektivität" wurde jedoch bereits früher zur Bezeichnung von Erfolgsauffassungen im Sinne der „Wirtschaftlichkeit" verwandt. Da seine zusätzliche Verwendung in dieser Arbeit keinen besonderen Erklärungsbeitrag verspricht, sei er im folgenden nicht weiter behandelt. Zur Kritik von Boettchers Produktivitäts- und Effektivitätsbegriff siehe ENGELHARDT, W.W., Genossenschaftstheorie ... a.a.O., Sp. 833 ff.
Zur Unterscheidungsmöglichkeit von „Effektivität" und „Effizienz" siehe BARNARD, C.I., Die Führung großer Organisationen, in: Schriften der Gesellschaft zur Förderung des Unternehmernachwuchses, Essen 1970, vor allem S. 196 f und 198 ff.

In den nicht-ökonomischen Sozialwissenschaften findet man den Terminus „Erfolg" in sehr unterschiedlichem Kontext. Erläuterungen, was mit dem Terminus genau bezeichnet wird, fehlen oft. Die nicht sehr zahlreichen vorhandenen Erläuterungen reichen jedoch aus, um festzustellen, daß die angegebenen Begriffsinhalte dasselbe weite Bedeutungsspektrum widerspiegeln, das bereits durch Beschreibung der Erfolgsbegriffsentwicklung im Bereich der Betriebswirtschaftslehre aufgezeigt wurde.

4.2.3. Die „Zielerreichung" als Evaluierungskriterium dieser Arbeit

Auf dem Hintergrund der bisherigen Ausführungen zu den möglichen Formen von Bewertungskriterien, die sich an den im Verlaufe der Zeit recht unterschiedlichen Inhalten, die mit den Worten „Effizienz" bzw. „Erfolg" bezeichnet wurden, ablesen lassen, sei die Ausgangsfrage nach dem Bewertungskriterium dieser Arbeit wieder aufgegriffen. Hierzu sei noch einmal an das Evaluierungsobjekt dieser Untersuchung erinnert, nämlich an „die allgemeinen Voraussetzungen und ihr zeitliches/kausales Dependenz- und Interdependenzgeflecht bei der exogenen Entstehung von Selbsthilfeorganisationen in Entwicklungsländern".

Es ist offensichtlich, daß eine *Bewertung* von allgemeinen *Voraussetzungen* einer exogen entstehenden bzw. entstandenen Selbsthilfeorganisation *nur* einen *Teilbereich* einer denkbaren Gesamtbewertung von Selbsthilfeorganisationen darstellt. Die Frage nach den allgemeinen Voraussetzungen einer Selbsthilfeorganisation ist nur *eine* von zahlreichen Fragen, die in Bewertungsabsicht bei einer Selbsthilfeorganisation aufkommen kann. Von daher muß betont werden, daß ein Bewertungskriterium, welches der Evaluierung von allgemeinen SHO-Voraussetzungen dient, nicht mit demjenigen gleichgesetzt oder verwechselt werden sollte, das für die Gesamtbewertung einer Selbsthilfeorganisation bzw. eines SHO-„Projektes" vorgesehen ist. In diesem Zusammenhang könnten höchstens darüber Überlegungen angestellt werden, in welcher Form sich das allein auf die SHO-Voraussetzungen bezogene

Bewertungskriterium in ein mögliches Evaluierungsgesamtkriterium integrieren ließe.

Es gilt nun, das eigene Bewertungskriterium durch eine Zuordnung zu den obengenannten Kriterienkategorien näher zu kennzeichnen. Dies ist kein ganz unproblematisches Unterfangen, da diese Kriterienkategorien in der Regel auf dem Hintergrund einer Gesamtbetrachtung entwickelt wurden, während das hier vorliegende Bewertungsanliegen sich nur auf einen Teilaspekt bezieht.

Die Frage, welche das vorgetragene Bewertungsanliegen charakterisiert, ließe sich folgendermaßen formulieren:
„*Sind* die allgemeinen Voraussetzungen und ihr zeitliches/kausales Dependenz- und Interdependenzgeflecht, die für eine exogene SHO-Entstehung in einem Etnwicklungsland notwendig sind, bei einer bestimmten exogen entstehenden bzw. exogen entstandenen Selbsthilfeorganisation in einem bestimmten Entwicklungsland *gegeben* oder *nicht?*"
Als Zusatzfrage ließe sich anschließen:
„*Welche* allgemeinen Voraussetzungen sind gegeben und welche nicht?"

Wie man sieht, wird hier nicht nach den Kosten bzw. nach dem Aufwand gefragt. Dies soll nicht heißen, daß diese bei SHO-Förderungsmaßnahmen und/oder bei den Selbsthilfeorganisationen keine Rollen spielen. Das Gegenteil ist der Fall. Nur muß man berücksichtigen, daß sich die Frage auf einen einzigen Teilaspekt einer Selbsthilfeorganisation allein bezieht. Bei einer solchen partiellen Untersuchungsperspektive wird aber häufig die Frage nach dem Aufwand nicht selten aus Zurechnungsschwierigkeiten „zurückgestellt" und einer Gesamtbetrachtung vorbehalten.

Das in der Frage enthaltene Bewertungskriterium ist somit kein Kriterium der „Vorteilhaftigkeit" oder der „Wirtschaftlichkeit" im Sinne Mustos, sondern läßt sich am ehesten als ein Kriterium der „Wirksamkeit" verstehen, bei dem man sich für die *Zielerreichung* interessiert. Hierbei wären die allgemeinen SHO-Voraussetzungen als „Ziele" zu interpretieren, und spiegele die Frage nach ihrem Vorhandensein bzw. Nichtvorhandensein die Frage nach der Zielerreichung wider.

Gemessen würde rein *nominal,* d.h. nur das Vorliegen bzw. Nichtvorliegen einer qualitativen Merkmalsausprägung. [1] Ob eine ordinale oder sogar kardinale Messung der SHO-Voraussetzungen ebenfalls möglich ist, kann erst die noch vorzunehmende Untersuchung der jeweiligen Beschaffenheit dieser Voraussetzungen aufzeigen. In einem solchen Fall läge es nahe, die Evaluierungsfrage folgendermaßen umzuformulieren: „In welchem Grad sind die allgemeinen SHO-Voraussetzungen bei einer bestimmten exogen entstehenden bzw. entstandenen Selbsthilfeorganisation in einem bestimmten Entwicklungsland gegeben?"
Solange aber keine zusätzlichen Informationen vorliegen, wird bei der SHO-Voraussetzungsevaluierung ein nominaler Meßvorgang angenommen.

Der somit vorgenommenen Zuordnung der SHO-Voraussetzungen zur Kategorie „Ziel" liegt folgende Überlegung zugrunde. „Ziel" einer exogenen SHO-Entstehung aus der Sicht von exogenen SHO-Anregern, die bei erfolgreichem Wirken der letzteren von den SHO-Betroffenen schrittweise übernommen wird, ist das Zustandekommen einer lebensfähigen Selbsthilfeorganisation. Aus dieser Sicht lassen sich die allgemeinen SHO-Voraussetzungen *logisch* als „Zwischenziele" auffassen, d.h. als Sachverhalte, die zur Erreichung des „Oberziels" notwendig sind und daher, will man nicht widersprüchlich sein, ebenfalls als erstrebenswert angesehen werden müssen.

Die Zuordnung der SHO-Voraussetzungen zur (Zwischen-) Zielkategorie ist folglich eine *logische* Aussage. Sie ist *keine empirische* Aussage, die darlegt, daß in der beobachtbaren Wirklichkeit einer exogenen SHO-Entstehung exo-

---

[1] Siehe hierzu z.B. FRIEDRICHS, J., Methoden der empirischen Sozialforschung, 5. Aufl., Reinbek b. Hamburg 1976, S. 97 ff.; MAYNTZ, R., HOLM, K., HÜBNER, P., Einführung in die Methoden der empirischen Soziologie, 5. Aufl., Opladen 1972, S. 38 f.

gene Anreger und/oder SHO-Betroffene tatsächlich alle Sachverhalte, denen in dieser Untersuchung allgemeiner Voraussetzungscharakter zugesprochen wird, selber als SHO-Voraussetzungen auffassen bzw. erkennen. So ist es denkbar, daß eine empirische Betrachtung exogener SHO-Entstehungsprozesse zeigt, daß bestimmte Sachverhalte, die in dieser Arbeit als allgemeine Voraussetzungen bezeichnet werden, von den jeweiligen SHO-Anregern und/oder den SHO-Betroffenen eventuell unbewußt oder unbeabsichtigt bewirkt werden bzw. bewirkt worden sind. Ferner könnte eine solche Betrachtung möglicherweise aufzeigen, daß, wie durch die bereits an früherer Stelle vorgenommene Systematisierung der SHO-Voraussetzungen angedeutet wurde, im Feld dieser Voraussetzungen Sachverhalte feststellbar sind, die das Ergebnis von Einwirkungen der Umwelt, das hieße im — vielleicht nur theoretischen — Extremfall sogar Ergebnisse nicht menschlicher Einwirkungen der Naturkräfte sind.

Bei den menschlichen Einwirkungen sei dann von einer „unbewußten" Einwirkung gesprochen, wenn sich die betreffende Person ihres Einwirkungsaktes grundsätzlich nicht bewußt ist. Bei „beabsichtigten" oder „unbeabsichtigten" Einwirkungen kann ein solches Bewußtsein durchaus vorliegen. Mit der zuletztgenannten Unterscheidung wird auf einen *anderen Aspekt* aufmerksam gemacht. Unbeabsichtigt wird nämlich beispielsweise hinsichtlich der entstandenen Wirkung A eine Einwirkung dann, wenn sie z.B. nur aus der Absicht heraus, die Wirkung B zu erreichen, erfolgte. So kann man sich zum Beispiel bewußt mit dem Ellbogen beim Schreiben eines Briefes auf dem Tisch aufstützen, um eine angenehmere Haltung einnehmen zu können, und dabei unbeabsichtigt durch die ausgelöste Erschütterung des Tisches das Umfallen auf ihm befindlicher Bücher bewirken. Die Folge „Umfallen der Bücher" wäre hier auf eine zwar bewußte, aber hinsichtlich der Bücher unbeabsichtigte menschliche Einwirkung zurückzuführen.

Würde die Zuordnung der SHO-Voraussetzungen zur Zielkategorie als empirische Aussage aufgefaßt, so geriete man zum herkömmlichen „Ziel"-Begriffsverständnis in Widerspruch. Nach diesem wird ein Ziel als ein zukünftiger

Zustand oder Vorgang bezeichnet, der vom *Menschen* als *erstrebenswert* und durch *menschliche* Einwirkung grundsätzlich *erreichbar* angesehen wird. Das Ziel ist also, da erstrebenswert, ein *beabsichtigter* Sachverhalt, und die Zuordnung eines solchen zur Zielkategorie stellt einen *bewußten* Vorgang dar.

Da die Zuordnung der SHO-Voraussetzungen zur Zielkategorie jedoch rein logisch gemeint ist und nur aussagt, daß SHO-Voraussetzungen – unter der Bedingung, daß sie als solche von exogenen SHO-Anregern und/oder SHO-Betroffenen angesehen werden – für diese Personen (Zwischen-)Zielcharakter erhalten, führt sie hinsichtlich des Aspekts der Bewußtheit und der Absicht nicht zu einem Widerspruch zum oben dargelegten „Ziel"-Begriffsverständnis.

Hinsichtlich der Annahme, daß ein Ziel grundsätzlich durch ein menschliches Handeln erreichbar sein muß, wäre ein solcher Widerspruch aber denkbar, der auch nicht durch den Hinweis auf den logischen Charakter der Aussage beseitigt werden könnte. Es kann nämlich theoretisch nicht von vorneherein ausgeschlossen werden, daß bei den SHO-Voraussetzungen auch Sachverhalte vorliegen könnten, die zwar als erstrebenswert angesehen werden, die sich aber als grundsätzlich nicht menschlich bewirkbar herausstellen.

Sollte die Untersuchung solche Extremfälle – bei ihnen könnte es sich nur um die Folgen von Einwirkungen der natürlichen und nicht der soziokulturellen Umwelt handeln – aufweisen, würde für sie der Zielbegriff nicht verwandt. Statt seiner würde dann von „erstrebenswerten, jedoch nicht menschlich verursachten Wirkungen" gesprochen werden, und somit würden diese Fälle speziell als Ausnahmen ausgewiesen. Solange solche Extremfälle hingegen nicht ausgemacht worden sind, wird in den evaluierungsbezogenen Abschnitten dieser Arbeit der Zielbegriff verwandt werden.

Im Gegensatz zu der gerade vorgenommenen Zuordnung der SHO-Voraussetzungen ist die folgende allgemeine Evaluierungsdefinition, die dieser Untersuchung zugrundegelegt wird, als eine im Grundsatz empirisch ausgerichtete Aussage gedacht. Ihre mangelnde Operationalität, die eine empirische

Überprüfung erschwert, ändert an der gewollten Bezugnahme der Definition auf empirisch feststellbare Sachverhalte, und als solche werden die allgemeinen SHO-Voraussetzungen aufgefaßt, nichts.

Die allgemeine Evaluierungsdefinition dieser Arbeit lautet folgendermaßen: „Evaluierung ist eine systematische Bewertung von Folgen bewußter und unbewußter, beabsichtigter und unbeabsichtigter menschlicher Einwirkungen sowie von Folgen nicht-menschlicher Einwirkungen."

So werden die angesprochenen, theoretisch nicht von vorneherein auszuschließenden Extremfälle von dieser Definition bewußt mitumfaßt. Präzise Aussagen über Ursache–Wirkungszusammenhänge bei den SHO-Voraussetzungen sind bisher nicht gemacht worden und konnten beim bisherigen Erkenntnisstand in diese Definition auch nicht einfließen. Sie zu ermöglichen, ist die Aufgabe der noch vorzunehmenden Analyse.

Auf der Basis dieser Definition ließe sich zusammenfassen:

1. Evaluierungs*objekt* dieser Arbeit:
   „Allgemeine Voraussetzungen einschließlich ihres zeitlichen/kausalen Dependenz- und Interdependenzgeflechts bei exogen entstehenden bzw. exogen entstandenen Selbsthilfeorganisationen in Entwicklungsländern."

2. Evaluierungs*kriterium* dieser Arbeit:
   „Zielerreichung".

3. Zugrundegelegte Evaluierungs*frage:*
   „Sind die allgemeinen Voraussetzungen einschließlich ihres zeitlichen/kausalen Dependenz- und Interdependenzgeflechts, die für eine exogene SHO-Entstehung in Entwicklungsländern notwendig sind, bei einer bestimmten exogen entstehenden bzw. exogen entstandenen Selbsthilfeorganisation in einem bestimmten Entwicklungsland gegeben oder nicht?"

4. Bisher absehbares *Meß*verfahren:
   Nominales Messen.

4.3. Evaluierungsmethode

In Abhängigkeit von der Art des Evaluierungskriteriums und der Beschaffenheit des Evaluierungsobjekts sind im Verlaufe der Zeit unterschiedliche Evaluierungsmethoden entwickelt worden. Auf dem Hintergrund vor allem des Evaluierungskriteriums der „Wirtschaftlichkeit" entstand im betriebswirtschaftlichen Bereich die „Gewinn- und Verlustrechnung" [1], mit der der Unternehmensgewinn eines Jahres, der sogenannte „Periodenerfolg", ermittelt wird, den man als Indikator für die „Ertragsfähigkeit" (Gewinnerzielungsfähigkeit) eines Unternehmens ansieht.

Für die ex ante-Wirtschaftlichkeitsprüfung von geplanten Investitionsvorhaben einer Unternehmung entwickelte und benutzt man bis heute die sogenannte „Investitionsrechnung" [2], die den in den letzten Jahrzehnten aktuell gewordenen ex ante-, aber auch ex post-Wirtschaftlichkeitsprüfungen von staatlichen „Projekten" oder „Programmen" als Grundlage bzw. als Ausgangspunkt diente. Vor allem diese Verfahren, bei denen die „Cost-Benefit-Analyse" und die „Cost-Effectiveness-Analyse" die bekanntesten sind, werden heute zur ökonomischen Bewertung von Entwicklungshilfeprojekten angewandt. Während die „Cost-Benefit-Analyse" [3] von allein monetär faßbaren Größen und von nur *einem* Ziel im Ertragsbereich ausgeht — andere Ziele werden als konstant angenommen oder nur in Form von Restriktionen in die Betrachtung mit einbezogen —, bemüht sich die „Cost-Effectiveness-Analyse" [4] darum, in diesem Bereich mehrere Ziele und die mit ihnen möglicherweise verbundene Mehrdimensionalität differenziert zu berücksichtigen. Beiden gemeinsam geht es aber im Sinne der „Wirtschaftlichkeit" um die Gegenüberstellung von Ertrag und Aufwand.

---

[1] Siehe hierzu z.B. WÖHE, G., Einführung ... a.a.O., vor allem S. 792—805.

[2] Siehe hierzu beispielsweise KERN, W., Investitionsrechnung, Stuttgart 1974.

[3] Siehe z.B. HALBACH, A., Theorie und Praxis der Evaluierung von Projekten in Entwicklungsländern, München 1972.

[4] Siehe hierzu z.B. MUSTO, St.A., Evaluierung ... a.a.O., S. 95 ff.

Da, wie begründet, die Betrachtung des Aufwands bei der dieser Arbeit zugrundeliegenden Evaluierungsfrage nicht im Vordergrund steht, braucht auf die gerade erwähnten Evaluierungsmethoden im weiteren nicht näher eingegangen zu werden. Die für die geplante Untersuchung der Voraussetzungsprüfung bei exogen entstehenden bzw. entstandenen Selbsthilfeorganisationen in Entwicklungsländern interessierende Methode ist vielmehr die „Zielerreichungsanalyse" [1]

Als Antwort auf die weiter oben berührte Frage nach eventuellen Zuordnungsmöglichkeiten einer nur auf allgemeine SHO-Voraussetzungen bezogenen, partiellen Zielerreichungsprüfung zu einer möglichen SHO-Gesamtbewertung ließe sich aufgrund der bisherigen Ausführungen die grundsätzliche Zuordnungsmöglichkeit einer solchen Zielerreichungsanalyse zu einer „Cost-Effectiveness-Analyse" nennen. Es wäre durchaus denkbar, daß die in dieser Arbeit problematisierte Prüfung des Vorliegens von allgemeinen SHO-Voraussetzungen in den „Ertragsbereich" einer „Cost-Effectiveness-Analyse" integriert werden könnte. Diese Zuordnungsmöglichkeit sei hier jedoch nur am Rande angesprochen, da der Untersuchungsschwerpunkt dieser Arbeit vielmehr auf der Betrachtung der ausschließlich bei der Bewertung von allgemeinen SHO-Voraussetzungen auftretenden Probleme liegt.

Die Methode der Zielerreichungsanalyse stellt als ein geplantes Vorgehen bestimmte, noch näher zu beschreibende Anforderungen an denjenigen, der sie anwenden will. [2] So muß der Evaluierer, wenn er eine Zielerreichungs-

---

[1] Vgl. hierzu MUSTO, St.A., Evaluierung ... a.a.O., S. 115 ff.

[2] Vgl. zu den folgenden Ausführungen: als Grundlagen: HEINEN, E., Das Zielsystem ... a.a.O.; ROSSI, P.H., FREEMANN, H.E., WRIGHT, S.R., Evaluation, A systematic approach, 1. Aufl., Beverly Hills, London 1979; bezogen auf die Evaluierung von (sozialen) Entwicklungsprojekten siehe: MUSTO, St.A., Evaluierung ... a.a.O., S. 115 ff.; FREEMANN, H.E., ROSSI, P.H., WRIGHT, S.R., Evaluating social projects in developing countries, in: Development Centre of the OECD (Hrsg.), Development Centre Studies, Paris 1979, vor allem Kapitel 2, S. 45–77; bezogen auf die Evaluierung von Selbsthilfeorganisationen in Form von Genossenschaften: RICHTER, D., Möglichkeiten ... a.a.O., vor allem S. 36–45; bezogen auf die Evaluierung von Selbsthilfeorganisationen in Entwicklungsländern siehe DÜLFER, E., Leitfaden ... a.a.O., vor allem S. 58–65 und S. 131–142.

analyse mit der Aussicht auf informative Ergebnisse durchführen will, zuvor folgende Punkte klären bzw. klären lassen:

1. die genaue Beschaffenheit des jeweiligen Ziels,
2. die Beziehung zwischen den Zielen (bei Ziel*systemen*),
3. die jeweiligen Ziel-Mittel-Beziehungen,
4. die Art der Meßverfahren und der Informationserhebung und
5. die genaue Beschaffenheit der Norm-, Soll- oder sonstiger Richtgröße.

Soll, wie angestrebt (Punkt 1.), ein Ziel näher bestimmt werden, so kann dies hinsichtlich dreier Dimensionen geschehen: [1] einmal hinsichtlich des *Inhalts,* einmal hinsichtlich des *Ausmaßes* der Zielerreichung und letztlich hinsichtlich der *zeitlichen* Festlegung. Nach dem Inhalt sind *Sach*ziele und *Formal*ziele zu unterscheiden. Als Sachziel wird dasjenige Ziel bezeichnet, welches in physikalischen Erscheinungen zum Ausdruck kommt und sich somit quantitativ bestimmen läßt. [2] Das Formalziel hingegen ist ein angestrebter Zustand, der nicht unmittelbar als reale Erscheinung sichtbar wird. Seine Messung ist nur mithilfe von *Indikatoren* möglich.

Hinsichtlich des Ausmaßes der Zielerreichung lassen sich *begrenzte* und *unbegrenzte* Ziele – Satisfaktionsziele bzw. Extremwertziele – unterscheiden, wobei es sich bei den letzteren entweder um die Maximierung oder die Minimierung von Größen handeln kann. Die Frage der Begrenzung spielt schließlich auch bei der zeitlichen Festlegung eine Rolle. So sind zum einen Ziele möglich, die einen recht weiten, im Extremfall unbegrenzten zeitlichen Horizont besitzen, während zum anderen auch Ziele festgestellt werden können, die auf einen sehr genau festgelegten Zeitpunkt bzw. Zeitraum bezogen sind.

---

[1] Vgl. HEINEN, E., Das Zielsystem ... a.a.O. und DÜLFER, E., Leitfaden ... a.a.O., S. 60 ff.

[2] Vgl. DÜLFER, E., Leitfaden ... a.a.O., S. 60.

Bei mehreren Zielen muß sich der Evaluierer Klarheit darüber verschaffen, in welcher kausalen Beziehung die Ziele auf unterschiedlichen Ebenen (Ober-, Zwischen- und Unterziele) und auf einer angenommenen gleichen Ebene (komplementäre, konkurrierende und indifferente Zielbeziehungen) zueinander stehen. Diese Klarheit ermöglicht erst die Konstruktion eines konsistenten Zielsystems. Die Untersuchungen, die im Verlaufe der Zielsystemkonstruktion hinsichtlich von Ursache-Wirkungszusammenhängen durchgeführt werden, dienen in der Regel gleichzeitig der genaueren Bestimmung der Ziel-Mittel-Beziehungen. Denn ein Ziel, das in die Zielhierarchie einen unteren Platz einnimmt, kann gegenüber den höherplazierten als „Mittel" aufgefaßt werden.

Die oben angeführte genauere Bestimmung von Zielen, Zielsystemen und Ziel-Mittel-Beziehungen wird oft unter dem Stichwort „*Operationalisierung der Ziele*" angesprochen. Ohne eine solche Operationalisierung ist die *Messung* der Zielerreichung schwer vorstellbar. So erlauben es z.B. erst die Kenntnisse über Ursachen-Wirkungszusammenhänge und über den Formalzielcharakter vieler Ziele, *Indikatoren* für das benötigte Meßverfahren zu entwickeln und im einzelnen festzulegen, in welcher Form welche Information ermittelt werden kann bzw. muß.

Die Operationalisierung der Ziele ist schließlich auch für die Bestimmung der *Sollgröße* von Bedeutung. Zum Verständnis dieser Aussage sei auf eine mögliche, „rein theoretisch" [1] aufzufassende Phaseneinteilung der Zielerreichungsanalyse verwiesen, die erst kürzlich wieder — im Zusammenhang mit der Erörterung von Evaluierungsfragen bei Genossenschaften — von Richter herausgestellt wurde: [2]

Phase (1)   Feststellung des Sachverhalts,

---

[1]   RICHTER, D., Möglichkeiten ... a.a.O., S. 91.

[2]   Vgl. ebenda S. 91. Richter spricht zwar im zitierten Zusammenhang nicht von einer „Zielerreichungsanalyse", sondern von „Erfolgsermittlung", faßt letztere aber im Sinne einer Ermittlung der Zielerreichung im Sinne Heinens auf.

Phase (2)   Vergleich des Sachverhalts mit einer Sollgröße,

Phase (3)   Beurteilen des Sachverhalts anhand der Vergleichsgröße(n).

Wenn die Sollgröße in der zweiten Phase dem festgestellten Sachverhalt gegenübergestellt und mit ihm verglichen werden soll, so muß die Sollgrö-ße *vergleichbar* sein. Da der festzustellende Sachverhalt zum Zwecke sei-ner Meßbarkeit mittels Indikatoren, deren Bildung erst durch die Zielope-rationalisierung möglich wurde, definitorisch genau festgelegt ist, erfordert es die Vergleichbarkeit, daß auch die Sollgröße in vergleichbarer Form de-finitorisch festgelegt wird. Für diese, allein schon aus meßtechnischen Er-wägungen notwendige, genaue definitorische Festlegung der Sollgröße dient die Operationalisierung der Ziele ebenfalls als Grundlage.

Wenn eine Zielerreichungsanalyse die erwähnten Anforderungen stellt, so schließt sich die Frage an, welche Schlußfolgerungen sich hieraus für die an dieser Stelle vorgesehene Erörterung der Evaluierungsproblematik von allgemeinen SHO-Voraussetzungen einschließlich ihres zeitlichen/kausalen Beziehungsgeflechts ergeben.

Es ist deutlich geworden, daß zuerst eine Operationalisierung der ,,Ziele" erfolgen muß, bevor über die adäquate Art des Meßverfahrens sowie die angemessene Form der Informationserhebung gesprochen werden kann. Dies bedeutet, daß erst Klarheit über die genaue Beschaffenheit der jeweiligen allgemeinen Voraussetzungen der exogenen Entstehung von Selbsthilfeorga-nisationen in Entwicklungsländern und über das Ursache-Wirkungsgeflecht, in das sie als ,,Zielsystem" eingebettet sind, geschaffen werden muß. Dies erfordert die Herausarbeitung von Hypothesen, die empirisch fundiert, im Idealfall bereits empirisch bewährt und auf jeden Fall empirisch überprüf-bar sein sollten.

Diese Schlußfolgerung aus dem Evaluierungsabschnitt des Kapitels B wirkt wie eine Wiederholung. Denn schon an früherer Stelle war unterstrichen worden, daß die allgemeinen SHO-Voraussetzungen (einschließlich ihres zeitlichen/kausalen Beziehungsgeflechts) den Untersuchungsschwerpunkt dieser Arbeit bilden. Es galt indessen in diesem Evaluierungsabschnitt unter anderem auch zu verdeutlichen, *welche Funktion,* die in dieser Arbeit geplante Analyse dieser SHO-Voraussetzungen *aus der Perspektive* eines *Evaluierungs*anliegens erhält. So wird jetzt die doppelte Aufgabe der Voraussetzungsanalyse in dieser Arbeit offensichtlich. Zum einen soll sie die endogene *und* exogene SHO-Entstehung in Entwicklungsländern erklären helfen, zum anderen soll sie das Evaluierungs,,zielsystem" in einem solchen Maße operationalisieren, daß im letzten Teil der Arbeit (Kapitel E) Ziele und Mittel definiert, Indikatoren gebildet, eine Sollgröße formuliert und Meßverfahren sowie Informationserhebungsmethoden bestimmt werden können.

Nähere Bestimmungen, die sich auf die Evaluierungsfrage dieser Arbeit beziehen und die schon an dieser Stelle festgehalten werden können, spielen schließlich nur noch auf die dieser Untersuchung zugrundegelegte Evaluierungs*situation* an. So sei hervorgehoben, daß die Evaluierungsfrage dieser Untersuchung ein Bewertungsvorgehen *während* des exogenen SHO-Entstehungsprozesses (,,begleitende Evaluierung") oder *nach* dessen Beendigung (,,ex post-Evaluierung) beinhaltet. Eine ex ante-Fragestellung liegt nicht vor.

Ferner sei darauf hingewiesen, daß bei dem in dieser Arbeit zu entwickelnden Evaluierungsverfahren ausschließlich von einer Evaluierung ausgegangen wird, die von den Finanziers einer exogenen SHO-Anregung oder in ihrem Auftrag durchgeführt wird. Dies geschieht nicht, weil das Evaluierungsanliegen anderer als unberechtigt angesehen wird. Vielmehr liegt dieser Entscheidung die bereits bei der Beschränkung der Evaluierung auf exogene SHO-Entstehungsprozesse angeführte Überlegung zugrunde, nach der Verbesserungsvorschläge von gegebenen entwicklungspolitischen Realitäten ausgehen sollten. [1] In der entwicklungspolitischen Wirklichkeit sind jedoch bis heute die geldgebenden Personen bzw. Institutionen ganz überwiegend die Auftraggeber von Evaluierungen.

---

[1] Vgl. S. 90 dieser Arbeit.

Am Schluß dieses Abschnitts sei in Erinnerung gerufen, daß festgestellt wurde, daß nicht jede exogene SHO-Entstehung als Folge eines entwicklungspolitischen „Projektes" bzw. „Programms" angesehen werden kann. Von daher muß man sich davor hüten, die exogene Entstehung von Selbsthilfeorganisationen in Entwicklungsländern automatisch mit einem SHO-Aufbauprojekt bzw. -programm gleichzusetzen. Aus diesem Grunde wurde bei den bisherigen Ausführungen bewußt das eigene, zu entwickelnde Evaluierungsverfahren *nicht* als *Projekt*evaluierung bezeichnet.

Ein zweiter Grund, der gegen die Verwendung der Ausdrücke „Projekt" bzw. „Projektevaluierung" spricht, ist der Sachverhalt, der mit dem Wort „Projekt" üblicherweise bezeichnet wird. So hebt Dülfer als wichtiges Kennzeichen eines (Entwicklungs-)projektes hervor, „daß durch die vorgesehenen technischen und organisatorischen Maßnahmen sowie die entsprechende finanzielle Investition ein ganz bestimmtes, inhaltlich und zeitlich definiertes Ergebnis erzielt werden soll, mit dessen Vorliegen das Projekt als abgeschlossen gilt." [1] Ob dies auch als Kennzeichen einer erfolgreichen, d.h. mit dem Zustandekommen einer lebensfähigen Selbsthilfeorganisation endenden, exogenen SHO-Entstehung angesehen werden kann, ist an dieser Stelle der Abhandlung noch völlig offen. Möchte man verfrühte, noch durch keine Beweise belegte Festlegungen vermeiden, die durch die Verwendung des herkömmlichen Projektbegriffs indirekt erfolgen würden, so muß auf diesen verzichtet werden.

Diese Bemerkungen erscheinen am Ende dieses Abschnitts angezeigt, drängt sich der Projektbegriff doch durch den nicht zu leugnenden historischen Zusammenhang zwischen der Entwicklung von „Evaluierungs"verfahren und (staatlichen) „Projekten" und „Programmen" auf. Auch Zielerreichungsüberlegungen wurden häufig mit Blick auf Projekte- und Programmbewertungen angestellt. Im Bereich der Zielerreichungsanalyse spiegelt sich die Un-

---

[1] DÜLFER, E., Eine analytische Methode zur Evaluierung von (ländlichen) Genossenschaften in Entwicklungsländern (FAO-Papier), Marburg/Lahn 1976, S. 6.

möglichkeit einer umfassenden Gleichsetzung von SHO-Aufbauprojekt und exogener SHO-Entstehung in den modifizierenden Erläuterungen wider, die an früherer Stelle zum Begriff des „Ziels" gegeben wurden.

Mit diesen Ausführungen zur Evaluierungsfrage wird die Bestimmung des Untersuchungsgegenstandes abgeschlossen. Auf der Basis der bisher erwähnten Feststellungen bzw. der bisher erläuterten Festlegungen wird im folgenden Kapitel C zuerst den pädagogischen Elementen beim Untersuchungsgegenstand analytische Aufmerksamkeit gewidmet.

C. ERZIEHERISCHE (PÄDAGOGISCHE) ELEMENTE UND ERZIEHUNGSWISSENSCHAFTLICHE ASPEKTE DES EXOGENEN ENTSTEHUNGSVORGANGS

Wurde im Verlaufe der bisherigen Überlegungen festgestellt, daß von verschiedenen Autoren bei der exogenen SHO-Entstehung in Entwicklungsländern *erzieherische* Elemente ausgemacht werden, so wirft dies unter anderem zwei Hauptfragen auf:

1. Als welche Art von sozialem Handeln ist die exogene SHO-Anregung in Entwicklungsländern angesichts der angesprochenen erzieherischen Elemente aufzufassen? Als überwiegend politisches oder überwiegend erzieherisches Handeln?

2. Soll, wenn im weiteren Verlaufe dieser Untersuchung im Bereich der Sozialwissenschaften nach Erklärungsansätzen zur exogenen SHO-Entstehung in Entwicklungsländern gesucht wird, diese Suche auf die Politologie oder eher auf die Erziehungswissenschaft ausgedehnt werden?

Eine Beantwortung dieser beiden Fragen erfordert es, sich zuvor Klarheit darüber zu verschaffen, was unter Erziehung bzw. erzieherischem Handeln einerseits und Politik bzw. politischem Handeln andererseits verstanden wird, wie ihr Verhältnis zueinander zu kennzeichnen ist und welche unterschiedlichen Betrachtungsweisen sich schließlich jeweils aus einer politologischen und einer erziehungswissenschaftlichen Perspektive ergeben.

Man wird sich außerdem zu vergegenwärtigen haben, daß die Fragen sich auf zwei verschiedene Ebenen beziehen. So richtet sich die erste Frage auf das Handeln exogener SHO-Anreger, die zweite Frage auf Systeme von Aussagen (Theorien) *über* bestimmtes beobachtbares soziales Handeln. Wissenschaftstheoretisch lassen sich diese Ebenen als „Objektebene" und „Theorieebene" differenzieren. [1]

Möchte man der Unterschiedlichkeit dieser Ebenen Rechnung tragen, so wird man sich darum bemühen, möglichst solche Begriffe zu verwenden, die eindeutig nur einer der beiden Ebenen zuzuordnen sind. Von daher wird im weiteren Verlauf dieses Kapitels der Begriff „pädagogisch", der oft als ein Synonym für „erzieherisch" gebraucht wird, trotz seiner allgemeinen Geläufigkeit [2] nicht mehr verwendet werden. Denn bei einem als „pädagogisch" bezeichneten Handeln wird in der Regel schon eine reflektierte systematische, zum Teil schon wissenschaftliche Theorie des erzieherischen Vorgehens mitgedacht und assoziiert [3], d.h., neben der Objektebene wird zusätzlich die Theorieebene gedanklich mitumfaßt.

Da den Begriffen „erzieherisches Handeln", „erziehen" bzw. „Erziehung" eine solche zweifache Zuordnungsmöglichkeit im allgemeinen nicht zugrundegelegt wird, seien sie im folgenden vorgezogen.

---

[1] Vgl. z.B. JONGEBLOED, H.-C. und TWARDY, M., Wissenschaftstheoretische Voraussetzungen ... a.a.O., S. 17 f.

[2] Dieser allgemeinen Geläufigkeit wurde jedoch in der Überschrift zu diesem Kapitel durch die Klammerergänzung Rechnung getragen.

[3] Vgl. u.a. BREZINKA, W., Metatheorie der Erziehung, 4. vollst. neubearb. Aufl., München, Basel 1978, S. 10 ff; BECKMANN, H.-K., Die geschichtliche Entwicklung der Pädagogik als Wissenschaft, in: Klafki, W. et al. (Hrsg.), Erziehungswissenschaft, Eine Einführung in drei Bänden, Funk Kolleg, 12. Aufl., Band 3, Frankfurt a.M. 1979, S. 229 f.

1. DIE EXOGENE ANREGUNG VON SELBSTHILFEORGANISATIONEN IN ENTWICKLUNGSLÄNDERN: EIN ÜBERWIEGEND POLITISCHES ODER ÜBERWIEGEND ERZIEHERISCHES HANDELN

1.1. Die Begriffe: Erziehung und Politik

Gilt es, für die vorliegende Untersuchung eine zweckmäßige Definition des Erziehungsbegriffs zu finden, so ist dies angesichts der von verschiedenen Autoren eingeräumten Verwirrung in der erziehungswissenschaftlichen Terminologie [1] kein unproblematisches Unterfangen. Von Nutzen sind daher analytische Versuche, diese Begriffsverwirrung zumindest ansatzweise aufzulösen. Einen solchen Versuch, speziell im Hinblick auf die Klärung des Erziehungsbegriffs, hat in neuerer Zeit vor allem Wolfgang Brezinka unternommen, indem er die in der Alltags-, Rechts- und Verwaltungssprache sowie die in der wissenschaftlichen Fachsprache verwendeten Erziehungsbegriffe einer Bedeutungsanalyse unterzogen hat. [2]

Bei der Analyse der erziehungswissenschaftlichen Texte hebt er folgende, zum Teil eng verflochtene vier Bedeutungspaare hervor [3], „zwischen deren Gliedern man bei der Begriffsbildung wählen muß, weil sie logisch untereinander unvereinbar sind". [4] Dies gilt auch für die Bildung des Erziehungsbegriffs in dieser Arbeit, die nun schrittweise in der Auseinandersetzung mit den darzulegenden Begriffsbedeutungspaaren erfolgen wird.

---

[1] Vgl. z.B.: DOLCH, J., Grundbegriffe der pädagogischen Fachsprache, 5. Aufl., München 1965, S. 9; WEBER, E. (Hrsg.), Der Erziehungs- und Bildungsbegriff im 20. Jahrhundert, Bad Heilbrunn 1969, S. 148 f.

[2] Vgl. BREZINKA, W., Grundbegriffe der Erziehungswissenschaft, 3. verb. Aufl., München, Basel 1977, S. 34–100; d e r s e l b e, Erziehungsbegriffe in: Roth, L. (Hrsg.), Handlexikon zur Erziehungswissenschaft, München 1976, S. 128–133; d e r s e l b e, Metatheorie ... a.a.O., S. 42–46.

[3] Vgl. hierzu und zum folgenden: BREZINKA, W., Grundbegriffe ... a.a.O., S. 52 ff.; d e r s e l b e, Erziehungsbegriffe ... a.a.O.

[4] BREZINKA, W., Grundbegriffe a.a.O., S. 52.

Das erste Bedeutungspaar wird aus der Kombination: *Prozeß*-Bedeutung / *Produkt*-Bedeutung gebildet. Damit wird der Umstand angesprochen, daß mit dem Ausdruck „Erziehung" entweder auf einen Prozeß, z.B. eine Tätigkeit, ein Tun, eine Einwirkung, eine Hilfeleistung etc. abgehoben oder ein Produkt, d.h. das Ergebnis oder Resultat eines Prozesses bezeichnet wird. Die letztere Bedeutung liegt zugrunde, wenn beispielsweise im Zusammenhang mit Erziehung von „Wohlerzogenheit", „Wirkung" oder „Erzogensein" gesprochen wird.

Eine etymologische Untersuchung der Grundbedeutung des Wortes „erziehen", das der Substantivierung „Erziehung" zugrundeliegt, sowie eine Analyse des Sprachgebrauchs in der Alltags-, Rechts- und Verwaltungssprache, die Brezinka vornimmt, zeigen, daß „erziehen" wie z.B. „behandeln", „suchen", „kämpfen" in seiner Grundbedeutung den „Aufgaben-Verben" bzw. „Versuchs-Zeitwörtern" zuzuordnen ist und nicht wie z.B. „heilen", „finden" oder „siegen" den „Erfolgs-" bzw. „Geschafft-Zeitwörtern". [1] Denn man kann mit oder ohne Erfolg behandeln, mit oder ohne Erfolg suchen und mit oder ohne Erfolg erziehen. Heilen, finden oder siegen heißt jedoch immer, Erfolg gehabt zu haben.

Somit widerspricht die in erziehungswissenschaftlichen Texten vorzufindende Produkt-Bedeutung dem oben skizzierten zentralen Sprachgebrauch, dient bei ihr das Erfolgskriterium (Ergebnis, Resultat, Produkt) doch als Merkmal des Erziehungsbegriffs. Dies führt zu logischen Ungereimtheiten, die Brezinka davon sprechen lassen, die Verwendung eines Erziehungsbegriffes im Sinne einer Produkt-Bedeutung als „logisch unhaltbar" [2] zu bezeichnen. Ist mit dem Wort „Erziehung" wegen des aufgezeigten Charakters seiner Grundbedeutung in erster Linie ein Prozeß gemeint, so gibt es „keinen logisch stichhaltigen Grund, den Sollzustand, den man erreichen will, mit dem gleichen Wort zu bezeichnen, wie einen Teil der Bedingungen, die möglicherweise zu seiner Erreichung beitragen können." [3]

---

[1] BREZINKA, W., Grundbegriffe ... a.a.O., S. 50.
[2] Ebenda, S. 54.
[3] Ebenda, S. 54.

Da auch der Verfasser keinen logisch stichhaltigen Grund hierzu aufführen kann, ist an dieser Stelle festzuhalten, daß der in dieser Arbeit zu wählende Erziehungsbegriff auf die Erziehung als einen *Prozeß* und nicht als ein Produkt bzw. Ergebnis abstellt.

Ein zweiter Aspekt unterschiedlicher Bedeutungsinhalte wird mit dem Paar: *deskriptive* Bedeutung / programmatisch-*präskriptive* Bedeutung angezeigt. Hat ein Erziehungsbegriff eine deskriptive Bedeutung, so heißt dies, daß mit ihm eine Tatsachenaussage über die in der Wirklichkeit vorzufindenden Erziehungsprozesse beabsichtigt ist. Er enthält folglich keine Sollensforderungen (Normen) nach einer bestimmten Methode oder einem bestimmten Erziehungsziel. Programmatisch-präskriptive Erziehungsbegriffe enthalten hingegen solche Normen bzw. Sollensforderungen. Ein Beispiel hierzu aus der neueren Zeit bildet die sogenannte „Erziehung zur emanzipierten Persönlichkeit" [1].

Aufgrund des am Anfang dieser Arbeit dargelegten Anliegens der *Explikation* von SHO-Entstehungsprozessen in Entwicklungsländern und wegen der zu Beginn dieser Untersuchung eingenommenen wissenschaftstheoretischen Position erscheint es folgerichtig, bei der Suche nach einem für diese Untersuchung zweckmäßigen Erziehungsbegriff nicht nach einem normativen, sondern einem *deskriptiven* Begriffstyp Ausschau zu halten.

Das dritte Bedeutungspaar, zwischen dessen Gliedern man bei einer Erziehungsbegriffsbildung wählen muß, beinhaltet die Kombination: *Absichts*-Bedeutung / *Wirkungs*-Bedeutung. Liegt einem Erziehungsbegriff eine Absichts-Bedeutung zugrunde, so heißt dies, daß dem Merkmal der Absicht, ein bestimmtes Ziel zu erreichen, zentrale Bedeutung beigemessen wird. Fehlt die Absicht, das Aufgabenbewußtsein, die Intention zu handeln, damit be-

---

[1] Vgl. hierzu KLAFKI, W., Normen und Ziele in der Erziehung, in: ders. et al. (Hrsg.), Erziehungswissenschaft, Eine Einführung in drei Bänden, 12. Aufl., Band 2, Frankfurt a.M. 1979, S. 13–51, hier S. 13 ff.

stimmte Ziele erreicht werden, kann gemäß diesem Begriff nicht von Erziehung gesprochen werden.

Diese Feststellung macht die Interdependenz zwischen den verschiedenen Bedeutungspaaren deutlich. Der Absichts-Begriff der Erziehung entpuppt sich nämlich als eine Unterform des Prozeß-Begriffs der Erziehung, wobei letzterer dadurch einen weiteren Umfang besitzt, daß er nicht nur Handlungen, sondern auch nicht-intentionale Abläufe umfaßt. Der Absichts-Begriff ist ferner auch eine Unterform des vierten, noch darzustellenden Begriffs, des Handlungs-Begriffs, und zwar in dem Fall, daß bei ihm die Erziehung als eine Handlung ohne Rücksicht auf den Erfolg definiert wird.

Wirkungsbegriffe der Erziehung enthalten als konstitutives Merkmal, daß die Persönlichkeitsverfassung, die als seinsollend betrachtet wird, auch tatsächlich erreicht worden ist. Erst wenn die angestrebte Persönlichkeitsveränderung eingetreten und als ,,Wirkung" einer bestimmten Ursache nachgewiesen ist, wird bezogen auf diese Ursache von ,,Erziehung" gesprochen. Wirkungsbegriffe der Erziehung können somit als Produkt-Begriffe der Erziehung angesehen werden. Abhängig davon, welche Unterart bzw. welche Spezialform innerhalb einer Unterart bei einem bestimmten Wirkungsbegriff vorliegt, kann dieser Unterformen des Produkt-Begriffs darstellen, kann aber auch denselben weiten Bedeutungsumfang des letzteren besitzen.

Brezinka unterscheidet bei den Wirkungs-Begriffen der Erziehung zwei Unterarten. [1] Die erste Unterart bilden all diejenigen Wirkungsbegriffe von Erziehung, bei denen angenommen wird, daß die Wirkung auf eine diese Wirkung beabsichtigende Handlung zurückgeht. Bei dieser Unterart wird mithin dann und nur dann von ,,Erziehung" gesprochen, wenn eine bestimmte Wirkung durch eine auf sie abzielende Handlung wirklich erreicht wurde, das Handeln also erfolgreich war. Als Beispiel dieser Unterart, bei

---

[1] Vgl. BREZINKA, W., Grundbegriffe ... a.a.O., S. 61 ff.

der, wie bei Wirkungsbegriffen grundsätzlich üblich, Erziehung vom Resultat her definiert wird [1], führt er folgendes Zitat aus einem erziehungswissenschaftlichen Text an: [2]

Erziehung ist „ein planmäßiges Einwirken auf das noch bildsame innere Leben eines Anderen, wodurch diesem Leben eine bestimmte Gestalt gegeben werden soll und *wirklich gegeben wird.*"

Bei der zweiten Unterart der Wirkungs-Begriffe sind die Wirkungen als „zufällige Resultate" [3] unterschiedlicher Ursachen aufzufassen, wobei Brezinka entsprechend der unterschiedlichen Beschaffenheit der Ursachen drei Spezialformen dieser Unterart unterscheidet. Als erste Ursachenmöglichkeit nennt er Handlungen, die keinen erzieherischen Intentionen folgen und dennoch „erzieherische Wirkung" erzielen. „Zwischenmenschliche Einwirkungen", die über Handlungen hinaus alle beim Menschen auftretenden Verhaltens- und Ausdruckserscheinungen umfassen, bilden die zweite, oft in Wirkungs-Begriffen implizierte Ursachenkategorie. Den größten Bedeutungsumfang besitzt der dritte Ursachenbegriff, der – meist ganz allgemein als „Einwirkungen" bezeichnet – jede denkbare Form Menschen beeinflussender Kräfte beinhaltet.

Erwägt man die Möglichkeit, die allgemeinen Voraussetzungen einer exogenen SHO-Entstehung in dieser Arbeit einmal als „Erziehungsziele" aufzufassen, so könnte man gerade angesichts der im vorigen Kapitel angesprochenen Eventualität unbewußter bzw. unbeabsichtigter sowie möglicherweise sogar nicht-menschlicher Verursachung dieser Voraussetzungen geneigt sein, den Erziehungsbegriff im Sinne eines Wirkungsbegriffes zu definieren.

Gegen ein solches Vorgehen sprächen aber mehrere Gründe. Die beiden ersten Argumente sind bereits bei der Erörterung des Produkt-Begriffs von

---

[1] Vgl. BREZINKA, W., Erziehungsbegriffe ... a.a.O., S. 132.

[2] Vgl. BREZINKA, W., Grundbegriffe ... a.a.O., S. 61 f.

[3] Vgl. ebenda S. 62.

Erziehung genannt worden und gelten hier aufgrund des aufgezeigten Zusammenhangs zwischen Wirkungs-Begriffen und Produkt-Begriffen der Erziehung ohne Einschränkung. Diese Argumente besagten, daß erst dann von
Erziehung zu sprechen ist, wenn die angestrebte Persönlichkeitsänderung
tatsächlich eingetreten ist, zum einen gegen den empirisch beobachteten
zentralen Sprachgebrauch verstößt, und zum anderen ein logisch bedenk-
liches Vorgehen zum Inhalt hat, bei dem Wirkungen mit demselben Terminus bezeichnet werden wie ihre möglichen Ursachen.

Hat ein Wirkungsbegriff der Erziehung außerdem einen weiten Bedeutungsumfang, so ergeben sich zwei weitere Schwierigkeiten, die seine Verwendung im Rahmen dieser Untersuchung unzweckmäßig erscheinen lassen. Ist
es, wie in diesem Kapitel unter anderem vorgesehen, politische und erzieherische Elemente bei der exogenen SHO-Anregung kenntlich zu machen,
so erscheint es zur Lokalisierung der politischen Elemente nicht sehr
zweckmäßig zu sein, durch die Verwendung eines weit gefaßten Wirkungs-
Begriffs der Erziehung die gesamte exogene SHO-Entstehung im Rahmen
entwicklungspolitischer Bemühungen als „Erziehungsprozeß" zu definieren.

Unzweckmäßig ist die Verwendung eines weit gefaßten Wirkungs-Begriffs
von Erziehung außerdem, weil an seiner Fruchtbarkeit für die Entwicklung
eines explikativen theoretischen Ansatzes gezweifelt werden kann. Im Sinne des Wirkungs-Begriffs ließe sich nämlich nur dann etwas als „Erziehung"
bezeichnen, wenn es als Ursache einer tatsächlich eingetretenen Wirkung
nachgewiesen worden ist. In seiner weiten Fassung aber beinhaltet der
Wirkungs-Begriff alle denkbaren menschlichen und nicht-menschlichen Ur-
sachenmöglichkeiten, die angesichts der an früherer Stelle aufgezeigten
Komplexität der SHO-Voraussetzungen bei der exogenen SHO-Entstehung
auch alle relevant werden könnten.

Für eine Theoriebildung ist dies insofern problematisch, als dieser Begriff
nicht auf ein bestimmtes Phänomen begrenzt ist, dessen Ursachencharakter
relativ leicht zu prüfen wäre, sondern sich vielmehr auf eine so weite

Palette von Phänomenen erstreckt, daß der für die Begriffsverwendung erforderliche Nachweis ihres Ursachencharakters sich als äußerst schwierig erweist. Es kommt hinzu, daß eindeutige und ausschließliche Zuordnungen von Wirkungen (Persönlichkeitsänderung) und jeweiligen Ursachen nicht erfolgen können, da Persönlichkeitsänderungen unbestritten von verschiedenen Einflüssen bewirkt werden. Es wird deutlich, daß ein theoretischer Ansatz, mit dem die exogene SHO-Entstehung in Entwicklungsländern zu erklären versucht werden soll, schlecht unter Zuhilfenahme eines Erziehungsbegriffes entwickelt werden kann, dessen sinnvolle Verwendung im Rahmen dieser Untersuchung voraussetzt, daß bereits vorher der Nachweis des Ursachencharakters der jeweiligen Faktoren erbracht wird, und bei dem dieser Nachweis aufgrund der Komplexität der Zusammenhänge und der Unmöglichkeit eindeutiger und ausschließlicher Zuordnungen nur in Grenzen möglich ist.

Für diese Untersuchung zweckmäßig — dies geht aus den vorgetragenen Überlegungen hervor — scheint somit vielmehr die Verwendung eines *Absichts*-Begriffs der Erziehung, da alle oben aufgezählten Nachteile bei ihm vermieden werden können.

Das vierte und letzte Paar gegensätzlicher Bedeutungsmöglichkeiten bildet die Gegenüberstellung von: *Handlungs*-Bedeutung und *Geschehens*-Bedeutung. [1] Bei Handlungs-Begriffen der Erziehung werden mit dem Ausdruck „Erziehung" Handlungen bezeichnet, die im Sinne einer Förderung des Adressaten durchgeführt werden. Handlungs-Begriffe der Erziehung stellen also nicht auf irgendwelche Handlungen ab, sondern nur auf solche mit einer Förderungsabsicht. Hierbei bestimmt der Handelnde die Kriterien zur Beurteilung der „Verbesserung" des Handlungsadressaten entweder selber oder übernimmt sie aus der Gruppe, der er angehört.

---

[1] Vgl. zu den folgenden Ausführungen: BREZINKA, W., Grundbegriffe ... a.a.O., S. 64 ff.

Brezinka unterscheidet bei diesen Handlungs-Begriffen außerdem solche, die das Merkmal „Absicht", und solche, die das Merkmal „Planmäßigkeit" beinhalten. Im Gegensatz zu einem „nur" absichtlich Handelnden, der allein Ziel und Richtung seiner Bemühungen kennt, verfügt der planmäßig Handelnde über eine detaillierte Ziel-Mittel-Übersicht, die die einzelnen Vorgehensschritte festlegt.

Schließlich weist Brezinka darauf hin, daß Handlungs-Begriffe der Erziehung sowohl in der Absichts-Bedeutung als auch in der Wirkungs-Bedeutung gebraucht werden können. Im zweiten Fall werden folglich nur Handlungen, die zum gewünschten Resultat geführt haben, als „Erziehung" bezeichnet.

Bei den Geschehens-Begriffen der Erziehung werden „äußere oder innere Geschehnisse oder Ereignisse, die eine Veränderung (Formung, Gestaltung) in der Persönlichkeit bewirken" [1] als „Erziehung" bestimmt. Abhängig davon, ob mit „Geschehen" auch nichtmenschliche Einwirkungen auf die Persönlichkeit gemeint sind oder nicht, unterscheidet Brezinka zwischen einem „universalen" und einen „sozialen" Geschehens-Begriff. Ferner zeigt er auf, daß es selbst „Wertungen ignorierende" Geschehens-Begriffe gibt [2], bei denen das Merkmal der „Verbesserung" einer Person fehlt und nur von einer „Änderung in irgendeiner Form" gesprochen wird.

Geschehens-Begriffe der Erziehung, mit denen auf nicht mit Verbesserungsabsicht erfolgende, „nicht-intentionale" Einflüsse abgehoben werden soll, treten in der Literatur sehr oft unter der Bezeichnung „funktionale Erziehung" in Erscheinung [3], während als Beispiel eines sozialen Geschehens-Begriffs in neuerer Zeit der Begriff der „sozialen Interaktion" genannt werden kann.

---

[1] BREZINKA, W., Erziehungsbegriffe ... a.a.O., S. 130.

[2] Vgl. BREZINKA, W., Grundbegriffe ... a.a.O., S. 68.

[3] Vgl. ebenda S. 65 f.

Nach Brezinka liegt den Geschehens-Begriffen, vor allem denen in Form der „funktionalen Erziehung" und der „sozialen Interaktion", die Erkenntnis zugrunde, daß die erzieherischen Handlungen innerhalb der Gesamtheit der persönlichkeitsformenden Einflüsse nur eine relativ kleine Teilmenge darstellen. [1] Aber auch wenn man, wie der Verfasser, diese Erkenntnis teilt und darüberhinaus der Auffassung ist, daß die natürlichen sowie die sozio-kulturellen Einflüsse auf die Persönlichkeit eines Menschen bisher nicht ausreichend erziehungswissenschaftlich gewürdigt worden sind, so muß man daraus doch nicht dieselben Schlußfolgerungen ziehen wie die Autoren der erwähnten Geschehens-Begriffe von Erziehung.

Geleitet von der irrigen Annahme [2], daß eine Wissenschaft auf jene Phänomene beschränkt sei, auf die ihr Name hinweist, sind diese Autoren nämlich der Überzeugung, daß man durch eine Definition der Erziehung als Handlung erziehungswissenschaftlich relevante Phänomene aus der Erziehungswissenschaft herausdefiniert, und ziehen daraus den Schluß, den Erziehungsbegriff als Geschehens-Begriff so weit zu fassen, daß alle relevanten Phänomene in ihnen enthalten sind.

Entpuppt sich aufgrund des Irrtums dieser Autoren die Notwendigkeit, bei der Entwicklung einer erziehungswissenschaftlichen Perspektive einen Geschehens-Begriff der Erziehung zu verwenden, als hinfällig, so kann darüberhinaus für eine solche Begriffsbestimmung nicht einmal eine Empfehlung ausgesprochen werden. Dies erklärt sich daraus, daß Geschehens-Begriffe, wie z.B. die „funktionale Erziehung", gleichzeitig auch (weite) *Wirkungs*-Begriffe der Erziehung sind. Denn: „sie können nur von der Wirkung her, die irgendein Geschehnis gehabt hat, definiert werden." [3] Was jedoch alles kritisch zu Wirkungs-Begriffen der Erziehung anzumerken ist, wurde bereits an früherer Stelle deutlich zu machen versucht.

---

[1] Vgl. BREZINKA, W., Grundbegriffe ... a.a.O., S. 65.

[2] Vgl. hierzu ebenda S. 78.

[3] Ebenda S. 69.

Als Fazit bleibt festzuhalten, daß als Erziehungsbegriff dieser Arbeit zweck-
mäßigerweise ein *Handlungs*-Begriff der Erziehung und kein Geschehnis-Be-
griff gewählt wird.

Ließen die bisher diskutierten Erfordernisse dieser Arbeit, die sich aus
der wissenschaftstheoretischen Position des Verfassers und aus dem Untersuchungsanliegen herleiteten, es zweckmäßig erscheinen, bei der Bestimmung eines Erziehungsbegriffs für diese Studie diesem Erziehungsbegriff
eine *deskriptive,* eine *Prozeß-,* eine *Absichts-* und eine *Handlungs*-Bedeutung
zugrundezulegen, so empfiehlt es sich wegen der sozialwissenschaftlichen
Ausrichtung dieser Arbeit außerdem, zur Vermeidung von Inkonsistenzen
einen Erziehungsbegriff zu wählen, der auf einem sozialwissenschaftlichen
Hintergrund entwickelt worden ist. Schließlich gilt es bei der Begriffsbestimmung zu berücksichtigen, daß bei exogenen SHO-Entstehungsprozessen
in Entwicklungsländern die Adressaten möglicherweise erzieherischen Handelns in der Regel Erwachsene, manchmal Jugendliche und nur selten ausschließlich Kinder sind. Erziehungsbegriffe, die vor allem oder nur auf
letztere bezogen sind, kommen demnach bei der Auswahl nicht in Betracht. Benötigt wird vielmehr ein bezogen auf die Erziehungsadressaten
allgemeingehaltener Begriff.

Ein Erziehungsbegriff, der alle genannten Anforderungen erfüllt, ist die
Erziehungsdefinition von Brezinka, die mithin für diese Arbeit übernommen wird. Sie lautet sinngemäß: [1]

Unter Erziehung werden soziale [2], d.h. *auf Mitmenschen bezogene* Handlungen verstanden, durch die Menschen *versuchen,* bei anderen Menschen

---

[1] Vgl. BREZINKA, W., Erziehungsbegriffe ... a.a.O., S. 132; d e r s e l b e, Metatheorie ...
a.a.O., S. 45.

[2] Der Begriff der sozialen Handlung ist hier weiter gefaßt als bei Max Weber, bei dem sie nur
auf das *Verhalten* anderer bezogen ist. Vgl. WEBER, M., Wirtschaft und Gesellschaft, 5.
revidierte Aufl. (hrsg. v. J. Winckelmann), Tübingen 1976, S. 1. Der vorliegende Handlungs-
begriff schließt, wie aus der Erziehungsdefinition zu entnehmen ist, ausdrücklich auch die
psychischen Dispositionen als Bezugspunkte mit ein.

die Entstehung von psychischen Dispositionen, die als schlecht betrachtet werden, zu verhüten oder als wertvoll beurteilte Komponenten des Dispositionsgefüges zu erhalten oder das Gefüge der psychischen Dispositionen in irgendeiner Hinsicht dauerhaft zu verbessern.

Ist hiermit die Frage des Erziehungsbegriffs geklärt, so bleibt die Frage nach der Bedeutung von politischem Handeln. Es soll an dieser Stelle darauf verzichtet werden, das ganze Spektrum an Definitionsmöglichkeiten auch bei diesem Begriff darzustellen, um anschließend eine Definition für diese Arbeit zu unterbreiten. Eine Definition von „Politik" ist bereits im vorangegangenen Kapitel gegeben worden. Sie sei hier wiederholt:
Politik ist ein auf Macht und Herrschaft in der Gesellschaft und auf die Gestaltung des öffentlichen Lebens gerichtetes Handeln von Individuen, Gruppen, Organisationen, Parteien, Klassen, Parlamenten und Regierungen.

1.2. Das Verhältnis von Erziehung zu Politik

Auf der Basis der gewählten Definitionen wird nun versucht, das Verhältnis von Erziehung und Politik zu bestimmen, wobei folgende Fragen der Strukturierung dieses Bestimmungsversuchs dienen:

1. Auf wen sind erzieherisches und politisches Handeln hin orientiert?
2. Welche Absichten liegen ihnen zugrunde bzw. auf welche Ziele sind sie ausgerichtet?
3. Welcher Mittel bzw. welcher Methoden bedient man sich bei den jeweiligen Handlungen?

Lassen sich Erziehung und Politik auch beide als soziales, d.h. auf Mitmenschen bezogenes Handeln auffassen, so sind ihnen dabei doch unterschiedliche Orientierungen eigen. Derbolav formuliert in diesem Zusammenhang, daß die erzieherische Intention „stets *individuell* orientiert" [1], hingegen die „politische Intention stets *kollektiv* orientiert" [2] ist.

Auf diese „kollektive Orientierung" des politischen Handelns wird bei der gewählten Politikdefinition auch ausdrücklich abgehoben, wenn von einem auf Macht und Herrschaft *in der Gesellschaft* und auf die Gestaltung des *öffentlichen Lebens* gerichteten Handeln gesprochen wird.

Dieser Bezug auf die „Allgemeinheit", das „Gemeinwesen" liegt ebenfalls dem vor allem in älteren Politikdefinitionen verwendeten Begriff des „Staates" zugrunde, den zu führen — das griechische Wort „politika" bedeutet „Staatsführung" „Staatsgeschäfte" — eine der wesentlichen Aufgaben des Politikers ist. Ohne der Jahrhunderte alten Diskussion um das Verhältnis von Staat und Gesellschaft — es sei hier beispielhaft nur auf die Diskussionsbeiträge von Platon, Aristoteles, Hegel und Marx verwiesen — noch eigene ausführliche Überlegungen beisteuern zu wollen, sei an dieser Stelle darauf verwiesen, daß der Gesellschaftsbegriff, auf dem die hier gewählte Politikdefinition basiert, so weit gefaßt ist, daß der Begriff des Staates als einer speziellen Ordnung unter ihm subsumiert werden kann.

Die individuelle Orientierung ergibt sich beim erzieherischen Handeln aus der Grundabsicht des Erziehers, psychische Dispositionsgefüge zu beeinflussen zu versuchen. [3] Im Gegensatz zum „Gemeinwesen", zum „Staat", zur „Gesellschaft" und zum „öffentlichen Leben", die sich nicht bzw. nicht allein an Individuen festmachen lassen, sind psychische Dispositionen anhand von Indikatoren nur bei Individuen feststellbar. Selbst wenn von der Handlungsbereitschaft einer Gruppe — als Beispiel einer Disposition — gesprochen

---

[1] DERBOLAV, J., Pädagogik und Politik, Eine systematisch-kritische Analyse ihrer Beziehungen, Stuttgart, Berlin, Köln, Mainz 1975, S. 13. Die Hervorhebungen stammen vom Verfasser.

[2] Ebenda S. 15. Die Hervorhebungen stammen vom Verfasser.

[3] Siehe zu Dispositionszielen als „eigentliche Anliegen" der Didaktik: TWARDY, M., Zur Lehr- und Lernzielpräzisierung als speziellem Problem der Fachdidaktik Wirtschaftswissenschaften, in: ders. (Hrsg.), Fachdidaktik Wirtschaftswissenschaften, Studienbriefe der Fernuniversität Hagen, Kurseinheit 5, Hagen 1981, S. 31—37, vor allem S. 33.

wird, kann diese nur die Summe der einzelnen Bereitschaften bedeuten, die bei den jeweiligen Gruppenmitgliedern individuell vorliegen und ermittelt werden.

Orientierungs- bzw. Bezugspunkt erzieherischer Maßnahmen ist folglich das Individuum. *An dieser* durch die grundsätzliche Ausrichtung auf psychische Dispositionsgefüge bedingten *individuellen* Orientierung erzieherischen Handelns *ändern* auch über die genannte erzieherische Grundabsicht hinausgehende *spezielle Absichten* bzw. Vorstellungen eines jeweiligen Erziehers *bezüglich* der *Anzahl derjenigen Individuen,* deren psychische Dispositionsgefüge er im Verlaufe der Zeit zu beeinflussen versuchen möchte, *nichts.* Denn die Beeinflussung von psychischen Dispositionsgefügen bleibt auch bei einer größeren Anzahl von Individuen die Grundabsicht eines Erziehers, „mag sich auch (seine) Vermittlungsintention ... dabei in jene abstrakte Höhe erheben, auf der sie eine Klasse, eine Gruppe, ein Kollektiv erreicht." [1]

Selbst in dem extremen Fall, daß jemand – z.B. ein Politiker – „ein ganzes Volk" erziehen möchte, wird diese Person zwar vielleicht an bestimmte psychische Dispositionen als für das ganze Volk verbindliche Erziehungs*ziele* denken und außerhalb des klassischen Erziehungsbereichs angesiedelte erzieherische Aktionen planen, doch auch er wird – ist es ihm mit seiner erzieherischen Grundabsicht ernst – einräumen, daß der *Versuch* der *Vermittlung* seiner für das ganze Volk verbindlichen Erziehungsziele nur am *Individuum orientiert* erfolgen kann.

Außer dieser unterschiedlichen Orientierung erzieherischen und politischen Handelns ergeben sich aus den ihnen zugrundeliegenden Absichten bzw. aus ihren Zielen noch weitere Aspekte, deren Beachtung für die Bestimmung ihres gegenseitigen Verhältnisses von Nutzen ist.

---

[1] DERBOLAV, J., Pädagogik und Politik .. a.a.O., S. 13. Klammerergänzung vom Verfasser.

So scheint es für einen weiteren Klärungsschritt dienlich, sich vor Augen zu führen, daß es bei erzieherischen Zielsetzungen „eigentlich nur um das Erreichen (und im Sinne Brezinkas außerdem um das Bewahren bzw. Verhüten) von *Dispositionen*" [1] geht und nicht um die Festsetzung eines bestimmten „Endverhaltens" [2]. So soll ein Educand z.B. nicht lesen, sondern lesen *können*. Diese Ausrichtung auf psychische Dispositionen entspringt der auch in der gewählten Erziehungsdefinition explizit erwähnten Intention eines Erziehers, daß seine Förderungsbemühungen zu einer *dauerhaften* Verbesserung der Persönlichkeit des Educanden führen. Soll diese Verbesserung dauerhaft sein, so bedeutet dies, daß bei ihr an eine „Stabilität über die Zeit" [3] im Rahmen vieler und durchaus nicht-identischer Situationen gedacht ist.

Ein „Endverhalten" läßt sich strenggenommen nur in einer bestimmten Situation zu einem bestimmten Zeitpunkt feststellen, so daß diesem Begriff das Merkmal der „Stabilität über die Zeit in verschiedenen Situationen" kaum als konstitutiv zugesprochen werden kann. Dem Begriff der „Disposition" ist dieses Merkmal hingegen inhärent.

Der beschriebene Sachverhalt wird aber deshalb nicht jedem sofort deutlich, weil sich die psychischen Dispositionen als „hypothetische Konstrukte" [4] einer direkten, intersubjektiv überprüfbaren (empirischen) Beobachtung entziehen [5] und nur durch die Beobachtung von Endverhaltensweisen, die in einem solchen Fall als Dispositions*indikator* angesehen werden, indirekt feststellen lassen. Die somit in der erzieherischen Praxis bei der Lernzielbestimmung und der Erfolgsermittlung anzutreffende Konzentration auf ge-

---

[1] TWARDY, M., Zur Lehr- und Lernzielpräzisierung ... a.a.O., S. 33. Die Klammerergänzung stammt vom Verfasser.

[2] Ebenda S. 23 et passim.

[3] Ebenda S. 33.

[4] Vgl. ebenda S. 32 und die dort zusätzlich gegebenen Literaturhinweise.

[5] Vgl. hierzu und zu folgendem ebenda S. 34 ff, aber auch S. 39 f. dieser Arbeit.

naue Formulierungen von Endverhaltensweisen läßt einen daher oft ihren nur indikatorischen Charakter übersehen und sie fälschlich als „eigentliche" Ziele der Erziehung auffassen.

Politik hingegen ist zum großen Teil auf die Erreichung bzw. Vermeidung bestimmter Endverhaltensweisen ausgerichtet. Besonders im Rahmen der „Gestaltung des öffentlichen Lebens", für die ein Politiker, hat er die erforderliche Macht erhalten, verantwortlich zeichnet, geht es darum, durch eine „Normierung durch das Gesetz" [1] und durch dazugehörige Erlasse und Verordnungen bestimmte Handlungsweisen zu unterbinden und andere zu fördern bzw. zu verstärken. Aber auch wenn Politiker sich noch im „Kampf um die Macht" [2] befinden, werden sie — vor allem in demokratisch verfaßten Staaten — ihren potentiellen Anhängern Vorstellungen, Konzepte und Programme entwickeln, die ein Angebot von möglichen, später in *Gesetze mündenden,* auf Allgemeingeltung angelegten Absichten darstellen.

Daß aber politisches Handeln ausschließlich auf bestimmtes Endverhalten ausgerichtet ist, also neben der Verhaltensdimension psychische Dispositionen als Zielfeld überhaupt keine Rolle spielen, läßt sich allein deshalb nicht behaupten, weil zu dem zu gestaltenden öffentlichen Leben eben auch das Erziehungswesen gehört. Diesem schafft die Politik nicht nur im Rahmen ihrer Ordnungsfunktion seine institutionellen und rechtlichen Voraussetzungen, sondern diesem staatlichen Erziehungsbereich gibt sie auch im Rahmen ihrer Zielfunktion die Erziehungs*ziele* vor [3]. Letztere aber sind, wie aufzuzeigen versucht wurde, grundsätzlich auf psychische Dispositionen ausgerichtet.

---

[1] DERBOLAV, J., Pädagogik und Politik ... a.a.O., S. 58.

[2] APPEL, O., Politik und Pädagogik, in Lexikon der Pädagogik, III. Band, 3. Aufl., Freiburg, Basel, Wien 1962, Sp. 909—912, hier Sp. 910.

[3] Vgl. DERBOLAV, J., Pädagogik und Politik ... a.a.O., S. 18f.

Diese Ausrichtung des politischen Handelns auf psychische Dispositionen ist hier dennoch nicht mit der des erzieherischen Handelns identisch. Der Bezug der Politik zu den Dispositionen besteht in diesem Fall ausschließlich darin, diese als Erziehungs*ziele* zu *setzen*, während er bei der Erziehung im *Vermittlungs*versuch dieser Ziele seinen Ausdruck findet.

Befindet sich der Politiker (noch) im „Konkurrenzkampf um die Macht" [1], d.h. um die Befugnisse zur Gestaltung des öffentlichen Lebens, so spielen psychische Dispositionen, z.B. die Bereitschaft anderer, ihn bei seinem Bemühen um die Macht heute, aber auch zu einem „rechten" Augenblick in der Zukunft (z.B. am Wahltag) zu unterstützen, als anzustrebende Zwischenziele eine nicht zu leugnende Rolle. Doch selbst wenn er seinen Anteil an der Macht erhalten haben sollte, wird er zur Sicherung desselben die erwähnte Unterstützungsbereitschaft bei seinen Anhängern als Bezugspunkt seines Handelns in der Regel nicht aus dem Auge verlieren.

Es wird deutlich, daß das Kriterium der genauen Ausrichtung des Handelns auf Verhalten oder psychische Dispositionen zur Differenzierung von Erziehung und Politik nicht allein ausreicht, da zwar das Festlegenwollen des Verhaltens anderer einen sehr oft in der Politik — im Gegensatz zur Erziehung — feststellbaren Sachverhalt bedeutet, das Merkmal des Dispositionsbezugs aber bei beiden Handlungsweisen anzutreffen ist. Hinsichtlich des zuletzt genannten Merkmals ließe sich die Differenzierung daher nur etwa so formulieren: Erzieherisches Handeln ist *ausschließlich* auf psychische Dispositionen bezogen. Politisches Handeln ist *auch, aber* wahrscheinlich *nicht überwiegend* und hauptsächlich auf psychische Dispositionen bezogen.

Mithin bleibt die Frage offen, inwieweit die Elemente eines politischen Handelns, die auf psychische Dispositionen ausgerichtet sind, von erzieherischen Handlungen unterschieden werden können. Diese Frage stellt sich

---

[1] DERBOLAV, J., Pädagogik und Politik ... a.a.O., S. 15.

nicht für den Bereich der Bildungspolitik, da dort — wie gezeigt — der Bezug zu den Dispositionen nur im Setzen von Erziehungszielen besteht, während der für die Erziehung charakteristische Bezug durch den Versuch ihrer Vermittlung hergestellt wird. Diese Frage stellt sich aber vor allem dann, wenn ein Politiker (noch) nicht das öffentliche Leben gestaltet (z.B. als Bildungspolitiker), sondern noch um seinen Machtanteil ringt.

So ließe sich beispielsweise vorstellen, daß ein Politiker, der gewählt werden möchte, sich der Bereitschaft (psychischen Disposition) einer bestimmten Gruppe versichern möchte, ihn zu einem bestimmten Zeitpunkt (Wahltag) zu unterstützen. Aus diesem Grunde trifft er sich regelmäßig mit Vertretern dieser Gruppe, um bei diesen Schlüsselpersonen eine dementsprechende individuelle Bereitschaft zu bewirken, von der er hofft, daß sie im Laufe der Zeit von den anderen Gruppenmitgliedern ebenfalls entwickelt wird.

Was nun dieses Handeln von einem erzieherischen unterscheidet, ist nicht der Versuch, psychische Dispositionsgefüge zu verändern, und nicht die damit vom Politiker vorübergehend eingenommene individuelle Orientierung seines Handelns, sondern ist allein das *Fehlen* einer „Förderungsabsicht"[1]. Denn dem Politiker geht es in diesem Fall nicht um die Verbesserung oder um die Förderung der Persönlichkeit eines anderen Mitmenschen, die im Vermittlungsversuch von allgemeinen Dispositionen wie z.B. Höflichkeit, Gerechtigkeitsempfinden, Lesenkönnen etc. zum Ausdruck kommen können. Vielmehr wird seine Handlung von der Absicht getragen, bei diesen Personen eine spezielle, nur auf ihn gerichtete Disposition zu erreichen, die ihm bei seinem Ringen um Machtanteile von Nutzen ist. Eine Förderung der Persönlichkeit der anderen bildet hierbei kein konstitutives Element seiner Intention und Handlung.

Auf diesem Hintergrund läßt sich neben dem Willen zur Gestaltung des öffentlichen Lebens die für die Erlangung der Gestaltungsbefugnisse bzw.

---

[1] Vgl. BREZINKA, W., Grundbegriffe ... a.a.O., S. 90ff.

Gestaltungsmöglichkeiten erforderliche „herrschaftliche Motivation" [1] als zweite charakteristische Intention hervorheben, die politischem Handeln zugrundeliegt. Angesichts eines vorhandenen Machtgefälles bzw. einer gegebenen Machtverteilung wird sich ein Politiker, will er eines Tages das öffentliche Leben gestalten bzw. deren Gestaltung fortsetzen, darum bemühen, eine entsprechend höhere Stufe im Machtgefälle zu erreichen oder die einmal erworbene überlegene Machtposition nicht zu verlieren.

Das angesprochene Machtproblem bzw. eine nähere Auseinandersetzung mit der Frage, wie man sich in der Erziehung und Politik ihm gegenüber verhält, weist den Weg zur Beantwortung der dritten, anfangs aufgeworfenen Frage zu den Mitteln und Methoden erzieherischen und politischen Handelns.

Denn bei der Überlegung, wie man sich angesichts einer ungleichen Machtverteilung verhält bzw. von der Grundabsicht der Handelnden her verhalten soll, scheiden sich die erzieherischen und politischen Geister. Wird im folgenden dieser Frage nachgegangen, so bedeutet das nicht, daß der Verfasser eigene Normen für die Reaktion von Erziehern und Politikern auf das Phänomen ungleicher Machtverteilung entwickeln will, sondern daß er die in der Realität feststellbare subjektive Bewertung von Macht, die von Erziehern und Politikern aus ihren konstatierten unterschiedlichen Grundabsichten heraus in verschiedener Weise vollzogen wird, aufzuzeigen versucht.

Zunächst gilt es festzuhalten, daß ungleiche Machtverteilung, sei es in der Gesellschaft zwischen den einzelnen Institutionen, Organisationen und Gruppen, sei es innerhalb dieser sozialen Einheiten, von Politikern wie von Erziehern als objektive Gegebenheit zur Kenntnis genommen wird. Dies be-

---

[1] Vgl. DERBOLAV, J., Pädagogik und Politik ... a.a.O., S. 58.

deutet, daß die von Mollenhauer aufgeworfene Frage [1], ob Erziehung ein „politisches Exterritorium" — damit meint er einen herrschaftsfreien Raum — sei, mit ihm, Heid [2] und anderen Autoren verneint wird. Vielmehr ist festzuhalten, daß „der Erzieher — in welchem Rollengeflecht auch immer — zunächst gerade nicht oder zumindest niemals nur der Anwalt des Educanden zu sein vermag, sondern immer auch — wie EISENSTADT es genannt hat — 'Agent der Gesellschaft' ist ..." [3].

Ein Machtgefälle zwischen Erzieher und Educanden kann sich aus verschiedenen Gründen ergeben. So kann der Erzieher z.B. rein physisch, dem Status nach und/oder wegen eines Informationsvorsprungs dem Educanden überlegen sein. Brezinka hebt hervor, daß es schon ausreicht „einen partiellen Vorsprung im Wissen und Können" [4] zu besitzen, um die Rolle des Erziehers zu übernehmen.

Der Wert, den ein Erzieher der ungleichen Machtverteilung, bei der er die größeren Machtanteile innehat, beimißt, ergibt sich aus seinem Grundanliegen eines Verbesserungsversuchs psychischer Dispositionsgefüge. Da aber eine als Verbesserung betrachtete Änderung des psychischen Dispositionsgefüges einzig und allein durch die eigenen psychischen Aktivitäten jener konkreten Persönlichkeit geschehen kann, der Dispositionen vom Erzieher zugeschrieben oder neue Dispositionen vermittelt werden sollen [5], erscheint der Nutzen einer Inanspruchnahme des Machtgefälles seitens des Erziehers, also der Ausübung von Macht auf den Educanden, als fraglich. Denn letztlich kann durch die Anwendung von Machtmitteln bis hin zur physischen Gewalt höchstens für eine gewisse Zeit bei den meisten Menschen ein be-

---

[1] Vgl. MOLLENHAUER, K., Theorien zum Erziehungsprozeß, in: ders. (Hrsg.), Grundfragen der Erziehungswissenschaft, Band 1, München 1972, S. 12.

[2] Vgl. HEID, H., Zur pädagogischen Legitimität gesellschaftlicher Verhaltenserwartungen, in: Zeitschrift für Pädagogik, 16. Jg., 1970, S. 365—394, hier S. 377.

[3] Ebenda S. 377.

[4] BREZINKA, W., Grundbegriffe ... a.a.O., S. 94.

[5] Vgl. ebenda S. 84.

stimmtes „Endverhalten" bewirkt werden, was — wie zu verdeutlichen versucht wurde — noch lange nicht die Änderung eines psychischen Dispositionsgefüges bedeutet, besonders wenn man die von Popper in Weiterführung von Galbraith gemachte Feststellung mit in Betracht zieht, daß Druck in der Regel — hier innerphysischen — Gegendruck erzeugt.

Ergibt sich mithin, daß Erzieher in die Ausnutzung vom Machtdifferenzen wegen ihrer angedeuteten nur sehr begrenzten Tauglichkeit zur Beeinflussung von psychischen Dispositionsgefügen keine besonders großen methodischen Hoffnungen setzen, so läßt sie noch ein weiterer Umstand das Ausnutzen von Machtgefällen mit Zurückhaltung betrachten. Ihr erzieherisches Vermittlungsinteresse bedeutet nämlich nichts anderes als das sukzessive *Teilen* von Wissen und Können. Erzieher möchten ihr Wissen nicht für sich behalten, sondern es weitergeben. Dies heißt aber, daß sie ihren zumindest partiellen (Macht-)*Vorsprung* langfristig nicht bewahren wollen, sondern ihn im Laufe der Zeit abbauen, im Idealfall sogar völlig *aufheben* wollen.

Dieses Ziel der Verringerung bzw. der Beseitigung des Machtgefälles kann nur dann erreicht werden, wenn es „im Erziehungs*handeln* selbst schon *antizipiert* wird, und zwar nicht nur als Gedachtes, sondern als eines, dessen Merkmale in der Praxis des Erziehungshandelns real hervorgebracht werden." [1] Weniger abstrakt formuliert beinhaltet diese Aussage vor allem, daß der Abbau des (Macht)-Vorsprungs am Ende einer Erziehungsperiode nur dann Wirklichkeit werden kann, wenn vorher im Verlaufe des Erziehungshandelns der Erzieher seinen Vorsprung tatsächlich Schritt für Schritt verringert hat.

Um dieser Forderung nachzukommen, sieht Heid als einzige realistische Möglichkeit, „dem Educanden den unvermeidlichen pädagogischen (d.h.

---

[1] MOLLENHAUER, K., Theorien ... a.a.O., S. 15. Die Hervorhebungen stammen vom Verfasser.

erzieherischen) Vorgriff verfügbar zu machen." [1] Dies heißt neben dem Eingeständnis, als Erzieher auch „Agent der Gesellschaft" zu sein, „sich keine Illusionen darüber zu machen, daß wir den Educandus immer und unvermeidlich auf das einengen und an das anpassen, was wir, vorfixiert durch die unsere eigenen Möglichkeiten begrenzende Denktradition und -gemeinschaft überhaupt nur zulassen oder zu ermöglichen vermögen ..." [2]. Dies bedeutet in einem zweiten Schritt, diese notwendige Selbsterkenntnis der eigenen Relativität des Erziehers dem Educanden schrittweise entsprechend seiner Aufnahmefähigkeit transparent zu machen.

Auf dem Hintergrund dieses so begründeten erzieherischen Versuchs um Abbau von vorhandenen Machtgefällen im Verlaufe einer bestimmten Zeitperiode werden die durchaus im erzieherischen Bereich vorfindbaren Mittel von bewußter Machtanwendung wie Druck, Zwang bis hin selbst zur physischen Gewalt (z.B. Prügelstrafe) als Indikatoren eines *noch nicht abgebauten* (Macht-)Vorsprungs erkennbar, dessen Beseitigung jedoch vorgesehen ist. Hierbei gilt es aber anzumerken, daß neben der so verstandenen Vorläufigkeit dieser Mittel außerdem die bereits erwähnten Zweifel an ihrer Tauglichkeit zur Dispositionsveränderung in die gewünschte Richtung Machtmittel dem Erzieher nicht als bevorzugte erzieherische Mittel erscheinen lassen.

Kristallisiert sich demnach das in Handlung umgesetzte Bemühen um langfristige Verringerung bzw. Beseitigung von Machtgefällen zwischen Erzieher und Educanden als ein die erzieherische *Methode* kennzeichnendes Merkmal heraus, das Mollenhauer als — im Vergleich mit politischem Handeln — „andere Struktur" [3] der Erziehung, Derbolav als „pädagogischen Takt ... und methodisches Geschick" [4] ansprechen, so wird deutlich, daß

---

[1] HEID, H., Zur pädagogischen Legitimität ... a.a.O., S. 376. Die Klammerergänzung stammt vom Verfasser.

[2] Ebenda S. 377.

[3] MOLLENHAUER, K., Theorien ... a.a.O., S. 15.

[4] DERBOLAV, J., Pädagogik und Politik ... a.a.O., S. 13.

es hingegen sehr schwierig ist, ein bestimmtes *Mittel* als rein erzieherisch oder als rein nicht-erzieherisch einzustufen. Ob ein Mittel erzieherisch ist, läßt sich nur unter Berücksichtigung der tatsächlichen Absicht eines Handelnden ermitteln.

Auch beim politischen Handeln ist die Anwendung der unterschiedlichsten Mittel denkbar. [1] So gelingt seine Abgrenzung vom erzieherischen Handeln nicht durch eine Benennung bestimmter Mittel, sondern durch die Hervorhebung des bei der Politik andersgestalteten Verhältnisses zu Machtunterschieden.

Politischem Handeln liegt nämlich nicht das Bemühen zugrunde, seine eigene Machtposition zu verringern bzw. ganz abzubauen. Ganz im Gegenteil hierzu bemüht sich ein Politiker darum, entweder im Rahmen eines gegebenen Machtgefälles eine höhere Stufe zu erreichen bzw. seinen Machtanteil zu vergrößern, oder — war dieses Bemühen erfolgreich — als Gestalter des öffentlichen Lebens die erworbene Macht anzuwenden und gegebene Machtdifferenzen auszunutzen.

Dies impliziert, daß Politiker im Gegensatz zu Erziehern eine grundsätzlich positive Bewertung von Macht und Machtanwendung vornehmen. An dieser Bewertung ändert auch die Verwendung sehr unterschiedlicher Mittel nichts. So mündet z.B. diese, die Macht grundsätzlich bejahende Bewertung, bei einem in Staatsfunktionen wirkenden Politiker darin, daß er bei seinen Versuchen der allgemeinen *Normierung* von *Verhaltensweisen* im Falle großen Widerstands auch Zwang und physische Gewalt anwenden kann.

Hierbei kann der Politiker durchaus die philosophische Erkenntnis teilen, daß objektiv gesehen jedes menschliche Handeln nur Versuchscharakter hat, somit selbst Gewaltanwendung keine vollkommene Erfolgsgarantien

---

[1] Vgl. BEHRMANN, G.C., Soziales System und politische Sozialisation. Eine Kritik der neueren politischen Pädagogik, Stuttgart, Berlin, Köln, Mainz 1972, S. 16—23.

bedeutet. Dies heißt aber nicht, daß er nicht dennoch — im Gegensatz zum Erzieher — wie im Falle von Normierungsversuchen von Verhalten sich damit zufrieden gibt, die Machtdifferenz ausnutzend, im Bedarfsfall sogar mit Zwang und Gewalt, bestimmte *Verhaltensweisen* in größtmöglichem Umfang herzustellen.

Dies besagt, daß ein Politiker — im Gegensatz zu einem Erzieher, welcher *bewußt nur versucht, psychische Dispositionsgefüge* zu verbessern und für den ein Erfolg nicht erzwingbar, sondern das Ergebnis seines Handelns *offen* ist — sich sehr oft damit begnügt, bei einer überwältigenden Mehrheit seiner Zielgruppe zumindest kurz- oder mittelfristig ein bestimmtes „Endverhalten" durch die Anwendung von Macht herzustellen. Er begnügt sich also damit, den Erfolg seiner Handlung, soweit es eben nur geht, *nicht offen* zu lassen.

In den meisten Fällen ist die Anwendung von Zwang und Gewalt nicht notwendig, um zu erreichen, daß eine überwältigende Mehrheit der Zielgruppe das erwünschte „Endverhalten" zeigt. Oft reicht dazu die Androhung von Sanktionen aus. Selbst gütliches Zureden (moral suasion) und andere „sanftere" Beeinflussungsversuche sind im politischen Raum durchaus üblich. Doch liegt auch all diesen Mitteln, bei denen der Politiker in der Regel die Beeinflussung von Verhalten vor Augen hat, eine positive Bewertung von Machtdifferenzen zugrunde.

Selbst die vor allem beim Kampf um die Macht feststellbare Ausrichtung politischen Handelns auf den Versuch der Beeinflussung psychischer Dispositionsgefüge täuscht nicht, wie an früherer Stelle an einem Beispiel gezeigt wurde, darüber hinweg, daß es dem Politiker auch in diesem Fall nicht um den Abbau seiner Macht geht.

Konnten anhand der Kriterien der Orientierung, der genauen Ausrichtung (Verhalten oder psychische Dispositionen) und des Verhältnisses zu ungleicher Machtverteilung mithin Sachverhalte herausgearbeitet werden, die der

Differenzierung von Erziehung und Politik dienlich sein können, so sei im folgenden Abschnitt versucht, den Charakter exogener SHO-Anregung in Entwicklungsländern näher zu bestimmen.

1.3. Die exogene Anregung von Selbsthilfeorganisationen in Entwicklungsländern als überwiegend erzieherisches Handeln

Bereits die bei der Bestimmung des Untersuchungsgegenstandes erwähnten Beispiele exogener SHO-Entstehung haben gezeigt, daß exogene Anreger vor Ort in den Entwicklungsländern hinsichtlich ihrer jeweiligen individuellen Motivation, ihrer organisatorischen Eingebundenheit bzw. Nicht-Eingebundenheit, ihrer Schichtzugehörigkeit und ihrer Nationalität (Ausländer oder Einheimische) sehr differieren können. [1]

So wurde auf erfolgreiche – d.h. zu einer lebensfähigen Selbsthilfeorganisation geführt habende – exogene Anregungsprozesse verwiesen, bei denen die Anreger vor Ort sich aus rein religiösen oder humanitären Gründen auf eigene Faust, ohne von jemand anderem, etwa einer Organisation, dazu in irgendeiner Form veranlaßt worden zu sein, dazu entschlossen, eine Selbsthilfeorganisation anzuregen. Bei anderen war zwar durchaus die Motivation ausschlaggebend, für die Entwicklung der Gemeinde, des Dorfes oder der Region einen entscheidenden Beitrag zu leisten, und dennoch vollzog sich ihre Handlung nicht eingebettet in Programmen lokaler oder regionaler Machtinstanzen, sondern auf rein individueller Basis.

Angesprochen wurden ferner diejenigen privaten Anreger von Selbsthilfeorganisationen, die ihre Anregungsaktivität zwar allein begangen oder zumindest allein konzipierten, sich aber dann im Verlaufe des Anregungsprozes-

---

[1] Vgl. S. 81 ff. dieser Arbeit.

ses oder zu seinem Beginn um die Unterstützung anderer — von Personen oder Organisationen — bemühten und dann auch erhielten.

Neben diesen privaten exogenen Anregern, die selber die exogene SHO-Anregungsinitiative entwickelten, wurden außerdem die privaten und staatlichen Anreger erwähnt, die im Rahmen eines Auftragsverhältnisses mit einer sie entsendenden übergeordneten Stelle vor Ort Selbsthilfeorganisationen exogen anregten. In diesem Zusammenhang wurden private, staatliche und halbstaatliche Endsenderorganisationen unterschieden. Diese Anreger haben in der Regel nur wenig Einfluß auf die Entscheidung, wo, wann und auf wen gerichtet die exogene Anregung einer Selbsthilfeorganisation versucht werden soll.

Die erfolgreiche exogene Anregertätigkeit vor Ort kann demnach auch in einem Zusammenhang mit Aktivitäten privater, halbstaatlicher und staatlicher Einrichtungen stehen. Der engste Zusammenhang ergibt sich in dem Fall, in dem eine Entwicklungshilfeorganisation selber die Entscheidung für eine exogene SHO-Anregung fällt, deren Realisierung durch die Bereitstellung finanzieller Mittel möglich macht und schließlich diese Anregung durch von ihr entsandte Personen verwirklicht. Ist dieser Fall gegeben, so liegt es nahe, neben den vor Ort Entsandten auch die Entsenderorganisationen als „exogene Anreger" zu bezeichnen.

Ein etwas geringerer Intensitätsgrad der Beziehung zwischen erfolgreichem exogenen Anreger und Hilfeorganisation ist zu konstatieren, wenn der Anreger vor Ort seine Anregungsinitiative selbst entwickelt, zur Realisierung seines Vorhabens jedoch eine Organisation um finanzielle und personelle Unterstützung bittet und diese erhält. Hat er selber aber auch schon mit der Realisierung seines Vorhabens begonnen und wendet er sich an die betreffende Organisation nur, um eine seinen Anregungsversuch *erleichternde, nicht, ermöglichende* Unterstützung zu erhalten, so vermindert sich die Intensität der genannten Beziehung zusätzlich.

Anders gestaltet sich der Zusammenhang, wenn der exogene Anreger vor
Ort die Idee oder die „Anregung" zu seinem Vorhaben von einer Entwicklungshilfeorganisation bekommen hat. Hierbei ist es für die Intensität dieser „Anregung der Anregung" von Bedeutung, ob diese Organisation der
einzige Ideengeber war oder nur einer von mehreren und ob sie gleichzeitig mit ihrer Idee einer SHO-Anregung auch finanzielle und personelle
Hilfe in Aussicht gestellt hat.

Sind demnach Entwicklungshilfeorganisationen zum Teil an der exogenen
SHO-Entstehung, also an erfolgreichen exogenen SHO-Anregungsprozessen
unmittelbar und/oder mittelbar beteiligt, so gilt es, bei ihren erfolgreichen
SHO-bezogenen Handlungen der aufgeworfenen Frage nach deren Charakter
(mehr politisch, mehr erzieherisch?) nachzugehen.

Wie schon in früheren Ausführungen über die unterschiedlichen Ansatzpunkte staatlicher und nicht-staatlicher Entwicklungshilfeorganisationen
herausgestellt [1], ist nicht nur bei Regierungs-, sondern auch bei vielen
Nichtregierungsorganisationen (NGO) trotz des von den letzteren gewählten
micro-approachs eine Ausrichtung ihrer Grundabsichten auf die allgemeine
Entwicklung des Gemeinwesens eines „Dritte-Welt"-Staates festzustellen,
die vor allem in regionalen oder nationalen Entwicklungskonzeptionen zum
Ausdruck kommt. Diese *kollektive* Orientierung der Grundintention bei
einer überdeutlichen Mehrheit der Entwicklungshilfeorganisationen weist als
beobachtbares Merkmal auf ein *politisches* Element im Handlungsfeld dieser Organisationen hin.

Weitere Elemente dieses Handlungsfeldes werden sichtbar, prüft man die
SHO-bezogenen Handlungen dieser Organisationen daraufhin, ob sie eher
ein bestimmtes Endverhalten einer Zielgruppe oder eher bestimmte Dispositionen bei deren Mitgliedern als wirkliches (End-)Ziel anvisieren.

---

[1] Vgl. S. 56 dieser Arbeit.

Da, wie aufzuzeigen versucht wurde, die Beziehung zwischen einer Entwicklungshilfeorganisation und einem erfolgreichen exogenen SHO-Anreger vor Ort eine sehr unterschiedliche Intensität besitzen kann, erscheinen auf den ersten Blick mehrere Personenkreise als „Zielgruppe" SHO-bezogenen Handelns von Entwicklungsorganisationen möglich. So richtet sich im Fall einer sehr engen Beziehung der Organisation zum Anreger vor Ort die Aufmerksamkeit einer solchen Organisation im Endeffekt auf die zukünftige SHO-Gruppe vor Ort. Ist die problematisierte Beziehung weniger intensiv z.B. im Sinne einer „Anregung der Anregung" —, so konzentriert sich die Organisation im alltäglichen Geschehen eher auf die Personenkreise und/oder die Organisationen, die als direkte Anreger vor Ort aktiv werden könnten, um sie für eine exogene SHO-Anregungstätigkeit zu gewinnen. [1]

Obwohl im zuletzt genannten Fall die Selbsthilfeorganisation oder die sie tragende SHO-Gruppe selbst nicht mehr wie im zuerst genannten Fall die unmittelbaren Handlungspartner darstellen, darf dies nicht darüber hinwegtäuschen, daß sie für die Entwicklungshilfeorganisationen als mittelbarer Bezugspunkt unverändert Geltung besitzen. Ob die Handlungen nur mittelbar oder auch unmittelbar auf die exogene Entstehung von lebensfähigen Selbsthilfeorganisationen ausgerichtet sind, ändert an ihrer grundsätzlichen SHO-Bezogenheit nichts. Von daher werden zur Klärung des aufgeworfenen Problems des Verhaltens- oder Dispositionsbezugs ihrer Handlungen — so trivial dies auch klingen mag — „lebensfähige Selbsthilfeorganisation(en)" als wirkliches (End-)Ziel SHO-bezogener Handlungen von Entwicklungshilfeorganisationen angenommen.

Da sich Selbsthilfeorganisationen als soziale Gebilde manifestieren, innerhalb deren ein ganz bestimmtes Verhalten seiner Mitglieder, nämlich die Erbringung von Dienstleistungen mittels gemeinsamer Selbsthilfe, vorzufinden ist, könnte man beim ersten Hinschauen ein bestimmtes Endverhalten

---

[1] Siehe in diesem Zusammenhang auch: BALDUS, R., Selbsthilfe-Förderung in der deutschen Entwicklungspolitik ... a.a.O.

als Ziel SHO-bezogener Handlungen ausmachen. Dies würde auf ein weiteres politisches Element im Handlungsfeld dieser Organisationen hinweisen. Doch betrachtet man die oben erwähnte Zielformulierung genau, so stößt man auf den adjektivischen Zusatz „lebensfähig". „Lebensfähige" Selbsthilfeorganisationen sind aber solche Organisationen, die nicht nur zu einem bestimmten Zeitpunkt, z.B. bei „Projektschluß", vorliegen, sondern die darüberhinaus über einen Zeitraum hinweg Bestand haben.

Es ist demnach bei dem als Ziel anvisierten Phänomen an eine Stabilität über die Zeit hinweg gedacht, was Twardy als ein Anliegen bezeichnet, das erzieherischem Handeln zugrundeliegt [1] und was ihn zur Zielbeschreibung den Begriff der psychischen Disposition verwenden läßt. Möchte man der angedeuteten Vermutung, daß hier folglich eher ein erzieherisches Element beim SHO-Anregungshandeln zu orten ist, weiter nachgehen, so stellt sich die Frage, ob bei dessen Deskription mit dem Dispositionskonzept gearbeitet werden kann.

Diese Frage läßt sich bejahen, da man das Ziel „lebensfähige Selbsthilfeorganisation" durchaus als angestrebten Zustand der eine Selbsthilfeorganisation bildenden SHO-Mitglieder umformulieren kann, der dadurch gekennzeichnet ist, daß bei ihm die SHO-Mitglieder *fähig* sind, über die Zeit hinweg und angesichts unterschiedlicher und ex ante nicht im Ganzen definierbarer Situationen zur „dauerhaften Verfolgung ihrer übergeordneten Ziele" [2] *gemeinsame Selbsthilfe* im Rahmen der Erbringung von Dienstleistungen zu *praktizieren*.

Wenn die exogene SHO-Anregung entgegen dem ersten Anschein nicht auf ein bestimmtes Endverhalten (Selbsthilfeorganisation), sondern letztlich auf psychische Dispositionen der Organisationsmitglieder (*lebensfähige*

---

[1] Vgl. TWARDY, M., Zur Lehr- und Lernzielpräzisierung ... a.a.O., S. 33.

[2] Vgl. die SHO-Definition dieser Arbeit S. 30, Punkt (5).

Selbsthilfeorganisation) ausgerichtet ist, so kann dies nur als Indiz, aber noch nicht als Beweis des Vorliegens eines erzieherischen Elements aufgefaßt werden. Denn wie im vorigen Abschnitt herausgestellt, kann auch politisches Handeln auf psychische Dispositionen ausgerichtet sein.

So kann darauf verwiesen werden, daß bei denjenigen erfolgreichen exogenen SHO-Anregungen, an denen Entwicklungshilfeorganisationen beteiligt sind, oft die letzteren — Bildungspolitikern vergleichbar — den exogenen Anregern vor Ort ein „Erziehungsziel" (psychische Dispostion) setzen, nämlich die „Fähigkeit der Zielgruppenmitglieder zu organisierter dauerhafter gemeinsamer Selbsthilfe". Dies ist in der Tat ein Hinweis auf einen Vorgang, der keinen erzieherischen, sondern einen politischen Charakter besitzt.

Wird die genannte psychische Disposition jedoch *nicht* als „Erziehungsziel" *gesetzt,* sondern nur *vorgeschlagen* oder allein als *Möglichkeit* in Gesprächen mit potentiellen exogenen Anregern genannt, so ist der politische Charakter dieser Handlung nicht offensichtlich. Hier gilt es vor allem, die staatlichen Organisationen, die kraft Amtes und Gestaltungsauftrages im Rahmen des Makro-Ansatzes das SHO-bezogene Dispositionsziel setzen, von den Nichtregierungsorganisationen zu unterscheiden, die im Rahmen ihres Mikro-Ansatzes oft nur Anreger der Anreger sein wollen und somit ihrerseits auf die psychische Disposition der „Bereitschaft zur exogenen SHO-Anregung" abzielen. Dies kann aber wiederum eher erzieherisches Handlungselemente vermuten lassen.

Setzen Entwicklungsorganisationen nicht nur das oben formulierte SHO-bezogene Dispositionsziel bzw. regen sie dazu nicht nur an, sondern beteiligen sie sich durch ihre entsandten Fachkräfte auch unmittelbar am *Vermittlungsversuch* dieses Dispositionszieles, so wird ein weiteres, diesmal wieder erzieherisches Element Bestandteil ihrer SHO-bezogenen Gesamthandlung.

Erkenntnisse zum dritten Unterscheidungskriterium von Politik und Erziehung, nämlich zu der von den Handelnden gegenüber bestehenden Machtgefällen eingenommenen Position, die den genannten erfolgreichen SHO-bezogenen Handlungen der Entwicklungsorganisaionen zugrundeliegt, ergeben sich vor allem aus einer Berücksichtigung der Beschaffenheit des anvisierten Ziels „lebensfähige Selbsthilfeorganisation".

Erfolgreiche exogene SHO-Anreger, die nicht gegen ihr eigenes Ziel arbeiten wollen, ziehen aus dem Umstand, daß bei Selbsthilfeorganisationen Menschen aufgrund *eigener* Willensentscheidungen zusammenarbeiten, um selbst gesetzte Ziele mit selbstgewählten Mitteln zu erreichen, die logische Konsequenz, potentielle SHO-Mitglieder nicht mit Druck, Zwang oder gar Gewalt *gegen* ihren Willen zur Erreichung von nicht selbst gesetzten Zielen mittels möglicherweise auch nicht selbst gewählter Mittel zu veranlassen.

Die sich aus dem anvisierten Ziel selbst ergebende fundamentale Notwendigkeit, den eigenen Willen, die eigenen Vorstellungen und Ziele der potentiellen SHO-Mitglieder als konstitutives Element bei der exogenen SHO-Anregung zu berücksichtigen, führt dazu, daß hinsichtlich der konkreten Form einer zukünftigen Selbsthilfeorganisation grundsätzlich Offenheit besteht. Dies bedeutet, daß von vorneherein zwar eine „lebensfähige Selbsthilfeorganisation" als grob umrissenes Ziel angegeben werden kann, der exogene Anreger aber von vorneherein ohne die Betroffenen *nicht* in der *Lage ist,* eine *Konkretisierung,* d.h. eine Zieloperationalisierung, in Form einer detaillierten Festlegung eines *speziellen* zukünftigen *Endverhaltens* vorzunehmen. Der bei der Bestimmung des Untersuchungsgegenstandes herausgestellte Sachverhalt, daß der SHO-Begriff ein ganz bestimmtes politisches Ziel allein nicht impliziert, sondern man mit seiner Verwendung durch die Betonung der gemeinsamen Selbsthilfe eher auf die Bedeutung einer bestimmten *Methode* abhebt, kann als Indiz der oben umschriebenen Situation angesehen werden.

Ist mithin einsichtig, daß die Ausnutzung von Machtgefällen zur Erreichung des SHO-Ziels von erfolgreichen exogenen SHO-Anregern nicht
grundsätzlich positiv, sondern äußerst skeptisch beurteilt wird, so kristallisiert sich ein weiteres *erzieherisches* Element bei der exogenen SHO-Anregung heraus.

Die Betrachtung der SHO-bezogenen Handlungen von Entwicklungshilfeorganisationen auf das Machtkriterium hin bliebe jedoch unvollständig,
würde man sich nicht in Erinnerung rufen, daß diese Organisationen, wie
skizziert, auch im Vorfeld der gerade problematisierten unmittelbaren SHO-
Anregung tätig sind, in dem es ebenfalls auf Machtgefälle zu reagieren
gilt.

In diesem Zusammenhang kommt dem Typ einer Entwicklungsorganisation
entscheidende Bedeutung zu. Handelt es sich bei ihr um eine staatliche
oder halbstaatliche Organisation, so werden bei ihr viele das Vorfeld betreffende Aktivitäten kraft staatlicher Autorität ausgeführt, die gegenüber
anderen ein Machtgefälle impliziert, das es auch nicht abzubauen gilt.
Hier wäre eindeutig ein politisches Element zu orten.

Handelt es sich bei der Entwicklungsorganisation um eine des nicht-staatlichen Typs, so ist in manchen Teilbereichen des Vorfeldes das Bemühen
um den Abbau von Machtgefällen nicht zu leugnen. Dies führt dazu, daß
manche nicht-staatliche Entwicklungsorganisationen sich — unter anderem
auch deshalb — als auch bzw. als vor allem *erzieherisch* tätig bezeichnen. [1]
Eigene Erfahrungen des Verfassers, die in diesem Bereich gesammelt werden
konnten, lassen aber Vorsicht geraten sein und legen die Vermutung nahe,
daß es in der Realität trotz der geäußerten erzieherischen Grundabsicht
und trotz der nicht zu leugnenden erzieherischen Elemente in manchen
Teilbereichen nicht in *allen* Bereichen um den langfristigen Abbau von

---

[1] Es sei hier nur auf die verschiedenen Selbstdarstellungen vor allem kirchlicher Hilfswerke
verwiesen.

Machtgefällen geht. Vor allem hinsichtlich der die nicht-staatlichen Organisationen tragenden Grundinstitutionen ist oft eher ein politisches, Macht-
vorsprünge zumindest erhalten wollendes Handeln beobachtbar.

Wurde bis hierher auch versucht, politische und erzieherische Elemente
beim SHO-bezogenen Handeln von Entwicklungshilfeorganisationen in einer
nicht zu knappen Form herauszuarbeiten, so darf dies nicht darüber hinwegtäuschen, daß festgestellt worden war, daß diese Organisationen *nur zum
Teil* an erfolgreichen exogenen SHO-Anregungsprozessen *beteiligt* sind. Da
bis heute in den Entwicklungsländern Selbsthilfeorganisationen auch ohne
Beteiligung dieser Organisationen exogen entstanden sind bzw. entstehen,
sollte der Anteil der Organisationen an der erfolgreichen exogenen SHO-
Anregung nicht überschätzt werden. Dementsprechend empfiehlt es sich —
wie in dieser Studie praktiziert — den Schwerpunkt der Betrachtung exogener SHO-Anregungsprozesse auf die Analyse des „eigentlichen", des unmittelbaren exogenen SHO-Anregungsvorgehens vor Ort zu legen. Dies impliziert für diesen Abschnitt, auch und gerade bei ihm der Frage nachzugehen, ob erzieherische und/oder politische Elemente das Handeln kennzeichnen.

Da auf diesen „eigentlichen", unmittelbaren exogenen Anregungsvorgang bei
der bisherigen Erörterung SHO-bezogener Handlungen von Entwicklungsorganisationen an mehreren Stellen bereits näher eingegangen worden ist,
erfordert der Beantwortungsversuch der letzten Frage wegen der Möglichkeit, auf frühere Erörterungen verweisen zu können, keinen so großen Umfang.

Da der erfolgreiche exogene SHO-Anreger vor Ort auf das Ziel einer „lebensfähigen Selbsthilfeorganisation" hinarbeitet und diese letztlich als ein
Dispositionsziel anzusehen ist, erweist er sich als *Vermittler* eines Disposi-
tionsziels. Bedingt durch den hervorgehobenen Umstand, daß ein solcher
Vermittlungsversuch nur am Individuum orientiert erfolgen kann, liegt hier
eine *individuelle Orientierung* beim exogenen SHO-Anreger vor, die als

eines der *erzieherische* Handlungen charakterisierenden Merkmale ausgewiesen worden ist. [1] Müller spricht diese individuelle Orientierung des erfolgreichen exogenen SHO-Anregers auch außerhalb des Bereichs der Entwicklungshilfe an, wenn er auf den ,,mikrosoziologischen Zugang" erfolgreicher historischer Genossenschaftsanreger im Europa des neunzehnten Jahrhunderts verweist. [2]

Daß der erfolgreiche exogene SHO-Anreger nicht von vorneherein auf ein präzise definiertes Endverhalten abzielt, da die lebensfähige Selbsthilfeorganisation als Ziel ihre jeweilige konkrete Ausgestaltung offen und in die Hand der Betroffenen selber legen läßt, wurde schon dargelegt. An dieser Stelle gilt es nun, darauf hinzuweisen, daß dieses prinzipielle Offenhalten des konkreten zukünftigen Endverhaltens der SHO-Zielgruppe und der Umstand, auf eine ex ante-Festlegung des Endverhaltens bei der Anregung auch überhaupt nicht angewiesen zu sein, durchaus als weitere Indizien eines *grundsätzlich erzieherischen Charakters* der exogenen SHO-Anregung vor Ort gewertet werden können.

Schließlich zeigt die von einem erfolgreichen SHO-Anreger vor Ort bewiesene und beobachtbare Haltung, ein informations- oder statusbedingtes Machtgefälle zwischen ihm und der Zielgruppe abzubauen und auf dessen Ausnutzung zu verzichten, damit tatsächlich eigene Entscheidungen der Zielgruppenmitglieder möglich werden, den grundsätzlich erzieherischen Charakter seiner Handlung. Da ihm im Gegensatz zu ,,klassischen" Erziehungssituationen weniger Kinder und Heranwachsende, sondern mehr Erwachsene gegenüberstehen, ist ein altersbedingtes Machtgefälle kaum gegeben, so daß selbst mit dem Alter begründete Machtanwendung für ihn nicht zur Diskussion steht.

---

[1] Ist der exogene Anreger vor Ort im Rahmen des Anregungsprozesses nicht nur als unmittelbarer Anreger tätig, sondern nimmt er daneben noch weitere SHO-bezogene Aufgaben wahr, so ist es möglich, daß auch Elemente einer kollektiven Orientierung bei ihm anzutreffen sind.

[2] Vgl. MÜLLER, J.O., Voraussetzungen ... a.a.O., S. 124 ff.

Da sich der Beeinflussungsversuch von psychischen Dispositionsgefügen nicht nur im unmittelbaren Kontakt mit den „Educanden" vollzieht, sondern sich auch durch die Bereitstellung von Lerngelegenheiten ergeben kann [1], ist es möglich, daß bei erfolgreichen exogenen SHO-Anregungsprozessen Mitglieder der Zielgruppe – im schließlich nur scheinbaren Widerspruch zur oben gemachten Feststellung – mit Druck konfrontiert werden, an dem der exogene Anreger nicht ganz unschuldig ist. Dies kann sich dann ergeben, wenn er zwar im unmittelbaren Kontakt mit der Zielgruppe, wie oben ausgeführt, auf Macht, Gewalt und Druck verzichtet, jedoch durchaus in Kauf nimmt, wenn nicht sogar positiv bewertet, daß bestimmte, von ihm mitverursachte Situationen als „bereitgestellte Lerngelegenheiten" Elemente von Druck enthalten, auf welche die potentiellen SHO-Mitglieder reagieren müssen.

Da ein solches Vorgehen auch ein Mittel politischen Handelns sein kann, läßt sich das Erzieherische an ihm erst durch die Hervorhebung der dabei zugrundeliegenden Förderungsabsicht des Anregers herausarbeiten, gemäß der er die Zielgruppenmitglieder zu einer besseren Bewältigung ihrer aktuellen Lebenssituation befähigen und nicht zum Zwecke einer herrschaftlichen Motivation verfügbar machen will.

Angesichts des so festgestellten grundsätzlichen erzieherischen Charakters der erfolgreichen unmittelbaren exogenen SHO-Anregung und der zusätzlichen erzieherischen Elemente, die in ihrem Vorfeld, d.h. bei der zum Teil möglichen, mittelbaren SHO-Anregung angetroffen werden konnten, lautet am Schluß dieses Abschnitts resümierend die Antwort auf die Ausgangsfrage: die exogene Anregung von Selbsthilfeorganisationen in Entwicklungsländern ist ein überwiegend erzieherisches Handeln.

---

[1] Vgl. u.a. BREZINKA, W., Grundbegriffe ... a.a.O., S. 85.

2. ZUR RELEVANZ DER ERZIEHUNGSWISSENSCHAFTLICHEN
PERSPEKTIVE

Hat sich herausgestellt, daß die exogene Entstehung von Selbsthilfeorganisationen in Entwicklungsländern unter anderem auch auf ein überwiegend
erzieherisches (Anregungs-) Handeln zurückgeht, so legt dies, wenn nach
sozialwissenschaftlichen Erklärungsansätzen der exogenen SHO-Entstehung
gesucht wird, nahe, in diesem Zusammenhang auch im erziehungswissenschaftlichen Bereich nach solchen Ansätzen Ausschau zu halten. Die politischen Elemente, die bei der exogenen SHO-Anregung außerdem nicht
übersehen werden konnten, lassen aber auch die Berücksichtigung einer politologischen Perspektive denkbar erscheinen.

Die Prüfung, welcher der beiden Perspektiven Bedeutung für diese Studie,
also Untersuchungsrelevanz, einzuräumen ist, erfordert es, in einem ersten
Schritt darüber Rechenschaft abzulegen, was in dieser Arbeit unter Erziehungswissenschaft und Politologie verstanden wird.

2.1. Zum Begriff der Erziehungswissenschaft

Seit Jahrhunderten liegen unterschiedliche Meinungen darüber vor, was mit
,,Erziehungswissenschaft" oder ,,Pädagogik" gemeint bzw. erreicht werden
kann und soll. [1] Möchte man sich einen groben Überblick über die verschiedenen Auffassungen verschaffen, so interessiert von der eingenomme-

---

[1] Vgl. hierzu u.a.: BLÄTTNER, F., Geschichte der Pädagogik, 14. Aufl., Heidelberg
1973.

nen wissenschaftstheoretischen Position und von der Interessenlage dieser
Studie her vor allem ein Überblick, bei dem zum einen der Aspekt explikativer und/oder normativer Aussagenelemente und zum anderen der Aspekt
der möglichen Zuordnung der Erziehungswissenschaft zu den Sozialwissenschaften Berücksichtigung finden. Einen solchen Überblick bietet Brezinka. [1]
In Anlehnung an ihn sei folgendermaßen unterschieden:

a) Pädagogik als philosophische Disziplin

Da Erziehen zielgerichtet ist, setzt es voraus, daß beim Erzieher Kenntnisse darüber vorliegen, auf welches Ziel hin er die Educanden erzieht.
Dies führt unweigerlich zur Frage von pädagogischen Normen, die meist
als moralische Normen behandelt werden. Es ist verständlich, daß die
Pädagogik, weil diese Normfrage das Erkenntnisobjekt der Ethik oder
Moralphilosophie darstellt, als eine *philosophische* Disziplin angesehen
wurde und z.T. noch wird. Ein eigenständiger Begriff „Erziehungswissenschaft" ist in diesem Kontext nicht gebräuchlich. Als Vertreter dieser
Richtung, zumindest von der Tendenz her, sind u.a. Platon, Aristoteles,
Schleiermacher, Herbart, Dilthey, Litt, Goethe, Schiller, Spranger, Nohl
und Weniger zu nennen.

b) Pädagogik als gemischt normativ-deskriptive Disziplin

Die Pädagogik so aufzufassen heißt, in ein und derselben Disziplin die
Erforschung des Wirklichkeitsbereichs „Erziehung" und gleichzeitig die
Aufstellung von Normen und Regeln für das erzieherische Handeln für
möglich zu halten. Da bis heute die Frage der Wissenschaftlichkeit von
normativen Aussagen über Handlungsanweisungen umstritten ist, haben
einige Autoren, z.B. Montessori, Pestalozzi, Makarenko und Freire [2],
sich selbst nicht immer als Wissenschaftler bezeichnet. Andere wiederum

---

[1] Vgl. BREZINKA, W., Metatheorie ... a.a.O., S. 2—10.

[2] Abgesehen von Maria Montessori lassen sich bei der Pädagogik der Genannten durchaus
explizit philosophische Elemente finden.

taten dies, um eine Distanz zu den Zuerstgenannten zu betonen. In der Regel ist auch die Verwendung des Begriffs „Erziehungswissenschaft" auf diesem Hintergrund zu sehen. So fordern und praktizieren z.B. Klafki, Rückriem und Bernfeld ausdrücklich eine normative „Erziehungswissenschaft". Der Begriff „Pädagogik" wird hier entweder für den gesamten Problemkomplex, d.h. die Objekt- und Theorieebene einschließlich der normativen Komponente oder für das Erziehungshandeln als solches und das über es angesammelte Wissen verwandt.

c) Pädagogik als Versuch der Erfahrungswissenschaft

Dieser Versuch bemüht sich um ein Aussagensystem, das wertfrei über Erziehungsziele und über jene Ausschnitte der Wirklichkeit, die für die Erreichung von Erziehungszielen relevant sind, in intersubjektiv nachprüfbaren Sätzen informiert. Dies heißt einerseits Erklärung, andererseits die Schaffung von Grundlagen für die Beantwortung „technologischer Fragen ('Was kann getan werden, um das Ziel x zu erreichen?')." [1]
Als Anhänger dieses Versuch ist neben Petersen und Tausch vor allem Wolfgang Brezinka zu nennen, der vom kritischen Rationalismus im Sinne Alberts her dem Werturteilsfreiheitsprinzip verpflichtet, die beschriebene „empirische Erziehungswissenschaft" fordert. Hierbei bezeichnet er diese Erziehungswissenschaft explizit als Teil der *Sozialwissenschaft* [2].

Unverkennbar bietet sich bei der zuletztgenannten Auffassung der nächstliegende Anknüpfungspunkt für die Suche nach der hier benötigten Arbeitsdefinition von Erziehungswissenschaft. Denn mit dieser Studie ist weder eine philosophische Erörterung des exogenen SHO-Anregungsprozesses noch eine normative Behandlung dieses Vorgangs beabsichtigt. Vielmehr wird sich in einem sozialwissenschaftlichen Bezugsrahmen um empirisch überprüfbare Sachaussagen bemüht, die SHO-Entstehungsprozesse erklären helfen.

---

[1] BREZINKA, W., Metatheorie ... a.a.O., S. 8.

[2] Vgl. ebenda S. 69.

Die erwähnte erfahrungswissenschaftliche Auffassung – vor allem die Brezinkas – kommt diesem Anliegen durch seine explizite empirische Ausrichtung und die explizite Zuordnung der Erziehungswissenschaft zu den
Sozialwissenschaften am meisten entgegen. Angesichts der skizzierten eigenen wissenschaftstheoretischen Ausgangsposition muß jedoch einschränkend
angemerkt werden, daß in dieser Arbeit im Gegensatz zu den zitierten
„empirischen Erziehungswissenschaftlern" normative Elemente im Rahmen
von Wertimplikationen nicht für völlig vermeidbar gehalten werden. [1]

Unter Berücksichtigung dieser Einschränkung sei in dieser Studie in Anlehnung an Brezinka [2], dessen Definition aber im obengenannten Sinne modi-
fizierend [3], folgende Arbeitsdefinition von „Erziehungswissenschaft" gewählt:
Als „Erziehungswissenschaft" werden Aussagensysteme bezeichnet, die in
intersubjektiv nachprüfbaren Sätzen über den Wirklichkeitsbereich (Objektbereich) „Erziehung" informieren. Zu den erzieherisch relevanten Ausschnitten der Wirklichkeit gehören nicht nur die erzieherischen Handlungen sowie vorzufindende und denkbare Erziehungsziele als deren Bezugspunkte,
sondern auch ihre psychischen, sozialen und kulturellen Vorbedingungen,
Begleitumstände und Wirkungen, d.h. der sehr komplexe sozial-kulturelle
Zusammenhang, in dem die Handlungen und ihre Ziele stehen.

2.2. Zum Begriff der Politologie

Folgt man Beck [4], so wurde der Begriff der „Politologie" erstmals 1948
von Fischer-Balling in Analogie zur Soziologie als Synonym für die Politi-

---

[1] Vgl. S. 21 dieser Arbeit.

[2] Vgl. BREZINKA, W., Von der Pädagogik zur Erziehungswissenschaft, Eine Einführung in
die Metatheorie der Erziehung, 3. verb. Aufl., Weinheim, Basel 1975, S. 34.

[3] Siehe hierzu auch die Kritik an Brezinka von FELIX von CUBE: Erziehungswissenschaft,
Möglichkeiten, Grenzen, Politischer Mißbrauch, Eine systematische Einführung, Stuttgart
1977, S. 77 ff.

[4] Fußnote siehe folgende Seite 157.

sche Wissenschaft oder Politikwissenschaft verwandt. [1] Von den zitierten Autoren wird die Politologie übereinstimmend als „Integrationswissenschaft" und Teil der Sozialwissenschaften bezeichnet, die so unterschiedliche Gebiete wie die „Soziologie, Geschichts- und Rechtswissenschaft(en), aber auch ... Religionswissenschaft, Philosophie und Pädagogik" [2] berührt.

Die Festlegung des Erkenntnisobjekts der Politologie wird wesentlich von der zugrundegelegten Definition von „Politik" mitbestimmt. Da im Gegensatz zur Pädagogik der Wissenschaftscharakter der Politologie nicht mehr umstritten ist, sei hier auf einen groben Überblick über verschiedene Politologieverständnisse verzichtet.

Das in dieser Studie gewählte Politologieverständnis erklärt sich mithin vor allem aus der bereits früher festgelegten Politikdefinition. Da in dieser Definition „Politik" als ein bestimmtes soziales Handeln festgelegt wurde, welches – auf Herrschaft in der Gesellschaft und deren Gestaltung ausgerichtet – in sehr komplexen sozial-kulturellen Zusammenhängen vorzufinden ist, läßt sich der Politologiebegriff für diese Studie folgendermaßen definieren:
Als „Politologie" werden Aussagensysteme bezeichnet, die in intersubjektiv nachprüfbaren Sätzen über den Wirklichkeitsbereich (Objektbereich) „Politik" informieren. Zu den politisch relevanten Ausschnitten der Wirklichkeit gehören nicht nur die politischen Handlungen sowie vorzufindende und denkbare politische Ziele als deren Bezugspunkte, sondern auch ihre psychischen, sozialen und kulturellen Vorbedingungen, Begleitumstände und

---

Fußnote 4 von Seite 156: BECK, R., Politikwissenschaft, in: ders. (Hrsg.), Sachwörterbuch der Politik, Stuttgart 1977, S. 655–662.

[1] Siehe zur Politikwissenschaft bzw. Politologie unter anderen auch: BLANK, H.J., Politologie, in: Görlitz, A. (Hrsg.), Handlexikon zur Politikwissenschaft, München 1970, S. 341 bis 343; HÄTTICH, M., Lehrbuch der Politikwissenschaft, Band 1 (Grundlegung und Systematik), Mainz 1967, vor allem S. 3–21; NOACK, P. und STAMMEN, T., Politikwissenschaft, in: dieselben (Hrsg.), Grundbegriffe der politikwissenschaftlichen Fachsprache, München 1976, S. 237–239.

[2] BECK, R., Politikwissenschaft ... a.a.O., S. 655.

Wirkungen, d.h. der sehr komplexe sozial-kulturelle Zusammenhang, in dem die Handlungen und ihre Ziele stehen.

2.3. Die Wahl der erziehungswissenschaftlichen Perspektive

Zur Erleichterung der Wahl zwischen einer erziehungswissenschaftlichen oder einer politologischen Perspektive als einer von mehreren [1] relevanten Untersuchungsperspektiven dieser Arbeit scheint es von Nutzen, sich folgender zwei Sachverhalte zu erinnern, die den Untersuchungsgegenstand mitcharakterisieren:

1. Größere soziale Einheiten, wie Organisationen oder Institutionen, sind am erfolgreichen exogenen SHO-Anregungsprozeß nur zum Teil beteiligt.

2. Der *Beginn* eines exogenen sowie eines endogenen Entstehungsprozesses von Selbsthilfeorganisationen in Entwicklungsländern ist bei der kleinsten Einheit eines Sozialgebildes, dem *Individuum,* zu lokalisieren.

Wenn, wie aufgezeigt, die unmittelbare, am Individuum orientierte exogene SHO-Anregung grundsätzlich erzieherischen Charakter besitzt und politische Elemente vor allem bei der Betrachtung von Selbsthilfeförderungsorganisationen ins analytische Blickfeld geraten, so läßt dies eine erziehungswissenschaftliche Perspektive zur Untersuchung der unmittelbaren SHO-Anregung und eine politologische Perspektive zur Untersuchung der mittelbaren SHO-Anregung durch diese Organisation adäquat erscheinen.

Obwohl eine politologische Analyse der Selbsthilfeförderungsbemühungen von Entwicklungsorganisationen hochinteressante Erkenntnisse verspricht,

---

[1] Die anderen Perspektiven werden später aufgezeigt.

kann darüber nicht vergessen werden, daß die Ausgangsfrage sich ganz grundsätzlich auf die Entstehung von Selbsthilfeorganisationen in Entwicklungsländern richtet, bei deren exogener Variante diese Organisationen nur zum Teil beteiligt sind. Da die unmittelbare exogene SHO-Anregung jedoch bei allen exogenen SHO-Entstehungsprozessen von Bedeutung ist, wurde bisher und wird weiterhin auf sie der Untersuchungsschwerpunkt gelegt.

Auf diese Weise ergibt sich bei der Betrachtung exogener SHO-Entstehungsprozesse in Entwicklungsländern ein erziehungswissenschaftlicher Aspekt, den es im Verlaufe der weiteren Untersuchung zu berücksichtigen gilt.

Als Kennzeichen der unmittelbaren SHO-Anregung war unter anderem ihre individuelle Orientierung hervorgehoben worden. Subjekt und Adressat dieser auf Machtabbau und auf Veränderung von psychischen Dispositionen abzielenden Anregung sind letztlich Individuen, die nicht als zentrale Untersuchungseinheit der Politologie betrachtet werden können.

Da ferner der *gesamte* Ablauf des Entstehungsprozesses von Selbsthilfeorganisationen in Entwicklungsländern in dieser Studie betrachtet werden soll, wäre es inkonsequent, die Betrachtung bei bereits bestehenden Organisationen oder Selbsthilfe*gruppen* anzusetzen. [1] Vielmehr ist es angebracht, zur Erfassung des gesamten Ablaufs auch der Frage nachzugehen, *wie* der Prozeß *beginnt.* Dieser Beginn läßt sich jedoch nur an der kleinsten Einheit eines Sozialgebildes, nämlich am Individuum, festmachen. Aus diesem Interesse für die Form des SHO-Entstehungsbeginns ergibt sich ein weiterer erziehungswissenschaftlicher Aspekt beim exogenen SHO-Entstehungsvorgang.

Da somit die Übernahme einer politologischen Perspektive als einer von mehreren Untersuchungsperspektiven die Gefahr einer Überschätzung des

---

[1] Siehe z.B. zu den „Vorgenossenschaften" in Entwicklungsländern: MÜNKNER, H.-H., Vorgenossenschaften in Entwicklungsländern, in: Mändle, E. et al. (Hrsg.), HdG, Wiesbaden 1980, Sp. 1645—1648.

Anteils von Entwicklungsorganisationen an erfolgreichen exogenen SHO-Anregungen in sich birgt und sie es ferner nicht zu ermöglichen scheint, die
wichtige Anfangsphase eines (exogenen) SHO-Entstehungsprozesses ausreichend präzise analytisch zu erfassen, entscheidet sich bei dieser Untersuchung der Verfasser für die Mitberücksichtigung einer *erziehungswissenschaftlichen* Perspektive.

Ist die Entscheidung für eine Mitberücksichtigung der erziehungswissenschaftlichen Perspektive gefallen, so bleiben entwicklungspolitische Elemente bei zahlreichen exogenen SHO-Entstehungsprozessen unleugbar bestehen.
Somit bleibt abschließend zu klären, inwieweit eine Anknüpfung der erziehungswissenschaftlichen Perspektive an den entwicklungspolitischen Kontext
möglich ist.

Eine solche Möglichkeit bietet sich im Rahmen der weiter oben beschriebenen entwicklungspolitischen Strategie des micro-approaches. Diesem
micro-approach, der sich bis zur kleinsten Einheit „Individuum" erstreckt
und sich mehr dem Vorbereich [1] von Selbsthilfeorganisationen widmet,
entspricht diese erziehungswissenschaftliche Perspektive.

Der Vollständigkeit halber sei schließlich erwähnt, daß der politologischen
Perspektive eher der macro-approach zuzuordnen wäre. Dies läßt sich gut
an der Selbsthilfeorganisations-Förderungspolitik der Bundesregierung verdeutlichen. Dieser Träger entwicklungspolitischer Maßnahmen, der definitionsgemäß dem macro-approach zugeordnet wurde, benennt als „Adressaten ... der Selbsthilfeförderungsmaßnahmen" [2], „Gruppen ..., die bereit und
in der Lage sind, sich selbst zu *Selbsthilfeorganisationen (SHO)* zusammen-
zuschließen oder sich bereits zusammengeschlossen haben." [3]

---

[1] Vgl. MÜNKNER, H.-H., Vorgenossenschaften ... a.a.O., Sp. 1645—1648.

[2] BMZ (Hrsg.), Grundsätze ... a.a.O., S. 11.

[3] Ebenda S. 11. Kursivgedrucktes im Original durch Unterstreichung hervorgehoben.

So werden hier *bereits existierende* Gruppen oder sogar schon Selbsthilfeorganisationen selbst anvisiert, nicht jedoch einzelne Individuen. Die Gemeinsamkeit mit der politologischen Perspektive ist unverkennbar.

Mit der Frage der Entstehung geht diese Arbeit jedoch in den noch vorgelagerten Bereich hinein, was also erziehungswissenschaftliche Perspektive als Teilaspekt des Untersuchungsgegenstandes und Zuordnungsmöglichkeit zur entwicklungspolitischen Strategie des micro-approaches bedeutet.

D. ANSÄTZE ZUR ERKLÄRUNG DER ENTSTE-HUNG VON SELBSTHILFEORGANISATIONEN IN ENTWICKLUNGSLÄNDERN

I. ZUR AUSWAHL UND WÜRDIGUNG DER ERKLÄRUNGS-ANSÄTZE

Der Versuch, einen interdisziplinären sozialwissenschaften Ansatz zur Erklärung der Entstehung von Selbsthilfeorganisationen in Entwicklungsländern zu entwickeln, impliziert, in einem ersten Schritt bestimmte Ansätze als möglicherweise erklärungsrelevant für eine nähere Untersuchung *auszuwählen*. Er erfordert außerdem, in einem zweiten Schritt die ausgewählten Ansätze anschließend hinsichtlich ihrer tatsächlichen Erklärungsfähigkeit zu *würdigen*. Auf der Basis dieser Auswahlentscheidungen und Einzelwürdigungen können dann die jeweiligen Ansätze zu einem interdisziplinären sozialwissenschaftlichen Erklärungsansatz zusammengefügt werden.

Dieses Auswählen und Würdigen geschieht anhand von *Kriterien*. Soll es dem kritischen Leser nicht nur durch die Bildung von Arbeitshypothesen erleichtert werden, das vorliegende Aussagensystem auf seinen Informationsgehalt prüfen zu können, sondern sollen auch die gedanklichen Schritte, die zur Hypothesenbildung geführt haben, für diesen ohne weiteres nachvollziehbar und auf ihre logische Konsistenz überprüfbar sein, so gilt es, diese Kriterien der Auswahl und Würdigung explizite herauszustellen.

Die im folgenden ausgewiesenen Kriterien dienen sowohl der Auswahlentscheidung als auch der Würdigung als Prüfsteine. Es sei jedoch darauf hingewiesen, daß es sich bei ihnen um relativ grobe Kriterien handelt, die in dieser Form zwar zur Bewältigung des Auswahlproblems ausreichend erscheinen, aber im Hinblick auf die vorzunehmenden Einzelwürdigungen der jeweiligen ausgewählten Erklärungsansätze im Laufe der weiteren Untersuchung eine Verfeinerung erfahren. Da diese Verfeinerungen sich als Operationalisierungsversuche der erwähnten Kriterien nur in dem von jenen Kriterien vorgegebenen inhaltlichen Rahmen bewegen können, sei darauf verzichtet, auf diese Verfeinerungen an dieser Stelle näher einzugehen.

Bevor diese Kriterien erläutert werden, sei auf den folgenreichen Umstand aufmerksam gemacht, daß in einem interdisziplinären Erklärungsansatz den in ihm integrierten Ansätzen nicht allen die gleiche Bedeutung für die Konstruktion des gesamten Aussagensystems zukommt. So sind bestimmte Ansätze „tragende Pfeiler" des interdisziplinären Erklärungs„gerüsts", andere, die allein eng begrenzte Teilerkenntnisse liefern, bilden nur die „verbindenden Elemente". Es ist verständlich, daß an die zuerst genannten Ansätze höhere Anforderungen gestellt werden.

Dies bedeutet übertragen auf das Auswahlproblem, daß im Gegensatz zu den Ansätzen mit tragender Bedeutung – sie ließen sich als Basis- oder Grunderklärungsansätze bezeichnen – bei den Teilerklärungsansätzen die Selektionskriterien weniger streng angewandt zu werden brauchen. Bei ihnen genügt es, daß die von ihnen vermittelten Teilerkenntnisse in dem anhand der Kriterien entwickelten Rahmen des Aussagensystems logisch widerspruchsfrei integrierbar sind. Wie noch darzulegen sein wird, sind als solche ergänzenden, die Basisansätze implementierenden Teilerklärungsansätze in dieser Studie der politisch-psychologische Erklärungsversuch Marianne Gronemeyers und die erziehungswissenschaftlichen Ansätze aufzufassen.

In der vorliegenden Untersuchung lassen sich drei Kriterien*quellen* benennen:

a) die anfangs getroffenen Entscheidungen über die Form des wissenschaftlichen Beantwortungsversuchs der Ausgangsfragen, die sich aus dem Erkenntnisinteresse herleiten (Einleitung),

b) die Grundannahmen (Teil A),

c) die Beschaffenheit des Untersuchungsgegenstandes (Teil B).

Aus der gewählten Form des in dieser Studie anvisierten wissenschaftlichen Erklärungsversuchs ergeben sich fünf Gesichtspunkte, die für die Bestimmung der Erklärungsrelevanz einzelner Ansätze Bedeutung erlangen. Als erster Gesichtspunkt ist der *sozialwissenschaftliche* Charakter des Untersuchungsanliegens zu nennen. Dieser bringt es mit sich, daß zur Konstruktion des interdisziplinären Ansatzes Basiserklärungsansätze nur aus dem Bereich der Sozialwissenschaften gewählt werden. Die Tatsache, daß im erziehungswissenschaftlichen Kapitel dieser Arbeit zum Teil auch auf Überlegungen nicht-sozialwissenschaftlicher Autoren eingegangen wird, steht hierzu nicht im Widerspruch, weil bei den betreffenden Erörterungen nur partielle Erklärungsmöglichkeiten diskutiert werden, nicht aber Ansätze, welche die Basis des interdisziplinären Explikationsversuchs bilden sollen.

Als zweiter Gesichtspunkt ergibt sich die *empirische* Ausrichtung des angestrebten sozialwissenschaftlichen Erklärungsansatzes. Diese Ausrichtung beinhaltet ein empirisch-theoretisches Analysevorgehen, das vor allem dadurch gekennzeichnet ist, daß bei ihm die gewonnenen Aussagen so formuliert werden, daß sie empirisch überprüfbar sind. So werden bei der Entwicklung des vorliegenden Ansatzes zur Erklärung der SHO-Entstehung in Entwicklungsländern solche Erklärungsansätze gewählt bzw. positiv gewürdigt, bei denen die Aussagen empirisch überprüfbar formuliert sind.

Ansätze, bei denen nicht nur eine solche Aussagenformulierung vorliegt, sondern denen darüber hinaus empirische Untersuchungen zugrundeliegen, kommen diesem zweiten Gesichtspunkt noch weiter entgegen. Solchen Ansätzen wird demzufolge ein besonderes Interesse geschenkt.

Der dritte wesentliche Gesichtspunkt, welcher von der zu Anfang gewählten Untersuchungsvorgehensweise bedingt wird, für dessen Berechtigung aber auch die Komplexität des Untersuchungsgegenstandes spricht, die bei dessen Bestimmung deutlich wurde, ist die *Interdisziplinarität* des zu entwickelnden Ansatzes. Von daher werden in dieser Studie vor allem Ansätze ausgewählt, die selber interdisziplinär ausgerichtet sind:

a) der sozio-ökonomische Ansatz von D. v.Brentano und H. Büscher,

b) der entwicklungssoziologische und sozialpsychologische Ansatz von H.D. Seibel und

c) der politisch-psychologische Ansatz von M. Gronemeyer.

Bei den übrigen untersuchten Ansätzen wird darauf geachtet, daß sie zumindest interdisziplinär ausbaubar sind.

Der vierte Gesichtspunkt, der sich aus den einleitenden Festlegungen ergibt und der bei der Bestimmung des Untersuchungsgegenstandes explizite herausgestellt wurde, ist die *dynamische* Perspektive des vorliegenden Analyseversuchs. Diese durch die kausalanalytische Fragestellung der Arbeit bedingte Perspektive erfordert es, zumindest bei den Erklärungsansätzen, welche die Grundlage oder, anders ausgedrückt, den Rahmen des interdisziplinären Explikationsversuchs bilden sollen, darauf zu achten, daß sie dynamisch orientiert sind.

Aus der zugrundegelegten *entwicklungspolitischen* Perspektive ergibt sich insoweit der fünfte Auswahl- oder Würdigungsgesichtspunkt, als daß die an früherer Stelle begründete [1] Mitberücksichtigung einer erziehungswissenschaftlichen Perspektive aufzeigte, daß die vorliegende Untersuchung schwerpunktmäßig aus der entwicklungspolitischen Sicht des *micro-approaches* heraus vorgenommen wird. Dies heißt, daß in dieser Studie Erklärungsversuche, die sich ausschließlich oder teilweise aus einer entwicklungspolitischen macro-approach-Perspektive dem Untersuchungsgegenstand nähern [2], zumindest nicht als Basiserklärungsansätze gewählt werden.

---

[1] Siehe Kapitel C.2.3.

[2] Beispiele solcher Erklärungsversuche finden sich vor allem bei Erörterungen der bereits zitierten Autoren J.O. Müller, J. Kuhn, H.H. Münkner, A. Hanel und teilweise auch bei E. Dülfer.

Die Grundannahmen, die zu Beginn dieser Studie den eingenommenen Standort näher charakterisieren, stellen weitere Selektions- und Würdigungskriterien. Besagt Grundannahme I, daß deskriptive und normative Aussagen
unterscheidbar sind – *analytischer* Ansatz –, so können demzufolge schwer-
lich Erklärungsansätze zum Aufbau des eigenen Ansatzes gewählt werden,
bei denen diese Unterscheidungsmöglichkeit ausdrücklich bezweifelt wird.
Ferner wäre es unlogisch, angesichts des getroffenen *Verzichts* auf *normative Aussagen* [1] Ansätze zu wählen, die normative Aussagensysteme beinhalten.

Schließlich beeinflußt auch die dritte Grundannahme, die Annahme der
nicht-totalen Determiniertheit des Menschen, die Auswahl- und Würdigungsgesichtspunkte. Da diese Annahme einen deskriptiven Charakter besitzt,
besagt sie nur, daß grundsätzlich davon ausgegangen wird, daß es beim
Menschen einen nicht-determinierten Bereich gibt. Sie *postuliert* also *nicht*,
daß bei der SHO-Entstehung auch dieser *nicht-determinierte* Bereich eine
Rolle spielen *muß*. Dies wäre eine normative Aussage.

Auf diesem Hintergrund ist auch die früher vorgenommene Voraussetzungs-
systematisierung zu verstehen. Der Umstand, daß bei ihr als dritte Voraussetzungsebene eigens die individuellen, nicht-determinierten Voraussetzungen analytisch von den anderen Voraussetzungen abgegrenzt wurden, entspringt nur der Absicht, die unterschiedlichen Arten von Voraussetzungs-
möglichkeiten genauer zu kennzeichnen. Wird mithin darauf abgehoben, daß
auf drei verschiedenen Ebenen SHO-Voraussetzungen gesucht werden können, so heißt dies nicht, daß sie auf allen drei Ebenen unbedingt gefunden werden müssen.

Als Konsequenz für die Auswahlentscheidungen in dieser Studie ergibt
sich, daß als Basiserklärungsansätze solche Ansätze gewählt werden, bei
denen ein *nicht-determinierter Bereich* beim Menschen als *mögliche* SHO-

---

[1] Vgl. S. 26 dieser Arbeit.

Voraussetzungsquelle Mitberücksichtigung findet oder zumindest bei der Analyse ex ante nicht ausgeschlossen wird.

Es sei hier zur Vermeidung von Mißverständnissen in Erinnerung gerufen, daß die aus den Grundannahmen hergeleiteten Auswahl- und Würdigungsgesichtspunkte als Kriterien nur bei der Suche von Basiserklärungsansätzen in strenger Form angewandt werden. Geht es um die Integration von nur spezielle Teilerkenntnisse liefernden Erklärungsansätzen, so werden zwar auch bei dieser Integration diejenigen Ansätze bevorzugt, die den Kriterien entsprechen, mangelt es aber an einer *vollkommenen* Entsprechung, so ist dies bei den Teilerklärungsansätzen nicht zwangsläufig ein ausreichender Zurückweisungsgrund.

Auswahl- und Würdigungskriterien ergeben sich außerdem aus der Beschaffenheit des Untersuchungsgegenstandes. Denn je mehr das Erkenntnisobjekt eines Erklärungsansatzes dem dieser Studie entspricht, desto eher kann vermutet werden, daß dieser für die geplante Untersuchung relevant sein könnte.

So wird verständlich, daß sich von theoretischen Ansätzen, die speziell auf *Selbsthilfeorganisationen* ausgerichtet sind, aber auch von solchen, die sich mit der schon intensiver untersuchten SHO-Form „Genossenschaft" beschäftigen, ein größerer Erklärungsbeitrag erwartet wird als von auf andere Organisationsformen gerichteten theoretischen Ansätzen.

Außerdem ist unmittelbar einsichtig, daß die *Entwicklungsländerbezogenheit* des Untersuchungsgegenstandes für die Auswahl und die Würdigung der Ansätze von Bedeutung ist. Zum einen läßt dies den Untersuchenden solche Erklärungsansätze bevorzugen, bei denen die SHO-Analyse auf die Situation in den Entwicklungsländern abzielt. Zum anderen weist dieser Bezug wegen der sehr unterschiedlichen kulturellen Gegebenheiten in den Entwicklungsländern auf die Notwendigkeit hin, auch dem Einfluß kultureller Faktoren bei SHO-Entstehungsprozessen nachzugehen und hierauf bezogene Erklärungsversuche mit in die Auswahl aufzunehmen.

Neben diesen kulturellen Faktoren wurden außerdem wirtschaftliche, soziale, psychologische und erzieherische Faktoren beim Entstehungsprozeß ausgemacht. Dieser Beschaffenheit des Untersuchungsgegenstandes wird in der
vorliegenden Studie dadurch entsprochen, daß Erklärungsansätze aus dem
wirtschaftswissenschaftlichen, dem *soziologischen,* dem (sozial-)*psychologischen,* dem *völkerkundlichen* und dem *erziehungswissenschaftlichen* Bereich
ausgewählt und diskutiert werden. Hierbei lassen sich sowohl die Erziehungswissenschaft [1] als auch die übrigen genannten Einzelwissenschaften den
Sozialwissenschaften zuordnen. [2]

Schließlich gilt es, bei den Erwägungen zur Auswahl und Würdigung von
Erklärungsansätzen zu beachten, inwieweit bei ihnen das *evolutorische* Phänomen des *Entstehungsprozesses* Gegenstand ihres Explikationsversuchs ist.
Beschäftigt man sich in einem Ansatz ausdrücklich mit ,,Voraussetzungen",
kann dies zwar nicht als Beweis, aber immerhin als Indiz für ein evolutorisches Erkenntnisobjekt dienen.

Auf diesem Hintergrund läßt sich zu der getroffenen Auswahl von Erklärungsansätzen im *Vorgriff* auf spätere Untersuchungsergebnisse folgendes
festhalten:

Der sozio-ökonomische Erklärungsversuch von D. v. Brentano und H. Büscher
wurde gewählt, weil das Erkenntnisobjekt des letzteren sich weitgehend mit
dem Untersuchungsgegenstand deckt, die Form der Untersuchung der hier
gewählten prinzipiell entspricht und er in keiner Hinsicht den Grundannahmen dieser Studie widerspricht.

Das Erkenntnisobjekt dieses sozio-ökonomischen Ansatzes deckt sich weitgehend mit dem Untersuchungsgegenstand, weil bei ihm

---

[1] Vgl. Teil C dieser Arbeit.

[2] Vgl. SELLIEN, R. und SELLIEN, H., Sozialwissenschaften, in: dieselben (Hrsg.), Wirtschaftslexikon, 9. neu bearb. und erw. Aufl., Band 5, Wiesbaden 1976, Sp. 1319–1321.

a) Genossenschaften oder gemeinsame Selbsthilfe das Erklärungsobjekt bilden,

b) der Entstehungsprozeß mit seinen Voraussetzungen den Schwerpunkt der Untersuchung darstellt,

c) seine Aussagen entweder größtenteils mit einem Allgemeinheitsanspruch formuliert sind, der ihre Übertragbarkeit auf Entwicklungsländer impliziert (D. v.Brentano), oder darüber hinaus ausdrücklich auf Entwicklungsländer bezogen sind (H. Büscher).

Die Form der Untersuchung entspricht insofern der hier gewählten Vorgehensweise, als

a) es sich um einen sozialwissenschaftlichen Ansatz handelt,

b) bei ihm durch die Berücksichtigung von ökonomischen, soziologischen und psychologischen Faktoren eine interdisziplinäre Ausrichtung und Ausbaufähigkeit vorliegen,

c) er durch den Verzicht auf eine rein (entscheidungs-)logische Analyse und durch die Formulierung von Hypothesen empirisch ausgerichtet ist,

d) diesem Ansatz eine dynamische Perspektive zugrundeliegt, die bei D. v.Brentano ausdrücklich als die Schlußfolgerung aus der Erkenntnis der Unzulänglichkeit statischer Analysen gekennzeichnet wird,

e) dieser Erklärungsversuch sich dem Untersuchungsgegenstand nicht aus einer entwicklungspolitischen macro-approach-Perspektive nähert.

Der für eine nähere Prüfung ausgewählte sozio-ökonomische Ansatz genügt insoweit den Grundannahmen dieser Arbeit, als

a) deskriptive und normative Aussagen unterschieden werden und sich ausschließlich um deskriptive oder explikative Aussagen bemüht wird,

b) die nicht-totale Determiniertheit des Menschen als Möglichkeit akzeptiert wird.

Der entwicklungssoziologische und sozialpsychologische Ansatz von H.D. Seibel wurde gewählt, weil bei seiner „Problemtheorie" aus einer soziologischen Perspektive heraus auch Selbsthilfeorganisationen in Entwicklungsländern und ihre Entstehungsbedingungen näher betrachtet werden sowie bei ihm der gewählten Untersuchungsart und den Grundannahmen entsprochen wird.

Die Untersuchungsweise Seibels genügt insofern der hier gewählten Form, als

a) Seibels Theorie sozialwissenschaftlichen Charakter besitzt,

b) diese durch die Berücksichtigung soziologischer, psychologischer und völkerkundlicher Faktoren interdisziplinär ausgerichtet ist,

c) Seibel sein Vorgehen empirisch konzipiert – wie es durch die Aufstellung eines ganzen „Hypothesengerüsts" und der Durchführung eigener empirischer Untersuchungen deutlich wird –

d) Seibel nicht nur um eine statistische, sondern gerade auch um eine dynamische Analyse bemüht ist,

e) der Problemtheorie keine entwicklungspolitische macro-approach-Perspektive zugrundeliegt.

Wie in dieser Studie geht es Seibel um deskriptive bzw. explikative Aussagen. Die Grundannahme III findet bei ihm in der Annahme einer „offenen Persönlichkeitsstruktur" ihre Entsprechung.

Für die Wahl des politisch-psychologischen Erklärungsversuchs von M. Gronemeyer, der als möglicher Teilerklärungsansatz im personalen Bereich der SHO-Voraussetzungen näher untersucht wird, spricht vor allem, daß er an den psychologischen Teil des gewählten sozio-ökonomischen Ansatzes nahtlos anfügbar ist. Hier hat man den Bezug zum Erkenntnisobjekt dieser Untersuchung zu lokalisieren.

Gronemeyers Versuch der Erklärung bestimmter, für die gemeinsame Selbsthilfe notwendiger Motivationen läßt sich zwar wissenschaftstheoretisch (hinsichtlich Grundannahme I) nicht so leicht einordnen; jedoch ermöglicht die deskriptive Sprache, in der die Aussagen formuliert sind, ihre Integration.

Als weitere Argumente für die Wahl des Teilerklärungsansatzes von M. Gronemeyer seien hier angeführt:

a) die Berücksichtigung der nicht-totalen Determiniertheit des Menschen (Grundannahme III),

b) der sozialwissenschaftliche und interdisziplinäre Charakter des Ansatzes,

c) die dynamische Perspektive,

d) die empirische Ausrichtung des Ansatzes,

e) die Zuordnungsmöglichkeit des Ansatzes zur entwicklungspolitischen Perspektive des micro-approaches.

Im Bereich der Erziehungswissenschaft steht ein spezieller Ansatz nicht im Vordergrund. Vielmehr werden unterschiedliche Erklärungsversuche erörtert, denen vor allem gemeinsam ist, daß sie im vorliegenden interdisziplinären sozialwissenschaftlichen Ansatz Teilerklärungsansätze bilden, von denen eine Klärung des Vorgehens exogener SHO-Anreger erwartet wird.

II. NICHT-ERZIEHUNGSWISSENSCHAFTLICHE ERKLÄRUNGS-ANSÄTZE

1. DER SOZIO-ÖKONOMISCHE ANSATZ AM BEISPIEL DES ERKLÄRUNGSVERSUCHS VON DOROTHEE VON BRENTANO UND HORST BÜSCHER

Der hier für eine nähere Untersuchung ausgewählte sozio-ökonomische Versuch, Entstehungsprozesse von Selbsthilfeorganisationen in Entwicklungsländern zu erklären, setzt sich zusammen zum einen aus den Überlegungen v.Brentanos zu den „Grundsätzliche(n) Aspekte(n) der Entstehung von Genossenschaften" [1] und zum anderen aus Büschers „Betrachtungen zur vorkooperativen Phase sozio-ökonomischer Entwicklung" [2], bei denen „Solidarische Selbsthilfe als innovatives kooperatives Handeln" [3] aufgefaßt wird.

Wie die zitierten Titel der Abhandlungen andeuten, sind Forschungsinteresse wie Untersuchungsschwerpunkte der Abhandlungen nicht völlig identisch. Außerdem zeigen die anschließenden Erörterungen, daß Büscher durchaus nicht allen Wegen folgt, die v.Brentano zur Erklärung von SHO-Entstehungsprozessen einschlägt. Dennoch machen es folgende Übereinstimmungen der Abhandlungen möglich, die beiden Arbeiten als Elemente prinzipiell *eines* Erklärungsversuchs sozio-ökonomischer Prägung aufzufassen:

---

[1] v.BRENTANO, D., Grundsätzliche Aspekte ... a.a.O. Die Klammerergänzungen stammen vom Verfasser.

[2] BÜSCHER, H., Solidarische Selbsthilfe ... a.a.O.

[3] Ebenda, siehe den Titel der Abhandlung.

1. Beide Betrachtungen knüpfen bei der Analyse des SHO-Entstehungsprozesses an den bei diesem Erkenntnisobjekt feststellbaren *Handlungsaspekt* [1] an.

2. Bei beiden führt diese Anknüpfung — wenn auch auf unterschiedliche Weise — zu einer Auseinandersetzung mit bzw. zu einer Fortentwicklung von Aussagen und Erkenntnissen der *neueren Entscheidungstheorie* als einer Theorie menschlichen (Entscheidungs-) Verhaltens.

3. Beiden Untersuchungen liegt das Bemühen zugrunde, Terminologie und Erkenntnisse der *Innovationstheorie* für ihr Erklärungsanliegen nutzbar zu machen.

4. In beiden Analysen wird — wenn auch auf unterschiedliche Weise — zur Explikation des nicht-determinierten Bereichs beim Menschen der *Utopie-Ansatz* von W.W. Engelhardt angewandt.

Zum besseren Verständnis des hier zu diskutierenden Erklärungsversuchs erscheint es angebracht, jene gemeinsamen Bezugspunkte, denen im Hinblick auf diesen sozio-ökonomischen Ansatz Grundlagencharakter zugesprochen werden kann, näher darzulegen. Sollen somit folgende Darlegungen zur neueren Entscheidungstheorie, zur Innovationstheorie und zum Utopie-Ansatz allein zu einer besseren Erfassung des vorliegenden Erklärungsversuchs verhelfen, so ergibt sich aus dieser Zwecksetzung, daß die betreffenden Theorien und Theorieansätze nur in ihren wesentlichen, für den Explikationsversuch relevanten Grundzügen skizziert werden.

---

[1] Vgl. S. 31 ff. dieser Arbeit.

1.1. Grundlagen des Erklärungsversuchs

1.1.1. Die neuere Entscheidungstheorie

Gleich zu Anfang sei festgehalten, daß *die neuere* Entscheidungstheorie
als ein zum Abschluß gebrachtes einheitliches Aussagensystem (noch) nicht
vorliegt. Ordnet man dennoch bestimmte Ansätze gemeinsam der „neueren
Entscheidungstheorie" zu, dann deshalb, weil diesen Theorieansätzen eine
Kritik der *Grund*aussagen der bisherigen ökonomischen Entscheidungstheorie neoklassischer Prägung und/oder bestimmte noch darzulegende Theorie-
bestimmungsstücke als verbindende Elemente zugrundeliegen.

Es ist offensichtlich, daß es zum Verständnis der neueren Entscheidungstheorie unumgänglich ist, zuerst die Grundcharakteristika der herkömmlichen Entscheidungstheorie deutlich zu machen. [1]

Wie das Adjektiv „ökonomisch" schon andeutet, nahmen entscheidungstheoretische Überlegungen im Bereich der Wirtschaftswissenschaft ihren Anfang,
wobei sie sich als Präzisierungsversuche der nationalökonomischen Theorie
des „homo economicus" darstellen. [2] Das hier interessierende Entscheidungsverhalten dieses „homo economicus" wird nach dieser ökonomischen Theorie durch die Berücksichtigung des „sogenannten *Rational*prinzips" [3] erklärbar, dem der homo economicus folgt. Nach diesem Prinzip versucht

---

[1] Vgl. hierzu GÄFGEN, G., Theorie der wirtschaftlichen Entscheidung, 3. erw. und erg. Aufl.,
Tübingen 1974; LANGENHEDER, W., Theorie menschlicher Entscheidungshandlungen,
Stuttgart 1975; HEINEN, E., Entscheidungstheorie, in: Sellien, R. u. Sellien, H. (Hrsg.),
Wirtschaftslexikon, 9. neu bearb. u. erw. Aufl., Band 2, Wiesbaden 1976, Sp. 1287–1295;
zu folgendem siehe vor allem: KIRSCH, W., Einführung in die Theorie der Entscheidungs-
prozesse, 2. durchges. u. erg. Aufl., Band I, Wiesbaden 1977.

[2] Vgl. HEINEN, E., Entscheidungstheorie ... a.a.O., Sp. 1288; KIRSCH, W., Einführung ...
a.a.O., (Band I), S. 25 ff.

[3] KIRSCH, W., Einführung ... a.a.O., (Band I), S. 27. Hervorhebung stammt vom Verfasser.

ein rational handelndes Individuum, seine *gegebenen* Mittel so zu verwenden, daß ein *Maximum* an Zweckerfolg bzw. Zielerreichung zustande kommt. [1]

Die Konzeption dieses auf eine solche Art „rational" handelnden homo economicus gründet sich auf drei Gruppen von Annahmen:

1. Annahmen über die verfügbaren Informationen,

2. Annahmen über die Wert- oder Präferenzordnung und

3. Annahmen über die jeweiligen Entscheidungsregeln. [2]

Hierbei gilt es zu beachten, daß zwischen Entscheidungsregel, Wertsystem und Informationsausmaß insoweit eine Abhängigkeit besteht, als jedweder Bewertungsform eine andere Entscheidungsregel entspricht und als sich diese Wertordnung mit dem jeweiligen Informationsstand modifiziert. [3]

Die Annahmen über die verfügbaren Informationen lassen sich mit den Begriffen Alternativen, Ergebnisse und Umweltsituation beschreiben. [4] Eines der Informationsaxiome besagt, daß der homo economicus in einer bestimmten Entscheidungssituation *alle* ihm offenstehenden *Handlungsalternativen kennt.* Im Gegensatz zu diesen Alternativen, die als vom Individuum beeinflußbare Größen konzipiert sind, stehen die nichtbeeinflußbaren Größen beim Entscheidungsproblem, die als „Daten" die „Umweltsituation" konstituieren. Ferner kann das Individuum gemäß der homo economicus-Konzeption jeder Handlungsalternative für eine jeweilige Umweltsituation auch ein Handlungs*ergebnis* oder einen „Zielerreichungsgrad" zuordnen. Dies läßt sich in einer „Ergebnisfunktion" [5] ausdrücken.

---

[1] KIRSCH, W., Einführung ... a.a.O. (Band I), S. 27.

[2] Vgl. ebenda S. 27.

[3] Vgl. GÄFGEN, G., Theorie ... a.a.O., S. 98 ff.

[4] Vgl. zu folgendem: KIRSCH, W., Einführung ... a.a.O. (Band I), S. 27 ff.

[5] Vgl. ebenda S. 28 f.

Folglich kennt das Entscheidungssubjekt die Menge der möglichen Handlungsalternativen, die jeweiligen Ergebnisfunktionen sowie darüber hinaus auch die Menge der möglichen Umweltsituationen. Nur hinsichtlich des Eintretens von Umweltsituationen in der Zukunft geht die herkömmliche ökonomische Entscheidungstheorie nicht von einer vollkommenen Information des Entscheidungssubjekts aus. Vielmehr werden drei Fälle unterschieden:

1. Entscheidungen unter Sicherheit,

2. Entscheidungen unter Risiko,

3. Entscheidungen unter Unsicherheit. [1]

Man spricht dann von Entscheidungen unter Sicherheit, wenn das betreffende Individuum mit Sicherheit weiß, daß nur eine ganz bestimmte Umweltsituation eintreffen wird. In diesem Fall kann das Entscheidungssubjekt jeder Alternative genau ein und nur ein Ergebnis zuordnen. Bei Entscheidungen unter Risiko besitzt der Entscheidungsträger nur Vorstellungen über die Eintrittswahrscheinlichkeit der Umweltsituationen. Fehlen diese Vorstellungen, so liegt eine Entscheidung unter Unsicherheit vor.

Als Bezugs- oder Zielgröße, auf die das Handeln des homo economicus ausgerichtet ist und die der Bewertung von Handlungsergebnissen als Maßstab dient, fungieren in der ökonomischen Entscheidungstheorie der Gewinn und — als umfassenderer Begriff — der *Nutzen*. Die ökonomische Entscheidungstheorie nimmt an, daß das Entscheidungssubjekt in der Lage ist, auf der Basis seiner individuellen, subjektiven Nutzenvorstellung die Menge der ihm bekannten (Informationsaxiom) möglichen Handlungsalternativen hinsichtlich ihres Nutzenbeitrags vollständig, schwach transitiv zu ordnen. [2] Dabei ist mit „schwach transitiver" Ordnung gemeint, daß das

---

[1] Vgl. GÄFGEN, G., Theorie ... a.a.O., S. 98 ff.

[2] Vgl. KIRSCH, W., Einführung ... a.a.O. (Band I), S. 30.

Individuum bei allen möglichen Paaren von Handlungsergebnissen angeben kann, ob es eines der Ergebnisse vorzieht oder ob es beiden Handlungsergebnissen gegenüber indifferent ist. [1]

Transitiv verhält sich der Entscheidungsträger, so wird außerdem angenommen, aber auch bei seinen so zustandegekommenen Präferenzurteilen. Mit anderen Worten: man geht davon aus, daß er, angenommen er zieht das Ergebnis I dem Ergebnis II, dieses wiederum dem Ergebnis III vor, das Ergebnis I auch dem Ergebnis III vorzieht. Da mögliche Handlungsergebnisse als potentielle Nutzenbeiträge betrachtet werden, gibt man die als dem Individuum bekannt angenommene Präferenz- bzw. Wertordnung oft in Form von Nutzenfunktionen wieder [2], bei denen der Nutzen entweder kardinal oder ordinal gemessen wird.

Es bleibt, um die Skizzierung des Gedankengebäudes der herkömmlichen ökonomischen Entscheidungstheorie abzuschließen, als letzter Punkt noch die Frage zu klären, in *welcher Form*, d.h. nach welcher Regel, das mit Informationen und Präferenzordnungen versehene Entscheidungssubjekt angesichts eines Entscheidungsproblems seine Nutzenvorstellungen zu realisieren sucht. Beim homo economicus besagt in diesem Zusammenhang die Grundregel aller Entscheidungsregeln nach dem sogenannten Rationalprinzip [3], daß das Entscheidungssubjekt seine Entscheidungen in der Form trifft, daß es „etwas" *maximiert.* [4]

Was der Entscheidungsträger genau maximiert, hängt vom Typ der Entscheidungssituation ab. Liegt eine Entscheidung unter Sicherheit vor, so geht die ökonomische Entscheidungstheorie von der Gewinn- und Nutzen-

---

[1] Vgl. KIRSCH, W., Einführung ... a.a.O. (Band I), S. 30.

[2] Vgl. ebenda S. 31 ff.

[3] Vgl. S. 175 f. dieser Arbeit.

[4] Vgl. HEINEN, E., Entscheidungstheorie ... a.a.O., Sp. 1290; KIRSCH, W., Einführung ... a.a.O., S. 40.

maximierung aus. Im Fall der Nutzenmaximierung wählt der Entscheidungsträger folglich jene Handlungsalternative, deren Handlungsergebnis
in seiner Ergebnispräferenzordnung den besten Platz einnimmt, d.h. deren
ordinal oder kardinal zu messender Nutzen am höchsten ist.

Liegt eine Entscheidung unter Risiko oder unter Unsicherheit vor, bei
der der Entscheidungsträger also nur unvollkommen über die tatsächliche
Umweltsituation bzw. über die Handlungsergebnisse informiert ist, benötigt
er als Entscheidungsregeln bestimmte „Präferenzvorschriften", aufgrund deren er aus jeder Ungewißheitssituation eindeutig eine Handlungsalternativen-
Präferenzordnung ableiten kann. [1] In der Literatur werden zahlreiche solche
Entscheidungsregeln aufgeführt. [2]

Bei Risiko wird in der Regel angenommen, daß der Entscheidungsträger
den Nutzenerwartungswert maximiert, d.h. diejenige Handlungsalternative
mit dem größten Wahrscheinlichkeits- oder Erwartungswert seines Nutzens
wählt. In Entscheidungssituationen bei Unsicherheit wird häufig der pessi-
mistische Entscheidungsträger, der nach der Minimax-Regel die Handlungsalternative wählte, bei welcher der Nutzen bei Eintritt der relativ ungün-
stigsten Umweltsituation am größten ist, dem optimistischen Entscheidungssubjekt gegenübergestellt, das der Maximax-Regel entsprechend aus der
Menge möglicher Nutzen einer Handlungsalternative den jeweils größten
auswählt und zur Grundlage für die Ordnung seiner Alternativen macht.

Die hier als Gegenstück zur neueren Entscheidungstheorie interessierende
ökonomische Entscheidungstheorie neoklassischer Prägung wäre mangelhaft
wiedergegeben, wenn nicht auch auf die bis heute im Vordergrund stehende Form ihrer Verwendung eingegangen würde. Zwar läßt sie sich grund-

---

[1] Vgl. GÄFGEN, G., Theorie ... a.a.O., S. 325 ff.

[2] Vgl. z.B. KIRSCH, W., Einführung ... a.a.O. (Band I), S. 40 ff. und die dort zusätzlich angeführte Literatur.

sätzlich deskriptiv, normativ und logisch verwenden [1], tatsächlich dominiert aber eindeutig die *logische* Verwendung.

Die herkömmliche Entscheidungstheorie gibt sich demzufolge als Logik der Entscheidungen, d.h. als formale (Modell-)Theorie menschlicher Entscheidungen. [2] Da das Modell des homo economicus durch das Rationalprinzip geprägt ist, wird diese Entscheidungstheorie auch als „Rationaltheorie" [3] oder „Theorie des Rationalverhaltens" [4] bezeichnet.

Die rein logische Ausrichtung der ökonomischen Entscheidungstheorie hat auch Folgen für die Behandlung des Nutzenbegriffs, der für diese auf der Konzeption des homo economicus aufbauenden Entscheidungstheorie den zentralen Begriff darstellt. [5] So geht es der ökonomischen Entscheidungstheorie weniger um empirische Interpretation dieses Begriffs als vielmehr um eine Nutzenkonzeption, auf deren Grundlage eine formale Theorie menschlicher Entscheidungen logisch entwickelt werden kann. [6]

Ausgangspunkt der für die herkömmliche Entscheidungstheorie charakteristischen Nutzenkonzeption wurde der Hedonismus Benthams [7], nach dem jeder Mensch nach Lust strebt und Unlust zu vermeiden trachtet. Wegen des im Vordergrund stehenden entscheidungslogischen Analyseanliegens wurde nun der Nutzenbegriff nicht empirisch spezifiziert, sondern zum Zwecke des Aufbaus einer formalen Theorie so weit gefaßt, daß die Verfolgung des eigenen Nutzens mit beliebigen persönlichen Motiven verein-

---

[1] Vgl. GÄFGEN, G., Theorie ... a.a.O., S. 50ff.

[2] Vgl. ALBERT, H., Marktsoziologie und Entscheidungslogik, Neuwied 1967; KIRSCH, W., Einführung ... a.a.O. (Band I), S. 32; HEINEN, E., Entscheidungstheorie ... a.a.O., Sp. 1288ff; ENGELHARDT, W.W., Entscheidungslogische ... a.a.O., S. 104f.

[3] ENGELHARDT, W.W., Entscheidungslogische ... a.a.O., S. 104.

[4] HEINEN, E., Entscheidungstheorie ... a.a.O., Sp. 1288.

[5] Vgl. z.B. KIRSCH, W., Einführung ... a.a.O. (Band I), S. 32.

[6] Vgl. ebenda S. 32.

[7] Vgl. ebenda S. 32.

bar angesehen wird. [1] Zum selben Zweck wurde die hedonistische Position außerdem in der Form aufgegriffen, daß ein „rational" handelndes Individuum seinen Nutzen zu *maximieren* sucht.

Dies hat schließlich dazu geführt, daß Modelle ökonomischen Rationalverhaltens sich nur bei Verknüpfung des Prinzips der Nutzen- oder Gewinnmaximierung mit bestimmten, vollkommene Rationalität gewährleistenden Informationsannahmen konstruieren lassen. [2] So werden die hedonistisch geprägte Nutzenvorstellung und die Rationalitätsannahme des neoklassischen Prinzips der Nutzenmaximierung untrennbar miteinander verbunden [3], was in Downs Beschreibung des neoklassischen Rationalitäts- bzw. Eigennutzaxioms, nach dem „jedes Individuum zwar rational, aber auch egoistisch ist" [4], schon explizit herausgestellt wurde. Mithin bedingt die entscheidungslogische Ausrichtung eine untrennbare Verbindung von Eigennutz und Rationalität als ein weiteres die herkömmliche Entscheidungstheorie prägendes Merkmal.

Es dürfte deutlich geworden sein, daß im Rahmen der entscheidungslogischen Analyse des homo-economicus-Modells weder die Entstehung von Entscheidungsproblemen und Entscheidungsprämissen, z.B. die Gewinnung und Wahrnehmung von Informationen, noch die mögliche Beeinflussung des Prozeßablaufs durch die Umwelt berücksichtigt werden. In letzter Zeit pflegt man solche Modelle des Entscheidungsverhaltens, bei denen Einflußbeziehungen zwischen System und Umwelt nicht berücksichtigt werden, als *geschlossene Modelle* zu bezeichnen. [5] Ziehen hingegen entscheidungstheoretische Erklärungsansätze solche System-Umwelt-Interdependenzen mit in ihre Betrachtung, so bilden sie *offene Modelle* des Entscheidungsverhaltens.

---

[1] Vgl. HERDER-DORNEICH, PH. und GROSER, M., Ökonomische Theorie des politischen Wettbewerbs, Göttingen 1977, S. 31 ff.

[2] Vgl. KADE, G., Die Grundannahmen der Preistheorie, Berlin, Frankfurt a.M. 1962, S. 160.

[3] Vgl. v.BRENTANO, D., Grundsätzliche Aspekte ... a.a.O., S. 131 ff.

[4] DOWNS, A., Ökonomische Theorie der Demokratie, hrsg. von R. Wildemann, in: Boettcher, E. (Hrsg.), Die Einheit der Gesellschaftswissenschaften, Band 8, Tübingen 1968, S. 26.

[5] Vgl. z.B. KIRSCH, W., Einführung ... a.a.O. (Band I), S. 25 und dort angegebene Literatur.

Gibt die herkömmliche ökonomische Entscheidungstheorie ein geschlossenes Modell des Entscheidungsverhaltens wieder, so werden — dies dürfte nun ohne Schwierigkeit nachzuvollziehen sein — diejenigen Erklärungsansätze menschlichen Entscheidungsverhaltens, denen ein offenes Modell eigen ist, in dem implizit oder explizit die Annahmen der homo-economicus-Konzeption infrage gestellt oder zumindest relativiert werden, nicht dieser herkömmlichen, sondern der *neueren* Entscheidungstheorie zugeordnet.

Das der neueren Entscheidungstheorie eigene Interesse für eine *deskriptive* oder *empirische* Betrachtung von Entscheidungsprozessen einschließlich ihrer Eingebundenheit in zahlreiche System-Umwelt-Interdependenzen [1] hat bei den in diesem Sinne ausgerichteten Untersuchungen dazu geführt, daß als ihr Hauptmerkmal die Berücksichtigung des Zustandekommens von Entscheidungsproblemen und -prämissen anzusehen ist. Deshalb werden in der neueren Entscheidungstheorie, soweit sie nicht als normative Theorie zu klassifizieren ist, vor allem folgende zwei Aspekte menschlichen Entscheidungsverhaltens problematisiert:
a) das *Such*verhalten des Individuums und
b) dessen *beschränkte Informationsverarbeitungskapazität.* [2]

Die so gelagerten Untersuchungsschwerpunkte lassen die Vertreter der neueren Entscheidungstheorie Erklärungsansätze auch außerhalb des wirtschaftswissenschaftlichen Bereichs in der Soziologie und vor allem in der Psychologie suchen. Die hierbei gewählten Ansätze werden meist als „verhaltenswissenschaftliche" [3] Ansätze gekennzeichnet. Wegen dieser interdisziplinären Ausrichtung der neueren Entscheidungstheorie hebt man sie gelegentlich als „sozialwissenschaftliche Entscheidungstheorie" [4] von der ökonomischen Entscheidungstheorie ab.

---

[1] Vgl. z.B. WITTE, E. und THIMM, A. (Hrsg.), Entscheidungstheorie, Wiesbaden 1972.

[2] Vgl. z.B. KIRSCH, W., Einführung ... a.a.O. (Band I), S. 76 ff.

[3] Ebenda S. 67.

[4] Vgl. z.B. HEINEN, E., Entscheidungstheorie ... a.a.O., Sp. 1288 ff.

Einer der zentralen Ansatzpunkte der empirisch ausgerichteten Kritik an der herkömmlichen Entscheidungstheorie als Theorie des Rationalverhaltens bildet der Rationalitätsbegriff. Unter rationalem Verhalten wird bei dieser, wie gezeigt, ein Verhalten verstanden, bei welchem der Handelnde gegebene Ziele maximiert. Dieser Rationalitätskonzeption liegt die Auffassung zugrunde, daß die Ziele und Werte, denen rationale Entscheidungen genügen, *nur* Werte des Individuums sind.

Gegenüber dieser Interpretation der Rationalität als „individueller Rationalität" verfolgt die neuere Entscheidungstheorie auch die Konzeption einer „sozialen Rationalität". [1] Nach dieser orientiert das Individuum seine Entscheidungen unter anderem auch an Normen oder sozialen Rollenerwartungen. Unter diesen Rationalitätsbegriff fällt demnach ein Vorgehen, das, aus der herkömmlichen Perspektive betrachtet, ein nicht-rationales Handeln bedeuten würde.

Die Rationalitätsauffassung der Vertreter der neueren Entscheidungstheorie läßt sich ferner dadurch kennzeichnen, daß sie gemeinsam mit den modernen Vertretern der herkömmlichen Entscheidungstheorie von einer „formalen Rationalität" ausgehen, bei welcher der Inhalt der Ziele oder Werte ohne Einfluß darauf ist, ob ein Verhalten als „rational" bezeichnet wird. Diese Auffassung hebt sich von der anfänglichen Konzeption ökonomischer Entscheidungstheorie ab, nach welcher der Beobachter des Entscheidungsprozesses die Ziele oder Werte setzte („substantielle Rationalität").

Unter Berücksichtigung der empirisch belegten Erkenntnis, daß die einem Entscheidungsträger zur Verfügung stehenden Informationen die objektive Realität in der Regel nur unvollkommen wiedergeben, betont die neuere Entscheidungstheorie schließlich die „subjektive Rationalität", die mensch-

---

[1] Vgl. KIRSCH, W., Einführung ... a.a.O. (Band I), S. 62 ff.; siehe ebenda auch zu den folgenden Rationalitätsbegriffen.

lichem Entscheidungsverhalten zugrundeliegt. Ihre Vertreter gehen somit von der lange Zeit in der ökonomischen Entscheidungstheorie geübten Praxis ab, nur solches Handeln als rational zu qualifizieren, das auf den tatsächlichen Gegebenheiten entsprechenden Informationen beruht („objektive Rationalität").

Da der Begriff der subjektiven Rationalität die Konsistenz der Informationsprämissen impliziert und es mithin zuläßt, Modelle formaler Entscheidungslogik zu konstruieren, hat er auch Eingang in die Konzeptionen moderner Vertreter der herkömmlichen Entscheidungstheorie gefunden. Die neuere Entscheidungstheorie jedoch ist bei diesem Konzept der subjektiven Rationalität nicht stehengeblieben. Unter dem Eindruck psychologischer Forschungsergebnisse hat sich bei ihren Vertretern immer mehr die Überzeugung durchgesetzt, daß, wie Kirsch es hervorhebt, „die Beschränkungen der Rationalität erheblich umfangreicher und schwerwiegender sind, als dies durch die These der subjektiven Rationalität zum Ausdruck gebracht wird." [1]

Von daher bildet seit den Veröffentlichungen von Simon [2] das erheblich weiter gefaßte Prinzip der „bounded rationality" [3], d.h. der „beschränkten Rationalität", den Ausgangspunkt neuerer entscheidungstheoretischer Überlegungen. Untersuchungen auf dieser Basis haben nunmehr einen weiteren, zu den Annahmen des homo- economicus-Modells kontrastierenden Sachverhalt aufgezeigt. Tatsache ist nämlich, daß das Individuum in den *meisten* Entscheidungssituationen *gewohnheitsmäßig* reagiert. Die Zahl „echter" Entscheidungen, bei denen eine habituelle Reaktion vom Individuum als unbefriedigend empfunden wird, ist wesentlich geringer. [4]

---

[1] KIRSCH, W., Einführung ... a.a.O. (Band I), S. 65.

[2] Vgl. u.a. SIMON, H.A., Das Verwaltungshandeln, Stuttgart 1955; d e r s., Models of Man, Social and Rational, New York 1957.

[3] Vgl. SIMON, H.A., Models of Man ... a.a.O., S. 196 ff.

[4] Vgl. KANTONA, G., Rational Behaviour and Economic Behaviour, in: Gore, W.J. und Dyson, J.W. (Hrsg.), The Making of Decisions, Glencoe 1964, S. 51–63, hier S. 54 ff.

Solche „echten" Entscheidungen, mit denen ein Verhalten qualifiziert wird, das die Reaktion auf eine *ungewohnte, neue* Situation darstellt, mit deren Auftreten ein *Problem* wahrgenommen wird, werden unter Verwendung eines psychologischen Terminus auch als (innovatives) [1] „Problemlösungsverhalten" bezeichnet. [2] Kirsch betont, daß, wenn in der neueren Entscheidungstheorie ein Entscheidungsprozeß untersucht wird, bei diesem im Prinzip immer ein solches „Problemlösungsverhalten" bzw. ein „Problemlösungsprozeß" gemeint ist. [3]

Angesichts der empirisch belegten beschränkten Rationalität des Entscheidungssubjekts geht man in der neueren Entscheidungstheorie davon aus, daß das Individuum im Verlaufe eines solchen Problemlösungsprozesses bewußt oder unbewußt *Vereinfachungen* des Entscheidungsproblems vornimmt, um es seiner beschränkten Informationsverarbeitungskapazität anzupassen. [4] Wird ein solches vereinfachendes Vorgehen als mit Rationalität vereinbar betrachtet, so impliziert dies einen weiteren Bedeutungswandel des Rationalitätsbegriffs, der Kirsch folgende Definition von rationalem Handeln geben läßt:

„Eine Handlung wird dann als rational bezeichnet, wenn sie Ergebnis eines bewußt abwägenden Entscheidungsprozesses ist." [5]

---

[1] Vgl. KIRSCH, W., Einführung ... a.a.O. (Band II), S. 141 ff.

[2] Vgl. z.B. ebenda (Band I), S. 65.

[3] Vgl. ebenda S. 70 ff.

[4] Vgl. ebenda S. 67. Bei den *normativen* Entscheidungstheoretikern übernehmen realitätsnah formulierte entscheidungslogische (geschlossene) Modelle die Rolle dieser Vereinfachungen, indem sie als „Erfassung der subjektiven Wirklichkeitsvorstellung des jeweiligen Modellbenutzers" (Bretzke, S. 189) und als „ein (weiterführender) Strukturierungsprozeß ... jene Reduktion ursprünglicher Komplexität (erzielen, Erg. d. Verf.), die in Form von logischen Implikationen die Lösung des Problems bereithält" (Hofmann, S. 25). Vgl. BRETZKE, W.R., Der Problembezug von Entscheidungsmodellen, in: Boettcher, E. (Hrsg), Die Einheit der Gesellschaftswissenschaften, Band 29, Tübingen 1980; HOFMANN, V., Die Auswahl eines Kooperationssystems als Entscheidungsproblem mittelständiger Einzelhandelsunternehmer, in: Engelhardt, W.W. und Thiemeyer, Th. (Hrsg.), Schriften zum Genossenschaftswesen und und zur öffentlichen Wirtschaft, Band 7, Berlin 1982.

[5] Vgl. ebenda S. 67.

Wird Rationalität in dieser Weise aufgefaßt, so ergibt sich, daß der Rationalitätsbegriff *nicht* – wie bei der herkömmlichen ökonomischen Entscheidungstheorie durch eine Verkopplung mit der Maximierung des Zweckerfolgs bedingt – *auf das Ergebnis* eines Entscheidungsprozesses bezogen wird, sondern vielmehr in der Hauptsache auf Merkmale des Entscheidungs-*prozesses*, also auf die *prozessuale* Dimension der Ergebnisherstellung abhebt. In dieser Rationalitätsauffassung spiegelt sich so das für die neuere Entscheidungstheorie typische Interesse für die *Genese* von Entscheidungsproblemen und Entscheidungsprämissen wider.

In der neueren Entscheidungstheorie vollzieht sich mithin eine erhebliche Lockerung der ursprünglichen Beziehung von Rationalität und Handlungserfolg. Auf die Problematik dieser ursprünglich sehr engen und bisher noch nicht völlig gelösten Beziehung hat in neuerer Zeit vor allem Aldrup [1] aufmerksam gemacht.

Er zeigt auf, daß dem neoklassischen Rationalitätsbegriff, nach dem man rationales Handeln als ein objektiv oder subjektiv vorausbestimmtes zweckmäßiges Handeln auffaßt, das „Paradigma der vorgängigen Erfolgssicherung" [2] zugrundeliegt. [3] Auf der Basis dieses Paradigmas ist es den ökonomischen Entscheidungstheoretikern, so Aldrup, bisher nicht gelungen, „eine intuitiv befriedigende Vorstellung individuellen und kollektiven Handlungserfolges zu entwickeln, weil sie die Verfolgung dieses – wie man es nennen könnte – ontologischen Anliegens strikt gekoppelt haben mit dem methodologischen Anliegen, exakte Entscheidungskriterien oder unanfechtbare Entscheidungsregeln aufzustellen, denen die Rolle zugedacht ist, als rationale Erfolgsgaranten optimalen Entscheidungsverhaltens ... zu fungieren." [4]

---

[1] ALDRUP, D., Das Rationalitätsproblem in der Politischen Ökonomik, Methodenkritische Lösungsansätze, in: Boettcher, E. (Hrsg.), Die Einheit der Gesellschaftswissenschaften, Band 11, Tübingen 1971.

[2] Ebenda S. 68.

[3] Vgl. ebenda S. 29 ff.

[4] Ebenda S. 86.

Dieses Problem für die Festlegung des Begriffs des Handlungserfolgs ergibt sich nach Aldrup dann jedoch nicht, wenn im Sinne des Kritischen Rationalismus von Popper rationales Entscheidungsverhalten als ein Verhalten aufgefaßt wird, bei dem das Entscheidungssubjekt seine Handlungsalternativen, seine Werte und Präferenzen einer kritischen Überprüfung nicht verschließt („Revisionismus") [1] bzw., wie es Boettcher an Aldrup anknüpfend formuliert, „Ziele und Mittel für ständige Kritik und Revision offenhält." [2] In der vorliegenden Untersuchung sei diese Definition der Rationalität im Sinne einer „regelgebundenen Kritikoffenheit" [3] als Möglichkeit betrachtet, den in der oben zitierten Definition Kirschs enthaltenen Aussagenteil „bewußtes Abwägen" beim Entstehungsprozeß zu präzisieren.

Die zentrale Annahme der neueren Entscheidungstheorie, derzufolge ein Individuum Vereinfachungen des Entscheidungsproblems vornimmt, findet ihren Niederschlag nicht nur in dem gerade gezeigten Bedeutungswandel des Rationalitätsbegriffs, sondern mündet vor allem in die Konzeption eines „inneren Modells der Umwelt" [4], das ein Individuum seiner Entscheidung zugrundelegt.

Zur Konzipierung dieses „inneren Modells der Umwelt" greifen die Vertreter der neueren Entscheidungstheorie hauptsächlich auf psychologische Theorien zurück. Bei diesen psychologischen Theorien, die nicht nur für dieses innere Modell der Umwelt, sondern darüber hinaus ganz allgemein als theoretische Grundlagen der neueren Entscheidungstheorie dienen, können mit Atkinson zwei Hauptrichtungen unterschieden werden: [5]

---

[1] Vgl. ALDRUP, D., Das Rationalitätsproblem ... a.a.O., S. 105 ff.

[2] BOETTCHER, E., Die Problematik der Operationalisierung des Förderungsauftrages in Genossenschaften, Förderplan und Förderbericht, in: ZfgG, Band 29, 1979, S. 198–216, hier S. 211.

[3] ALDRUP, D., Das Rationalitätsproblem ... a.a.O., S. 85.

[4] Vgl. KIRSCH, W., Einführung ... a.a.O. (Band I), S. 76 ff.

[5] Vgl. ATKINSON, J.W., Einführung in die Motivationsforschung, Stuttgart 1975, S. 375 ff. sowie Kap. 10.

1. Die „Drive+Habit-Theorie" besagt — in weitgehender Übereinstimmung mit den weiter unten noch zu erläuternden behaviouristischen Stimulus-Response-Theorien (Lerntheorien) —, daß die Wahrscheinlichkeit, mit der ein Individuum eine bestimmte Handlung durchführt, als eine Funktion der *Triebstärke* sowie der Intensität der durch *Vergangenheitserfahrungen* entstandenen Verbindung zwischen einer bestimmten *Stimulussituation* und dem jeweiligen Handlungsmuster anzusehen ist.

2. Nach der „Expectancy+Value-Theorie" — den weiter unten noch zu erläuternden motivationstheoretischen Ansätzen zuzuordnen — ist hingegen die Wahrscheinlichkeit, mit der ein Individuum eine bestimmte Handlung vollzieht, vielmehr als eine Funktion sowohl der Stärke der *Erwartungen,* daß mit dieser Handlung ein bestimmtes Ziel erreicht wird, als auch des *Wertes* aufzufassen, der diesem *Ziel* aus der Sicht des Individuums *zukommt.*

Nach Kirsch werden diese beiden Ansätze in der neueren Entscheidungstheorie zu einer „Informationsverarbeitungstheorie" der Individualentscheidung zusammengefugt. [1] Diese Zusammenfügung vollzieht sich in der Weise, daß die behaviouristische „black-box-Konzeption", nach der Entscheidungen als Input-Output-Relationen analysiert werden, zugunsten der Ansicht revidiert wird, derzufolge die Prozesse der Informationsaufnahme und -verarbeitung als Verhalten aufzufassen sind, das sich in einer „transparent-box" abspielt. [2]

Das innere Modell der Umwelt wird auf dieser theoretischen Grundlage als eine „intervenierende Variable" [3] zwischen den einen Entscheidungsprozeß auslösenden Stimuli der Umwelt und der Reaktion des Individuums aufgefaßt. Hierbei stellt es sich als ein „komplexes Zusammenspiel" [4] von

---

[1] Vgl. KIRSCH, W., Einführung ... a.a.O. (Band II), S. 24 ff. und 29 ff.

[2] Vgl. ebenda S. 30 ff.

[3] Ebenda (Band I), S. 77 et passim.

[4] v. BRENTANO, D., Grundsätzliche Aspekte ... a.a.O., S. 165.

1. Vergangenheitserfahrungen,

2. sozialen Wertorientierungen und Primärwertungen und

3. zielbezogenen und konkreten Erwartungen dar. [1]

Der Einfluß von Vergangenheitserfahrungen, den diese über ihre Einwirkungen auf das innere Modell, die Informationswahrnehmung und somit schließlich auf das Entscheidungsverhalten ausüben, haben in der neueren Entscheidungstheorie auf der Basis der Drive+Habit-Theorie vor allem March und Simon insofern naher untersucht, als sie dem *Gedächtnis* erhöhte analytische Aufmerksamkeit schenken. [2] Hierbei heben sie hervor: [3]

1. Der „interne Zustand" als Inbegriff des Gedächtnisses umfaßt zum einen fragmentarische und modifizierte Vergangenheitserfahrungen sowie habitualisierte Reaktionsschemata auf Umweltstimuli.

2. Verhaltensrelevant ist nur ein geringer Teil des Gedächtnisses, der als „hervorgerufene Einstellung" (evoked set) qualifiziert wird.

3. Bedingt wird das Verhalten zu einem durch langfristige und langsame Veränderungen des „internen Zustands" (Lernen), zum anderen durch momentane Veränderung der hervorgerufenen Einstellung (Einstellungswandel).

4. Die Wahrnehmung von Informationen, die so erst zu Stimuli werden können, erfolgt selektioniert und steht mit der momentanen Einstellung in einem *wechselseitigen* Zusammenhang, d.h., sie bedingt diese Einstellung, wird aber auch von ihr bedingt.

5. Ruft ein Umweltstimulus ein bestimmtes Element des internen Zustands hervor, werden auch solche Elemente, die durch Lernen mit dem evozierten Element assoziiert werden, für das Entscheidungsverhalten relevant.

---

[1] Vgl. v. BRENTANO, D., Grundsätzliche Aspekte ... a.a.O., S. 165.

[2] MARCH, J.G. und SIMON, H.A., Organizations, New York, London 1958.

[3] Vgl. ebenda S. 9 ff.; vgl. hierzu auch KIRSCH, W., Einführung ... a.a.O. (Band I), S. 79 ff.

Hinter der Feststellung, daß nur ein geringer Teil des Gedächtnisses als verhaltensrelevant angesehen wird, steht die für die neuere Entscheidungstheorie charakteristische Annahme der beschränkten Informationsverarbeitungskapazität des Menschen. Eine Über- oder Unterforderung der individuellen Fähigkeiten zur Informationsverarbeitung erzeugt regelmäßig kognitiven Streß. [1]

Die Reaktionen des Entscheidungssubjekts auf solche Unter- oder Überforderungen werden in der neueren Entscheidungstheorie vor allem unter Zuhilfenahme der psychologischen Theorie der intraindividuellen Konflikte, der Anspruchsanpassung und der kognititiven Dissonanz zu erklären versucht, wie in den nachfolgenden Ausführungen zumindest andeutungsweise sichtbar wird.

Während das Entscheidungssubjekt bei einer Unterforderung seiner Informationsverarbeitungskapazität bestrebt ist, seinen kognitiven Streß dadurch zu beseitigen, daß es neue Informationen *sucht,* entwickelt es bei Überforderung Informationsverarbeitungsstrategien, die alle auf eine Vereinfachung des Entscheidungsproblems hinauslaufen. Diese Vereinfachungsstrategien erstrecken sich zum einen auf die Wahrnehmung von Informationen und zum anderen auf die Zielbildung.

So heben Cyert, March und Dill bei der Informationswahrnehmung hervor, daß bei der Prüfung von entscheidungsrelevanten Handlungsalternativen das Individuum nie alle möglichen Alternativen, sondern stets nur wenige und diese sukzessive untersucht. [2] Auf diese Weise läßt sich ein starkes Zufallsmoment bei der Auswahl der Alternativen verzeichnen. Außerdem halten sie fest, daß die Alternativen zumeist weniger mit anderen verglichen als auf ihre Durchführbarkeit hin geprüft werden.

---

[1] Vgl. KIRSCH, W., Einführung ... a.a.O. (Band I), S. 83 ff.

[2] CYERT, R.M., DILL, W.R., MARCH, J.G., The Role of Expectations in Business Decision Making, in: Alexis, M., Wilson, Ch.Z. (Hrsg.), Organziational Decision Making, Englewood Cliffs 1967, S. 137–147.

Im Bezug auf die Zielbildung hebt Simon hervor [1], daß der Entscheidungsträger sein Entscheidungsproblem dadurch vereinfacht, daß er sich nicht um
eine optimale, sondern um eine *befriedigende* Lösung seines Problems, die
seinem *Anspruchsniveau* [2] entspricht, bemüht. Da seine Ziele nicht immer
schwach transitiv zu ordnen sind, sondern auch intraindividuelle Konflikte
bei einem Individuum vorliegen können, ist es möglich, daß dieses Anspruchsniveau, hat ein Suchverhalten diesem Individuum keine Konfliktlö-
sung gebracht, zur Beseitigung dieses Konflikts gesenkt wird. Mit anderen
Worten: es erfolgt eine Anspruchsanpassung.

Die Berücksichtigung sozialer Wertungen als Bestandteile des inneren Modells der Umwelt ergibt sich logisch aus dem der neueren Entscheidungstheorie zugrundegelegten Begriff der sozialen Rationalität. Auf die Bedeutung des Modellbestandteils „Primärwertungen" als Einschätzungen unver-
mittelter Art, die somit nicht auf Außenorientierung zurückführbar sein
müssen [3], hat im Kontext der neueren Entscheidungstheorie als einer
der ersten Boulding durch seine Theorie vom Leitbild hingewiesen. [4]

Im Rahmen dieser Theorie bestimmt sich das Leitbild nicht nur als Ergebnis von Vergangenheitserfahrungen, sondern es umfaßt auch Wertungen, so
daß Informationen bei ihrer Aufnahme immer ein Wertesystem durchlau-
fen. [5] Da dieses Leitbild außerdem auf die Zukunft ausgerichtet, voller
unrealisierter Möglichkeiten und unabhängig von äußeren Informationen,
fähig zur „Einbildung" ist [6], beeinflussen neben den Vergangenheitserfah-

---

[1] Vgl. z.B. SIMON, H.A., Verwaltungshandeln ... a.a.O.

[2] Vgl. LEWIN, K., DEMBO, T., FESTINGER, L. und SEARS, P.S., Level of Aspiration, in:
Hunt, J.M. (Hrsg.), Personality and the Behaviour Disorders, New York 1944, S. 333 ff.

[3] Vgl. zum Begriff der „Primärwertung" ENGELHARDT, W.W., Utopien im Verhältnis zu
Ideologien und politischen Konzeptionen, in: Die Mitarbeit, 22. Jg., 1973, S. 108—125, hier
S. 109, 112.

[4] Siehe vor allem BOULDING, K.E., Die neuen Leitbilder, Düsseldorf 1958.

[5] Vgl. ebenda S. 14 ff., 46, 49 f. und 68 ff.

[6] Vgl. ebenda S. 26 f.

rungen auch auf die Zukunft bezogene Vorstellungen, von Engelhardt als „Utopien" bezeichnet [1], die von diesem Leitbild ausgehenden *Erwartungen*.

Auf dem Hintergrund dieser aus den erwähnten Überlegungen heraus [2] knapp gehaltenen Skizzierung der Grundzüge neuerer entscheidungstheoretischen Denkens lassen sich in Anlehnung an v.Brentano folgende Punkte herausstellen, in denen sich die neuere Entscheidungstheorie von geschlossenen Entscheidungsmodellen inhaltlich abhebt. [3]

1. Bei der neueren Entscheidungstheorie werden die vorherbestimmten Ziele geschlossener Modelle durch die Annahme einer nicht identifizierten Struktur ersetzt, die man durch die Konzeption eines *Anspruchsniveaus* thematisiert.

2. Alle Handlungsalternativen und -ergebnisse sind *nicht a priori festgelegt*. Die Beziehungen zwischen Zielen und Mittel sind interdependent.

3. Das Konzept des wertenden Ordnens gegebener Alternativen wird durch die Annahme von intraindividuellen Konflikten und ein routinehaftes Suchverhalten nach Informationen abgelöst mit der Folge, daß unter anderem nur wenige und *nicht alle* Alternativen in die Betrachtung *einbezogen* werden.

4. Der Entscheidungsträger maximiert de facto nicht, sondern bemüht sich um eine sein Anspruchsniveau *befriedigende* Lösung des Entscheidungsproblems.

Da in der neueren Entscheidungstheorie „echte" Entscheidungen als von gewohnter Reaktion abweichendes Reagieren auf eine neue Situation aufgefaßt werden, verwundert es nicht, daß Theorien, bei denen neue Sachverhalte, neue Situationen und neues Handeln wichtige Komponenten des Untersuchungsobjekts bilden, in diesem Zusammenhang einen Teil der analy-

---

[1] Zum Utopie-Ansatz Engelhardts siehe S. 205 ff. dieser Arbeit.

[2] Vgl. S. 174 dieser Arbeit.

[3] Vgl. v.BRENTANO, D., Grundsätzliche Aspekte ... a.a.O., S. 161.

tischen Aufmerksamkeit auf sich ziehen. Eine der bekanntesten solcher Theorien ist die Innovationstheorie, die im folgenden zu skizzieren sein wird.

1.1.2. Die Innovationstheorie

Wie die neuere Entscheidungstheorie ist die Innovationstheorie [1] durch eine interdisziplinäre Ausrichtung gekennzeichnet. [2] So beschäftigen sich mit der Innovationsproblematik Soziologen, Völkerkundler, Erziehungswissenschaftler, Kommunikationswissenschaftler, Psychologen und Ökonomen. [3] Eine weitere Übereinstimmung der beiden Theorien besteht darin, daß die Innovationstheorie ebenso wie die neuere Entscheidungstheorie (noch) kein zum Abschluß gebrachtes einheitliches Aussagensystem bildet.

Den weitesten Ausbau erfuhr das bisherige Aussagensystem der Innovationstheorie im Hinblick auf die Erklärung der *Verbreitung* (Diffusion) von Neuerungen, d.h. im Hinblick auf den Aspekt, der den anfänglichen, eher soziologisch geprägten Interessensschwerpunkt innovationstheoretischer Überlegungen begründete. Hieraus folgte, daß bis heute innovationstheoretische Beiträge oft unter dem Oberbegriff „Diffusionstheorie" zusammengefaßt werden. Der Umstand jedoch, daß die Verbreitung von Neuerungen zwar einen wichtigen, aber eben nur *einen* von mehreren wissenschaftlich inter-

---

[1] Vgl. zu dieser Theorie: ROGERS, E.M. (with Shoemaker, F.F.), Communication of Innovations, A Cross-Cultural Approach, 2. Aufl., New York, London 1971; BARNETT, H.G., Innovation, The Basis of social change, New York, Toronto, London 1953; im deutschsprachigen Raum: ZIMMERMANN, G., Sozialer Wandel und ökonomische Entwicklung, Stuttgart 1969; RÖPKE, J., Primitive Wirtschaft, Kulturwandel und die Diffusion von Neuerungen, Theorie und Realität der wirtschaftlichen Entwicklung aus ethnosoziologischer und kulturanthropologischer Sicht, Tübingen 1970; zu innovationstheoretischen Überlegungen im Rahmen der Kooperationsanalyse siehe vor allem: BENECKE, D.W., Kooperation ... a.a.O.; LOUIS, D., Zu einer allgemeinen Theorie der ökonomischen Kooperation, Verhaltenstheoretische Grundlegung der wirtschaftlichen Zusammenarbeit, in: Marburger Schriften zum Genossenschaftswesen, Band 50, Göttingen 1979.

[2] Vgl. ROGERS, E.M., Communication ... a.a.O., S. 45—95.

[3] Vgl. ebenda S. 45 ff.

essanten Aspekten bei einer Innovation darstellt [1], führt in dieser Studie dazu, daß — von der genannten Praxis abweichend — der Ausdruck „Innovationstheorie" zur Bezeichnung des Oberbegriffs verwandt wird. [2]

Geleitet von der diffusionstheoretischen Ausgangsfrage hat die Innovationstheorie bis heute den Schwerpunkt auf die Untersuchung folgender Bereiche gelegt: [3]

1. den individuellen Adoptionsprozeß mit seinen Phasen,
2. die Typologie der „Adopter",
3. die Bedeutung von Führern (traditionelle Führer, Meinungsführer),
4. die den Prozeß beeinflussenden Attribute einer Innovation,
5. die Rolle des Anregers des Wandels („change agent"),
6. den Kommunikationsprozeß,
7. die sozialen, organisatorischen und institutionellen Faktoren, die die Diffusion von Neuerungen in einer Gesellschaft beeinflussen.

Hierbei wird ein sehr komplexer Begriff der Innovation zugrundegelegt, der sowohl Entstehungs-, individuelle Adoptions- und soziale Diffusionsaspekte der Innovation umfaßt als auch auf Denk- *und* Verhaltensprozesse abhebt. So definiert Barnett Innovation als „any thought, behaviour, or thing that is new because it is qualitatively different from existing forms." [4] Bisherige Innovationsauffassungen synthetisierend definiert Wittig die Innovation als „Hervorbringung, Durchsetzung, Übernahme und Anwendung neuer Ideen und Techniken, bisher unbekannter Produkte oder Rollen in einem sozialen System oder Subsystem." [5]

---

[1] Vgl. hierzu die Innovationsdefinition Wittigs auf dieser Seite.

[2] Büscher berücksichtigt die Vielfalt der Aspekte durch die Formulierung: „Innovations- und Diffusionstheorie"; vgl. BÜSCHER, H., Solidarische Selbsthilfe ... a.a.O., S. 34.

[3] Vgl. z.B. ROGERS, E.M., Communication ... a.a.O.

[4] BARNETT, H.G., Innovations ... a.a.O., S. 7.

[5] WITTIG, E., Innovation, in: Fuchs, W. et al. (Hrsg.), Lexikon zur Soziologie, 2. Aufl. Opladen 1978, S. 343.

Wie die oben aufgeführten Untersuchungsschwerpunkte bereits andeuten, findet man in der innovationstheoretischen Literatur zwei unterschiedliche Möglichkeiten vor, eine Innovation zu betrachten. Zur Vermeidung von Mißverständnissen angesichts des üblicherweise recht komplexen Innovationsbegriffs, seien diese unterschiedlichen Betrachtungsstandpunkte in Anlehnung an Levitt hier näher deutlich gemacht: [1]

1. Innovationen können als Neuheiten angesehen werden in dem Sinne, daß etwas bisher noch nie getan worden ist.

2. Oder sie können als Neuheiten in dem Sinne angesehen werden, daß etwas von einem bestimmten Individuum bzw. von mehreren bestimmten Individuen getan wird, was zumindest von dieser Person bzw. von diesen Personen bis zu diesem Zeitpunkt noch nie durchgeführt worden ist.

Vor allem vom zweiten Betrachtungsstandpunkt aus werden die zwei unterschiedlichen *Entstehungsformen* eines Innovationsprozesses sichtbar. [2] Zum einen kann nämlich ein bestimmtes Individuum eine *Neuerung*, z.B. ein neues Produkt, als einzelner Akteur — allein oder in Kommunikation mit anderen — *entwickeln*, d.h. gedanklich entwerfen und in die Tat umsetzen. In diesem Fall handelt es *„kreativ-innovativ"*. Zum anderen kann es eine Idee *von anderen übernehmen* und *selber erstmals ausführen*. Hier läge *„imitativ-innovatives"* Handeln vor.

In Anbetracht dieser beiden möglichen innovativen Handlungsweisen können mithin ein kreativer Beginn und ein imitativer Beginn eines Innovationsprozesses bzw. „kreative und imitative Innovationen" [3] unterschieden werden. Zu dieser Unterscheidung steht die auch vom Verfasser geteilte Annahme, daß alle Neuerungen letztlich auf kreative Bemühungen zurückzu-

---

[1] Vgl. LEVITT, TH., Innovative Imitation, in: Witte, E. und Thimm, A.L. (Hrsg.), Entscheidungstheorie ... a.a.O., S. 190–203, hier S. 191.

[2] Vgl. zum folgenden BÜSCHER, H., Solidarische Selbsthilfe ... a.a.O., S. 35.

[3] Ebenda S. 35.

führen sind [1], nicht im Widerspruch. Denn die „Hervorbringung" — hier als kreativ angenommen — einer Neuerung gibt nur *ein* Merkmal des Innovationsbegriffs wieder. [2] Die „Durchsetzung", „Übernahme" und „Anwendung" von Neuerungen gehören gemäß den erwähnten Auffassungen mit zu einer „Innovation".

Wird folglich von einem imitativen Beginn eines Innovationsprozesses bzw. von einer imitativen Innovation gesprochen, so fallen hierunter alle die empirisch belegbaren Fälle, bei denen jemand zu einem bestimmten Zeitpunkt zwar eine neue, für andere Personen relevante Idee oder Konzeption entwickelt hat, aber erst jemand anders zu einem anderen Zeitpunkt diese Idee oder Konzeption aufgreift, in die Tat umsetzt und hierbei tatsächlich eine Entwicklung auslöst, in deren Folge sich die Innovation bei anderen Individuen verbreitet.

In jüngerer Zeit wird darauf aufmerksam gemacht, daß aber auch imitativ-innovatives Handeln wesentliche kreative Elemente enthält. [3] Diese Elemente kommen darin zum Ausdruck, daß auch die Umsetzung einer innovativen Idee in soziales Handeln „die Aktivierung dieser Idee innerhalb eines Problemlösungsansatzes" bedeutet, d.h. eine Aktivierung, die „eine individuelle geistig-psychische Leistung" voraussetzt, welche insofern kreativ ist, als sich die „Handelnden dabei aus den institutionalisierten und eingewöhnten Bahnen des Handelns lösen." [4]

Der angesprochene Imitationsaspekt bei Innovationsprozessen findet durch den Begriff des „Adopters" seinen Niederschlag auch in der für die Innovationstheorie charakteristischen Typologie der an einem solchen Prozeß

---

[1] Vgl. hierzu den Utopie-Ansatz Engelhardts S. 205 ff. dieser Arbeit.

[2] Vgl. S. 194 dieser Arbeit.

[3] Vgl. RÖPKE, J., Primitive Wirtschaft ... a.a.O., S. 88 ff; v.BRENTANO, D., Grundsätzliche Aspekte ... a.a.O., S. 203; BÜSCHER, H., Solidarische Selbsthilfe ... a.a.O., S. 35.

[4] v.BRENTANO, D., Grundsätzliche Aspekte ... a.a.O., S. 203.

Beteiligten ("Adopter"). [1] Hierbei gilt es zu berücksichtigen, daß die vorgenommene Kennzeichnung von unterschiedlichen „Adopter"-Idealtypen — eine Kennzeichnung, die einen *bestimmten Ablauf* des Innovationsprozesses impliziert, von dem angenommen wird, daß er den empirisch feststellbaren Gegebenheiten entspricht — auf der Basis des obengenannten *ersten* Betrachtungsstandpunktes entwickelt wurde.

Der Einnahme des ersten Betrachtungsstandpunktes, die bei vielen innovationstheoretischen Überlegungen festzustellen ist, entspricht eine soziologische Perspektive. Derzufolge steht nicht die Neuerung bei einem Individuum im Vordergrund des wissenschaftlichen Interesses, sondern die Neuerung im Rahmen einer Gesellschaft. Aus dieser Makroperspektive erhält die Neuerung Bedeutung vor allem im Hinblick auf den *Wandel* der *sozialen* Struktur einer Gesellschaft. [2] Auf diesem Hintergrund sind individualpsychologische Partialanalysen, die in der innovationstheoretischen Literatur anzutreffen sind, meist als Teilelemente einer soziologischen Gesamtperspektive zu verstehen.

Aus dieser traditionellen, auf die Diffusion von Neuerungen in einem sozialen System gerichteten Makroperspektive werden bei den Teilnehmern an Diffusionsprozessen üblicherweise unterschieden: [3]

1. Innovator,
2. early adopters,
3. early majority,
4. late majority,
5. laggards (Nachzügler).

Nähere Charakterisierungen dieser „Adoptertypen" liegen insoweit vor, als Rogers und im Anschluß an ihn auch andere Autoren den jeweiligen Ty-

---

[1] ROGERS, E.M., Communication ... a.a.O., S. 175 ff.
[2] Vgl. z.B. HARTFIEL, G., Innovation, in: ders. (Hrsg.), Wörterbuch der Soziologie, 2. überarbeitete und erg. Aufl., Stuttgart 1976, S. 306.
[3] Vgl. ROGERS, E.M., Communication ... a.a.O., S. 183 ff.

pen bestimmte Eigenschaften zuordnen. So sind nach Rogers die Innovatoren „kühn", die early adopters die „ehrbaren Leute" einer Gruppe, die
early majority die „Besonnenen", die late majority die „Skeptischen" und
die Nachzügler die „traditionsverhafteten und modernisierungsfeindlichen"
Personen.

Auf die Frage, ob zu Beginn eines durch die Adoptertypologie näher beschriebenen Innovationsprozesses beim „Innovator" ein kreativ-innovatives
oder ein imitativ-innovatives Handeln angenommen wird, geht die bisherige
eher soziologisch orientierte Innovationstheorie nicht explizit ein. Für die
Auffassung, daß sie implizit zwar grundsätzlich kreativ-innovatives Handeln
beim Innovator nicht ausschließt, aber bei ihrer „Innovator"-Konzeption
dieser Innovator eher imitativ-innovativ handelt, spricht das gemeinsame
Auftreten folgender vier Sachverhalte:

1. Der Innovator wird als erster *Anwender* einer Innovation, als derjenige,
   „der eine Innovation *einführt*" [1], definiert.

2. Ferner wird der so definierte Innovator als ein spezieller Typ eines
   „Adopters", also als jemand, der sich etwas (hier: eine Neuerung) „zu
   eigen macht", gekennzeichnet. [2]

3. Das die Innovationstheorie als weiteres konzeptionelles Element charakterisierende *Phasenschema* eines *individuellen* Adoptionsprozesses – auf
   dieses wird später noch eingegangen werden – sieht als erste Phase eine
   Wahrnehmungsphase vor, in der ein Individuum eine Neuerung „zur
   Kenntnis nimmt" [3].

4. Schließlich wird im Rahmen der traditionellen innovationstheoretischen
   Konzeption, bei der das Interesse an einer *Anwendbarkeit* der theoreti-

---

[1] SCHÖNHERR, S., Neue Extension – Methoden zur beschleunigten Verbreitung agrarischer Innovationen, in: Wurzbacher, G. (Hrsg.), Störfaktoren der Entwicklungspolitik,
Empirische Materialien zur Entwicklungsländerforschung, Stuttgart 1975, S. 243–254,
hier S. 244. Im Original nicht teilweise kursiv gedruckt.

[2] Vgl. ROGERS, E.M., Communication ... a.a.O., S. 183 ff.

[3] Vgl. ZIMMERMANN, G., Sozialer Wandel ... a.a.O., S. 158.

schen Erkenntnisse für einen gelenkten sozialen Wandel und für die
Verbreitung von Neuerungen ein wesentliches Ausgangsmoment bildet,
dem Innovator in den überwiegenden Fällen ein „change agent" als
Innovations*anreger voran*gestellt. [1] Hierbei wird es als eine der wichtigsten Aufgaben des change agents angesehen, daß er die Innovation in
das „Wahrnehmungsfeld" eines Innovators bringt.

Eine weitere Bestätigung der hier aufgestellten These eines imitativ-innovativ handelnden Innovators kann in der Feststellung Zimmermanns gesehen werden, daß die bei (entwicklungspolitischen) Bemühungen um einen
gelenkten sozialen Wandel (vor allem um ökonomischen Wandel) „als
erforderlich herausgearbeiteten Innovationen exogenen Ursprungs sind, d.h.
fremden sozialen Systemen entstammen." [2]

Geht man mithin davon aus, daß ein Innovator nach der Konzeption der
Innovationstheorie imitativ-innovativ handelt, so wirft dies die Frage auf,
worin denn dann eigentlich der Unterschied zwischen ihm und den anderen ebenfalls imitativ-innovativ handelnden Adoptertypen besteht. Die
zitierte Innovationsdefinition deutet die Antwort an. Eine Person wird
demnach dadurch zum Innovator, daß sie als *erste* die Neuerung *anwendet*
und einführt, also als *erste* des betreffenden sozialen Systems *handelt*.
Die Unterscheidung setzt demzufolge am *Zeitpunkt* des Handlungs*vollzuges*
an und nur insofern an den der Tat vorangegangenen psychischen Prozessen, als der individuelle „Adoptionsvorgang" beim Innovator im Vergleich
zu den anderen am schnellsten verläuft.

Eine explizite Problematisierung erfuhr der Innovator-Begriff in der innovationstheoretischen Literatur jedoch unter dem Blickwinkel der sozialen
Position eines Innovators. So wird dieser von manchen Autoren als margi-

---

[1] Vgl. ROGERS, E.M., Communication ... a.a.O., S. 227 ff.
[2] ZIMMERMANN, G., Sozialer Wandel ... a.a.O., S. 106.

nale Person aufgefaßt. [1] Andere [2] sehen in ihm den „Prestige-Führer", der
dank des ihm zugebilligten persönlichen Spielraums, die „Unterwanderung
und Substituierung der Gruppennormen" [3] verwirklichen kann. In neuerer
Zeit scheint sich die Überzeugung durchzusetzen, daß so allgemeingehaltene
Charakterisierungen des Innovators problematisch sind und aller Voraussicht
nach die Charakteristika der jeweiligen Innovatoren von der Art der betreffenden Innovation abhängen. [4]

Der Typus des „Meinungsführers" [5] als demjenigen, der im Vergleich zu
anderen intensiver und häufiger die Möglichkeit der Information nutzt,
wegen des besseren Informationsstandes häufig um Rat und Meinung gefragt wird und somit erhebliche Beeinflussungschancen gegenüber anderen
besitzt, wird oft den „early adopters" zugeordnet. [6] Diese Meinungsführer
werden manchmal den sogenannten „traditionellen Führern" gegenübergestellt, die aufgrund der überlieferten Sitten und Gebräuche über Einfluß
verfügen.

Der eigene Feldaufenthalt in Obervolta/Westafrika hat die auch in der
Literatur vorzufindende Skepsis bezüglich der Aussagekraft dieser Typolo-
gen bestärkt und gezeigt, daß in der Realität vielschichtige Strukturen
vorliegen. So gibt es bei den Dagara in Obervolta den „chef de terre",
der gemäß jahrhundertealter Tradition unter anderem Priester-, Richter-
und Notarfunktionen ausübt. Neben diesem „chef de terre" gibt es den
„chef de village", eine Funktion, die erst in der Kolonialzeit entstanden
ist, also auch schon auf einer fast hundertjährigen „Tradition" basiert.

---

[1] Vgl. BARNETT, H.G., Innovation ... a.a.O., S. 380; ROGERS, E.M., Communication ...
a.a.O., S. 193.

[2] Siehe z.B. KIEFER, K., Die Diffusion von Neuerungen, Kultursoziologische und kommunikationswissenschaftliche Aspekte der agrar-soziologischen Diffusionsforschung, Diss.
Heidelberg, 1965.

[3] Ebenda S. 63.

[4] Vgl. SCHÖNHERR, S., Neue Extension-Methoden ... a.a.O., S. 244.

[5] Vgl. hierzu z.B. KIEFER, K., Die Diffusion ... a.a.O., S. 74ff.

[6] Vgl. SCHÖNHERR, S., Neue Extension-Methoden ... a.a.O., S. 244.

Von daher könnten eventuell beide „chefs" als „traditionelle Führer" bezeichnet werden. Der Unterschied der jeweiligen „Traditionen" legt es
aber aus der Sicht des Verfassers nahe, nur den „chef de terre" als „traditionellen Führer", beide aber als „offizielle Führer" zu bezeichnen.

Schließlich konnte beobachtet werden, daß manche offiziellen Führer durchaus auch Meinungsführer-Funktionen einnahmen. Wegen dieses Überschnei-
dungsproblems einzelner Führertypen wird in der entwicklungspolitischen
Praxis häufig ein pragmatischer Ansatz gewählt, bei dem die Gruppen
potentieller Innovatoren *und* early adopters zusammengefaßt werden und
mehrere, diese gemeinsame Gruppe näher bestimmende Kriterien aufgelistet
werden, deren jeweilige tatsächliche Relevanz ein „change agent" erst vor
Ort in Erfahrung bringen kann.

Ein solcher pragmatischer Ansatz liegt beispielsweise der Ausbildung von
Motivatoren zur gemeinsamen Selbsthilfe zugrunde, welche die evangelische
Kirche seit einigen Jahren in Indonesien durchführt. In diesem Fall wird
die Gruppe von Innovatoren und early adopters unter dem Begriff „inoffizielle Führer" zusammengefaßt. Krause protokolliert in diesem Zusammenhang folgende Aussage eines Ausbilders: [1]

„Unter der großen Gruppe der Innovationsbereiten aber gibt es dann noch
die inoffiziellen Führer, Leute, die nicht über große Macht oder großen
Besitz verfügen, aber im Dorf allgemein respektiert werden. Weil sie zum
Beispiel immer gute Ideen haben und auch den Mut, sie auszuführen. Weil
sie gebildet sind oder experimentierfreudig, besonders redegewandt oder
besonders erfolgreich in der landwirtschaftlichen Praxis. Diese Personen aus-
findig zu machen und zu stärken ist eine der Hauptaufgaben des Motiva-
tors. Denn in der Regel sind sie das entwicklungsfördernde Potential, das
die anderen mitzieht. Als einzelne können sie kaum etwas gegen die
Macht der Traditionalisten ausrichten, wohl aber in der Gruppe, in Bauern-
organisationen, Kreditgenossenschaften, Kooperativen."

---

[1] KRAUSE, K., Weiße Experten nicht gefragt, Selbsthilfe in indonesischen Dörfern, Protokolle, Reinbek b. Hamburg 1981, S. 27.

Welche Phasen eine Innovation bei einem (imitativ-innovativen) Individuum bis zu seiner endgültigen Annahme passiert, wird in der Innovationstheorie mit folgendem Phasenschema individueller Adoptionsprozesse wiederzugeben versucht: [1]

1. Wahrnehmungsphase,
2. Interessenphase,
3. Bewertungsphase,
4. Versuchsphase,
5. Adoptionsphase.

Bei der Erklärung des so strukturierten Adoptionsprozesses wird in der Innovationstheorie die soziologische Theorie der „relativen sozialen Deprivation" angewandt [2], die in Verbindung mit der Bezugsgruppentheorie und nach Erkenntnissen der Theorie der Anspruchsanpassung [3] die Formierung von Bedürfnissen zu *Interessen* sowie deren Intensivierung erklärt, wobei die subjektive *Wahrnehmung* der bestimmende Faktor dieses Formierungsprozesses ist.

Diese Theorie der relativen Deprivation besagt, daß ein Mensch seine Bedürfnisse im *Vergleich* mit für ihn relevanten Bezugsgruppen empfindet. Verfügt eine (relevante) Bezugsgruppe über bestimmte Möglichkeiten oder Güter und das betreffende Individuum nicht, so empfindet es im Vergleich eine „Beraubung" oder Bedürfnisversagung, eine „Deprivation". Man spricht hier von relativer (sozialer) Deprivation, weil hier nicht ein objektiver absoluter Unterschied zwischen der Bezugsgruppe und dem Individuum von Bedeutung ist, sondern es sich psychologisch um das subjektive Empfinden einer Entbehrung handelt, die (nur) im Vergleich mit anderen als unangenehm angesehen wird. [4]

---

[1] Vgl. ZIMMERMANN, G., Sozialer Wandel ... a.a.O., S. 107 ff. und RÖPKE, J., Primitive Wirtschaft ... a.a.O., S. 78 ff.

[2] Vgl. zu dieser Theorie: RUNCIMANN, W.G., Relative Deprivation and Social Justice, Berkeley, Los Angeles 1966; GURR, T.R., Rebellion, Düsseldorf, Wien 1972.

[3] Vgl. hierzu und zum „Anspruchsniveau" als zentralem Begriff dieser Theorie S. 190 und 191 dieser Arbeit.

[4] Vgl. RUNCIMANN, W.G., Relative Deprivation ... a.a.O.

Hierbei wird die Abnahmedeprivation, die Bestrebungsdeprivation und die progressive Deprivation unterschieden [1]. Bei der Abnahmedeprivation bleibt die Bedürfnisorientierung relativ konstant, es nehmen jedoch die objektiven Bedürfnisbefriedigungsmöglichkeiten ab. Bei der Bestrebungsdeprivation ist die Situation umgekehrt. Die progressive Deprivation stellt die extremste Deprivationsform dar. Bei ihr erhöht sich das Bedürfnisanspruchsniveau, während gleichzeitig die objektiven Bedürfnisbefriedigungsmöglichkeiten abnehmen.

Das beim Deprivationsprozeß maßgebliche Anspruchsniveau bildet sich im Laufe der Zeit durch Vergleiche und Lernprozesse aus. Zur genaueren Erklärung der Entstehung des Anspruchsniveaus werden in der soziologischen Innovationstheorie genau wie in der neueren Entscheidungstheorie vor allem lern- und motivationstheoretische Ansätze aus der Psychologie herangezogen, die an späterer Stelle noch eingehend erörtert werden.

Maßgeblich für die Annahme einer Innovation sind nicht nur die beschriebenen soziologischen und psychologischen Konstellationen, sondern auch bestimmte Eigenschaften der Innovation selber. Allgemein wird hier von „Attributen" [2] oder Annahme„bedingungen" [3] gesprochen. Zu diesen Bedingungen zählen

a) die relative Vorteilhaftigkeit,

b) die Kompatibilität,

c) die Komplexität,

d) die Divisibilität und

e) die Mitteilbarkeit.

Dies heißt, daß eine Innovation dann die größte Annahmechance besitzt, wenn sie aus der Sicht des Individuums dem Bisherigen relativ überlegen ist (einen relativen Vorteil bietet), wenn sie mit bestehenden Normen und

[1] Vgl. GURR, T.R., Rebellion ... a.a.O., S. 53 ff.

[2] Vgl. ZIMMERMAN, G., Sozialer Wandel ... a.a.O., S. 109.

[3] Vgl. BÜSCHER, H., Solidarische Selbsthilfe ... a.a.O., S. 24 ff.

Werten vereinbar ist (Kompatibilität), wenn der Schwierigkeitsgrad ihres Verständnisses und ihrer Anwendung nicht zu hoch ist (Komplexität), sich die Innovation in begrenztem Umfang erproben läßt, was heißt, daß sie teilbar ist (Divisibilität) und schließlich sich leicht und verständlich mitteilen läßt.

All diese Faktoren muß der change agent berücksichtigen, untersucht man einmal von außen angeregte Innovationsprozesse. Da nach der Innovationstheorie die *Information* ein zentraler Faktor des Innovationsprozesses ist, liegt hier eine der Hauptaufgaben des change agents. So hat er aufgrund seiner innovationstheoretischen Kenntnisse in einem potentiellen Adopterfeld zuerst eine genaue „Diagnose" [1] der *Situation* durchzuführen, um dann in einem zweiten Schritt die als vielversprechend „diagnostizierten" Innovatortypen im Feld auf als effizient „diagnostizierten" Kommunikationskanälen über den als effektivsten „diagnostizierten" Innovationstyp zu informieren. Durch die Miteinbeziehung der in einer Voranalyse erkannten Meinungsführer kann er, so die Innovationstheorie, den modernisierungsfeindlichen Mitgliedern einer Gruppe erfolgreich entgegentreten.

Da nach der Innovationstheorie Institutionen und Organisationen bei der Diffusion von Neuerungen eine erhebliche Rolle spielen, bemüht sich der change agent auch darum, diese für den Neuerungsprozeß zu gewinnen oder, falls das aus verschiedenen Gründen nicht möglich ist, neue, den Prozeß mittragende Organisationen und Institutionen ins Leben zu rufen („institution building"). Die Mitberücksichtigung des kommunikationswissenschaftlichen Aspekts, die in der Innovationstheorie üblich ist, führt schließlich dazu, daß dem change agent der Einsatz von Medien [2] nahegelegt wird.

---

[1] RHIE, J.C., Community Development durch Selbsthilfegruppen, eine sozialökologische, sozialpsychologische und kommunikationswissenschaftliche Untersuchung zum Problem der effektiven Gestaltung von Selbsthilfegruppen in Entwicklungsländern, in: Breitenbach, D. (Hrsg.), SSIP-Schriften, Heft 3, Saarbrücken, 1977, S. 196.

[2] Zur Funktion der Medien im Adoptionsprozeß siehe u.a.: KIEFER, K., Die Diffusion ... a.a.O., S. 61 ff.

1.1.3. Der Utopie-Ansatz von W.W. Engelhardt

Als mögliche Anknüpfungspunkte des darzulegenden Ansatzes [1] sind in der neueren Entscheidungstheorie und der Innovationstheorie die zielbezogenen *Zukunftserwartungen,* die das innere Modell der Umwelt mitbestimmen, bzw. das *intentional-kreative Element* beim innovativen Handeln aufzuführen.

Nach Engelhardt sind Utopien „jedwede Ansätze subjektiv sinnorientierten menschlichen Handelns", die dadurch gekennzeichnet sind, „daß in ihnen aus individueller bzw. persönlicher Anschauung heraus Gestaltungen unterschiedlichster Art geistig bzw. gedanken-experimentell vorbereitet oder auch praktisch bzw. realexperimentell begonnen werden." [2] Ergänzend stellt er fest [3]:

1. „Utopien mögen von ihrem Inhalt her ein Nirgendwo betreffen, sie sind gleichwohl in Einzelpersonen lokalisiert anzunehmen."
2. „Es geht in solchen Gebilden jeweils um kombinierte Ansätze, die geistig-psychische Eigenschaften haben, denen aber auch bereits mehr oder weniger entwickelte sprachliche Merkmale zukommen."

In den Utopien, so der Autor, spielen immer *Primärwertungen* — diese sind, wie erwähnt, beim inneren Modell der Umwelt von konstitutiver Bedeutung — eine Rolle, und zwar nicht in Form von Werturteilen, sondern von spontan und implizit wertenden Vorentscheidungen. [4]

---

[1] Vgl. u.a. ENGELHARDT, W.W., Utopien als Problem der Sozial- und Wirtschaftswissenschaften, in: Zeitschrift für die gesamte Staatswissenschaft (125), 1969, S. 661—676; d e r s ., Utopien im Verhältnis ... a.a.O.; d e r s ., Die Bedeutung von Utopien ... a.a.O.; d e r s ., Zum Verhältnis von sozialen Utopien und politischen Konzeptionen, in: Sozialer Fortschritt, 29. Jg., 1980, Heft 1, S. 1—6, Heft 2, S. 41—45, Heft 3, S. 66—68.

[2] ENGELHARDT, W.W., Zum Verhältnis ... a.a.O., S. 3.

[3] ENGELHARDT, W.W., Utopien im Verhältnis ... a.a.O., S. 112.

[4] Vgl. ebenda S. 109.

Um weiteres Forschen in diesem Bereich zu erleichtern, grenzt Engelhardt die Utopien von politischen Konzeptionen und von Ideologien ab. Im Gegensatz zu letzteren handelt es sich bei Utopien meistens nicht um unter Einsatz der Logik ausgearbeitete Satzgefüge. [1] Vielmehr sind sie „individuelle Entwürfe ansetzenden Handelns" [2], die vor allem als „personengebundene Antizipationserlebnisse individueller Art mit aktivierenden und kognitiven Zügen" [3] anzutreffen sind. Diese Erlebnisse bedürfen höchst unsicheren, aber gleichwohl den jeweiligen Utopisten nicht selten zur Selbstsicherheit verhelfenden subjektiven Wissens, das u.a. stimmungsgebunden erscheint und über sich hinaus zur Praxis tendiert. [4] Der Autor vermutet, daß „sich Utopien mit psychischen Strukturen von der Art der 'Affekte' und 'Gefühle' berühren, soweit diese aktivierende und kognitive Merkmale aufweisen und letztlich 'geistige Bedürfnisse' des Menschen artikulieren." [5]

Utopien als „Antizipationen von Zukünftigem" [6] unterscheiden sich von Ideologien außerdem dadurch, daß sie keine allgemeine „objektive" Geltung beanspruchen. Vielmehr handelt es sich bei ihnen um „subjektive Entwürfe mit lediglich bekenntnishaft fundierten Geltungsansprüchen" [7]. Politische Konzeptionen wiederum gehen zwar über die bloß subjektive Perspektive der Utopien („Noch-Nicht-Konzepte" [8]) hinaus, versuchen im Gegensatz zu den Ideologien jedoch nicht, Objektives als endgültig Erkanntes zu behaupten und zu begründen. [9]

---

[1] Vgl. ENGELHARDT, W.W., Utopien im Verhältnis ... a.a.O., S. 121.

[2] Ebenda S. 108.

[3] ENGELHARDT, W.W., Zum Verhältnis ... a.a.O., S. 3.

[4] Vgl. ebenda S. 3.

[5] Ebenda S. 3.

[6] ENGELHARDT, W.W., Utopien im Verhältnis ... a.a.O., S. 111.

[7] Ebenda S. 120.

[8] Ebenda S. 121.

[9] Vgl. ebenda S. 123 und d e r s ., Die Bedeutung von Utopien ... a.a.O., S. 172.

Bei den Utopien differenziert Engelhardt unter anderem zwischen „konzessionslosen" und „selektionierenden" Utopien. [1] Konzessionslose Utopien berücksichtigen nicht, daß jegliches Handeln zunächst an die Auswahl von Vorläufigem (sinnliche und geistige "Wahrnehmung", „Erfahrungen") geknüpft ist, die mindestens in rudimentärer Form erfolgt sein muß. [2] Selektionierende Utopien hingegen sind Gebilde in Form von Phänomene strukturierende *Gestalten,* von denen der Autor annimmt, daß sie mit anderen abgegrenzten Wahrnehmungsgestalten (z.B. Melodien oder Stilen) strukturell eng verwandt sein dürften. [3]

In diesen selektionierenden Utopien haben die Utopisten nach Engelhardt auf eine un- oder halbbewußte Weise Vorentscheidungen für bestimmte und gegen andere Wahrnehmungen oder Erfahrungen meist so getroffen, daß eine Möglichkeit für späteres rational geklärtes Entscheidungshandeln besteht, in die Spielräume der Vorentscheidungen hineinzuwachsen. [4]

Bei diesen selektionierenden Utopien differenziert der Autor anhand des Kriteriums der Orientierungsrichtung der Zukunftsantizipation „Weltbilder" und „Leitbilder", wobei auch bestimmte Handlungsmerkmale als mitcharakterisierende Faktoren in die Begriffsbildung miteinfließen. Mit Büscher lassen sich diese Utopien folgendermaßen beschreiben: [5]

„*Weltbilder* gehen von einer eher passiven Grundhaltung aus; sie orientieren sich an der Vergangenheit, an Tradition und Überlieferung und sind von der Scheu vor Veränderung geprägt. Die dem Weltbild implizite Handlungsorientierung ist gekennzeichnet durch 'Willenspessimismus ..., der zur Passi-

---

[1] Vgl. ENGELHARDT, W.W., Utopien im Verhältnis ... a.a.O., S. 115 ff. und d e r s ., Die Bedeutung von Utopien ... a.a.O., S. 170.

[2] Vgl. ENGELHARDT, W.W., Die Bedeutung von Utopien ... a.a.O., S. 170.

[3] Vgl. ebenda S. 170.

[4] Vgl. ebenda S. 170.

[5] BÜSCHER, H., Solidarische Selbsthilfe ... a.a.O., S. 47 (Fußnote 84). Im Original wurden keine kursiven Hervorhebungen durchgeführt.

vität, freilich auch zu beachtlichen Resultaten kontemplativer Besinnung führen kann'. (...). Im Gegensatz dazu sind *Leitbilder* von einer aktiven Grundhaltung gegenüber dem Problemlösungsverhalten getragen. Sie orientieren sich nicht an in die Zukunft extrapolierten Zuständen der Vergangenheit oder Gegenwart, sondern an Zukunftsvorstellungen, die zwar an den gegenwärtigen Zustand anknüpfen, für deren Realisierung es aber bisher – zumindest in der eigenen sozialen Umwelt – keine realen Vorbilder gibt. Leitbilder sind daher 'kleine bzw. konkrete Utopien des evolutorischen Fortschreitens' (...)".

Im Rahmen seines Utopie-Ansatzes legt Engelhardt den Akzent auf den individuell-kreativen Aspekt der Utopien, deren Genese nicht streng an die gesellschaftlichen Umstände gebunden ist. [1] Von dieser Akzentsetzung her geht er zwar davon aus, daß es „vermutlich Beziehungen verschiedener Art zwischen Utopie und Gesellschaft" gibt, doch ergibt sich für ihn aus der Personengebundenheit von Utopien, daß „die Impulse bzw. Intentionen von Utopien nicht 'geradlinig' dem Druck der gesellschaftlichen Wirklichkeit in eine bestimmte Richtung folgen" [2], d.h. sie sind kein „Reflex" [3] der Umwelt. [4]

Neben diesen Überlegungen zur *Entstehung* von Utopien, welche den Einfluß der Umwelt auf Utopien problematisiert, macht Engelhardt schließlich auch Aussagen darüber, inwieweit umgekehrt Utopien auf die Umwelt einwirken können. Hierzu stellt er fest, daß „der Prozeß einer Entwicklung im sozialen Raum in der Regel von Utopien" ausgeht und dann „über ausgearbeitete Konzeptionen und die Bildung neuer Gruppen bzw. Organisationen im Laufe ,sozialer Bewegung' zu schließlich einsetzenden breiten Bewußtseinsveränderungen der Bevölkerung sowie zur Institutionalisierung

---

[1] Vgl. BÜSCHER, H., Solidarische Selbsthilfe ... a.a.O., S. 48 (Fußnote 85).

[2] ENGELHARDT, W.W., Utopien im Verhältnis ... a.a.O., S. 111.

[3] ENGELHARDT, W.W., Genossenschaftstheorie ... a.a.O., S. 836.

[4] Vgl. ebenda S. 836.

der Konzeptionen und Organisationen in Verfassungen und 'Systemen' hinführt." [1]

Dies heißt nach Engelhardt nicht, daß Utopien zwangsläufig in Konzeptionen münden müssen [2], es besagt aber, daß „das genetisch erste eines praxisbezogenen Schritts in der Regel irgendeine Utopie ist." [3] Ob dieser Schritt weitere Schritte induziert oder nicht, hängt jedoch von sehr verschiedenen Umständen ab. [4] Politischen Konzeptionen liegen folglich in der Regel Utopien zugrunde. Dieser vom Autor in seinem Ansatz ebenfalls problematisierte Zusammenhang läßt ihn seine Überlegungen im Hinblick auf die Erklärung von Entstehungsprozessen sozialer Phänomene als „Utopie-Konzeptions-Ansatz" bezeichnen. [5]

1.2. Der Erklärungsansatz von D. v.Brentano

1.2.1. Der Untersuchungsgegenstand und das Problem seiner Erklärung

Gedacht ist dieser Theorieansatz von D. v.Brentano als ein Beitrag zur Erklärung der *Entstehung* von *Genossenschaften*. Da die Autorin hierbei (europäische) Genossenschaftsgründungen im 19. Jahrhundert als „genossenschaftlichen Neuanfang" [6] zum Ausgangspunkt ihrer Untersuchung wählt [7], ergibt sich bei ihrem Untersuchungsgegenstand ein *historischer Aspekt.*

---

[1] ENGELHARDT, W.W., Die Bedeutung ... a.a.O., S. 171.

[2] ENGELHARDT, W.W., Zum Verhältnis ... a.a.O., S. 4.

[3] Ebenda S. 4.

[4] Vgl. ebenda S. 4.

[5] Siehe z.B. ENGELHARDT, W.W., Grundlagen empirisch-theoretischer Analyse ... a.a.O., S. 111.

[6] v.BRENTANO, D., Grundsätzliche Aspekte ... a.a.O., S. 147.

[7] Vgl. ebenda S. 55 ff.

Hieraus resultiert insofern ein Problem wissenschaftlicher Erklärung, als die von ihr bevorzugte empirisch-theoretische Analyseform es nahelegt, nicht nur systematische sozialwissenschaftliche Theorien, sondern auch Erkenntnisse geschichtsnaher Forschung zur Erklärung der Entstehung von Genossenschaften heranzuziehen.

Das so entstandene „Überbrückungsproblem" (H. Albert) [1] oder „Spannungsverhältnis zwischen der Zielsetzung einer geschichtsnahen Erklärung der Genossenschaftsentstehung und ihrer Untersuchung mithilfe von systematischen sozialwissenschaftlichen Theorien" [2] versucht sie dadurch zu lösen bzw. zu beseitigen, daß sie das systematisch-theoretische Moment durch das empirische Moment — in diesem Fall durch Heranziehung historischer Sachverhalte — relativiert. Ein solches Vorgehen, bei dem sozialwissenschaftliche Theorien als raum- und zeitgebunden aufgefaßt werden [3], erlaubt zwar lediglich „Erklärungsskizzen" (H. Albert), deren logische Stringenz nicht an die deduktiv-nomologischer Erklärungsmodelle heranreicht, ermöglicht aber andererseits die Formulierung empirisch überprüfbarer und damit falisifzierbarer Hypothesen.

Als zusätzliche Möglichkeit, das genannte „Überbrückungsproblem" zu lösen, nennt v.Brentano ein modifiziertes idealtypisches Vorgehen, bei dem es nicht, wie üblicherweise, um eine idealisierende Abstrahierung von der Realität geht, sondern vielmehr eine angesichts der Vielfalt der Fakten und Gesichtspunkte beim historischen Genossenschaftsentstehungsprozeß auswählende Abstrahierung vorläufiger Art versucht wird, die im weiteren Forschungsverlauf revidiert werden kann. [4]

Möchte man genauer in Erfahrung bringen, wo und inwieweit bei D. v. Brentano das systematisch-theoretische Moment durch das empirische relati-

---

[1] v.BRENTANO, D., Grundsätzliche Aspekte ... a.a.O., S. 19 et passim.
[2] Ebenda S. 52.
[3] Vgl. ebenda S. 53.
[4] Vgl. ebenda S. 51 ff.

viert wird, so erscheint es angebracht, sich zuerst zu vergegenwärtigen, welche Form das systematisch-theoretische Moment in ihrem Ansatz annimmt. Bei v.Brentano kommt dieses Moment darin zum Ausdruck, daß die Autorin die Genossenschaftsentstehung anhand der *Lebenslagen* und des *Handlungsansatzes* der Genossenschaftsgründer untersucht.

Bei der auf dieser Basis vorgenommenen Prüfung sozialwissenschaftlicher Theorien auf ihre Fähigkeit hin, die Lebenslagen sowie den Handlungsansatz von Genossenschaftsgründern systematisch zu erklären, stellt die Autorin unter anderem fest, daß das systematisch-theoretische Moment vor allem bei der Erklärung der Lebenslage historischer Relativierung bzw. Ergänzung bedarf. Denn die von ihr hier als relevant erachteten soziologischen Theorien zeichnen sich durch eine Raum-Zeit-Gebundenheit aus, die ,,oftmals schon in ihrer anschaulichen Formulierung ersichtlich wird.'' [1] Dieser Erkenntnis entsprechend integriert v.Brentano in ihren Erklärungsansatz bei der Kennzeichnung der Lebenslage historische Erkenntnisse über die soziale Situation der potentiellen Mitglieder von Konsum- oder Baugenossenschaften im 19. Jahrhundert. [2]

In die Untersuchung sozialwissenschaftlicher Theorien auf ihren Beitrag zur Erklärung der Genossenschaftsentstehung, die der Entwicklung des eigenen interdisziplinären Ansatzes als Ausgangsbasis dient, bezieht v.Brentano als systemtheoretische Ansätze die strukturell-funktionale Theorie und die funktional-strukturelle Systemtheorie, als Systemtheorien des sozialen Wandels vor allem die Modernisierungstheorien und schließlich als allgemeine Theorieansätze des (Entscheidungs-)Verhaltens die Entscheidungstheorie, sozialpsychologisch-soziologische Theorieansätze sowie lern- und motivationstheoretische Ansätze mit ein.

---

[1] Vgl. v.BRENTANO, D., Grundsätzliche Aspekte ... a.a.O., S. 54.
[2] Vgl. ebenda S. 186 ff.

Als Würdigungskriterien, die bei dieser Prüfung zur Anwendung kommen, stellt die Autorin vor allem folgende Sachverhalte heraus, die in einem Erklärungsansatz berücksichtigt werden müssen:

1. Bei der Entstehung von Genossenschaften oder – anders ausgedrückt – in der Entstehungsphase einer Genossenschaft, liegen keine *vorgegebenen Strukturen, kein vorgegebener Nutzen* oder *Anreiz* und *Zweck-* und *Zielsetzungen* allenfalls als Idee, Vorstellung, Erwartung oder Konzeption, *nicht* jedoch als *Vorgegebenes* im Sinne von *bereits Realisiertem* vor. [1]

2. In der genossenschaftlichen Gründungsphase leisten die Mitglieder der immer *kleinen* Grundungsgruppe *soziale* und *wirtschaftliche Vor*leistungen, denen zu diesem Zeitpunkt noch kein, etwa in Geldgrößen meßbarer Nutzen oder Anreiz gegenübersteht. [2] Diese Vorleistungen haben im Hinblick auf die Genossenschaftsentstehung Voraussetzungscharakter.

3. Bei den Genossenschaftsgründungen ohne Hilfe „von oben" im 19. Jahrhundert handelt es sich um ein Verhalten, das es in dieser Form bis dahin noch nicht gegeben hatte und das vom bisher Gewohnten abwich. Diese Genossenschaftsgründungen sind somit *Innovationen*. [3]

Ausgehend von den für eine Genossenschaftsentstehung als unabdingbar erachteten sozialen und wirtschaftlichen Vorleistungen wirft v.Brentano die Frage der *Solidarität* auf. [4] Hierbei weist sie auf drei verschiedene Möglichkeiten hin, im Hinblick auf Genossenschaften, aber auch grundsätzlich Solidarität zu verstehen. So kann Solidarität als „Wesensmerkmal" (hier: der Genossenschaft), als eine mögliche Form „utilitaristisch-individualistischen" Verhaltens oder schließlich als „Werthaltung im Sinne eines allgemeinen Anreizes" [5] aufgefaßt werden.

---

[1] Vgl. v.BRENTANO, D., Grundsätzliche Aspekte ... a.a.O., S. 26ff, S. 47 und S. 72ff.

[2] Vgl. ebenda S. 69ff.

[3] Vgl. vor allem ebenda S. 147ff, aber auch diese Arbeit S. 195 f.

[4] Vgl. zu folgendem ebenda S. 94ff. und S. 138ff.; außerdem d i e s e l b e , Die Bedeutung der Solidarität in Genossenschaften und bei genossenschaftlichen Gründungsvorgängen, in: Archiv für öffentliche und freigemeinnützige Unternehmen, Jahrbuch für nichterwerbswirtschaftliche Betriebe und Organisationen (Nonprofits), 12. Jg., 1980, S. 11–32.

[5] Fußnote siehe folgende Seite 213.

Neuere empirische Erkenntnisse der Evolutionstheorie zum „Eigennutz der Gene", nach denen sich dieser Eigennutz situationsspezifisch auf der Ebene des Individuums sowohl in eigennützigem als auch in helfendem Verhalten manifestiert [1] als auch die empirisch unfruchtbare, leerformelhafte Formulierung des (Eigen-)Nutzenbegriffs in der ökonomischen (Entscheidungs-)Theorie [2] lassen die Autorin zur Schlußfolgerung gelangen, daß „realistische Verhaltensannahmen regelmäßig ein Mischungsverhältnis zwischen eigennütziger Zweckrationalität und diese einschränkender Wertrationalität in Rechnung stellen müssen." [3]

Außerdem wendet sie sich wegen des unleugbaren sozialen Kontexts, in dem sich ein Individuum befindet, gegen rein individualistische Menschenbilder (z.B. dem des homo economicus), denenzufolge ein Individuum völlig unabhängig nur auf sich selbst gestellt ist, und zieht ein Menschenbild vor, bei welchem der Mensch als „offene Persönlichkeit" aufgefaßt wird. [4] Als eine solche offene Persönlichkeit besitzt der Mensch zwar eine relative Autonomie gegenüber seinen Mitmenschen, ist aber in seiner Persönlichkeit zeit seines Lebens auf andere Menschen ausgerichtet und angewiesen.[5]

Fußnote [5] von Seite 212: ENGELHARDT, W.W., Besprechungsaufsatz, Zur Theorie der Gewerkschaftsentwicklung, in: WSI-Mitteilungen 27, 1974, S. 491–502, hier S. 499.

[1] Vgl. v.BRENTANO, D., Grundsätzliche Aspekte ... a.a.O., S. 133 ff.

[2] Vgl. S. 180 f. dieser Arbeit.

[3] v.BRENTANO, D., Grundsätzliche Aspekte ... a.a.O., S. 137. Nach *Max Weber* ist ein soziales Handeln *zweckrational,* wenn es bestimmt ist „durch Erwartungen des Verhaltens von Gegenständen der Außenwelt und von anderen Menschen und unter Benutzung dieser Erwartungen als 'Bedingungen' oder als 'Mittel' für rational, als Erfolg, erstrebte und abgewogene eigene Zwecke". *Wertrational* ist soziales Handeln, wenn es bestimmt wird „durch bewußten Glauben an den — ethischen, ästhetischen, religiösen oder wie immer sonst zu deutenden — unbedingten Eigenwert eines bestimmten Sichverhaltens rein als solches und unabhängig vom Erfolg". WEBER, M., Wirtschaft ... a.a.O., S. 12.

[4] Sie verweist in diesem Zusammenhang vor allem auf ELIAS, N., Über den Prozeß der Zivilisation, Soziogenetische und psychogenetische Untersuchungen, Band 1: Wandlungen des Verhaltens in den weltlichen Oberschichten des Abendlandes, Frankfurt a.M. 1977, S. LXVII.

[5] Vgl. ELIAS, N., Über den Prozeß ... a.a.O. (Band 1), S. LXVII.

Auf diesem Hintergrund ergibt sich für v.Brentano im Hinblick auf die Solidaritätsproblematik, daß man Solidarität „weder als das Produkt einer sittlich-ontologischen Sicht des Menschen, der als Person also wesensmäßig auf andere Menschen bezogen ist", zu verstehen hat, noch erscheint ihr „Solidarität als zweckrationale und individualistische Verhaltensmaxime" [1]. Gegen letztere Solidaritätsauffassung spricht ihrer Meinung nach vor allem, daß eine situationsspezifische Betrachtung zweckrational eingesetzter Solidarität nur dann fruchtbar wird, wenn sie die aktuellen Fremdzwänge problematisiert, die zu einem „solidarischen" Handeln führen. Geht man jedoch so vor, dann wandelt sich – so v.Brentano – „Solidarität plötzlich zu Konformität – die sie nicht sein kann – oder zu einem *verinnerlichten* Wert, und dann ist sie allerdings nicht mehr zweckrational, jedenfalls nicht nur zweckrational." [2]

Solidarität ist für sie vielmehr als „Werthaltung im Sinne eines allgemeinen Anreizes" [3] zu verstehen. Da Werthaltungen – so die Autorin – über soziale Beziehungen und Bindungen vermittelt und gelernt werden, nicht einfach vorhanden sind und nicht mehr oder weniger plötzlich verinnerlicht werden, sondern als Produkt einer dynamischen Modellierung der menschlichen Selbsterfahrung durch die Umwelt, die Gesellschaft aufzufassen sind [4], ist nach v.Brentano im Hinblick auf das Solidaritätsphänomen beim Menschen als offener Persönlichkeit folgendes festzuhalten: [5]

1. In dynamischer Perspektive ist die relative Autonomie des Menschen variabel und im Sinne einer Selbsterfahrung vom Betroffensein durch gesellschaftliche Strukturveränderungen abhängig.

---

[1] v.BRENTANO, D., Grundsätzliche Aspekte ... a.a.O., S. 140.

[2] Ebenda S. 139.

[3] ENGELHARDT, W.W., Besprechungsaufsatz ... a.a.O., S. 499.

[4] Vgl. v.BRENTANO, D., Grundsätzliche Aspekte ... a.a.O., S. 139.

[5] Ebenda S. 139.

2. So betrachtet, sind Phasen denkbar und auffindbar, in denen sich Menschen oder bestimmte Gruppen von Menschen unter anderem auch hinsichtlich ihrer wirtschaftlichen und sozialen Lage voneinander zunehmend oder abnehmend abhängig fühlen.

3. Wenn dem so ist, kann als Hypothese formuliert werden: „Kooperation tritt als alternative Verhaltenstendenz neben die Konkurrenz und löst diese ab, wenn ein internalisierter und institutionalisierter Standard individueller Autonomie unterschritten wird." [1]

Im Lichte dieser Überlegungen erweist sich *Solidarität* für v.Brentano „als wertrationale Orientierung an einem Standard relativer Autonomie, die sich dann zu einer auch zweckrationalen Verhaltenstendenz ausbildet, wenn dieser Standard relativer Autonomie nicht realisiert ist, sondern erreicht werden soll." [2]

Eine Anwendung dieser Solidaritätsauffassung bei der Erklärung der Entstehung von Genossenschaften erfordert eine situationsspezifische Betrachtung, die bei v.Brentano unter anderem in der Unterscheidung von zwei Phasen beim Genossenschaftsentstehungsprozeß zum Ausdruck kommt. [3]
Sie differenziert als erste Phase die „integrative Phase", innerhalb der um die Bereitstellung der für eine Genossenschaft unabdingbaren sozialen und wirtschaftlichen Vorleistungen konkurriert wird, und als zweite Phase die „distributive Phase", bei der die Verteilung des Kooperationsergebnisses verhandelt wird.

Solidarisches Verhalten lokalisiert sie nun vor allem in der ersten, der integrativen (Verhandlungs-) Phase des Genossenschaftsentstehungsprozesses. Das Verhalten der Genossenschaftsgründer könne hier „insofern solidarisch"

---

[1] v.BRENTANO, D., Grundsätzliche Aspekte ... a.a.O., S. 140.
[2] Ebenda S. 140.
[3] Vgl. ebenda S. 217.

genannt werden, als das Gründungsverhalten „in sozialen und wirtschaftlichen Vorleistungen der Gründer bestehen (muß)." [1] Solidarität erhält somit für die Autorin den Charakter einer *unabdingbaren Voraussetzung* für die Entstehung von Genossenschaften. Die situationsspezifisch bedingte zweckrationale Ausbildung dieser wertrationalen Orientierung, die in der integrativen Phase der Genossenschaftsentstehung ihrer Meinung nach vorliegt, präzisiert sie folgendermaßen:

„Solidarverhalten in der integrativen Phase der Kooperation erweist sich ... als zweckrationaler Wettbewerb der Kooperationsteilnehmer im Hinblick auf die ökonomische Legitimierung eigener Interessen." [2] Denn die Solidarität fungiert in dieser Phase als „von jedem Beteiligten selbstgeschaffenes Selektionskriterium dafür, ob er einen Anspruch auf einen Anteil am gemeinsamen Kooperationsergebnis wird vertreten können oder nicht." [3]

Es erweist sich nach v.Brentano aber außerdem als nicht unbegründet anzunehmen, daß solidarisches Verhalten auch über die integrative Phase hinaus praktiziert wird. Einerseits kann der einmal erreichte Kooperationserfolg als Belohnung des solidarischen Verhaltens empfunden werden und dieses im Sinne der Lerntheorie *verstärken,* andererseits kann sich dieses Verhalten als Gruppen*norm* herausbilden. [4]

Präzisierungen zum *Innovations*aspekt der Genossenschaftsentstehung, die v.Brentano in ihrer Untersuchung vornimmt, sind vor allem in Hinblick darauf von Interesse, ob die Autorin eher von einem „kreativ-innovativen" oder mehr von einem „imitativ-innovativen" Verhalten [5] der Genossenschaftsgründer ausgeht. Betrachtet man v.Brentanos Ausführungen unter diesem Gesichtspunkt, so wird deutlich, daß sie anscheinend eher ein „krea-

---

[1] v.BRENTANO, D., Grundsätzliche Aspekte ... a.a.O., S. 100f.; Klammerergänzung vom Verfasser.

[2] Ebenda S. 222.

[3] Ebenda S. 222.

[4] Vgl. ebenda S. 223.

[5] Vgl. S. 195 f. dieser Arbeit.

tiv-innovatives" Handeln der Genossenschaftsgründer annimmt. Dieser Standpunkt ergibt sich bei ihr daraus, daß sie

1. die Genossenschaftsgründungen im 19. Jahrhundert aus cer ersten der beiden genannten Innovationsbetrachtungsperspektiven [1] heraus betrachtet, nach der dann von ,,Innovationen" gesprochen wird, wenn etwas getan wird, was bisher noch nie getan worden ist.

2. sich bei ihrer Untersuchung auf die *endogene* Genossenschaftsentstehung konzentriert und die Diskussion exogener Entstehungsprozesse, bei denen durch die Hilfe ,,von oben" die Genossenschaftsgründer zumindest hinsichtlich der Idee zu ,,Imitatoren" werden, unter anderem deshalb zurückstellt, weil der Exogenitätsaspekt bisher in seiner Bedeutung ,,überbetont" [2] worden sei.

Zwar konzediert sie bei der Entstehung der von ihr untersuchten Genossenschaften Elemente der Imitation und hebt in Anlehnung an Schumpeter hervor, daß das innovative Moment eines Handelns weniger in der Erstmaligkeit der Handlungsidee oder des Handlungsplans, sondern entscheidend im erstmaligen Handlungs*vollzug* zum Ausdruck kommt. [3] Hiervon wird jedoch ihre abschließende Feststellung nur zum Teil berührt, nach der ein herausragendes Merkmal der genossenschaftlichen Gründungsentscheidung darin besteht, daß diese ,,eine innovativ-kreative Entscheidung (ist), weil sie *Zielvorstellungen* neuen Inhaltes und Ausmaßes zum Anlaß hat." [4]

Die Würdigung sozialwissenschaftlicher Theorien auf ihren Beitrag zur Erklärung der Genossenschaftsentstehung, die unter den vorhin genannten

---

[1] Vgl. S. 195 dieser Arbeit.

[2] v.BRENTANO, D., Grundsätzliche Aspekte ... a.a.O., S. 176.

[3] Vgl. ebenda S. 148; hierbei macht sie auf die kreativen Elemente eines imitativ-innovativen Handelns aufmerksam. Vgl. S. 196 dieser Arbeit.

[4] Ebenda S. 148; Hervorhebung und Klammerergänzung stammen vom Verfasser. Der von der Autorin verwandte Terminus ,,innovativ-kreativ" ist hier nicht als Synonym von ,,kreativ-innovativ" aufzufassen.

und zum Teil näher erläuterten Aspekten erfolgt, ergibt nun hinsichtlich der Explikation der *Lebenslagen* der Genossenschaftsgründer, daß v.Brentano die *Modernisierungstheorie* als erklärungsrelevant herausstellt. [1] Im Rahmen ihres Ansatzes bildet diese Theorie somit das systematisch-theoretische Moment, das neben dem empirischen bei der Erklärung der Lebenslagen der Genossenschaftsgründer zur Anwendung kommt.

Die in diesem Zusammenhang vorgenommene Zurückweisung der strukturell-funktionalen Theorie und der funktional-strukturellen Systemtheorie erklärt sich für v.Brentano vor allem aus dem bei diesen Theorien vorliegenden *funktionalistischen* Element. Da Funktionen sich auf *gegebene* Strukturen beziehen, die häufig als standardisierte, d.h. strukturierte und repetitiv auftretende Systemteile aufgefaßt werden, lenkt nach v.Brentano eine funktionalistische Analyse von der Frage nach der Entstehung bestimmter Phänomene, z.B. der Genossenschaften, dadurch ab, daß sie sich auf die Untersuchung der Konsequenzen und Mechanismen *bereits vorhandener* Strukturen beschränkt. [2]

Dies heißt aber nicht, daß die Autorin jegliches systemtheoretische Denken bei ihrer Untersuchung zurückweist. Ein solches Denken wird aus ihrer Sicht insofern für die Untersuchung relevant, als bei der Analyse der Genossenschaftsentstehung zwar die Genossenschaft selber nicht das interessierende Strukturelement ist, dessen Funktionen erklärt werden sollen, wohl aber die politischen, sozialen und wirtschaftlichen Strukturen, deren spezifische Konstellationen die Genossenschaftsentstehung fördern oder behindern, durchaus zu berücksichtigen sind. [3]

Von diesen Überlegungen geleitet und aufgrund des ihrer Meinung nach „implizierten historischen Bezugs" [4] der Modernisierungstheorie entscheidet

---

[1] Vgl. v.BRENTANO, D., Grundsätzliche Aspekte ... a.a.O., S. 53.

[2] Vgl. ebenda S. 28.

[3] Vgl. ebenda, S. 33 f.

[4] Ebenda S. 53.

sich v.Brentano zu einer ergänzenden Heranziehung des Konzepts der Modernisierung als „spezieller Variante" der Systemtheorien des sozialen Wandels [1], bei denen „sozialer Wandel" unter anderem in Ungleichgewichten zwischen verschiedenen Strukturelementen zum Ausdruck kommt.

Den Ausgangspunkt dieses Konzepts bildet die Formulierung von zwei kontrastierenden Gesellschaftsordnungen, der traditionalen und der modernen Gesellschaft, die in der Regel als Idealtypen aufzufassen sind. [2] Entwicklung wird hierbei als ein Bündel gleichgerichteter Wachstumsprozesse aufgefaßt, das im Rahmen dieses Konzepts in seiner wirtschaftlichen, politischen, sozialen, psychologischen und kulturellen Dimension erfaßt wird. [3]

Für D. v.Brentano läuft die Einbeziehung modernisierungstheoretischer Aussagen vor allem darauf hinaus, politisch-rechtliche, gesellschaftliche und wirtschaftliche Strukturmerkmale, d.h. bestimmte makrostrukturelle Konstellationen, als Aspekte der Lebenslage der Genossenschaftsgründer hervorzuheben. [4] Dabei versteht sie in Übernahme des betreffenden Begriffs Weissers unter einer Lebenslage den „Spielraum, den einem Menschen (einer Gruppe von Menschen) die äußeren Umstände nachhaltig für die Befriedigung der Interessen bieten, die den Sinn seines Lebens bestimmen." [5] Die makrostrukturellen Konstellationen faßt v.Brentano folglich als „mehr oder minder begrenzte Handlungsspielräume (auf), die, sofern sie wahrgenommen werden, der Genossenschaftsentstehung förderlich oder hinderlich sein können." [6]

---

[1] Vgl. v.BRENTANO, D., Grundsätzliche Aspekte ... a.a.O., S. 36.
[2] Vgl. ebenda S. 38.
[3] Vgl. ebenda S. 37.
[4] Vgl. ebenda S. 39.
[5] WEISSER, G., Wirtschaft ... a.a.O., S. 986.
[6] v.BRENTANO, D., Grundsätzliche Aspekte ... a.a.O., S. 39; Klammerergänzung stammt vom Verfasser.

Die Autorin hebt somit zum einen „objektive Voraussetzungen" der Genossenschaftsentstehung, die makrostrukturellen Konstellationen, und zum anderen „subjektive Voraussetzungen" dieses Prozesses hervor, nämlich die subjektive Wahrnehmung und Verarbeitung dieser objektiven Konstellationen. [1] Da die objektiven Voraussetzungen nach v.Brentano erst durch ihre Wahrnehmung und Internalisierung bzw. durch die (subjektive) Orientierung an ihnen für die Genossenschaftsentstehung relevant werden, ist ihre Bedeutung für sich allein genommen begrenzt. [2]

Deshalb konzentriert sie sich im Verlauf ihres Ansatzes darauf, gemäß dem Lebenslagekonzept die objektiven Voraussetzungen vor allem in ihrer subjektiven Bedeutung für die Genossenschaftsgründer zu problematisieren. Den objektiven Voraussetzungen für sich isoliert betrachtet, wird im weiteren Analyseverlauf keine besondere Aufmerksamkeit geschenkt.

Die durch die Hervorhebung der subjektiven Bedeutung objektiver Voraussetzungen praktizierte Anknüpfung an das handelnde, nämlich Genossenschaften gründende Individuum spiegelt sich auch in v.Brentanos Strukturierung des Erklärungsgegenstandes wider. Bei diesem unterscheidet sie die „Genese genossenschaftsgeeigneter Zielvorstellungen" und die sich anschließende „genossenschaftliche Gründungsentscheidung". [3] Auf der Basis dieser Strukturierung ergibt sich für sie eine dreidimensionale Betrachtungsweise der Genossenschaftsentstehung, bei der die Autorin unterscheidet: [4]

a) objektive Voraussetzungen der Genossenschaftsentstehung,

b) die subjektive Bedeutung objektiver Voraussetzungen und

c) personengebundene Voraussetzungen der Genossenschaftsentstehung, die sich auf die *individuelle* Motivation zur Genossenschafts*gründung* beziehen.

---

[1] v.BRENTANO, D., Grundsätzliche Aspekte ... a.a.O., S. 58 ff.

[2] Vgl. ebenda S. 58.

[3] Vgl. ebenda S. 66 ff. et passim.

[4] Vgl. ebenda S. 177 ff.; vgl. auch S. 69 f. dieser Arbeit.

Dem so mit in den Vordergrund gerückten Interesse am individuellen Verhalten entspricht v.Brentano, indem sie neben den genannten systemtheoretischen Ansätzen außerdem allgemeine Theorieansätze menschlichen (Entscheidungs-)Verhaltens auf ihre Fähigkeit, einen Beitrag zur Erklärung der Genossenschaftsentstehung zu leisten, prüft. Bei dieser Untersuchung, der in erster Linie die ökonomische und die neuere Entscheidungstheorie, die an der ökonomischen Entscheidungstheorie orientierte neuere Genossenschaftstheorie, sozialpsychologisch-soziologische Theorieansätze und motivations- und lerntheoretische Ansätze unterzogen werden, kommt v.Brentano zu den im folgenden aufgeführten Ergebnissen.

Gegen die ökonomische Entscheidungstheorie, die bereits an früherer Stelle näher erläutert wurde [1], führt die Autorin vor allem an, daß

1. grundsätzlich die bisherige (entscheidungs-)*logische* Ausrichtung der herkömmlichen Entscheidungstheorie zu einer „Realitätsferne" geführt hat, die sie für ein empirisch-theoretisches Anliegen unfruchtbar erscheinen läßt [2],

2. insbesondere die einseitige Betonung der Zweckrationalität der Wirklichkeit genossenschaftlicher Gründungsmotivationen nicht entspricht,

3. die Annahme rein individueller Rationalität den sozialen Kontext, in dem Genossenschaftsgründer stehen, unberücksichtigt läßt und

4. durch die funktionale Logik (vorgegebene Ziele), mit der die ökonomische Entscheidungstheorie die Intentionalität des Handelns erfaßt, eine Erklärung der *Genese* von Ziel*vorstellungen* nicht möglich ist. [3]

Der neueren Genossenschaftstheorie [4] in ihrer an der neoklassisch geprägten ökonomischen Entscheidungstheorie orientierten Form hält die Autorin

---

[1] Vgl. S. 175ff. dieser Arbeit.

[2] Vgl. v.BRENTANO, D., Grundsätzliche Aspekte ... a.a.O., S. 47.

[3] Vgl. ebenda S. 39ff., S. 46ff. und S. 146ff.

[4] Vgl. ebenda S. 146ff.

demzufolge ebenfalls deren entscheidungslogische Ausrichtung und deren einseitige Betonung der Zweckrationalität vor. Als weiteren Kritikpunkt nennt sie das funktionalistische Element, das in der neueren Genossenschaftstheorie vor allem in der Anreiz-Beitrags-Theorie seinen Niederschlag findet. Mit dieser zuletzt genannten Theorie, die bereits funktionierende (Genossenschafts-)Organisationen impliziert, läßt sich nach v.Brentano zwar der Genossenschafts*beitritt* erklären [1], jedoch nicht die Genossenschaftsentstehung. Auch die in diesem Zusammenhang in der neueren Genossenschaftstheorie zusätzlich angewandte Nebenprodukttheorie, nach der einem potentiellen Genossenschaftsmitglied außer dem öffentlichen Gut „Genossenschaft" noch ein privates Gut (z.B. individuelle Beratung) angeboten werden muß, damit er keine „free-rider" (Trittbrettfahrer-)-Position einnimmt, erweist sich nach ihrer Meinung schließlich für die Erklärung als ungeeignet, weil diese Theorie im Gegensatz zu den tatsächlichen Gegebenheiten bei Genossenschaftsentstehungsprozessen nicht von einer kleinen, sondern von einer großen Gründungsgruppe ausgeht.

Bei der soziologischen Handlungstheorie [2] als „sozialpsychologisch-soziologischen" Theorieansatz bewertet v.Brentano positiv, daß bei dieser im Gegensatz zur ökonomischen Entscheidungstheorie keine gesetzesmäßige (nomologische) Festlegung des Handlungssinns vorliegt. Auf diese Weise ermöglicht die soziologische Handlungstheorie – so v.Brentano – auch die Erklärung von nicht voll determinierten Handlungen innovativer Art.

Zu einer grundsätzlich positiven Bewertung gelangt die Autorin bei der Prüfung der neueren Entscheidungstheorie. Die lerntheoretischen Ansätze – oft auch als Ansätze der behaviouristischen Verhaltenstheorie oder der Drive-Habit-Theorie bezeichnet [3] –, die Verhalten mittels der Erfassung

---

[1] Vgl. v.BRENTANO, D., Grundsätzliche Aspekte ... a.a.O., S. 111ff.

[2] Vgl. ebenda S. 43ff. und S. 46ff.

[3] Vgl. S. 188 und Kapitel D.II.3. dieser Arbeit.

von *Vergangenheitserfahrungen* erklären, sowie die motivationstheoretischen Ansätze, nach denen die *Erwartungen* eines Individuums und der von ihm einem Handlungsziel beigemessene Wert sein Verhalten bestimmen [1], erfahren in diesem Zusammenhang bei v.Brentano nicht für sich allein genommen, sondern in ihrer integrierten Form als „Informationsverarbeitungsansatz" der neueren Entscheidungstheorie eine positive Würdigung. [2]

Die offenen Modelle menschlichen Entscheidungsverhaltens, die in der neueren Entscheidungstheorie zum Ausdruck kommen und die von einer Interdependenz zwischen Umwelt und System ausgehen, erlauben es nach v. Brentano, in einer *dynamischen* Sicht die psychosozialen Prozesse, die in einer vorgenossenschaftlichen Situation zur Gründung einer Genossenschaft führen, nämlich die „Genese genossenschaftsgeeigneter Zielvorstellungen" und die „Entscheidung für die Genossenschaftsgründung", einer Erklärung näher zu bringen.

Daß aber auch der Informationsverarbeitungsansatz allein zur Erklärung nicht ausreicht, ergibt sich für v.Brentano einerseits aus der bisher noch mangelnden Berücksichtigung des sozialen Kontextes der jeweiligen Entscheidungssituation, andererseits daraus, daß bei diesem Ansatz überwiegend von einer bewußten, logischen, seriellen und analysierenden Informationsverarbeitung ausgegangen wird. [3] Neurologische Forschungsergebnisse, die darauf hinweisen, daß der Mensch auch vorbewußt, ganzheitlich, gefühlsmäßig und intuitiv Informationen verarbeitet, werden mithin nicht berücksichtigt. [4] Die Untersuchung des Informationsverhaltens erfolgt demnach trotz motivationstheoretischer Elemente „motivationsneutral", so daß Gefühlen wie Angst, Hoffnung, Freude oder Selbstbewußtsein eine zu geringe Bedeutung beigemessen wird. [5]

---

[1] Vgl. S. 188 und Kapitel D.II.3. dieser Arbeit.
[2] Vgl. v.BRENTANO, D., Grundsätzliche Aspekte ... a.a.O., S. 46 und S. 172ff.
[3] Vgl. ebenda S. 174.
[4] Vgl. ebenda S. 174.
[5] Vgl. ebenda S. 165.

1.2.2 Die Genese genossenschaftsgeeigneter Zielvorstellungen

Auf der Basis dieser Prüfungsergebnisse entwickelt die Autorin ihren eigenen interdisziplinären sozialwissenschaftlichen Erklärungsansatz. Sie beginnt mit der Erklärung der „Genese der genossenschaftsgeeigneten Zielvorstellungen". Diese wird für sie möglich, wenn man in Anwendung des Lebenslagekonzepts — bei dem von Weisser abweichend aus dynamischer Sicht und analog zu den offenen Entscheidungsmodellen eine Interdependenz zwischen Handlungsspielraum und Interessen angenommen wird [1] — die objektiven Genossenschaftsvoraussetzungen und ihre subjektive Bedeutung für die Genossenschaftsgründer untersucht.

Die subjektive Interpretation der objektiven Voraussetzungen erfolgt bei v.Brentano gemäß dem aus der neueren Entscheidungstheorie bekannten „inneren Modell der Umwelt", das Genossenschaftsgründer besitzen. Dieses Modell läßt sich nach ihrer Meinung auffassen als das Zusammenwirken von

„(1) erinnerbaren und mit der jeweiligen Information assoziierbaren Vergangenheitserfahrungen,

(2) Primärwertungen sowie in sozialer Interaktion vermittelten Wertorientierungen, denen die jeweilige Information ausgesetzt ist,

(3) zielbezogenen Zukunftserwartungen, deren Ausmaß und Inhalt personengebunden und/oder in sozialer Interaktion vermittelt sein können und die insofern zumindest teilweise durch die jeweilige Information beeinflußt werden." [2]

Der Utopie-Ansatz Engelhardts wird für die Autorin in diesem Zusammenhang das erste Mal insofern relevant, als er — so v.Brentano — erlaubt,

---

[1] Vgl. v. BRENTANO, D., Grundsätzliche Aspekte ... a.a.O., S. 184 ff.

[2] Ebenda S. 174 f.

auch diejenigen zielbezogenen Zukunftserwartungen analytisch zu erfassen, die als Utopien personengebunden und letztlich nicht durch die Umwelt determiniert sind. Hierbei betont sie jedoch, daß neben der von Engelhardt herausgehobenen Personengebundenheit von Utopien „auch ihre soziale bzw. kommunikative Vermittlung in Rechnung gestellt werden" [1] muß.

Zur Erklärung der einzelnen Phasen des Prozesses der subjektiven Interpretation und Verarbeitung der objektiven Voraussetzungen greift v.Brentano auf die Theorie der relativen sozialen Deprivation, die somit eine Berücksichtigung des sozialen Kontextes erlaubt, auf die neuere Entscheidungstheorie und schließlich – ohne es immer explizit deutlich zu machen – auf Elemente der Innovationstheorie [2] zurück.

Entsprechend der Annahme der Theorie der relativen sozialen Deprivation problematisiert die Autorin zum einen die Schichtzugehörigkeit genossenschaftlicher Gründungspersonen, die relevanten Bezugsgruppen sowie die *Bedürfnisse* der Mittel- und Unterschichten, deren Genossenschaftseignung wegen ihrer präferentiellen Orientierung am Bedarf für v.Brentano gegeben ist. [3]

Auf der Basis desselben Konzepts betrachtet sie anschließend den Prozeß der Formierung dieser genossenschaftsgeeigneten Bedürfnisse zu *Interessen* sowie deren *Intensivierung* durch die in aktueller sozialer Interaktion vermittelten *Wert*- und *Norm*orientierungen. Dabei zeigt ihre Untersuchung, daß im 19. Jahrhundert lediglich die Mittelschichtmitglieder imstande waren, ihre Bedürfnisse aufgrund einer bereits internalisierten Aufstiegsorientierung *dynamisch* aufzufassen und als *Interessen* zu formulieren.

---

[1] v.BRENTANO, D., Grundsätzliche Aspekte ... a.a.O., S. 168.

[2] Vgl. vor allem ebenda S. 207.

[3] Vgl. ebenda S. 192 ff.

Im Hinblick auf die *Intensivierung* der Interessen, die in die Ausbildung eines *Anspruchsniveaus* mündet, stellt sie fest [1], daß die aufgrund sozialer Aufstiegsbarrieren isolierte Arbeiterschaft sich nicht an schnell aufsteigenden (Bezugs-)Gruppen ihrer eigenen Schicht orientieren konnte. Von daher vermochte die Arbeiterschaft *kein* über ihre eigenen Möglichkeiten hinausgehendes, d.h. ad hoc unerfüllbares Anspruchsniveau auszubilden. Demgegenüber – so die Autorin – besaßen die Mitglieder der Mittelschicht und der Arbeiteraristrokratie aufgrund von vergleichsweise besseren Chancen der vertikalen Mobilität die Möglichkeit zur Ausbildung eines als *legitim* erachteten und ad hoc unerfüllbaren Anspruchsniveaus.

Für v.Brentano stellt sich mithin erst dann, wenn

1. genossenschaftsgeeignete Bedürfnisse vorhanden sind,

2. diese Bedürfnisse außerdem als legitime Interessen erachtet werden und

3. hinsichtlich dieser Interessen ein ad hoc unerfüllbares Anspruchsniveau ausgebildet wird,

eine *generelle Handlungsbereitschaft* ein. [2]

Im Sinne der neueren Entscheidungstheorie nimmt v.Brentano an, daß die generell handlungsbereiten Personen zunächst nach *Informationen suchen,* die es ihnen ermöglichen, ihr bisheriges unbefriedigendes Routineverhalten aufzugeben. [3] Die Idee der genossenschaftlichen Selbstorganisation könne bei diesem Suchprozeß von den betreffenden Personen entweder von anderen übernommen oder selber erfunden werden. Hierbei hebt – wie bereits an früherer Stelle erwähnt [4] – v.Brentano hervor, daß selbst im ersten Fall der Ideenimitation dann kreative Elemente zu konstatieren sind,

---

[1] Vgl. v.BRENTANO, D., Grundsätzliche Aspekte ... a.a.O., S. 199 ff.

[2] Vgl. ebenda S. 201 f. und S. 231.

[3] Vgl. ebenda S. 205.

[4] Vgl. S. 196 dieser Arbeit.

wenn die imitierte Idee erstmals in die Tat umgesetzt wird. Die Autorin macht schließlich in Anlehnung an innovationstheoretische Überlegungen darauf aufmerksam, daß für die Übernahme einer Innovation bestimmte Eigenschaften derselben (relative Vorteilhaftigkeit, Kompatibilität usw.) [1] notwendig sind.

Kennen die Personen die potentielle Handlungsalternative „Genossenschaftsgründung", so hat der sich über Bedürfnisempfindung, Interessenformierung und Anspruchsniveauausbildung erstreckende Prozeß der Genese genossenschaftsgeeigneter Zielvorstellungen seinen Abschluß gefunden.

1.2.3. Die genossenschaftliche Gründungsentscheidung

Sind die geeigneten Zielvorstellungen gegeben, so heißt dies nicht – so v.Brentano –, daß nun zwangsläufig jeder Träger dieser Zielvorstellungen zum Genossenschaftsgründer wird. Vielmehr ist dies erst dann der Fall, wenn eine bestimmte motivationale Konstellation bei den betreffenden Personen vorliegt. Vor allem durch die Berücksichtigung der Theorie der Leistungsmotivation [2] versucht v.Brentano dieser motivationalen Komponente, auf die in der neueren Entscheidungstheorie nur unzureichend eingegangen wird, gerecht zu werden.

Unter Berücksichtigung entsprechender historischer Fakten geht v.Brentano bei den Genossenschaftsgründungen von einer *kleinen* Gruppe der Genossenschaftsgründer aus. Ferner führt sie in Anwendung verhandlungstheoretischer Theoreme [3], nach denen bei vollständigen, d.h. nicht nur pareto-

---

[1] Vgl. S. 203f. dieser Arbeit.

[2] Vgl. vor allem HECKHAUSEN, H., Hoffnung und Furcht in der Leistungsmotivation, Meisenheim 1963; McCLELLAND, D.C., Die Leistungsgesellschaft, Psychologische Analyse der Voraussetzungen wirtschaftlicher Entwicklung, Stuttgart, Berlin, Köln, Mainz 1966; d e r s ., Motivation und Kultur, Bern, Stuttgart 1967.

[3] Die Autorin bezieht sich vor allem auf CROTT, H., KUTSCHKER, M. und LAMM, H., Verhandlungen I, Individuen und Gruppen als Konfliktparteien, Stuttgart, Berlin, Köln, Mainz 1977.

optimale Übereinkünfte als Möglichkeit umfassenden Verhandlungssituationen eine *integrative* und eine *distributive* Phase unterschieden werden können, aus, daß die genossenschaftliche Gründungssituation durch die integrative Verhandlungsphase gekennzeichnet ist. [1]

In dieser integrativen Verhandlungsphase ist bei den Verhandlungspartnern eine personengebundene *kompetitive* Motivation vorherrschend, bei der es dem einzelnen nicht um den Nutzen, sondern um den *Abstand zu seinen Verhandlungspartnern* geht. Demnach liegt in der genossenschaftlichen Gründungsphase eine Situation der Konkurrenz innerhalb der genossenschaftlichen Gründergruppe vor, bei der jeder einzelne bestrebt ist, vergleichsweise viel Engagement und persönlichen Einsatz zu zeigen, weil er rational nur auf diese Weise seinen Anspruch auf Mitgliedschaft in der Gruppe und damit auf einen Anteil am erwünschten gemeinsamen Kooperationserfolg legitimieren kann. Dieses Verhalten führt schließlich zu dem schon weiter oben behandelten unmittelbar *solidarischen* Handeln der Genossenschaftsgründer.

Dreh- und Angelpunkt der genossenschaftlichen Gründungsphase ist nach v.Brentano die Erbringung sozialer und wirtschaftlicher Vorleistungen. In Anlehnung an J.O. Müller nennt sie folglich als *zentrales Kooperationsziel* der Gründungsphase die *Ausstattung* der Genossenschaft mit *Betriebskapital*. Für v.Brentano stellt sich in diesem Zusammenhang das Problem der Motivation von Genossenschaftsgründern als Frage nach den *Anreizen* für die Leistung von Beiträgen zu diesem Kooperationsziel. [2]

Als äußeren Anreiz, der eine *extrinsische* Motivation bedingt, nennt sie die durch die kompetitive Motivation der Mitglieder einer integrativen Verhandlungsphase bewirkte *Solidarität*. [3] Dieser äußere Anreiz hat jedoch keine

---

[1] Vgl. v.BRENTANO, D., Grundsätzliche Aspekte ... a.a.O., S. 215f. und S. 247ff.

[2] Vgl. ebenda, vor allem S. 223ff. und S. 226ff.

[3] Vgl. ebenda S. 330f.

allein ausschlaggebende, sondern hinsichtlich eines inneren Anreizes, der eine *intrinsische* Motivation hervorruft, nur verstärkende Funktion. In der genossenschaftlichen Gründungsphase übernimmt nach v.Brentano der Anreiz des *Erfolges* die Rolle dieses inneren Anreizes.

Grundlage der zuletzt genannten Aussage v.Brentanos ist die Theorie der Leistungsmotivation.[1] Bei dieser werden vier Variablen spezifiziert:

(1) das Erfolgsmotiv M_s,
(2) die Erwartung des Erfolgs P_s,
(3) der Anreiz des Erfolgs I_s,
(4) die aktuelle Motivation T_s.

Das Erfolgsmotiv M_s wird als eine situationsunabhängige, personengebundene und relativ stabile Disposition angesehen, die in der Primärsozialisation erworben wird. Dieses Motiv richtet sich auf das Aufsuchen von Erfolg, wobei der gewählte Schwierigkeitsgrad des Erfolges dem Anspruchsniveau des Akteurs entspricht. Die Erwartung des Erfolgs P_s beschreibt die kognitive Antizipation eines Entscheidungsträgers, daß eine bestimmte Handlung zu einem gewünschten Ergebnis führt. Die Intensität der Erfolgserwartung wird als subjektive Wahrscheinlichkeit dargestellt, die numerisch einen Wert zwischen 0 und 1 annehmen kann. Die jeweilige Erfolgserwartung eines bestimmten Akteurs hängt von dessen Vergangenheitserfahrungen ab und variiert entsprechend der relativen Häufigkeit von Erfolgen und Mißerfolgen in vergleichbaren Situationen.

Der Anreiz des Erfolges I_s, der das Ausmaß der Belohnung beschreibt, die dem Erreichen eines bestimmtes Ziels beigemessen wird, errechnet sich als 1 minus dem Wert der subjektiven Wahrscheinlichkeit. Die aktuelle Moti-

---

[1] Vgl. zu folgendem McCLELLAND, D.C., Leistungsgesellschaft ... a.a.O., S. 209 ff.; ATKINSON, J.W., Einführung ... a.a.O., S. 391 ff., S. 396 ff., S. 400 ff., S. 414 ff. und S. 418 ff.

vation T_s ergibt sich als Produkt der Stärke des Erfolgsmotivs multipliziert mit den Erfolgserwartungen und dem Erfolgsanreizwert:

$$T_s = M_s \cdot P_s \cdot I_s.$$

Aus der inversen Beziehung von Erfolgserwartung P_s und Erfolgsanreiz I_s resultiert, daß bei einem gegebenen Erfolgsmotiv M_s die aktuelle Motivation T_s dann am höchsten ist, wenn P_s und I_s die Werte 0,5 annehmen. Mit anderen Worten: die aktuelle Handlungsmotivation ist bei einem gegebenen Niveau des Erfolgsmotivs dann am stärksten, wenn ein Akteur eine Aufgabe *mittlerer Erfolgschance* angeht.

Neben dem Erfolgsmotiv M_s kommt in der Theorie der Leistungsmotivation außerdem dem Mißerfolgsmotiv M_{af} Bedeutung zu. Hiermit wird dem Umstand Rechnung getragen, daß man beim Menschen nichthandelnde, *leistungsängstliche* und handelnde, *leistungsorientierte* Personen unterscheiden kann. D. v.Brentano knüpft auch hier an den Utopie-Ansatz Engelhardts an, wenn sie folgendermaßen differenziert: [1]

„(1) Bei leistungsängstlichen Personen übersteigt das Mißerfolgsmotiv das Erfolgsmotiv. Solche Personen sind stets mehr weltbild- als leitbildorientiert und lassen sich daher von angstbestimmten Affekten leiten, die sie im Sinne von Primärwertungen in ihre jeweiligen Zielvorstellungen hineinprojizieren.

(2) Für leistungsorientierte Personen gilt dagegen, daß bei ihnen das Erfolgsmotiv das Mißerfolgsmotiv übersteigt. Sie sind mehr leitbild- als weltbildorientiert und daher auch stets mehr hoffnungsvoll als angstgeprägt. In ihre Zielvorstellungen gehen von Zuversicht und Optimismus getragene Affekte ein."

---

[1] v.BRENTANO, D., Grundsätzliche Aspekte ... a.a.O., S. 226 f.

Im Lichte dieser Überlegungen stellt sich für sie die genossenschaftliche Gründungssituation folgendermaßen dar: [1] Genossenschaftsgründer sind für sie leistungsorientierte Personen „eben *weil sie handeln*". [2] In ihren Zielvorstellungen dominiert ein hoffnungsgeprägtes Bild (Leitbild) der genossenschaftlichen Selbstorganisation gegenüber einem angstbetonten und innovationsfeindlichen Bild (Weltbild).

Jede Gründungsperson kann nun die vorgenossenschaftliche Situation mit der genossenschaftlichen Gründungssituation vergleichen. Nach v.Brentano wird der Gründer letztere bevorzugen, weil er in ihr im Vergleich zur vorgenossenschaftlichen Situation eine wesentlich bessere, annähernd *mittlere Erfolgschance* für die Anspruchserfüllung wahrzunehmen vermag. Während in der vorgenossenschaftlichen Situation nämlich weder die Unterstützung der Ansprüche des einzelnen noch Informationen über Wege der Anspruchserfüllung vorhanden sind, zeichnet sich die genossenschaftliche Gründungssituation dadurch aus, daß sowohl die Ansprüche der einzelnen anerkannt und unterstützt werden als auch durch die Genossenschaftsidee Informationen über einen Weg der Anspruchserfüllung vorliegen.

Daher kann ein Genossenschaftsgründer in der genossenschaftlichen Gründungssituation eine mittlere Erfolgschance für seine Anspruchserfüllung wahrnehmen und wird in ihr auch am stärksten motiviert sein, seinen Kooperationsbeitrag zu erbringen. Wird der innere Erfolgsanreiz handlungsauslösend, so tritt als zusätzlicher äußerer Anreiz der Anreiz der Solidarität in Erscheinung, der den Erfolgsanreiz noch verstärkt. Da der einzelne innerhalb der demokratisch strukturierten Gründergruppe nicht über eine genügende Sanktionsmacht verfügt, um nach seiner Beitragsleistung auch die übrigen Gruppenmitglieder zu Beitragsleistungen zwingen zu können, und somit der Anreiz der Solidarität dieses Risiko einer Beitragsleistung *nicht voll* abdeckt, legt er ebenfalls die Wahrnehmung einer mittleren Erfolgschance nahe.

---

[1] Vgl. v.BRENTANO, D., Grundsätzliche Aspekte ... a.a.O., S. 238 ff. und S. 247.

[2] Ebenda S. 231.

1.3.   Der Erklärungsansatz von H. Büscher

1.3.1.   Bestimmung des Untersuchungsgegenstandes

Aufgrund einer anderen Akzentsetzung deckt sich der Untersuchungsgegenstand Büschers nicht völlig mit dem v.Brentanos. Im Gegensatz zu ihr geht es Büscher *nicht* um die Erklärung *auch historisch* (in Europa) zu ortender *Genossenschafts*entstehungsprozesse, sondern vielmehr um eine weiter gefaßte, im Prinzip raum- und zeit*ungebundene* Explikation der vorkooperativen Phase von *Selbsthilfeorganisationen.* Hierbei läßt der Autor den Leser jedoch nicht darüber im unklaren, daß er im Hinblick auf den Bereich einer möglichen *Anwendung* seiner Aussagen an die SHO-Aufbau/Förderungspolitik in den Entwicklungsländern denkt. [1]

Ist somit seine Analyse zwar ebenso wie die hier vorliegende Untersuchung letztlich auf Selbsthilf*eorganisationen* ausgerichtet, so fungiert bei Büscher, der ebenso wie v.Brentano am Handlungsaspekt des Untersuchungsgegenstandes anknüpft, doch eine bestimmte Form sozialen *Handelns,* nämlich die „solidarische Selbsthilfe" als expliziter Bezugspunkt seiner Analyse. [2]

Bei dieser bedient sich der Autor neben Theoremen verschiedener noch aufzuzeigender soziologischer und sozialpsychologischer Ansätze vor allem „der Terminologie und des Instrumentariums der Systemanalyse" [3]. Bei dieser wird der Mensch als zielbewußtes *personales System* aufgefaßt, das als individueller sozialer Akteur mit anderen individuellen oder kollektiven sozialen Akteuren (sozialen Systemen wie Gruppen, Organisationen etc.) in

---

[1]   Vgl. BÜSCHER, H., Solidarische Selbsthilfe ... a.a.O., S. 33f. An anderer Stelle hebt der Autor sein Anwendungsinteresse noch deutlicher hervor, wenn er ausführt, daß „von Praktikern der Entwicklungspolitik seit langem beklagt wird", daß die Erforschung der Entstehungsbedingungen kooperativen Handelns in Entwicklungsländern bisher vernachlässigt worden sei. Vgl. d e r s ., Besprechung von: Brentano, Dorothee von: Grundsätzliche Aspekte ... a.a.O., in: ZfgG, Band 31, 1981, S. 349–352, hier S. 352.

[2]   Vgl. den Titel seiner Abhandlung.

[3]   BÜSCHER, H., Solidarische Selbsthilfe ... a.a.O., S. 34.

Interaktionsbeziehungen steht und mit diesen sowie der materiell-physika-
lischen Umwelt ein *Person-Umwelt-System* bildet. [1]

Ebenso wie v.Brentano hebt Büscher den *innovativen* Aspekt beim Untersuchungsgegenstand hervor. Als „Innovation" definiert er dabei aus „sy-
stemtheoretischer Sicht ... jeden Tatbestand, der kreativ oder imitativ
einen Wandel der Struktur oder der Beziehung innerhalb eines Person-Umwelt-Systems bewirkt, sei es durch die Veränderung bestehender oder das
Auftreten neuer Systemelemente." [2] Den Innovations*prozeß* zerlegt er
analytisch in drei Bestandteile bzw. Phasen:

a) die kreative *Entstehung* als gedanklicher Entwurf,
b) die *Annahme* durch andere Personen und
c) die *Anwendung* durch innovatives soziales Handeln. [3]

Da er seine Analyse auf die solidarische Selbsthilfe als Handlungsaspekt
des Untersuchungsgegenstandes bezieht, setzt die Kennzeichnung des innovativen Elements bei ihm in der dritten Phase des Innovationsprozesses an.
Er charakterisiert somit „solidarische Selbsthilfe" als innovatives soziales
Handeln. [4]

In Anlehnung an den weiter oben als zweite mögliche Innovationsbetrach-
tungsperspektive herausgestellten Standpunkt [5] definiert Büscher innovatives soziales Handeln „als eine Aktivität eines sozialen Akteurs, die dieser

---

[1] Vgl. BÜSCHER, H., Solidarische Selbsthilfe ... a.a.O., S. 38 f. Die Hervorhebungen stammen
vom Verfasser. Im Zusammenhang mit der Terminologie und dem Instrumentarium der systemanalytischen Methode verweist Büscher auf: ACKHOFF, R.L. und EMERY, F.E., Zielbewußte Systeme, Frankfurt 1975; HONDRICH, K.O., Menschliche Bedürfnisse und soziale Steuerung, Reinbek b. Hamburg 1975; GOMEZ, P., MALIK, F. und OELLER, K.-H.,
Systemmethodik, Bern 1975; MÜNCH, R., Theorie sozialer Systeme, Opladen 1976;
KIRSCH, W., Einführung ... a.a.O. (Band II).
[2] Ebenda, S. 35.
[3] Vgl. ebenda S. 54.
[4] Vgl. ebenda S. 34 ff.
[5] Vgl. S. 195 dieser Arbeit.

bisher noch nicht ausgeführt hatte." [1] Diese Aktivität kann, wie bereits gezeigt wurde [2], kreativ-innovativ oder imitativ-innovativ sein. Büscher betont diesen Umstand, doch unterstreicht er gleichzeitig — hierbei unter anderem auf v.Brentano hinweisend —, daß dies aus der Sicht des innovativ Handelnden völlig unerheblich ist. [3] Denn „entscheidend ist, daß er sich die Idee 'zu eigen macht' und entsprechend handelt." [4]

Ist somit das Innovative des genannten Handelns gekennzeichnet, so bleibt zu klären, was der Autor unter „sozialem" Handeln versteht. Büscher lehnt sich bei seiner Definition vor allem an Max Weber an, bemüht sich aber um eine systemanalytisch anwendbare Kennzeichnung. Demnach definiert er soziales Handeln „als jedes innere oder äußere Verhalten sozialer Akteure (personaler oder sozialer Systeme), dem der subjektiv gemeinte Sinn zugrundeliegt, den in einem bestimmten Zeitpunkt bestehenden Zustand des Person-Umwelt-Systems zu erhalten oder zu verändern — oder anders ausgedrückt, die zum Zeitpunkt der Handlungsentscheidung subjektiv wahrgenommene Situation zu bewahren oder in eine neue, gewünschte Situation zu überführen — und das dabei auch am Handeln und den Erwartungen anderer sozialer Akteure orientiert ist." [5]

Die Herausarbeitung der solidarischen Selbsthilfe als innovativem sozialen Handeln erfordert es, in einem ersten Untersuchungsschritt das mit dem Begriff „solidarische Selbsthilfe" bezeichnete soziale Handlungsmuster zu bestimmen. Bei Büscher geschieht dies, indem er zuerst auf das *kooperative* Element dieses Handlungsmusters hinweist. Im Gegensatz zu den anderen Grundmustern sozialen Handelns wie Konflikt und Konkurrenz ist die *Kooperation* nach Büscher dadurch gekennzeichnet, daß mehrere Men-

---

[1] BÜSCHER, H., Solidarische Selbsthilfe ... a.a.O., S. 35.

[2] Vgl. S. 195 f. dieser Arbeit.

[3] Vgl. BÜSCHER, H., Solidarische Selbsthilfe ... a.a.O., S. 35.

[4] Ebenda S. 35.

[5] Ebenda S. 39.

schen mit dem Ziel zusammenarbeiten, eine gemeinsame Aufgabe zu lösen
oder ein gemeinsames Bedürfnis zu befriedigen. [1]

Solidarische Selbsthilfe ist mithin eine kooperative und nicht eine individuelle Selbsthilfe. Nach Büscher kann jedoch „solidarisch" und „kooperativ" nicht einfach gleichgesetzt werden. Vielmehr ist — so der Autor —
die solidarische Selbsthilfe diejenige Form kooperativer Selbsthilfe, die
„durch ein Zusammengehörigkeitsgefühl innerhalb der Gruppe gekennzeichnet sein kann, das aus der Erkenntnis gleichartiger individueller Lebenslagen erwächst, und dessen integrative Kraft über den rein zweckorientierten Zusammenhalt einer ausschließlich auf vertragliche Abmachungen basierenden Kooperation hinausgeht." [2]

Dieser Auffassung von solidarischer Selbsthilfe legt Büscher die Solidaritäts-
definition Engelhardts zugrunde, nach der mit Solidarität Handlungsposi-
tionen bezeichnet werden, „die darauf abstellen, durch freiwillige Selbst-
beschränkungen und Bindungen von Personen an andere Personen, d.h.
mittels gegenseitiger Hilfsbereitschaft und entsprechendem Handeln Ausgleich zu suchen und gegebenenfalls zu bewirken." [3] Abgesehen von einem
Hinweis auf v.Brentanos Ausführungen hierzu [4] verzichtet Büscher ansonsten, „auf die Problematik der Begriffsbestimmung näher einzugehen." [5].

Nach diesen Erläuterungen des *solidarischen* Aspekts des genannten sozialen Handlungsmusters widmet der Autor dem *Selbsthilfe*aspekt eine gesonderte Betrachtung. Dabei geht es ihm darum, „den Begriff der Selbsthilfe
analytisch-definitorisch auf seine Bedeutungsinhalte hin zu durchleuchten" [6].

---

[1] Vgl. BÜSCHER, H., Solidarische Selbsthilfe ... a.a.O., S. 35.
[2] Ebenda S. 36.
[3] ENGELHARDT, W.W., Selbsthilfe ... a.a.O., Sp. 1130.
[4] Vgl. BÜSCHER, H., Solidarische Selbsthilfe ... á.a.O., S. 36.
[5] Ebenda S. 36, Fußnote 19.
[6] Ebenda S. 36.

Als Ausgangspunkt dient ihm hierbei vor allem die Auffassung von Steinmetz, nach der Selbsthilfe von dem Gegensatz zwischen „selbst" und
„nicht-selbst" ausgeht. [1] Büscher teilt demzufolge dessen daraus resultierende Schlußfolgerung: „Was sonst durch eine höhere Organisation oder in
ihrem Namen geschieht, wird hier durch eine niedere Macht oder durch
ein Individuum, und zwar im eigenen Belange getan. (...) Die Selbsthilfe
setzt also eine höhere, umfassendere Autorität als die sich selbst helfende
Instanz voraus" [2].

Teilweise Begriffsimplikationen wiedergebend, die bei der Bestimmung des
Untersuchungsgegenstandes der hier vorliegenden Arbeit (Teil B) bereits
herausgestellt wurden [3], teilweise darüber hinausgehend hebt Büscher in Anlehnung an Bodenstedt folgende sechs Bedeutungsinhalte hervor: [4]

1. Selbsthilfe ist darauf ausgerichtet, eine als ungünstig definierte Lebenslage (im Sinne Weissers), d.h. eine als veränderungsbedürftig empfundene Situation im Sinne des Sich-selbst-Helfenden zu verbessern.

2. Die Aktivität erfolgt aus eigener Initiative und/oder mit eigener Kraft.

3. Bei solidarischer Selbsthilfe verfolgt man das gemeinsame Interesse an
   der Veränderung als gleichartig empfundener Lebenslagen durch gemeinsame Anstrengungen.

4. Solidarische Selbsthilfe erfüllt insofern eine Schutzfunktion, als sie die
   Selbsthilfegruppe, die sich im Vergleich zu anderen Gruppen in einer
   ungünstigeren Lebenslage sieht, gegen die Interessen dieser Gruppen
   schützt. Sie hilft ihren Mitgliedern demnach — so Büscher — eigene
   Interessen zu artikulieren und durchzusetzen.

---

[1] Vgl. STEINMETZ, S.R., Selbsthilfe ... a.a.O.

[2] Ebenda S. 518.

[3] Vgl. S. 29 ff. dieser Arbeit.

[4] Vgl. BÜSCHER, H., Solidarische Selbsthilfe ... a.a.O., S. 37.

5. Bei nicht-solidarischer Selbsthilfe tritt – so Büscher – die Funktion der Gewinnung von Vorteilen in den Vordergrund, die „unter Umständen unter rücksichtsloser Durchsetzung der eigenen Interessen" [1] erfüllt wird.

6. Schließlich bedeutet Selbsthilfe die Durchsetzung eines vom Sich-selbst-Helfenden als berechtigt empfundenen Anspruchs, dessen Erfüllung oder Unterstüzung von einer übergeordneten Instanz nicht erwartet werden kann oder auf die der Handelnde aus seiner subjektiven Interessenslage heraus verzichtet. Der Grund für diesen Verzicht kann darin liegen, daß die übergeordnete Instanz dem Anspruch ablehnend gegenübersteht oder nicht fähig ist, ihn zu erfüllen.

Angesichts dieser Bedeutungsinhalte läßt sich für Büscher der *innovative Charakter* der Selbsthilfe allgemein – also auch der solidarischer Selbst-hilfe als einer speziellen Selbsthilfeform – ableiten, indem Selbsthilfe als *„abweichendes Verhalten"* herausgestellt wird, d.h. als Verhalten, bei dem der soziale Akteur eine Handlung ausführt, die von dem bisher üblichen Handlungsmuster abweicht und die er demzufolge vorher noch nicht aus-geführt hat. [2]

Um die solidarische Selbsthilfe als abweichendes Verhalten zu erkennen, hat man sich – so der Autor – zu vergegenwärtigen, daß die Selbsthilfe eine Form sozialen Problemlösungshandelns ist, die in einer Situation aus-geführt wird, die der Handelnde so definiert, daß er

„(a) ein Interesse hat, auf dessen Verfolgung er einen Anspruch zu haben glaubt,

(b) überzeugt ist, daß ohne sofortiges Handeln die Befriedigung der Inter-essen unmöglich sein oder sich unzumutbar verzögern werde,

---

[1] Vgl. BÜSCHER, H., Solidarische Selbsthilfe ... a.a.O., S. 37.

[2] Vgl. ebenda S. 38.

(c) es für 'unmöglich, nicht ratsam oder einfach weniger vorteilhaft'
hält, 'eine Lösung des gegebenen Problems 'von oben' zu erwarten'." [1]

Büscher weist hierbei in Anlehnung an Bodenstedt darauf hin, daß der
Akteur, handelt er in dieser Situation selbst, „Recht aus eigener Macht"
schafft, das zunächst nur durch seinen subjektiven Anspruch (bzw. den
der Gruppe) legitimiert ist. [2] Dies heißt aber nach Meinung des Autors
nichts anderes, als daß er vom allgemeinen Normenkatalog *abweicht* und
für kürzer oder länger sein Handeln an einem anderen Normensatz ausrichtet, der von der sozialen Umwelt nicht ohne weiteres akzeptiert wird,
weil er überwiegend, wenn nicht völlig, auf die Primärwertungen und die
sich aus ihnen ergebenden Interessen des Akteurs bezogen ist. [3]

Für Büscher steht somit der innovative Charakter dieses Handelns fest.
Denn indem „der Handelnde von den innerhalb seines Interaktionssystems
üblichen Handlungsmustern abweicht, führt er eine Handlung aus, die
nicht nur für seine Interaktionspartner neu ist, sondern die er selbst vorher noch nicht ausgeführt hatte: er versucht das Problem durch innovatives soziales Handeln zu lösen." [4]

Dieses Anknüpfen des Innovationscharakters an das Kriterium des abweichenden Verhaltens erweist sich insofern als nicht ganz unproblematisch,
als einerseits ein solches Vorgehen impliziert, daß „die Selbsthilfe ihren
innovativen Charakter (verliert)" [5], wenn sie zu einem *allgemein anerkannten* Handlungsmuster geworden ist, andererseits im allgemein üblichen, auch

---

[1] BÜSCHER, H., Solidarische Selbsthilfe ... a.a.O., S. 38.

[2] Vgl. ebenda S. 38.

[3] Vgl. ebenda S. 38.

[4] Ebenda S. 38.

[5] Ebenda, S. 38. Der Text der Klammerergänzung steht im Original uneingeklammert am
Anfang des Satzteils.

dem wissenschaftlichen Sprachgebrauch auch dann von Selbsthilfe (-organi-
sationen) gesprochen wird, wenn, wie z.B. bei Genossenschaften oder Ge-
werkschaften, das Selbsthilfehandlungsmuster allgemein (z.B. durch Gesetz)
anerkannt ist. Zur Lösung dieses Problems schlägt Büscher vor, zweckmäßi-
gerweise zwischen „originärer (innovativer)" und „institutionalisierter"
oder „legitimierter (habitueller)" Selbsthilfe zu unterscheiden. [1]

1.3.2. Systemanalytische Zusammenfügung relevanter Erklärungsansätze

Nach der Bestimmung seines Untersuchungsgegenstandes unternimmt Büscher den Versuch, „einige der wichtigsten" auf menschliches Verhalten
bezogenen, theoretischen Erklärungsansätze „in ihren wesentlichen Aussagen" hinsichtlich innovativem sozialen Handeln anhand der systemanalytischen Betrachtungsweise zu einem „Gesamtbild" zusammenzufügen. [2] Dieses „Gesamtbild" dient ihm dann als theoretische Basis zur eigentlichen
Analyse der „psychosozialen Voraussetzungen" der Entstehung solidarischer
Selbsthilfe. [3]

Da man sich innovatives soziales Handeln aus systemanalytischer Sicht als
„soziales Handeln" stets in Form einer Wechselbeziehung von Umwelt und
Handelnden vorzustellen hat, muß nach Ansicht des Autors eine Erklärung
dieses Verhaltens sowohl psychische Determinanten als Merkmale und
Variablen personaler Systeme als auch soziale Determinanten als Merkmale
und Variablen der *sozialen* Umwelt mit in Betracht ziehen. Eine ausdrückliche Mitberücksichtigung der *physikalischen* (materiellen) Umwelt scheint
Büscher „in diesem Zusammenhang" nicht geboten zu sein, weil Personen
mit zunehmender Differenzierung der sozialen Umwelt die physikalische
Umwelt immer weniger in direkter Interaktion erleben. [4]

---

[1] BÜSCHER, H., Solidarische Selbsthilfe ... a.a.O., S. 38, Fußnote 34.

[2] Vgl. ebenda S. 39.

[3] Vgl. ebenda S. 39.

[4] Vgl. ebenda, S. 39, Fußnote 37.

Eine der zentralen Annahmen Büschers, die diesem bei seiner systemanalytischen Betrachtung verschiedener Theorienansätze als Bewertungskriterium dient, besagt, daß Problemlösungsprozesse intrapersonale Prozesse darstellen, die sowohl eine *motivationale* als auch eine *informative* Dimension aufweisen.[1] Um eine eingehende Berücksichtigung der informativen Dimension bemüht sich, wie der Autor ausdrücklich vermerkt[2], der Informationsverarbeitungsansatz der neueren Entscheidungstheorie. Zum Teil auf Ausführungen v.Brentanos zurückgreifend[3], stellt der Autor hierbei vor allem das ,,innere Modell der Umwelt", die ,,Definition der Situation" als subjektives Bild, das ein Akteur sich von einer bestimmten Situation macht, und das ,,Anspruchsniveau" als Bestimmungsfaktoren sozialen Handelns heraus.

Nach Büscher liefert die neuere Entscheidungstheorie insofern einen Beitrag zur Erklärung *innovativen* sozialen Handelns, als sie deutlich macht, daß in ungewohnten, neuen, ,,schlecht-definierten" Situationen ein habituelles, auf gewohnte Reaktionsmuster zurückgreifendes Entscheidungs- oder Problemlösungshandeln nicht möglich ist, somit ein intrapersonaler Konflikt entsteht und ein ,,innovatives" Problemlösungshandeln erforderlich wird.[4] Wie bereits hervorgehoben[5], bedeutet dieses Handeln eine ,,echte" Entscheidung. Demnach läuft bei innovativem Problemlösungshandeln gemäß dem Informationsverarbeitungsansatz genau der Prozeß ab, der für ,,echte" Entscheidungsprozesse kennzeichnend ist. Die Person *sucht* demzufolge angesichts einer ,,schlecht-definierten" Situation nach neuen Informationen, um sich eine neue Definition der Situation bilden zu können und um neue Problemlösungen zu finden, wobei als Entscheidungsregulativ das Anspruchsniveau wirksam wird.[6]

---

[1] Vgl. BÜSCHER, H., Solidarische Selbsthilfe ... a.a.O., S. 39.

[2] Vgl. ebenda S. 40.

[3] Vgl. ebenda S. 40, Fußnote 41.

[4] Vgl. KIRSCH, W., Einführung ... a.a.O. (Band II), S. 141 ff.

[5] Vgl. S. 184 f. dieser Arbeit.

[6] Vgl. BÜSCHER, H., Solidarische Selbsthilfe ... a.a.O., S. 40 f.

Bekanntlich kommt der Prozeß zumindest vorläufig dadurch zum Ende,
daß der Suchprozeß entweder erfolgreich ist und die aufgefundenen neuen
Informationen eine neue Situationsdefinition und eine neue Problemlösung ermöglichen oder er sich als erfolglos erweist und der Konflikt intra-
personal, d.h. durch Anpassung des Anspruchsniveaus, gelöst wird.

Wie v.Brentano [1] kritisiert auch Büscher als Schwäche des „in der Tradition behaviouristischer Verhaltenswissenschaft stehenden" [2] Informationsverarbeitungsansatzes, daß dieser den „Informationsverarbeitungsapparat" des
Menschen eher als (motivations-) neutralen Steuerungsmechanismus eines
Verhaltens betrachtet und somit die motivationale Dimension menschlichen
Problemlösungshandelns vernachlässigt. Um diesen Mangel zu beheben, empfiehlt Büscher, motivationstheoretische Ansätze stärker in die Betrachtung
einzubeziehen.

In diesem Zusammenhang folgt er zum Teil dem v.Brentano eingeschlage-
nen Weg, durch die Berücksichtigung der Leistungsmotivation den aufge-
deckten Mangel des Informationsverarbeitungsansatzes zu beseitigen. Er
verharrt jedoch nicht bei dieser motivationstheoretischen Ergänzung, sondern spricht sich – an dieser Stelle ausdrücklich kritisierend, daß v.Bren-
tanos „verengte Betrachtungsweise die Motivationsstruktur allein auf das
Leistungsmotiv reduziert" [3] – für eine differenziertere Sicht dieses Motiva-
tionsgefüges aus. Dabei stützt er sich vor allem auf den politisch-psychologischen Ansatz von Marianne Gronemeyer [4], dessen *ausführliche* Darstellung
ihm jedoch ebenso wie bei den anderen von ihm diskutierten und angewandten Ansätzen aus Raumgründen nicht möglich ist. [5]

---

[1] Vgl. S. 223 dieser Arbeit.
[2] BÜSCHER, H., Solidarische Selbsthilfe ... a.a.O., S. 41.
[3] BÜSCHER, H., Besprechung von: Brentano, D. v. ... a.a.O., S. 351.
[4] GRONEMEYER, M., Motivation und politisches Handeln, Hamburg 1976.
[5] Vgl. BÜSCHER, H., Solidarische Selbsthilfe ... a.a.O., S. 39.

Auf der Basis eines Motivationsbegriffs, nach dem mit „Motivation" das Zusammenspiel verschiedener verhaltensbestimmender aktivierter Motive bezeichnet wird, hebt Büscher in Anlehnung an Gronemeyer ohne Anspruch auf Vollständigkeit drei Typen der Handlungsmotivation hervor: [1]

(1) die *Mangelmotivation;* sie ist auf die Beseitigung eines als Mangel empfundenen Zustandes — als *reines Reagieren* auf Veränderungen des Person-Umwelt-Systems gerichtet — und stellt aufgrund dieser rein instrumentalen Ausrichtung auf das Ziel der Mangelbeseitigung eine *extrinsische* Motivation dar, d.h. eine Motivation, die ein Verhalten nicht um seiner selbst willen, sondern wegen der damit verbundenen Folgen oder Begleitumstände anstrebt;

(2) die *Affektmotivation;* diese Motivation, die nach Büscher vor allem als Leistungsmotivation untersucht wurde, ist auf Ziele bezogen, die für den Handelnden mit bestimmten (positiven oder negativen) Wertvorstellungen und Erwartungen verknüpft sind; dementsprechendes Verhalten kann extrinsisch oder intrinsisch, d.h. um des Verhaltens selbst willen, motiviert sein und kommt sowohl in Annäherungs- als auch in Vermeidungshandlungen zum Ausdruck;

(3) die *Kompetenzmotivation;* ihr liegt die *Überzeugung* oder das Bewußtsein des Handlungssubjekts zugrunde, daß es *fähig* ist, ein angestrebtes Ziel durch *eigene* Leistung zu erreichen; da sie Handeln um seiner selbst willen anstrebt bzw. um der Erfahrung willen, daß durch eigenes „kompetentes" Handeln die Umwelt verändert werden kann, ist sie als *intrinsische* Motivation, die von externen Belohnungen unabhängig ist, aufzufassen.

Im Hinblick auf das innovative Element stellt Büscher fest, daß die Kompetenzmotivation „demnach stark innovativ (ist), da sie bewußt darauf gerichtet ist, durch Verbesserung der Manipulationstechniken den Umgang

---

[1] Vgl. zu folgendem BÜSCHER, H., Solidarische Selbsthilfe ... a.a.O., S. 41.

mit der Umwelt effizienter zu gestalten." [1] Im Gegensatz hierzu ist, so
Büscher, die Mangelmotivation „innovationsfeindlich", da bei ihr innovatives Handeln *nur* als eine *zufällige* Reaktion auf eine Umweltsituation zustandekommen kann, jedoch nicht als ein soziales, d.h. sinnorientiertes,
intentionales Handeln. [2] Inwieweit die Leistungsmotivation (Affektmotivation) innovativ ist, hängt, so der Autor in Anlehnung an Gronemeyer,
ganz davon ab, ob das aus ihr resultierende Handeln eher auf Anpassung
oder eher auf autonome Umweltveränderung abzielt, wobei dies wiederum
davon bedingt wird, ob in einer konkreten Handlungssituation das Erfolgs-
oder das Mißerfolgsmotiv dominiert. [3]

Sind auf diese Weise für Büscher wichtige psychische Determinanten und
Variablen des personalen Systems analytisch erfaßbar, so liefern seiner
Meinung nach die soziologischen Theorien der relativen (sozialen) Deprivation und der Bezugsgruppen, die bereits von D. v.Brentano in diesem Zusammenhang angeführt wurden, einen wesentlichen Beitrag zur Erklärung
des verhaltensbestimmenden Einflusses *sozialer* Determinanten und Variablen der Umwelt. Seinen diesbezüglichen Ausführungen legt Büscher die
Basisannahme zugrunde, „daß jedes sinnhafte soziale Handeln seinen Sinn
durch die Verfolgung von Interessen erhält, die wiederum darauf gerichtet sind, Situationen herbeizuführen oder zu bewahren, die die Befriedigung von Bedürfnissen ermöglichen" [4]

Diese Annahme impliziert – so der Autor –, daß die individuellen Bedürfnisse neben einer individuellen auch eine soziale Dimension aufweisen,
die darin zum Ausdruck kommt, daß sie sich in der Auseinandersetzung
mit der Umwelt ausbilden, indem sie von der Person durch positiv ver-

---

[1] BÜSCHER, H., Solidarische Selbsthilfe ... a.a.O., S. 41. Die Klammerergänzung stammt
vom Verfasser.
[2] Vgl. ebenda S. 41 f.
[3] Vgl. ebenda, S. 42.
[4] Ebenda S. 42.

stärkende Bedürfnisbefriedigungen „gelernt" oder durch negativ verstärkende Bedürfnisversagungen (Deprivation) „verlernt" werden. [1]

Welche und wieviele Mittel einer Person zur Bedürfnisbefriedigung zur
Verfügung stehen, ob und inwieweit diese Person Zugang zu Informationen, vor allem über tatsächliche Mittel der Bedürfnisbefriedigung und den
Weg zu ihrer Erlangung hat und in welcher Form ein Individuum über
diese Mittel verfügen kann, all diese nach Büscher die informationale Dimension des Person-Umwelt-Systems betreffenden Sachverhalte werden
grundsätzlich von der Gesamtheit der sozialen Institutionen, in der das
Individuum eingebunden ist, und im besonderen durch seine soziale Position bestimmt, mit der bestimmte Mittel zur Bedürfnisbefriedigung (sogenannte „Leistungsmittel") oder auch eine bestimmte Chance zur Interes-
sendurchsetzung („Macht" im Sinne Max Webers) verbunden sind. [2]

Das Konzept der relativen (sozialen) Deprivation in Verbindung mit der
Bezugsgruppentheorie ermöglicht es nun — so Büscher —, die Wechselbe-
ziehungen zwischen der angesprochenen informationalen Dimension, „der
sozialen Steuerung von Informationen", und der motivationalen Dimension
sozialer Einflußfaktoren, „der sozialen Dynamik von Bedürfnissen und
Interessen", in ihrem Einwirken auf das Handeln zu erklären. [3] Hat sich
nach diesem bereits erwähnten Konzept bei bestimmten Individuen im
Vergleich mit relevanten Bezugsgruppen, ausgehend von ihren Bedürfnissen
und deren Entwicklung zu subjektiv als legitim erachteten Interessen, ein
Anspruchsniveau (motivationale Dimension) herausgebildet, das sich in einem
Deprivationsgefühl niederschlägt, so wird dieses Gefühl nur dann eine
Handlungsbereitschaft zur Anwendung einer Problemlösungsstrategie entste-
hen lassen, wenn die betreffenden Personen über Informationen verfügen,

---

[1] Vgl. BÜSCHER, H., Solidarische Selbsthilfe ... a.a.O., S. 42.

[2] Vgl. ebenda S. 42 f.

[3] Vgl. ebenda S. 43.

die ihnen signalisieren (informationale Dimension), daß es realistische Mög-lichkeiten gibt, durch eigenes soziales Handeln die angestrebte Situation herbeizuführen. [1]

Verfügen die Individuen nicht über solche Informationen, dann werden sie entsprechend diesem Erklärungskonzept entweder ihr Anspruchsniveau sen-ken oder aber eine passive Erwartungshaltung ausbilden, welche die Befrie-digung ihrer als berechtigt angesehenen Ansprüche anderen sozialen Inter-aktionspartnern (z.B. dem Staat) zuschiebt. [2]

Im Anschluß an Gurr und seine drei Grundmuster der Deprivation [3] nimmt Büscher folgende Zusammenhänge zwischen Deprivation, Motivation und innovativem Handeln an: [4]

1. Die Wahrscheinlichkeit, daß ein durch relative Deprivation ausgelöstes Unzufriedenheitsgefühl in soziales Handeln umgesetzt wird, ist bei pro-gressiver Deprivation am größten, bei Abnahmedeprivation am gering-sten.

2. Das Anspruchsniveau einer Person oder Personengruppe gerät dann in Bewegung — und die bisherige Abnahmedeprivation geht in Bestrebungs-oder progressive Deprivation über —, wenn eine signifikante Verbesse-rung der Lebenslage der Bezugsgruppen wahrgenommen wird.

3. Der durch die Bestrebungs- oder progressive Deprivation ausgelöste Such-prozeß *kann,* muß jedoch nicht notwendigerweise in dem Bestreben, das gestiegene Anspruchsniveau zu verwirklichen, zu *innovativen* Problemlö-sungen führen. Die Wahrscheinlichkeit, daß es, ausgelöst durch diesen Suchprozeß, tatsächlich zu innovativen Problemlösungen kommt, erhöht

[1] Vgl. BÜSCHER, H., Solidarische Selbsthilfe ... a.a.O. S. 43 ff.

[2] Vgl. ebenda S. 44.

[3] Vgl. S. 203 dieser Arbeit.

[4] Vgl. BÜSCHER, H., Solidarische Selbsthilfe ... a.a.O., S. 44 f und S. 51, Hypothese (1).

sich hierbei in dem Maße, in dem es gelingt, die Motivationsstruktur zu differenzieren und neben der bisher dominierenden Mangelmotivation eine Leistungs- und Kompetenzmotivation zu entwickeln.

Liegen nach Büscher mithin auch Ansätze vor, die eine Erklärung sowohl der informationalen als auch der motivationalen Aspekte von (intrapersonalen) innovativen Problemlösungsprozessen, aber auch deren Beeinflussung durch soziale Faktoren erlauben, so kann dennoch seiner Meinung nach die *Entstehung* von innovativem sozialen Handeln als *intentionalem Handeln* – nicht als zufälligem Ergebnis eines Suchprozesses als reiner Reaktion auf Umweltveränderungen – noch nicht als hinreichend erklärt angesehen werden. [1] Denn diese Ansätze, so hebt der Autor hervor, stimmen zwar darin überein, daß zwischen der Umwelt eines personalen Systems und dessen Verhalten keine direkte Stimulus-Response-Beziehung besteht, so daß in Anlehnung an Langenheder gefolgert werden kann, daß Veränderungen im Umweltsystem – und seien sie noch so gravierend – „niemals direkt eine Veränderung des Problemlösungsverhaltens bewirken können" [2], aber sie implizieren – mit Ausnahme des Konzept der Kompetenzmotivation –, daß das Individuum seine Bedürfnisse und Motive in Auseinandersetzung mit der Umwelt „lernt" und auf Umweltstimuli reagiert. [3]

Dies heißt aber für Büscher nichts anderes, als daß bei diesen Ansätzen das Individuum seine Ziele und die Richtung seiner Bedürfnisorientierungen von „außen" gesetzt bekommt. [4] Eine solche Grundauffassung vernachlässigt aber – so der Autor – „die Tatsache ..., daß der Mensch nicht nur ein 'zielsuchendes', sondern auch ein 'zielbewußtes' System ist, das in der Lage ist, sein Handeln gedanklich zu reflektieren, und dessen Verhalten nicht völlig durch die Umweltsituation determiniert ist, sondern

---

[1] Vgl. BÜSCHER, H., Solidarische Selbsthilfe ... a.a.O., S. 46.

[2] Ebenda S. 46.

[3] Vgl. ebenda S. 45 f.

[4] Vgl. ebenda S. 46.

voluntaristische Elemente enthält, die Spielräume für eine intentional-be-
wußte Gestaltung der Umwelt bieten." [1]

Auch das Konzept der Leistungsmotivation, so hat Gronemeyer nach Auffassung Büschers gezeigt, läßt die Fähigkeit des Menschen unbeachtet, über
ihn hinausgehende Denk- und Bewußtseinsinhalte zu entwickeln, d.h. Situationen gedanklich vorwegzunehmen, die bisher noch keine Wirklichkeit geworden sind und die daher den durch die Erfahrung gesetzten Rahmen
bloßen Reagierens überschreiten. [2] So können Ansätze, bei denen wie bei
v.Brentano die Theorie der Leistungsmotivation im Vordergrund der Argumentation steht, „den nicht-determinierten, voluntaristischen Bereich" nicht
hinreichend erklären. [3]

Hilfe bei der Lösung des Explikationsproblems erwartet Büscher von Ansätzen, die „den intentional-kreativen Aspekt menschlichen Handelns in
den Mittelpunkt" [4] stellen und auf diese Weise die *Entstehung* unterschiedlicher *Motivationsstrukturen* erklären können. Solche unterschiedlichen Motivationsstrukturen liegen nach Büscher vor, wenn in einer Situation mit
gleichem Informationsstand und gleicher Interessenlage eine Person aktiv
innovative Problemlösungen anwendet, ein anderes Individuum eine intrapersonale Lösung vorzieht und ein drittes Entscheidungssubjekt eine passive Erwartungshaltung entwickelt und von anderen die Lösung des Problems
erwartet. [5]

Der hier benötigte Erklärungsansatz bietet sich nach Büscher im bereits
erläuterten *Utopiekonzept Engelhardts* an. Mit diesem Konzept läßt sich
nach Auffassung des Autors analytisch erfassen, daß Menschen unabhängig

---

[1] Vgl. BÜSCHER, H., Solidarische Selbsthilfe ... a.a.O., S. 46.

[2] Vgl. ebenda S. 46, auch Fußnote 77.

[3] Vgl. BÜSCHER, H., Besprechung von: Brentano, D.v. ... a.a.O., S. 351.

[4] BÜSCHER, H., Solidarische Selbsthilfe ... a.a.O., S. 46 f.

[5] Vgl. ebenda S. 46.

von jeder Information Vorstellungen über Systemzustände entwickeln, die in ihrer Gesamtheit die *affektiv-kognitive Grundhaltung* eines Individuums konstituieren. [1]

Diese affektiv-kognitive Grundhaltung, welche die *Einstellungen* prägt, *mit denen* Personen Umweltphänomene *wahrnehmen* und *aus denen* sie die *Bewertungskriterien* gewinnen, an denen sie die wahrgenommenen Informationen messen und *von denen* sie ihr *Handeln ableiten,* weist nach Büscher als bei Problembewältigungsversuchen anzutreffender Realtyp stets Elemente sowohl von Weltbild- als auch von Leitbildorientierung auf. [2] In ausdrücklicher Übereinstimmung mit v.Brentano betont der Autor, daß hierbei trotz des unbestreitbaren individuell-kreativen Aspekts von Utopien auch ihre *soziale Vermittlung* in Betracht gezogen werden muß [3]. Denn „gerade das kreative Element einer Utopie dürfte ganz wesentlich durch die gesellschaftlichen Umstände, insbesondere durch die in der Gesellschaft vorherrschende Grundhaltung geprägt sein." [4]

Aus diesen Überlegungen folgert Büscher hinsichtlich des Zusammenhangs zwischen Weltbild- und Leitbildorientierung, Motivationsstruktur und Problemlösungsverhalten: [5]

1. Die Motivationsstruktur eines Individuums wird in ihrer jeweiligen konkreten Ausprägung — und damit sein Problemlösungsverhalten — bestimmt durch eine affektiv-kognitive Grundhaltung, die zum einen genetisch bedingt ist, zum anderen aber auch durch die sozialisierenden Einflüsse der Umwelt wesentlich mitgeformt wird.

---

[1] Vgl. BÜSCHER, H., Solidarische Selbsthilfe ... a.a.O., S. 46 f.

[2] Vgl. ebenda S. 47.

[3] Vgl. ebenda S. 47, Fußnote 85.

[4] Ebenda S. 47, Fußnote 85.

[5] Vgl. ebenda S. 48.

2. *Leistungs-* und *Kompetenzmotivation,* welche den Willen zur Innovation, zur Veränderung der Umwelt mit beinhalten, können nur aus der Orientierung an *Leitbildern* hervorgehen.

3. Handlungsimpulse, die sich aus *Weltbildern* ergeben, sind grundsätzlich *mangelmotiviert,* d.h., sie zielen auf die Erhaltung oder Wiederherstellung des status quo ab, also des tendenziell konstant bleibenden Anspruchsniveaus. Handeln auf der Basis einer Weltbildorientierung reproduziert nur bereits bekannte Handlungsmuster.

Die so gekennzeichneten Sachverhalte faßt er in folgender Hypothese zusammen:

„Eine Person wird in einer konkreten Situation um so eher mangelmotiviert handeln, an habituellen Problemlösungsverfahren festhalten und sich passiv an Umweltveränderungen anpassen, je stärker sie in ihrer affektiv-kognitiven Grundhaltung weltbildorientiert ist; dagegen wird ihr Problemlösungsverhalten um so mehr von Leistungs- und Kompetenzmotivation bestimmt und auf innovative Veränderungen der Umwelt gerichtet sein, je stärker in ihrer Grundhaltung die Elemente der Leitbildorientierung ausgeprägt sind." [1]

1.3.3. *Psychosoziale Voraussetzungen für die Entstehung solidarischer Selbsthilfe in der vorkooperativen Phase*

Um am Ende seiner Untersuchung die psychosozialen Voraussetzungen für die Entstehung solidarischer Selbsthilfe kenntlich machen zu können, bemüht sich Büscher in seinem vorletzten Analyseschritt darum, die systemanalytisch zusammengefügten Ansätze zur Erklärung innovativen sozialen Handelns auf den entwicklungspolitisch interessanten Fall von in Entwicklungsländern vorzufindender solidarischer Selbsthilfe von Personen in

---

[1] BÜSCHER, H., Solidarische Selbsthilfe ... a.a.O., S. 48.

sozial schwachen Lebenslagen anzuwenden. Auf diese Weise erhofft sich der Autor Antworten auf die Frage, unter welchen *Bedingungen* Personen einerseits die *Bereitschaft* zu solidarischer Selbsthilfe entwickeln, andererseits diese Bereitschaft aber auch *in die Tat* umsetzen. [1]

In diesem Zusammenhang äußert er angesichts des in den Entwicklungsländern häufig anzutreffenden Anpassungsverhaltens sozial schwacher Bevölkerungsschichten Zweifel an der generellen Gültigkeit der Hypothese der neueren Entscheidungstheorie, nach der bei einer Anspruchsniveaubedrohung eine intrapersonale Anpassung und Anspruchsniveaureduzierung immer nur *nach* einem *erfolglosen Suchprozeß* stattfinden. Unter Berücksichtigung der Aspekte der Typen relativer Deprivation und der Handlungsmotivation ergibt sich für ihn, daß die Anspruchsanpassung auch *ohne Suchprozeß* als Form *habituellen* Problemlösungsverhaltens erfolgen kann. [2] Dies geschieht immer dann, wenn — vor allem in einer Situation der Abnahmedeprivation — die Anspruchsanpassung ein durch Erfahrung „gelerntes" und geprägtes Problemlösungsmuster geworden ist, das, im Gedächtnis gespeichert, bei mangelmotiviertem habituellem Problemlösungshandeln im Rahmen der Wahrnehmung eines Mangelzustandes nur noch als Reaktionsmuster hervorgerufen wird.

Zur Veranschaulichung dieses Sachverhalts nennt Büscher das Beispiel einer Person in einer „traditionellen", d.h. für ihn tendenziell statischen sozialen Umwelt, mit tendenziell konstantem Anspruchsniveau und am Überleben orientierter Mangelmotivation, die auf eine Mißernte mit einer zeitweiligen Senkung, auf eine unerwartet reichliche Ernte mit einer zeitweiligen Erhöhung ihres Anspruchsniveaus reagiert. [3] Beide Verhaltensweisen hat man — so Büscher — als habituelle Problemlösungsverfahren aufgrund wohl-definierter Situationen anzusehen. [4]

---

[1] BÜSCHER, H., Solidarische Selbsthilfe ... a.a.O., S. 49.
[2] Vgl. ebenda S. 49.
[3] Vgl. ebenda S. 50, Fußnote 88.
[4] Vgl. ebenda S. 50, Fußnote 88.

In einer Situation der Abnahmedeprivation wird – so der Autor – eine Suche nach innovativen Problemlösungen, wenn überhaupt, nur bei einem hohen Intensitätsgrad der Unzufriedenheit einsetzen, z.B. bei Bedrohung der physischen Existenz oder der subjektiven Identifikation bestimmter Gruppen oder Personen als Urheber der eigenen Mangelsituation. [1]

Die Wahrscheinlichkeit, daß sich eine Handlungsbereitschaft zur solidarischen Selbsthilfe entwickelt, vergrößert sich zwar bei Bestrebungs- oder progressiver Deprivation, doch Büscher betont, daß die bisherige Untersuchung zeigt, daß zur Ausbildung einer solchen Handlungsbereitschaft neben dem Vorliegen einer Situation relativer Deprivation vor allem *psychische* Faktoren gegeben sein müssen, die sowohl die informationale als auch die motivationale Komponente des personalen Systems beeinflussen. [2]

Als Voraussetzung im informationalen Bereich spricht der Autor insbesondere die *Wahrnehmung* von *Handlungsmöglichkeiten* an. Ebenso wie v. Brentano hebt er somit hervor, daß nicht sich objektiv neu ergebende Handlungsmöglichkeiten, sondern die *subjektive Wahrnehmung* neuer Handlungsmöglichkeiten – Büscher spricht hier von einer „Erweiterung des Wahrnehmungsvermögens" [3] – unabdingbare Voraussetzung für die Ausbildung der Handlungsbereitschaft ist.

Als Voraussetzung im motivationalen Bereich hält er die Differenzierung der Motivationsstruktur in Richtung auf eine stärkere Ausprägung der Leistungs- und Kompetenzmotivation fest, die selbst wiederum nur dann möglich wird, wenn die affektiv-kognitive Grundhaltung eher leitbildorientiert ist.

---

[1] Vgl. BÜSCHER, H., Solidarische Selbsthilfe ... a.a.O., S. 49.

[2] Vgl. ebenda S. 50.

[3] Ebenda S. 50.

Das Zusammenspiel sozialer und psychischer Faktoren beim Aufbau einer Bereitschaft zum innovativen Handeln gibt Büscher als Zwischenresümee in folgender Hypothese wieder:

„Die Wahrscheinlichkeit, daß ein sozialer Akteur einen als relative Deprivation wahrgenommenen intrapersonalen Konflikt durch innovatives Handeln zu lösen versucht, ist umso größer, (a) je höher die Intensität der relativen Deprivation ist, (b) je größer der vom Akteur wahrgenommene Handlungsspielraum und die Menge der auf Grund seiner sozialen Position zur Verfügung stehenden Leistungsmittel sind, (c) je mehr die affektiv-kognitive Grundhaltung des Akteurs von Elementen der Leitbildorientierung geprägt ist, und je stärker infolgedessen der Akteur in seiner Motivation differenziert und — im Blick auf relevante Bezugsgruppen — aufstiegsorientiert ist." [1]

Da der Autor die Entstehung solidarischer Selbsthilfe vor allem unter dem Blickwinkel ihrer entwicklungspolitischen Relevanz betrachtet und er es demzufolge als wichtig erachtet, bei Bemühungen der „Hilfe zur Selbsthilfe" die Situation der relevanten Bevölkerungsgruppen in Entwicklungsländern eingehend zu berücksichtigen, problematisiert er die Phänomene der Ohnmachtsanpassung und der Risikovermeidung, die in den Entwicklungsländern als Hindernisse für die Entstehung solidarischer Selbsthilfe oft zu beobachten sind.

Wichtige Quellen der Ohnmachtsanpassung und der Risikovermeidung bilden die *sozialen* Voraussetzungen. Bei vielen für SHO-Aufbaubemühungen anvisierten Gruppen sind diese Voraussetzungen insofern äußerst ungünstig, da es sich bei den betreffenden Gruppen um sozial schwache Personengruppen handelt, die einen niedrigen sozialen Status innehaben und nur wenig Macht, d.h., nur einen geringen Handlungsspielraum im Hinblick auf die Verfügung über Leistungsmittel besitzen. [2] Diese sozialen Voraussetzungen

---

[1] BÜSCHER, H., Solidarische Selbsthilfe ... a.a.O., S. 51.
[2] Vgl. ebenda S. 51.

beeinflussen im Laufe der Zeit über Rückwirkungen auf die affektiv-kognitive Grundhaltung die Bereitschaft der betreffenden Personengruppen, innovativ zu handeln.

Dies geschieht vor allem dadurch, daß diese Personen (Gruppen) im Laufe
der Zeit wiederholt die Erfahrung der Bedürfnisversagung machen. Nach
Erkenntnissen der Lerntheorie verstärkt diese wiederholte Erfahrung des
Mißerfolgs bei der Durchsetzung von Interessen durch soziales Handeln
die Anpassungsbereitschaft. [1] Da es auf Dauer unerträglich ist, immer
wieder solche Mißerfolge und somit soziale Ohnmacht erleben zu müssen,
werden diese Personen (Gruppen) anstatt ein Vertrauen in die eigene
Kompetenz eine Überzeugung der eigenen Unzulänglichkeit entwickeln. [2]

Auf diese Weise bleibt die Motivationsstruktur nach Büscher auf Mangelmotivation beschränkt und die „Ohnmachtsanpassung", die durch Ohnmacht bedingte Anpassung des Anspruchsniveaus, erhält im Laufe der
Zeit den Charakter eines habituellen Problemlösungsmusters. In Anlehnung
an Gronemeyer stellt Büscher fest, daß diese Entwicklung, wie zahlreiche
Beispiele in den Entwicklungsländern zeigen, in vielen Fällen in ein völliges Vermeiden jeglichen sozialen Handelns münden kann. Diesen Zustand,
der durch eine ausgesprochene Konfliktangst gekennzeichnet ist, bezeichnet
er mit Gronemeyer als *„Apathie".* [3]

Bezogen auf die sozio-ökonomische Situation in vielen Entwicklungsländern
spricht Galbraith [4] — so der Autor — von „Armutsanpassung". Zur Erklärung dieser Armutsanpassung verweist Galbraith zum einen auf den bereits
hervorgehobenen Tatbestand, daß nur eine passive Grundhaltung, die sich
aus den Erfahrungen („Lernprozeß") der Überlegenheit restriktiver Umwelt-

---

[1] Vgl. BÜSCHER, H., Solidarische Selbsthilfe ... a.a.O., S. 52.

[2] Vgl. ebenda S. 52.

[3] Vgl. ebenda S. 52.

[4] GALBRAITH, J.K., The nature of mass poverty, Cambridge (Mass.), London 1979.

faktoren entwickelt, als „Identifikation mit dem Verzicht ... den Verzicht aushaltbar (macht)" [1]. Zum anderen verweist er darauf, daß das Risiko eines von habituellem Problemlösungshandeln abweichenden Verhaltens ausgesprochen hoch ist, weil es im Fall absoluter Armut den physischen Untergang bedeuten kann. [2] Die Rationalität eines solchen Verhaltens ist somit evident.

Die Lage in den Entwicklungsländern ist aber nach Auffassung Büschers nur unvollkommen wiedergegeben, wenn man nicht darauf eingeht, daß es auch bei Bevölkerungsgruppen, die in absoluter Armut leben, immer eine Minderheit von Personen gibt, die nicht wie die anderen völlig ohnmächtig oder sogar apathisch, sondern risikofreudiger sind und über mehr Elemente der Leitbildorientierung in ihrer Grundhaltung verfügen.

Da Büscher davon ausgeht, daß es „im Falle solidarischer Selbsthilfe offensichtlich die Regel (ist) ... daß die Kooperierenden *imitativ*-innovativ handeln, indem sie sich einen fremden Handlungsentwurf zu eigen machen" [3], hält er es für fruchtbar, die Analyse der Entstehung solidarischer Selbsthilfe insoweit auszudehnen und zu präzisieren, als neben der kreativen Entstehungsphase (Utopie-Ansatz Engelhardts) und der Phase der Innovationsanwendung durch innovatives soziales Handeln auch die dazwischengeschaltete Phase der Innovations*annahme* näher untersucht wird.

Hierzu empfiehlt er die Nutzung des Erklärungspotentials der *Innovationstheorie* [4], demzufolge, wie schon erwähnt, neben dem *Interesse* für eine Innovation — hier die solidarische Selbsthilfe — auch ihre Kompatibilität mit den Erfahrungsmustern und Wertvorstellungen des Akteurs, ihre rela-

---

[1] GRONEMEYER, M., Motivation ... a.a.O., S. 34. Die Klammerergänzung stammt vom Verfasser.

[2] Vgl. GALBRAITH, J.K., The nature ... a.a.O., S. 55.

[3] BÜSCHER, H., Solidarische Selbsthilfe ... a.a.O., S. 54. Die Klammerergänzung und die Hervorhebung stammen vom Verfasser.

[4] Vgl. ebenda S. 54.

tive Vorteilhaftigkeit, ihre Mitteilbarkeit, ihre zumindest teilweise Erprobbarkeit und ein nicht zu hoher Komplexitätsgrad für ihre Annahme wichtige Voraussetzungen sind. [1]

Büscher folgt in diesem Zusammenhang dem in der Innovationstheorie herausgestellten Ablauf eines individuellen Adoptionsprozesses, angefangen von der Wahrnehmungsphase über die Interessen-, Bewertungs- und Versuchsphase bis hin zur Phase der Adoption, wobei er anmerkt, daß im Gegensatz hierzu in der neueren Entscheidungstheorie von einer umgekehrten Reihenfolge der Wahrnehmungs- und Interessenphase ausgegangen wird. Denn gemäß dieser Theorie stoße eine Person zuerst auf ein Problem, suche dann nach neuen Informationen und nehme sie erst im Rahmen dieses Suchprozesses wahr. [2]

Entsprechend seinen bisherigen Untersuchungsergebnissen und im Einklang mit der Innovationstheorie betont Büscher hinsichtlich der *Interessensausbildung* die Notwendigkeit einer vorherigen *Wahrnehmung* der Innovation. Im Gegensatz zur Innovationstheorie, die verhaltenstheoretisch orientiert „den Blick ausschließlich auf das reaktive Verhalten fixiert, das Personen gegenüber aus der Umwelt an sie herangetragenen Neuerungen zeigen" [3], unterstreicht er zusätzlich die *motivationale* Komponente bei dieser Interessensausbildung.

Die Ausbildung eines *Interesses* für solidarische Selbsthilfe erfordert mithin nach Büscher:

1. Elemente von Leitbildorientierung in der affektiv-kognitiven Grundhaltung, demzufolge zumindest Ansätze von Leistungs- und Kompetenzmotivation, also keine völlig passive, ohnmachtsangepaßte Haltung;

---

[1] Vgl. S. 203 f. dieser Arbeit.
[2] Vgl. BÜSCHER, H., Solidarische Selbsthilfe ... a.a.O., S. 54, Fußnote 110.
[3] Ebenda S. 58, Fußnote 112.
[4] Vgl. ebenda S. 58.

2. Erweiterung der Bedürfnisorientierung durch neue Bedürfnisse in der Form, daß diese durch *individuelles* Handeln *nicht* befriedigt werden können;

3. Organisationsfähigkeit der Zielvorstellungen, d.h., mehrere Akteure sind aus derselben Interessenlage an Kooperation interessiert;

4. Überzeugung der Akteure, daß ihre Interessen in dem Ziel der künftigen Selbsthilfegruppe repräsentiert sein werden.

Im Hinblick auf die Kompatibilität hält der Autor fest, daß die Bereitschaft zu solidarischer Selbsthilfe umso größer sein wird, je weniger dieses Handlungsmuster von den bisher üblichen, legitimierten Verhaltensmustern abweicht, je höher die soziale Position eines Akteurs ist und je größer die Zahl der innovationsbereiten Gruppenmitglieder ist. [1]

Schwierigkeiten für die Annahme der Innovation „solidarische Selbsthilfe" ergeben sich nach Büscher vor allem bei der Einschätzung der relativen Vorteilhaftigkeit. Denn da der Akteur mit dem beabsichtigten innovativen Handeln neue Interessen verfolge, die er vorher nicht hatte oder die er mit dem bisherigen Problemlösungsverhalten gar nicht verfolgen konnte, fehle ihm die Möglichkeit eines Vergleichs mit einer bisher üblichen funktionalen Alternative. [2]

Außerdem spielt bei dieser Vorteilsabwägung das von D. v.Brentano bereits betonte Problem hinein, daß in der vorkooperativen Phase von den Akteuren wirtschaftliche und soziale Vorleistungen erbracht werden müssen, die Vertrauen in die anderen Gruppenmitglieder erfordern und ein unbestreitbares Risiko bedeuten. Zur Erklärung solidarischer Selbsthilfe in einer solchen Ungewißheitssituation macht Büscher sich ausdrücklich die schon erwähnte Aussage v.Brentanos zu eigen, nach der eine personenbezo-

---

[1] Vgl. BÜSCHER, H., Solidarische Selbsthilfe ... a.a.O., S. 56.

[2] Vgl. ebenda S. 56.

gene kompetitive Motivation in dieser „integrativen" Verhandlungsphase den Quell solidarischer Selbsthilfe darstellt. [1] Auch was die Einschätzung der künftigen relativen Vorteile angeht, greift Büscher ausdrücklich auf den Erklärungsansatz v.Brentanos zurück und nennt den „inneren Anreiz der Erfolgsmotivation" als wesentlichen Faktor, von dem die entscheidenden Impulse zur Annahme der Innovation ausgehen. [2]

Während der Autor im folgenden auf die Mitteilbarkeit von Innovationen sowie auf das Problem der Komplexität nicht eingeht, unterstreicht er in Ergänzung der Innovationstheorie als weitere Innovationsannahmebedingung das *Vertrauen* des Akteurs *in die Glaubwürdigkeit* und *Zuverlässigkeit* des *Informanten* bzw. der Informationsquelle. [3] Dieser Hinweis erscheint ihm vor allem deshalb angebracht, weil „Gruppen, deren Verhalten von Ohnmachtsanpassung geprägt ist, in der Regel gegenüber Neuerungen, die von außen an sie herangetragen werden, aus schlechten Erfahrungen der Vergangenheit heraus außerordentlich mißtrauisch sind." [4]

Auf der Basis dieser Untersuchungsergebnisse faßt Büscher die psychosozialen Voraussetzungen der Entstehung solidarischer Selbsthilfe in der vorkooperativen Phase folgendermaßen zusammen: [5]

1. *Grundlegende* Bedingung ist ein *Wandel* des *Person-Umwelt-Systems*, der beide Teilsysteme umfaßt und sich zumindest partiell in der Differenzierung beider Teilsysteme niederschlägt.

2. Für den Bereich des *Umwelt*systems impliziert diese Differenzierung,

   a) daß die Chance zur Befriedigung neuer Bedürfnisse sich durch die Differenzierung des Produktions- und Verteilungssystems vergrößert.

---

[1] Vgl. BÜSCHER, H., Solidarische Selbsthilfe ... a.a.O., S. 57.
[2] Vgl. ebenda S. 57.
[3] Vgl. ebenda S. 57f.
[4] Ebenda S. 57f.
[5] Vgl. ebenda S. 58f.

b) daß ein Handlungsspielraum vorliegt, der für individuelles Handeln zu eng, für solidarische Selbsthilfe jedoch groß genug oder vergrößerungsfähig (z.B. durch Hilfe zur Selbsthilfe) ist,

c) daß im höheren Systembereich die Differenzierung insoweit begrenzt bleibt, als eine übergeordnete soziale Institution entweder (noch) nicht vorhanden oder aber nicht fähig oder auch nicht willens zur Hilfe „von oben" ist,

d) daß der einzelne Akteur Zugang zu neuen Informationen bekommt, vor allem über die Idee der solidarischen Selbsthilfe und darüber, daß es andere Menschen in vergleichbarer Lebenslage gibt.

3. Für den Bereich des *Personal*systems impliziert die Differenzierung für ein Individuum,

a) daß die informationale Dimension der internen psychischen Struktur des Menschen insoweit einem Wandel unterzogen ist, als der Akteur die obengenannten Umweltveränderungen bewußt wahrnimmt,

b) daß die motivationale Dimension sich so erweitert und wandelt, daß der Akteur erstens sich die Bedürfnisse, die durch solidarische Selbsthilfe befriedigt werden sollen, zu eigen macht und ihre Befriedigung als legitimes Ansinnen betrachtet, zweitens die Motivation ausbildet, den wahrgenommenen Handlungsspielraum durch eigenes, kooperatives Handeln zu nutzen, und drittens die kompetenzmotivierte Überzeugung gewinnt, daß solidarisches Handeln eine Verbesserung der Lebenslagen herbeiführen kann.

Da solidarische Selbsthilfe nicht nur die Handlungsbereitschaft eines einzelnen Individuums, sondern einer Gruppe von Akteuren voraussetzt, führt Büscher als zusätzliche Voraussetzung an [1],

---

[1] Vgl. BÜSCHER, H., Solidarische Selbsthilfe ... a.a.O., S. 59.

1. daß eine genügend große Zahl der potentiellen Gruppenmitglieder die solidarische Selbsthilfe als positiv bewertet und zu ihrer Annahme bereit ist,

2. daß dies allen potentiellen Mitgliedern bekannt ist und

3. daß unter den potentiellen Gruppenmitgliedern gegenseitiges Vertrauen herrscht.

Die *Kraft*, die auf diese Weise aufgebaute *Handlungsbereitschaft* in die Tat umzusetzen (Handlungsvollzug), wird nach Büscher nur dann gegeben sein, wenn eine oder mehrere Personen, die zwar nicht Mitglied dieser Gruppe zu sein brauchen, aber deren Vertrauen genießen müssen, den Anstoß geben, indem sie selbst die Initiative ergreifen und die zur Gründung der Selbsthilfegruppe erforderlichen Aktivitäten ausführen. [1]

1.4. Würdigung und Schlußfolgerungen für die Erklärung der Entstehung von Selbsthilfeorganisationen in Entwicklungsländern

1.4.1. *Der Erklärungsversuch als erster Basiserklärungsansatz*

Ist man bisher der Darstellung des Erklärungsversuchs v.Brentanos und Büschers gefolgt, so dürfte es möglich geworden sein, die getroffene Auswahl nachzuvollziehen und sich die folgende Entscheidung zu eigen zu machen, ihn als einen ,,tragenden Pfeiler'' des anvisierten Erklärungs,,gerüsts'', d.h. als einen Basiserklärungsansatz zu bestimmen. So enthalten beide Komponenten des Erklärungsversuchs eine *empirische* Ausrichtung, die vor allem in der Formulierung prinzipiell falsifizierbarer Hypothesen zum Ausdruck kommt. Obwohl Büscher im Gegensatz zu v.Brentano nicht

---

[1] Vgl. BÜSCHER, H., Solidarische Selbsthilfe ... a.a.O., S. 60.

ausdrücklich auf die empirisch-theoretische Form seiner Analyse verweist, nimmt gerade bei ihm die Formulierung von Hypothesen einen beachtlichen Raum ein.

Unverkennbar ist ebenfalls das Bemühen um eine *interdisziplinäre sozial-wissenschaftliche* Analyse, die u.a. in der Wahl wirtschaftswissenschaftlicher, soziologischer und psychologischer Erklärungsansätze ihren Niederschlag findet und deren sozialwissenschaftlicher Charakter v.Brentano zwar angesichts des historischen Aspekts ihres Untersuchungsgegenstandes problematisiert und hinsichtlich der Raum- und Zeitgebundenheit ihrer Aussagen relativiert, aber prinzipiell beibehält. Da dem Untersuchungsgegenstand der vorliegenden Arbeit ebenso wie demjenigen Büschers kein vergleichbarer historischer Aspekt eigen ist, ergibt sich hier wie für Büscher nicht die Notwendigkeit der genannten Relativierung sozialwissenschaftlicher Aussagen.

Die Zurückweisung einer statischen und die Bevorzugung einer *dynamischen* Analyse, die auch in dieser Arbeit aufgrund der kausal- und interdependenzanalytischen Fragestellung für erforderlich gehalten wird, kommen im dargestellten sozioökonomischen Ansatz vor allem bei v.Brentano zum Ausdruck, wenn sie *funktionalistisch* angelegte Erklärungsansätze, wie z.B. die funktional-strukturelle Systemtheorie, die eine dynamische Analyse sehr erschweren, zur Explikation von Genossenschaftsentstehungsprozessen für unbrauchbar hält.

Hierzu stehen die systemtheoretischen Elemente innerhalb Büschers Aussagensystem insofern nicht im Widerspruch, als ihre Anwendung nicht die Einnahme der konzeptionellen Ausgangsposition funktional-struktureller oder strukturell-funktionaler Systemtheorien bedeutet, sondern sie vielmehr als *methodische* Elemente, die ein systemanalytisches Vorgehen ermöglichen — Büscher spricht in diesem Zusammenhang *nur* von der Verwendung der *Terminologie* und des *Instrumentariums* der Systemanalyse —, fungieren.

Wird der wissenschaftstheoretische Standort im dargestellten sozioökonomischen Ansatz auch nicht ausdrücklich problematisiert, so ist doch unverkennbar, daß sowohl v.Brentano als auch Büscher, ebenso wie der Verfasser, einen Ansatz verfolgen, dem die Unterscheidbarkeit von deskriptiven und normativen Aussagen zugrundeliegt und der aufgrund seines Explikationsanliegens auf *normative* Aussagen *verzichtet.*

Dies sollte jedoch nicht mit einem mangelnden Interesse an einer eventuellen Anwendung der Aussagen in der Praxis verwechselt werden. Ein solches, hier entwicklungspolitisch orientiertes Verwendungsinteresse ist, wie gezeigt wurde, zumindest bei H. Büscher unübersehbar. Doch macht er sich in diesem Zusammenhang nicht oder zumindest nicht offensichtlich die in dieser Arbeit nicht-präferierte entwicklungspolitische macro-approach-Perspektive zu eigen, so daß auch hinsichtlich dieses Aspekts der sozioökonomische Ansatz positiv zu würdigen ist.

Kam in dieser Studie durch die Grundannahme III bzw. die Voraussetzungsebene III bisher lediglich zum Ausdruck, daß der nicht-determinierte Bereich des Menschen *möglicherweise* ein Feld für SHO-Voraussetzungen bildet, so zeigen v.Brentano und — in noch deutlicherer Form — Büscher auf, daß die Entstehung von Selbsthilfeorganisationen „nicht hinreichend" erklärt werden kann, wenn man nicht auch SHO-Voraussetzungen berücksichtigt, die im voluntaristischen, nicht-determinierten Bereich des Menschen zu lokalisieren sind. [1]

Erklärt wird der voluntaristische Aspekt bei beiden Ansätzen durch das Utopie-Konzept Engelhardts. Bei v. Brentano kommt dieses Konzept vor allem dann zur Anwendung, und erhält die Voraussetzungsebene III demzufolge eine konstitutive Bedeutung für die Erklärung von SHO-Entstehungsprozessen, wenn die Autorin im Zusammenhang mit der Explikation der

---

[1] Vgl. BÜSCHER, H., Solidarische Selbsthilfe ... a.a.O., S. 46 f.

genossenschaftlichen Gründungsentscheidung herausstellt, daß Gründungspersonen „eben, *weil sie handeln"*, „leistungsorientierte" Personen sind, die
eine eher „leitbildorientierte" Grundhaltung besitzen. [1] Nur bei einer eher
auf ein Leitbild ausgerichteten Orientierung einer Person, die durch Zuversicht und Optimismus geprägt ist, wird das Erfolgsmotiv über das Mißerfolgsmotiv dominieren.

Da Büscher in Anlehnung an Gronemeyer die Auffassung vertritt, daß die
von D. v.Brentano angewandte Theorie der Leistungsmotivation in der behaviouristischen Tradition steht und die demnach davon ausgeht, daß eine
Person ihre Bedürfnisse und Motive, also auch das Leistungsmotiv, in der
Auseinandersetzung mit der sozialen Umwelt „lernt", hält er diese Theorie
zur Erklärung des nicht-determinierten Bereichs für „wenig geeignet" oder
ungenügend. [2] Von daher bedient er sich zwar wie v.Brentano des Utopie-
Ansatzes Engelhardts, hält jedoch *ihren* Versuch, diesen mit motivationstheoretischen Elementen zu verknüpfen, für „nicht recht geglückt" [3].

In der Tat tritt bei ihm der voluntaristische Bereich beim Menschen insofern viel deutlicher als Feld unverzichtbarer SHO-Voraussetzungen zutage,
als er die mit dem Utopie-Konzept erklärbare affektiv-kognitive Grundhaltung als Faktor herausarbeitet, der die Motivationsstruktur des Individuums
bestimmt. Er kennzeichnet somit diese Grundhaltung bei der Genese der
psychosozialen SHO-Voraussetzungen kausalanalytisch als der Motivations-
ausprägung vorgelagerten Einflußfaktor. Die für die SHO-Entstehung unabdingbare Leistungs- und Kompetenzmotivation kann sich – so Büscher –
nur aus einer Leitbildorientierung heraus entwickeln.

Entspricht der Erklärungsversuch v.Brentanos und Büschers mithin allen
Anforderungen, die sich aus der gewählten Form des wissenschaftlichen

---

[1] Vgl. v.BRENTANO, D., Grundsätzliche Aspekte ... a.a.O., S. 226ff.

[2] Vgl. BÜSCHER, H., Besprechung von: Brentano, D. v. ... a.a.O., S. 351.

[3] Ebenda S. 351.

Beantwortungsversuchs der Ausgangsfrage und aus den Grundannahmen dieser Arbeit herleiten, so berücksichtigt er ebenfalls weitgehend die Beschaffenheit des gewählten Untersuchungsgegenstandes. Abgesehen von dem von ihm nicht behandelten Evaluationsaspekt, entspricht sein Untersuchungsgegenstand durch die von Büscher erweiterte Ausrichtung des Erklärungsversuchs auf Selbsthilfeorganisationen, die Konzentration auf *Entstehungsvoraussetzungen* und den Sachverhalt, daß er ausdrücklich Selbsthilfeorganisationen in Entwicklungsländern mitumfaßt, in sehr vieler Hinsicht dem gewählten Analyseobjekt.

Durch die Kombination des Lebenslage-, des Handlungs- und des Utopie-Ansatzes ermöglicht dieser Erklärungsversuch grundsätzlich, sowohl die Voraussetzungsebene I (Modernisierungstheorie) in der Verbindung mit der Voraussetzungsebene II (neuere Entscheidungstheorie, Innovationstheorie, Lern- und Motivationstheorien, Theorie der relativen (sozialen) Deprivation, Theorie der Bezugsgruppen) als auch die Voraussetzungsebene III (Utopie-Ansatz Engelhardts) analytisch zu erfassen.

Der dargestellte sozioökonomische Ansatz erweist sich demnach als ein Erklärungsversuch, bei dem einerseits das Erkenntnisobjekt zwar nicht völlig mit dem vorliegenden Untersuchungsgegenstand identisch ist, sich jedoch in erheblichem Maße mit ihm deckt und der andererseits durch seine verschiedenen allgemeinen systematischen Theorieelemente einen umfassenden Rahmen für eine interdisziplinäre sozialwissenschaftliche Analyse der SHO-Entstehung in Entwicklungsländern bildet. Es dürfte daher nicht verwundern, daß vor allem deshalb der Erklärungsversuch v.Brentanos und Büschers in dieser Studie als ein „tragender Pfeiler" des erstrebten Erklärungs„gerüsts", d.h. als ein erklärungsfähiger Basiserklärungsansatz angesehen wird.

Werden folglich die Darlegungen v.Brentanos zur Unbrauchbarkeit entscheidungslogischer, funktionalistischer und rein behaviouristischer Ansätze zur Erklärung der SHO-Entstehung für ausgesprochen einleuchtend gehalten und mit ihr und Büscher die Anwendung der neueren Entscheidungstheorie, der Innovationstheorie, der Theorien der relativen (sozialen) Deprivation und der Bezugsgruppen, der Lern- und Motivationstheorien sowie des Utopie-Ansatzes Engelhardts für das vorliegende Erklärungsanliegen für fruchtbar gehalten, so heißt dies nicht, daß dieser Erklärungsversuch hier unverändert übernommen werden kann.

Eine eingehende Betrachtung des Erklärungsversuchs läßt nämlich durchaus einige Unklarheiten und Schwächen sichtbar werden, auf die Büscher zum Teil ausdrücklich verweist, ohne selber schon fertige Lösungen anbieten zu können. So kritisiert er im Hinblick auf die Erklärung der Voraussetzungsebene I (objektive SHO-Voraussetzungen) die Anwendung der Modernisierungstheorie in v.Brentanos Aussagensystem als inkonsistent. [1] Die Anwendung dieser Theorie paßt seiner Meinung nach nicht in das „individualistisch-methodologische, jegliche funktionalistisch-teleologische Denkweise strikt ablehnende Konzept" ihrer Arbeit, da „die Modernisierungstheorien anglo-amerikanischer Provenienz gerade wegen ihrer funktionalistisch-teleologischen 'Geschichtsmetaphysik' und ihrer ethnozentrischen Wertimplikationen heftiger Kritik ausgesetzt sind und heute als überwunden gelten können." [2]

Nach neueren Untersuchungen über die Modernisierungstheorie und der dabei gewonnenen Erkenntnisse [3] kann der Ethnozentrismusvorwurf Büschers als gerechtfertigt angesehen werden. Auf die Problematik des „westlich-industriellen" Ethnozentrismus [4] der Modernisierungstheorie weist

---

[1] Vgl. BÜSCHER, H., Besprechung von: Brentano, D. v. ... a.a.O., S. 351.

[2] Ebenda S. 351.

[3] Siehe hierzu u.a.: NUSCHELER, F., Bankrott der Modernisierungstheorien?, in: ders. (Hrsg.) u. Nohlen, D., Handbuch ... a.a.O., S. 197–207; BERGER, P.L., Welt der Reichen – Welt der Armen, München 1976; PREISWERK, R., Kognitive Grundlagen westlichen Handelns in der Dritten Welt, in: Peter, H.B. u. Hauser, J.A. (Hrsg.), Entwicklungsprobleme – interdisziplinär, Bern, Stuttgart 1976, S. 151–165.

[4] Fußnote siehe folgende Seite 265.

v.Brentano auch schon selber hin. [1] Doch schenkt sie dieser Problematik im weiteren Verlaufe ihrer Untersuchung wahrscheinlich deshalb keine weitere Beachtung, weil ihr die Modernisierungstheorie ausschließlich zur genaueren analytischen Erfassung eines im 19. Jahrhundert in *Europa* zu lokalisierenden *historischen* Phänomens, nämlich der Lebenslage potentieller Genossenschaftsgründer dieser Zeit dient.

Da das Untersuchungsinteresse dieser Arbeit jedoch ebenso wie das Büschers weder auf einen bestimmten Zeitabschnitt noch allein auf Europa ausgerichtet ist, sondern vielmehr auf die Situation der außerhalb Europas auf verschiedenen Kontinenten vorzufindenden Entwicklungsländer abzielt, kann das Problem des Ethnozentrismus in dieser Studie *nicht* vernachlässigt werden.

Dem zweiten Vorwurf gegenüber den Modernisierungstheorien, der sich auf deren angeblich funktionalistisch-teleologische Ausprägung bezieht, könnte der Hinweis v.Brentanos entgegengehalten werden, daß das Spektrum der Modernisierungstheorien nicht nur systemtheoretische Analysen, sondern auch neo-evolutionistische und historisch-soziologische Studien umfaßt. [2] Dieser Hinweis entkräftet aber die gezielt auf v.Brentanos Vorgehensweise gerichtete Kritik Büschers insofern nicht, als diese, wie gezeigt wurde, bei ihrer Präsentation der Modernisierungstheorie die beiden kontrastierenden Idealtypen ,,traditionale" und ,,moderne" Gesellschaft als diese Theorien charakterisierende Merkmale herausstellt und somit den strukturellen Aspekt der Modernisierungstheorien hervorhebt. Die Autorin räumt selber ein, daß es bei diesen Theorien, die, da sie historische Gesellschaften als Mischformen ,,traditionaler" und ,,moderner" Elemente ansehen, auf die Kontra-

---

Fußnote 4 von Seite 264: Unter *Ethnozentrismus* wird in der Regel eine Lehre oder Einstellung bezeichnet, die das eigene Volk (Ethnie) oder eigene Rasse, Gruppe oder Schicht mit den dazugehörigen Auffassungen, Werten, Normen etc. bewußt oder unbewußt in den ,,Mittelpunkt (Zentrum)" stellt oder anders ausgedrückt, absolut setzt. Vgl. z.B. HARTFIEL, G., Ethnozentrismus, in: ders. (Hrsg.), Wörterbuch ... a.a.O., S. 170.

[1] Vgl. v.BRENTANO, D., Grundsätzliche Aspekte ... a.a.O., S. 37.
[2] Vgl. ebenda S. 37.

stierung *dualistischer* Strukturen hinauslaufen, äußerst schwierig ist, den Modernisierungsprozeß, der zwischen Tradition und Moderne liegt, zu erfassen, d.h. Struktur- und Prozeßanalyse zu verbinden. [1] Denn — so Seibel — man beschäftigt sich hier „nicht mit Modernisierung als Prozeß", sondern stellt sogenannte „vormoderne und moderne Gesellschaften statisch-komparativ nebeneinander". [2] Gerade diese Schwierigkeit dynamischer Analyse hat die Autorin aber als Folge einer funktionalistischen Perspektive an früherer Stelle ausgewiesen.

Möchte man wie in dieser Untersuchung den eine funktionalistische und damit eher statisch orientierte Denkweise ablehnenden Erklärungsansatz v.Brentanos gemeinsam mit dem Büschers zum Analyseausgangspunkt wählen, so kann man, will man sich nicht in Widersprüche verwickeln, v.Brentano auf ihrem Weg der Erklärung der Voraussetzungsebene I nicht folgen. Unter Beibehaltung des Lebenslageansatzes gilt es demnach, als einen zweiten Basiserklärungsansatz eine Theorie zu wählen, die es erlaubt, für die Voraussetzungsebene I als Erklärungsgrundlage zu dienen.

Da Büscher in diesem Punkt v.Brentano zwar kritisiert, jedoch selber keinen Verbesserungsvorschlag macht, fehlt im dargestellten Erklärungsversuch ein Hinweis auf eine solche Theorie, dem in der weiteren Untersuchung nachgegangen werden könnte. In dieser Untersuchung wird die *Problemtheorie Seibels* als eine solche Theorie vorgestellt und gewürdigt. Auf sie wird im nächsten Kapitel (D II 2.) näher eingegangen werden.

Eine weitere Schwäche, die sich aus der Perspektive dieser Studie beim dargestellten sozioökonomischen Ansatz ergibt, ist die *Vernachlässigung* des *exogenen* Entstehungsaspekts. In diesem Zusammenhang kritisiert Büscher zwar v.Brentanos Konzentration auf die Untersuchung endogener SHO-Ent-

---

[1] Vgl. v.BRENTANO, D., Grundsätzliche Aspekte ... a.a.O., S. 38 f.

[2] SEIBEL, H.D., Struktur ... a.a.O., S. 15.

stehungsprozesse, weil so der auch historisch hochrelevante „wichtige sozialpädagogische Aspekt des Entstehungsprozesses ausgeklammert" [1] wird. Sein Versuch diesem Aspekt durch die Mitberücksichtigung der *motivationalen* Dimension bei den Voraussetzungen zur *Annahme* der Innovation „solidarische Selbsthilfe" durch potentielle SHO-Gründer Rechnung zu tragen, ist jedoch insofern unzureichend, als die Art der *Vorgehensweise exogener Anreger* dabei *nicht* erörtert wird. Hier gilt es — im nächsten Abschnitt — zu prüfen, inwieweit die in diesem Zusammenhang von Büscher ausdrücklich angesprochene Innovationstheorie einen diesbezüglichen Erklärungsbeitrag liefern kann.

Wenn wie in dieser Studie aus einer entwicklungspolitischen Perspektive heraus gerade der exogene Aspekt von SHO-Entstehungsprozessen in Entwicklungsländern im Vordergrund des Untersuchungsinteresses steht und somit der Art des exogenen SHO-Anregungsvorgehens analytische Aufmerksamkeit geschenkt wird, so deckt eine so orientierte Betrachtung des dargestellten Erklärungsversuchs vor allem hinsichtlich des *Ablaufs der einzelnen Phasen* des SHO-Entstehungs- bzw. SHO-Voraussetzungsbildungsprozesses Unklarheiten innerhalb dieses sozioökonomischen Ansatzes auf. Diese Unklarheiten liegen darin, daß, wie Büscher ausdrücklich vermerkt [2], die beiden im Erklärungsversuch zur Anwendung kommenden Ansätze der Innovations- und der neueren Entscheidungstheorie anscheinend von einer unterschiedlichen Abfolge von Wahrnehmungs- und Interessenphase bei einem Individuum ausgehen.

Ob es sich hierbei um einen Widerspruch oder eher um zwar unterschiedliche, jedoch durchaus sich ergänzende Perspektiven handelt, gilt es also ebenfalls im folgenden zu klären. Ähnlich verhält es sich mit den grundsätzlichen Ausführungen Büschers und v.Brentanos zum *innovativen* und zum *solidarischen* Aspekt des Untersuchungsgegenstandes. Auch hier stellt

---

[1] BÜSCHER, H., Besprechung von: Brentano, D. v. ... a.a.O., S. 351 f.

[2] Vgl. BÜSCHER, H., Solidarische Selbsthilfe ... a.a.O., S. 54, Fußnote 110.

sich dem kritischen Leser die Frage, ob die betreffenden Aussagen als teilweise widersprüchlich oder eher als sich ergänzend aufzufassen sind. Auch hier gilt es, Unklarheiten zu beseitigen.

Im folgenden Untersuchungsschritt sollen die angesprochenen Unklarheiten ausgeräumt und Möglichkeiten zur Behebung der erwähnten Schwächen in den Theoriebereichen gesucht werden, die vom dargestellten sozioöko-nomischen Ansatz vorgegeben werden, um so zu einer dem hier vorliegen-den Untersuchungsgegenstand entsprechenden Modifikation und Weiterent-wicklung des Erklärungsversuchs zu gelangen.

1.4.2. *Untersuchungsgegenstandsbezogene Modifikation und Weiterent-wicklung*

Die erste Modifikationsnotwendigkeit ergibt sich aus dem bei der Bestim-mung des Untersuchungsgegenstandes (Teil B) herausgestellten Tatbestand, daß die Selbsthilfeorganisationen als entwicklungspolitisches Instrument in den Entwicklungsländern nicht nur oft bekannt sind, sondern in der Regel auch offiziell politisch legitimiert sind. [1] Es ist daher unmöglich, aus einer Makro-Perspektive heraus davon zu sprechen, daß gemeinsame Selbsthilfe, die in solchen Organisationen praktiziert wird oder werden soll, in den Entwicklungsländern ein soziales Handlungsmuster darstellt, das von den allgemeinen, d.h. auch politisch, anerkannten *abweicht.*

Gerade an diesem Kriterium der Abweichung aber macht Büscher den *inno-vativen* Charakter gemeinsamer — er spricht von solidarischer — Selbsthilfe fest. Um zu vermeiden, daß man demnach allen allgemein anerkannten Selbsthilfeorganisationen den Selbsthilfecharakter abspricht, schlägt Büscher, der das aufgeworfene Problem sieht, vor, zwischen einer „originären (inno-vativen)" und einer „institutionalisierten" oder „legitimierten (habituellen)" Selbsthilfe zu unterscheiden.

---

[1] Vgl. S. 54f. dieser Arbeit.

Dieser „Lösungsvorschlag" wirkt jedoch eher wie eine Scheinlösung, läuft er doch letztlich darauf hinaus, daß Büscher angesichts von ihm selbst eingeräumter nicht-innovativer, habitueller Selbsthilfe konsequenterweise seine ganz grundsätzlich und allgemein gehaltene Kennzeichnung solidarischer Selbsthilfe als innovatives soziales Handeln zurückziehen müßte.

Ein weiteres Problem, das sich aus der Anwendung des Kriteriums der Abweichung ergibt und das Büscher allem Anschein nach nicht gesehen hat, besteht darin, daß einerseits nach seiner Definition innovativen Handelns von diesem dann zu sprechen ist, wenn ein Akteur eine Handlung das *erste Mal ausführt* und sie vom *„Standpunkt des Handelnden aus gesehen"* [1] neu ist [2], andererseits es aber denkbar ist, daß solidarische Selbsthilfe *mehrmals* von einer marginalen Gruppe als vom allgemein anerkannten Handlungsmuster *abweichende* Handlung praktiziert wird. Beim zweiten und dritten Mal wäre dieses Handeln vom Standpunkt der Akteure aus gesehen *nicht mehr neu,* ex definitione also *nicht innovativ,* obwohl wegen der unveränderten gesellschaftlichen Gesamtsituation dieses Handeln *weiterhin abweichenden* Charakter besäße.

Sucht man nach Quellen dieses Widerspruchs und des weiter oben genannten Problems der Bestimmung des Selbsthilfecharakters, so erweist sich als eine der Hauptursachen die Vermischung der zwei möglichen von Levitt genannten Innovationsbetrachtungsperspektiven. Nimmt Büscher nämlich seine Definition innovativen Handelns von Levitts zweitem Betrachtungsstandpunkt her vor — bei diesem wird etwas als Innovation bezeichnet, was von einem bestimmten *Individuum* oder einer bestimmten Gruppe zum ersten Mal getan wird —, so führt er mit dem Kriterium des „abweichenden Verhaltens" soziologische Kategorien in die Innovationsbestimmung ein, die eine gesellschaftliche Makroperspektive implizieren, die Levitts erstem Be-

---

[1] RÖPKE, J., Primitive Wirtschaft ... a.a.O., S. 75. Die Hervorhebungen stammen vom Verfasser.

[2] Vgl. BÜSCHER, H., Solidarische Selbsthilfe ... a.a.O., S. 35, der hier Röpke zitiert.

trachtungsstandpunkt — bei der Innovation als Neuheit in dem Sinne aufgefaßt wird, daß etwas bisher noch nie getan worden ist — entspricht.

Aufgrund der ausgewiesenen Widersprüche ist es verständlich, daß in dieser Studie das Kriterium der Abweichung bei der Bestimmung des innovativen Aspekts des Untersuchungsgegenstandes *keine* Anwendung findet.
Daß mit der SHO-Entstehung in Entwicklungsländern durchaus auch immer ein innovativer Aspekt verbunden ist, läßt sich nämlich ohne weiteres
allein von Büschers ursprünglich eingenommenem nicht-gesellschaftlich orien-
tiertem Innovationsbetrachtungsstandpunkt her begründen.

Beim vorliegenden Untersuchungsgegenstand handelt es sich, wie v.Brentano
in aller Deutlichkeit herausgestellt hat, *nicht* um *bereits gegebene* Selbsthilfeorganisationen, *sondern* um deren *Entstehung.* Es ist nun ausgesprochen
schwierig, in der Realität Beispiele dafür zu finden, daß ein und derselbe
soziale Akteur mit denselben Personen mehrere völlig identische Selbsthilfeorganisationen gründet, d.h. mit denselben Personen identische Selbsthilfeorganisationen mehrmals hintereinander ins Leben ruft.

Durchaus vorzufinden sind jedoch Fälle, bei denen entweder dieselbe
Person mehrere unterschiedlich ausgerichtete Selbsthilfeorganisationen gründet oder dieselbe Person — man denke zum Beispiel an einen erfolgreichen
SHO-Anreger — an verschiedenen Orten und mit unterschiedlichen Personen
denselben SHO-Typ gründet. Schließlich sei der sehr verbreitete SHO-Grün-
dungsfall erwähnt, bei der eine Person nur an der Gründung einer Selbsthilfeorganisation beteiligt ist.

Bei der Entstehung bzw. Gründung von Selbsthilfeorganisationen, dies
zeigt das skizzierte Spektrum möglicher realtypischer Gründungssituationen,
liegt folglich immer ein Handeln vor, das vom Standpunkt des Handelnden
aus gesehen in irgendeiner Hinsicht, sei es z.B. im Hinblick auf ein Ziel
oder auf die Art der Zielverfolgung, sei es im Hinblick auf die beteiligten Personen und den geographischen Kontext, *neu,* d.h. *erstmalig* ist.

Ist man mit v.Brentano der Auffassung, daß das innovative Moment beim innovativen Handeln im Handlungs*vollzug* liegt, und bedient man sich in Anlehnung an Levitt und Büscher der subjektiven Erstmaligkeit eines Handelns für ein Individuum oder einer Gruppe als Definitionsmerkmal, so läßt sich festhalten: Bei jeder endogenen oder exogenen Entstehung bzw. Gründung von Selbsthilfeorganisationen (in Entwicklungsländern) liegt stets ein grundsätzlich innovatives soziales Handeln vor, wobei der Intensitätsgrad der Neuheit eines Handelns individuell und von Situation zu Situation variiert.

Um Mißverständnisse zu vermeiden, sei hier darauf hingewiesen, daß hiermit nicht mit nur anderen Worten die These Büschers wiederholt wird, nach der solidarische Selbsthilfe immer innovatives soziales Handeln darstellt. Es kann nämlich durchaus vorkommen, daß die Gründer einer bestimmten Selbsthilfeorganisation bereits vorher in einem anderen Zusammenhang gemeinsame bzw. solidarische Selbsthilfe praktiziert haben.

Kooperatives Handeln, solidarische Zusammenarbeit, solidarische Selbsthilfe, traditionelle Selbsthilfeorganisationen, all dies ist in vielen Entwicklungsländern nicht nur bekannt, sondern erfreut sich oft (noch) eines regen Zuspruchs. Selbst ,,moderne" Selbsthilfeorganisationen sind vielen Bewohnern Afrikas, Asiens und Lateinamerikas in größerem Ausmaß bekannt, als Büscher anzunehmen scheint [1], und zahlreiche von ihnen sind bei diesen Organisationen Mitglieder. So war zum Beispiel in Obervolta ein Teil der am beobachteten SHO-Aufbauversuch Beteiligten gleichzeitig auch Mitglieder einer ,,modernen" Selbsthilfeorganisation, nämlich einer staatlich initiierten Kreditgenossenschaft.

Es geht folglich in dieser Untersuchung nicht darum, zu behaupten, daß gemeinsame bzw. solidarische Selbsthilfe als abstraktes Handlungsmuster das innovative Moment bei SHO-Entstehungsprozessen darstellt. Vielmehr

---

[1] Vgl. BÜSCHER, H., Solidarische Selbsthilfe ... a.a.O., S. 34.

wird der innovative Aspekt an dem bereits weiter oben herausgestellten Tatbestand festgemacht, daß gemeinsame Selbsthilfe nie als allgemein abstraktes Handlungsmuster vorliegt, sondern immer nur in einer *speziellen Ausprägung* anzutreffen ist, die aus der jeweiligen *konkreten* Situation, der Persönlichkeit der jeweils Beteiligten, den jeweiligen konkreten Bedürfnissen, den jeweiligen konkreten gemeinsamen Vorstellungen und Zielen resultiert.

Können Problemsituationen, Bedürfnisse und Zielvorstellungen auch häufig durchaus vergleichbar sein, so sind sie nie völlig identisch, selbst wenn allgemein gehaltene Formulierungen dies vortäuschen sollten. Diesen Sachverhalt hat vermutlich auch Büscher vor Augen, wenn er an der bisherigen Handhabe des entwicklungspolitischen SHO-Instrumentariums in Anlehnung an Bodenstedt kritisiert, daß die Zielvorstellungen der Angesprochenen in der Wirklichkeit oft von den im Endeffekt doch anders gearteten Zielvorstellungen der Selbsthilfeanreger verdrängt werden. [1]

Die *konkreten Ausprägungen* der Selbsthilfeorganisationen besitzen mithin einmaligen Charakter. In jedem konkreten Fall der *Entstehung* einer Selbsthilfeorganisation trifft man demnach insofern innovatives Handeln an, als die zu gründenden Selbsthilfeorganisationen zumindest in ihrer speziellen inhaltlichen und/oder personellen Ausprägung für die Handelnden *neu* sind.

Auch hinsichtlich des solidarischen Aspekts bei der Entstehung von Selbsthilfeorganisationen scheint wegen unterschiedlich akzentuierter Aussagen zur Solidarität bei v.Brentano und Büscher eine Präzisierung, d.h. eine Modifikation des vorgestellten Erklärungsversuchs erforderlich.

Unklarheiten ergeben sich in diesem Zusammenhang daraus, daß v.Brentano solidarisches Handeln zwar als eine wertrationale Orientierung an einem Standard relativer Autonomie ausweist, die sich in bestimmten Situationen

---

[1] Vgl. BÜSCHER, H., Solidarische Selbsthilfe ... a.a.O., S. 34.

(z.B. bei Genossenschaftsgründungen) zu einer zweckrationalen Verhaltenstendenz ausbildet, die Autorin aber im weiteren Verlauf ihrer Untersuchung nur auf die zweckrationale Komponente des Gründungshandelns näher eingeht, indem sie auf die kompetitive Motivation hinweist, die in einer integrativen Verhandlungsphase eine Rolle spielt.

Unklarheiten resultieren aber auch aus der bei Büscher gegebenen Definition solidarischer Selbsthilfe, nach der diese *gemeinsame* und nicht individuelle Selbsthilfe *ist* und durch ein Zusammengehörigkeitsgefühl der Gruppenmitglieder geprägt sein *kann,* „das aus der Erkenntnis gleichartiger individueller Lebenslagen erwächst, und dessen integrative Kraft daher über den rein zweckorientierten Zusammenhalt einer ausschließlich auf vertraglichen Abmachungen basierenden Kooperation hinausgeht." [1]

Da nach v.Brentano Solidarität als *Werthaltung* über soziale Beziehungen und Bindungen vermittelt und gelernt ist, d.h., „nicht einfach vorhanden und mehr oder weniger plötzlich verinnerlicht" ist, sondern man sie vielmehr „als das Produkt einer dynamischen Modellierung der menschlichen Selbsterfahrung durch die Umwelt, die Gesellschaft" anzusehen hat [2], könnte Büschers Definition als gelungener Versuch betrachtet werden, diese Aussage v.Brentanos auf den Fall von Selbsthilfeorganisationen hin zu präzisieren.

Denn mit dem „Zusammengehörigkeitsgefühl" der gemeinsam Handelnden hebt er offensichtlich auf die wertrationale Komponente dieses Handelns ab. Durch den Hinweis auf die Erfahrung gleichartiger individueller Lebenslagen gelingt es ihm außerdem, den von D. v.Brentano angesprochenen Aspekt der „Modellierung" von Werthaltungen durch die Umwelt im Hinblick

---

[1] BÜSCHER, H., Solidarische Selbsthilfe ... a.a.O., S. 36.
[2] v.BRENTANO, D., Grundsätzliche Aspekte ... a.a.O., S. 139.

auf die für gemeinsame Selbsthilfe als charakteristisch angenommene, im Vergleich zu anderen relativ schlechte Situation ihrer Akteure in einem ersten Schritt näher zu präzisieren.

Dennoch kann Büschers Definition in der zitierten Form nicht als Präzisierung der genannten Aussage v.Brentanos angesehen werden. Hebt nämlich v.brentano die wertrationale Komponente der Solidarität als *konstitutives* Begriffsmerkmal hervor, so stellt diese Komponente bei Büscher, bei dem solidarische Selbsthilfe durch ein Zusammengehörigkeitsgefühl gekennzeichnet werden *kann,* in diesem Kontext nur ein *mögliches* Merkmal dar. Auch mit dem in Anlehnung an Engelhardt herausgehobenen Aspekt der Ausgleichssuche, der solidarisches Handeln kennzeichnet, läßt sich die wertrationale Komponente zumindest nicht ohne weitere zusätzliche Annahmen als konstitutives Begriffsmerkmal ausweisen.

Die Aussagen v.Brentanos und Büschers zur Solidarität differieren außerdem hinsichtlich der Funktion, die sie bei der Erklärung der Untersuchungsgegenstände einnehmen. Mit dieser Feststellung sei der Tatbestand angesprochen, daß in Büschers Erklärungsansatz *implizit jeder Organisation,* die man — vor allem im entwicklungspolitischen Kontext — als Selbsthilfeorganisation bezeichnet, *solidarische Selbsthilfe zugeordnet wird,* während v.Brentano *solidarisches Handeln* für bereits bestehende Selbsthilfeorganisationen zwar als Möglichkeit nicht ausschließt, es aber als *konstitutives* SHO-Merkmal *nur* in deren *Entstehungsphase* ausweist.

Aus diesen Überlegungen sei im Hinblick auf die Entstehung von Selbsthilfeorganisation in Entwicklungsländern folgendes Fazit gezogen: unbestreitbar erfordert eine SHO-Entstehung soziale und wirtschaftliche *Vor*leistungen. Sie sind deshalb *Vor*leistungen, weil, wie v.Brentano gezeigt hat, ihnen keine vorgängigen und/oder gleichzeitig vorhandenen Gegenleistungen gegenüberstehen.

Die Erbringung solcher Vorleistungen läßt sich, so hat v.Brentano überzeugend dargelegt, mit ausschließlich auf Zweckrationalität abstellenden Ansätzen nicht erklären. Wenn wie in dieser Arbeit v.Brentano folgend dieses Handeln als „solidarisch" bezeichnet wird, kann demnach der zugrundegelegte Solidaritätsbegriff nicht auf zweckrationales Verhalten abstellen. Vielmehr wird hier in Anlehnung an v.Brentano Solidarität als „wertrationale Orientierung" aufgefaßt, die in bestimmten Situationen durchaus zweckrationale Verhaltenstendenzen mitausbilden kann.

Da *gemeinsame* Selbsthilfe nicht nur in der Entstehungsphase einer Selbsthilfeorganisation, sondern auch darüber hinaus während der ganzen Zeit ihrer Existenz praktiziert wird, *Vor*leistungen jedoch nur in der Entstehungsphase erbracht werden müssen, sei hier die Auffassung vertreten, daß die wertrationale Orientierung bei den Handelnden nach der Gründungsphase als Quelle von Handlungsimpulsen an Bedeutung verlieren, wenn nicht sogar völlig in den Hintergrund treten kann. Obwohl nicht ausgeschlossen wird, daß durch Lernprozesse oder durch Ausbildung der Solidarität als Gruppennorm in Selbsthilfeorganisationen auch über die Entstehungsphase hinaus solidarisches Handeln beobachtet werden kann, sei hier wegen der genannten Möglichkeit des — zumindest zeitweiligen — Belangloswerdens der wertrationalen Komponente davon abgesehen, gemeinsame und solidarische Selbsthilfe gleichzusetzen.

Der größeren Klarheit halber sei, anstatt von der Notwendigkeit zu sprechen, daß bei der SHO-Entstehung gemeinsame Selbsthilfe in Form solidarischer Selbsthilfe vorliegen muß, auf den Selbsthilfebegriff verzichtet und formuliert, daß bei der Entstehung von Selbsthilfeorganisationen in Entwicklungsländern *solidarisches Handeln* notwendig ist. In Anlehnung an Büscher sei hierbei solidarisches Handeln definiert als ein Handeln, bei dem man mit anderen auf ein gemeinsames Ziel hin zusammenarbeitet, wobei diese Zusammenarbeit von einem Zusammengehörigkeitsgefühl gekennzeichnet *ist* (nicht wie bei Büscher: „sein kann"!), das aus der Erkenntnis vergleichbarer individueller Lebenslagen erwächst und dessen integrative Kraft daher über den rein zweckorientierten Zusammenhalt einer ausschließlich auf vertragliche Abmachungen basierenden Kooperation hinausgeht.

Der solidarische Aspekt bei der Entstehung von Selbsthilfeorganisationen in Entwicklungsländern ist demnach nicht an der allgemeinen Beschaffenheit der in diesen Organisationen praktizierten gemeinsamen Selbsthilfe festzumachen, sondern ist vielmehr bei dem in der Entstehungsphase notwendigerweise auftretenden solidarischen Handeln zu lokalisieren.

Konnten bisher sowohl der innovative als auch der solidarische Aspekt beim Untersuchungsgegenstand präziser erfaßt werden, so ist noch keine Antwort darauf erfolgt, wie man sich bei anscheinend zum Teil divergierenden Phasenkonzepten der hier zur Erklärung mitherangezogenen neueren Entscheidungs- und Innovationstheorie den Prozeß der Entstehung einer Selbsthilfeorganisation in einer Phasenabfolge vorzustellen hat. Könnten in diesem Zusammenhang Präzisierungen gegeben werden, so ließe dies auch einen genaueren Aufschluß über das zeitliche Zusammenspiel der informationalen und motivationalen Komponente erwarten.

Unter dem Phasengesichtspunkt betrachtet wird bei v.Brentano folgender Entwicklungsablauf sichtbar: Zuerst bildet sich bei den potentiellen SHO-Gründern eine *generelle Handlungsbereitschaft* heraus. Diese entsteht — und hier greift v.Brentano vor allem auf die Theorie der relativen (sozialen) Deprivation zurück —, wenn als erstes *genossenschaftsgeeignete Bedürfnisse* vorliegen, diese dann von den Betroffenen aufgrund einer internalisierten Aufstiegsorientierung dynamisch aufgefaßt und als *legitime Interessen* erachtet werden und schließlich hinsichtlich dieser Interessen ein *ad-hoc unerfüllbares Anspruchsniveau* ausgebildet wird.

Diese generelle Handlungsbereitschaft ergibt sich nach v.Brentano — obwohl sie dies explizit nicht so formuliert — demnach aus einer „schlecht-definierten" (Problem-) Situation. In Konsequenz hierzu folgt die Autorin bei der Erklärung der sich nun anschließenden Entwicklungsetappe – sie sei hier als „zweite Phase" bezeichnet –, die in die „Genese genossenschaftsgeeigneter Zielvorstellungen" mündet, dem Phasenkonzept der neueren Entscheidungstheorie.

Dieses Phasenkonzept sieht vor, daß ein Akteur angesichts einer „schlechtdefinierten" Situation ein *Interesse* für *mögliche neue Problemlösungen* entfaltet, das in einer Suche nach neuen *Informationen* zum Ausdruck kommt (Interessenphase der neueren Entscheidungstheorie, ausgerichtet auf die informationale Dimension). Machen es die Umweltkonstellationen möglich, so nimmt der Akteur bei einem erfolgreichen Suchprozeß schließlich eine neue Problemlösung wahr (Wahrnehmungsphase der neueren Entscheidungstheorie).

Dorothee von Brentano hebt in diesem Zusammenhang hervor, daß die neue Problemlösung, bei ihr die Idee der Selbstorganisation, auf unterschiedliche Weise in das Wahrnehmungsfeld der Akteure treten kann, nämlich durch Erfinden oder durch verschiedene Formen des Auffindens.

Da die *Wahrnehmung* einer Problemlösung *nicht* mit deren *Annahme gleichgesetzt* werden kann, sind zur Erklärung des Annahmeprozesses noch weitere Angaben erforderlich. Ohne es besonders kenntlich zu machen, bedient sich v.Brentano hierzu des innovationstheoretischen Konzepts. Die neue Problemlösung wird als „Innovation" aufgefaßt, die erst dann von einem Akteur angenommen werden kann, wenn er nicht nur diese Innovation einfach zur Kenntnis nimmt, ohne deren Problemlösungsrelevanz bereits zu übersehen (Wahrnehmungsphase der Innovationstheorie), sondern für sie ein Interesse ausbildet (Interessenphase der Innovationstheorie) und sich die Innovation als relativ vorteilhaft, mit den Norm- und Wertvorstellungen vereinbar, nicht zu komplex, in begrenztem Umfang erprobbar und als vermittelbar erweist. [1]

---

[1] Vgl. S. 203 f. dieser Arbeit.

Die motivationale Dimension menschlichen Handelns, die in der neueren Entscheidungstheorie und der Innovationstheorie nach Meinung Büschers und v.Brentanos vernachlässigt wird, erfährt somit bei den bisher skizzierten Phasen keine besondere Berücksichtigung. Ausdrücklich auf diese Komponente geht die Autorin erst in ihrer letzten SHO-Entstehungsphase, der Phase des SHO-Gründungs*handelns*, ein, indem sie durch die Berücksichtigung der Theorie der Leistungsmotivation der motivationalen Dimension menschlichen Handelns in dieser letzten Phase der SHO-Entstehung eine zentrale Funktion zuspricht.

Büscher, der, wie auch in dieser Studie beabsichtigt, den Akzent seiner Untersuchung auf die Herausarbeitung der Handlungs*voraussetzungen* legt und im Gegensatz zu v.Brentano nur mehr am Rande auf das von den Voraussetzungen ermöglichte Gründungshandeln selber eingeht, legt seiner Erklärung der SHO-Voraussetzungsausbildung explizit das Phasenschema der Innovationstheorie zugrunde. [1] Hierbei betont er, daß hinsichtlich der Reihenfolge der Wahrnehmungs- und Interessenphase bei der neueren Entscheidungs- und der Innovationstheorie gegensätzliche Auffassungen vertreten werden.

Im Gegensatz zu v.Brentano spricht Büscher der motivationalen Komponente schon in einer früheren Phase der SHO-Entstehung, nämlich bei der *Ausbildung* des *Interesses* für eine *bestimmte Innovation*, erhebliche Bedeutung zu. Denn nur wenn erstens die affektiv-kognitive Grundhaltung eher leitbildorientiert ist, so daß die Motivationsstruktur sich differenzieren kann und der Akteur leistungs- und kompetenzmotiviert ist, und wenn er zweitens über den Mechanismus relativer Deprivation seine Bedürfnisbefriedigung als legitim erachtet, ist nach Büscher die motivationale Dimension des personalen Systems eines Akteurs genug differenziert, um ein *Interesse* an einer Innovation auszubilden.

---

[1] Vgl. BÜSCHER, H., Solidarische Selbsthilfe ... a.a.O., S. 54 ff und S. 58 ff.

Der für die Entwicklung eines eigenen interdisziplinären sozialwissenschaftlichen Ansatzes zur Erklärung der SHO-Entstehung in Entwicklungsländern
erforderlichen Klarheit über den dabei zugrundezulegenden Phasenablauf
kommt man einen beachtlichen Schritt näher, wenn man erkennt, daß
Büscher bei seiner Behauptung einer in der neueren Entscheidungs- und
Innovationstheorie unterschiedlichen Reihenfolge der Wahrnehmungs- und
Interessenphase implizit schwer Vergleichbares gleichsetzt.

Die Wahrnehmungs- und Interessenphase nehmen nämlich in der Innovationstheorie und der neueren Entscheidungstheorie unterschiedliche Formen
an. Wird in der Innovationstheorie von ,,Interesse" gesprochen, so ist damit das *spezielle Interesse* für eine *bestimmte Innovation* gemeint. In der
neueren Entscheidungstheorie richtet sich das ,,Interesse" hingegen *ganz
allgemein auf neue Problemlösungen, nicht aber* auf eine *bestimmte Problemlösung.* Dieses *allgemeine Interesse* an einer neuen Problemlösung löst nach
der neueren Entscheidungstheorie einen Suchprozeß aus, bei dem, erweist
er sich als erfolgreich, schließlich eine ganz bestimmte Innovation als relevante Problemlösung aus der Menge der aufgefundenen Problemlösungsmöglichkeiten ausgewählt wird.

Unterscheiden sich demnach die innovationstheoretische und die entscheidungstheoretische Interessenphase durch ihre unterschiedlichen Bezugspunkte, so differieren ihre Wahrnehmungsphasen wegen unterschiedlicher zugrun-
degelegter Wahrnehmungsbegriffe. Bedeutet in der Innovationstheorie ,,Wahr-
nehmung" nur ein bloßes Zurkenntnisnehmen der Innovation, bei dem
nach Zimmermann die Innovation möglicherweise ,,aufgrund des Phänomens
der selektiven Wahrnehmung gar nicht erst zu einer bewußten und erwägens-
werten Alternative wird" [1], so erfolgt in der neueren Entscheidungstheorie
die Wahrnehmung gerade *innerhalb* des *selektionierten* Wahrnehmungsfeldes.
Eine Neuerung wird bei letzterer aufgrund der vorangegangenen Ausbildung

---

[1] ZIMMERMANN, G., Sozialer Wandel ... a.a.O., S. 108.

eines allgemeinen Interesses an Problemlösungen und des dadurch ausgelösten Informationssuchprozesses *bewußt* wahrgenommen und *erwogen*.

Es läßt sich somit nicht von einem Widerspruch der beiden Theorien sprechen. Vielmehr legen es die skizzierten unterschiedlichen Akzentsetzungen nahe, die Möglichkeit zu prüfen, ob sich die beiden Theorien nicht eher ergänzen. Eine solche Ergänzungsmöglichkeit wird sichtbar, wenn man sich die unterschiedlichen Ausgangspositionen der beiden Theorien vergegenwärtigt. Im Gegensatz zur neueren Entscheidungstheorie betont die Innovationstheorie, die sich vor allem aus einem Interesse an gelenktem sozialen Wandeln heraus entwickelt hat, den exogenen Aspekt durch die Hervorhebung des exogenen Ursprungs von Innovationen.

Von daher geht die Innovationstheorie davon aus, daß die Innovationen exogenen Ursprungs im Rahmen eines *gelenkten* sozialen Wandels zuerst von außen in das Wahrnehmungsfeld möglicher „Adoptoren" eingebracht werden, die dann in einer zweiten Phase, der Interessenphase, die Relevanz dieser Innovation für eine Lösung eigener Probleme erkannt haben und daher sich für diese zu interessieren beginnen.

Da Büscher davon ausgeht, daß bei solidarischer Selbsthilfe die Kooperierenden sich „einen fremden Handlungsentwurf zu eigen machen" [1], verwundert seine Übernahme des innovationstheoretischen Phasenschemas nicht.

In dieser Untersuchung, die zwar schwerpunktmäßig, aber nicht ausschließlich auf die Analyse exogener SHO-Entstehung abzielt, sei eine solche Wahrnehmungsphase im innovationstheoretischen Sinne aber als eine entstehungsirrelevante Phase angesehen, die dem SHO-Entstehungsprozeß *vorgelagert* sein kann, aber nicht muß. Endogene oder exogene SHO-Entstehungsprozesse kommen nämlich durchaus auch dann in Gang, wenn *am*

---

[1] BÜSCHER, H., Solidarische Selbsthilfe ... a.a.O., S. 54.

Anfang keine Zurkenntnisnahme der SHO-Idee bzw. des SHO-Konzepts vorliegt.

Vielmehr sei in loser Anlehnung an v.Brentano als unabdingbarer Ausgangspunkt des SHO-Entstehungsprozesses die *Problemsituation* oder, anders formuliert, die Wahrnehmung einer Problemsituation als erste konstitutive Phase ausgewiesen. Diese Situation erhält als „schlecht-definierte" ihren Problemcharakter dadurch, daß bei ihr ein Akteur seine SHO-geeigneten Bedürfnisse dynamisch auffaßt, sie als legitime Interessen erachtet und hinsichtlich dieser SHO-geeigneter Interessen ein ad hoc mit habituellen Methoden unerfüllbares Anspruchsniveau ausbildet.

Diese Problemsituation ruft ein *allgemeines Interesse* an *neuen* Problemlösungen hervor (Interessenphase der neueren Entscheidungstheorie), das einen Suchprozeß nach neuen Informationen auslöst (informationale Dimension). Der SHO-Entstehungsprozeß setzt sich dann fort, wenn der Akteur im Rahmen dieses Suchprozesses die Innovation „Selbsthilfeorganisation" wahrnehmen kann und wahrnimmt, da sie ihm in nicht zu komplexer Form, mit seinen Wert- und Normvorstellungen vereinbar, in begrenztem Umfang erprobbar und vermittelbar vorliegt (Wahrnehmungsphase der neueren Entscheidungstheorie).

Im Gegensatz zu v.Brentano, aber im Einklang mit Büscher wird ferner davon ausgegangen, daß sich nun ein *spezielles,* auf die SHO-Innovation ausgerichtetes *Interesse* zur Annahme, d.h. zur Anwendung der Innovation (Interessenphase der Innovationstheorie) nur dann entwickelt, wenn die motivationale Dimension des personalen Systems aufgrund einer eher leitbildorientierten affektiv-kognitiven Grundhaltung so weit differenziert ist, daß Leistungs- und Kompetenzmotivation wirksam werden können (motivationale Dimension). An diese so die motivationale Dimension mitberücksichtigende Interessenphase schließen sich dann Bewertungs-, Versuchs- und Adoptionsphase an.

Es dürfte deutlich geworden sein, daß im Rahmen dieses Ablaufschemas, das dieser Untersuchung zugrundegelegt wird, in das die weiter unten formulierten Arbeitshypothesen über SHO-Voraussetzungen jeweils einzuordnen sind und das der in Teil E entwickelten „Erzieherischen Grundstrategie" vor allem bei ihrer dritten Phase als Basis dient [1], die Phasenkonzepte der Innovationstheorie und der neueren Entscheidungstheorie ineinander integriert werden konnten.

Die Wahrnehmungsphase der Innovationstheorie wurde als eine möglicherweise dem SHO-Entstehungsprozeß vorgelagerte Phase herausgestellt. Den unverzichtbaren Ausgangspunkt bildet hingegen die Wahrnehmung einer Problemsituation. Dieser schloß sich die Interessenphase der neueren Entscheidungstheorie an, in der ein allgemeines Interesse an neuen Problemlösungen zum Ausdruck kommt. Endet der so ausgelöste Informationssuchprozeß erfolgreich, dann nimmt der Akteur eine bestimmte neue Problemlösung, eine bestimmte Innovation wahr. Hieran knüpft wiederum die Interessenphase der Innovationstheorie an, da der Akteur nun ein spezielles, auf die wahrgenommene Innovation ausgerichtetes Interesse ausbildet.

Ist der Erklärungsversuch v.Brentanos und Büschers demnach hinsichtlich des innovativen und des solidarischen Aspekts sowie hinsichtlich des Phasenaspekts des Untersuchungsgegenstandes zur Erhöhung seines explikativen Potentials modifiziert bzw. weiterentwickelt, so bleibt abschließend noch zu prüfen, inwieweit die Innovationstheorie zur Erklärung des exogenen Aspekts, d.h. zur Erklärung der Art der Vorgehensweise exogener Anreger einen Beitrag leisten kann.

In diesem Zusammenhang interessierende Modifikationen des weiter oben vorgestellten [2] „klassischen" Konzepts der Innovationstheorie beziehen sich

---

[1] Vgl. S. 564 ff. dieser Arbeit.

[2] Vgl. S. 193 ff. dieser Arbeit.

vor allem auf die Adoptertypen und den mit ihnen eng verbundenen Diffusionsprozeß. So kommt Schönherr [1] aufgrund eigener Feldforschung zu der Erkenntnis, daß das der klassischen Adoptoreinteilung zugrundeliegende Theorem von der Verbreitung einer Neuerung über wenige Innovatoren zur Adoptorenmehrheit bis schließlich zu den wenigen Nachzüglern hin nicht in der bisherigen Form aufrechterhalten werden kann. Im Rahmen seiner empirischen Untersuchungen im rural-extension-Bereich stellt er fest: „Der Extension-Dienst, der als Zielgruppe seiner Aktivitäten die besten Bauern wählt (also die Innovatorenminderheit, Anm. d. Verf.), ist hinsichtlich des Verbreitungsprozesses agrarischer Neuerungen ineffizient." [2]

Er kann dies überzeugend damit begründen, daß

a) die besten Bauern aus Erwerbsgründen nicht an einer Verbreitung der Innovation interessiert sind,

b) zwischen dieser Bauern„elite" und den übrigen Bauern die Kommunikation grundsätzlich nicht sehr intensiv ist und

c) die Bauern„elite" für die übrigen Bauern keine relevante Bezugsgruppe im Sinne der Theorie der relativen sozialen Deprivation darstellt.

Schönherr verweist hingegen auf den in Kenia erfolgreichen Versuch, agrarische Neuerungen über die Mehrheit der Durchschnittsbauern zu verbreiten.

Hier ist die Diffusion der Neuerung sehr groß, da

a) bei den Durchschnittsbauern ein aufgrund der Innovationsübernahme erfolgreicher Statuskollege am ehesten zur Nachahmung animiert,

---

[1] SCHÖNHERR, S., Neue Extension-Methoden ... a.a.O.
[2] Ebenda S. 248.

b) die besten Bauern sehr schnell die Innovation bei den anderen registrieren und verstehen und

c) die Nachzügler eine Innovation eher von den Durchschnittsbauern als von den besten Bauern übernehmen.

Die Einführung von agrarischen Neuerungen über Durchschnittsbauern ist möglich, da bei einer solchen Art von Neuerungsverbreitung normalerweise keine Hindernisse von Seiten einflußreicher Personen in den Entwicklungsländern aufgestellt werden. Im anderen Falle ist man zur Verbreitung der Neuerung wegen des angesprochenen Machtproblems darauf angewiesen, eine ganz bestimmte Personengruppe, die Schlüsselfunktionen innehat, meist „opinion leaders" genannt, für sich zu gewinnen.

Zu einer Relativierung und Differenzierung des klassischen Adoptorschemas der Innovationstheorie gelangt Kroker. [1] Er entwickelt eine *Typologie von Landwirten,* die für einen change agent von großer Bedeutung sein kann. Der theoretische Weg zu dieser Typologie ist recht lang. Er beginnt mit einer auf der Basis des handlungstheoretischen Ansatzes von A. Schütz entwickelten psychologischen Sicht, die eine Kritik an den traditionellen Motivationstheorien beinhaltet und aus der das „antizipierte Handeln" entwickelt wird.

Nach Kroker ist dieses „antizipierte Handeln" von der Umwelt beeinflußt, so daß er unter Zuhilfenahme der regionalen Typisierung Bodenstedts glaubt, bestimmten Regionen bestimmte Typen antizipierten Handelns zuordnen zu können. Dabei berücksichtigt er beobachtbare Adoptortypen in einer Region, um dann auf Typen antizipierten Handelns zu schließen. Am Ende steht so eine Typologie von „M-Typen" (M steht für Motivation), die eine

---

[1] KROKER, L., Innovatives Handeln und Motivation, Beitrag zur interregionalen Typologie von Landwirten in Entwicklungsländern — dargestellt am Beispiel Togo, in: Breitenbach, D. (Hrsg.), SSIP-Schriften, hier: Schriften des Zentrums für regionale Entwicklungsforschung der Justus-Liebig-Universität Gießen, Band 5, Saarbrücken, 1977.

bessere Analyse der Bauernstruktur ermöglicht. Die Brauchbarkeit einer solchen Typologie in der Praxis zeigt er an einem Beispiel in Togo. Außerdem macht er wie Schönherr [1] auf unterschiedliche Innovationstypen aufmerksam. [2] Beide weisen hier — Schönherr erläutert es außerdem anhand einiger Beispiele [3] — auf die gegenseitige Abhängigkeit von Innovationstyp und Adoptertyp hin. So verbreiten sich z.B. politische Ideen oft schneller und über andere Wege als agrarische Neuerungen.

Im Hinblick auf das Vorgehen eines exogenen SHO-Anregers, in der Terminologie der Innovationstheorie als „change agent" zu bezeichnen, zeigen diese auf der Basis von Feldaufenthalten und empirischen Untersuchungen entwickelten Differenzierungen und Weiterentwicklungen des herkömmlichen innovationstheoretischen Konzepts, daß dem change agent keine allgemein anwendbaren und universell gültigen Merkmale zur inhaltlichen Bestimmung der jeweiligen Adopter — zu ihnen gehört nach Rogers auch der Innovator — und zur Bestimmung des wirksamsten Diffusionsweges zur Verfügung stehen. Vielmehr, so dürfte deutlich geworden sein, kann der change agent nur bei genauer Kenntnis des Innovationstyps und dessen Implikationen, der örtlichen bzw. regionalen sozioökonomischen, aber auch der kulturellen und politischen Verhältnisse den effizienten Diffusionsweg, die relevanten Adopter sowie die Zielgruppe seiner Anregertätigkeit bestimmen. Denn nur solche Kenntnisse ermöglichen es ihm offenbar, vor allem darüber Aufschluß zu erhalten, welche Personen in welcher Region bei welcher Innovation als Bezugsgruppe, als Gegner oder als vorbildhafter Innovator auftreten.

Dem Zusammenspiel von change agent und denjenigen Führern vor Ort, die als innovationsoffen betrachtet werden und die in der vorliegenden Studie dem weiter oben begründeten pragmatischen Ansatz [4] folgend als

---

[1] Vgl. SCHÖNHERR, S., Neue Extension-Methoden ... a.a.O., S. 245 ff.

[2] Vgl. KROKER, D., Innovatives Handeln ... a.a.O., S. 33 ff.

[3] Vgl. SCHÖNHER, S., Neue Extension-Methoden ... a.a.O., S. 146.

[4] Vgl. S. 201 dieser Arbeit.

„inoffizielle Führer'. bezeichnet werden sollen, hat in neuerer Zeit vor allem Rhie [1] eine systematische Betrachtung gewidmet. Von genaueren
Kenntnissen über dieses Zusammenspiel erwartet er sich einen Beitrag für
eine „effektive Gestaltung von Selbsthilfegruppen in Entwicklungsländern" [2].

Ausgehend von der Kleingruppentheorie und dort speziell von der Theorie
der Gruppendynamik unterscheidet er den instrumentalen (tüchtigen) und
den emotionalen (beliebten) Führer, der die Gruppennormen verkörpert.
Dem change agent weist er die Rolle des instrumentalen Führers zu, der
im Rahmen eines „Führungsdualismus" [3] mit dem emotionalen Führer gemeinsam die Innovationen in einem Dorf — Rhies Ansatz ist aus der
Perspektive des Community Development entwickelt — zu verbreiten sucht.
Die Frage des Vorgehens im einzelnen wird dann aber nicht weiter problematisiert, sondern die diesbezüglichen Bemerkungen erschöpfen sich mit
der Erwähnung allgemeiner Methoden des Community Development. Ansonsten verläßt Rhie das bisherige innovationstheoretische Gedankengebäude
nicht, bei dem der Schwerpunkt auf Informationsverarbeitung und optimalen Kommunikationswegen liegt.

Diese ausschließliche oder zumindest überwiegende Ausrichtung der Innovationstheorie auf die informationale Dimension, d.h. anders formuliert,
die Vernachlässigung der motivationalen Dimension menschlichen Handelns,
die auch von den genannten neueren Untersuchungen nicht beendet wird,
führt nach Büscher dazu, daß bei der exogenen SHO-Anregung oft folgende
„gravierende Fehler" [4] gemacht werden: [5]

1. Man schenkt den sozialen und kulturellen Entwicklungsproblemen zu
   wenig Aufmerksamkeit.

---

[1] RHIE, J.C., Community Development ... a.a.O.

[2] Ebenda, siehe Titel.

[3] Ebenda, S. 148.

[4] BÜSCHER, H., Solidarische Selbsthilfe ... a.a.O., S. 33.

[5] Vgl. ebenda S. 33f.

2. Man überschätzt den tatsächlichen Entwicklungsstand der Zielgruppen und deren Fähigkeiten zur Übernahme von Neuerungen.

3. Die Zielvorstellung der Angesprochenen, nämlich sich selbst zu helfen, wird in der entwicklungspolitischen Realität vor Ort von den andersgearteten Zielvorstellungen der Personen oder Institutionen, die Selbsthilfe ins Leben rufen wollen, verdrängt.

Neben diesen konkreten Fehlern in der Praxis wird als allgemeines Phänomen des auf die informationale Dimension abstellenden change-agent-Konzepts sichtbar, daß dieses in der Realität eine konkretisierende Umsetzung und Ausprägung nahelegt, bei welcher der change agent aufgrund seines *Informations*vorsprungs — vergleichbar einem Arzt bei einem Kranken — eine „Diagnose" [1] zu stellen und „Behandlungsziele" [2] zu formulieren hat.

Dieses vom Bewußtsein eines Informationsvorsprungs geprägte Verhalten des change agents kann in der entwicklungspolitischen Realität mit einer sachlichen und/oder auch gefühlsmäßigen Beziehung zu den Betroffenen verbunden sein. Hanel spricht dies, eine solche Haltung kritisierend, als ein „bürokratisch-administratives" bzw. „paternalistisches" Vorgehen an [3], das dem für eine effiziente SHO-Anregung erforderlichen, die Beteiligung der potentiellen SHO-Mitglieder vorsehenden „partizipatorischen" Ansatz zuwiderläuft. [4]

Neuere Untersuchungen zur Rolle von Selbsthilfegruppen im Rahmen ländlicher Entwicklungsprojekte, die von *Kirsch, Benjacov* und *Schujmann* für das International Labour Office (ILO) durchgeführt wurden [5], bestätigten diese Kritik, indem darauf hingewiesen wird, daß Selbsthilfegruppen oft

---

[1] RHIE, J.C., Community Development ... a.a.O., S. 196.

[2] Ebenda S. 196.

[3] Vgl. HANEL, A., Aspekte ... a.a.O., S. 33; d e r s., Probleme ... a.a.O., S. 133.

[4] Vgl. HANEL, A., Probleme ... a.a.O., S. 133.

[5] Fußnote siehe folgende Seite 288.

als *Ziel* und nicht als *Partner* der Entwicklungsbemühungen betrachtet werden. [1] Auch hier wird das kritisierte Vorgehen als ein „paternalistic approach" [2] bezeichnet.

Unter „Paternalismus" sei in dieser Studie eine Herrschaftsform (und/oder deren Konzeption) im nicht-familiären Bereich verstanden, bei welcher ein Herrschender eine der väterlichen Autorität entsprechende Rolle beansprucht und sich in diesem Sinne legitimiert. [3] Dieses Paternalismusverständnis, vor allem im Bereich der kirchlichen Soziallehren entwickelt, liegt offenbar auch den Ausführungen der zitierten Autoren zugrunde.

Offensichtlich geht es ihnen bei ihrer Bezeichnung des kritisierten Anregerverhaltens als „paternalistisch" darum, zum einen dem Umstand Rechnung zu tragen, daß in vielen Fällen die Haltung eines Anregers gegenüber den SHO-Betroffenen von einer für einen Vater als charakteristisch angesehenen positiven gefühlsmäßigen, den Betroffenen wohlwollenden und von Verantwortungsbewußtsein für die ihm „Anvertrauten" geprägten Einstellung gekennzeichnet ist. Zum anderen soll mit dieser Bezeichnung offenbar auf den Tatbestand hingewiesen werden, daß in der beobachtbaren Realität sehr häufig mit der Akzentuierung des informationalen Vorsprungs der change agents bei diesen ein Bewußtseinsprozeß ausgelöst wird, bei dem diese nicht nur ihres Informationsvorsprungs gewahr werden, sondern in dessen Verlauf bei den change agents oft die Überzeugung mitentwickelt wird, daß dieser Vorsprung letztlich nie völlig abbaubar sei, so daß die Beziehung zwischen ihnen und den Betroffenen schließlich die Struktur der oben definierten Herrschaftsform annimmt.

Fußnote [5] von Seite 287: KIRSCH, O.C., BENJACOV, A. und SCHUJMANN, L., The Role of Self-Help Groups in Rural Development Projects, A Project Report on Documentation Research prepared for the International Labour Office with the financial support of the United Nations Development Programme, in: Research Centre for International Agrarian Development (Hrsg.), Publication Vol. 11, Saarbrücken, Fort Lauderdale, Plantation 1980.

[1] Vgl. ebenda S. 79 ff.

[2] Ebenda S. 79.

[3] Vgl. u.a. FUCHS, W., Paternalismus, in: ders. et. al. (Hrsg.), Lexikon zur Soziologie, 2. verb. und erweit. Aufl., Opladen 1978, S. 561.

Angesichts der durch die Vernachlässigung der motivationalen Dimension bewirkten Fehler und bedingten SHO-inadäquaten technokratischen oder paternalistischen Vorgehensweise vieler change agents hat Pössinger versucht, auf der Basis langjähriger Rural-Extension-Erfahrung für den Aufbau von Genossenschaften ein effizientes Verfahren zu skizzieren. [1]

Dieses Verfahren faßt er in zwölf Punkte zusammen: [2]

1. Das Projekt darf nichts Direktes tun. Alles muß über die Landbevölkerung geschehen.

2. Der in Frage stehende Mensch muß fühlen, daß er selbst der Handelnde und nicht etwa das Objekt eines Entwicklungsplans ist.

3. Erziehung bedeutet Aufzeigen alternativer Handlungsmöglichkeiten. Hierbei muß die Freiheit der Entscheidung dadurch gewährleistet werden, daß die Alternative im Verständnisbereich der Landbevölkerung liegt, wobei die verdeckten Handlungsmöglichkeiten in von der Bevölkerung empfundene Probleme verwandelt werden müssen.

4. Der Gesprächspartner des Projekts darf nicht das Individuum sein, sondern nur die „Entwicklungseinheit", wobei letztere unterschiedliche Ausgestaltung erfahren kann (z.B. Familie, Großfamilie, Klan).

5. Die Landjugend muß als eine spezifische Entwicklungseinheit angesehen werden.

6. Die informelle Erziehung muß im Milieu der Betroffenen stattfinden.

7. Alle Pläne müssen in kurzfristige Teilpläne aufgeteilt werden.

8. Die jährlichen Arbeitspläne müssen ein Ergebnis des Dialogs zwischen Berater und Entwicklungseinheit sein.

---

[1] PÖSSINGER, H., Ländliche Genossenschaften in Angola, Ein unterbrochenes Experiment in: „africa spectrum", Deutsche Zeitschrift für moderne Afrikaforschung, 10. Jg., Heft 5, 1975, S. 233–244.

[2] Vgl. ebenda S. 236f.

9. Das Projekt muß die Kommunikationslücke zwischen dem ländlichen Milieu und der restlichen Infrastruktur schließen.

10. Das Projekt darf seine Tätigkeit nicht auf die ländliche Bevölkerung beschränken, sondern muß alle Kreise der nicht ländlichen Bevölkerung über seine Arbeit informieren, sie zum Zeugen aufrufen.

11. Die Spezialität der change agents muß „die spezifische Pädagogik der informationellen und antipaternalistischen Unterrichtung sein" [1].

12. Unverzichtbarer Bestandteil der Erziehung muß ein Kreditsystem sein.

Die Punkte 1, 2, 3 und 8 können als Versuche aufgefaßt werden, „antipaternalistische Unterrichtung" zu konkretisieren. An einer anderen Stelle seines historisch gehaltenen Projekt- und Untersuchungsberichts führt Pössinger hierzu weiter präzisierend aus:

„Man überredete nicht, man befahl nicht und man drängte nicht zur Gründung von Genossenschaften. Man ging einfach gemeinsam mit den Bauern eine Strecke Weges, besprach mit ihnen die wahrscheinliche Richtung, die Abzweigungen, die möglichen und sehr verschiedenartigen Ziele, man riet ab oder zu, vermittelte technisches Wissen und Kredit, aber es waren immer die Bauern, die letzten Endes entschieden, in welche Richtung weitergegangen werden sollte." [2]

Mit den Hinweisen auf den Verständnisbereich der Landbevölkerung (Punkt 3) und dem Milieu der Betroffenen als Ort der Anregungsbemühungen (Punkt 6) betont er die von der Innovationstheorie hervorgehobene Notwendigkeit der Kompatibilität, nicht zu großer Komplexität und der Mitteilbarkeit von Innovationen.

---

[1] PÖSSINGER, H., Ländliche Genossenschaften ... a.a.O., S. 237.
[2] Ebenda S. 233.

Die Punkte 4 und 5 geben das Bemühen wieder, hinsichtlich der in Abhängigkeit vom Innovationstyp und der gegebenen soziokulturellen Struktur variierenden Zielgruppenbestimmung für das damalige Projekt zu größerer Klarheit zu gelangen. Auch die Punkte 7, 9 und 12 sind in ihrer Formulierung von der Art des speziellen untersuchten Projekts geprägt.

Sehr grundsätzlich gehalten ist wiederum Punkt 3 des Verfahrensvorschlages, in dem Pössinger auf die Notwendigkeit verweist, verdeckte Handlungsmöglichkeiten in von der Bevölkerung empfundene *Probleme* zu verwandeln. Hier deutet sich in seinem Programm eines erfolgreichen SHO-Anregungsvorgehens eine Schwerpunktsetzung auf den Aspekt der Problemsituation an. Dies entspricht der in dieser Studie herausgestellten zentralen Bedeutung der Problemsituation und ihrer Wahrnehmung als Anfang jedes SHO-Entstehungsprozesses.

Mit der im Punkt 10 angesprochenen Zeugenschaft der zukünftigen SHO-*Nicht*mitglieder zeigt Pössinger schließlich einen Sachverhalt auf, der sich nicht nur in seiner Praxis, sondern auch bei den zitierten indonesischen Selbsthilfeförderungsbemühungen und beim beobachteten SHO-Aufbauversuch in Obervolta als für den Innovationsannahmeprozeß bedeutsamer Faktor erwiesen hat.

Werden hier die Überlegungen Pössingers auch als Aussagen aufgefaßt, welche eine fruchtbare und sehr weitgehende Modifikation des „klassischen" innovationstheoretischen Konzepts, dessen Grenzen und Schwächen deutlich geworden sein dürften, im Hinblick auf den exogenen Aspekt des vorliegenden Untersuchungsgegenstandes darstellen, so kann das Zwölf-Punkte-Programm aber nicht als fertig systematisierte, allgemein anwendbare Wiedergabe erfolgreichen SHO-Anregungsvorgehens verstanden werden. Die Untersuchungsergebnisse Pössingers unterstreichen jedoch, daß Möglichkeiten zur Weiterentwicklung des hier als ersten Basiserklärungsansatz gewählten sozioökonomischen Erklärungsversuchs v.Brentanos und Büschers hinsichtlich der Explikation des exogenen Aspekts vor allem gesucht werden müssen:

1. bei Ansätzen, die vor allem an der *motivationalen* Dimension menschlichen Entscheidungshandelns anknüpfend auch „nicht-paternalistisches" exogenes SHO-Anregungsvorgehen erklärbar machen und

2. bei Erklärungsansätzen, bei denen der Problemsituation und ihrer Wahrnehmung als Motivationsausgangspunkt eine zentrale Bedeutung beigemessen wird.

Da die motivationale Dimension des menschlichen Handelns im vorgestellten Erklärungsversuch vor allem durch den (politisch)-psychologischen Ansatz Gronemeyers eine Erklärung erfährt, dieser Ansatz jedoch von Büscher nicht im einzelnen wiedergegeben wird, soll im weiteren Verlauf dieser Untersuchung jener Ansatz noch eingehender untersucht werden (D II.3.), um bei ihm u.a. eventuelle Anknüpfungspunkte für eine erziehungswissenschaftliche Betrachtung aufzudecken, die das SHO-adäquate „partizipatorische", „nicht-paternalistische" Anregungsvorgehen, welche die psychomotivationalen Faktoren bei den Betroffenen ausdrücklich mitberücksichtigt, erklären könnte.

Bevor dies jedoch im übernächsten Kapitel geschieht, seien hier abschließend als erste Elemente des eigenen interdisziplinären sozialwissenschaftlichen Ansatzes zur Erklärung der SHO-Entstehung in Entwicklungsländern diejenigen Aussagen über die SHO-Entstehung in Form von Arbeitshypothesen aufgeführt, die sich aus der Übernahme, der Modifikation und der Weiterentwicklung des dargestellten sozioökonomischen Erklärungsversuchs ergeben.

1.4.3. *Arbeitshypothesen zur Entstehung von Selbsthilfeorganisationen in Entwicklungsländern*

Da in dieser Studie im Einklang mit Büscher der Untersuchungsakzent auf die Analyse von allgemeinen SHO-*Voraussetzungen,* die das *Wirksamwerden* von SHO-*Ursachen ermöglichen,* gelegt wird, steht folglich eine Betrachtung der SHO-Ursachen nicht im Vordergrund. Dorothee v. Brentano versucht hingegen, bei der Behandlung der genossenschaftlichen Gründungsentscheidung auch die Ursachenkomponente einer systematischen Erklärung anzuführen. Völlig überzeugend wirkt dieser Versuch jedoch nicht, weil einerseits bedingt durch die schwerpunktmäßige Anwendung der Leistungsmotivationstheorie der als mögliches Ursachenfeld in Frage kommende voluntaristische Bereich beim Menschen, wie Büscher zeigt, vernachlässigt wird, andererseits die Autorin den inneren Anreiz des Erfolgs nur als *möglicherweise,* nicht jedoch als zwingend handlungsauslösend darstellt, womit dieser Anreiz nur eventuell zur Mitursache wird, ansonsten jedoch eher als Voraussetzung anzusehen ist. [1]

Wegen dieses Untersuchungsakzents sind die zentralen Arbeitshypothesen dieser Studie auf die Wiedergabe von *Voraussetzungen* hin angelegt. Bei diesen können komplexe und weniger komplexe Voraussetzungen, letztere gehen in den zuerstgenannten in der Regel auf, unterschieden werden. Bei v. Brentano zum Beispiel endet die erste SHO-Entstehungsphase in der Ausbildung einer „generellen Handlungsbereitschaft" [2] (zur Befriedigung des ad hoc unerfüllbaren Anspruchsniveaus), bei Büscher bilden alle psychosozialen Voraussetzungen zusammen schließlich eine (zuerst individuelle, dann gemeinsame) „Handlungsbereitschaft" [3] (zur solidarischen Selbsthilfe) aus. Als weitere komplexe Voraussetzung nennt Büscher in Anlehnung an Schumpeter die *Kraft,* die zuletztgenannte Handlungsbereitschaft in die Tat umzusetzen.

Die zitierten komplexen SHO-Voraussetzungen beziehen sich auf den personalen Bereich. Im Umweltbereich ließe sich als Beispiel einer komplexen Voraussetzung die von Büscher als grundlegende Bedingung genannte „Dif-

---

[1] Vgl. v. BRENTANO, D., Grundsätzliche Aspekte ... a.a.O., 4. Teil, Kapitel V und VI.
[2] Vgl. ebenda S. 201 f.
[3] Vgl. BÜSCHER, H., Solidarische Selbsthilfe ... a.a.O., S. 59.

ferenzierung des Umweltsystems" nennen. Betrachtet man die genannten komplexen SHO-Voraussetzungen des personalen Bereichs genau, so sieht man, daß es sich bei ihnen um *psychische Dispositionen* handelt, sei es, wenn von Handlungs*bereitschaften,* sei es, wenn von einer *Fähigkeit,* nämlich der *Kraft* zur Tat, gesprochen wird.

Daß es sich bei Dispositionen oft um komplexe Gefüge handelt, wurde bereits weiter oben festgestellt. [1] Brezinka weist darauf hin, daß es auch einfachere Dispositionen gibt, die als Voraussetzungen komplexerer Dispositionen fungieren. [2] Denn:

„Es gibt Fundierungs- und Abhängigkeitsbeziehungen zwischen verschiedenen Dispositionen in dem Sinne, daß komplexere Erlebnis-, Verhaltens- oder Leistungsbereitschaften nur dann entstehen können, wenn einfachere bereits erworben sind. So setzt zum Beispiel die Fähigkeit zum Multiplizieren die Fähigkeit des Addierens voraus." [3]

Da in der vorliegenden Untersuchung besonders dem exogenen und d.h., wie gezeigt, vor allem dem erzieherischen Aspekt bei der SHO-Entstehung nachgegangen werden soll und erzieherisches Handeln als auf psychische Dispositionen ausgerichtetes soziales Handeln herausgestellt wurde, erscheint es für die weitere Analyse fruchtbar, im *personalen* Bereich vor allem bei der Wiedergabe komplexer SHO-Voraussetzungen, wenn möglich, mit der Dispositionskategorie zu arbeiten.

Hiergegen könnte aus einer empirischen Perspektive eingewandt werden, daß psychische Dispositionen, wie z.B. Twardy betont [4], „hypothetische Konstrukte" sind, die sich einer *direkten,* intersubjektiv überprüfbaren Beobachtung entziehen und somit die Falsifizierung auf sie ausgerichteter Hypothe-

---

[1] Vgl. S. 40 dieser Arbeit.

[2] Vgl. BREZINKA, W., Grundbegriffe ... a.a.O., S. 121.

[3] Ebenda S. 121.

[4] Vgl. S. 132 dieser Arbeit.

sen erschweren. Dieser Feststellung sei nicht widersprochen, jedoch der Hinweis hinzugefügt, daß dies nicht heißt, daß ihre Beobachtung grundsätzlich unmöglich ist. Die Bildung von *Indikatoren* [1] erlaubt es durchaus, sie *indirekt* zu beobachten und für die betreffenden Hypothesen eine Falsifizierungsmöglichkeit zu eröffnen, so daß der genannte Einwand hier nicht als Ablehnungsgrund wirksam wird.

In Anlehnung an Büscher sei deshalb als „oberste" SHO-Voraussetzung im *personalen Bereich* (Voraussetzungsebenen II und III) bei den potentiellen SHO-Mitgliedern ein Dispositionsgefüge ausgewiesen, das durch folgende zwei Komponenten gekennzeichnet ist:

1. der „Handlungs*bereitschaft* zur Gründung einer Selbsthilfeorganisation",

2. der „*Kraft* zur Gründung einer Selbsthilfeorganisation".

Die bei der Bestimmung des Untersuchungsgegenstandes herausgestellten implizierten psychischen Dispositionen gemeinsamer Selbsthilfehandlungen sowie der modifizierte und weiterentwickelte Erklärungsversuch v.Brentanos und Büschers ermöglichen es, die erste Komponente des genannten Dispositionsgefüges näher zu bestimmen. Die betreffende Arbeitshypothese lautet:

Arbeitshypothese 1:
Eine Handlungsbereitschaft zur Gründung einer Selbsthilfeorganisation kann sich nur dann bilden, wenn bei den potentiellen SHO-Mitgliedern folgende fünf psychische Dispositionen gegeben sind: *Selbstbewußtsein, Selbstvertrauen, Selbstverantwortungsbewußtsein, Bereitschaft zur Selbstbestimmung* und die *Bereitschaft zu innovativem solidarischen Handeln.*

Zum Bedeutungsfeld der vier zuerstgenannten Dispositionen sei auf diesbezügliche Ausführungen an früherer Stelle verwiesen. [2] Die Bereitschaft zu innovativem solidarischen Handeln sei in Anknüpfung an die weiter oben

---

[1] Vgl. hierzu den Evaluierungsteil E dieser Arbeit, vor allem E. 3.2.

[2] Vgl. S. 38 ff. dieser Arbeit.

getroffenen Feststellungen [1] als eine psychische Disposition aufgefaßt, nach der man bereit ist, mit anderen im Hinblick auf ein gemeinsames Ziel zusammenzuarbeiten, wobei erstens diese Zusammenarbeit von einem Zusammengehörigkeitsgefühl gekennzeichnet ist, das aus der Erkenntnis vergleichbarer individueller Lebenslagen erwächst und dessen integrative Kraft daher über den rein zweckorientierten Zusammenhalt einer ausschließlich auf vertragliche Abmachungen basierenden Kooperation hinausgeht, und zweitens eine solche Zusammenarbeit in inhaltlicher und/oder personeller Hinsicht von den potentiellen Akteuren zum ersten Mal praktiziert wird. Bezogen auf die SHO-*Entstehungs*phase bedeutet der solidarische Aspekt, daß diese Disposition eine Bereitschaft zur Erbringung von sozialen und wirtschaftlichen Vorleistungen mitumfaßt.

Im weiter oben dargestellten Erklärungsversuch wurde aufgezeigt, daß zwischen der Herausbildung solcher Fähigkeiten und Bereitschaften und der Motivationsstruktur des personalen Systems, das wiederum von einer affektiv-kognitiven Grundhaltung bedingt ist, kausale Zusammenhänge bestehen. Büscher wies hierbei zwar darauf hin, daß in der Realität rein leitbildorientierte oder rein weltbildorientierte Grundhaltungen nicht vorzufinden sind, problematisierte aber im folgenden die für eine sehr stark ausgeprägte Weltbildorientierung charakteristischen Ohnmachts- und Apathiephänomene, die bei den Zielgruppen entwicklungspolitischer SHO-Aufbaubemühungen sehr häufig zu konstatieren sind.

In der vorliegenden Studie sei in diesem Zusammenhang von einer „quasi-totalen" Weltbildorientierung der betreffenden Personengruppe gesprochen. Hierbei wird eine affektiv-kognitive Grundhaltung dann als „quasi-total" weltbildorientiert aufgefaßt, wenn in ihr die Weltbildelemente mindestens 95% der Gesamthaltung ausmachen.

---

[1] Vgl. S. 268—276 dieser Arbeit.

Auf diesem Hintergrund läßt sich als *Grundvoraussetzung* der Ausbildung der genannten fünf psychischen Dispositionen folgendes festhalten:

Arbeitshypothese 2:
Selbstbewußtsein, Selbstvertrauen, Selbstverantwortungsbewußtsein, eine Bereitschaft zur Selbstbestimmung und eine Bereitschaft zu innovativem solidarischen Handeln können sich nur dann ausbilden, wenn der betreffende Akteur eine affektiv-kognitive Grundhaltung besitzt, die nicht quasi-total weltbildorientiert ist und somit bei diesem Leistungs- und Kompetenzmotivation ermöglicht.

Neben dieser Grundvoraussetzung für alle fünf psychischen Dispositionen zeigt die bisherige Untersuchung außerdem Voraussetzungen auf, die speziell einer Disposition oder nur zwei bzw. drei von ihnen zuzuordnen sind. So ist bei der Entwicklung einer Bereitschaft zu innovativem solidarischem Handeln die zentrale Bedeutung der Problemsituation und ihrer Wahrnehmung sichtbar geworden. Als eine von mehreren Bedingungen zur Ausbildung dieser Dispostion ließe sich somit festhalten:

Arbeitshyspothese 3:
Eine Bereitschaft zu innovativem solidarischem Handeln wird sich nur dann ausbilden können, wenn potentielle Akteure eine Situation *als Problemsituation ansehen.*

Daß eine Situation als problematisch angesehen wird, darauf wird von Büscher und v.Brentano übereinstimmend hingewiesen, setzt, da hier ein mit herkömmlichen Methoden ad hoc unerfüllbares Anspruchsniveau vorliegt, voraus, daß der betreffende Akteur vorher bestimmte Bedürfnisse als legitime Interessen auffaßte, deren Verfolgung in der Problemsituation mit herkömmlichen Methoden nicht gewährleistet werden kann. Beide Autoren verweisen hierbei darauf, daß die Ausbildung eines legitimen Interesses im Rahmen einer relativen sozialen Deprivation erfolgt. So läßt sich als weitere Voraussetzung für die Bereitschaft zu innovativem und solidarischem Handeln formulieren:

Arbeitshypothese 4:

Eine Bereitschaft zu innovativem solidarischem Handeln wird sich nur dann ausbilden können, wenn der betreffende soziale Akteur im Vergleich zu einer relevanten Bezugsgruppe angesichts einer Situation relativer sozialer Deprivation bestimmte *Bedürfnisse* empfindet, die er aus seiner subjektiven Sicht als *berechtigte Interessen* ansieht.

Hinsichtlich der *Wahrscheinlichkeit,* daß sich diese Bereitschaft auch tatsächlich entwickelt *und* in die Tat umgesetzt wird, hat Büscher seine relevanten Untersuchungsergebnisse in zwei Hypothesen zusammengefaßt, die hier als Arbeitshypothesen übernommen werden:

Arbeitshypothese 5:

„Die Wahrscheinlichkeit, daß ein sozialer Akteur einen als relative Deprivation wahrgenommenen intrapersonalen Konflikt durch innovatives Handeln zu lösen versucht, ist am größten bei progressiver Deprivation, am geringsten bei Abnahmedeprivation." [1]

Arbeitshypothese 6:

„Die Wahrscheinlichkeit, daß ein sozialer Akteur einen als relative Deprivation wahrgenommenen intrapersonalen Konflikt durch innovatives soziales Handeln zu lösen versucht, ist umso größer,

(a) je höher die Intensität der relativen Deprivation ist,

(b) je größer der vom Akteur wahrgenommene Handlungsspielraum und die Menge der ihm auf Grund seiner sozialen Position zur Verfügung stehenden Leistungsmittel sind,

(c) je mehr die affektiv-kognitive Grundhaltung des Akteurs von Elementen der Leitbildorientierung geprägt ist, und je stärker infolgedessen der Akteur in seiner Motivation differenziert und — im Blick auf relevante Bezugsgruppen — aufstiegsorientiert ist." [2]

---

[1] BÜSCHER, H., Solidarische Selbsthilfe ... a.a.O., S. 51.

[2] Ebenda S. 51.

Wird nach Ablauf dieser Prozesse im personalen System eine schlechtdefinierte Situation, eine Problemsituation, festgestellt, so setzt ein Suchprozeß nach neuen Informationen ein. Nur dann, wenn dieser Suchprozeß erfolgreich ist und der soziale Akteur die Innovation, hier die „Selbsthilfeorganisation", einen objektiven SHO-Handlungsspielraum und Personen in vergleichbarer Lebenslage wahrnimmt, kann sich bei ihm die genannte Handlungsbereitschaft ausbilden. Diese Erkenntnisse über weitere Voraussetzungen dieser Dispostion seien in folgenden Arbeitshypothesen wiedergegeben:

Arbeitshypothese 7:
Eine Bereitschaft zu innovativem solidarischem Handeln wird nur dann entstehen können, wenn die betreffende Person die neue *Information* bzw. eine *Innovation* – hier die „Selbsthilfeorganisation" zumindest in ihrer speziellen inhaltlichen und/oder personellen Ausprägung – *wahrnimmt.*

Arbeitshypothese 8:
Eine Bereitschaft zu innovativem solidarischem Handeln kann sich nur dann bei einem sozialen Akteur ausbilden, wenn *er wahrnimmt,* daß *objektiv* die *Möglichkeit* (der *Handlungsspielraum*) für *solidarisches Handeln gegeben* ist.

Arbeitshypothese 9:
Eine Bereitschaft zu innovativem solidarischem Handeln wird sich bei einem sozialen Akteur nur dann ausbilden können, wenn er *wahrnimmt,* daß es noch *andere* Menschen gibt, die sich in einer *vergleichbaren Lebenslage* befinden.

Psychologische Erkenntnisse zum Prozeß der Wahrnehmung, die, wie an früherer Stelle gezeigt, in die neuere Entscheidungstheorie Eingang gefunden haben, und die von der Innovationstheorie herausgehobene Notwendigkeit der Kompatibilität von Innovationen mit bestehenden Norm- und Wertvorstellungen legen es nahe, die Arbeitshypothese 7 folgendermaßen zu ergänzen:

Arbeitshypothese 10:

Die Wahrnehmung einer neuen Information bzw. einer Innovation ist umso wahrscheinlicher und umso intensiver, je größer die gedankliche Nähe von Vergangenheitserfahrungen, in sozialer Interaktion vermittelter Wertungen und Zukunftserwartungen zur Innovation ist.

Vor allem Büscher hat im Einklang mit innovationstheoretischen Erkenntnissen darauf hingewiesen, daß zur Annahme einer Innovation nicht allein ein vor allem im motivationalen Bereich verankertes *Interesse* an ihr ausreicht, sondern noch weitere Bedingungen erfüllt sein müssen. Diese Bedingungen stellen weitere Voraussetzungen einer Bereitschaft zu innovativem solidarischem Handeln dar:

Arbeitshypothese 11:

Eine Bereitschaft zu innovativem solidarischem Handeln kann sich nur dann ausbilden, wenn

a) die Individuen Vertrauen in den Informanten haben [1],

b) sie trotz der von ihnen zu erbringenden Vorleistungen langfristig einen relativen Vorteil für sich von der Innovation — hier der Selbsthilfeorganisation zumindest in ihrer speziellen inhaltlichen und/oder personellen Ausprägung — erwarten,

c) die Innovation — hier das SHO-Konzept zumindest in seiner speziellen Ausprägung vor Ort — nicht den Erfahrungs- und Wertvorstellungen der Individuen total zuwiderläuft und

d) die Innovation ihnen nicht zu kompliziert, unverständlich und ohne Möglichkeit von Teilerfahrungen gegenübertritt.

---

[1] Hierauf hat in neuerer Zeit im Zusammenhang mit der Genossenschaftsaufbau- und -förderungspolitik in Entwicklungsländern Kuhn aufmerksam gemacht. Vgl. KUHN, J., Aspekte ... a.a.O., S. 43 f.

Die Bereitschaft zu innovativem solidarischem Handeln muß, so stellt Büscher heraus, wenn sie schließlich in tatsächliches Handeln umschlagen soll,
nicht nur bei einem einzigen Individuum, sondern bei einer *Gruppe* gegeben sein. Was jeweils als die zur Erreichung des gewählten Handlungszieles
erforderliche Mindestgröße einer Gruppe anzusehen ist, bestimmt sich nach
Art und Umfang des Ziels. Beim Handlungsziel „Selbsthilfeorganisation"
läßt sich diese Frage ebenfalls nur ausgehend von Art und Umfang des
durch gemeinsame Selbsthilfe angestrebten Ziels beantworten. Festzuhalten
bleibt:

Arbeitshypothese 12:
Die Bereitschaft zu innovativem solidarischem Handeln kann nur dann dieses Handeln tatsächlich ermöglichen, wenn sie bei der Mindestanzahl von
Individuen gegeben ist, die sich aus Art und Umfang des anvisierten Handlungsziels ergibt.

Auch wenn diese Handlungsbereitschaft bei der erforderlichen Mindestzahl
von Individuen gegeben ist, bedeutet dies noch nicht, daß nun das innovative solidarische Handeln zwangsläufig einsetzt. Vielmehr muß die weitere
Voraussetzung erfüllt sein, daß dieser Mindestanzahl, sofern sie nicht ausnahmsweise alle Mitglieder einer SHO-Gründungsgruppe umfaßt, Entscheidungsmacht eingeräumt wird. Hierbei spielt — v.Brentano und Büscher
problematisieren diesen Punkt nicht — das jeweils herrschende Normensystem
eine wichtige Rolle. So kann der betreffenden Personengruppe nach ihrer
Größe (z.B. beim Mehrheitsprinzip) und/oder nach ihrer personellen Zusammensetzung (z.B. anerkannte Führer) Entscheidungsmacht eingeräumt
werden. [1] Demnach gilt:

Arbeitshypothese 13:
Sofern die durch Zielart und Zielumfang bedingte Mindestanzahl von Trägern der Disposition zu innovativem solidarischem Handeln nicht alle Mitglieder einer SHO-Gründungsgruppe umfaßt, kann deren Handlungsbereit-

---

[1] Vgl. hierzu vor allem D.II.2.

schaft nur dann ein innovatives solidarisches Handeln der Gesamtgruppe ermöglichen, wenn dieser speziellen Personengruppe dem jeweiligen kulturellen Verständnis entsprechend, sei es aufgrund der Größe (z.B. beim Mehrheitsprinzip), sei es aufgrund ihrer personellen Zusammensetzung (z.B. anerkannte Führer), Entscheidungsmacht eingeräumt wird.

Neben dem Vertrauen zwischen potentiellen Innovationsübernehmern und Informanten, das Büscher hervorhebt und dessen empirischer Erfassung im Teil E dieser Untersuchung neben anderem näher nachgegangen wird, muß – so hat nicht zuletzt der eigene Feldaufenthalt erwiesen – auch das Vertrauen innerhalb der Gruppe der potentiellen Innovationsanwender als unabdingbarer Faktor bei der Herausbildung der genannten Handlungsbereitschaft in Rechnung gestellt werden.

Daher gilt:
Arbeitshypothese 14:
Eine Bereitschaft zu innovativem solidarischem Handeln kann sich nur dann bei sozialen Akteuren ausbilden, wenn zwischen ihnen *gegenseitiges Vertrauen* herrscht.

Ein weiterer Aspekt, der von Büscher und v.Brentano nicht problematisiert wurde, der jedoch hier in der Tradition der von ihnen angewandten Innovationstheorie herausgehoben werden soll, ist der Einfluß der „inoffiziellen Führer". Diese „inoffiziellen Führer", so zeigt die Innovationstheorie, so zeigen beispielsweise aber auch die zitierten Praxiserfahrungen in Indonesien und Obervolta, erweisen sich als besonders innovationsoffene Persönlichkeiten. Daß dies im Rahmen eines SHO-Entstehungsprozesses von den anderen potentiellen Innovationsanwendern wahrgenommen und gewürdigt wird, belegt Pössinger für den von ihm untersuchten Fall eines SHO-Entstehungsprozesses in Angola. Stammten in diesem Prozeß „die ersten Präsidenten aus der Schicht der Personen der von den Portugiesen anerkannten sogenannten 'traditionellen Hierarchie', (so) wurden die neuen schon recht bewußt *nach ihren Fähigkeiten* gewählt."[1]

---
[1] Fußnote siehe folgende Seite 303.

Eingedenk des erwiesenen Einflusses dieser inoffiziellen Führer scheint folgende Arbeitshypothese begründet:

Arbeitshypothese 15:
Der Abstimmungsprozeß in einer Gruppe wird um so schneller positiv für eine Neuerung verlaufen, je schneller die inoffiziellen Führer und je mehr von ihnen von der Innovation überzeugt sind.

Büscher hebt in diesem Zusammenhang beim Abstimmungsprozeß in der Gruppe der potentiellen Innovationsanwender mehr den informationalen Aspekt hervor und betont die Notwendigkeit, daß alle potentiellen Innovationsanwender über die Innovation informiert sein müssen. Sich seinem Untersuchungsergebnis anschließend gilt hier:

Arbeitshypothese 16:
Die Bereitschaft einer Gruppe zu innovativem und solidarischem Handeln wird dann schneller und intensiver erreicht, wenn *alle* potentiellen Innovationsanwender über die Innovation — hier die Selbsthilfeorganisation zumindest in ihrer inhaltlichen und/oder personellen Ausprägung — informiert sind.

Als weiteren diesen Abstimmungsprozeß beeinflussenden Faktor hat sich in der entwicklungspolitischen Praxis, wie u.a. Pössinger aufzeigt, die Nichtinformiertheit bzw. Informiertheit, „Zeugenschaft", aller potentiellen SHO-Nichtmitglieder erwiesen. Demzufolge sei als vorläufig letzte diesem Problemkomplex gewidmete Arbeitshypothese formuliert:

Arbeitshypothese 17:
Der Abstimmungsprozeß in einer Gruppe wird um so schneller positiv für eine Neuerung verlaufen, je mehr potentiell von einer Innovation *mitbetroffene,* zukünftig außerhalb der Gruppe der Innovationsanwender befindliche Personen — hier zukünftige SHO-Nichtmitglieder — des sozialen Um-

---

Fußnote [1] von S. 302: PÖSSINGER, H., Ländliche Genossenschaften ... a.a.O., S. 240; Hervorhebungen und Klammerergänzung stammen vom Verfasser.

feldes, vor allem Familienmitglieder (Ehemann bzw. Ehefrau, Junge, Alte) in den Informations- und Kommunikationsprozeß *einbezogen* sind und dabei eine *positive* Haltung gegenüber der Neuerung entwickeln.

Aus dem Erklärungsverusch v.Brentanos und Büschers und seiner weiter oben vollzogenen Modifikation und Weiterentwicklung ergeben sich nicht nur die zuletzt genannten Aussagen (Arbeitshypothesen 3—17) zur Herausbildung der Bereitschaft zu innovativem solidarischen Handeln, sondern auch zwei relevante Aussagen zu Voraussetzungen der Herausbildung von Selbstverantwortungsbewußtsein und der Bereitschaft zur Selbstbestimmung.

So weist die Arbeitshypothese 8 auf einen Sachverhalt hin, ohne den auch die Ausbildung von Selbstverantwortungsbewußtsein und einer Bereitschaft zur Selbstbestimmung nicht möglich ist. Die betreffende Arbeitshypothese lautet:

Arbeitshypothese 18:
Selbstverantwortungsbewußtsein (bezogen auf die Verbesserung der eigenen Lebenslage) und die Bereitschaft zur Selbstbestimmung werden sich nur dann bei potentiellen SHO-Mitgliedern ausbilden können, wenn sie das *objektive Vorliegen* eines *Handlungsspielraumes* für *Selbsthilfe wahrnehmen.*

Erforderlich zur Ausbildung dieser Dispositionen ist außerdem, so hat Büscher herausgearbeitet, daß „von oben" keine Hilfe erwartet werden kann oder erwartet wird. Demnach gilt:

Arbeitshypothese 19:
Selbstverantwortungsbewußtsein (bezogen auf die Verbesserung der eigenen Lebenslage) und die Bereitschaft zur Selbstbestimmung werden sich nur dann bei potentiellen SHO-Mitgliedern ausbilden können, wenn sie die *Nicht-Existenz* einer übergeordneten sozialen Institution bzw. deren *Unfähigkeit* oder *mangelnden Willen,* ihnen bei der Verbesserung ihrer Lebenslage *zu helfen, wahrnehmen.*

Alle bisherigen Aussagen (Arbeitshypothese 1–19) bezogen sich letztlich auf die erste Komponente der „obersten" SHO-Voraussetzung im personalen Bereich, die als „Handlungsbereitschaft zur Gründung einer Selbsthilfeorganisation" gekennzeichnet worden war. Die bis jetzt vorliegenden Untersuchungsergebnisse ermöglichen aber auch eine Präzisierung der zweiten Komponente der „obersten" SHO-Voraussetzung", der „Kraft zur Gründung einer Selbsthilfeorganisation".

Diese *Kraft* zur Gründung einer Selbsthilfeorganisation ist nicht von vornherein bei allen Mitgliedern einer SHO-Gründungsgruppe gegeben. Erst soziale Interaktionsprozesse, so Büscher, ermöglichen die Entwicklung auch dieser Disposition. Dies sei folgendermaßen präzisiert:

Arbeitshypothese 20:
Die Kraft zur Gründung einer Selbsthilfeorganisation wird sich bei einer SHO-Gründungsgruppe erst dann ausbilden können, wenn ein paar Gruppenmitglieder, die das Vertrauen der anderen genießen, selber mit einigen Gründungsaktivitäten, wie z.B. der Erbringung von Vorleistungen, beginnen und die Zögernden zum Mitmachen animieren.

Weniger zahlreich sind die sich aus der bisherigen Untersuchung ergebenden Aussagen zu den SHO-Voraussetzungen im *Umweltbereich* (Voraussetzungsebene I). Dies ist insofern nicht verwunderlich, als v.Brentano Umweltkonstellationen vor allem in ihrer *subjektiven* Bedeutung für potentielle SHO-Akteure problematisiert und Büscher einen ähnlichen Untersuchungsschwerpunkt setzt. Dennoch lassen sich folgende objektiven SHO-Voraussetzungen festmachen, auf deren Operationalisierung und der damit verbundenen Problematik im Teil E dieser Studie näher eingegangen wird:

Arbeitshypothese 21:
Die Entstehung einer Selbsthilfeorganisation in einem Entwicklungsland ist nur dann möglich, wenn eine Vergrößerung der Bedürfnisbefriedigungschancen stattgefunden hat oder stattfindet.

Arbeitshypothese 22:

Die Entstehung einer Selbsthilfeorganisation in einem Entwicklungsland wird erst dann möglich, wenn im Hinblick auf den vorgesehenen SHO-Zweck *objektiv* ein *Handlungsspielraum* für *solidarisches,* nicht jedoch für individuelles *Handeln* gegeben ist.

Arbeitshypothese 23:

Es kann nur dann zur Entstehung einer Selbsthilfeorganisation in einem Entwicklungsland kommen, wenn eine *übergeordnete* soziale *Institution nicht existiert* bzw. *unfähig* oder *nicht willens* ist, potentiellen SHO-Mitgliedern bei der Verbesserung ihrer Lebenslage *zu helfen.*

Arbeitshypothese 24:

Die Entstehung von Selbsthilfeorganisationen in Entwicklungsländern wird nur dann möglich, wenn potentielle SHO-Mitglieder *Zugang* zu neuen Informationen haben, insbesondere zu Informationen über die Existenz anderer Personen in vergleichbarer Lebenslage und über die Idee oder das Konzept einer inhaltlich und/oder personell speziell ausgeprägten Selbsthilfeorganisation.

Arbeitshypothese 25:

Die Entstehung einer Selbsthilfeorganisation in einem Entwicklungsland wird nur dann möglich, wenn eine Anzahl von Personen vorhanden ist, die sich in einer vergleichbaren Lebenslage befinden.

Arbeitshypothese 26:

Die Entstehung einer Selbsthilfeorganisation in einem Entwicklungsland wird nur dann möglich, wenn potentielle SHO-Mitglieder *objektiv* dazu in der Lage sind, *Vorleistungen* zu erbringen.

Weitere Aussagen über den Einfluß des Umweltbereichs auf die Entstehung von Selbsthilfeorganisationen in Entwicklungsländern werden im nächsten Kapitel von der Beschäftigung mit einem Erklärungsansatz erwartet, der an-

scheinend im Vergleich mit der von D. v.Brentano gewählten Modernisierungstheorie den Umweltbereich, und das heißt die Voraussetzungsebene I,
realitätsnäher zu erfassen vermag.

2. DER ENTWICKLUNGSSOZIOLOGISCHE UND SOZIALPSYCHOLO-GISCHE ANSATZ AM BEISPIEL DER PROBLEMTHEORIE VON H.D. SEIBEL

Der Ansatz von Hans Dieter Seibel interessiert in dieser Studie vor allem
als ein Aussagensystem, das möglicherweise die durch die Nichtübernahme
der Modernisierungstheorie entstandene Lücke (SHO-Voraussetzungsebene I)
im Fundament des angestrebten interdisziplinären sozialwissenschaftlichen
Erklärungsansatzes zu schließen vermag.

Das Interesse für ihn in der Funktion eines zweiten Basiserklärungsansatzes wird, wie bereits an früherer Stelle angedeutet, dadurch verstärkt, daß
Seibel seine ursprünglich auf „makrogesellschaftlicher Ebene" [1] entwickelte
„Problemtheorie" im Laufe der Zeit auf andere sozialwissenschaftliche Bereiche übertragen hat und dabei — vermutlich durch seine langjährigen For-
schungsaufenthalte in Afrika hierfür sensibilisiert — u.a. auch explizit den
Zusammenhang von Gesellschaftsstruktur und endogener wie exogener Entstehung von Selbsthilfeorganisationen in Entwicklungsländern problematisiert. [2]

---

[1] SEIBEL, H.D., Struktur ... a.a.O., S. 97.

[2] Vgl. hierzu vor allem SEIBEL, H.D., Voraussetzungen und Folgen ... a.a.O.

Wie zu zeigen sein wird, legt der Autor nicht nur mit seiner Problemtheorie einen Ansatz vor, der beansprucht, als eine allgemeine Struktur- und Entwicklungstheorie zu dienen, und der deshalb für die Erklärung der SHO-Voraussetzungsebene I relevant werden könnte, sondern er ermöglicht insbesondere mit seinem Ansatz einer sozialpsychologischen Rollentheorie, die sich aus einer „problemtheoretischen" Rollenanalyse ergibt, auch Erkenntnisse, die als Fortführung und Präzisierung von Aussagenelementen des modifizierten und weiterentwickelten Erklärungsversuchs v.Brentanos und Büschers aufgefaßt werden können.

Trotz seines möglichen Charakters eines Basiserklärungsansatzes fällt die Darstellung des Seibelschen Erklärungsansatzes weniger umfangreich aus als die des vorher genannten. Dies erklärt sich daraus, daß gemeinsam mit v.Brentano und Büscher den SHO-Voraussetzungen der Umwelt (SHO-Voraussetzungsebene I) für sich allein genommen keine Bedeutung für die Entstehung von Selbsthilfeorganisationen zugesprochen wird, sondern sie nur als subjektiv wahrgenommene (SHO-Voraussetzungsebene II) für entstehungsrelevant gehalten werden, so daß hierauf ausgerichtet Explikationsversuche wie die v.Brentanos und Büschers ein besonderes Gewicht im Rahmen des eigenen Ansatzes, also auch bei der Darstellung, erhalten.

2.1.   Grundlagen und Aussagen der Problemtheorie

Die Grundaussagen der Problemtheorie beziehen sich sowohl auf die „Struktur" als auch auf die „Entwicklung" von Gesellschaften. Darauf, daß beide Aspekte für die Entstehung von Selbsthilfeorganisationen von Bedeutung sind, weisen v.Brentano mit der Hervorhebung „makrostruktureller Konstellationen", welche die Lebenslage potentieller Genossenschaftsgründer beeinflussen, und Büscher mit der Betonung von notwendigen Differenzierungsprozessen im Umweltsystem hin. Da nach Seibel jede Gesellschaft eine (relativ) stabile Struktur hat und jede Gesellschaft sich verändert [1], sind insofern „Beharrung und Veränderung nur verschiedene Aspekte derselben Sache." [2]

Eine fruchtbare Gesellschaftsanalyse erfordert demnach, beide Aspekte im Rahmen einer Struktur- und Prozeßanalyse erklären zu können. Wie v.Brentano, so legt auch Seibel dar, daß funktionalistisch geprägte Theorien Veränderungsprozesse in der Gesellschaft nicht erklären. [3] In diese Kritik bezieht er die v.Brentano angesprochenen Modernisierungstheorien insofern mit ein, als er die Ansätze der bei v.Brentano zitierten Modernisierungstheoretiker als funktionalistisch ausweist. [4]

Funktionalistische Theorie – so Seibel – problematisieren und erklären nicht, „*warum* der Modernisierungsprozeß stattfindet, *was* ihn auslöst und im einzelnen prägt" [5]. Für Seibel erklärt sich dies wie bei Büscher und v.Brentano vor allem daraus, daß hier, „wie dies für den Funktionalismus typisch ist" [6], eine teleologische Vorstellung zugrunde liegt, die besagt, „daß sich das Streben nach dem modernen Gesellschaftstyp aus sich selbst erklärt, da dieser angeblich der bessere oder effizientere sei." [7]

Auf die Frage nach der Verursachung von Veränderungsprozessen antworten Funktionalisten mit dem Hinweis auf Anstöße, die „residual in der Umwelt" liegen. [8] Für Seibel heißt „residual": „Entwicklung wird eigent-

---

[1] Vgl. SEIBEL, H.D., Struktur ... a.a.O., S. 87.

[2] Ebenda S. 87.

[3] Vgl. ebenda S. 9–19.

[4] Vgl. ebenda S. 15 ff.

[5] Ebenda S. 16; die Hervorhebungen stammen vom Verfasser; die erste Hervorhebung steht im Original am Anfang des Satzes.

[6] Ebenda S. 16.

[7] Ebenda S. 16 f.

[8] Vgl. ebenda S. 88.

lich gar nicht erklärt. Wenn aber Entwicklungsprozesse anlaufen, wird spekulativ vermutet, sie seien durch Umwelteinflüsse ausgelöst worden, ohne daß die Art der Umweltfaktoren noch die Art ihrer Beeinflussung näher untersucht würden." [1]

Ein Verdienst der marxistischen Theorie, so führt Seibel bei der Prüfung verschiedener Ansätze auf ihre Fähigkeit hin, auch gesellschaftliche Entwicklungsprozesse zu erklären, aus [2], besteht darin, deutlich zu machen, daß die Ursache für gesellschaftliche Veränderungsprozesse auch im System selbst als Widersprüche in der gegebenen Struktur lokalisiert werden können. Eine solche Sicht erlaubt es, neben dem statischen Aspekt, an dem die Funktionalisten in der Regel orientiert sind, auch den dynamischen Aspekt einer Gesellschaft analytisch näher zu erfassen. Struktur, dynamisch aufgefaßt, ist so nicht auf Gleichgewicht ausgerichtet, beharrend und unveränderlich, sondern präsentiert sich als Widersprüchliches, das Veränderungsprozesse auslöst.

Als weiterer „Baustein" [3] der Seibelschen Problemtheorie enthebt der Erklärungsansatz gesellschaftlicher Entwicklungsprozesse von Arnold Toynbee [4] den Ursachenforscher insofern von der Notwendigkeit, zwischen dem von den Funktionalisten nahegelegten Entwicklungsverursacher „Umwelt" und dem von den Marxisten herausgestellten Entwicklungsverursacher „Strukturwidersprüche" entscheiden zu müssen, als bei ihm die gesellschaftliche Veränderungen auslösenden „Herausforderungen" („challenge") sowohl innerhalb als auch außerhalb der Systeme liegen können. [5]

---

[1] SEIBEL, H.D., Struktur ... a.a.O., S. 88.

[2] Vgl. ebenda S. 20—37 und S. 88.

[3] Vgl. ebenda S. 87 ff.

[4] Vgl. ebenda S. 38—56.

[5] Vgl. ebenda S. 88.

Da es Seibel jedoch nicht nur darum geht, sich in einem Veränderungsprozeß befindliche Gesellschaften soziologisch zu analysieren, sondern auch
den stationären Aspekt von Gesellschaften einer Erklärung zuführen will,
scheinen ihm vor allem Überlegungen des arabischen Historikers Ibn Chaldun und des Soziologen Max Weber für sein Vorhaben fruchtbar. [1]

In seiner auf die arabische Gesellschaft beschränkten Analyse hebt Ibn
Chaldun hervor, daß ein und dieselbe Gesellschaft unter unterschiedlichen
Umweltbedingungen, wobei „Umwelt" hier sowohl die „innere" als auch
die „äußere" Umwelt umfaßt, sehr unterschiedliche Strukturen und sehr
unterschiedliche Entwicklungsprozesse hervorbringt. [2]

Daß ein und dieselbe Gesellschaft im Laufe der Zeit sich in unterschiedlicher Form, d.h. in unterschiedlichen Gesellschaftstypen ausprägen kann,
hängt nach Seibel demnach von der *Situation* ab, in der sich eine Gesellschaft befindet. Während Ibn Chaldun diese Situationen auf den arabischen
Raum bezogen konkret beschreibt, läßt sich – so Seibel – in diesem Zusammenhang bei Max Weber ansatzweise ein allgemeines Modell herausarbeiten. Nach diesem entspricht einer außeralltäglichen Lage, d.h. hier einer
Notsituation, eine durch charismatische Herrschaft geprägte Gesellschaftsstruktur, während mit einer Alltagssituation eine durch die Form der All-
tagsherrschaft geprägte Gesellschaftsstruktur korrespondiert.

Darüber hinaus weist Max Weber darauf hin, daß diese Situationsabhängig-
keit nicht nur für eine ganze Gesellschaft, sondern ebenso für ihre Subsysteme gilt, so daß eine bereichsspezifische Differenzierung innerhalb ein und
derselben Gesellschaft festgestellt werden kann: außeralltägliche Interessen
werden in einer Gesellschaft im Rahmen einer charismatischen Herrschafts-
struktur wahrgenommen, alltägliche Belange im Rahmen einer traditionellen
oder bürokratischen. [3]

---

[1] Vgl. SEIBEL, H.D., Struktur ... a.a.O., S. 64–86.

[2] Vgl. ebenda S. 89.

[3] Vgl. ebenda S. 89.

Nach Ansicht Seibels liefern die genannten Ansätze im Hinblick auf sein Erklärungsanliegen zwar „nicht die Steinchen, die wir nur noch zu einem Mosaik zusammenzusetzen brauchten", aber „sie stecken das Feld ab, in das das Bild einzutragen ist, und sie geben einige Koordinaten an." [1] Zu diesen Koordinaten zählen bei ihm u.a. sowohl der von den Marxisten hervorgehobene Faktor „Macht", der gesellschaftliche Strukturen beeinflußt, als auch die von der funktionalistischen Schichtungstheorie herausgestellte Bedeutung von Rollen und den mit ihnen verbundenen Belohnungen für die Verteilung von Macht, Reichtum und Ansehen. [2]

Seibels Problemtheorie liegen jedoch nicht nur Elemente der angesprochenen Theorien zugrunde, sondern auch – und dies in einem bemerkenswerten Ausmaß – eigene empirische Untersuchungen, deren Ergebnisse er in verschiedenen Publikationen dargestellt hat und die er bei der Präsentation der „Entstehungsgeschichte der Problemtheorie" als „forschungsbiographische Notizen" zusammenfaßt. [3]

Ausgangspunkt für die Entwicklung der Problemtheorie war nach Seibels eigenen Angaben der Umstand, daß eine empirische Untersuchung der Wandlungsbereitschaft verschiedener nigerianischer Stammesgesellschaften [4] die Hypothese, daß strukturelle Ähnlichkeiten mit Industriegesellschaften den Übergang zur modernen Industriegesellschaft erleichtern, *nicht* bestätigte. Denn in den industriellen Gesellschaften ähnlich strukturierten, komplexen Großgesellschaften der Hausa und Yoruba, die u.a. durch Zentralisierung, Bürokratisierung, Vorhandensein komplexer Produktionsorganisationen, einen hohen Grad an Arbeitsteilung und Spezialisierung und durch ein regionales und überregionales Handelsnetz gekennzeichnet sind, ergab die empirische Untersuchung eine geringere Modernisierungsbereitschaft als in der einfachen, segmentär strukturierten Kleingesellschaft der Ibo, in der die Arbeitsteilung kaum über den familiären Bereich hinausreicht.

[1] SEIBEL, H.D., Struktur ... a.a.O., S. 89.
[2] Vgl. ebenda S. 18 f.
[3] Vgl. zu folgendem ebenda S. 90–98.
[4] SEIBEL, H.D., Industriearbeit und Kulturwandel in Nigeria, Köln, Opladen 1968.

Die Behebung dieses durch die Nichtbestätigung der genannten Hypothese entstandenen Dilemmas – Seibel spricht in diesem Zusammenhang von einem „Durchbruch" [1] – ermöglicht einige Jahre später eine ethnographische Untersuchung der Kran [2], einer sehr einfach strukturierten, aus kleinen bis sehr kleinen Dörfern bestehenden Gesellschaft ohne gemeinsames Stammesbewußtsein in Ostliberia. [3] In dieser Untersuchung stellte sich heraus, daß bei den Kran alle sozial hervorgehobenen Rollen, wie z.B. die des Kriegsführers oder des reichsten Mannes, durch allgemeinen Leistungswettbewerb vergeben werden und nicht bei der Geburt bereits feststehende Funktionen und Positionen darstellen. Nach Seibel bilden die Kran daher eine „offene" und nicht eine „geschlossene" Gesellschaft. [4]

Dieses Untersuchungsergebnis aber stellt nun insofern das bisher gültige soziologische Erklärungsmuster, aus dem auch die nichtbestätigte Hypothese abgeleitet worden war, in Frage, als – wie Seibel formuliert –: „... in jeder Einführung in die Soziologie zu lesen ist, daß nur industrielle Gesellschaften in dieser Weise offen seien, also Leistungsgesellschaften darstellten. Vorindustrielle Gesellschaften, besonders aber 'primitive' Gesellschaften, seien geschlossen, d.h. Position und Funktion in der Gesellschaft seien angeboren, oder im soziologischen Jargon: Rollen würden zugeschrieben (ascribed)." [5]

Im Lichte dieses Untersuchungsergebnisses werden nun die vorher in Nigeria gemachten empirischen Beobachtungen erklärbar, da die modernisierungsbereiten Ibo eine relativ offene Gesellschaft mit einer starken Orientierung auf individuelle Leistung und Wettbewerb bilden, während die weniger

---

[1] SEIBEL, H.D., Struktur ... a.a.O., S. 91.
[2] SEIBEL, H.D. und SCHRÖDER, G., Ethnographic Survey of Southeastern Liberia: The Kran and the Sapo, in: Liberian Studies Monograph Series Number 3, Liberian Studies Association in America, University of Delaware, Newark, Del. 1974.
[3] Vgl. SEIBEL, H.D., Struktur ... a.a.O., S. 91.
[4] Vgl. ebenda S. 91.
[5] Ebenda S. 91.

wandlungsbereite Hausagesellschaft weitgehend geschlossen ist, da soziale Herkunft und angeborener Rang bei ihr von zentraler Bedeutung sind.

Die im Rahmen einer „Reinterpretation" [1] der Nigeria-Studie formulierte ex post-Hypothese Seibels lautet:
„Zwischen der Offenheit bzw. Geschlossenheit der Gesellschaftsstruktur und der Wandlungs- und Modernisierungsbereitschaft einer Gesellschaft besteht ein Zusammenhang: offene Gesellschaften weisen eine hohe, geschlossene Gesellschaften eine niedrige Wandlungsbereitschaft auf." [2]

Zwar bestätigte LeVine in einer psychologischen Untersuchung über Leistungsmotivation die skizzierten Unterschiede bei den nigerianischen Stammesgesellschaften [3], doch ändert dies nichts daran, daß ex post-Hypothesen „wissenschaftstheoretisch sehr angreifbar" [4] sind. Daher nahm Seibel eine Nachprüfung dieser Hypothese in Liberia vor, wobei er als Untersuchungsausgangshypothese formulierte, daß die Bereitschaft zur Anpassung an die Industriearbeit und die Fähigkeit zum sozialen Aufstieg in der betrieblichen Hierarchie bei Beschäftigten aus relativ offenen Gesellschaften größer sei als bei den Arbeitern und Angestellten aus relativ geschlossenen Gesellschaften. Die Ergebnisse dieser Untersuchung bestätigten die Hypothese [5]

Als Zwischenergebnis läßt sich festhalten, daß die Untersuchungen demnach aufzeigen, daß erstens bei vorindustriellen afrikanischen Gesellschaften rela-

---

[1] SEIBEL, H.D., Struktur ... a.a.O., S. 91.

[2] Ebenda S. 92; vgl. d e r s ., Achievement and Modernization, in: Oberndörfer, D. (Hrsg.), Africana Collecta II, Materialien des Arnold-Bergstraesser-Instituts, Band 30, Düsseldorf 1971, S. 93—115; d e r s ., Leistung in vorindustriellen Gesellschaften, in: ‚africa spectrum", Deutsche Zeitschrift für moderne Afrikaforschung, 7. Jg., Heft 3, 1972, S. 5 bis 20.

[3] LeVINE, R., Dreams and Deeds: Achievement Motivation in Nigeria, Chicago 1966.

[4] SEIBEL, H.D., Struktur ... a.a.O., S. 92.

[5] Vgl. ebenda S. 92, aber auch d e r s ., Systems of Status Allocation and Receptivity to Modernization, in: Ukandi, G.D. und ders. (Hrsg.), Social Change and Economic Development in Nigeria, New York 1973.

tiv offene *und* relativ geschlossene Sozial- und Schichtungssysteme vorzufinden sind und zweitens zwischen der offenen bzw. geschlossenen Struktur
eines Sozialsystems und seiner Wandlungsbereitschaft ein Zusammenhang besteht.

Eine weitere wesentliche Anregung zur Entwicklung der Problemtheorie
ergab sich aus organisationssoziologischen Untersuchungen in Liberia, den
USA und der Bundesrepublik Deutschland. Aus diesen empirischen Untersuchungen resultierten unter Einbeziehung der sozial-historischen und empirischen sozialwissenschaftlichen Literatur folgende Ergebnisse: [1]

1. Industrielle Gesellschaften sind nicht vorwiegend oder nicht (mehr) ausschließlich offene Gesellschaften.

2. Das Leistungsprinzip wird als normative Grundlage der Rollen- und Belohnungszuweisung von den einzelnen Individuen immer noch voll be-
   jaht.

3. Die Diskrepanz zwischen einer Wertorientierung auf die zentralen Merkmale einer offenen Gesellschaft und der gesellschaftlichen Wirklichkeit,
   die in wichtigen Bereichen Merkmale einer geschlossenen Gesellschaft
   aufweist, hat weitreichende Folgen für den Einzelnen ebenso wie für die
   Gesellschaft als Gesamtsystem und für Subsysteme wie z.B. Organisationen. [2]

Somit erweist sich die herkömmliche sozialwissenschaftliche These, vorindustrielle Gesellschaften seien grundsätzlich geschlossen, industrielle Gesellschaften offen, als in doppelter Hinsicht falsch, weil es sowohl unter den
industriellen als auch unter den vorindustriellen Gesellschaften einerseits relativ offene, andererseits relativ geschlossene Sozialsysteme gibt, wobei darüber hinaus auch noch innerhalb ein und derselben Gesellschaft relativ offene und relativ geschlossene Subsysteme vorliegen. [3]

---

[1] Vgl. SEIBEL, H.D., Struktur ... a.a.O., S. 94f.
[2] Vgl. SEIBEL, H.D., Gesellschaft im Leistungskonflikt, Düsseldorf 1973.
[3] Vgl. SEIBEL, H.D., Struktur ... a.a.O., S. 95.

Kann demnach diese These nicht weiter aufrecht erhalten werden, so stellt sich die Frage nach dem Grund für die konkrete Ausprägung einer Gesellschaft von neuem, und zwar als Frage nach dem Grund des jeweiligen Vorliegens eines offenen bzw. geschlossenen Sozialsystems. Seibel präzisiert diese Frage aus der gewählten schichtungsspezifischen Perspektive als Frage danach, *wovon* es abhängt, nach *welchen Kriterien* in einer Gesellschaft *Rollen* und die damit verknüpften *Belohnungen* vergeben werden. [1]

Seine bisherigen empirischen Beobachtungen daraufhin rekapitulierend, stellt er fest, daß z.B. bei den Kran in Liberia neben den offenen, gleichzeitig auch geschlossene Subsysteme vorzufinden sind. Dabei ist zu beobachten, daß in *Alltagssituationen,* d.h. Situationen für die *Handlungsroutinen* gegeben sind, wie z.B. bei der Bedarfsdeckung und zahlreichen Familienangelegenheiten, die Geburt, das Geschlecht und das Alter die wichtigsten Rollenzuweisungskriterien darstellen, während in *außeralltäglichen* Situationen, für die keine routinierten oder routinierbaren Lösungen vorliegen, aus denen für die Gemeinschaft Bedrohungen erwachsen können und die somit *problematische* Situationen begründen, die Zuweisung von Rollen streng funktional nach *Leistungs*kriterien erfolgt, allerdings nur für die Dauer der Notsituation und im Hinblick auf die sich daraus ergebenden Erfordernisse. [2]

Auf der Basis dieser Beobachtungen und Erkenntnisse, die Seibel in der Zwischenzeit anhand von Fallstudien über die Sowjetunion [3], melanesische und polynesische Gesellschaften [4] und Deutschland während der Zeit des Wiederaufbaus nach dem Kriege [5] einer ersten Überprüfung unterzogen hat,

---

[1] Vgl. SEIBEL, H.D., Struktur ... a.a.O., S. 95.

[2] Vgl. ebenda S. 95 f und d e r s ., Leistung ... a.a.O.

[3] SEIBEL, H.D., Problemlage und Schichtungssystem in der Sowjetunion, in: KZfSS, Heft 2, 1976, S. 212–238.

[4] SEIBEL, H.D., Offene und geschlossene Gesellschaften, Überprüfung einer Hypothese im interkulturellen Vergleich: Melanesien und Polynesien, in: Zeitschrift für Soziologie, Heft 3, 1978, S. 273–298.

[5] SEIBEL, H.D., Gesellschaft ... a.a.O.

entwickelt er schließlich unter Zuhilfenahme der weiter oben genannten theoretischen „Bausteine" die *Problemtheorie,* die im folgenden kurz skizziert werden soll.

Zentrale Kategorien der Problemtheorie sind die „Problemsituation", die „offene" und die „geschlossene Gesellschaft" sowie die damit verbundenen „offenen und geschlossenen Rollen" bzw. „Rollenzuweisungen". Obwohl Seibel auch organisatorische und individuelle Problemsituationen auf ihre Auswirkungen hin untersucht, bezieht sich die von ihm ausdrücklich als Problemsituationsdefinition gekennzeichnete begriffsbestimmende Aussage explizit auf eine *gesellschaftliche* Problemsituation. [1] Dies verwundert insofern nicht, als lange Zeit die makrogesellschaftliche Ebene den Hauptbezugspunkt seiner Untersuchungen bildete. Die betreffende, als „vorläufig" gekennzeichnete Definition lautet: [2]

„Der Begriff Problemsituation soll sich auf Änderungen in der äußeren oder inneren Umwelt beziehen, die das soziale System beeinflussen und eine Reaktion erfordern, für die noch kein Reaktionsmuster, keine Handlungsroutine vorliegt."

Die Unterscheidung zwischen einer „geschlossenen" und einer „offenen Gesellschaft" und somit ihre Definition nimmt Seibel nach zwei Kriterien vor: nach den in einer Gesellschaft vorfindbaren Tätigkeiten, die arbeitsteilig und in vielerlei Spezialisierung verrichtet werden, und nach der Art und Weise, wie die Zuordnung der einzelnen Personen zu diesen Tätigkeiten erfolgt. Da an die bestimmte Tätigkeiten ausführenden Personen Erwartungen oder Ansprüche von der sozialen Umwelt gestellt werden, spricht

---

[1] Vgl. SEIBEL, H.D., Struktur ... a.a.O., S. 99.
[2] Ebenda S. 99.

Seibel in diesem Zusammenhang von „Rollen" bzw. der Art und Weise
der „Rollenzuweisung". [1]

Sind Tätigkeiten im einzelnen genau festgelegt und umrissen, d.h., ist jedem, der eine solche Tätigkeit ausführt, genau vorgeschrieben, was und wie
er etwas zu tun hat, erweisen sich somit Handlungsabläufe als standardisiert und normiert [2] oder, anders ausgedrückt, ist der Rolleninhalt bestimmt [3], so spricht Seibel von geschlossenen Tätigkeiten bzw. „geschlossenen Rollen". [4] Erweisen sich die Tätigkeiten als nicht genau definiert
und nicht standardisiert, bleibt die Art der Ausführung weitgehend dem
einzelnen überlassen [5] oder, anders ausgedrückt, ist der Rolleninhalt gestaltbar [6], so liegt nach Seibel eine „offene Rolle" vor. [7]

Im Hinblick auf die Rollenzuweisung unterscheidet Seibel eine offene und
eine geschlossene Rollenzuweisung in Abhängigkeit von den jeweils gültigen Auswahlkriterien. Werden Personen nach *bewährungsabhängigen* Kriterien der persönlichen Eignung und der individuellen Leistung, deren genaue
inhaltliche Bestimmung nicht ex ante, sondern nur im nachhinein [8] und
in jedem Einzelfall immer wieder von neuem vorzunehmen ist [9] — Seibel
spricht hier von „offenen Kriterien" [10] oder „offenen Selektionskriterien" [11]
—, Rollen zugewiesen, liegt für ihn eine „offene Rollenzuweisung" vor. [12]

---

[1] Vgl. SEIBEL, H.D., Struktur ... a.a.O., S. 104.
[2] Vgl. ebenda S. 101.
[3] Vgl. ebenda S. 206 ff.
[4] Vgl. ebenda S. 209 et passim.
[5] Vgl. ebenda S. 101.
[6] Vgl. ebenda S. 206 ff.
[7] Vgl. ebenda S. 210 et passim.
[8] Vgl. ebenda S. 218.
[9] Vgl. ebenda S. 101.
[10] Ebenda S. 104 et passim.
[11] Vgl. ebenda S. 200.
[12] Vgl. ebenda S. 200 ff. und S. 213 ff.

Sind die Auswahlkriterien ex ante inhaltlich genau festgelegt und erfolgt die Rollenzuweisung nicht als tentativer Selektionsprozeß der „Besten", sondern wird nach „extrafunktionalen Kriterien" [1], wie z.B. Schichtzugehörigkeit, Alter, Seniorität, Geschlecht, Beziehungen, politischen, religiösen, und sonstigen Einstellungen ausgewählt [2] — Seibel spricht hier analog von „geschlossenen Kriterien" [3] oder „geschlossenen Selektionskriterien" [4] —, so hat man es mit einer „geschlossenen Rollenzuweisung" [5] zu tun.

Eine „offene Gesellschaft" ist dadurch gekennzeichnet, daß bei ihr die Rollen offen sind und ihnen die Personen jeweils im Rahmen einer offenen Rollenzuweisung nach offenen Kriterien zugeordnet werden. Liegen geschlossene Rollen und eine geschlossene Rollenzuweisung vor, so ist ein Sozialsystem eine „geschlossene Gesellschaft". [6]

Seibel weist hierbei darauf hin, daß all die genannten Kategorien *Idealtypen* wiedergeben. So stellt er explizit heraus, „daß die *Wirklichkeit sehr viel komplexer* ist, da weder die Problemsituation noch die Gesellschaftsstruktur in nur zwei Ausprägungen vorkommen." [7] Wie Engelhardt im Zusammenhang mit realtypischen Ausprägungen der Leitbild- oder Weltbildorientierung präzisiert und relativiert, so betont auch Seibel, daß „eine Situation *mehr* oder *weniger* problematisch, eine Gesellschaft *offener* oder *geschlossener* sein (kann)." [8]

---

[1] SEIBEL, H.D., Struktur ... a.a.O., S. 105.

[2] Vgl. ebenda S. 105.

[3] Ebenda S. 104 et passim.

[4] Vgl. ebenda S. 200.

[5] Vgl. ebenda S. 200ff. und S. 213ff.

[6] Vgl. ebenda S. 103ff.

[7] Ebenda S. 104.

[8] Ebenda S. 104; Klammerergänzung vom Verfasser.

Außerdem hält er es für durchaus denkbar, „daß keine Rolle eindeutig nur offen oder nur geschlossen ist, sondern vielmehr Aspekte der Offenheit *und* der Geschlossenheit in sich birgt, allerdings je nach Rolle und Situation in unterschiedlichem Maße." [1] Spricht Seibel bei seiner Darstellung der Problemtheorie von „problematischer Situation" oder „offenen" bzw. „geschlossenen Gesellschaften", so geschieht dies „nur aus Gründen der sprachlichen Vereinfachung" [2]. Der Klarheit halber stellt Seibel fest: „Zusatzhypothese (1.1.1.): Die Begriffe „offene" und „geschlossene Gesellschaft" sowie „problematische" und „unproblematische Situation" stellen idealtypische Pole kontinuierlicher Variablen dar; in der Realität befinden sich Gesellschaften an beliebigen Punkten *zwischen* diesen Polen." [3]

Man wird Seibels Aussagensystem außerdem nur dann gerecht, wenn man bei seiner Skizzierung neben dem idealtypischen Charakter seiner Grundkategorien herausstellt, daß der Autor in der Regel aus einer *langfristigen* Perspektive heraus seine Hypothesen formuliert. So bemerkt er hinsichtlich der die Gesellschaftsstruktur bedingenden Faktoren:

„Bei kurzfristiger Betrachtung stellt sich eine Vielzahl von Faktoren heraus, die die Struktur einer Gesellschaft beeinflussen. Aber langfristig gesehen ist es insbesondere die Problemsituation, die von entscheidender Bedeutung ist." [4]

Eine auf langfristige Zusammenhänge ausgerichtete Betrachtungsweise ist dem Wirtschaftswissenschaftler vor allem aus den nationalökonomischen Analysen der vorkeynesianischen Zeit geläufig. Wie Keynes' Kritik und die sich anschließende Diskussion gezeigt haben, reicht eine solche Betrachtungsweise zur Analyse kurz- und mittelfristiger Zusammenhänge zwar nicht aus, ist aber dennoch auch für eine solche Analyse fruchtbar. Da bei der

---

[1] SEIBEL, H.D., Struktur ... a.a.O., S. 213.

[2] Ebenda S. 104; im Original bildet das als erstes zitierte Wort den Satzanfang.

[3] Ebenda S. 104.

[4] Ebenda S. 98.

Entstehung von Selbsthilfeorganisationen in Entwicklungsländern neben kurz- und mittelfristigen auch langfristige Einflüsse, auf die Seibel abhebt, von Bedeutung sind, kann hier analog von der Fruchtbarkeit einer langfristigen Betrachtungsweise ausgegangen werden. So lassen sich von Seibels Aussagensystem durchaus Präzisierungen hinsichtlich des Einflusses der sozialen Umwelt auf die SHO-Entstehung erwarten.

Da Seibel bei seinen empirischen Untersuchungen immer wieder beobachten konnte, daß offene Sozialsysteme bzw. offene Subsysteme bei problematischen Situationen, geschlossene Gesellschaften bzw. geschlossene Subsysteme in unproblematischen Situationen auftreten, leitet er aus diesen Beobachtungen die Hypothese ab, daß zwischen der Ausprägung einer Sozialstruktur und der Beschaffenheit einer Situation (mehr problematisch oder mehr unproblematisch) ein Zusammenhang besteht.

Dieser Zusammenhang, so folgert er aus dem gemeinsamen Auftreten der beiden Phänomene, besteht darin, daß sich offene Strukturen offensichtlich für problematische Situationen und ihre Bewältigung und geschlossene Strukturen für unproblematische Situationen als geeignet erweisen oder, anders formuliert, daß die Lösung eines (gesellschaftlichen) Problems bei offenen Strukturen wahrscheinlicher ist als bei geschlossenen. [1]

Diese Wahrscheinlichkeit ist bei offenen Systemen oder Subsystemen deshalb höher, weil

1. bei ihnen die Tätigkeiten nicht genau festgelegt sind und es somit leichter ist, neue, der Problemsituation adäquate Handlungsweisen zu entwikkeln,

2. bei ihnen die Rollenzuweisung flexibel ist und somit die Wahrscheinlichkeit wächst, daß einzelne ihren Fähigkeiten und Neigungen entsprechend das neue Problem in Angriff nehmen und

---

[1] Vgl. SEIBEL, H.D., Struktur ... a.a.O., S. 101 f.

3. in so strukturierten Systemen oder Subsystemen grundsätzlich niemand daran gehindert wird, eigene und neue Initiativen zur Lösung von Problemen zu entfalten. [1]

Diesen empirisch feststellbaren Zusammenhang mit den genannten Wahrscheinlichkeitsverhältnissen bezeichnet Seibel als „Adäquanz" [2] zwischen problematischer Situation und offener Gesellschaft bzw. zwischen unproblematischer Situation und geschlossener Gesellschaft oder als „kongruent" [3]. Seine als Hypothesen formulierten Aussagen heben folglich darauf ab, daß eine offene Struktur einer problematischen Situation und eine geschlossene Struktur einer unproblematischen Situation „entspricht" [4].

Hierbei unterstreicht er durch eine Zusatzhypothese, daß mit der für die Ausprägung einer Gesellschaftsstruktur bedeutenden Rollenzuweisung auch der zentrale Aspekt sozialer Schichtung mit umfaßt ist, nämlich die Zuweisung gesellschaftlich anerkannter *Belohnungen:* [5]
„Zusatzhypothese (1.1.2.): Rollen und Belohnungen. Mit der Rollenzuweisung erfolgt auch die Zuweisung von Belohnungen (Einkommen und Reichtum, Macht, Prestige) nach offenen bzw. geschlossenen Kriterien." [6]

Wenn der Autor im folgenden nicht nur hinsichtlich der Struktur, sondern auch im Zusammenhang mit der Entwicklung einer Gesellschaft auf die genannten Entsprechungen („Adäquanzen") verweist [7], so umfaßt er mit dem Begriff „entsprechen" zum einen die ausgewiesene jeweilige Geeignetheit der betreffenden Strukturen und zum anderen stellt er damit in Rechnung,

---

[1] Vgl. SEIBEL, H.D., Struktur ... a.a.O., S. 102.

[2] Ebenda S. 103.

[3] Ebenda S. 103.

[4] Ebenda S. 103.

[5] Vgl. ebenda S. 104.

[6] Ebenda S. 104.

[7] Vgl. vor allem die „Entwicklungs-, die Kreativitäts- und Reifungshypothesen" ebenda S. 107.

daß von problematischen Situationen, wie z.B. einer Notsituation, sich vor allem langfristig auswirkende Impulse in Richtung zu einer offenen Struktur ausgehen und vice versa zu einer geschlossenen Struktur bei unproblematischen Situationen.

Seine Hypothesen besagen nicht, daß *jede* problematische (unproblematische) Situation *zwangsläufig* eine *offene (geschlossene)* Gesellschaftsstruktur hervorruft. Denn die „*Problemsituation determiniert die Gesellschaftsstruktur nicht,* vielmehr gibt es adäquate — und auch inadäquate — Kombinationen von Problemsituation und Gesellschaftsstruktur." [1] Diese Nicht-Determiniertheit der Gesellschaftsstruktur durch eine Problemsituation, die ihn die Problemsituation als „wesentlichen", aber „nicht ausschließlichen Erklärungsgrund für Entwicklung" ansehen läßt [2], kommt bei ihm am deutlichsten in seiner Stagnationshypothese zum Ausdruck:

„(7.3.) Stagnationshypothese. Findet in problematischer Situation der Übergang zur offenen Struktur nicht statt, so steigen mit der Dauer dieses Zustandes die Kosten für den Einzelnen und für die Gesellschaft, es kommt zur Stagnation, zum Niedergang und im Extrem zum Untergang der Gesellschaft oder Organisation. [3]".

Daß die Entstehung einer neuen Gesellschaftsstruktur mit dem Auftreten einer Problemsituation „nicht automatisch gekoppelt" [4] ist, erklärt sich nach Seibel vor allem aus der Trägheit sozialer Strukturen:

„(4.1.) Trägheitshypothese. Infolge der Trägheit sozialer Strukturen sind die Entstehung einer neuen Problemsituation und der entsprechenden Gesellschaftsstruktur zeitlich gegeneinander verschoben." [5]

---

[1] SEIBEL, H.D., Struktur ... a.a.O., S. 111.

[2] Vgl. ebenda S. 41.

[3] Ebenda S. 119.

[4] Ebenda S. 111.

[5] Ebenda S. 111.

Die Ergebnisse seiner empirischen Feldstudien in Nigeria und Liberia ermöglichen es Seibel, hinsichtlich des Trägheitsgrades offener und geschlossener Gesellschaften zu präzisieren:

„(4.2.) Wandlungsbereitschaftshypothese. Gesellschaften (oder Organisationen) mit offener Struktur weisen eine relativ starke Wandlungsbereitschaft
auf. (...)

(4.3.) Wandlungsresistenzhypothese. Gesellschaften (oder Organisationen)
mit geschlossener Struktur weisen eine relativ starke Wandlungsresistenz
auf." [1]

Diese Trägheit der sozialen Strukturen, die es folglich auch bei der SHO-
Entstehung in Entwicklungsländern zu berücksichtigen gilt, ist nach Seibel
vor allem darauf zurückzuführen, daß Rollenbelohnungen und unter ihnen
vor allem die Macht bei den Rolleninhabern das Interesse entstehen lassen, diesen für sie positiv empfundenen Zustand so lange wie möglich aufrechtzuerhalten.

Liegt eine geschlossene Struktur vor, so bedeutet dies ein Interesse an ihrer Aufrechterhaltung, ist die gegebene Struktur offen und die Rollen- und
Belohnungszuweisung bewährungsgebunden, so werden die momentanen Rolleninhaber in der Regel den Wunsch entwickeln, daß die Belohnungszuwei-
sungskriterien in der Weise geändert werden, daß sie die Belohnungen auch
noch dann erhalten, wenn sie sich in ihrer Funktion nicht mehr bewähren.
In diesem Fall interessieren extrafunktionale Zuweisungskriterien, die für eine
geschlossene Struktur kennzeichnend sind, so daß hier implizit ein Interesse an der Entstehung einer geschlossenen Struktur entwickelt wird.

Seibel gibt diesen Sachverhalt in folgenden Hypothesen wieder: [2]

---

[1] SEIBEL, H.D., Struktur ... a.a.O., S. 111.

[2] Vgl. hierzu auch SEIBEL, H.D., Die Entstehung von Macht und Reichtum, in: Argument,
    Sonderband 32 (Gesellschaftsformationen in der Geschichte), Berlin 1978, S. 101–116.

„(7.1.) Interessenhypothese. Die innerhalb einer gegebenen Struktur mit Rollen verbundenen Belohnungen (Einkommen, Macht, Prestige) führen bei den Rolleninhabern zu einem Interesse an der Aufrechterhaltung der sie privilegierenden Struktur, d.h. langfristig an der Entstehung und/oder Erhaltung einer geschlossenen Struktur. (...)

(7.2.) Machthypothese. Macht als Rollenkomponente oder Rollenbelohnung gibt Rolleninhabern Kontrolle über die Rollenzuweisung und befähigt sie, ihr Interesse an der sie privilegierenden Gesellschaftsstruktur durchzusetzen." [1]

Da ein einzelner Rolleninhaber allein nicht genügend Macht besitzt, sein obenangesprochenes Interesse durchzusetzen, gilt es zu präzisieren, „über welche sozialen Strukturgebilde und Prozesse das Machtpotential von Rolleninhabern aktiviert wird." [2] Seibel nennt hier als soziales Strukturgebilde die Familie und die soziale Schicht sowie als relevanten Prozeß die Vererbung von Rollen und Belohnungen:

„(8.1.) Familienhypothese. Die Familie ist eine der sozialen Einheiten, in denen sich das Interesse an gesellschaftlichen Strukturen, konkret an ungleichem Zugang zu Rollen und an ungleicher Verteilung von Belohnungen konsolidiert. (...)

(8.2.) Erblichkeitshypothese. Das Interesse an Rollen und ihren Belohnungen wirkt sich langfristig in Familien stets als Interesse an geschlossener Struktur (Rollenzuweisung nach 'Geburt', 'Familienzugehörigkeit') aus, da nur diese die Erblichkeit von Rollen und Belohnungen gestatten." [3]

Die Kontrolle über das System der Rollenzuweisung können bestimmte Rollen innehabende Familien jedoch nur erlangen, wenn sie sich zu einer sozialen Schicht zusammenschließen. [4] Ist dies geschehen, so können sie

---

[1] SEIBEL, H.D., Struktur ... a.a.O., S. 117.
[2] Ebenda S. 119.
[3] Ebenda S. 120.
[4] Vgl. ebenda S. 121 f.

unter Anwendung verschiedener Methoden Anpassungsprozesse an Problemsituationen verhindern (Stagnationshypothese) oder zumindest verzögern
(Trägheitshypothese). Da Seibel hier von einer *gesellschaftlichen* Problemsituation ausgeht, macht er darauf aufmerksam, daß es in einer Gesellschaft
oft Gruppen gibt, denen eine besondere *Problemdefinitionsmacht* zukommt. [1] Aus diesem Grund erweist sich für ihn eine von diesen Gruppen
ausgehende *Manipulation* der *Problemdefinition*, z.B. derart, daß neue Situationen, für deren Bewältigung keine Handlungsroutine vorliegt, dennoch
als „unproblematisch" bestimmt werden, man Probleme also „wegdefi-
niert" [2], als eine der wichtigsten Methoden der Verzögerung oder Verhinderung von Anpassungsprozessen an Problemsituationen. [3]

Auf der Basis dieser Aussagen wird es nun möglich, auch den *Übergang*
von einer Strukturform zur anderen genauer zu erklären und somit einen
der wesentlichen Mängel funktionalistischer Erklärungsansätze zu beheben.
Der Übergang von einer geschlossenen *zu* einer *offenen* Struktur — wird
er nicht durch alte Machteliten verhindert — erweist sich nämlich nach
Seibels Untersuchung als ein Prozeß, bei dem, insbesondere ausgelöst durch
eine gesellschaftliche Problemsituation, neuen Personen zur Lösung des auf-
getretenen neue Rollen mit Belohnungen zuteil werden und bei dem diejenigen unter ihnen, denen dann Macht zugebilligt wird, sich demzufolge
zu neuen Machthabern entwickeln, welche die sie begünstigende Struktur
der offenen Gesellschaft durchsetzen, indem sie den alten Machthabern die
diesen durch die geschlossene Struktur zugewiesenen und garantierten Privilegien wegnehmen. [4]

Dynamisch betrachtet, läßt sich ferner festhalten, daß die hieraus resultierende offene Struktur zumindest solange bestehen bleibt, wie Machtkämpfe

---

[1] Vgl. SEIBEL, H.D., Struktur ... a.a.O., S. 98 f.

[2] Ebenda S. 124.

[3] Vgl. ebenda S. 124.

[4] Vgl. ebenda S. 117 f.

stattfinden und die neuen Machthaber ihre Position noch nicht konsolidiert haben. [1]

Der *Übergang* von einer offenen Struktur *zu* einer *geschlossenen* vollzieht sich nach Seibel dann, wenn die neuen Machthaber nach der Lösung des aufgeworfenen Problems ihr Interesse an der Sicherung ihrer durch eigene Leistung und Bewährung erworbenen Positionen durchsetzen und ihre neuen Positionen konsolidieren, indem sie erreichen, daß bei der Rollenzuweisung streng funktionale (offene) Kriterien durch extrafunktionale (geschlossene), wie z.B. ,,Geburt" oder ,,Familienzugehörigkeit", abgelöst werden. [2]

Um die Entwicklungsabläufe noch weiter präzisieren zu können, trifft Seibel eine Unterscheidung, die, wie zu zeigen sein wird, für die in dieser Studie besonders interessierenden Entwicklungsländer von besonderer Bedeutung ist. Diese Unterscheidung bezieht sich auf die Effizienz von Problemlösungen, und ihr zufolge werden ,,ad hoc Lösungen" [3] und Lösungen, bei denen ein Problem ,,ein für allemal gelöst" [4] wird, differenziert.

So kann nach Seibel beobachtet werden, daß in einer Gesellschaft Probleme nicht vollständig, sondern nur ad hoc oder partiell gelöst werden, mit der Folge, daß die unmittelbare Bedrohung einer Gesellschaft abgewendet werden kann, sich aber ansonsten diese Gesellschaft darauf einstellt, mit nicht endgültig lösbaren Problemen zu leben. Da diese Probleme im Zeitablauf immer wieder von neuem auftreten können, bedeutet — so der Autor — das Ausbleiben endgültiger Lösungen, daß man in einem solchen Fall auf *frühere* Problemlösungen *nicht aufbauen,* sondern nur die

---

[1] Vgl. SEIBEL, H.D., Struktur ... a.a.O., S. 118.

[2] Vgl. ebenda S. 118 und 120.

[3] Ebenda S. 109.

[4] Ebenda S. 110.

alten ad hoc-Lösungen wiederholen kann. [1] Dynamisch gesehen erweisen sich solche Problemlösungen als „nichtkumulativ" [2].

Wie bei solchen Problemlösungen die Abfolge von offenen und geschlossenen Strukturen zu interpretieren ist, gibt Seibel in der „Überlebenshypothese" wieder:

„(3.1.) Überlebenshypothese. Bei nichtkumulativen Problemlösungen stellt die Abfolge von problematischen und unproblematischen Situationen mit den entsprechenden gesellschaftlichen Strukturen einen bloßen Überlebenszyklus dar." [3]

Wird ein Problem jedoch ein für allemal gelöst, so „*entwickelt*" sich nach Seibel eine Gesellschaft, und zwar in dem Sinne. daß sie ein Problem endgültig gelöst hat bzw. lösen kann, das sie vorher nicht lösen konnte. [4] Diese „Entwicklung" führt im Laufe der Zeit zu „kumulativen Problemlösungen" [5], die vom Autor als „echter Fortschritt" [6] bezeichnet werden:

„(3.2.) Fortschrittshypothese. Bei kumulativen Problemlösungen stellt die Abfolge von problematischen und unproblematischen Situationen mit den entsprechenden gesellschaftlichen Strukturen einen Fortschrittszyklus dar." [7]

Nicht nur in Entwicklungsländern, aber insbesondere dort kann man — so der Autor — beobachten, daß

1. Gesellschaften konstant mit Problemen konfrontiert werden, zu deren endgültiger Lösung sie aufgrund ihres technologischen Entwicklungsstandes außerstande sind oder

---

[1] Vgl. SEIBEL, H.D., Struktur ... a.a.O., S. 109f. und S. 112.
[2] Ebenda S. 109.
[3] Ebenda S. 109.
[4] Vgl. ebenda S. 49.
[5] Ebenda S. 109.
[6] Ebenda S. 110.
[7] Ebenda S. 110.

2. zwar endgültige Problemlösungen gefunden werden, auf die jedoch so schnell neue Probleme folgen, daß die infolge der Trägheit sozialer Strukturen zeitlich verschobene Ausbildung geschlossener Strukturen mit dem Auftreten neuer Probleme zusammenfällt und/oder

3. die zeitraubende Umstellung auf offene Strukturen zur Lösung der in kurzen Zeitabständen auftretenen neuen Probleme eine ernsthafte Bedrohung für die Gesellschaft bedeuten kann.

Diese durch empirische Feldforschung und historische Fallstudien belegten und geprüften Erkenntnisse legen nach Meinung Seibels folgende Hypothese nahe:

„(5.1.) Perpetuierungshypothese. Je einfacher, undifferenzierter, unentwickkelter eine Gesellschaft, desto größer ist ihre Gefährdung durch Probleme, desto weniger ist sie in der Lage, Probleme endgültig zu lösen, und desto höher ist demzufolge die Wahrscheinlichkeit der permanenten Aufrechterhaltung einer offenen Struktur." [1]

Auf diese Weise läßt sich nach Seibel „nun auch das Paradox (erklären), daß relativ unentwickelte ('primitive') Gesellschaften häufiger offene Systeme darstellen, während relativ hochentwickelte Gesellschaften häufiger geschlossen sind." [2]

Da sich dem Versuch, eine offene Struktur aufrechtzuerhalten, u.a. das weiter oben genannte mit Machtmitteln bekräftigte Interesse von Rolleninhabern an der Entstehung geschlossener Strukturen entgegenstellt, bedarf es in einer solchen Gesellschaft sozialer Kontrollmechanismen, die dieses Interesse nicht entstehen oder zumindest nicht zum Zuge kommen lassen.

Im Rahmen seiner afrikanischen Feldforschung in Liberia und Nigeria sowie seiner Fallstudie über Melanesien [3] gelingt dem Autor der Nachweis

---

[1] SEIBEL, H.D., Struktur ... a.a.O., S. 113.

[2] Ebenda S. 113; die erste Klammerergänzung stammt vom Verfasser.

[3] Vgl. SEIBEL, H.D., Offene und geschlossene Gesellschaften ... a.a.O.

solcher sozialen Kontrollmechanismen, die beispielsweise darauf abzielen, daß keine exzessiven Reichtümer angehäuft (Melanesien) oder vererbt werden, wichtige Rollen nicht vererbt werden (Ibo in Nigeria, Kran in Liberia) und Inhaber bestimmter Rollen keine besonderen Privilegien genießen. Auf diesem Hintergrund ergibt sich bei Seibel:

,,(5.2.) Kontrollhypothese. Gesellschaften (oder Organisationen) in fortgesetzt problematischer Lage entwickeln soziale Kontrollmechanismen zur Aufrechterhaltung der offenen Struktur." [1]

Die bisherigen Untersuchungsergebnisse Seibels wären jedoch unzureichend wiedergegeben, würde ihre Darstellung an dieser Stelle mit der Skizzierung der Problemtheorie beendet. Vielmehr gilt es, darauf hinzuweisen, daß Seibel über die makrogesellschaftliche Ebene hinaus auch andere gesellschaftliche Bereiche sowie zuletzt die individuelle Ebene als Bezugspunkte problemtheoretischer Aussagen wählt.

So wendet Seibel sein problemtheoretisches Erklärungsmuster beispielsweise auf die *Organisationsanalyse* an und weist die Problemsituation als diejenige Variable aus, die als Hauptbeeinflussungsfaktor der jeweiligen Ausprägung einer Organisationsstruktur fungiert. Als ,,Probleme" definiert er in diesem organisationssoziologischen Zusammenhang *,,alle (unbewältigten) Beeinträchtigungen in der Erreichung der mittelbaren und unmittelbaren Organisationsziele ..."* [2].

Den Grundgedanken seines Erklärungsmusters folgend unterscheidet er hier idealtypisch ,,geschlossene" und ,,offene Organisationen" [3], wobei er darauf hinweist, daß erstere als ,,geschlossene Systeme" im Rahmen der älteren Organisationssoziologie (z.B. in der Bürokratietheorie M. Webers) und

---

[1] SEIBEL, H.D., Struktur ... a.a.O., S. 114.

[2] Ebenda S. 198; mit ,,unbewältigt" ist hier gemeint, daß noch keine Handlungsroutine zur Beseitigung der Beeinträchtigung vorliegt.

[3] Vgl. ebenda S. 197 ff.

letztere als „offene Systeme" vor allem im Rahmen der neueren Systemtheorie problematisiert werden.

Im Gegensatz zu offenen Organisationen liegen bei geschlossenen Organisationen relativ stabile, bekannte und voraussagbare Beziehungen zwischen
den Systemelementen vor. [1] Den Unterschied der beiden Organisationsstrukturen macht Seibel jedoch analytisch nicht am zuletztgenannten Merkmal, sondern an den in einer Organisation gegebenen Rollen (offene oder
geschlossene) und herrschenden Rollenzuweisungen fest. [2]

Daß sich hierbei offene Organisationen als flexible Systeme für die Lösung
problematischer, d.h. voller Ungewißheiten steckender Situationen eignen,
geschlossene Organisationen dafür unproblematischen Situationen entsprechen, sieht Seibel unter anderem in der empirischen Untersuchung von
Woodward [3] bestätigt. Bei dessen empirischer Untersuchung eines möglichen Zusammenhanges von Fertigungstechniken und Organisationsstruktur,
die er in 100 Betrieben durchführte, ergab sich, daß der Unternehmenser-
folg nur dann optimiert wird, wenn die Fertigungstechniken der Massen-
produktion (Ungewißheiten, hier technologischer Art, sind äußerst gering)
mit bürokratischer (geschlossener) Organisation kombiniert ist, während
Einzel- und Prozeßfertigungsbetriebe (höherer Grad von technologischen Ungewißheiten) nur dann erfolgreich sind, wenn sie weniger bürokratische
Merkmale aufweisen. [4]

Auch bei diesen organisationssoziologischen Aussagen geht es dem Autor
um die Adäquanz und die Geeignetheit bestimmter Organisationsformen
hinsichtlich problematischer oder unproblematischer Situationen, nicht aber
darum zu behaupten, daß eine Situation zwangsläufig oder deterministisch

---

[1] Vgl. SEIBEL, H.D., Struktur ... a.a.O., S. 196.
[2] Vgl. ebenda S. 200ff.
[3] WOODWARD, J., Industrial Organization, Theory and Practice, London 1965.
[4] Vgl. SEIBEL, H.D., Struktur ... a.a.O., S. 199.

eine bestimmte Organisationsform festlegt. Dies wird u.a. dadurch deutlich, daß er bei seiner Organisationsanalyse ausdrücklich auf die Frage der Problemdefinitionsmacht eingeht [1], die bekanntlich bestimmten Rolleninhabern ermöglicht, Strukturveränderungsprozesse voranzutreiben oder zu verzögern oder sogar zu verhindern.

Seibels Bemühungen, seinen problemtheoretischen Erklärungsansatz auch auf die individuelle Ebene, d.h. genauer auf die Explikation der „Persönlichkeit" von Individuen zu übertragen, stecken nach eigenem Eingeständnis „vorerst noch in ihren Anfängen." [2] Sie seien hier dennoch zumindest angesprochen, weil sie offensichtlich Parallelen zum Erklärungsversuch von D. v.Brentano und H. Büscher aufweisen.

So unterscheidet Seibel eine „offene" und eine „geschlossene Persönlichkeitsstruktur" [3], wobei erstere bei einer Person vorliegt, die „in ihrer Motivation und in ihrem Verhalten auf offene Rollen, auf die Konfrontation mit Herausforderungen, Problemen oder Talentproben ausgerichtet" [4] ist, während letztere jene Personen kennzeichnet, die „auf geschlossene Rollen, auf Sicherheit, Stetigkeit, Voraussagbarkeit und Wiederholung" [5] hin orientiert sind.

Eine gewisse Ähnlichkeit dieser Festlegungen mit den Aussagen Engelhardts über leitbild- bzw. weltbildorientierte Personen ist kaum zu übersehen. Im Gegensatz zu v.Brentano und Büscher unterzieht Seibel die motivationale Komponente bisher keiner ausführlichen kausalanalytischen Betrachtung. Er begnügt sich vielmehr (vorerst) damit, „zur Erklärung" der bei Problemlösungshandeln wirksam werdenden Motive „heuristisch" [6] ein mehrdimensio-

---

[1] Vgl. SEIBEL, H.D., Struktur ... a.a.O., S. 205.
[2] Ebenda S. 97.
[3] Vgl. ebenda S. 222 ff.
[4] Ebenda S. 222.
[5] Ebenda S. 222.
[6] Ebenda S. 223.

nales „Problemlösungsmotiv" zu postulieren [1], unter das er ohne weitere Präzisierungen die zum Teil von Büscher und v.Brentano erwähnten und kausalanalytisch erfaßten Leistungsmotive, Ungewißheitsbeseitigungsmotive („Mangelmotivation" bei Büscher bzw. Gronemeyer), Verwirklichungs- oder Wirkungsmotive (sie decken sich größtenteils mit der „Kompetenzmotivation" bei Büscher bzw. Gronemeyer), Kreativitäts- und Abwechslungsmotive subsumiert.

Ebenso wie v.Brentano und Büscher, für den das kreative Element einer Utopie trotz Akzeptierung voluntaristischer Charakteristika „ganz wesentlich" durch die gesellschaftlichen Umstände geprägt ist [2], unterstreicht Seibel den Einfluß der Umwelt auf die Persönlichkeitsausprägung und stellt v.Brentanos und Büschers Aussagen präzisierend fest, daß problematische Umweltsituationen den offenen Persönlichkeitstyp und unproblematische Umweltsituationen den geschlossenen Persönlichkeitstyp fördern würden. [3]

Sind seine Ausführungen zur Persönlichkeitsforschung (noch) recht fragmentarisch, so erweisen sich seine problemtheoretischen Überlegungen zur Rollentheorie hingegen als wesentlich differenzierter, umfangreicher und in sich geschlossener, was angesichts der konstitutiven Bedeutung der Kategorien „Rolle" und „Rollenzuweisung" für den Aufbau der Problemtheorie nicht verwundert. Da mit der soziologischen Kategorie der „Rolle" das Individuum in seiner sozialen Eingebundenheit erklärbar wird und sich dieser Aspekt beim ersten Basiserklärungsansatz vor allem im Rahmen der innovationstheoretischen Betrachtung von Adoptertypen und speziell von Führertypen als ein Phänomen erwies, daß es bei der Erklärung von SHO-Entstehungsprozessen in Entwicklungsländern zu berücksichtigen gilt, sei der von Seibel entwickelten sozialpsychologischen Rollentheorie hier besondere Aufmerksamkeit geschenkt.

---

[1] Vgl. SEIBEL, H.D., Struktur ... a.a.O., — auch zu folgendem — S. 223.
[2] Vgl. S. 248 dieser Arbeit.
[3] Vgl. SEIBEL, H.D., Struktur ... a.a.O., S. 221.

2.2.   Problemtheoretische Rollenanalyse

Seibels Ausführungen zu diesem sozialwissenschaftlichen Untersuchungsge-
biet [1] erlauben einen Einblick in die theoretische Fundierung des Seibelschen Konzepts der Rolle und der Rollenzuweisung als wichtigem Bestandteil seiner Problemtheorie und lassen dabei gleichzeitig soziologische und
psychologische Theorieelemente deutlich werden.

Bei seiner Untersuchung von rollenanalytischen Betrachtungen in der Soziologie und der Psychologie kommt der Autor zu dem Ergebnis, daß
hierbei in den jeweiligen Wissenschaftsdisziplinen von unterschiedlichen Annahmen ausgegangen wird.

So liegt der soziologischen Rollenanalyse die Annahme ,,vorgegebener, inhaltlich als Bündel von Verhaltenserwartungen normativ bestimmter Rollen'' [2]
zugrunde. Hierbei erfolgt die Auswahl von Rollenträgern entweder nach
persönlicher Eignung (,,Leistung'') oder nach *sozialer* Eignung (,,Zuschrei-
bung''). [3] Aus der Perspektive der psychologischen Rollenanalyse erweisen
sich hingegen alle Rollen als *grundsätzlich gestaltbar.* [4]

Daß man vor allem in der neueren Psychologie im Gegensatz zur Soziologie nicht die Rollen*besetzung,* sondern die Rollen*gestaltung* untersucht, ist
unter anderem auf die bereits in die neuere Entscheidungstheorie eingeflos-
senen Erkenntnisse zurückzuführen, nach denen dem Menschen soziale Phänomene nicht als psychische Stimuli (im Sinne der Drive-Habit-Theorie),
sondern immer nur selektiv und als subjektiv gedeutete (z.B. durch ein

---

[1]   Vgl. SEIBEL, H.D., Offene und geschlossene Rollen, Ansätze zu einer sozialpsychologischen Rollentheorie, in: Soziale Welt, Heft 4, 1975, S. 414–440; d e r s ., Struktur ...
a.a.O., S. 206–220.

[2]   Vgl. ebenda S. 414.

[3]   Vgl. ebenda S. 414.

[4]   Vgl. ebenda S. 414.

„inneres Modell der Umwelt") Situationsdefinitionen begegnen. Rollen werden somit „wahrgenommen", wobei die Wahrnehmung ein individuell-kreatives, gestalterisches Element mitumfaßt. Dieses nicht-deterministische Element im Bereich der neueren Psychologie erklärt Seibel in Übereinstimmung mit v.Brentano und Büscher mit der Fähigkeit des Menschen, „sich unterschiedliche Grade hypothetischer Vorläufigkeit des Verhaltens vorzustellen" [1] und somit eine Rolle nicht quasi mechanisch, sondern in einem Prozeß „tentativer Rollenidentifikation" zu übernehmen. [2]

Die unterschiedlichen Annahmen in der Soziologie und Psychologie bewirken demnach unterschiedliche Forschungsrichtungen bei der Rollenanalyse: während die Soziologie die Rollenbesetzung durch Rollenträger und die damit verbundenen Rollenzuweisungskriterien untersucht, analysiert die Psychologie die Gestaltung des Rolleninhalts. [3] In Verbindung hiermit, so folgert Seibel, ergibt sich als weitere Konsequenz der unterschiedlichen Axiome, daß in der Soziologie die geschlossene Rolle als Regelfall und in der Psychologie die offene Rolle als Regelfall angesehen werden.

Hieraus resultiert nach Seibel, daß man sich in beiden Disziplinen einseitige Betrachtungsweisen zu eigen macht, die sich angesichts der Frage nach der Entstehung von Rollen, ihrer Entwicklung und möglichen Transformation von einer offenen (geschlossenen) in eine geschlossene (offene) als statische Perspektiven entlarven, welche die aufgeworfenen Fragen unbeantwortet lassen. [4] Denn die „Soziologie ignoriert, daß jede vorliegende Rolle einmal entstanden ist, also gestaltet wurde und daß jeder Erstgestaltung zahllose Nachgestaltungen folgen. (...) Andererseits ignoriert die Psychologie, daß Rollengestaltung als schöpferischer Prozeß auf ein Ergebnis

---

[1] SEIBEL, H.D., Struktur ... a.a.O., S. 211.
[2] Vgl. ebenda S. 211.
[3] Vgl. SEIBEL, H.D., Offene und geschlossene Rollen ... a.a.O., S. 417.
[4] Vgl. SEIBEL, H.D., Struktur ... a.a.O., S. 212ff.

ausgerichtet ist, nämlich die fertige *gefertigte* Rolle."[1] Beide Perspektiven
aber ,,hängen zusammen"[2].

Soll eine ,,dynamische Rollentheorie"[3] die aufgeworfenen Fragen beantworten, so muß sie erklären können, unter welchen *Bedingungen* in einer
Gesellschaft offene Rollen zur Gestaltung und unter welchen Bedingungen
geschlossene Rollen vorgefertigt angeboten werden. Dabei hat sie sowohl
die soziologische als auch die psychologische Perspektive zu berücksichtigen
bzw. zu umfassen.

Seibel versucht, diesem Anspruch mit einer ,,sozialpsychologischen Rollentheorie"[4] gerecht zu werden, bei der er aus der Soziologie die Unterscheidung zweier Arten der Rollenzuweisung sowie die Vorstellung geschlossener Rollen und aus der Psychologie die Vorstellung offener Rollen übernimmt.

Was er unter ,,offenen" bzw. ,,geschlossenen Rollen" und ,,offener" bzw.
,,geschlossener Rollenzuweisung" versteht, wurde schon weiter oben ausgeführt. Hier gilt es, folgendes zusätzlich hervorzuheben:

1. Das schöpferische Element bei offenen Rollenzuweisungen und offenen
   Rollen kommt darin zum Ausdruck, daß diese dem Menschen Gestal-
   tungsräume bieten und damit die Möglichkeit zu kreativem und innovativem Handeln.[5]

2. Der schöpferische Prozeß der Rollen*gestaltung* impliziert, daß *weder* die
   zu gestaltende Rolle *noch* die für die Rollengestaltung wesentlichen Per-
   sönlichkeitsmerkmale sich *a priori präzisieren* oder *festlegen lassen.*[6]

---

[1] SEIBEL, H.D., Struktur ... a.a.O., S. 213 f.
[2] Ebenda S. 214.
[3] Ebenda S. 215.
[4] Ebenda S. 214 und d e r s ., Offene und geschlossene Rollen ... a.a.O., S. 414.
[5] Vgl. SEIBEL, H.D., Struktur ... a.a.O., S. 105.
[6] Vgl. ebenda S. 214.

3. Aus dieser Unmöglichkeit der Vorausbestimmung und -festlegung rollengestalterischen Handelns ergibt sich eine zweifache Offenheit: die Offenheit des Rolleninhaltes und die Offenheit der Rollenzuweisungskriterien,
die bewährungsgebunden sind und sich daher nur ex post, empirisch,
genau bestimmen lassen.

4. Ähnlich wie bei offenen Rollen bzw. offener Rollenzuweisung „ist auch
die genaue Festlegung dessen, was als Problem zu gelten hat, *ex ante*
nicht möglich." [1]

Da sich offene Rollen und offene Rollenzuweisung nach Seibel als zwei
Aspekte *eines,* nämlich des rollengestalterischen Vorgangs erweisen — die
Aussage gilt mutatis mutandis für geschlossene Rollen und geschlossene
Rollenzuweisung —, sind nach Seibel seine Aussagen, nach denen offene
Rollen nach offenen Kriterien und geschlossene Rollen nach geschlossenen
Kriterien zugewiesen werden, „keine mehr oder weniger willkürliche Begriffs-
bestimmungen ..., sondern sind als *Hypothesen* zu verstehen: Hypothesen
über den Zusammenhang zwischen Selektionsmodus und Gestaltbarkeit des
Rolleninhalts." [2]

Seibel beantwortet im Rahmen seiner *dynamischen sozialpsychologischen*
Rollentheorie die Frage nach den Bedingungen, unter denen jeweils offene
oder geschlossene Rollen angeboten und nach den entsprechenden Kriterien
zugewiesen werden, seinem Grunderklärungsmuster folgend mit der Situation — genauer gesagt, mit deren problematischer oder unproblematischer
Beschaffenheit —, in der sich Systeme oder Subsysteme befinden.

Daß bisher in der Soziologie die von ihm ausgewiesenen Adäquanz- oder
Kongruenzverhältnisse zwischen Situationsbeschaffenheit und Gesellschafts-,
Rollen- und Rollenzuweisungsstruktur nicht aufgedeckt wurden und selbst
die grundsätzliche Frage nach den Bedingungen offener und geschlossener

---

[1] SEIBEL, H.D., Struktur ... a.a.O., S. 218.
[2] Ebenda S. 215; Hervorhebung stammt vom Verfasser.

Rollenzuweisung „praktisch nie gestellt worden" [1] ist, führt er darauf zu-
rück, daß a priori eine Antwort auf sie bereits vorweggenommen wurde. [2]
Diese Antwort beinhaltet als „dogmatische Behauptung" [3], daß industrielle
Gesellschaften offene Leistungsgesellschaften sind und sich vorindustrielle
Gesellschaften durch Geschlossenheit auszeichnen.

Die bereits angeführten Ergebnisse der empirischen Untersuchung Seibels
widerlegen diese Behauptung und zeigen darüber hinaus, daß eine differenziertere, auf Subsysteme ausgerichtete Betrachtung vonnöten ist, weil in
den beobachteten Gesellschaften jeweils eine *Dualität der Rollenzuweisung*
festgestellt werden konnte. Diese kam zum einen bei den geschlossenen
Rollen, die sich „sozusagen als Grundrollen" [4] aus der nach Seibel wohl
universellen Bedeutung von Geschlecht, Alter, nationaler, ethnischer oder
kommunaler Zusammengehörigkeit ergeben, zum anderen bei offenen Rollen, die in den problematischen Teilbereichen der Gesellschaften lokalisiert
werden konnten, zum Ausdruck. [5]

Die Kenntnis des Einflußfaktors „(Problem-) Situation" ermöglicht es, nunmehr Entwicklungsabläufe, seien sie auf Systeme oder auf Subsysteme bezogen, transparent zu machen. Auf der Basis der Seibelschen Aussagen läßt
sich folgender Entwicklungsablauf vorstellen: [6]

Phase I: Es entsteht eine problematische Lage:
    Eine Problemlösung erfordert eine neue, erst zu gestaltende Tä-
    tigkeit, eine neue Rolle. Da die Problemlösung vorher nicht be-
    kannt ist, kann diese neue Rolle folglich auch *nicht* nach *be-*

---

[1] SEIBEL, H.D., Struktur ... a.a.O., S. 216.

[2] Vgl. ebenda S. 216.

[3] Ebenda S. 216.

[4] Ebenda S. 217.

[5] Vgl. ebenda S. 217.

[6] Vgl. zu folgendem ebenda S. 219.

kannten Kriterien zugewiesen werden. Möglich ist nur eine tentative Zuweisung nach inhaltlich unbestimmten und letztlich bewährungsgebundenen offenen Kriterien.

Phase II: Neue Rollenträger werden in einem Prozeß tentativer Selektion nach ihrer mutmaßlichen persönlichen Eignung gesucht.

Phase III: Die ausgewählten Personen bemühen sich um die Gestaltung der als neue Rolle verstandenen Problemlösung und setzen sich der Bewährung aus.

Phase IV: Die Ergebnisse der Bewährungsphase (Phase III) werden sichtbar: Bewähren sich die ausgewählten Personen nicht, treten andere an ihre Stelle und Phase III wird wiederholt. Bewähren sie sich hingegen, so ist eine neue Problemlösung gefunden, Phase V setzt ein.

Phase V: Auf der Basis der gefundenen Problemlösung geht man dazu über, die gefundene Rolle ex post inhaltlich zu bestimmen, um sie hinsichtlich der mit ihnen verbundenen Rechte und Pflichten zu definieren, so daß sie in der Zukunft als nunmehr geschlossene Rolle nach bestimmten, ex ante inhaltlich genau festlegbaren Persönlichkeitsmerkmalen zugewiesen werden kann.

2.3. Die Entstehung von Selbsthilfeorganisationen in Entwicklungsländern aus problemtheoretischer Sicht

In neuerer Zeit hat Seibel damit begonnen, sich auch mit der pädagogisch politischen Dimension seiner Problemtheorie, d.h. mit ihren *Handlungsfolgen* zu beschäftigen. [1] In diesem Zusammenhang widmet er sich, gestützt und angeregt von Erkenntnissen über autochthone Kooperationsformen, zu denen er im Rahmen seiner zahlreichen empirischen Untersuchungen in Afrika gelangte, in seinen jüngsten Veröffentlichungen [2] u.a. der Untersuchung der Beziehung zwischen Gesellschaftsstruktur und Selbsthilfeorganisationen.

Die Untersuchung einheimischer Gesellschaftsstrukturen lenkte hierbei seine Aufmerksamkeit vor allem auf *endogen* entstandene Selbsthilfeorganisationen [3], die nach Seibel auf „autochthonen Kooperationsformen" aufbauen. [4] Diese Selbsthilfeorganisationen traf der Autor zwar sowohl in relativ offenen als auch in relativ geschlossenen Gesellschaften an, so daß nicht einfach gefolgert werden kann, daß nur relativ offene Gesellschaften die endogene Entstehung von Selbsthilfeorganisationen ermöglichen, jedoch konnte er folgende Zusammenhänge in den untersuchten Entwicklungsländern aufdecken: [5]

1. In relativ offenen Gesellschaften ist seit Beginn der Kolonialisierung auf der Grundlage autochthoner Kooperationsformen eine Vielzahl neuer Organisationen der Selbsthilfe entstanden, die in der vorliegenden Studie als „neue traditionale" Selbsthilfeorganisationen bezeichnet werden. Sie erweisen sich nach Seibel als eher wandlungsfähig und passen sich daher rasch unterschiedlichen Situationen an. Diese Selbsthilfeorganisationen

---

[1] Vgl. SEIBEL, H.D., Struktur ... a.a.O., S. 97f.

[2] Siehe hierzu vor allem: SEIBEL, H.D., Autochthone Kooperationsgruppen ... a.a.O.; d e r s., Voraussetzungen und Folgen ... a.a.O.; d e r s. u. UKANDI, G.D., Self-Help Organizations, Guidelines and Case Studies for Development Planers and Field Workers, A Participative Approach, hrsg. v. Bardeleben, M. (Friedrich-Ebert-Stiftung), Bonn 1982; d e r s., Landwirtschaftliche Entwicklung ... a.a.O.

[3] Vgl. SEIBEL, H.D., Einheimische Genossenschaften ... a.a.O.; d e r s., Das liberianische Genossenschaftswesen ... a.a.O.; d e r s., Indigenous Self-Help Organizations and Rural Development, Some Liberian and Ghanaian Cases, in: Rural Development participation review, Vol. III, No. 1, Ithaca, New York 1981, S. 11–16.

[4] Vgl. SEIBEL, H.D., Voraussetzungen und Folgen ... a.a.O.; d e r s., Das Entwicklungspotential ... a.a.O.; d e r s., Traditional Cooperatives ... a.a.O.; d e r s., Arbeitsgenossenschaften ... a.a.O.; d e r s., Traditional Organizations ... a.a.O.

[5] Vgl. – auch zu folgendem – SEIBEL, H.D., Voraussetzungen und Folgen ... a.a.O., S. 301.

sind konkret auf die Bewältigung neuer sozialer, wirtschaftlicher und politischer Probleme ausgerichtet. Neue Organisationsinitiativen können grundsätzlich von jedem Mitglied in die Wege geleitet werden.

2. Die diesen Selbsthilfeorganisationen zugrundeliegenden autochthonen Kooperationsformen relativ offener Gesellschaften sind vielfältig, werden jedoch fast nur kurzfristig und vorübergehend organisiert und bleiben eher informell und unverbindlich.

3. In relativ geschlossenen Gesellschaften ist im Vergleich zu relativ offenen Gesellschaften die Anzahl neuer Organisationsformen der Selbsthilfe, die seit Beginn der Kolonialzeit auf der Grundlage autochthoner Kooperationsformen entstanden sind, wesentlich niedriger. Ihre Anpassungs- und Wandlungsfähigkeit ist gering. Bei diesen Selbsthilfeorganisationen werden eher überlieferte Handlungsmuster tradiert als Hilfe bei der Bewältigung neuer Probleme geleistet. Zwar sind auch hier neue Organisationsinitiativen feststellbar, doch bleiben diese dem Vorsitzenden vorbehalten, der häufig nach extrafunktionalen Kriterien ausgewählt wurde.

4. Die den neuen Selbsthilfeorganisationen in relativ geschlossenen Gesellschaften zugrundeliegenden autochthonen Kooperationsformen sind stark formalisiert, auf Dauer gestellt und weitgehend verbindlich.

Der *exogene* Aspekt, durch den SHO-Entstehungsprozesse auch gekennzeichnet sein können, kommt bei Seibel dann ins analytische Blickfeld, wenn er den Einfluß von Gesellschaftsstrukturen auf exogene SHO-Anregungsversuche in Form von entwicklungspolitischen Selbsthilfe*projekten* problematisiert. Seine bisherige Praxiserfahrungen legen ihm folgende „Hypothesen" nahe: [1]

„In Gesellschaften, die traditionell durch ein geschlossenes Sozialsystem gekennzeichnet sind, werden von außen konzipierte und über anerkannte Autoritätsträger eingeführte Selbsthilfeprojekte unkritisch übernommen. Sie

---

[1] SEIBEL, H.D., Voraussetzungen und Folgen ... a.a.O., S. 302.

bleiben in hohem Maße von der Fremdhilfe abhängig und führen kaum zu eigenen Selbsthilfemaßnahmen. Tendenziell tragen solche Projekte zu einer Stärkung der Position der beteiligten Autoritätsträger bei. In Gesellschaften, die traditionell durch ein offenes Sozialsystem gekennzeichnet sind, stoßen von außen konzipierte und über anerkannte Autoritätsträger eingeführte Selbsthilfeprojekte eher auf den Widerstand der potentiellen Mitglieder. Bauen solche Projekte aber unter Einbeziehung des Partizipationspotentials der potentiellen Mitglieder auf vorhandene Kooperationsformen oder Organisationen auf, so ist mit einer nicht vorhersehbaren Vielfalt von Selbsthilfeprozessen zu rechnen, in denen weder die Position noch die Projektkonzeption des Projektträgers respektiert werden."

Beim eigenen Feldaufenthalt in Obervolta konnten zahlreiche Beobachtungen gemacht werden, die viele der obengenannten Aussagen Seibels bestätigen. Möglich wurden diese Beobachtungen vor allem dadurch, daß im Rahmen der besuchten internationalen ,,Association 6S" Selbsthilfeaktivitäten in Obervolta vor allem im Norden im Umkreis von Ouahigouya von Mitgliedern des Volkes der *Mossi* und im Süden im Umkreis von Dissin von Mitgliedern des Volkes der *Dagara* durchgeführt wurden und sich das zuletztgenannte Volk gemäß Erkenntnissen ethnographischer Studien und eigener Beobachtungen vor Ort als im Vergleich zum Volk der Mossi offener strukturiert erwies.

Zwar können auch bei den Dagara geschlossene Rollenzuweisungskriterien festgestellt werden, so ist z.B. die Rolle des ,,chef de terre" erblich, jedoch haben im Vergleich zu den Mossi persönliche Eignung, Leistung und Bewährung einen hohen Stellenwert als Rollenzuweisungskriterien. So erbrachte ein genaues Nachfragen, daß z.B. der Vererbungsprozeß der Chef-de-terre-Rolle nicht auch noch in sich geschlossen strukturiert ist, indem z.B. immer eine ex ante bestimmbare Person (z.B. der Sohn, der Bruder etc.) als Nachfolger des alten chef de terre gilt, sondern vielmehr im Rahmen des Familienverbands dieser Nachfolger jeweils in einem langjährigen Prozeß nach Eignung, Interesse und Leistung bestimmt wird.

Die Dagara erwiesen sich außerdem als segmentierte Gesellschaft, bei der im Gegensatz zu den Mossi eine zentrale Oberinstanz fehlt. Das Fehlen einer solchen Instanz führt unter anderem dazu, daß die Dagara, wie selbst beobachtet werden konnte, nicht sehr autoritätsfixiert, recht individualistisch und kritisch auftreten. So konnte in mehreren der zwanzig „Dörfer" (jeweils zwischen 500–1500 recht verstreut wohnende Einwohner), in denen Selbsthilfeaktivitäten der „Association 6S" durchgeführt wurden, protokolliert werden, daß von den Dorfbewohnern ihrem Bürgermeister („chef de village") gegenüber nur dann Autorität bezeigt wurde, wenn er seine Funktion erfolgreich erfüllte. Tat er dies nicht, hinderten extrafunktionale Elemente, wie Familienzugehörigkeit, Reichtum und selbst das Alter die Mitglieder nicht an einer Kritik seiner Person.

So wurde dem Verfasser von zahlreichen Dagara versichert, daß die bei den Mossi praktizierte Ehrenbezeigung gegenüber ihrem König – Kniefall oder völliges Niederwerfen – ihrem Wesen völlig zuwiderlaufe und für sie nicht nachvollziehbar wäre: „Ein Dagara fällt vor keinem Menschen in die Knie!".

Das Vorhandensein von Königen – es gibt bei den Mossi drei Königreiche: das Reich von Yatenga (Ouahigouya), das von Ouagadougou und das von Tenkodogo, wobei der König des Mossi-Reiches von Ouagadougou, der „Moro Naba", Vorrang vor den anderen Königen hat, so daß Europäer manchmal zu seiner Bezeichnung den Begriff „Kaiser" verwenden [1] – weist auf die eher zentralistische und hierarchische Strukturierung der Mossi-Gesellschaft hin. Geschlossene Rollenzuweisungskriterien, wie Geschlecht, Alter, Familien- und Klanzugehörigkeit sind als weitere Merkmale einer eher geschlossenen Gesellschaftsstruktur vorzufinden.

---

[1] Siehe z.B. in der Ausgabe von „Le Monde" vom 10.12.1982 anläßlich des Todes des Moro Naba Kougri am 8.12.1982.

Die eigenen Beobachtungen bestätigen Seibel insofern, als bei der eher offen strukturierten Dagaragesellschaft die autochthonen Kooperationsformen — selber beobachtet wurde ein traditionelles Arbeitskollektiv — eher informeller Natur sind und daher einen geringen Formalisierungsgrad haben. Ferner konnte protokolliert werden, daß grundsätzlich jedes Mitglied neue Organisationsinitiativen in die Wege leiten kann. Eine weitere Bestätigung der Seibelschen Aussagen kann darin erblickt werden, daß die im Rahmen der Tätigkeiten der Association 6S bei den Dagara entstandenen Selbsthilfegruppen oder -organisationen sich im Laufe der Zeit unterschiedlichen Situationen anpassend in ihrer speziellen Schwerpunktsetzung und Ausrichtung wandelten, was sich u.a. auch in der Namensgebung für diese Gruppen bzw. Organisationen widerspiegelte, die schließlich als Communauté villageoise de developpement (CVD) bezeichnet wurden.

Auch im Hinblick auf Seibels Aussagen zur Auswirkung von exogenen SHO-Anregungsprozessen in relativ offenen Gesellschaften fanden sich vor Ort unterstützende Belege. So löste die SHO-Anregung eines Einheimischen, der selber außerhalb der Selbsthilfegruppe blieb (exogene SHO-Anregung), bei den Dagara eine solche, sich häufig ändernde Vielfalt von Selbsthilfeprozessen aus, daß der exogene Anreger bald nach seinem ersten Versuch, bei dem er zirka 33 unterschiedliche Aktivitäten zählte, die in gemeinsamer Selbsthilfe durchgeführt wurden, das Bemühen aufgab, diese Vielfalt der Aktivitäten vollständig zu erfassen, zumal ihm der Aktivitätenkatalog unvollständig erschien und sich die Selbsthilfeziele laufend änderten.

Solche laufenden inhaltlichen und zum Teil organisatorischen Änderungen konnten bei den Aktivitäten der Association 6S bei den Mossi nicht beobachtet werden. Hier stützte man sich von Anfang an auf sogenannte „Naam-Gruppen", die in ihrer neuen Form auf eine neue Organisationsinitiative einer in der Mossi-Hierarchie hochstehenden Persönlichkeit zurückgehen. [1] Diese (modernen) Naam-Gruppen orientieren sich an den in der

---

[1] Fußnote siehe folgende Seite 345.

Mossi-Gesellschaft traditionellen Naam-Gruppen und sind in ihrer Struktur „stark an die traditionellen Arbeitskollektive von Altersgruppenverbänden" [1] angelehnt. [2] Seibels Aussagen bestätigen sich hier ebenfalls insofern, als die neue Organisationsinitiative in der eher geschlossen strukturierten Mossi-Gesellschaft von einer hierarchisch hochstehenden Persönlichkeit ergriffen wurde.

Angesichts der von Seibel angenommenen Zusammenhänge, ergibt sich für diesen im Hinblick auf exogene SHO-Anregungsversuche ein „Dilemma der Entwicklungshilfe" [3], wobei er unter entwicklungspolitischen SHO-Anregungsversuchen Selbsthilfe*projekte* versteht. [4] Diese Selbsthilfeprojekte seien in der Realität deshalb so oft erfolglos, weil sie von der betreffenden Bevölkerungsgruppe nicht rezipiert würden, und zwar in relativ geschlossenen Gesellschaften wegen mangelnder Fähigkeit und in relativ offenen Gesellschaften aufgrund einer mangelnden Bereitschaft zur Übernahme „von oben" konzipierter Selbsthilfeprojekte. [5]

Der Grund des Dilemmas liegt nach Seibel darin, daß paradoxerweise „der Mißerfolg eines Selbsthilfe*projektes* (als Gesamtheit der in der Projektkonzeption vorgesehenen Folgen) zugleich den Erfolg der Selbsthilfe (als Gesamtheit der nicht vorhergesehenen Folgen) bedeuten" [6] kann. Dies wirft –

Fußnote [1] von Seite 344: Vgl. OUEDRAOGO, L.B., Participation et Auto-Développement, le cas des Groupments Naam au Yatenga, UNESCO, Division de l'étude du développement, Rapports-Etudes, Paris, o.J.

[1] MÜNKNER, H.H., Traditionelle Kooperationsformen und moderne Genossenschaftsstrukturen im Vergleich, Erfahrungen im frankophonen Afrika, in: Kuhn, J. (Hrsg.), Die Genossenschaft ... a.a.O., S. 45–74, hier S. 51.

[2] Vgl. OUEDRAOGO, L.B., Les groupements précooperatifs au Yatenga, Haute Volta, Essai de modernisation d'une structure éducative traditionelle: Le Naam, EHESS, Centre de Recherches coopératives, Paris 1977; d e r s ., Associations Coopératives Traditionelles et Développement Moderne, Ministère du Développement Rural, République de Haute Volta, o.J.

[3] SEIBEL, H.D., Voraussetzungen und Folgen ... a.a.O., S. 302.

[4] Vgl. ebenda S. 302.

[5] Vgl. ebenda S. 302.

[6] Ebenda S. 302.

so der Autor – folgendes Dilemma der Entwicklungshilfe als Hilfe zur Selbsthilfe auf: entweder hält man die Projektkonzeption durch und löst damit weder Selbsthilfe- noch Entwicklungsprozesse aus, oder aber man ermöglicht Selbsthilfe- und Entwicklungsprozesse, die aber nicht mit den Absichten des Projektträgers vereinbar sind. [1]

Die Lösung dieses Problems sieht Seibel in einem „mäeutischen" Vorgehen des Projektträgers, bei dem dieser *keine eigene Konzeption* entwickelt, sondern die Initiativen aus der Bevölkerung akzeptiert [2], d.h. „totale Flexibilität und Offenheit bewahren muß, unter vorläufigem – und meist vorübergehendem – Verzicht auf die Anwendung seines Expertenwissens" [3].

Ein solches Vorgehen bedeutet nach Seibel, daß der Selbsthilfeförderer vor allem vor Ort in Erfahrung bringen muß, welche autochthonen Kooperationsformen gegeben sind, um diese unterstützend bzw. deren Weiterentwicklung fördernd oder auf diese sich im Kommunikationsprozeß beziehend, gemeinsame Selbsthilfe zu verstärken oder anzuregen. Für diesen Zweck hat Seibel gemeinsam mit Ukandi einen Gesprächsleitfaden „zur Feststellung autochthoner Organisationsformen und zur partnerschaftlichen Ausarbeitung von Entwicklungsvorschlägen" [4] erarbeitet. [5]

Dieses Vorgehen, das als „Participative Approach" [6] vorsieht, daß die Betroffenen ihre Probleme selber formulieren und an Problemlösungsdiskussionen und -ausführungen intensiv partizipieren, stößt nach Seibel in der heutigen Entwicklungshilfepraxis auf das Problem, daß die Selbsthilfeförderung

---

[1] SEIBEL, H.D., Voraussetzungen und Folgen ... a.a.O., S. 303.

[2] Vgl. ebenda S. 303.

[3] SEIBEL, H.D., Autochthone Kooperationsgruppen ... a.a.O., S. 141.

[4] Ebenda S. 141.

[5] Vgl. ebenda S. 141–146, vor allem aber d e r s. u. UKANDI, G.D., Self-Help Organizations ... a.a.O., S. 127–133 und S. 135–139.

[6] SEIBEL, H.D., Autochthone Kooperationsgruppen ... a.a.O., siehe Titel.

von überwiegend bürokratisch strukturierten Organisationen betrieben wird, die nach Max Weber auf die Produktion *beabsichtigter Folgen* angelegt sind. [1] Aus der genannten mäeutischen Vorgehensweise ergibt sich aber die Notwendigkeit der offenen Strukturierung von mit Selbsthilfeförderung befaßten Organisationen oder Organisationsbereichen, die außerhalb des Geltungsbereichs bürokratischer Regeln mit besonderen Handlungs- und Entscheidungsspielräumen ausgestattet sind, die sich unter anderem auch in der Entwicklung *neuer Evaluierungs*verfahren niederschlagen, die *nicht auf ex ante festgelegte, beabsichtigte Projektziele angewiesen* sind. [2]

Aus eigener Erfahrung des Verfassers sei hier angemerkt, daß eine solche offene Strukturierung von mit Selbsthilfeförderung befaßten Außenbereichen einer Organisation in der Praxis stellenweise angetroffen werden kann. So werden von kirchlichen Entwicklungshilfeorganisationen zur effektiven Selbsthilfeförderung in neuerer Zeit Globalsummen an auf Diözesan- oder Bischofskonferenzebene neu geschaffene einheimische Entwicklungsorgane als Quasi-Außenbereiche der europäischen Entwicklungsorganisation überwiesen, die zwar dem Geldgeber über die SHO-Förderungs-bezogene Verwendung dieser Summe rechenschaftspflichtig sind, doch aufgrund recht allgemein gehaltener Vergabekriterien, die von der europäischen Entwicklungshilfeorganisation vorgegeben werden, einen hohen Handlungs- und Entscheidungsspielraum erhalten.

So organisatorisch eingebettete mäeutische Selbsthilfeanregung ist nach Seibel in relativ offenen Gesellschaften grundsätzlich unproblematisch. In relativ geschlossenen Gesellschaften eignen sich hierzu nur relativ geschlossene Subsysteme, so daß die SHO-Anregung „unter Umgehung der geschlossenen Makro-Ebene" [3] stattfindet.

---

[1] Vgl. SEIBEL, H.D., Voraussetzungen und Folgen ... a.a.O., S. 303.

[2] Vgl. ebenda S. 303.

[3] Ebenda S. 303.

2.4. **Würdigung und Schlußfolgerungen für die Erklärung der Entstehung von Selbsthilfeorganisationen in Entwicklungsländern**

2.4.1. Der Erklärungsansatz als zweiter Basiserklärungsansatz

Die Würdigung des zuerst erörterten Erklärungsversuchs von D. v.Brentano und H. Büscher ergab, daß dieser als ein auf die SHO-Entstehung bezogener Ansatz zwar wegen seiner verschiedenen allgemeinen systematischen Theorieelemente einen umfassenden Rahmen für eine interdisziplinäre sozialwissenschaftliche Analyse der SHO-Entstehung in Entwicklungsländern bietet, jedoch stellte sich ebenso heraus, daß sich durch die Zurückweisung der Modernisierungstheorie eine Lücke im Bereich des Fundamentes einen zu entwickelnden Erklärungsansatzes, d.h. genauer, bei der allgemeinen systematischen Erfassung der SHO-Voraussetzungsebene I, auftrat.

An dieser Stelle gilt es nunmehr, die Frage zu beantworten, ob der skizzierte problemtheoretische Ansatz als allgemeine Erklärungsgrundlage der SHO-Voraussetzungsebene I dienen und somit als zweiter Basiserklärungsansatz die genannte Lücke im Erklärungsfundament schließen kann. Hierbei sei in Erinnerung gerufen, daß ein solcher zweiter Basiserklärungsansatz nicht als vom ersten getrennt bzw. isoliert betrachtet werden kann, da er mittels des Lebenslagekonzepts, das analytisch die SHO-Voraussetzungsebenen I und II umfaßt, mit dem ersten Basiserklärungsansatz verbunden ist.

Wie mit den meisten Modernisierungstheorien, so wird auch mit der Problemtheorie der Anspruch auf „allgemeine Gültigkeit" [1] erhoben. Das dargestellte problemtheoretische Aussagensystem zeigt, daß Seibel diesem Anspruch insoweit gerecht wird, als seine in erheblichem Umfang empirisch überprüften Aussagen prinzipiell sowohl auf alle Kontinente der Erde, Entwicklungs- sowie westliche als auch östliche Industrieländer mitumfassend,

---

[1] SEIBEL, H.D., Struktur ... a.a.O., S. 206.

als auch auf jeden beliebigen Zeitpunkt oder Zeitraum in der Menschheitsgeschichte ausgerichtet sind, sei es auf die fast über 2000 Jahre zu verfolgende Entwicklung der melanesischen und polynesischen Gesellschaft, sei es auf gegenwärtige Industriebetriebe in der Bundesrepublik Deutschland. Eine Raum- und Zeitgebundenheit, die v.Brentano bei vielen der soziologischen Theorien feststellt, deutet sich somit bei der Problemtheorie nicht an. Diese prinzipielle Raum- und Zeitungebundenheit erweist sich angesichts des Erkenntnisinteresses und Erkenntnisobjektes dieser Untersuchung als ein erster Vorteil der Problemtheorie gegenüber den von D. v.Brentano erwähnten modernisierungstheoretischen Aussagen.

Indikator einer ungewollten und unbewußten Raum- und Zeitgebundenheit einer Theorie ist u.a. auch das Vorliegen einer ethnozentrischen Ausrichtung des betreffenden Aussagensystems, weil das Absolutsetzen der eigenen Gesellschaft oder Rasse einschließlich ihrer jeweiligen Geschichte [1] nichts anderes bedeutet als ein Verallgemeinerungsversuch raum- und zeitgebundener Phänomene. Würde also eine ethnozentrische Ausrichtung der Problemtheorie festgestellt werden, so müßte die oben gemachte Aussage zu ihrer prinzipiellen Raum- und Zeitgebundenheit revidiert werden.

Eine solche Ausrichtung, d.h. genauer, ein euro-amerikanischer Ethnozentrismus, ist jedoch bei der Problemtheorie im Gegensatz zu der ganz überwiegenden Anzahl von Modernisierungstheorien schwer auszumachen. Die Problemtheorie *bricht im Gegenteil völlig mit der ethnozentrisch geprägten Auffassung,* daß Industriegesellschaften offene Leistungsgesellschaften sind, auf die vorindustrielle Gesellschaften als geschlossene Gesellschaften sich in einem „Entwicklungsprozeß" quasi naturgesetzlich hin entwickeln. Diese Annahme eines „kulturellen Evolutionismus" findet sich, so zeigen Preiswerk und Perrot auf, nicht nur im modernisierungstheoretischen Kontext,

---

[1] Siehe hierzu beispielsweise: PREISWERK, R. u. PERROT, D., Ethnocentrisme et Histoire: L'Afrique, l'Amérique indienne et l'Asie dans les manuels occidentaux, Paris 1975.

sondern bereits im von Seibel ebenfalls diskutierten Aussagensystem von Karl Marx, vor allem bei dessen Kennzeichnung von Produktionsformen. [1]

Daß das Vorliegen einer ethnozentrisch bedingten Evolutionsprämisse im Rahmen einer soziologischen Theorie direkte Auswirkungen auf deren Fähigkeit, die Entstehung von Selbsthilfeorganisationen in Entwicklungsländern zu erklären, hat, macht eine Gegenüberstellung modernisierungstheoretischer Überlegungen, die von der genannten Prämisse ausgehen, und der Problemtheorie, die nicht auf dieser Annahme basiert, deutlich.

Wie an früheren Stellen bereits mehrfach hervorgehoben, ist für eine *Selbsthilfe*organisation kennzeichnend, daß bei ihr die Mitglieder jeweils *selbst* nach ihren jeweils *eigenen* Vorstellungen im Hinblick auf den jeweils *von ihnen* als *Ziel definierten* SHO-Zweck gemeinsame Selbsthilfe praktizieren. Die konkreten inhaltlichen Ausprägungen von Selbsthilfeorganisationen lassen sich somit grundsätzlich *nicht ex ante* bestimmen. Die Richtung und die Art, wie die Betroffenen sich selbst helfen wollen, ist bei einer Selbsthilforganisation bzw. bei ihrer Entstehung nicht ex ante festgelegt, sondern grundsätzlich *offen*.

Ethnozentrisch geprägte Modernisierungstheorien berücksichtigen diesen Sachverhalt nicht. Auf ihnen basierende Erklärungsansätze lassen die Richtung und die Art von heute in Entwicklungsländern praktizierter und in Selbsthilfeorganisationen mündender gemeinsamer Selbsthilfe nicht offen. Ihre ethnozentrische Konzeption, nach der bestimmte Entwicklungsabfolgen in der Geschichte selbstverständlich sind, beschränkt nämlich über die Hintertür der sich so nach ihr zwangsläufig entwickelnden Umwelteinflüsse, welche die Entscheidung der möglichen SHO-Mitglieder prägen, theoretisch die inhaltliche Gestaltungsmöglichkeit der Selbsthilfe so stark, daß nur eine bestimmte euro-amerikanische Richtung von Selbsthilfe resultieren kann.

---

[1] Vgl. PREISWERK, R., Kognitive Grundlagen ... a.a.O., S. 155 und d e r s . u. PERROT, D., Ethnocentrisme ... a.a.O.

Auf der Grundlage einer solchen Auffassung erweist es sich dann als unproblematisch, SHO-Konzepte zu entwickeln, in denen ex ante die Vorgehensweise und die Folgen von Selbsthilfebemühungen festgelegt sind und
als ex ante formulierte Mittel bzw. Ziele eines Selbsthilfe*projektes* dienen.
Seibel bricht mit seinem Hinweis auf das „Dilemma der Entwicklungshilfe" völlig mit dieser Vorstellung und betont, daß der Mißerfolg eines
Selbsthilfe*projektes* durchaus zugleich den Erfolg von Selbsthilfe bedeuten
kann.

Seine problemtheoretische Ausgangsposition steht zu dieser Schlußfolgerung
nicht im Widerspruch, vielmehr legen die ihr zugrundeliegenden empirischen
Beobachtungen eine solche Folgerung nahe. Denn in Westafrika konnte der
Autor wie der Verfasser in Obervolta neben aktiven traditionellen und
halbtraditionellen Selbsthilfeorganisationen auch eine *Vielzahl* – z.B. in den
Städten – *neu entstandener* Selbsthilfeorganisationen feststellen, die *nicht*
in einer *euro-amerikanischen Form* ausgeprägt, *sondern im Gegenteil* an
traditionelle Strukturen angelehnt sind (neue traditionale Selbsthilfeorganisationen). Außerdem erwies sich, daß die unterschiedlichen Formen von
Selbsthilfeorganisationen *sowohl* in relativ *offenen als auch* in relativ *geschlossenen* Gesellschaften vorzufinden sind.

Die diese Erkenntnisse berücksichtigende und in ihr Aussagensystem inte-
grierende Problemtheorie bietet mithin hinsichtlich der gesellschaftlichen
Einbettung von Selbsthilfeorganisationen (SHO-Voraussetzungsebene I)
grundsätzlich ein größeres Erklärungspotential als die Modernisierungstheorie.

Neben diesem zweiten Vorteil der Problemtheorie, der darin besteht, daß
bei ihr die von der Modernisierungstheorie her vertrauten ethnozentrischen
Elemente nicht anzutreffen sind, erweist sich als ihr dritter, entscheidender
Vorteil, *dynamisch* den *Übergang* von einer Strukturform zur anderen erklären zu können. [1] Mit seinen Interessen-, Macht-, Familien- und Erblich-

---

[1] Vgl. S. 326 ff. dieser Arbeit.

keitshypothesen ist es Seibel dabei nicht nur möglich, die bei diesen Übergangsprozessen einflußreichen Faktoren innerhalb der Gesellschaft aufzuzeigen, sondern mit den von ihnen benannten Elementen gleichzeitig über die Erklärungsvariablen zu verfügen, welche die Verzögerung von Übergangsprozessen oder sogar deren Verhinderung verständlich machen.

Im Gegensatz zu funktionalistischen Aussagensystemen erklärt die Problemtheorie, *warum* Veränderungsprozesse stattfinden bzw. *von was* sie vor allem ausgelöst werden, nämlich von der „Problemsituation", und was diese Prozesse im einzelnen prägt (z.B. die Veränderung der Rollenzuweisungskriterien). Struktur- und Prozeßanalyse sind bei Seibels *entwicklungssoziologischem* Ansatz demnach miteinander verbunden und implizieren wegen der angenommenen Mischung offener und geschlossener Elemente in realtypischen Gesellschaften, die vor allem durch die differenzierende Betrachtung der Struktur von *Sub*systemen in ihren Beziehungen zu problematischen Situationen in gesellschaftlichen Teilbereichen erklärbar wird, auch keine für statische bzw. funktionalistische Theorien typischen Bruch- oder Leerstellen zwischen den einzelnen Phasen der Ausprägung von Gesellschaftsstrukturen.

Empfiehlt sich mithin die während des eigenen Feldaufenthaltes zumindest partiell bestätigte Problemtheorie aufgrund der angesprochenen Vorteile gegenüber modernisierungstheoretischen Aussagen als Erklärungsgrundlage für die SHO-Voraussetzungsebene I bzw. als zweiter Basiserklärungsansatz, so gilt es zu prüfen, inwieweit diese Theorie auch den anderen Anforderungen dieser Studie entspricht.

Die *empirische* Ausrichtung und Fundierung sowie der *sozialwissenschaftliche* Charakter der Problemtheorie sind unverkennbar. Offensichtlich ist ebenfalls die *Interdisziplinarität* dieses Ansatzes Seibels, der sich bei der Entwicklung seines Aussagensystems Erkenntnisse und Konzepte der Soziologie, der Psychologie und der Völkerkunde bedient.

Ferner kann festgehalten werden, daß Seibel die Skizzierung seiner SHO-
bezogenen problemtheoretischen Handlungsfolgen und der sich daraus ergebenden Handlungsanweisungen nicht mehr grundsätzlich aus der in dieser Studie nicht-präferierten macro-approach-Perspektive heraus vornimmt. Dies läßt
sich unter anderem daran ablesen, daß seine konkreten Verfahrensvorschlä-
ge hauptsächlich in einem Konzept für das vor allem aus einer micro-
approach-Perspektive Bedeutung erhaltende SHO-Anregervorgehen vor Ort
gipfeln, in dem ein mäeutisches, auf autochthone Kooperationsformen auf-
bauendes Anregungshandeln empfohlen wird.

Wie v.Brentano und Büscher zeigt auch Seibel, daß der nicht-determinierte
Bereich beim Menschen nicht allein ein nicht ex ante auszuschließender
Einflußfaktor ist (Grundannahme III), sondern vielmehr bei gesellschaftlichen Veränderungs- und Strukturausbildungsprozessen eine konstitutive Rolle spielt. Als Hinweis darauf kann seine Feststellung gewertet werden, daß
sich hinter der soziologischen Auffassung der inhaltlichen Bestimmtheit von
Rollen die Vorstellung von der Fremdbestimmtheit des Menschen durch
sozioökonomische Faktoren und hinter der psychologischen Auffassung der
Gestaltbarkeit von Rollen die Vorstellung von freiheitlicher Selbstbestimmung und -gestaltung verbergen. [1] Da im Rahmen seiner Theorie bei offenen Gesellschaftsstrukturen und auf diese hinauslaufenden makrostrukturellen Veränderungsprozesse das sozialpsychologische Element der individuellen Rollen*gestaltung* eine unverzichtbare Rolle spielt, erhält der nicht-determinierte, d.h. der sich selbstbestimmende, Bereich beim Menschen konstitutive Bedeutung.

Entspricht der entwicklungssoziologische und sozialpsychologische Ansatz
Seibels mithin der Grundannahme III dieser Studie, so steht er auch zu
den beiden anderen Grundannahmen und der gezogenen wissenschaftstheoretischen Schlußfolgerung offenbar nicht im Widerspruch. Wie in dieser

---

[1] Vgl. SEIBEL, H.D., Struktur ... a.a.O., S. 209.

Arbeit wird auf jegliche normativen Aussagen verzichtet. Es geht dem Autor um eine empirisch fundierte Explikation.

Schließlich berücksichtigt das Seibelsche Aussagensystem, so wie es in dieser Arbeit von einem Basiserklärungsansatz erwartet wird, ausdrücklich die Beschaffenheit des Untersuchungsgegenstandes, und zwar insofern, als es explizit auch auf Selbsthilfeorganisationen in Entwicklungsländern eingeht, mit der Benennung SHO-förderlicher bzw. SHO-hinderlicher makrostruktureller Faktoren den Entstehungsaspekt mitproblematisiert und bei der Empfehlung offen strukturierter Außenbereiche von Selbsthilfeförderungsinstitutionen selbst den Evaluierungsaspekt anspricht.

2.4.2. Mögliche problemtheoretische Weiterentwicklungen und Präzisierungen des sozioökonomischen Ansatzes und der bisherigen Arbeitshypothesen

Liefert der entwicklungssoziologische und sozialpsychologische Ansatz einerseits die systematischen Theorieelemente, die es erlauben, die Einbettung von SHO-Entstehungsprozessen in die gesellschaftliche und Veränderungsprozessen unterworfene Umwelt der Entwicklungsländer (SHO-Voraussetzungsebene I) im Vergleich zur Modernisierungstheorie realitätsnäher zu erfassen, so bringen andererseits die Ergebnisse der Seibelschen empirischen Untersuchungen in Entwicklungsländern und die damit verbundene Berücksichtigung der Mischung von offenen und geschlossenen Strukturelementen bei realtypischen Gesellschaften sowie nicht-deterministischer Elemente es mit sich, daß Seibel dem bisherigen Katalog objektiver SHO-Voraussetzungen keine weiteren unverzichtbaren SHO-Bedingungen hinzufügt.

Jedoch macht er mit allem Nachdruck auf die „Adäquanz" oder „Kongruenz" zwischen bestimmten Situationstypen und den Strukturen von Systemen und Subsystemen aufmerksam, was im Hinblick auf den vorliegenden Untersuchungsgegenstand nichts anderes bedeutet, als daß Seibel die für die SHO-Entstehung *förderlichen* oder *ungünstigen* Strukturkonstellationen bzw. Einflußfaktoren transparent macht. Diesen Faktoren, von denen entweder eine SHO-Entstehung begünstigende oder nicht-begünstigende Impulse ausgehen, soll im folgenden nachgegangen werden, weil bei der vorliegenden SHO-Entstehungsanalyse nicht nur die konstitutiven Faktoren als Faktoren unbestreitbar vorrangiger Bedeutung, sondern über sie hinaus auch andere Typen von Einflußfaktoren, die ihre Relevanz vor allem aus der Perspektive eines exogenen SHO-Anregers erhalten, mituntersucht werden.

Das relativ *offene Subsystem* bildet die für eine SHO-Entstehung *günstige* strukturelle Umweltkonstellation. Denn die ein so strukturiertes Subsystem kennzeichnenden offenen Rollen und offenen Rollenzuweisungskriterien *begünstigen* das bei einer SHO-Entstehung unerläßliche kreative Elemente beinhaltende *innovative* Handeln, weil Rollenträger hier *gestalterisch* wirken können und nicht nach bereits ex ante inhaltlich genau festgelegten Kriterien den Rollen zugewiesen werden.

Welche Rollen bei einem SHO-Entstehungsprozeß besondere Aufmerksamkeit auf sich ziehen, ergibt sich aus den innovationstheoretischen Überlegungen, nach denen der „Innovator" und die „early adopters" im Rahmen einer Innovationsdiffusion Schlüsselrollen bilden. In der vorliegenden Untersuchung wurde dabei darauf hingewiesen, daß in der entwicklungspolitischen SHO-Aufbaupraxis häufig beobachtet wird, daß sogenannte „inoffizielle Führer" diese Innovator- und early-adopter-Rollen einnehmen.

Ruft man sich die Kriterien in Erinnerung, nach denen jemandem die Rolle eines inoffiziellen Führers von anderen Personen zugesprochen wird, nämlich — wie beim indonesischen Motivatorenprogramm beispielhaft aufgeführt — nicht wegen seiner Macht oder seines Reichtums, sondern wegen seiner persönlichen Leistung als Ideenlieferant und gleichzeitig mutiger Ideenverwirklicher, als Sich-selbst-gebildet-Habender, als Experimentierfreudiger, als Redegewandter oder als erfolgreicher Landwirt, so entdeckt man, daß diese Rolle nach Kriterien der Leistung und Bewährung, also — um mit Seibels Begriffen zu sprechen — nach *offenen* Kriterien zugewiesen wird.

Mit Hilfe des Seibelschen Erklärungsansatzes wird nunmehr verständlich, warum change agents bei den meisten SHO-Aufbauprojekten die tatsächlichen inoffiziellen Führer bzw. Innovatoren und early adopters sehr oft nur sehr unvollständig identifizieren. Denn im Rahmen eines *Projektes* werden in der Regel Ziele und Mittel *ex ante* festgelegt, wobei häufig auch eine ex ante Definition von Führertypen bzw. Führerrollen vorgegeben wird. Die inoffiziellen Führer werden aber nach Bewährung und Leistungskriterien bestimmt, deren genaue inhaltliche Festlegung *nur ex post,* nicht ex ante möglich ist. Auf diese Weise erhält der pragmatische Ansatz in der Entwicklungspolitik, nach dem der change agent die relevanten inoffiziellen Führer nicht ex ante, sondern erst im Verlaufe eines längeren Aufenthaltes vor Ort bestimmen und ermitteln kann, eine mögliche theoretische Fundierung.

Macht man sich wie in der vorliegenden Studie die Hypothese Seibels vom Zusammenhang zwischen Selektionsmodus und Gestaltbarkeit des Rolleinhaltes zu eigen, so erweist sich die Rolle „inoffizieller Führer" als eine relativ *offene* Rolle. Werden solchen innovationsoffenen, inoffiziellen Führern außerdem Führerrollen bei einem SHO-Aufbauversuch zugewiesen (z.B. die Rolle des Vorsitzenden), so kann dies als Hinweis darauf gewertet werden, daß sich bei dem betreffenden SHO-Entstehungsprozeß relativ offene Rollen herausbilden, die das kreative und innovative Handeln begünstigen.

Die verläßlichsten Hinweise auf offene Rollen bei einem SHO-Entstehungsprozeß ergeben sich a › den Kriterien, nach denen die potentiellen SHO-Mitglieder ihre Führungspositionen vergeben. Pössinger konnte in diesem Zusammenhang beim beschriebenen SHO-Aufbauversuch in Angola im Zeitablauf eine Veränderung beobachten, die sich in einem Führerwechsel niederschlug, bei dem die neuen Führer im Gegensatz zu den alten „nach ihren Fähigkeiten" [1] gewählt wurden (offenes Rollenzuweisungskriterium).

Ein solcher Führerwechsel könnte — so Pössinger —, zumindest solange er auf eine Änderung der Rollenzuweisungskriterien hin zu offenen Kriterien zurückzuführen ist, als (Evaluierungs-)Indikator eines die SHO-Entstehung begünstigenden Entwicklungsprozesses aufgefaßt werden. [2] Da in dieser Studie Evaluierungsindikatoren nur im Hinblick auf die Messung von allgemeinen SHO-Voraussetzungen interessieren, nach Seibels empirischen Untersuchungen der allgemeine SHO-Voraussetzungscharakter offener Strukturen aber nicht evident ist, wird dieser Anregung im letzten Teil dieser Untersuchung nicht gefolgt.

Seibel verweist vielmehr auf die Adäquanz bzw. SHO-Günstigkeit von offenen Strukturen. Dieser Sachverhalt spiegelt sich nach ihm unter anderem darin wider, daß in relativ offenen Gesellschaften neue Selbsthilfeorganisationen häufiger entstehen als in relativ geschlossenen Gesellschaften. Denn in relativ offenen Gesellschaften sind die Chancen zum Ergreifen neuer Organisationsinitiativen prinzipiell gleich verteilt. Außerdem — und hier präzisiert Seibel den schon von Büscher angesprochenen Machtaspekt — gibt es in einer so strukturierten Gesellschaft weniger Träger geschlossener Rollen, die ihre Problemdefinitionsmacht dahingehend einsetzen, die anderen durch eine Problemdefinitionsmanipulation problematische Situationen nicht oder zumindest nicht so schnell wahrnehmen zu lassen.

Diese Zusammenhänge spielen ebenfalls in die Wahrnehmung von Innovationen hinein, die in der Arbeitshypothese 7 als eine von mehreren Voraussetzungen zur Ausbildung der SHO-notwendigen Bereitschaft zu innovati-

---

[1] PÖSSINGER, H., Ländliche Genossenschaften ... a.a.O., S. 240.

[2] Dies wurde von ihm in einem Gespräch mit dem Verfasser vorgeschlagen.

vem solidarischen Handeln herausgestellt wurde. Dementsprechend läßt sich diese Arbeitshypothese folgendermaßen ergänzen:

Arbeitshypothese 27:
Die Innovationswahrnehmung findet in einem Entwicklungsland mit einer relativ offenen Gesellschaftsstruktur oder zumindest mit einer relativ offenen Struktur des SHO-relevanten Subsystems schneller und leichter statt als in einem Entwicklungsland bzw. dessen SHO-relevanten Subsystem mit einer relativ geschlossenen Struktur.

Begünstigen offen strukturierte Gesellschaften auch die SHO-Entstehung, so heißt dies nicht, daß sich aus ihnen für diesen Prozeß keine störenden Impulse ergeben. Vor allem bei *exogenen* SHO-Entstehungsprozessen sind nicht nur bei relativ geschlossenen Gesellschaften Störfaktoren auszumachen. In relativ offenen Gesellschaften besteht der strukturbedingte SHO-Entstehungsstörimpuls in der Verstärkung des Mißtrauenspotentials möglicher SHO-Mitglieder. Da, wie in der Arbeitshypothese 11 a) festgehalten, das Vertrauen in den Innovationsinformanten, d.h. z.B. in den exogenen Anreger, zu den für eine SHO-Entstchung unabdingbaren Voraussetzungen gehört, kann ein zu großes Mißtrauen den SHO-Entstehungsprozeß ernsthaft in Frage stellen. Daher sei die genannte Arbeitshypothese folgendermaßen ergänzt:

Arbeitshypothese 28:
Je offener eine Gesellschaft oder zumindest das SHO-relevante Subsystem strukturiert ist, desto mehr wächst die Gefahr, daß eine Entstehung einer lebensfähigen Selbsthilfeorganisation wegen zu großen Mißtrauens potentieller SHO-Mitglieder nicht stattfindet.

Der strukturbedingte SHO-Entstehungsstörimpuls, der sich in einer relativ geschlossenen Gesellschaft auf das genannte Vertrauensverhältnis auswirkt, besteht im Gegenteil, in der Förderung eines zu großen Vertrauens gegenüber anerkannten Autoritätsträgern. Dies bedeutet, daß bei exogenen SHO-Anregungsversuchen, die über anerkannte Autoritätsträger eingeführt werden, ein dermaßen ausgeprägtes Vertrauen dazu führt, daß SHO-bezogene Ideen und Anregungen autoritätsfixiert unkritisch übernommen und nur *scheinbar* verinnerlicht werden, was einen Mangel an Selbstbewußtsein, Selbstvertrauen und Selbstverantwortungsbewußtsein impliziert und daher ebenfalls die SHO-Entstehung in Frage stellt. Daher gilt:

Arbeitshypothese 29:
Je geschlossener eine Gesellschaft oder zumindest das SHO-relevante Subsystem strukturiert ist, desto mehr wächst die Gefahr, daß eine exogene Entstehung einer lebensfähigen Selbsthilfeorganisation, die unter Einbeziehung anerkannter Autoritätsträger angeregt wird, wegen zu großen Vertrauens potentieller SHO-Mitglieder in ihre Autoritätsträger, bei dem die potentiellen Mitglieder die SHO-bezogenen Ideen und Anregungen unkritisch übernehmen und nur scheinbar verinnerlichen, nicht stattfindet.

Der entwicklungssoziologische und sozialpsychologische Ansatz Seibels erweist sich auch noch unter anderen Gesichtspunkten für die Erklärung der SHO-Entstehung in Entwicklungsländern als fruchtbar. So *bestätigt* er beispielsweise die *Wichtigkeit* desjenigen Entstehungsfaktors, der bei der Weiterentwicklung des sozioökonomischen Ansatzes als *unverzichtbarer Ausgangspunkt* jeder SHO-Entstehung hervorgehoben wurde, nämlich die *Problemsituation* und ihre *Wahrnehmung*.

Hierbei soll nicht voreilig der Seibelsche Problemsituationsbegriff und der in dieser Studie der neueren Entscheidungstheorie entlehnte gleichgesetzt werden. Denn wie bei der Darstellung der Problemtheorie ausgeführt wurde, geht Seibel meist von einer *gesellschaftlichen* Problemsituation aus, während es sich im Rahmen der neueren Entscheidungstheorie in der Regel um eine *individuelle* Problemsituation handelt. Jedoch ist auch deutlich geworden, daß Seibel den Begriff der Problemsituation ebenfalls bei der Erklärung individueller Phänomene anwendet, ohne ihn erneut und anders zu definieren.

Daß sich hieraus keine schwerwiegenden Erklärungsprobleme ergeben, ist darauf zurückzuführen, daß Seibel bereits bei seiner auf die Makroebene ausgerichteten Definition von „Problemsituation" zum einen die *subjektive* Komponente jeglicher Problemdefinition betont [1] und zum anderen mit seiner definitorischen Bestimmung, daß Problemsituationen durch das Fehlen eines Reaktionsmusters bzw. einer *Handlungsroutine* gekennzeichnet sind, eine Definition anbietet, die eine große Ähnlichkeit mit der auf das Individuum ausgerichteten Problemsituationsdefinition der neueren Entscheidungstheorie besitzt.

Ergibt sich aus Seibels Aussagensystem, daß Problemsituationen als hauptsächlicher Auslöser von Veränderungsprozessen in Systemen und Subsystemen sowie im Verhalten der Gesellschaftsmitglieder anzusehen sind, so kann dies nach den obengemachten Erläuterungen zu Seibels Problemsituationsbegriff als Bekräftigung der getroffenen Feststellung aufgefaßt werden, daß die in eine SHO-Entstehung mündenden neuen Handlungen (Entscheidungshandlungen) bestimmter Individuen eine von ihnen gemeinsam als problematisch empfundene Situation zum Ausgangspunkt haben.

Seibels Ausführungen zum Problembegriff erlauben es außerdem, neben dem Verweis auf den Selbsthilfecharakter der in einer zukünftigen Selbsthilfeorganisation praktizierten Handlungen ein weiteres logisches Argument anzuführen, aus dem sich hinsichtlich der konkreten inhaltlichen Ausprägung einer zukünftigen Selbsthilfeorganisation eine *grundsätzliche Offenheit* ergibt. War von D. v.Brentano und H. Büscher hervorgehoben worden, daß objektive Konstellationen *nur* über ihre *subjektive* Wahrnehmung durch potentielle SHO-Mitglieder für die SHO-Entstehung Bedeutung erlangen können, und war vom Verfasser in Anlehnung an die neuere Entscheidungstheorie die *Wahrnehmung einer Problemsituation* als Ausgangspunkt der SHO-Entstehung herausgestellt worden, so zeigt Seibel auf, daß wegen

---

[1] Vgl. SEIBEL, H.D., Struktur ... a.a.O., S. 98 f.

des subjektiven Elements eine *ex ante Festlegung, was* genau als *Problem* zu gelten hat, *unmöglich* ist. [1]

Da Selbsthilfeorganisationen als Problemlösungsversuche eine *Reaktion* auf *Probleme* darstellen, letztere ex ante nicht genau bestimmbar sind, ergibt sich, daß *auch* die *konkrete inhaltliche Ausprägung* der *Selbsthilfeorganisationen* als jeweilige spezielle Problemlösungsversuche *ex ante nicht genau festzulegen* ist. Läßt sich die jeweilige konkrete SHO-Ausprägung demnach nur im nachhinein bestimmen, so heißt das aber nichts anderes, als daß hinsichtlich der konkreten Form einer zukünftigen Selbsthilfeorganisation grundsätzlich Offenheit besteht.

Die sich für Seibel hieraus ergebenden Konsequenzen unterstreichen zum Teil die bereits an früheren Stellen herausgestellten Schlußfolgerungen. So resultiert für ihn aus dem mit dem oben genannten Umstand eng verbundenen „Dilemma der Entwicklungshilfe" bei exogenen SHO-Anregungsversuchen die Notwendigkeit eines „totale Flexibilität und Offenheit" [2] bewahrenden *mäeutischen* Vorgehens des SHO-Anregers.

Betrachtet man, was Seibel unter diesem mäeutischen Vorgehen im einzelnen versteht [3], so fällt einem eine große Ähnlichkeit zwischen diesem mäeutischen und dem von Pössinger in Angola als erfolgreich beschriebenen „antipaternalistischen" sowie dem von Hanel nahegelegten „partizipatorischen" Vorgehen auf. Die frühere Schlußfolgerung, deshalb zur Explikation des exogenen Aspekts bei der Entstehung lebensfähiger Selbsthilfeorganisationen Ansätze zu suchen, die ein derartiges Vorgehen erklärbar machen, findet hiermit eine zusätzliche Unterstützung. Mit dieser Suche wird im nächsten Kapitel begonnen.

---

[1] Vgl. SEIBEL, H.D., Struktur ... a.a.O., S. 218.

[2] SEIBEL, H.D., Autochthone Kooperationsgruppen ... a.a.O., S. 141.

[3] Vgl. S. 346 dieser Arbeit.

Als weitere Konsequenz des Aspekts der grundsätzlichen Offenheit hebt Seibel hervor, daß nicht nur Selbsthilfe*projekte* und die Entwicklung von gemeinsamer Selbsthilfe nicht gleichgesetzt werden können, sondern vielmehr häufig beobachtet werden kann, daß der Mißerfolg des einen oft den Erfolg des anderen bedeutet. Auf dem Hintergrund dieser Beobachtungen erweist sich die weiter oben im Evaluierungskontext getroffene vorläufige Entscheidung [1], exogene SHO-Entstehungsprozesse nicht mit SHO-*Projekten* und die Evaluierung dieser Prozesse nicht mit *Projekt*evaluierung gleichzusetzen, als noch naheliegender als an der betreffenden Stelle deutlich werden konnte, und als nunmehr für eine widerspruchsfreie Erklärung unverzichtbar.

Auf der Basis dieser bisherige Aussagen der Studie bestätigenden Sicht gibt Seibel schließlich einen Hinweis auf die an eine aussagekräftige SHO-(Entstehungs-)Evaluierung zu stellenden Anforderungen. Diesem Hinweis zufolge, der wegen der Überschneidung der ihm zugrundeliegenden Aussagen mit denen dieser Studie für das vorliegende Erklärungsanliegen für fruchtbar angesehen wird, dürfen solche Evaluierungen auf ex ante bestimmte, beabsichtigte SHO-*Projektziele* nicht angewiesen sein. Diesem Hinweis soll im letzten Teil der Studie (Teil E) nachgegangen werden.

---

[1] Vgl. S. 114 dieser Arbeit.

3. DER POLITISCH-PSYCHOLOGISCHE ANSATZ AM BEISPIEL DES ERKLÄRUNGSVERSUCHS VON M. GRONEMEYER

3.1. Das Verhältnis des Erklärungsversuchs zum Untersuchungsanliegen

Der politisch psychologische Ansatz von Marianne Gronemeyer fand in dieser Studie bisher durch Büschers Integration ihrer Motivationsdifferenzierung und der von ihr hervorgehobenen Kompetenzmotivation in seinem Erklärungsansatz Berücksichtigung. Darüber hinausgehend erläutert Büscher die Gronemeyerschen Überlegungen nicht. Sie wurden in der vorliegenden Untersuchung bisher ebenfalls nicht behandelt.

Da die Erkenntnisse, die bei der Weiterentwicklung des sozioökonomischen Ansatzes und der Erörterung der problemtheoretischen Aussagen zur SHO-Entstehung in Entwicklungsländern gewonnen werden konnten, die von Büscher und v.Brentano hervorgehobene Bedeutung der *motivationalen* Dimension im personalen Bereich zusätzlich unterstreichen – vor allem als wichtigen Bezugspunkt erzieherischen exogenen SHO-Anregungshandelns –, erscheint es gerade für die weitere Analyse des exogenen SHO-Entstehungsprozesses angebracht, diese motivationale Dimension in ihrer möglichen Strukturierung noch transparenter zu machen. Von einer solchen Transparenz kann nämlich ein Einblick in die Beschaffenheit und die Implikationen verschiedener Motivationstypen erwartet werden, auf die erfolgreiche SHO-Anreger bei einer exogenen SHO-Entstehung ihre erzieherischen Handlungen ausrichten. Hierdurch wird es außerdem aus einer erziehungswissenschaftlichen Perspektive heraus möglich, die exogene SHO-Anregung, die zur Entstehung einer lebensfähigen Selbsthilfeorganisation führt – im folgenden kurz als ,,erfolgreiche exogene SHO-Anregung" bezeichnet –, im Vergleich zu den noch recht groben Vorgehensskizzierungen Pössingers und Seibels hinsichtlich der motivationalen Dimension wesentlich *systematischer* zu erfassen und somit einer allgemeinen Erklärung zuzuführen.

Aus diesen Gründen liegt es nahe, auf den motivationstheoretischen Ansatz Gronemeyers intensiver als Büscher einzugehen und die Grundaussagen dieses Ansatzes darzulegen. Dies empfiehlt sich um so mehr, als dieser Ansatz u.a. auch das auf die Förderung bestimmter Motivationen gerichtete Handeln untersucht und ihm ein an solchem Handeln orientiertes Anwendungsinteresse zugrundeliegt. Da Gronemeyers Überlegungen in der vorliegenden Studie demnach noch stärker als bei Büscher in die Gesamtuntersuchung einbezogen werden, erscheint es ratsam, vor der eigentlichen Darstellung des Ansatzes der Frage nachzugehen, inwiefern und in welchem Umfang sich der Untersuchungsgegenstand der Gronemeyerschen Analyse mit dem der vorliegenden Studie deckt.

Büschers Untersuchung läßt sich als für diese Studie relevanter Aspekt der Gronemeyerschen Analyse nur deren Beschäftigung mit dem Problem der Handlungsmotivation entnehmen. Dieser Handlungsmotivationsaspekt bildet jedoch nicht die einzige Überschneidung des Gronemeyerschen Erkenntnisobjekts mit dem der vorliegenden Arbeit. Ihr Ansatz ist nämlich weniger ein allgemein psychologischer als ein *politisch*-psychologischer Ansatz. Denn, wie im Titel ihrer Untersuchung angedeutet, werden bei ihr „Motivation und politisches Handeln" in Beziehung gesetzt. Die Autorin präzisiert: „Anders als in den meisten Motivationstheorien, in denen die Motivation als Agens menschlichen Handelns schlechthin thematisiert wird, soll hier ausschließlich die Frage der Motivation zur politischen Beteiligung diskutiert werden" [1].

Gronemeyer untersucht demnach nicht die Motivation zu allgemein politischem Handeln, sondern nur die Motivation zu einem *speziellen politischen* Handeln, nämlich zur *politischen Beteiligung*. Hierbei bietet sie zwar

---

[1] GRONEMEYER, M., Motivation ... a.a.O., S. 25.

keine expliziten Definitionen an, doch lassen sich ihrer Formulierung der die Untersuchung leitenden Fragen Präzisierungen zum Begriff der politischen Beteiligung entnehmen. Demzufolge bedeutet, für politische Beteiligung motiviert zu sein, u.a. das Interesse und die Bereitschaft zu besitzen, „die Rahmenbedingungen des Alltagslebens in die eigene Entscheidungskompetenz einzuholen (...), das Recht auf Selbstbestimmung im politischen Raum expansiv zu realisieren (...) (und angesichts sozialer Ungerechtigkeit) das Recht auf gleiche Partizipation an den materiellen und immateriellen Ressourcen politisch folgenreich einzuklagen ...'' [1].

Bei dieser Motivation interessiert die Autorin nicht deren Aufrechterhaltung oder die Form ihrer möglichen Wirkungen, sondern deren *Entstehung,* also insbesondere die Frage, wie die Motivation zur politischen Beteiligung *möglich* wird, um so für eine soziale Veränderungsstrategie Handlungsbezugspunkte zu erhalten. In diesem Zusammenhang problematisiert sie vor allem diejenigen psychologischen Phänomene wie Ohnmacht und Apathie, die die Entstehung einer solchen Motivation verhindern können. Liegt eine solche Motivation bei mehreren Individuen vor und handeln diese dementsprechend, so kommt es nach Gronemeyer zu sozialen Veränderungsprozessen, bei denen die Akteure erstmalig ein bestimmtes politisches Beteiligungsverhalten zeigen.

Gronemeyers Untersuchungsobjekt weist mithin nicht nur durch den Aspekt der Handlungsmotivation Parallelen zum Gegenstand der vorliegenden Untersuchungen auf. Vielmehr zeigen sich weitere Überschneidungen, die vor allem in der Art desjenigen Handelns begründet sind, dessen motivationale Voraussetzungen Gronemeyer analysiert.

Diese Feststellung besagt nicht, daß das von den Individuen bei einem SHO-Entstehungsprozeß gezeigte Handeln hier undifferenziert als politisches Handeln oder politische Beteiligung bezeichnet werden soll. Dies entspräche

---

[1] GRONEMEYER, M., Motivation ... a.a.O., S. 25. Die Klammerergänzung stammt vom Verfasser.

nicht oder zumindest nicht völlig der in dieser Studie gewählten Definition von politischem Handeln. [1] Jedoch wird diese Aussage u.a. in dem Bewußtsein getroffen, daß gemeinsamer Selbsthilfe zumindest *ein* politischer Aspekt eigen ist. Dieser politische Aspekt ergibt sich aus der bei gemeinsamer Selbsthilfe implizierten Gegenüberstellung von „selbst" und „nicht-selbst", wobei mit dem „nicht-selbst" eine höhere Autorität gemeint ist, der als übergeordneter Instanz in der Regel politischer Charakter zugesprochen wird.

Wenn bestimmte Individuen die Nicht-Existenz oder die Unfähigkeit oder den mangelnden Willen einer solchen politischen Instanz bei der Erfüllung von allgemein als „öffentlich" angesehenen Aufgaben (z.B. Maßnahmen der Infrastruktur oder der (Berufs-) Bildung) oder bei der Erfüllung von Aufgaben, die zumindest aus der Perspektive der Betroffenen (z.B. Bauern) eigentlich in den Kompetenzbereich politischer Institutionen fielen (z.B. die Verhinderung von Händler- oder Zwischenhändlermonopolen), konstatieren und dazu übergehen, diese Aufgaben auf lokaler oder regionaler Ebene in gemeinsamer Selbsthilfe zu bewältigen, dann holen sie, wie Gronemeyer es formuliert, einen Teil „der Rahmenbedingungen des Alltagslebens in die eigene Entscheidungskompetenz" [2] ein. Soweit diese Rahmenbedingungen durch gemeinsame Selbsthilfe beeinflußt werden, läßt sich demnach mit Gronemeyer davon sprechen, daß hier politische Beteiligung praktiziert wird.

Dieser politische Aspekt war auch beim eigenen Feldaufenthalt in Obervolta nicht zu übersehen. So wurden neben Lagerhaltung, Ein- und Verkauf landwirtschaftlicher Güter, der Herstellung von landwirtschaftlichen Werkzeugen und anderen Aktivitäten zur Erzielung von Preisvorteilen und zur Brechung regionaler Monopole auch solche Aktivitäten in gemeinsamer Selbsthilfe durchgeführt, die auf die Erfüllung von Aufgaben gerichtet wa-

---

[1] Vgl. S. 129 dieser Arbeit.

[2] GRONEMEYER, M., Motivation ... a.a.O., S. 25.

ren, die nicht nur aus der Sicht der Beteiligten, sondern, wie Gespräche vor Ort ergaben, ganz allgemein als öffentliche Aufgaben angesehen wurden. Als Beispiele einer solchen „Produktion öffentlicher Güter" sei hier vor allem der Bau einer Mauer-Stahlbetonbrücke über einen Fluß genannt, der ein Dorf in der Regenzeit in zwei Teile trennte und dann für Kraftfahrzeuge — es wurden vor allem Krankenwagen genannt — unpassierbar machte. Außerdem erwähnt sei eine ebenfalls in gemeinsamer Selbsthilfe durchgeführte Maurer- und Schmiedeausbildung.

Neben diesem politischen Partizipationsaspekt, der bei gemeinsamer Selbsthilfe festgestellt werden kann, ist eine weitere Parallele des Gronemeyerschen Analyseobjekts zum Untersuchungsgegenstand dieser Studie darin erkennbar, daß die gerade bei wirtschaftlich, sozial, politisch oder kulturell benachteiligten und schlechtergestellten Personen, die meistens als charakteristische zukünftige SHO-Mitglieder in Entwicklungsländern angesehen werden [1], oft feststellbare passive, ohnmächtige oder sogar apathische Haltung [2], auf die bereits Büscher eingeht, bei Gronemeyer als Hindernisse für die Ausbildung der genannten Motivation problematisiert wird. Ferner geht die Autorin davon aus, daß das von ihr auf seine motivationalen Voraussetzungen untersuchte spezielle politische Handeln schließlich nicht von einem Einzelnen, sondern von *mehreren* Personen ausgeführt wird. Auch diesen Gruppenaspekt haben beide Untersuchungsgegenstände gemeinsam.

---

[1] Vgl. S. 32 dieser Arbeit.

[2] Daß die mit SHO-Förderungsmaßnahmen anvisierte Zielgruppe: die arme Landbevölkerung in den Entwicklungsländern sich häufig durch Ohnmacht und Apathie auszeichnet, ist vor kurzem noch von J.O. Müller betont worden, der schreibt, daß diese arme Landbevölkerung „... live probably in even still greater distress and apathy" als die im Europa des 19. Jahrhunderts. Vgl. MÜLLER, J.O., Rural Poverty, traditional forms and conditions of Cooperation in Europe — Some basic consequences for establishing modern rural self-help organizations in Developing Countries, in: DSE (Hrsg.), Government Promotion of Cooperatives and other Self-help Organizations for rural development (Seminar vom 22.9.–3.10.80 in Berlin/West), Seminar Report, Vol. 2, hrsg. v. Baldus, R.D. et al., o.O., o.J., S. 21–37, hier S. 30.

Die wesentlichste Überschneidung ergibt sich aber daraus, daß Gronemeyer
bei ihrer Untersuchung der *Entstehung* einer Motivation zu einem speziellen *politischen Handeln* im Prinzip nichts anderes analysiert als die Motivation zu einem *innovativen sozialen Handeln.* Da *gemeinsame Selbsthilfe,*
wie die bisherige Untersuchung gezeigt hat, *bei der* SHO-*Entstehung* ebenfalls *innovatives soziales Handeln* darstellt, ist die Übereinstimmung wesent-
licher Merkmale der Untersuchungsgegenstände offensichtlich, und liegt es
nahe, Gronemeyers motivationstheoretische Betrachtung zur Erklärung innovativen sozialen Handelns in die vorliegende Analyse mit einzubeziehen.

3.2. Gronemeyers Untersuchung innovativen sozialen Handelns auf lern- und motivationstheoretischer Basis

Gronemeyer untersucht die Entstehungsproblematik der Motivation zu innovativem sozialen Handeln vor allem beim Vorliegen für ihre Entstehung
hinderlicher Ohnmachts-, Zufriedenheits- und Apathiehaltungen. Die Autorin interessiert sich demnach für diejenigen Fälle der Motivationsausbildung,
bei denen sich *trotz* anfänglichen Fehlens der Motivationsentstehungsvoraus-
setzungen diese Motivation ausgebildet hat und das aus ihr resultierende
innovative soziale Handeln beobachtet werden konnte.

In einem ihrer Fallbeispiele für eine solche Motivationsentstehung beschreibt
sie ein erfolgreiches Schulexperiment in Barbiana bei Florenz.[1] Die Aus-
gangslage war bei diesem Experiment dadurch gekennzeichnet, daß Kinder
zahlreicher Familien aus einer armen Bevölkerungsschicht die Jahresab-
schlußprüfung der staatlichen Pflichtschule nicht bestanden hatten und den
Eltern nur zwei Reaktionsmöglichkeiten offenstanden: entweder ihre Kinder

---

[1] Vgl. zu folgendem GRONEMEYER, M., Motivation ... a.a.O., S. 9–25.

die Klassen einmal oder mehrere Male wiederholen zu lassen, wobei bisherige Erfahrungen dies als wenig erfolgversprechendes Unterfangen auswiesen, oder sie schon vor Ablauf der Schulpflicht, deren Einhaltung vor Ort nicht besonders kontrolliert wurde, von der Schule zu nehmen und arbeiten zu schicken.

Angesichts dieser Situation, die bei vielen Eltern dazu führt, sich mit der Nichterfüllung der Zukunftserwartung: „Die Kinder sollen es einmal besser haben als wir" resignierend abzufinden: „Es hat nicht sollen sein", unternahm der ortsansässige Pfarrer den erfolgreichen Versuch, Eltern und Kinder dafür zu gewinnen, in gemeinsamer Selbsthilfe eine eigene kleine „Schule" zu organisieren, in der die betreffenden Kinder und Jugendlichen besser lernen konnten und schließlich auch die Befähigung erwarben, die staatlichen Prüfungen zu bestehen.

Bei diesem erfolgreichen Versuch stellte der Pfarrer zuerst einmal grundsätzlich die These in Frage, nach der das Schulversagen allein auf das Versagen der Schüler und ihrer Eltern zurückzuführen sei. Vielmehr konstatierte er ein beträchtliches Versagen der Schule. Den betroffenen Eltern und Schülern präsentierte er nicht nur diese neue Sichtweise, sondern versicherte sie auch seines vollen Vertrauens in die Veränderungs- und Lernfähigkeit der bisher gescheiterten Schüler. Außerdem bot er in einem zweiten Schritt durch die Bereitstellung von Räumen seines Pfarrhauses als Klassenräume und Werkstätten und durch seine Bereitschaft, als neuer Lehrer zur Verfügung zu stehen, der abweichend von der herkömmlichen Schulsituation nur solche Anforderungen an die Schüler stellt, die diese an sich selbst stellen, den genannten Kindern und Jugendlichen eine *Handlungsalternative* an.

Es konnte nun folgendes beobachtet werden: die neue vom Pfarrer des Ortes angebotene Sichtweise, nach der es unmöglich wurde, die Schuld für das Schulversagen allein den betroffenen Schülern und Eltern zuzuweisen, setzte bei diesen Handlungsimpulse frei, die allerdings nicht dazu führten, daß sie von sich aus Handlungsalternativen entwickelten und in die Tat umsetzten, weil ihnen „soziale Phantasie" [1] und „Zutrauen in die eigene Veränderungsmöglichkeit" [2] fehlten. Ersetzt wurden diese fehlenden Voraussetzungen zu innovativem sozialen Handeln in Barbiana durch den Pfarrer, der sowohl eine Handlungsalternative anbot als auch die Betroffenen mit einem Vertrauensvorschuß in ihre Veränderungs- und Lernfähigkeit versah, den er vor allem mit dem Hinweis auf ihre von ihm in Erinnerung gerufenen bisherigen Kompetenzerfahrungen begründete.

Auf der Basis der persönlichen Betroffenheit der Beteiligten, der neuen vom Pfarrer angebotenen Sichtweise, der neuen Handlungsmöglichkeiten und des Vertrauensvorschusses begann das Schulexperiment. 29 Schüler fanden sich jeden Tag im Pfarrhaus zum Lernen ein, wobei der Pfarrer nur die ältesten von ihnen unterrichtete, während die anderen Schüler sich gegenseitig entsprechend ihrer jeweiligen Wissensvorsprünge als „Lehrer" zur Verfügung standen.

Anfangs, so zeigen Protokolle über die Entwicklung dieses Schulexperiments, kamen viele Schüler nach eigenem Bekunden ins Pfarrhaus, weil ihnen diese Schule im Vergleich zu den häuslichen Arbeitsanforderungen als bequemer erschien. Die Erfüllung der selbstgestellten Anforderungen ermöglichte den Schülern hierbei Kompetenzerfahrungen und setzte mit der Zeit ihre Neugierde frei, so daß sich das Interesse *an neuen* Lernstoffen bald als eigenständige Motivation verselbständigte. [3] Bei der hierdurch ausgelösten Suche stießen die Schüler in immer mehr neue Lerngebiete vor und fanden sich schließlich „selbst im Widerspruch zu ihrer erklärten Absicht, den Weg des geringsten Widerstandes gehen zu wollen." [4]

---

[1] GRONEMEYER, M., Motivation ... a.a.O., S. 12.

[2] Ebenda S. 12f.

[3] Vgl. ebenda S. 15.

[4] Ebenda S. 15.

In diesem auf Kompetenzerfahrungen beruhenden Verhalten kamen schließlich auch Elemente einer Leistungsorientierung zur Wirkung, die in Verbindung mit den individuellen Neigungen der jeweiligen Schüler, d.h. dem Wunsch, ihre privaten Bedürfnisse zu befriedigen, unter anderem dazu führten, daß diese nach einiger Zeit als „Privatisten" an den staatlichen Schulen Externenprüfungen ablegten, um Zeugnisse zu erhalten.

Auf die Sensibilisierung für die eigenen individuellen Bedürfnisse, die im genannten Verhalten mündete, folgte bei den Schülern in Barbiana schrittweise aber auch eine Sensibilisierung für die Bedürfnisse der anderen Gruppenmitglieder, die sie zum Wohl der anderen persönliche Opfer bringen ließ. Den Endpunkt dieser Entwicklung markiert die sich schließlich einstellende Sensibilisierung für die Bedürfnisse der auch außerhalb dieser Gruppe in Barbiana befindlichen Personen in problematischen und aus der Sicht der Beteiligten ungerechten Situationen. Die Motivation zur politischen Beteiligung, zu innovativem sozialen Handeln findet somit zuletzt darin ihren Ausdruck, daß man sich mit einem „Brief an eine Lehrerin" an die Öffentlichkeit wendet und das Schulexperiment als gelungenen Versuch eines sozialen Veränderungsprozesses zur Nachahmung empfiehlt sowie sich dabei Besuchern und Kritik, d.h. der (schul-)politischen Auseinandersetzung öffnet.

Gronemeyers Untersuchung mehrerer Fälle von trotz Ohnmachts-, Zufriedenheits- oder Apathiehindernissen gelungenen Entwicklungen einer Motivation zu innovativem sozialen Handeln – das genannte Schulexperiment ist nicht der einzige Fall, der ihrer Untersuchung zugrundeliegt, sondern wurde nur exemplarisch dargelegt – läßt folgendes hinsichtlich der genannten Motivationsentwicklungshemmnisse deutlich werden:

„Der ohnmächtige Mensch *empfindet* sich als abhängig, er hat ein wie immer parzelliertes oder ziellos-ungerichtetes Elends*bewußtsein.*" [1] „Ohn-

---

[1] GRONEMEYER, M., Motivation ... a.a.O., S. 28.

machtsempfinden resultiert einerseits aus dem Abgeschnittensein von vielen Erfahrungszonen und verstärkt zugleich die Tendenz, zusätzlich Einflußzonen preiszugeben". [1]

Wird dieser Tendenz gefolgt, stellt sich Apathie ein, die als Steigerung des Ohnmachtsempfindens nur schwer überwindbar ist. Eine andere Form der Reaktion stellt nach Gronemeyer die Kompensation des Gefühls durch Omnipotenzstreben gegenüber Schwächeren dar. [2] Dieses Streben ist für sie „ein gänzlich unkalkulierbares gesellschaftliches Destruktionspotential". [3]

Bei ihrer Betrachtung der zuerstgenannten Reaktionsmöglichkeit der Ohnmacht meint sie: „Wer könnte lebenslänglich das Bewußtsein von Elend hellwach halten, wenn gleichzeitig unverrückbar besiegelt scheint, daß man ganz und gar ohnmächtig dagegen ist? Da ist es erträglicher, entschieden den Verhältnissen zuzustimmen; wer Unerfüllbares nicht erwartet, kann nicht enttäuscht werden." [4]

Ein solches Akzeptieren und Sichanpassen an anscheinend unveränderliche Tatsachen kann mit der Zeit zu einem dementsprechenden Bewußtsein führen, so daß der Betroffene bei sich „Zufriedenheit" mit der Umwelt feststellt. Nach Gronemeyer ist eine solche „handlungslähmende und veränderungshemmende" [5] Zufriedenheit, „die man sich gegen alle Realität abringt, um sich nicht lebenslang an Enttäuschung auszuliefern" [6], etwas anderes als „das *begründete* Zutrauen in die eigene Kompetenz" [7] und daher mit dem letzteren nicht zu verwechseln.

---

[1] GRONEMEYER, M., Motivation ... a.a.O., S. 29.

[2] Gronemeyer bezieht sich hier auf ein unveröffentliches Manuskript von E. Fromm.

[3] GRONEMEYER, M., Motivation ... a.a.O., S. 30.

[4] Ebenda S. 33.

[5] Vgl. ebenda S. 67.

[6] Ebenda S. 67.

[7] Ebenda S. 67.

Kann trotz anfänglicher Ohnmacht, „Zufriedenheit" oder Apathie der betreffenden Personen bei ihnen die Entstehung einer Motivation zu innovativem sozialen Handeln festgestellt werden, so erklärt sich dies nach Gronemeyer, wie sie mit mehreren Beispielen belegt, durch den „*aktiven Eingriff* eines Lernorganisators" [1]. Sein aktives Eingreifen entspricht der Notwendigkeit „eines Anstoßes und eines Angebotes von außen" [2], die aus dem Umstand resultiert, daß allein „aus der Mangelsituation heraus ... eine produktive Alternative nicht denkbar und schon gar nicht realisierbar" [3] ist.

Bei seiner erfolgreichen sozialen Veränderungsstrategie, die in solchen Fällen den Charakter einer unverzichtbaren Voraussetzung für die Motivationsentstehung erhält und auf die weiter unten noch näher eingegangen wird, stellt der Lernorganisator u.a. folgende zwei Sachverhalte in Rechnung, die nach Gronemeyer grundsätzlich bei jeder sozialen Veränderungsstrategie zu berücksichtigen sind: [4]

1. Eine Veränderung bei den Betroffenen ist nicht über Verschärfung der Not zu erreichen, da Notsituationen Mangel- und Angstsituationen darstellen, bei denen das Individuum keine Zeit und Gelegenheit hat, *neue* Problemlösungen zu suchen, sondern nur auf alte bekannte zurückgreift.

2. Eine Veränderung kann nur aufgrund von „Teilerfahrungen von *gelungener Lebenspraxis*" [5] stattfinden.

Da die Autorin die beobachteten Fälle erfolgreicher sozialer Veränderungsstrategien einer Systematisierung und somit einer allgemeinen Anwendbarkeit zugänglich machen will, empfiehlt es sich aus ihrer Sicht, vor allem

[1] GRONEMEYER, M., Motivation ... a.a.O., S. 24.
[2] Ebenda S. 19.
[3] Ebenda S. 19.
[4] Vgl. ebenda S. 18f.
[5] Ebenda S. 39.

zu prüfen, inwieweit die genannten Entwicklungsprozesse mit Hilfe von Ansätzen der Lern- und Motivationstheorie erklärbar werden. Im ersten Teil dieser Prüfung wählt sie jeweils einen Ansatz eines „typischen Vertreters" [1] der zu diskutierenden Theorierichtung.

Ihr erster Prüfungsschritt richtet sich auf denjenigen psychologischen Theorietyp, der bereits weiter oben [2] als behaviouristische Verhaltenstheorie und mögliche Form einer Drive-Habit-Theorie Erwähnung fand, nämlich die *Lern*theorie. Beim lerntheoretischen Ansatz dient das *Verhalten* (Behaviour) als Haupterklärungsvariable. Seinen Vertretern, den „Behaviouristen" (Watson, Thorndike, Skinner u.a.) oder „Neobehaviouristen" (Spence, Hull, Miller u.a.) ist die Auffassung gemeinsam, daß der verhaltenssteuernde Faktor „Motivation" nur durch die Beobachtung von Verhalten selbst erklärbar ist.

Grundannahme hierbei ist die Auffassung, daß beim Menschen ein *Überlebensantrieb oder,* allgemeiner gefaßt, der *Wunsch nach Herstellung eines* physiologischen oder psychologischen *Gleichgewichts* (Homöostase) den Grund oder die Basis jeglichen Handelns darstellt. So gelangen die Behaviouristen über die Betonung von *Außenreizen* („Stimuli"), die ein jeweiliges Verhalten verhindern oder stimulieren, da mit ihnen in der Vergangenheit erfahrene Handlungsmuster als Reaktionsmuster verbunden sind (Response), zu ihrer „Stimulus-Response-Theorie" und dabei zu einer Beschreibung von *Verhaltensänderungen,* die sie mit „Lernen" bezeichnen. Die Neobehaviouristen schalten intervenierende Variablen zwischen das Verhältnis Umwelt–Person. Diese intervenierenden Variablen werden „Motive" und/oder „Motivation" genannt, wobei hier von Antrieben über ein meßbares generalisiertes Aktivierungsniveau bis hin zu Anreizen das Unterschiedlichste gemeint sein kann. Dieses Dazwischenschalten von Variablen führt jedoch nicht dazu, daß nun mentalen Steuerungsprozessen, also der

---

[1] GRONEMEYER, M., Motivation ... a.a.O., S. 42.

[2] Vgl. u.a. S. 188 und S. 222 f. dieser Arbeit.

kognitiven Dimension des Menschen, Bedeutung zugewiesen wird. Aus der Sicht von Behaviouristen stellt das Verhalten eines Menschen das Resultat von Sanktionen dar, denen er in der Vergangenheit im Zusammenhang mit bestimmten Handlungen ausgesetzt war.

Es verwundert nicht, daß Autoren, wie z.B. Weiner [1], hier von „mechanistischen" Theorien sprechen, verzichtet doch die behaviouristische Lerntheorie auf eine Intentionalität und Sinngebung seitens des Handelnden. Er reagiert nur auf Reize der Umwelt. Neuerungen sind Veränderungen der Umwelt, nicht des Menschen.

Als einen von einem typischen Vertreter der Lerntheorie entwickelten Ansatz, der auf seine Fähigkeit hin untersucht werden soll, den motivationalen Aspekt innovativen sozialen Handelns erklären zu können, wählt Gronemeyer den Ansatz von B.F. Skinner. [2] Bei dessen Stimulus-Response-Modell ergeben sich nach Gronemeyer die hier interessierenden *Veränderungs*prozesse jeweils nur als Verhaltens*reaktionen* auf Änderungen in der *Umwelt*. Das Grundbedürfnis des Menschen, nämlich Überleben zu wollen, bleibt hingegen immer konstant und gibt das letztlich hinter allem stehende Grundziel jeglichen menschlichen Verhaltens wieder.

Menschliches Handeln erweist sich so als ausschließlich reaktiv, wobei die verhaltensauslösenden, die Befriedigung des Grundbedürfnisses bedrohenden Faktoren allein durch *externe* Reize gebildet werden. Aufschluß darüber, welche Art von Reaktionen diese externen Reize beim Menschen auslösen können und ob das hier interessierende innovative soziale Handeln unter diese möglichen Reaktionstypen fällt, gibt nach Gronemeyer die Betrachtung der Beschaffenheit des angenommenen Grundbedürfnisses.

---

[1] Vgl. WEINER, B., Theories of Motivation, from Mechanism to Cognition, Chicago, 1972.

[2] Vgl. vor allem SKINNER, B.F., Science and Human Behavior, New York 1953, und d e r s., Jenseits von Freiheit und Würde, Reinbek 1973; GRONEMEYER, M., Motivation ... a.a.O., S. 42–57 und S. 63–74.

Dieses Grundbedürfnis ist, wie es bei den Neobehaviouristen noch deutlicher herauskommt, homöostatischen Charakters, d.h., auf die (Wieder-) Herstellung oder Bewahrung eines physiologischen oder psychologischen *Gleichgewichtszustandes* ausgerichtet, der das Überleben sichert. [1] *Externe* Reize lösen demnach bei der Lerntheorie dann ein Verhalten, d.h. ein auf die (Wieder-)Herstellung oder Bewahrung eines Gleichgewichtszustandes gerichtetes Handeln aus, wenn sie eine Gefährdung dieses Zustandes signalisieren.

Der Mensch reagiert hier demzufolge, wenn er das Fehlen eines Gleichgewichtszustandes feststellt oder einen Mangel an Gleichgewicht befürchtet. Wenn sich, wie bei der Lerntheorie, das homöostatische Prinzip inhaltlich auf de facto von außen gesetzte Ziele bezieht, wird in neuerer Zeit die betreffende Motivation des Handelnden als „Defizit-Motivation" [2] bezeichnet, deren Grundantrieb eine Form der „Antriebe vom Mangel-Typ" [3] darstellt. Gronemeyer verwendet in diesem Zusammenhang den Begriff der „Mangelmotivation" [4].

Ihre Untersuchung zeigt, daß bei einem solchen Motivationskonzept, das als Grundbedürfnis des Menschen die Erreichung eines Ruhegleichgewichts annimmt und das Motivation ausschließlich begründet sieht in von außen verursachter Entbehrung, Angst oder Bedrohung, schließlich jedes Verhalten unter dem Zwang eines Außenzweckes steht. [5] Man verhält sich demnach nicht um des Verhaltens selbst willen, sondern um etwas außerhalb des Verhaltens Liegendes zu erreichen. [6] So läßt sich nach Gronemeyer

---

[1] Vgl. DORSCH, F., Motivation, in: ders. (Hrsg.), Psychologisches Wörterbuch, 9. völlig neubearb. Aufl., Bern, Stuttgart, Wien 1976, S. 379—382, hier S. 380.

[2] Siehe z.B. ebenda S. 380; wahrscheinlich in Anlehnung an Maslows Begriff der Defizitmotive. Vgl. S. 398 dieser Arbeit.

[3] Ebenda S. 380.

[4] GRONEMEYER, M., Motivation ... a.a.O., S. 64 ff.

[5] Vgl. ebenda S. 70.

[6] Vgl. ebenda S. 70.

festhalten: „Verhalten wird *instrumentalisiert*, Mangelmotivation ist *extrinsische Motivation.*" [1]

Nach Auffassung der Autorin muß in diesem Zusammenhang in Betracht gezogen werden, daß für die *Mangelbeseitigung nur knappe Ressourcen* zur Verfügung stehen, was sowohl für die Befriedigung von Bedürfnissen gilt, die auf den Erhalt der physischen Existenz gerichtet sind, als auch für die Befriedigung der Bedürfnisse nach Sicherheit, sozialer Anerkennung oder liebevoller Zuwendung. [2] Da man sich mit diesen Bedürfnissen wegen der Knappheitssituation in einer Konkurrenz mit anderen befindet und demzufolge dem eigenen Mangel nur auf Kosten anderer abhelfen kann, erweist sich als weiterer Aspekt der Mangelmotivation: „Mangelmotivation ist immer auch *Konkurrenzmotivation.*" [3]

Hinsichtlich der Art der Reaktion auf eine Mangelsituation lassen sich — so Gronemeyer — grundsätzlich zwei Reaktionstypen unterscheiden: das Vermeidungs- und das Annäherungsverhalten. Politische oder soziale Apathie als Phänomene innovativem sozialen Handeln hinderlichen Verhaltens erweisen sich als Vermeidungsverhalten, das als „Nicht-Handeln" dem betreffenden Akteur, der durch eine Mangelsituation mit einem unangenehmen Spannungszustand konfrontiert ist, einen angenehmen, relativ spannungsarmen Zustand des Sich-Abfindens und Dreinfügens anbietet.

Wird jedoch in einer Mangelsituation tatsächlich gehandelt — Annäherungsverhalten —, so erweist sich nach experimentellen Untersuchungen von J. S. Bruner und anderen [4], auf deren Ergebnisse Gronemeyer verweist [5], daß

---

[1] GRONEMEYER, M., Motivation ... a.a.O., S. 70.

[2] Vgl. ebenda S. 70.

[3] Ebenda S. 70.

[4] BRUNER, J.S., MATTER, J., LEWIN, M., PAPANEK, Breadth of learning as a Function of Drive Level and Mechanization, in: Psychological Review, Vol. 62, No. 1, 1955.

[5] Vgl. GRONEMEYER, M., Motivation ... a.a.O., S. 71.

in Mangelsituationen die Individuen nur über eine sehr begrenzte Anzahl von Situationsmerkmalen Informationen aufnehmen oder, in der Terminologie der neueren Entscheidungstheorie ausgedrückt, in einer solchen Situation, bei welcher der Mangel die einzige Ressource für Handlungsbereitschaft darstellt, die Informations*wahrnehmung* äußerst begrenzt ist.

Anstatt vom Umfang der Informationswahrnehmung sprechen Bruner und seine Koautoren von der „Lernreichweite" (breadth of learning). Ihre Untersuchungen zeigen folgenden Zusammenhang auf: je dringender das Erfordernis ist, daß ein Organismus sein Ziel schnell erreicht, je intensiver beispielsweise eine Mangelsituation ist, desto hinderlicher ist eine Situation, in der auf verschiedene alternative Situationsmerkmale auswählend reagiert werden soll. [1] Mit anderen Worten: „Zeitdruck und Erfolgsnotwendigkeit erzwingen die Ausblendung aller nicht unmittelbar für das Ziel der Mangelbeseitigung verwertbaren Situationsinhalte." [2]

In einer solchen Situation läßt — so Gronemeyer — die Dringlichkeit der Mangelbeseitigung zum Experimentieren, d.h. zum Suchen neuer Problemlösungen keinen Raum. [3] Von daher hat das Individuum in einer Notsituation an Handlungs- und Problemlösungskapazitäten nur das zur Hand, was es vorher gelernt hat, was dazu führt, daß es bei einer intensiven und ausschließlichen Mangelmotivation für die Problemlösung auf *bewährte Reaktionsmuster zurückgreift*. [4] Dies heißt jedoch nichts anderes, als daß sich die Mangelmotivation als *innovationsfeindlich* erweist, weil ihr ein *habituelles* Problemlösungshandeln entspricht.

Folglich bietet sich das Konzept der Mangelmotivation zur Erklärung innovativen sozialen Handelns, bei dem nicht auf bewährte Handlungsmuster

---

[1] Vgl. BRUNER, J.C. et al., Breadth of learning ... a.a.O., S. 4ff.
[2] GRONEMEYER, M., Motivation ... a.a.O., S. 71.
[3] Vgl. ebenda S. 72.
[4] Vgl. ebenda S. 72.

zurückgegriffen wird, sondern bewußt neue Lösungen gesucht und angewandt werden, *nicht* an. Zwar sind auch im Rahmen dieses Motivations-
konzeptes Innovationen denkbar, jedoch nur als zufällige Reaktion auf eine
Umweltkonstellation, nicht jedoch als Ergebnisse eines *sozialen,* d.h. u.a. [1]
sinnorientierten, intentionalen Handelns.

Soziale *Veränderungsprozesse* erweisen sich bei Skinner mithin nicht als
durch soziales Handeln bewirkte Prozesse, sondern *nur* als eine verhaltens-
mäßige *Anpassung* der Menschen an sich ändernde Umweltverhältnisse. Dabei wird von Skinner „die totale Determiniertheit des Menschen durch die
Umwelt proklamiert" [2], dem als „Spielball der Verhältnisse" [3] sowohl
durch seine „Befreiung" von seiner Verantwortlichkeit jegliche Lern- und
Handlungsfähigkeit als auch durch das Bestreiten innerphysischer Prozesse
die Fähigkeit zu einer Verhaltenssteuerung durch autonome Wahl/Bewußt-
seinsakte abgesprochen werden. [4]

Ohne die Annahme innerphysischer Prozesse, deren Nichtberücksichtigung
Skinner — so die Autorin — nur durch eine „fragwürdige Simplifizierung",
nämlich „der unmodifizierten Übertragung der Ergebnisse von Laborexperi-
menten auf menschliches Verhalten" [5] möglich wird, ließen sich aber
empirisch feststellbare Phänomene, wie die Sprache und die durch sie bedingten logischen Denkoperationen sowie die ebenfalls verhaltensregulieren-
den Affekte, analytisch nicht in den Griff bekommen. [6]

Da bei Skinners Lerntheorie die Existenz innerphysischer Prozesse bestrit-
ten wird und sich die so konzipierte Theorie zur Erklärung von innovativem sozialen Handeln als unfähig erweist, erhofft sich Gronemeyer bei

---

[1] Vgl. WEBER, M., Wirtschaft ... a.a.O., S. 1 f.
[2] GRONEMEYER, M., Motivation ... a.a.O., S. 43.
[3] Ebenda S. 63.
[4] Vgl. ebenda S. 47 und S. 63.
[5] Ebenda S. 55.
[6] Vgl. ebenda S. 55.

psychologischen Aussagensystemen, welche innerphysische Prozesse in Rechnung stellen, ein im Hinblick auf ihren Untersuchungsgegenstand größeres Erklärungspotential. Demzufolge werden in einem weiteren Analyseschritt verschiedene Ansätze aus dem Bereich der *Motivationstheorien* untersucht, die weiter oben bereits als „Expectancy+Value-Theorien" angesprochen wurden. [1]

Kennzeichnend für Motivationstheorien ist, daß bei ihnen betont wird, daß Individuen Zusammenhänge erkennen und geistig vorwegnehmen („antizipieren") können und *Erwartungen* über die Beziehungen zwischen gegebenen Bedingungen und zukünftigen Zuständen entwickeln [2] und daß außerdem Handlungsziele und Zielobjekte nicht nur registriert, sondern entsprechend einem subjektiven *Wert*system geordnet werden. [3]

„Erwartung" und „Wert" bilden die zentralen Kategorien der Motivationstheorien, wobei gemäß ihren Aussagen Erwartungen und Werte nicht nur durch Vergangenheitserfahrungen, die bei der Lerntheorie die Hauptbestimmungsfaktoren darstellen, sondern auch durch soziale Interaktion *und* durch *Zukunfts*erwartungen beeinflußt werden. Auf diese Weise verschaffen die Motivationstheorien im Gegensatz zu den behaviouristischen Ansätzen dem Zukunftsaspekt Eingang in die Überlegungen.

Das Verhalten dient ihnen anders als bei der Lerntheorie nicht als alleinige Erklärungsvariable oder, anders ausgedrückt, nicht als allein erklärungsrelevante Dimension des menschlichen Seins. Vielmehr stellen sie — jeder Ansatz auf unterschiedliche Weise und im unterschiedlichem Unfang — die anderen beiden Dimensionen menschlichen Seins, die von alters her [4] ne-

---

[1] Vgl. S. 188 dieser Arbeit.

[2] Vgl. NEUBERGER, O., Motivation, in: Grochla, E. (Hrsg.), Handwörterbuch der Organisation, 2. völlig neu gestaltete Aufl., Stuttgart 1980, Sp. 1356—1365, hier Sp. 1362.

[3] Vgl. ebenda Sp. 1362.

[4] Fußnote siehe folgende Seite 381.

ben der Dimension des *Handelns* genannt werden, nämlich die des *Fühlens* und *Denkens* [1], bei ihrer psychologischen Analyse mit in Rechnung. Hierbei kommen für die genannten Begriffe des Denkens und Fühlens die in neuerer Zeit üblichen [2] adjektivischen Bestimmungen „kognitiv" (Denken) und „affektiv" (Fühlen) zur Bezeichnung der Dimensionen zur Anwendung. Die Dimension des Handelns wird hier als „Verhaltensdimension" oder – vor allem in didaktischem Kontext – der adjektivischen Konstruktion treu bleibend in jüngster Zeit als „psychomotorische Dimension" angesprochen, wic u.a. Twardy betont. [3]

Angesichts der konstatierten analytischen Unfruchtbarkeit der auf die psychomotorische Dimension abstellenden Lerntheorie untersucht Gronemeyer im weiteren Verlauf ihrer Studie Motivationstheorien, die auf die *kognitive* Dimension menschlichen Seins abheben, und wählt als Ansatz eines typischen Vertreters kognitiver Motivationstheorie den Erklärungsversuch von L. Festinger. [4]

Die hier interessierenden Veränderungsprozesse bei einem Individuum, bei denen eventuell neue Elemente Eingang in das Bewußtsein einer Person finden und die so die Entstehung innovativen sozialen Handelns ermöglichen könnten, problematisiert Festinger in seiner Theorie der „kognitiven Dissonanz" als Prozeß von *Einstellungs*änderungen. Hierbei geht er von folgender Grundannahme aus: Das gleichzeitige Auftreten von Bewußtseinsinhalten bei einer Person, die miteinander unvereinbar sind (Dissonanz),

---

Fußnote [4] von Seite 380: Allport verweist auf die schon bei Platon vorgenommene Dreiteilung der Dimension menschlichen Seins in Handeln, Fühlen und Denken. Vgl. ALLPORT, G.W., Historical Background of Modern Social Psychology, in: Lindsey, G. u. Aronson, E. (Hrsg.), Handbook of social psychology, Vol. I., 2. Aufl., Cambridge (Mass.) 1968, S. 1 bis 81, hier S. 23 ff.

[1] Siehe beispielsweise PESTALOZZI, H., Gesammelte Werke in 10 Bänden, hrsg. von E. Bosshardt, E. Dejung, L. Kempter, H. Stettbacher, Band 10, Zürich 1948, S. 412 f.

[2] Vgl. z.B. TWARDY, M., Zur Lehr- und Lernzielpräzisierung ... a.a.O., S. 78 ff.

[3] Vgl. ebenda S. 78 ff.

[4] FESTINGER, L., A theory of cognitiv dissonance, Evanstone (Ill.) 1957.

führt bei dem betreffenden Individuum zu dem Bemühen, diese Unstimmigkeit abzubauen (Dissonanzminderung). [1]

Auslöser einer Einstellungsänderung ist die Konfrontation mit etwas subjektiv Neuem, das nach dem Dissonanzkonzept als unangenehm Neues, also als fremd, störend, die bisherige Ordnung des Wissens, der Erfahrung und der Urteile In-Frage-Stellendes empfunden wird. [2] In seinem Erklärungskonzept setzt Festinger — so die Autorin — die Umwelt konstant, so daß bei ihm eine mögliche Einflußnahme auf die „störende" Umwelt nicht problematisiert wird. [3] Veränderung erfolgt so ausschließlich als eine Änderung von Einstellungen, und zwar in der Weise, daß die Einstellungen nach ihrer Änderung mit der neuen Situation vereinbar sind und letztere ihren Fremdheitscharakter verliert und zu einer nunmehr „vertrauten" Situation wird (Dissonanzminderung).

Das Problem der Dissonanz wirft Festinger vor allem bei dem in der Realität beobachtbaren Fall des *Widerspruchs* von *Einstellung* und *Verhalten* bei einer Person auf. Daß es zu einem solchen Widerspruch kommen kann, erklärt er mit von außen auf ein Individuum einwirkendem Druck oder Zwang, ein bestimmtes Verhalten zu zeigen. Der Intensität dieses Drucks oder Zwangs — Gronemeyer spricht von der „Sanktionsgewalt des Impuls" [4] — kommt in seiner Theorie insofern die Rolle einer unabhängigen Variablen zu, als in Abhängigkeit von ihrer Stärke die Konsonanz zwischen Verhalten und Druck oder Zwang bestimmt wird und in Abhängigkeit von dieser Konsonanz wiederum die Stärke der Dissonanzempfindung steht.

---

[1] Vgl. GRONEMEYER, M., Motivation ... a.a.O., S. 57f., die hier Festinger und Aronson zitiert.

[2] Vgl. ebenda S. 58.

[3] Vgl. ebenda S. 59.

[4] Ebenda S. 59.

Hierbei ist das Verhältnis von Konsonanz und Dissonanz von inverser Art, d.h., je niedriger die Konsonanz ist, desto höher ist die Wahrnehmung einer Dissonanz. Ist z.B. der *Druck,* der auf ein Individuum ausgeübt wird, damit es sich konträr zu seiner Überzeugung verhält, *minimal* (niedrige Konsonanz), also gerade ausreichend dafür, daß sich das einstellungskonträre Verhalten einstellt, so kann das Individuum nur wenige gewichtige Gründe für das Verhalten gegen die eigene Überzeugungen anführen und wird es – werden hierbei, wie Gronemeyer es ausdrückt, „die eigenen Überzeugungen für ein Ei und ein Butterbrot verkauft" [1] – den *Widerspruch* besonders *intensiv wahrnehmen* (hohe Dissonanz). [2] In einem solchen Fall ist der Impuls für eine „Harmonisierung" der Einstellung mit dem aufgenötigten Verhalten, also für eine Einstellungsänderung im Dienste einer Dissonanzminderung stark. Umgekehrt stellt sich die Situation bei massivem Druck dar.

Es wird deutlich, daß nach Festingers Theorie durch von außen auf das Individuum einwirkende Faktoren, die ein einstellungskonträres „äußeres" Verhalten bewirken können und die Intensität des Außendrucks bestimmen, sowohl der Anlaß zu einer Änderung des äußeren Verhaltens und der Einstellung – hier als Änderung des „inneren" Verhaltens bezeichnet – als auch die Intensität der letzteren festgelegt werden. Diese äußeren Einflüsse verursachen bei der betreffenden Person die Empfindung einer Dissonanz, die diese als negativ empfindet, wie es das von Festinger bei jedem Menschen angenommene Grundbedürfnis nach Dissonanzminderung impliziert.

Dies bedeutet jedoch nichts anderes, als daß in diesem Fall die betreffende Person einen Mangel an physischem Gleichgewicht empfindet und sich die *kognitive Theorie* Festingers ebenso wie die Lerntheorie Skinners als

---

[1] GRONEMEYER, M., Motivation ... a.a.O., S. 59f.

[2] Vgl. ebenda S. 59f.

eine *Mangelmotivationstheorie* entpuppt, nach der das Verhalten und seine Änderung *extrinsisch* motiviert sind.

Das Konzept der Mangelmotivation bietet sich aber, wie im Zusammenhang mit Skinner gezeigt wurde, für die Erklärung von innovativem sozialen Handeln nicht an. Dies wird auch bei Festingers Ansatz deutlich. Zwar sind danach Innovationen denkbar, jedoch nur als zufällige Reaktion auf Änderungen in der Umwelt, in deren Verlauf sich die Änderung beim Individuum in einer „passiven psychischen Anpassung" [1] erschöpft. Daß Änderungen auf der individuellen Ebene bei Festingers Theorie nur auf „Anpassung" hinauslaufen, läßt sich mit Gronemeyer folgendermaßen begründen:

„Wenn dem Individuum aber als Material für seine Bearbeitung innerer Spannungszustände nur die eigene Psyche zugewiesen wird, nicht aber die den Widerspruch produzierende Umwelt, d.h., wenn als dem Individuum verfügbare Veränderungsleistung nur die Neukalibrierung des physischen Gleichgewichts gilt, die Umweltbedingungen aber konstant, dem verändernden Zugriff entzogen erscheinen, dann läuft Veränderung zwangsläufig auf eine möglichst konfliktfreie, reibungslose Anpassung des Individuums an seine Umwelt hinaus." [2]

Gronemeyer bestreitet nicht, daß in der Wirklichkeit „in einer überwältigenden Vielfalt von Fällen" [3] Anpassungsverhalten festzustellen ist. Doch betont sie, daß sowohl Skinner als auch Festinger dem Fehlschluß erliegen, daß ein Verhalten, was in einem überwältigenden Ausmaß feststellbar ist, auch *nur* als einziges Grundverhalten vorkommen kann. Die Autorin stellt fest:

---

[1] Vgl. GRONEMEYER, M., Motivation ... a.a.O., S. 59.

[2] Ebenda S. 61.

[3] Ebenda S. 61.

„Das heißt: die Theorie der kognitiven Dissonanz profitiert von der Alternativlosigkeit der Betroffenen. (...) Wenn Festinger beim Menschen eine natürliche Neigung zum Dissonanzausgleich feststellt, so verwechselt er — wie Skinner — die entfremdete Realität des Menschen mit seiner Potentialität." [1]

Da sich mithin auch die auf die kognitive Dimension menschlichen Verhaltens abstellenden Motivationstheorien — bei Gronemeyers Untersuchung durch Festingers Dissonanztheorie vertreten — als Mangelmotivationstheorien herausstellen, die sich — u.a. mit ihrem Konzept ausschließlich extrinsischer Motivation — für die Erklärung innovativen sozialen Handelns als unfruchtbar erweisen, wendet sich Gronemeyer in einem nächsten Analyseschritt *affektiven* Motivationstheorien zu, bei denen versucht wird, intrinsische Motivation systematisch zu erfassen.

Als typisches Beispiel solcher Motivationstheorien wählt Gronemeyer die Leistungsmotivationstheorie von D.C. McClelland. Auf diese Theorie, die „formal analog" [2] zu den kognitiven Erwartung-Wert-Theorien aufgebaut ist und daher trotz ihrer Schwerpunktsetzung auf die affektive Dimension oft den kognitiven Theorien zugerechnet wird, ist bereits bei der Erörterung des Ansatzes von D. v.Brentano eingegangen worden. [3] Im Kontext der Gronemeyerschen Untersuchung interessiert bei McClellands Theorie vor allem, welches intrinsische Motiv die Entstehung innovativen sozialen Handelns erklären läßt und — mit dieser Frage verbunden — *wie* dieser Theorie entsprechend das betreffende *Motiv* und die daran anknüpfende *Motivation entstehen.* [4]

---

[1] GRONEMEYER, M., Motivation ... a.a.O., S. 62.

[2] NEUBERGER, O., Motivation ... a.a.O., Sp. 1363.

[3] Vgl. S. 229 ff. dieser Arbeit. Siehe auch die dort angegebene Literatur.

[4] Siehe hierzu bei McClelland vor allem: McCLELLAND, D.C., ATKINSON, J.W., CLARK, R.A., LOWELL, E.L., The Affective Arousal Model of Motivation, in: Haber, R.N. (Hrsg.), Current Research in Motivation, New York u.a. 1966, S. 451—464.

Was McClelland grundsätzlich unter einem „Motiv" versteht und wie man sich dessen Entstehung vorzustellen hat, beschreibt er folgendermaßen:

„A motive is the redintegration by a cue of a change in an affective situation. The word *redintegration* in this definition is meant to imply previous learning. In our system, all motives are learned. The basic idea is simply this: certain stimuli or situations involving discrepancies between expectation (adaptation level) and perception are sources of primary, unlearned affect, either positive or negative in nature. Cues which are paired with these affective states, changes in these affective states, and the conditions producing them become capable of redintegrating a state (A') derived from the original affective situation (A), but not identical with it ... These redintegrated states, which might be called respectively *appetite* and *anxiety,* are based on the primary affective situation but are not identical with it." [1]

Demnach sind — so Gronemeyer [2] — bei McClelland alle Motive *gelernt.* Sie sind das gelernte Ergebnis einer Verknüpfung von Umweltsignalen mit einem Affekt oder mit den diesen Affekt erzeugenden Konstellationen. Umweltreize, die jenen aus der ursprünglichen Lernsituation ähnlich sind, führen bei einem Individuum zu einer Wiederbelebung des bei ihm mit dieser (damaligen) Situation verbundenen Affekts. Auf diese Weise nimmt es Affekte vorweg, die von dem gegenwärtigen affektiven Zustand meist verschieden sind. Das vorangegangene Lernen macht diese Antizipation möglich.

Das gelernte Motiv wird durch diese Umweltreize dann *aktiviert* und *verhaltensbestimmend,* d.h., es wird dann zu einer *Motivation,* wenn zwischen dem gegenwärtigen affektiven Zustand und dem antizipierten, erwarteten emotionalen Zustand eine Diskrepanz besteht. Je nachdem, ob man eine

---

[1] McCLELLAND, D.C., ATKINSON, J.W., CLARK, R.A., LOWELL, E.L., The Affective ... a.a.O., S. 451.

[2] Vgl. zu folgendem GRONEMEYER, M., Motivation ... a.a.O., S. 76 ff.

erfreuliche oder unerfreuliche Veränderung der eigenen Befindlichkeit vor-
wegnimmt, wird bei dieser Motivation Handlungsenergie zu Annäherungs
(appetite)- oder Vermeidungs (anxiety) verhalten frei. „Nicht also die Vorwegnahme eines äußeren Ereignisses, sondern die Vorwegnahme eines subjektiven Befindens treibt das Subjekt zum Handeln an." [1]

Die Autorin macht darauf aufmerksam [2], daß die erwähnte Diskrepanz
zwischen gegenwärtigem und antizipiertem emotionalen Zustand ein Spannungsverhältnis begründet, auf das bei McClelland ein Individuum entweder durch Spannungs*intensivierung* (Annäherungsverhalten) oder durch Spannungs*verringerung* (Vermeidungsverhalten) reagiert, was nichts anderes als
ein *optimales Spannungsniveau* impliziert, das durch die „Vermeidung"
einer *zu hohen* Spannung oder durch die von einer *zu schwachen* Span-
nungssituation ausgehende „Annäherung" angestrebt wird. Diese Vorstellung eines optimalen Spannungsniveaus offenbart — so Gronemeyer —, daß
auch bei McClellands Theorie Motivation auf einen (physischen) Gleichge-
wichtszustand bezogen wird und so sein Ansatz ebenfalls homöostatischen
Charakter besitzt.

Der Unterschied seines homöostatischen Ansatzes zu den bisher erwähnten
wird in der Gronemeyerschen Untersuchung an zwei Aspekten verdeutlicht.
Zum einen geht es nach der Theorie der Leistungsmotivation beim Auftreten einer Spannung im Gegensatz zu Lerntheorien und kognitiven Motivationstheorien nicht um deren Reduzierung auf Null, zum anderen — und
dies problematisiert die Autorin besonders — ist Motivation bei McClelland
nicht allein auf *Mangel*beseitigung, sondern darüber hinaus auf die Steigerung von Wohlbefinden, Glück, Annehmlichkeit und Vergnügen ausgerichtet [3], d.h. auf als von innen geleitete Ziele eines Individuums angesehene
Phänomene, die *intrinsische* Motivation bewirken.

---

[1] GRONEMEYER, M., Motivation ... a.a.O., S. 76.

[2] Vgl. zu folgendem ebenda S. 78.

[3] Vgl. ebenda S. 79.

Das Motiv, das McClelland als rein intrinsisches Motiv betrachtet und problematisiert, ist das (universelle) *Leistungs*motiv, welches er nach Gronemeyer als „competition with a standard of excellence" definiert, dem bei
der Autorin die „Auseinandersetzung mit einem Gütemaßstab" entspricht. [1]
In welcher Form dieses Motiv verhaltensbestimmend wird, d.h. in welcher
Form die Leistungsmotivation zum Ausdruck kommt, nämlich in Annäherungsverhalten aufgrund von Erfolgserwartung (approach motive) oder in
Vermeidungsverhalten aufgrund einer Furcht vor Mißerfolg (avoidance motive), bestimmt sich gemäß der genannten Grundannahmen einmal danach,
welche Erfahrungen (positive oder negative) ein Individuum in der Vergangenheit in einer bestimmten Stimulussituation gemacht hat, und einmal danach, ob die sich durch die Aufgabe mitteilende Erwartung stark, nur
mäßig oder gar nicht von der erreichten Leistungskapazität abweicht. [2]

Da nach McClellands auf ein optimales Spannungsniveau ausgerichtetem
Konzept negative Affekte, die auf ein Vermeidungsverhalten hinwirken,
durch ein zu großes Abweichen des Wahrnehmungsereignisses vom adaptation level („Anpassungsniveau") des Individuums und positive Affekte bei
nicht zu großem Abweichen entstehen, ergibt sich für den zweiten, obengenannten Bestimmungsfaktor (Beschaffenheit der Aufgabe) der Form lei-
stungsmotivierten Handelns folgendes: [3] Ist das Gefälle zu groß, obsiegt
die Furcht vor Mißerfolg. Es setzt Vermeidungsverhalten ein. Ist das Gefälle mäßig, dann besteht ein hoher Anreiz zur Lösung der Aufgabe, und
es kommt zu Annäherungsverhalten. – Dieser Fall dient in der Form der
„Wahrnehmung einer mittleren Erfolgschance" durch potentielle Genossenschaftsgründer v.Brentano bei ihrem Ansatz als wichtige Erklärungskompo-
nente. [4] – Besteht kein Gefälle, so ist Langweile das Ergebnis, und eine
Leistungsmotivation bildet sich nicht aus.

---

[1] Vgl. GRONEMEYER, M., Motivation ... a.a.O., S. 81.

[2] Vgl. ebenda S. 81 f.

[3] Vgl. ebenda S. 82.

[4] Vgl. S. 230f. dieser Arbeit.

Leistungsmotivation ist nach McClelland intrinsische Motivation. Da gerade dieser Motivationstyp Gronemeyer im Rahmen ihrer Untersuchung interessiert, unterzieht sie die Beschaffenheit des als „intrinsisch" deklarierten Leistungsmotivs einer genauen Analyse. Dabei stellt sie fest, daß ein konstitutives Begriffsmerkmal seiner Leistungsmotivationsdefinition, nämlich der „Gütemaßstab", mit dem sich ex definitione auseinandergesetzt wird, hinsichtlich seiner unterschiedlichen Ausprägungsform nicht problematisiert wird und somit eine Quelle von Unklarheiten wird. Dies führt Gronemeyer vor allem darauf zurück, daß der diesen Gütemaßstab darstellende „adaptation level" („Erwartung" des Individuums oder „Anpassungsniveau") „nirgends exakt definiert" [1] ist.

Der adaptation level läßt sich nach Gronemeyer noch am ehesten als eine Art biologischer und physischer Normalzustand, als ein labiler Ausgleich zwischen Individuum und Umwelt, der durch Erfahrung immer neu kalibriert wird, aber auch als Vertrautheit oder erfahrungsbedingte Erwartung beschreiben. [2] – Auch bei dieser Variablen wird somit der homöostatische Charakter der Theorie deutlich. – Untersucht man, wie McClelland die *Entstehung* des Leistungsmotivs zu erklären versucht, erweist es sich nach Gronemeyer „als verhängisvoll, daß McClelland seine bedeutendste Variable vollständig undefiniert läßt." [3]

Das „Verhängnis" besteht, wie die Autorin herausarbeitet, in einem „Zirkelschluß" [4] innerhalb seiner Argumentation. Zur Verdeutlichung dieses Zirkelschlusses zieht die Autorin das von McClelland selbst gegebene Beispiel für eine Entstehung des Leistungsmotivs heran [5], bei dem ein Kind zu Weihnachten ein Spielzeugauto geschenkt bekommt, hinsichtlich dessen

---

[1] GRONEMEYER, M., Motivation ... a.a.O., S. 77.

[2] Vgl. ebenda S. 77f.

[3] Ebenda S. 80.

[4] Ebenda S. 80.

[5] Vgl. zu folgendem ebenda S. 80f.

es (noch) keine Erwartung (adaptation level) besitzt, da es vorher mit einem solchen Spielzeug nie Umgang hatte.

Gemäß McClellands Theorie löst dieser Gegenstand folglich keine Affekte aus. Trotz dieses Mangels an Affekten arbeitet das Kind aber an seiner Erfahrungs- und Erwartungsbildung gegenüber dem Gegenstand weiter, so daß es im Verlaufe weiterer Manipulationen Erwartungen, also einen eigenen Gütemaßstab, ausbildet. Da der Frage nach den die Erwartungsbildung trotz Mangels an Affekten auslösenden Antrieben nicht systematisch nachgegangen wird, münden — so Gronemeyer — die Aussagen McClellands in einem Zirkelschluß. Denn:

„Wenn beides 'gelernt' wird, das Motiv und der Gütemaßstab, und wenn das Motiv gelernt wird in Abhängigkeit von einem Gütemaßstab, ... wenn zugleich aber der Gütemaßstab nur aufgrund motivierten aufgabenorientierten Handelns etabliert werden kann, dann arbeitet McClelland mit zwei voneinander abhängigen Variablen ohne unabhängige Variable." [1]

Diesem Zirkelschluß ließe sich nach Gronemeyer auf zwei Weisen entkommen: entweder man nimmt einen Gütemaßstab als von innen gesetzt, z.B. als angeboren, oder als von außen gesetzt an. Obwohl McClelland sich für keine der beiden Formen der Steuerung von Gütemaßstäben explizit entscheidet — daher ja auch der Zirkelschluß —, weisen nach Gronemeyer [2] zahlreiche Indikatoren darauf hin, daß er sich in seinen weiteren Überlegungen von der zweiten Möglichkeit, der Außensteuerung der Gütemaßstäbe leiten läßt. So findet man beispielsweise im angesprochenen Fall des Kindes und seines Spielzeuges den Hinweis McClellands, daß der erwartungsbildende Prozeß beim Kind auf eine Ermutigung der Eltern zurückzuführen sei, was so verstanden werden kann, daß sie dem Kind einen strukturierten, organisierten Umgang mit dem Auto vormachen und so ihrem Kind von außen einen Gütemaßstab für einen gekonnten Umgang setzen.

---

[1] GRONEMEYER, M., Motivation ... a.a.O., S. 80f.

[2] Vgl. zu folgendem ebenda S. 80f.

Mit McClellands Vernachlässigung des ursächlichen Ausgangspunktes der Genese eines adaptation level (AL) einhergeht, so stellt Gronemeyer heraus [1], das *Versäumnis, Gütemaßstäbe (AL) zu differenzieren.* Bei diesen gälte es aber zu unterscheiden zwischen:

a) den *sachbezogenen* Gütemaßstäben, bei denen der Vollkommenheitsgrad des Tätigkeitsprodukts den Maßstab darstellt,

b) den *sozialbezogenen* Gütemaßstäben, bei denen der Vergleich mit den Leistungen *anderer* den Maßstab bedeutet und

c) den *personenbezogenen* Gütemaßstäben, bei denen der Vergleich mit früheren eigenen Leistungen den Maßstab liefert. [2]

Gronemeyer legt dar, daß die beiden ersten Gütemaßstäbe *von außen* gesetzt werden und so — vor allem die sozialbezogenen Gütemaßstäbe — zu *extrinsischer* Motivation führen können. Nur bei personenbezogenen Gütemaßstäben ist der Mensch selber derjenige, „der die Erwartung formt" [3], und gleichzeitig derjenige, „der den Istzustand repräsentiert" [4]. Nur dann sind nach Gronemeyer der adaptation level und das Ereignis im Sinne der McClellandschen Lernabfolge bezogen, nur dann ist der Gütemaßstab ein *Anpassungs-* und nicht ein Anspruchsniveau, und nur dann ist er Ausfluß eigener Erfahrung und *auf bereits gelungene Leistung* bezogen, was einen den personenbezogenen Gütemaßstab der Kompetenzmotivation [5] zuordnen läßt. [6]

Leistungsmotivation bildet demnach nicht zwangsläufig eine intrinsische oder ausschließlich intrinsische Motivation. Liegen z.B. sozialbezogene Güte-

---

[1] Vgl. GRONEMEYER, M., Motivation ... a.a.O., S. 82.

[2] Vgl. ebenda S. 82.

[3] Ebenda S. 83.

[4] Ebenda S. 83.

[5] Siehe zur Definition der Kompetenzmotivation S. 242 dieser Arbeit.

[6] Vgl. GRONEMEYER, M., Motivation ... a.a.O., S. 83.

maßstäbe vor, d.h., wird die eigene Leistung mit der anderer gemessen, so deutet dieser Konkurrenzaspekt darauf hin, daß Leistung bei der betreffenden Handlung wahrscheinlich nicht um ihrer selbst willen erbracht wird, sondern viel eher zur Erreichung bestimmter außerhalb des Verhaltens liegender Zwecke (z.B Einkommen, Macht, Ansehen etc.) *instrumentalisiert* wird. In diesem Fall wäre das Handeln des Leistungserbringers extrinsisch motiviert und geriete die zugrundeliegende Motivation, da es um die Befriedigung eines außerhalb der Leistung selbst liegenden, bisher nicht befriedigten Bedürfnisses (Mangelsituation) geht, unverkennbar in die Nähe zur Mangelmotivation. McClellands Theorie der Leistungsmotivation weist hiermit Elemente einer Mangelmotivationstheorie auf, die durch die homöostatische Ausrichtung des Konzepts eher verstärkt als relativiert werden.

Festzuhalten bleibt nach Gronemeyer, daß McClelland auf die Leistungsmotivation allein als intrinsische Motivation abhebt und dabei der sozialen bzw. extrinsischen Komponente des Leistungsmotivs nicht gewärtig ist. [1] Dies führt in Verbindung mit seiner implizierten Annahme der Außensteuerung der Gütemaßstäbe dazu, daß gemäß seiner Theorie, nach der Signal-Affekt-Verbindungen *rein erfahrungsbedingte* Phänomene darstellen, trotz der Betonung des intrinsischen Charakters der Leistungsmotivation, ein leistungsmotiviertes Handeln, das auf einen autonomen, nicht-determinierten Standpunkt des Individuums zurückzuführen ist – und das erweist sich nach Büscher und v.Brentano als für die Explikation von SHO-Entstehungsprozessen unverzichtbar –, nicht erklärt werden kann. So bleibt festzuhalten, daß zwar mit dem Leistungsmotiv in seiner „reinen Form" [2] als intrinsisches Motiv das SHO-Entstehungsprozesse kennzeichnende innovative soziale Handeln der Akteure zumindest zum Teil erklärbar würde, nicht jedoch mit der Leistungsmotivations*theorie* McClellands.

---

[1] Vgl. GRONEMEYER, M., Motivation ... a.a.O., S. 83.

[2] Ebenda S. 83.

*Veränderungs*prozesse auf individueller Ebene, die schließlich in soziale Veränderungsprozesse münden, stellen sich nach der Leistungsmotivationstheorie ebenso wie bei den genannten psychomotorischen und kognitiven Theorien als *Anpassungs*verhalten dar. Denn, wenn — so folgert Gronemeyer — bei McClelland als Handlungsziel positive Affekte bzw. die Meidung von negativen Affekten genannt wird, diese aber hinsichtlich der sie auslösenden Inhalte von außen vermittelt werden, dann ist ein autonomer, nicht determinierter Standort außerhalb des gesellschaftlichen Wertsystems und der gängigen gesellschaftlichen Praxis schwer vorstellbar. [1]

„Das Streben nach positiven Gefühlszuständen erzwingt Anpassung an Verhaltenserwartungen, die auf dem Weg des geringsten Widerstandes erfüllt werden können." [2]

In einem Zwischenresümee ihrer Untersuchung weist Gronemeyer als den allen drei genannten Theorietypen gemeinsamen Grund ihrer Unfruchtbarkeit für die Erklärung von sozialen Änderungsprozessen den Umstand aus, daß bei jedem von ihnen einseitig nur eine Dimension menschlichen Seins als Erklärungsvariable in den Vordergrund gestellt wird. Skinner setzt die Verhaltensdimension absolut und negiert mentale Steuerungsprozesse (Umweltdetermination), Festinger vernachlässigt die Verhaltensdimension zugunsten des kognitiven Ansatzes (innerpsychische Anpassung) und McClelland konzentriert sich einseitig auf affektive Prozesse, so daß in seiner Theorie kognitive Kontrollen, die eine gewisse Distanz zur affektiven Deutung von Erfahrungen schaffen könnten, ausfallen. [3] So wird bei allen Veränderung zur Anpassung.

Gronemeyer zieht daraus für die Entwicklung ihres politisch-psychologischen Ansatzes folgendes in einem Erklärungsversuch zu berücksichtigende Fazit:

---

[1] Vgl. GRONEMEYER, M., Motivation ... a.a.O., S. 87.

[2] Ebenda S. 87.

[3] Vgl. ebenda S. 87.

„Jede Fragmentarisierung des Menschen, jeder Versuch, den Menschen zu sich selbst zu bringen, ohne seine allseitige Entwicklung im Auge zu haben, wird den Menschen immer an die Übermacht seiner Umwelt ausliefern. Nur als ganzer Mensch kann er die Auseinandersetzung mit den Verhältnissen aufnehmen, ohne von diesen verschlungen zu werden." [1]

Den skizzierten Erkenntnissen entsprechend bezieht Gronemeyer im abschließenden zweiten Teil ihrer motivationstheoretischen Untersuchung nunmehr Theorien mit in ihre Analyse ein, die auf *rein* intrinsische Motive abheben, also auf Motive ohne eine extrinsische Komponente, wie es z.B. beim Leistungsmotiv der Fall ist, und/oder alle drei Dimensionen menschlichen Seins in ihrer Erklärung umfassen. Als solche Theorien zieht sie zur Erörterung die Kompetenzmotivationstheorie, die humanistische Motivationstheorie Maslows und die soziale Motivationstheorie Fromms heran.

Bei ihren Ausführungen zur Kompetenzmotivationstheorie, bei der das Individuum als verhaltensaffektiv und kognitiv orientiert angesehen wird [2], bezieht sich die Autorin vor allem auf die Aussagen der Kompetenzmotivationstheoretiker R.S. Woodsworth [3] und R.W. White [4]. Ihren Konzepten gemeinsam ist, daß nach ihnen im Gegensatz zu den Aussagen der Mangelmotivationstheorien weite Verhaltensbereiche als ausschließlich intrinsisch motiviert angesehen werden. Da nach diesen Theorien das Individuum nicht auf die von der Umwelt bereitgestellten verhaltenssteuernden Belohnungen reagieren muß, sondern der aktive kompetente Umgang mit der Umwelt, d.h. der Vollzug selbst, verhaltenssteuernde Qualität hat, erweist sich bei den Kompetenzmotivationstheorien die individuelle Autonomie als relative Umwelt*un*abhängigkeit. [5]

---

[1] GRONEMEYER, M., Motivation ... a.a.O., S. 87.

[2] Vgl. ebenda S. 103.

[3] WOODSWORTH, R.S., Dynamics of Behavior, New York 1958.

[4] WHITE, R.W., Motivation Reconsidered: The Concept of Competence .in: Psychological Review, Vol. 66, Nr. 5, 1959.

[5] Vgl. GRONEMEYER, M., Motivation ... a.a.O., S. 90.

Ein solches Verhalten, bei dem Aktivität um der Aktivität willen bzw. um der Erfahrung willen ausgeführt wird, daß man mit der Umwelt angemessen umgehen kann, daß die Umwelt entsprechend den eigenen Plänen gehandhabt werden kann, daß man kraft eigener Manipulation Umweltveränderungen herbeiführen kann, läßt sich — so diese Theorien — vor allem bei Kindern beobachten. Die betreffenden Beobachtungen zeigen, daß sich ein durch Kompetenzmotivation gesteuertes Verhalten trotz seines spielerischen, experimentellen und explorativen Charakters durch *Gerichtetheit, Selektion* und *Dauerhaftigkeit* auszeichnet. [1]

Dies bedeutet u.a., daß im Rahmen eines solchen Verhaltens eben die Ausdauer und Energie vorhanden ist und gezeigt wird, die ein Individuum für die Suche *neuer* Problemlösungen benötigt. Da bei einem so motivierten Handeln — so die Autorin — außerdem oft die Neigung mit hereinspielt, etwas Neues zu erleben [2], erweist sich die Kompetenzmotivation mithin als ausgesprochen *innovationsfreundlich.*

Geht die Motivation für ein Handeln auf ein Streben nach effizientem Umgang mit der Umwelt zurück, so bedeutet dies nach Gronemeyer, daß eine solche Motivation sich nicht aus einer Situation des Mangels herleitet, sondern vielmehr aus einer Situation, bei der die materielle und immaterielle Subsistenz bereits gesichert ist, d.h. für sie aus einer Situation des „Überschusses". [3]

Konzepte, die von einer solchen Motivation ausgehen, erweisen sich nach Auffassung der Autorin zum einen als nicht-homöostatisch [4] und zum anderen als in der Lage, individuelles innovatives Handeln durch Benennung einer intrinsischen Motivation erklärbar zu machen. Im Hinblick auf die

---

[1] Vgl. GRONEMEYER, M., Motivation ... a.a.O., S. 91.

[2] Vgl. ebenda S. 88.

[3] Vgl. ebenda S. 91.

[4] Vgl. ebenda S. 91.

Explikation sozialer Veränderungsprozesse, die nicht allein individuelles innovatives Handeln beinhalten, sondern ein innovatives *soziales* Handeln *mehrerer* Personen, stellt Gronemeyer in einem weiteren Zwischenresümee fest, daß somit zwar endlich die Entstehung derjenigen „psychischen Grundbefindlichkeiten" erklärbar wird, auf die solche Veränderungsprozesse angewiesen sind, nämlich: „eine gewisse psychische Distanz zur Aufgabe, hohe Komplexität in der Wahrnehmung der gesamten Aufgabenstruktur, Angstfreiheit und Umweltunabhängigkeit und vor allem auch Dauermotivation"[1], doch werfen folgende zwei Sachverhalte noch Fragen auf:

1. Soziale Veränderungsprozesse, verstanden als innovatives soziales Handeln sozial und ökonomisch benachteiligter Personen zur Befriedigung ihrer Grundbedürfnisse, sind an Zielen orientiert, die in die Klasse extrinsischer Anreize einzuordnen sind.[2] „Aktivität um der Aktivität willen hat für politische und soziale Praxis kaum Relevanz. Politische Praxis kann mit einer solchen *l'art pour l'art*-Motivation schlechterdings nicht angemessen angegriffen werden."[3]

2. Sozialen Veränderungsprozessen liegen Bedürfnisse zugrunde, mit denen sich mehrere Personen gemeinsam identifizieren können und tatsächlich auch identifizieren. Die Bedürfnisse sind gemeinsame Bedürfnisse mehrerer Personen und in diesem Sinne *verallgemeinerte individuelle,* aber keine individualistischen Phänomene.[4]

Die unleugbar extrinsische Komponente sozialer Veränderungsprozesse kann auf der Basis der auf rein intrinsische Motivation abstellenden Kompetenzmotivationstheorie nicht erfaßt werden. Aber auch die Mangelmotivationstheorien, die doch gerade extrinsische Motivation in den Vordergrund stellen und sich somit zur Erklärung dieser Komponente anbieten, haben sich,

---

[1] GRONEMEYER, M., Motivation ... a.a.O., S. 93.

[2] Vgl. ebenda S. 92.

[3] Ebenda S. 92 f.

[4] Vgl. ebenda S. 93 f.

wie gezeigt, zur Erklärung sozialer Veränderungsprozesse als unfruchtbar
erwiesen. Die Lösung dieses scheinbaren Widerspruchs sieht die Autorin
darin, daß bei *allen* bisher erörterten Theorien — sowohl den Kompetenz-
als auch den Mangelmotivationstheorien — Motive bzw. Bedürfnisse als
ausschließlich individualistische Phänomene erscheinen. [1] Bei den hier hinsichtlich des extrinsischen Aspekts interessierenden Mangelmotivationstheorien führt diese Annahme, daß Bedürfnisse immer nur Bedürfnisse des einzelnen sind, aber dazu, daß mangelmotiviertes Handeln demnach nur in
ein Konkurrenz-, nicht jedoch in ein von Gronemeyer — der Terminologie
der vorliegenden Studie entsprechend — als „solidarisch" bezeichnetes Ko-
operationsverhalten mündet.

Da mithin die *Art* der angestrebten *Bedürfnisse,* individualistische oder verallgemeinerungsfähige bzw. „soziale" [2], bei der Erklärung sozialer Veränderungsprozesse eine bedeutende Rolle spielt, die auf Bedürfnisse bezo-
nen Aussagen der bisher besprochenen Theorien jedoch nur eine „forma-
listische Deskription" [3] darstellen, gilt es — so Gronemeyer —, im weiteren
nach Motivationstheorien Ausschau zu halten, die auf die Beschaffenheit
der Bedürfnisse näher eingehen, um so in einem Ansatz zur Erklärung
sozialer Veränderungsprozesse Kompetenz- und Mangelmotivation einem
nicht rein individualistischen Zielhorizont zuzuweisen.

Solche nicht-formalistischen Bedürfnisbestimmungen findet Gronemeyer vor
allem bei A.H. Maslow. [4] In dessen „humanistischer" Motivationstheorie
wird eine Bedürfnis*hierarchie* entwickelt und die Annahme zugrundegelegt,
daß ein Individuum im Zeitablauf sukzessiv — von den „niederen" zu den

---

[1] Vgl. GRONEMEYER, M., Motivation ... a.a.O., S. 93. Nach Auffassung der Autorin folgen
diese Theorien hierbei alle der hedonistischen Tradition.

[2] Ebenda S. 94.

[3] Ebenda S. 97.

[4] Siehe hier vor allem: MASLOW, A.H., Toward a Psychology of Being, New York u.a. 1968;
d e r s ., Motivation and Personality, 2. Aufl., New York, Evanstone, London 1970.

„höheren" — seine Bedürfnisse zu befriedigen sucht. Hierbei werden im Rahmen der Bedürfnishierarchie fünf Kategorien unterschieden: Bedürfnisse

1. der physiologisch-biologischen Existenz,

2. der materiellen, rechtlichen und politischen Sicherheit,

3. der sozialen Beachtung, des Erfolgs und der Selbstachtung,

4. der sozialen Zugehörigkeit, persönlichen Anerkennung und Liebe,

5. der schöpferischen Selbstverwirklichung.

Maslow unterscheidet ferner zwei Typen von Motivation: die „deficiency motivation" und die „growth motivation", wobei, wie Gronemeyer selbst vermerkt [1], der erste Motivationsbegriff mit ihrem Begriff der „Mangelmotivation" korrespondiert, während letzterer sich erheblich mit ihrem Begriff der „Kompetenzmotivation" überschneidet. Der deficiency motivation werden bei Maslow die ersten vier Kategorien zugeordnet. Growth motivation bezieht sich auf die letzte Kategorie. Nach Maslow *setzt* sie die Befriedigung der ersten vier Bedürfnisse *voraus,* d.h., ein Individuum wird erst dann das Bedürfnis nach schöpferischer Selbstverwirklichung zu befriedigen suchen, wenn es zuvor seine Grundbedürfnisse befriedigt hat. [2]

Da es Maslow mit seiner humanistischen Motivationstheorie auch ausdrücklich um einen Beitrag zur Verbesserung des menschlichen Zusammenlebens geht, was bei ihm die Förderung des hier interessierenden kooperativen Handelns einschließt [3], interessiert sich Gronemeyer bei seinem Ansatz vor allem für sein growth-motivation-Konzept, um so vielleicht mit dem Bedürfnis der „schöpferischen Selbstverwirklichung" der Kompetenzmotivation ein Bedürfnis mit sozialer Dimension zuordnen zu können.

---

[1] Vgl. GRONEMEYER, M., Motivation ... a.a.O., S. 98.

[2] Zur Kritik dieser Auffassung siehe Abschnitt 3.3. dieses Kapitels.

[3] Vgl. GRONEMEYER, M., Motivation ... a.a.O., S. 97.

Bei ihrer Analyse des growth-motivation-Konzepts kommt sie jedoch zu der Erkenntnis, daß Maslow die Herausbildung der growth motivation als einen intraindividuellen Entwicklungs- und Lernprozeß betrachtet [1] und dabei die empirische Tatsache völlig aus den Augen verliert, daß die potentielle Verwirklichung des Menschen durch die *gesellschaftlichen Rahmenbedingungen* beeinflußt ist und, das heißt in zahlreichen Fällen, auch verhindert werden kann. Da Maslow somit die gesellschaftlichen Zusammenhänge aus seiner Betrachtung ausblendet, besitzt schöpferische Selbstverwirklichung bei ihm keine soziale Dimension, sondern wird vielmehr mit Selbstbezogenheit identifiziert. So verweist Maslow ausdrücklich auf die für growth-motivated Personen typische Neigung zur Privatheit, Absonderung und Nachdenklichkeit, bei der sich diese Personen von anderen eher behindert fühlen. [2] „Der Idealtyp des 'growth-motivated' Menschen ist offenbar der Privatgelehrte, der Philosoph, der die Welt ergründet, aber sie nicht verändert." [3]

Die soziale Dimension von Motivation, bei deren Genese wie auch bei deren Zielsetzung (verallgemeinerungsfähige Bedürfnisse), findet Gronemeyer schließlich in der Motivationstheorie von E. Fromm [4] berücksichtigt. Dieser unterscheidet „scarcity pleasure", das auf „Befreiung" von einer organischen oder physischen Spannung beruht und dessen Konzeption somit eine Verwandtschaft mit drive-theoretischen Ansätzen aufweist, und „abundance pleasure". Um letzteres wird sich zwar bei Fromm genauso wie bei Maslow erst dann bemüht, nachdem die Grundbedürfnisse befriedigt sind, doch anders als bei Maslow handelt es sich bei Fromms „abundance pleasure" nicht um ein individualistisches Streben nach privatem Glück jenseits der gesellschaftlichen Realität, sondern ist auf *andere* Menschen *bezo-*

---

[1] Vgl. GRONEMEYER, M., Motivation ... a.a.O., S. 98.

[2] Vgl. MASLOW, A.H., Toward ... a.a.O., S. 34f.

[3] GRONEMEYER, M., Motivation ... a.a.O., S. 99.

[4] Vgl. vor allem FROMM, E., Man for himself, Greenwhich (Conn.) 1947.

gen und umfaßt daher als „reife Form menschlichen Verhaltens" gesell-
schaftsveränderndes Verhalten. [1]

Wird es auf diese Weise auch möglich, der sozialen Dimension gerecht zu
werden, durch welche diejenige Motivation gekennzeichnet ist, die eine der
Bedingungen für innovatives soziales Handeln mehrerer Personen in einer
Gruppe darstellt, so enthalten nach Gronemeyer auch die zuletztgenannten
Motivationstheorien, die durchaus nicht auf eine Dimension menschlichen
Seins beschränkt sind, im Hinblick auf tatsächlich stattgefundene soziale
Veränderungsprozesse bei ökonomisch, sozial, politisch und/oder kulturell
Benachteiligten (z.B. das erfolgreiche Schulexperiment in Barbiana) Erklä-
rungsdefizite. Die genannten Theorien können einen solchen erfolgreichen
sozialen Veränderungsprozeß nämlich deshalb nicht erklären, weil es bei
den betreffenden Prozessen ebenso wie bei der SHO-Entstehung um die
Befriedigung von *Grundbedürfnissen* geht, diese aber nach Maslow und
Fromm bereits befriedigt sein müssen, um die für die beobachteten Veränderungsprozesse notwendige, aus einer materiellen und immateriellen
Überschußsituation abgeleitete Handlungsenergie zu erhalten.

Die Erklärung dafür, daß soziale Veränderungsprozesse stattfinden, die zum
einen extrinsisch motiviert sind, d.h. von einer Nichtbefriedigung eines
oder mehrerer Grundbedürfnisse(s) ausgelöst werden, zum anderen bestimmte intrinsisch gewonnene psychische Grundbefindlichkeiten der Kompetenzmotivation voraussetzen, sieht Gronemeyer darin, daß die am Veränderungsprozeß Beteiligten neben der Erfahrung des Mangels ebenfalls
Erfahrungen der eigenen Autonomie bzw. Kompetenz, wenn auch nur in
begrenztem Umfang, gemacht haben. [2] Diese Kompetenzerfahrungen, die
im Hinblick auf die Aufgabe, die mit dem innovativen sozialen Handeln
gelöst werden soll, nur partiellen Charakter haben, d.h., nur hinsichtlich
eines Teilaspekts der Aufgabe bereits Kompetenzerlebnisse beinhalten, seien
im folgenden „Teilkompetenzerfahrungen" genannt.

---

[1] Vgl. GRONEMEYER, M., Motivation ... a.a.O., S. 100.
[2] Vgl. ebenda S. 101.

Die Situation eines Menschen in einem sozialen Veränderungsprozeß stellt sich demnach für Gronemeyer folgendermaßen dar:

„... die Befriedigung der Grundbedürfnisse wird ihm ... verweigert, schon darum muß er kämpfen. Um den Kampf aber aufnehmen zu können, muß er schon einen Vorgriff auf das Reich des Überschusses tun können. Der Mangel ist nicht aus dem Mangel allein zu beseitigen, sondern nur mit einem Stück Antizipation des Reiches der Freiheit. Wo immer man in kleinen Teilerfahrungen seiner ansichtig und habhaft werden kann, muß man sich seiner bedienen, um sich durch kleine, gebrochene kümmerliche Siege über den Mangel dem Reich des Überschusses und der Selbstverwirklichung zu nähern." [1]

Erfolgreiche soziale Veränderungsprozesse erklären sich nach Gronemeyer somit hinsichtlich ihres motivationalen Aspekts dadurch, daß es den betreffenden Akteuren sowohl mangel- als auch leistungs- und kompetenzmotiviert um die Befriedigung verallgemeinerungsfähiger, d.h. sozialer Bedürfnisse geht. Dabei nähren sich die prozeßnotwendigen und prozeßverstärkenden Teilkompetenzerfahrungen zum einen aus der Erinnerung an bisherige Erfolgserlebnisse der Beteiligten in der Vergangenheit, die mit der gegenwärtigen Situation in Beziehung gebracht werden [2], zum anderen aus Handlungen, die im Vorfeld des eigentlichen Prozesses von den zukünftigen Prozeßbeteiligten vollzogen werden.

Auf diese Weise werden im Erklärungsansatz Gronemeyers Mangel-, Leistungs- und Kompetenzmotivation miteinander in Beziehung gesetzt und eine Betrachtung des innovativen sozialen Handelns möglich, die sowohl die extrinsische als auch die intrinsische Komponente dieses Handelns sowie alle seine drei Dimensionen umfaßt. Finden erfolgreiche soziale Veränderungsprozesse trotz anfänglicher ohnmächtiger oder apathischer Haltung

---

[1] Vgl. GRONEMEYER, M., Motivation ... a.a.O., S. 101.
[2] Ebenda S. 101.

der Beteiligten statt, so erklärt sich die Entstehung der motivationalen Voraussetzung dadurch, daß ein exogener Lernorganisator Teilkompetenzerfahrungen vermittelt und/oder die Verallgemeinerungsfähigkeit der Bedürfnisse verdeutlicht. Wie das Vorgehen dieses exogenen erfolgreichen Anregers im einzelnen aussieht, problematisiert Gronemeyer in einem weiteren Kapitel ihrer Untersuchung. Auf diese systematische Analyse erfolgreichen exogenen Anregervorgehens, das Gronemeyer ausdrücklich von Strategien der globalen Strukturveränderung abhebt [1], wird jedoch nicht an dieser Stelle, sondern im erziehungswissenschaftlichen Kapitel dieser Studie näher eingegangen werden.

3.3. Würdigung des Gronemeyerschen politisch-psychologischen Erklärungsversuchs als Teilerklärungsansatz dieser Studie

Da der erziehungswissenschaftlich relevante Teil der Gronemeyerschen Untersuchung erst in einem späteren Kapitel dargestellt und bewertet wird, bezieht sich die Würdigung an dieser Stelle allein auf die (politisch-)psychologische Komponente ihres Erklärungsansatzes, die sich im Laufe ihrer Untersuchung lern- und motivationstheoretischer Aussagensysteme herauskristallisierte. Als ein solcher psychologischer Ansatz ist er als Teilelement in Büschers Aussagesystem eingeflossen, so daß von ihm im Hinblick auf die Entwicklung des eigenen interdisziplinären sozialwissenschaftlichen Erklärungsversuchs nur als Teilerklärungsansatz gesprochen werden kann. So geht es hier nicht um die Erörterung seiner Interdisziplinarität, dient er Büscher doch als rein psychologisches Teilerklärungselement.

Bei Gronemeyers den Sozialwissenschaften zuzuordnenden Erklärungsversuch handelt es sich, wie u.a. aufzuzeigen versucht worden ist, um einen Ansatz,

---

[1] Vgl. GRONEMEYER, M., Motivation ... a.a.O., S. 165.

der zum einen auf empirisch beobachtbare Fallbeispiele bezogen ist und bei dem sich zum anderen durch die inhaltliche Konkretisierung und Präzisierung der jeweiligen Randbedingungen einer Motivationsgenese um informative und empirisch überprüfbare Aussagen bemüht wird. Dem Ansatz läßt sich somit durchaus eine empirische Ausrichtung zusprechen.

Die bei der Analyse der Motivationsgenese eingenommene dynamische Perspektive läßt Gronemeyer u.a. die Unzulänglichkeit all derjenigen Lern- und Motivationstheorien konstatieren, die die Erklärung der Entstehung innovativen sozialen Handelns aus einer eindimensionalen Betrachtung heraus vorzunehmen versuchen. Erst die von Gronemeyer praktizierte dreidimensionale Betrachtung, bei der die auf die psychomotorische, die affektive und die kognitive Dimension ausgerichteten Perspektiven vereinigt sind, erlaubt es, wie Gronemeyer es ausführlich und überzeugend begründet, dem speziellen und evolutorischen Charakter ihres Untersuchungsgegenstandes gerecht zu werden.

Dieses Untersuchungsergebnis ist für die vorliegende Studie nicht nur wegen der Verwandtschaft der Untersuchungsgegenstände von Interesse, sondern auch deshalb, weil es als weiterer Beleg für die in neuerer Zeit in der Psychologie vertretene Auffassung gewertet werden kann, nach der *ganz allgemein gilt,* „daß eine solche Dreiteilung (der Dimensionen) nur *analytischen Aspektcharakter* einzulösen in der Lage ist" [1], der empirischen Realität jedoch keineswegs entspricht.

Wie D. v.Brentano, H. Büscher und H.D. Seibel so zeigt auch Gronemeyer, daß ohne die Annahme eines nicht-determinierten Bereichs beim Menschen, dem sie sich durch die Hereinnahme intrinsischer Motivation in ihr Konzept anzunähern sucht, die Entstehung der motivationalen Voraussetzungen innovativen sozialen Handelns nicht hinreichend erklärt werden kann. Im

---

[1] TWARDY, M., Zur Lehr- und Lernzielpräzisierung ... a.a.O., S. 78. Siehe auch die dort angegebene Literatur. Die Klammerergänzung stammt vom Verfasser.

Gegensatz zu Büscher, der die Motivationsstruktur von der affektiv-kognitiven Grundhaltung bedingt sieht, präzisiert sie den nicht-determinierten Bereich jedoch nicht weiter.

Präzisierungen fehlen auch hinsichtlich ihrer wissenschaftstheoretischen Ausgangsposition. Gronemeyers Terminologie und die Ausweisung der Ermöglichung und Förderung exogen angeregter sozialer und politischer Veränderungsprozesse als Hauptzweck ihrer Untersuchung sind eventuell Indikatoren einer vom wissenschaftstheoretischen Standort des Verfassers abweichenden, erkenntnistheoretischen Position. Jedoch selbst, wenn sich
diese Vermutung bewahrheiten würde, ergeben sich hieraus für die vorliegende Untersuchung keine Probleme, da Gronemeyers Ansatz nicht
als Basiserklärungsansatz fungiert, sondern nur als Teilerklärungsansatz, dessen logisch widerspruchsfreie Integration in das zu entwickelnde Aussagensystem durch die deskriptive Sprache, in der Gronemeyers Ausführungen
gehalten sind, ohne weiteres möglich ist.

Inwieweit Gronemeyers politisch-psychologischer Ansatz dem Untersuchungsgegenstand dieser Studie entspricht, wurde in diesem Kapitel statt im
Würdigungsabschnitt schon in der ersten Phase der Erörterung aufgezeigt.
Ebenfalls bereits ausgeführt —, und zwar bei der Würdigung des sozioökonomischen Ansatzes — sind die Schlußfolgerungen, die sich, als Arbeitshypothesen formuliert, konkret für die Erklärung der Voraussetzungen von
SHO-Entstehungsprozessen ergeben.

Festzuhalten bleibt an dieser Stelle, daß im Rahmen der Gronemeyerschen
Untersuchung erstmals in dieser Studie auch eine Erklärung des *exogenen*
Aspekts der Entstehung lebensfähiger Selbsthilfeorganisationen in Entwicklungsländern möglich wird, und zwar insofern, als Gronemeyer gestützt auf
Fallstudien aufzeigen kann, daß trotz anfänglicher Ohnmacht oder Apathie
der Beteiligten erfolgreiche soziale Veränderungsprozesse dann stattfinden,
wenn ein exogener Anreger — die Autorin spricht von einem ,,Lernorgani-

sator" — die anfangs fehlenden motivationalen Voraussetzungen mitzuschaffen hilft. *Endogene* soziale Veränderungsprozesse, wie z.B. eine endogene SHO-Entstehung, sind, so macht Gronemeyer deutlich, bei Ohnmacht und Apathie der Betroffenen nicht möglich. Soll dennoch ein erfolgreicher sozialer Veränderungsprozeß ablaufen, ist der exogene Anreger nach Gronemeyer unersetzlich.

Welche methodischen Schritte der erfolgreiche exogene Anreger bei seinem Vorgehen im einzelnen und in welcher Abfolge ausführt, bemüht sich Gronemeyer im zweiten Teil ihrer Untersuchung systematisch zu erfassen. Dabei geht es ihr — so hebt sie ausdrücklich hervor [1] — nicht um die Wiedergabe eines globalen, exogen angeregten Strukturveränderungsprozesses, sondern um die Erklärung lokal begrenzter Veränderungsprozesse, denen jedoch Modellcharakter zukommen kann. Ihre Untersuchungsergebnisse lassen sie demnach vor allem *didaktische* Überlegungen anschließen, die Gronemeyer den von ihnen abweichenden Erfordernissen eines Programms der globalen Strukturveränderung gegenüberstellt. [2] Es wird deutlich, daß Gronemeyers Betrachtungsweise derjenigen des hier präferierten entwicklungspolitischen *micro-approachs* in der SHO-Förderung in vieler Hinsicht entspricht und eine erziehungswissenschaftliche Relevanz bedingt, der mit der Darstellung der betreffenden Untersuchungsergebnisse im erziehungswissenschaftlichen Kapitel dieser Arbeit Rechnung getragen wird.

Wird mithin auf das erfolgreiche exogene Anregungsvorgehen später noch detailliert eingegangen, so werden durch die motivationstheoretische Analyse der Entstehung innovativen sozialen Handelns bereits an dieser Stelle diejenigen psychologischen Grundsachverhalte deutlich, die bei *jeder erfolgreichen* exogenen Anregung berücksichtigt werden. Bestätigt und unterstrichen wird durch Gronemeyers Untersuchungsergebnisse, nach denen nur

---

[1] Vgl. GRONEMEYER, M., Motivation ... a.a.O., S. 162—169.

[2] Vgl. ebenda S. 165.

aus einem Mangelgefühl, aus einem Gefühl *persönlicher Betroffenheit* [1] und nicht aus Zufriedenheit innovatives soziales Handeln entsteht, die bereits hervorgehobene allgemeine SHO-Voraussetzung der *Wahrnehmung einer Problemsituation.* Deutlicher als bis dahin gezeigt, stellt Gronemeyer heraus, daß eine solche Wahrnehmung zwar einerseits für soziale Veränderungsprozesse unverzichtbar ist, aber andererseits als alleinige Motivationsquelle nicht ausreicht. Ein erfolgreicher exogener Anreger setzt so bei seinem Vorgehen nicht allein an der Mangelmotivation der ,,Sich-betroffen-Fühlenden'' an, sondern auch an der intrinsischen Kompetenzmotivation sowie an der Leistungsmotivation, soweit auch diese intrinsisch ist.

Als weiteren Grundsachverhalt berücksichtigt der erfolgreiche exogene Anreger schließlich, daß sich die ,,Betroffenen'' *verallgemeinerungsfähigen* Bedürfnissen gegenüber sehen, die solidarisches innovatives Handeln ermöglichen. Gronemeyers Feststellung, daß für die Befriedigung dieser Bedürfnisse im Rahmen sozialer Veränderungsprozesse schon ein *Vor*griff auf den ,,Überschuß'' vorgenommen wird, bewahrt durch den Ausdruck ,,Vorgriff'' zwar theoretisch das Bedürfnishierarchieprinzip Maslows und Fromms, doch als erfahrungswissenschaftlich gemeinte Aussage relativiert sie es de facto.

Von daher kann im Hinblick auf die Erklärung von SHO-Entstehungsprozessen in Entwicklungsländern das Fazit gezogen werden, daß Gronemeyers Analyseergebnis weniger denjenigen Recht gibt, die wie z.B. J.O. Müller, durchaus die Möglichkeit mitberücksichtigen, daß von Bewohnern der Entwicklungsländer ihre Bedürfnisse der Maslowschen Bedürfnishierarchie entsprechend sukzessive befriedigt werden [2] und darauf ihre Handlungsanweisungen zur SHO-Förderung aufbauen, sondern daß dieses Ergebnis indirekt eher die Kritiker Maslows unterstützt, die den empirischen Informationsge-

---

[1] Vgl. GRONEMEYER, M., Motivation ... a.a.O., S. 18.

[2] Vgl. MÜLLER, J.O., Motivation und Anleitung ... a.a.O., S. 184 f.

halt dieser Maslowschen Aussagen bezweifeln. Stellvertretend für diese zahlreichen Kritiker sei hier wegen des SHO-Bezugs seiner Ausführungen auf Ebel [1] verwiesen, der feststellt:

„Das Maslowsche Persönlichkeitsmodell mit seiner sukzessiven Aktualisierung unterschiedlicher Bedürfnisqualitäten entstammt der Industriegesellschaft, deren Bevölkerungsmehrheit über dem Existenzminimum und über der Armutsgrenze lebt. Die Übertragung auf Entwicklungsländer — speziell auf die dortigen ländlichen Verhältnisse — ist schon wegen der unterschiedlichen soziologischen Stellung der einkommensschwachen und mangelernährten Gruppen problematisch. Aus historischer Sicht gilt es zu beachten, daß dem Afrikaner eine Selbsterfahrung im Rahmen der 'Primitive Democracy' bei allgemein niedrigem Lebensstandard durchaus möglich war. Soziale Bedürfnisse und Wertschätzung sind unter Umständen trotz unerfüllter physiologischer Bedürfnisse handlungsbestimmend, können sogar zu einem verbindenden Element soziologischer Gruppen werden und stellten eine wesentliche Charakteristik autochthoner Selbsthilfe-Organisationen (SHO) dar." [2]

Festzuhalten bleibt somit für das Anliegen dieser Studie, daß Leistungs- und Kompetenzmotivation unverzichtbare motivationale Ressourcen endogener und exogener SHO-Entstehungsprozesse in Entwicklungsländern bilden, es aber dahingestellt bleibt, ob diese in einem *Vor*griff auf einen „Überschuß" oder nicht, realisiert werden. Ebels kritische Argumente entbehren jedenfalls nicht der Stichhaltigkeit und legen es nahe, darauf zu verzichten, Erklärungen der motivationalen Komponenten endogener und exogener SHO-Entstehung die Annahme sukzessiver Befriedigung hierarchisierter Bedürfnisse zugrundezulegen.

---

[1] EBEL, R., Überlegungen zu einem zielgruppenorientierten Projektansatz, in: Müller, J.O. (Hrsg.), Gesellschaftspolitische Konzeptionen ... a.a.O., S. 38—43.

[2] Ebenda S. 40f.

Die Auseinandersetzung mit dem Maslowschen Konzept einer Bedürfnishierarchie wirft unter anderem, so wird es bei Ebel deutlich, erneut das bereits
im Zusammenhang mit dem sozioökonomischen und dem entwicklungssozio-
logischen/sozialpsychologischen Ansatz angesprochene Problem des Ethnozentrismus auf. Vor allem diesem Problem, dem offensichtlich häufig nicht genug Aufmerksamkeit geschenkt wird, sei das folgende Kapitel dieser Studie
gewidmet.

4. DER VÖLKERKUNDLICHE ERKLÄRUNGSBEITRAG

4.1. Das Fehlen eines relevanten Erklärungsansatzes

Durch die bisher vorgestellten Erklärungsansätze, die in ihrer modifizierten
und weiterentwickelten Form bereits wesentliche Elemente des eigenen
interdisziplinären Erklärungsversuchs bilden, wurden die ökonomischen,
die sozialen und die psychischen Komponenten einer SHO-Entstehung in
Entwicklungsländern schon in systematischer Weise in Rechnung gestellt.
Auf die politischen und erzieherischen Elemente wurde grundsätzlich ebenfalls bereits eingegangen (Teil C), wobei die *systematische* Erfassung der
Methode der *erfolgreichen*, grundsätzlich erzieherischen *exogenen* SHO-Anregung vor Ort der Analyse im nächsten Kapitel (Teil D.III.) vorbehalten
blieb.

Bislang nur am Rande gestreift wurden die sich aus den *kulturellen* Bedingungen in den Entwicklungsländern möglicherweise ergebenden Einflüsse
auf die Entstehung von Selbsthilfeorganisationen. Diesem Aspekt sei nun-

mehr eine eigene Betrachtung gewidmet. Eine allgemeine systematische Erfassung der kulturellen Faktoren in den Entwicklungsländern sei hier in der Wissenschaftsdisziplin gesucht, die diese zum Erkenntnisobjekt hat: der Völkerkunde.

Mit „Völkerkunde" wird im deutschen Sprachraum „eine der Wissenschaften vom Menschen (Anthropologie im übergeordneten Sinne) mit besonderer Berücksichtigung der Kulturen bis vor kurzem schriftloser Völker oder Menschen geringer Naturbeherrschung" [1] verstanden. Häufig anzutreffen sind im selben Kontext die Termini „Ethnologie" — meist als Synonym zu „Völkerkunde" — und „Ethnographie" zur Bezeichnung der beschreibenden Völkerkunde. [2]

Im englisch- und französischsprachigen Raum ist der Begriff der „anthropology" bzw. „anthropologie" als Oberbegriff erhalten geblieben, und die wissenschaftliche Beschäftigung mit fremden Kulturen geschieht im Rahmen der „cultural" oder „social" anthropology. Ursprünglich synonym verstanden, werden die Ausdrücke „cultural anthropology" und „social anthropology" heute zur Kennzeichnung unterschiedlicher wissenschaftlicher Ansätze verwandt. [3]

Die social anthropology, neben deren geistigen Vätern Talcott Parson und Bronislaw Malinowski vor allem Radcliff-Brown als ihr Hauptvertreter zu erwähnen ist, bietet einen allgemeinen systematischen Erklärungsansatz an. Dies wird ihr dadurch möglich, weil sie sich aus einer mit einem Allgemeingültigkeitsanspruch versehenen *soziologischen* Perspektive heraus ihrem Erkenntnisobjekt nähert. Verbunden mit dieser Perspektive ist, wie es be-

---

[1] HIRSCHBERG, W., Völkerkunde, in: ders. (Hrsg.), Wörterbuch der Völkerkunde, Stuttgart 1965, S. 470–475, hier S. 470.

[2] Vgl. ebenda S. 470.

[3] Vgl. hierzu u.a. ROE, R.L., Anthropology Today, 1. Aufl., Kalifornien 1971, vor allem S. 33–53. Der Terminus „Völkerkunde" wird in dieser Studie als der diese beiden Ansätze zusammenfassende Oberbegriff verwandt.

reits v.Brentano und Seibel als für viele soziologische Ansätze kennzeichnend herausgestellt haben, das Interesse an *strukturellen* und *funktionalen* Zusammenhängen, hier an derartigen Zusammenhängen der einzelnen Kulturgüter innerhalb eines Kulturgefüges.

Die mithin *strukturfunktionalistische* social anthropology ist darauf angelegt, allgemeine „Gesetze", Regelmäßigkeiten oder Tendenzen aufzudecken, die grundsätzlich bei jeder kulturellen Entwicklung, bei der Entwicklung der unterschiedlichsten Kulturen also, wirksam werden. Der Untersuchungsschwerpunkt liegt bei ihr auf den „social relationships", die innerhalb einer *gegebenen Gesellschaftsstruktur* zu beobachten sind. [1] Fremde Völker werden dabei weniger als fremde „Kulturen" betrachtet, sondern vielmehr als „Gesellschaften", als „structure of relationships" analysiert. [2]

Die so konzipierte social anthropology bietet daher grundsätzlich einen allgemeinen systematischen Ansatz zur Analyse fremder Gesellschaften an. Hinsichtlich ihrer Fähigkeit, evolutorische Phänomene wie den vorliegenden Untersuchungsgegenstand auf dynamische Weise analytisch-systematisch zu erfassen, lassen die bisher in dieser Studie gewonnenen Erkenntnisse jedoch erhebliche Zweifel aufkommen. Denn unbestreitbar ist die social anthropology durch einen *Funktionalismus* gekennzeichnet, dessen Unfähigkeit zu einer Erklärung von Veränderungs- bzw. Entwicklungsprozessen v.Brentano und Seibel dargelegt haben. Wurde an den betreffenden Stellen ihrer Argumentation gefolgt und die Heranziehung funktionalistisch angelegter Erklärungsansätze wegen ihres erwiesenen mangelnden Explikationspotentials abgelehnt, so gelten diese Überlegungen auch hier. Es wird demnach die social anthropology als für das Untersuchungsanliegen irrelevanter Erklärungsansatz angesehen und nicht weiter verfolgt.

---

[1] Vgl. ROE, R.L., Anthropology ... a.a.O., S. 332.

[2] Vgl. ebenda S. 40. Diesem Vorgehen liegt Parsons Unterscheidung von Gesellschaft als „structure of relationship" und Kultur als deren Auffüllung mit Inhalten wie „material items", „behavioral characteristics" und/oder „symbolic meanings" zugrunde.

Die Suche nach einem relevanten Erklärungsansatz richtet sich somit auf die cultural anthropology. Diese beinhaltet jedoch nicht einen ganz bestimmten Erklärungsansatz. Vielmehr wird unter dem Begriff der „cultural anthropology" nahezu alles subsumiert, was nicht der social anthropology zugerechnet wird. So wird hierunter der dem Person-Kulturkonzept verpflichtete Ansatz M. Meads [1] ebenso gefaßt wie evolutionistisch und neo-evolutionistisch (Childe, L., White, J. Steward) geprägte Ansätze. Die unterschiedlichsten soziologischen wie psychologischen Erkenntnisse und Methoden finden hier Eingang. So gibt es heute unter anderem kulturökologische, psycholinguistische, innovationstheoretische Ansätze, „ethnotheoretische" Bemühungen und deskriptive Versuche der Ethnographie, Ansätze der sozialen Interaktion, des symbolischen Interaktionismus, der Phänomenologie, z.B. in Form der sogenannten „Ethnomethodologie", der Kulturanthropologie und modifizierten Psychoanalyse als auch eine Vielfalt überwiegend historisch ausgerichteter Ansätze, die unter dem Begriff der „cultural anthropology" subsumiert werden.

Das all diese so unterschiedlichen Versuche Verbindende ist die Betonung der Analyse der „Kultur" und nicht der Gesellschaft mit ihrer Struktur. Die Kultur, die inhaltliche Auffüllung des Strukturgerippes mit „material items", „behavioural characteristics" und „symbolic meanings", ist der verbindende Zielpunkt ihrer Untersuchungen. Im Gegensatz zur social anthropology betrachtet die cultural anthropology „... behavior from the viewpoint of shared norms, values, the customery means for doing things, and how all this is transmitted from generation to generation, changed over time and affected by contact with groups having different cultures ..." [2].

Es wird angesichts der Vielfalt der unter dem Begriff der cultural anthropology subsumierten unterschiedlichen Ansätze offenbar, daß die cultural

---

[1] Vgl. vor allem MEAD, M., Cooperation and Competition among Primitive Peoples, enlarged edition with a new preface and appraisal by Margret Mead, 3. Aufl., Boston (USA) 1967.

[2] ROE, R.L., Anthropology ... a.a.O., S. 332.

anthropology kein für diese Studie übernehmbares explikatives Gesamtkonzept darstellt. Vielmehr spiegeln sich in ihr u.a. die unterschiedlichsten soziologischen und psychologischen Strömungen wider. Bezogen auf die Erklärung der SHO-Entstehung in Entwicklungsländern bieten diese im Bereich der cultural anthropology vorfindbaren sozialwissenschaftlichen Ansätze für diese Studie keine neuen Perspektiven an, entstammen sie doch demselben Theoriefundus, der bereits bei der Darstellung des sozioökonomischen, des entwicklungssoziologischen und sozialpsychologischen sowie des politisch-psychologischen Ansatzes auf das von ihm erfaßte Erklärungspotential geprüft worden ist.

Hinsichtlich der Erklärung der ökonomischen, soziologischen und psychologischen Aspekte des Untersuchungsgegenstandes ist jedoch die Wahl für relevant erachtete Erklärungsansätze bereits getroffen und in einer ausführlichen Erörterung verschiedener Ansätze begründet worden. Eine Diskussion der Erklärungskraft wirtschaftswissenschaftlicher, soziologischer und psychologischer Theorien, die zum Teil Eingang in die cultural anthropology gefunden haben, besäße somit reinen Wiederholungscharakter und erscheint daher hier unangebracht. Stammen diejenigen Ansätze der cultural anthropology, die wegen ihrer sozialwissenschaftlichen Ausrichtung und wegen ihrer dieser Arbeit konformen wissenschaftstheoretischen Ausgangsposition von Interesse sein könnten, aus demselben bereits erörterten Theoriefundus, aus dem schon weiter oben bestimmte Ansätze als erklärungsrelevant ausgewählt wurden, so impliziert dies, daß diese – zumal sie sich nicht auf die Entstehung von Selbsthilfeorganisationen beziehen – keinen neuen relevanten Ansatz zur Erklärung der genannten Aspekte bieten.

Auf den ersten Blick ergibt sich so folgendes Dilemma: Liegen im Rahmen der cultural anthropology für diese Untersuchung eventuell interessante sozialwissenschaftliche, vor allem soziologische und psychologische Ansätze vor, so beinhalten sie zwar eine hier interessierende *allgemeine* Ausrichtung ihrer Aussagen, beziehen sich aber auf allgemein soziologische und psycholo-

gische Aspekte, zu deren Erklärung bereits an früherer Stelle Ansätze –
meist SHO-adäquatere – gewählt wurden. Der „völkerkundliche" Aspekt
tritt hierbei außerdem in den Hintergrund. Steht der „völkerkundliche"
Aspekt bei Ansätzen der cultural anthropology jedoch im Vordergrund,
d.h., wird die kulturelle Eigenart eines sozialen Systems herausgearbeitet, so zeichnen sich die betreffenden Ansätze durch eine – häufig historisch geprägte – auf den Einzelfall bezogene Perspektive aus, die eine für
das Untersuchungsanliegen erstrebte Verallgemeinerung der Aussagen erschwert, wenn nicht unmöglich macht. Mit anderen Worten: man sieht
sich im Rahmen der cultural anthropology entweder allgemeinen Aussagen
gegenüber, die inhaltlich über die bisher getroffenen nicht hinausgehen und
bei denen das spezifisch Völkerkundliche, d.h. der kulturelle Aspekt, in
den Hintergrund tritt, oder aber – und dies geschieht noch häufiger –
man wird mit auf spezielle Kulturen bezogenen Aussagen konfrontiert, denen manchmal von vornherein ein Universalcharakter abgesprochen wird
oder deren Verallgemeinerungsfähigkeit äußerst begrenzt ist.

Dieses Dilemma erweist sich jedoch insofern als ein nur scheinbares, als
die Völkerkunde in der Form der cultural anthropology zwar keinen relevanten Erklärungsansatz für diese Untersuchung liefert, aber dennoch durchaus in der Lage ist, im Hinblick auf die eine SHO-Entstehung möglicherweise beeinflussenden *kulturellen* Faktoren einen *universal gültigen* Erklärungs*beitrag* zu leisten. Dieser Beitrag besteht in der von der cultural anthropology vermittelten Grunderkenntnis der *Unterschiedlichkeit* von Kulturen und in dem bei ihr gesammelten Wissen über die Ausdrucksformen
und Auswirkungen dieser Unterschiedlichkeit sowie über die Folgen ihrer
Nichtberücksichtigung.

Die cultural anthropology liefert mithin systematische Begründungen der
rational nachvollziehbaren Andersartigkeit anderer Kulturen und ermöglicht
und fördert auf diese Weise, daß diejenigen, die sich ihre Perspektive zu
eigen machen, durch das *Verständnis,* d.h. durch das rationale Nachvoll-

ziehen, der Andersartigkeit fremder Kulturen *befähigt* werden, die *eigene* Kultur *relativieren* zu können. Diese Relativierungsfähigkeit der eigenen Kultur — meist verbunden mit einer Betrachtung fremder Kulturen als anders, aber gleichwertig — und ihre Umsetzung in tatsächliche Relativierungsbehandlungen kennzeichnet in der Regel die wissenschaftliche Arbeit von cultural anthropologists. [1]

Dies markiert eine *Gegenposition zu* derjenigen Haltung und Vorgehensweise, bei der die eigene Kultur ins Zentrum gestellt bzw. absolut gesetzt wird, Einstellungen und Handeln sich also durch *Ethnozentrismus* auszeichnen. Letzterer führt in der Regel dazu, daß der Andersartigkeit einer fremden Kultur und ihrer spezifischen Ausprägung, wenn überhaupt, bewußt oder unbewußt, nur wenig Aufmerksamkeit geschenkt wird. In der vorliegenden Studie ist bereits an mehreren Stellen dargelegt worden, daß sich eine solche mangelnde Aufmerksamkeit für die Erklärung der SHO-Entstehung in Entwicklungsländern verhängisvoll auswirkt und daher abzulehnen ist.

Da bei der cultural anthropology die Andersartigkeit von Kulturen und ihre Ausdrucksformen und Auswirkungen hingegen im Vordergrund eines u.a. um Systematisierung bemühten Interesses stehen und außerdem die Folgen einer mangelnden oder fehlenden Berücksichtigung kultureller Sachverhalte mituntersucht werden, die aus einer in der Regel ethnozentrischen Einstellung resultieren, kann als Erklärungsbeitrag der cultural anthropology für das vorliegende Untersuchungsanliegen erwartet werden, daß sie Elemente zu einer systematischen Analyse des Ethnozentrismusproblems liefert, das sich, wie angedeutet, bei SHO-Entstehungsprozessen in Entwicklungsländern und deren Erklärung regelmäßig stellt.

---

[1] Der sich hier zur Übersetzung ins Deutsche anbietende Terminus „Kulturanthropologen" wird im deutschen Sprachraum zur Bezeichnung von Vertretern der Kulturanthropologie verwandt, die sich inhaltlich *nicht* mit der cultural anthropology *deckt*. Vgl. HIRSCHBERG, W., Kulturanthropologie, in: ders. (Hrsg.), Wörterbuch ... a.a.O., S. 244. Von daher sei hier auf eine Übersetzung verzichtet.

4.2. Das Ethnozentrismusproblem

Das Ethnozentrismusproblem ist bisher im Zusammenhang mit der Prüfung der Erklärungskraft verschiedener Ansätze angesprochen worden. Ethnozentrismus wurde mithin bisher ausschließlich als mögliche Erkenntnisse über SHO-Entstehungsprozesse in Entwicklungsländern verhindernde Einstellung von Sozialwissenschaftlern problematisiert, die in den jeweiligen von ihnen konzipierten Ansätzen ihren Ausdruck fand. Obwohl dieser Gesichtspunkt weiterhin im Auge behalten werden soll, so gilt es hier, das Ethnozentrismusproblem vor allem beim *Untersuchungsgegenstand* selber aufzuwerfen.

Beim letzteren seien als potentielle Inhaber einer ethnozentrischen Einstellung in erster Linie *exogene* SHO-Anreger und *Evaluierer* genannt, weil ein ethnozentrisches Verhalten gerade solcher Personen weitreichende Konsequenzen hat. Durch eine ethnozentrische Einstellung des Anregers bedingte Probleme ergeben sich bei zahlreichen, wenn nicht sogar bei den meisten, exogenen SHO-Entstehungsprozessen. Denn in der Regel handelt es sich bei den exogenen SHO-Anregern um Personen, die nicht demselben Kulturkreis, zumindest nicht derselben Ethnie der potentiellen SHO-Mitglieder angehören. [1] Bei Europäern oder Amerikanern in Ländern der „Dritten Welt" ist dies offensichtlich. Jedoch trifft dies auch auf viele „einheimische" Anreger zu, weil diese zwar oft dieselbe Staatsbürgerschaft wie die möglichen SHO-Mitglieder haben, jedoch wegen der großen ethnischen Vielfalt innerhalb ihres Staates, mit der man in einem Entwicklungsland sehr oft konfrontiert ist, „Fremde" im eigenen Land bzw. einer Region ihrer Länder sein können.

Bei den in dieser Studie betrachteten Evaluierungen, die von den geldgebenden Institutionen oder in ihrem Auftrag durchgeführt werden, kommt

---

[1] Vgl. S. 81 ff. dieser Arbeit.

es ebenfalls häufig vor, daß die Beteiligten — hier Evaluierer und Evaluier-
te — nicht der gleichen Ethnie angehören. So stellen sich auch hier oft
ethnozentrisch bedingte Probleme, die darüberhinaus nicht nur aus der
Person des möglicherweise ethnozentrisch geprägten Evaluierers resultieren,
sondern sich auch aus einer ethnozentrischen Anlage des von ihm angewandten Evaluierungskonzepts, das er nicht selbst entwickelt haben muß,
ergeben können.

Eine systematische Untersuchung der Situation eines „change agent" in
einem Entwicklungsland aus einer speziell völkerkundlichen, der cultural
anthropology verpflichteten Perspektive heraus, bei der die Folgen einer
ethnozentrisch bedingten Nichtberücksichtigung kultureller Faktoren durch
den change agent problematisiert wird, vollzieht der Völkerkundler W.H.
Goodenough in seinem „anthropological approach to Community Development". [1] Seine Untersuchungsergebnisse, die auf einer Analyse des Verhaltens erfolgloser und erfolgreicher change agents und der auf deren Verhalten gezeigten Reaktionen der betreffenden Bevölkerung beruhen, sind
insofern auf den Fall exogener SHO-Anreger übertragbar, als bei Goodenough die change agents eine Gemeinwesenentwicklung (Community
Development) anregen sollen, die der Autor als auf ein „helping people
to help themselves" [2] ausgerichtet sieht.

Goodenoughs Untersuchung zeigt vor allem folgendes: Ethnozentrische exogene Selbsthilfeanreger sind erfolglos. Ihnen gelingt es nicht, dauerhafte
Selbsthilfeaktivitäten, d.h. Selbsthilfehandlungen der Bevölkerung, die auch
nach ihrem Fortgang weitergeführt werden, anzuregen, entweder weil sie
bereits zu Anfang das dafür notwendige Vertrauen der Betroffenen nicht
erhalten, oder weil sie später aus Unkenntnis der kulturellen Gegebenhei-

---

[1] GOODENOUGH, W.H., Cooperation in change, An Anthropological Approach to
Community Development, 3. Aufl., New York 1968.

[2] Ebenda S. 379.

ten bestimmte Prozesse mißverstehen und inadäquat reagieren. Die „Fallen", in welche solche die Andersartigkeit der Betroffenen bewußt oder — wie in den überwiegenden Fällen — unbewußt nicht in Rechnung stellende exogene Selbsthilfeanreger geraten können, systematisiert Goodenough als „pitfalls of cultural ignorance", wobei er als Bereiche möglicher „Fallen" die „emotional concerns" und die „economic and social organizations" unterscheidet. [1]

Das obengenannte grundsätzliche und durch zahlreiche Fälle belegte Beobachtungsergebnis Goodenoughs überrascht nicht. Denn, wie in dieser Studie bei der Analyse der Beschaffenheit des Untersuchungsgegenstandes und bei der Erörterung der Seibelschen Problemtheorie deutlich geworden, ist es für *Selbst*hilfehandlungen (einer Gruppe) gerade kennzeichnend, daß die sie Ausführenden ein von *ihnen selbst* gestecktes Ziel [2] nach ihren *eigenen* *Wert-* und *Norm*vorstellungen in gemeinsamer Selbsthilfe anstreben, und zwar zu einer in *ihrem* Sinn verstandenen „Verbesserung" einer aus *ihrer* Sicht problematischen bzw. schlechten Lage. Berücksichtigt im Rahmen eines exogenen Anregungsversuchs der betreffende Selbsthilfeanreger die eigenen, durch ihre jeweilige Kultur geprägten Vorstellungen der Betroffenen nicht, so erweist sich dies schon rein logisch als ein dem eigentlichen Anliegen zuwiderlaufendes Handeln. Daß in der empirisch beobachtbaren Wirklichkeit ein solcher Widerspruch in der Erfolglosigkeit des betreffenden exogenen Selbsthilfeanregers mündet, ist demzufolge nicht verwunderlich.

Es kann somit festgehalten werden: die exogene Entstehung einer dauerhaften Selbsthilfeorganisation in einem Entwicklungsland ist nur bei einem nicht-ethnozentrischen exogenen SHO-Anreger denkbar und feststellbar. Da in dieser Studie Erkenntnisse über Art und Ablauf derartiger exogener SHO-Entstehungsprozesse angestrebt werden, drängt sich die Frage auf, *was* ein nicht-ethnozentrischer exogener SHO-Anreger bei einer kulturellen

---

[1] Vgl. GOODENOUGH, W.H., Cooperation ... a.a.O., S. 453—523.

[2] Dies betont auch Goodenough; ebenda S. 379.

Differenz zwischen ihm und den Betroffenen eigentlich genau *berücksichtigt* und *in welcher Form* er dies tut.

Hinsichtlich dessen, *was* er berücksichtigt, d.h. hinsichtlich des Objekts seiner auf die kulturelle Dimension abzielenden Rücksichtnahme, lassen sich zwei Aspekte als zwei Seiten ein und derselben kulturellen Differenzproblematik anführen. Zum einen berücksichtigt ein solcher Anreger nämlich die sich *aus seiner Sicht* ergebende *Andersartigkeit der fremden Bevölkerung* und deren Auswirkungen, zum anderen stellt er den Umstand in Rechnung, daß *er selber aus der Sicht der Betroffenen anders* bzw. fremd ist und auch dies Auswirkungen impliziert.

Ein näherer Einblick in dieses Vorgehen eines erfolgreichen SHO-Anregers wird dann möglich, wenn im Hinblick auf die Unterschiedlichkeit von Kulturen geklärt werden kann, was unter „Kultur" genau zu verstehen ist und wie bzw. wo demnach die Unterschiedlichkeit verschiedener Kulturen zum Ausdruck kommt oder sichtbar werden kann.

Zu diesem Zweck sei auf das Kulturkonzept von Goodenough zurückgegriffen, das insofern logisch widerspruchsfrei in den bisher entwickelten Erklärungsansatz integrierbar scheint, als erstens Goodenoughs Kulturdefinition Kultur letztlich nicht in einer irgendwie gestalteten supraindividuellen Einheit, sondern im Individuum selbst festmacht: „As we have defined culture, however, its ultimate locus is within individuals." [1], und zweitens bei dieser Definition wahrnehmungs- und motivationspsychologische Elemente zur Anwendung kommen, die eine unverkennbare Ähnlichkeit mit der Perspektive der neueren Entscheidungstheorie begründen und die „Kultur" eines Individuums als ein spezielles Informationsverarbeitungsergebnis erscheinen lassen.

---

[1] GOODENOUGH, W.H., Cooperation ... a.a.O., S. 271.

Die von einem Individuum im Laufe der Zeit im Rahmen einer subjektiven Wahrnehmung der Umwelt entwickelten Maßstäbe, nach denen es u.a.
urteilt, handelt, antizipiert, glaubt und wahrnimmt, bilden nach Goodenough
die „private Kultur" eines Individuums. [1] Als ein wichtiges Element enthält diese private Kultur immer auch eine Vorstellung darüber, wie andere
ihre Erfahrungen verarbeitet oder – wie Goodenough es ausdrückt [2] – ,
„organisiert" haben. Jede private Kultur umfaßt somit die Vorstellung verschiedener anderer privater Kulturen.

Da nach Goodenough die verschiedenen privaten Kulturen einem jeweils
unterschiedlichen Kontext entspringen, ein bestimmtes Individuum jedoch
zeitweise durchaus auch an einem die *anderen* Personen prägenden Kontext teilhat, stellt sich dieses Individuum in der Regel dadurch auf jenen
Kontext ein, daß es sich für den betreffenden Zeitraum seinen Vorstellungen über die anderen entsprechend der anderen privaten Kultur bedient,
die so für das Individuum zu einer „operating culture" wird. [3]

Ferner festzuhalten ist, daß ein Individuum im Laufe der Zeit feststellt,
daß seine Vorstellung von der privaten Kultur von A ihm ebenso zur Erklärung und Prognose des Verhaltens von B, C, D und anderen Personen
dienen kann, und zwar dann, wenn diese dem gleichen oder einem zumindest vergleichbaren Netzwerk sozialer Interaktionen angehören. Die Vorstellung von der privaten Kultur von A läßt sich somit *verallgemeinern* und
die anderen Personen werden auf diese Weise zu einem „generalized other". [4]

Kultur im herkömmlichen Sinne, also aufgefaßt als Kultur eines Gemeinwesens und nicht als private Kultur eines Individuums, kristallisiert sich so
als die *verallgemeinerte* Kultur heraus, die ein Individuum seinen Vorstel-

---

[1] GOODENOUGH, W.H., Cooperation ... a.a.O., S. 259 ff.

[2] Vgl. ebenda S. 257 ff.

[3] Vgl. ebenda S. 261.

[4] Vgl. ebenda S. 260; Goodenough zitiert hier MEAD, G.H., Mind, Self and Society, Chicago 1937.

lungen entsprechend einer sozialen Gruppe bzw. einem Gemeinwesen als dessen „Kultur" zuordnet. [1] Die verallgemeinerte Kultur eines Gemeinwesens ist somit immer ein Teil der privaten Kultur einer Person, und eine einzige „wahre" Beschreibung dieser „community culture" ist wegen der subjektiven individuellen Komponente nicht möglich. [2]

Trotz dieses subjektiven im Individuum verankerten Aspekts des Kulturbegriffs kann — so Goodenough [3] — die Kultur eines Gemeinwesens als „öffentliche Kultur" („public culture") [4] auch *außerhalb individueller Vorstellungen* über eine verallgemeinerte Kultur lokalisiert werden. Die Mitglieder eines Gemeinwesens sind in der Regel nämlich darum bemüht, den *Unterschied zwischen ihrer Sichtweise und derjenigen, die sie den anderen zuschreiben, nicht sichtbar werden zu lassen,* was dazu führt, daß die aus ihrer Sicht verallgemeinerte Kultur zu ihrer „operating culture" wird. Ein hieran orientiertes Verhalten veranlaßt die anderen wiederum, dem betreffenden Individuum eine private Kultur zuzusprechen, „that is in reality a reflection of his generalized culture for them." [5] Da die Individuen im Laufe ihrer regelmäßigen Kontakte mit anderen Mitgliedern der sozialen Gruppe darum bemüht sind, ihre individuellen Vorstellungen von den anderen immer präziser und prognosefähiger zu machen, ergibt sich aus der gegenseitigen Orientierung eine immer größerwerdende *Konvergenz* ihrer individuellen Vorstellungen.

Diese Konvergenz erstreckt sich auf den Inhalt der sich gegenseitig zugeordneten verallgemeinerten Kultur und auf den Inhalt der dementsprechend angewandten „operating culture". Insofern eine solche, aus dem genannten Konvergenzprozeß resultierende Kultur allen als Gruppe gehört und von

---

[1] Vgl. GOODENOUGH, W.H., Cooperation ... a.a.O., S. 262f.

[2] Vgl. ebenda S. 263.

[3] Vgl. zu folgendem ebenda S. 269ff.

[4] Ebenda S. 264.

[5] Ebenda S. 263.

den Gruppenmitgliedern geteilt wird, liegt nach Goodenough eine „öffentliche Kultur" vor. [1]

Spricht Goodenough — und mit ihm zahlreiche cultural anthropologists — im völkerkundlichen Zusammenhang von „Kultur", so ist diese „öffentliche" Kultur gemeint. Die in diesem Zusammenhang übliche Kulturdefinition bestimmt nach Goodenough „culture as the shared products of human learning" [2]. Ähnlich definiert im deutschen Sprachraum u.a. auch Röpke, bei dem unter Kultur „... alles Verhalten zu verstehen (ist), das von Menschen als Mitglieder sozialer Gruppen erwartet und 'erlernt' wurde" [3].

Goodenough präzisiert diese Bestimmungen, indem er die (öffentliche) Kultur als „(community) member's organization of experiences, their standards of perceiving, predicting, judging and acting" [4] definiert. Bei dieser gemeinsamen Erfahrungsorganisation unterscheidet er vier Aspekte der Kultur, anhand deren die Unterschiedlichkeit von Kulturen erkannt werden kann. Sie können als „vier Leistungsbereiche" aufgefaßt werden, „in denen man die 'Auswirkungen' kulturbedingter Einflüsse auf das menschliche Verhalten beobachten ... kann." [5]

Die Organisation von Erfahrungen, welche die dem jeweiligen Gemeinwesen angehörenden Individuen mit ihrer Umwelt machen, schlägt sich nieder

1. in der Wahrnehmungsweise, der Begriffsstruktur und ganz allgemein in der Sprache (einschließlich aller nicht-verbalen Zeichen und Symbole),

---

[1] GOODENOUGH, W.H., Cooperation ... a.a.O., S. 264.

[2] Ebenda S. 258.

[3] RÖPKE, J., Primitive Wirtschaft ... a.a.O., S. 55. Die Klammerergänzung stammt vom Verfasser.

[4] GOODENOUGH, W.H., Cooperation ... a.a.O., S. 259. Die Klammerergänzung stammt vom Verfasser.

[5] LAKANWAL, A.G., Situationsanalyse landwirtschaftlicher Beratungsprogramme in Entwicklungsländern, in: Kuhnen, F. (Hrsg.), Sozialökonomische Schriften zur Agrarentwicklung, Band 30, Saarbrücken 1978, S. 28.

2. in ihren Vorstellungen und Glaubensgrundsätzen bei Ursache- und Wirkungszusammenhängen,

3. in einem ihnen eigenen Präferenz- und Wertsystem (z.B. Moral) und

4. in bestimmten Verfahren (und auf diese bezogenen Konzeptionen, Regeln und Rezepte) im Umgang mit Menschen und Dingen (z.B. wie man Vieh hält, wie man ein Haus baut, wie Streitfälle geschlichtet werden können etc. [1]). [2]

Auf der Basis dieser vier Bereiche läßt sich nunmehr etwas systematischer bestimmen, was ein exogener, nicht-ethnozentrischer Selbsthilfeanreger in einem Entwicklungsland in Rechnung stellt, wenn er die Andersartigkeit der Bevölkerung berücksichtigt. Goodenough bietet im Rahmen seiner Untersuchung jedoch nicht nur die obengenannte Systematisierungshilfe, sondern füllt darüberhinaus das Systematisierungsraster insofern inhaltlich auf, als er eine Anzahl von Bereichen ausführlich problematisiert, die, falls ihre kulturelle Dimension und potentielle Andersartigkeit nicht berücksichtigt werden, für einen exogenen Selbsthilfeanreger zu Fallen werden.

Als solche Bereiche, deren Berücksichtigung sich aus den bisherigen Praxiserfahrungen des Community Development nach seiner Auffassung vor allem aufdrängt, benennt und illustriert er:

1. die Umgangsformen oder Etikette,

2. das Verhältnis zur Nahrung,

3. das Verhältnis der beiden Geschlechter zueinander,

4. die „Freundschaft",

---

[1] Vgl. LAKANWAL, A.G., Situationsanalyse ... a.a.O., S. 29.

[2] Aussagekräftige Beispiele von der europäischen Kultur abweichender afrikanischer Sichtweisen gibt POWDERMAKER, H., Der soziale Wandel, Sein Ausdruck in Bildern und Werten junger Afrikaner in Nordrhodesien, in: Heintz, P. (Hrsg.), Soziologie der Entwicklungsländer, Köln, Berlin 1962, S. 163–201.

5. die Religion,

6. der Inhalt und die Funktion von Arbeit,

7. das Eigentum,

8. das Familien-, Verwandtschafts- und Abstammungssystem,

9. Inhalt und Funktion von Führerschaft und Autorität und

10. der Prozeß der Entscheidungsfindung. [1]

Kann man sich somit ein Bild davon machen, was ein um die Andersartigkeit der Betroffenen wissender exogener Selbsthilfeanreger berücksichtigt, so bleibt die Frage, in welcher Form er dies tut. Auch hierauf gibt der Autor eine Antwort. Eine der wichtigsten Formen, die Andersartigkeit der Betroffenen zu berücksichtigen, besteht – nicht nur nach seiner Auffassung – darin, die *Sprache* der Betroffenen *zu erlernen.* Die Bedeutung dieses Schrittes kann nach Goodenough nicht zu hoch veranschlagt werden, denn indem ein exogener Selbsthilfeanreger eine Sprache erlernt, ... he is doing more than learning an alternative set of verbal symbols. He is also absorbing new experiences that form the background of meaning for the language." [2] Dies heißt, das der exogene Selbsthilfeanreger auf diese Weise nicht nur ein wesentliches Kommunikationsmittel erwirbt, das ihm erlaubt, im Gespräch mit den Betroffenen deren Kulturen näher zu erfahren, sondern diese fremde Kultur allein schon beim Erlernen der fremden Sprache in einem beträchtlichen Ausmaß kennenlernt.

Als weitere Form der Berücksichtigung der Andersartigkeit der Betroffenen, die bei erfolgreichen exogenen Selbsthilfeanregern beobachtet werden kann, nennt Goodenough ein Verhalten dieser Anreger, bei dem die Andersartigkeit *akzeptiert* und die Autonomie der Betroffenen respektiert wird, was einerseits einen die Betroffenen so weit wie möglich beteiligten „partici-

---

[1] Vgl. GOODENOUGH, W.H., Cooperation ... a.a.O., S. 453–523.
[2] Ebenda S. 394.

pative" approach impliziert [1], andererseits eine hohe Flexibilität des Anregers mitbeinhaltet, sei es hinsichtlich der eigenen Planung und der eigenen Rolle, sei es bei der Formulierung des durch die gemeinsame Selbsthilfe zu lösenden Problems [2].

Grundvoraussetzungen zu solchem Handeln, zu einer solchen bewußten Reaktion auf die Andersartigkeit der Anzuregenden also, sind nach Goodenough die Fähigkeit, sich in die Einstellung fremder Menschen einfühlen zu können, und die entsprechende Bereitschaft, die sich als grundsätzliche Bereitschaft, „to accept other people generally as fellow human beings" [3] umschreiben läßt. Goodenough spricht in diesem Zusammenhang von „cultural empathy" [4]. Eine solche anti-ethnozentrische Einstellung vermeidet es, auf den durch das Aufeinanderprallen verschiedener Kulturen beim Anreger unausweichlichen „Kulturschock" seinerseits durch Flucht in ein euro-amerikanisches Ghetto als sozialer Enklave und/oder durch Verurteilung bzw. Ablehnung auf die Anzuregenden zu reagieren. [5]

Wie bereits angedeutet, berücksichtigt ein bewußt nicht-ethnozentrischer Selbsthilfeanreger neben der Andersartigkeit der Anzuregenden außerdem den Umstand, daß er aus ihrer Sicht ebenfalls anders und fremd ist. Er bedenkt demnach bei seinen Handlungen, daß er von den Betroffenen genau beobachtet wird und daß sie sich darum bemühen, ihn so bald wie möglich zu „klassifizieren", d.h. unter anderem, ihm so bald wie möglich eine bestimmte Rolle aus dem ihnen zur Verfügung stehenden Rollenkatalog zuzuweisen. Es gelingt ihm — so Goodenough — erst dann, die neue durch seine Aufgabe begründete Rolle von den Betroffenen zugestanden zu bekommen, wenn er ihnen ermöglicht, ihn bei verschiedenen Aktivitä-

---

[1] Vgl. GOODENOUGH, W.H., Cooperation ... a.a.O., S. 378f. und S. 385f.
[2] Vgl. ebenda S. 383ff.
[3] Ebenda S. 378.
[4] Ebenda S. 377 et passim.
[5] Vgl. ebenda S. 399ff.

ten unter wechselnden Bedingungen kennenzulernen und ihn so als ein von anderen unterscheidbares Individuum wahrzunehmen. [1] Eine Streuung der Kontakte ist ihm hierbei äußerst hilfreich.

Da exogene Selbsthilfeanreger oft von einer Organisation entsandt werden, problematisiert Goodenough den bereits von Seibel diskutierten Sachverhalt [2], daß der Stil der Selbsthilfeförderungspolitik und die Organisationsstruktur einer Entsenderinstitution erheblichen Einfluß auf die Ausgestaltung der Rolle des Anregers vor Ort haben. Wie Seibel und Hanel [3], so stellt es auch Goodenough als erwiesenermaßen hinderlich heraus, wenn sich der Anreger ohne ausreichende Autonomie „at the end of an administrative chain or hierarchy" [4] befindet und dabei sehr eng an Direktiven und detailliert ausgearbeitete Konzepte und Entwicklungspläne gebunden ist. [5]

Goodenough hebt hervor, daß sich bei seiner Untersuchung zahlreicher Community-Development-Programme durchführender Organisationen zeigt, daß bei ihnen in der Regel bei der Rekrutierung exogener Selbsthilfeanreger „administrative standards" („geschlossene" Kriterien der Rollenzuweisung bei Seibel) und keine „professional standards" (funktionale, „offene" Kriterien der Rollenzuweisung, d.h. Kriterien der Leistung und Fähigkeit, bei Seibel) angewandt werden. [6] Dies aber provoziert und fördert bei dem so ausgewählten Anreger die Tendenz, „to build up his work in terms of administrative responsibilities, to try to expand operations for the purpose of acquiring assistants, and otherwise to engage in the game

---

[1] Vgl. GOODENOUGH, W.H., Cooperation ... a.a.O., S. 382f.

[2] Vgl. S. 346f. dieser Arbeit.

[3] Vgl. HANEL, A., Probleme ... a.a.O., S. 136f.

[4] GOODENOUGH, W.H., Cooperation ... a.a.O., S. 429.

[5] Vgl. ebenda S. 386.

[6] Vgl. ebenda S. 440.

of empire building" [1], anstatt seine Arbeit an funktionalen Maßstäben, die sich aus dem Charakter der Selbsthilfeanregung ergeben, auszurichten. Mit seinem Vorschlag der stärkeren Anwendung von professional standards bei der Rekrutierung von Anregern und dem Einräumen einer ausreichenden Anregerautonomie beschreitet Goodenough denselben Lösungsweg wie Seibel, der in diesem Zusammenhang eine offene Strukturierung der mit der Selbsthilfeförderung unmittelbar befaßten Außenbereiche einer Organisation für unumgänglich hält.

Soll im Rahmen einer Evaluierung eine exogene Selbsthilfeanregung bewertet werden, so ist die Aussagekraft der Evaluierung – dies läßt sich nunmehr leicht nachvollziehen – dann in Frage zu stellen, wenn der Evaluierung ein ethnozentrisches Konzept zugrundeliegt und/oder der Evaluierer ethnozentrisch eingestellt ist. Die Gefahr des Ethnozentrismus ist im Evaluierungskontext vor allem deshalb nicht unwahrscheinlich, weil der (die) Evaluierer in der Regel nur kurze Zeit am Ort weilt (weilen) und sich über die kulturellen Gegebenheiten meist nur mit Hilfe von Literatur oder ,,vergleichbaren" Erfahrungen an anderen Orten informieren kann (können).

Obwohl Goodenough das Evaluierungsproblem nicht explizit behandelt, hebt er dennoch einen für jegliches Evaluierungsvorhaben wichtigen Sachverhalt hervor. Da man ,,Kultur" genauso wie eine psychische Disposition *nur* anhand von äußeren, sichtbaren Merkmalen – der Autor spricht im Zusammenhang mit Kultur von ,,artifacts" [2] als den von Menschen herrührenden Gegenständen, Verhaltensweisen und Organisationsstrukturen –, d.h., nur anhand von Indikatoren beobachten und feststellen kann, wird nämlich oft – so Goodenough – der evaluierungsrelevante *Fehler gemacht, Kultur* und *Artefakte gleichzusetzen* bzw. zu verwechseln. [3]

---

[1] GOODENOUGH, W.H., Cooperation ... a.a.O., S. 442.

[2] Ebenda S. 265 et passim.

[3] Vgl. ebenda S. 265 ff.

Dieses Mißverständnis wird insofern dann verhängnisvoll, wenn an einem sozialen Wandel und seiner Feststellung interessierte Beobachter, z.B. Evaluierer, von diesem Irrtum ausgehend „make the mistake of assuming that observed changes in material, behavioral or social artifacts and their arrangements in a community necessary reflect a change in its members' culture: in their values, principles of action, and standards for getting things done." [1] Hierbei übersehen diese Beobachter, daß solche Änderungen, z.B. Änderungen der Verhaltensweisen, durchaus auch eine *Reaktion* auf sich verändert habende *äußere Umstände* bedeuten können, die sich *innerhalb* des gegebenen *kulturellen* Rahmen bewegt.

Eine solche Änderung der Umstände wird zum Beispiel – so betont der Autor – durch die Präsenz einer Selbsthilfeförderungsorganisation – in der Regel vertreten durch den (die) Selbsthilfeanreger – vor Ort bewirkt. [2] „As long as the agency is present and affecting conditions consistently in a given direction, social and behavioral arrangements and routines may follow a pattern different from the one that used to obtain, not because the culture has changed *but* because *circumstances* have *changed.*" [3]

Im Hinblick auf die Entwicklung eines Evaluierungskonzepts zur Bewertung von exogenen SHO-Entstehungsprozessen in Entwicklungsländern läßt dies eine erhebliche Vorsicht davor angeraten erscheinen, solche Artefakte ohne weiteres als Evaluierungsindikatoren zu verwenden, besonders dann, wenn man mit den kulturellen Gegebenheiten vor Ort nicht vertraut ist. Ist letzteres der Fall – was bei einer beträchtlichen Anzahl von Evaluierern angenommen werden kann –, so hat der Evaluierer wegen der kulturellen Dimension und der damit verbundenen Ethnozentrismusgefahr ganz grundsätzlich Vorsicht bei der Auswahl von Indikatoren, die erheblich von den

---

[1] GOODENOUGH, W.H., Cooperation ... a.a.O., S. 265 ff.

[2] Vgl. ebenda S. 269.

[3] Ebenda S. 269. Die Hervorhebungen stammen vom Verfasser.

aus Europa oder aus den USA vertrauten abweichen können, walten zu
lassen.

Auf die hiermit verbundenen Probleme der Informationserhebung in der
entwicklungspolitischen Praxis — zum Teil bereits in der Literatur angesprochen [1] — wird später (Teil E) noch ausführlich eingegangen werden.
Bevor dies geschieht, sei im nächsten Untersuchungsschritt versucht, das
Vorgehen eines erfolgreichen exogenen SHO-Anregers einer wissenschaftlichen Erklärung zugänglich zu machen.

III. ERZIEHUNGSWISSENSCHAFTLICHE ERKLÄRUNGSANSÄTZE

1. DIE AUSGEWÄHLTEN ANSÄTZE ALS TEILERKLÄRUNGSAN-
SÄTZE UND IHR BEZUG ZUM ERFOLGREICHEN EXOGENEN
SHO-ANREGERVORGEHEN VOR ORT

Bei der Erklärung der erfolgreichen unmittelbaren exogenen SHO-Anregung
handelt es sich um die Erklärung eines — so wurde an früheren Stellen

---

[1] Vgl. z.B. SCHÖNHERR, S. und GUPTA, B.S., Probleme und Erfahrungen empirischer
Forschung in Entwicklungsländern unter besonderer Berücksichtigung standardisierter
Erhebungstechniken, in: Wurzbacher, G. (Hrsg.), Störfaktoren ... a.a.O., S. 229—241;
MITCHELL, R.E., Survey materials collected in the developing countries: sampling, measurement and interviewing obstacles to intra- and inter-national comparisons, in: International Social Science Journal (UNESCO), Vol. XVIII, Nr. 1, 1965, S. 665—685; zur allgemeinen Problematik: den HOLLANDER, A.N.J., Soziale Beschreibung als Problem, in: KZfSS,
17. Jg., 1965, S. 201—233.

hervorgehoben (Teil C) — grundsätzlich erzieherischen Handelns. Sieht man von den unterschiedlichen, im entwicklungs*politischen* Bereich vorfindbaren *Phasenschemata* [1], die sich auf SHO-Aufbau*projekte* beziehen, — die, wie gezeigt, *nicht* einfach mit erfolgreichen exogenen SHO-Entstehungsprozessen *gleichgesetzt* werden können — als möglicherweise relevante Theoriebausteine ab, so läßt sich festhalten, daß ein empirisch fundierter *theoretischer* Ansatz, der das genannte exogene SHO-Anregervorgehen in Entwicklungsländern unter expliziter Berücksichtigung dessen *erzieherischen* Charakters analysiert und zu erklären versucht, nach Kenntnis des Verfassers nicht vorliegt.

Wird in diesem Kapitel versucht, erfolgreiches exogenes SHO-Anregervorgehen vor Ort einer Erklärung zugänglich zu machen, so kann folglich nicht auf einen explizit auf unmittelbare exogene SHO-Anregung bezogenen Ansatz zurückgegriffen werden. Vielmehr gilt es, die verschiedensten in Praxis und Empirie gewonnenen Erkenntnisse und systematisierten Aussagen über solche Sachverhalte, die sich in einem Aspekt oder in mehreren mit erfolgreichen unmittelbaren exogenen SHO-Anregungen überschneiden oder die zumindest vergleichbar sind, zum Erklärungsversuch des genannten Handelns heranzuziehen. Insoweit diese einen Beitrag zur Erklärung des *erzieherischen* exogenen SHO-Anregungshandelns vor Ort liefern, werden sie in der vorliegenden Studie als ,,erziehungswissenschaftliche” Erklärungsansätze behandelt, auch wenn die so bezeichneten erziehungswissenschaftlich relevanten Aussagen nur einen Teil eines nicht zur Gänze als ,,erziehungswissenschaftlich” gekennzeichneten Aussagensystems bilden können.

Der Umstand, daß sich die Aussagen nur auf einen bestimmten Ausschnitt der zu untersuchenden SHO-Entstehungswirklichkeit, nämlich nur auf deren exogene Variante und bei dieser auch nur auf das Verhalten des Anregers beziehen, macht die von ihnen gebildeten Erklärungsansätze im Hinblick

---

[1] Auf eines der bekanntesten, dem Phasenschema von E. Dülfer, wird im Rahmen der Evaluierungsdiskussion noch ausführlich eingegangen werden (Teil E, Kapitel 2).

auf den Umfang des eigenen Ansatzes zu Teilerklärungsansätzen. Den direkten oder indirekten Anknüpfungspunkt dieser erziehungswissenschaftlichen Teilerklärungsversuche bilden die im Zusammenhang mit dem ersten Basiserklärungsansatz herausgearbeiteten *psychischen Dispositionen,* die im personalen Bereich die notwendigen SHO-Voraussetzungen konstituieren. Das erzieherische Handeln eines exogenen SHO-Anregers vor Ort kann nämlich grundsätzlich als ein Bemühen aufgefaßt werden, die bei exogenen SHO-Entstehungsprozessen anfangs bei den potentiellen SHO-Mitgliedern nicht gegebene SHO-Voraussetzungen im personalen Bereich zu schaffen, also die Herausbildung bestimmter noch fehlender psychischer Dispositionen bei diesen Personen anzustreben.

Da es, wie einleitend zur Darstellung verschiedener sozialwissenschaftlicher Ansätze ausgeführt [1], bei der Integration von Teilerklärungsansätzen nur um die Übernahme von durch diese ermöglichten Teilerkenntnissen geht, nicht jedoch um die Nutzung solcher Ansätze für die Grundlegung eines allgemeinen sozialwissenschaftlichen Aussagesystems, stellen — auch dies wurde bereits hervorgehoben — eventuell vom wissenschaftstheoretischen Standort des Verfassers abweichende Ausgangspositionen, die solchen Teilerklärungsansätzen zugrundeliegen können, insofern die Integration solcher Ansätze nicht ernstlich in Frage, als aus dem Abweichen der wissenschaftstheoretischen Position einer Untersuchung vom eigenen Standort sich nicht logisch zwingend ergibt, daß deshalb die Untersuchungsergebnisse für die eigene Analyse unbrauchbar sind. Sind die betreffenden Aussagen in deskriptiver Sprache gehalten und gehen sie nicht von der totalen Determiniertheit des Menschen aus, ergibt sich aus ihrer Integration nicht notwendig ein logischer Widerspruch.

Auf diese Zusammenhänge sei an dieser Stelle nochmals ausdrücklich hingewiesen, entspringen die hier als erziehungswissenschaftlich relevant herangezogenen Teilerkenntnisse doch sehr verschiedenen Untersuchungen. Bei

---

[1] Vgl. Teil D.I. dieser Arbeit.

ihnen fehlen einerseits oft explizite Angaben über den wissenschaftstheoretischen Standort, andererseits deuten Kontext und Terminologie sehr unterschiedliche Ausgangspositionen an. Neben Gronemeyer, bei deren Ansatz dieser Aspekt bereits angesprochen wurde [1], sei in diesem Zusammenhang vor allem Paulo Freire erwähnt, der sich bei seiner — hier nicht voll geteilten — *Interpretation* der eigenen Untersuchungsergebnisse unter anderem auch phänomenologischer und marxistischer Kategorien bedient.

Unterschiedlich ist auch der Bezug der jeweiligen Ansätze zum hier interessierenden Analyseobjekt: dem erfolgreichen unmittelbaren exogenen SHO-Anregervorgehen in Entwicklungsländern. Inwieweit Gronemeyers Ansatz, auf dessen erziehungswissenschaftliche Komponente als ersten der Teilerklärungsansätze eingegangen wird, auf den Untersuchungsgegenstand ausgerichtet ist, wurde bereits an früherer Stelle erörtert. [2] Ihr Ansatz wird in dieser Studie hinsichtlich des Aspekts des Handlungsspielraums vor allem durch die Einbeziehung der diesbezüglichen Feststellungen Boettchers zu präzisieren versucht.

Die Beobachtungen und Feststellungen Maria Montessoris sind insofern für das Untersuchungsanliegen relevant, als Montessori die *Andersartigkeit* von Educanden, deren Berücksichtigung — so hat Goodenough ermittelt — bei erfolgreichen Selbsthilfeanregern festzustellen ist, *problematisiert* und die mit ihr verbundenen *Implikationen* für die erzieherische *Methode* analysiert. Aus demselben Gesichtspunkt ergibt sich auch die Relevanz derjenigen völkerkundlichen Erkenntnisse, die sich auf das die Schwierigkeit des kulturellen Unterschieds meisternde, erfolgreiche Verhalten von Fremden — hier des exogenen SHO-Anregers vor Ort — beziehen, und die Relevanz von Versuchen, den völkerkundlichen Methodenansatz auf allgemein erzieherisches Handeln anzuwenden.

---

[1] Vgl. S. 404 dieser Arbeit.

[2] Vgl. S. 363—368 dieser Arbeit.

Relevante Methodenerkenntnisse sind in den letzten Jahren auch im landwirtschaftlichen Beratungswesen gesammelt worden. Dies wird nicht nur aus den bereits zitierten Untersuchungsergebnissen Pössingers deutlich, auf die hier noch einmal zurückgegriffen wird und deren Relevanz wegen des untersuchten Genossenschaftsaufbaukontextes in einem Entwicklungsland unmittelbar einsichtig ist, sondern erklärt sich auch aus den noch systematisierteren Erkenntnissen, die sich im Laufe der Zeit bei der Analyse des Ablaufs effektiver *landwirtschaftlicher* Beratungs*gespräche* ergeben haben. Da das *Gespräch* mit den Betroffenen, das bei SHO-Aufbaubemühungen in Entwicklungsländern *oft* in einem *landwirtschaftlichen Kontext* geführt wird, einen wesentlichen Bestandteil der Aktivitäten exogener SHO-Anreger bildet, kann von solchen allgemeinen Erkenntnissen über den Ablauf effektiver landwirtschaftlicher Beratungsgespräche ein weiterer auf den Methodenbereich bezogener Erklärungsbeitrag erwartet werden.

Freires Theorie und Praxis schließlich werden deshalb in die vorliegende Untersuchung mit einbezogen, weil sie sich auf den Ablauf erfolgreicher Handlungen beziehen, denen erstens *erzieherischer* Charakter zugesprochen wird, bei denen zweitens *Erwachsene* als *Educanden* fungieren und die drittens sich in *Entwicklungsländern* vollziehen, wobei vor allem *Ohnmachts-* und *Apathieerscheinungen* der Betroffenen berücksichtigt werden. Außerdem liegen in der entwicklungspolitischen Praxis Beispiele vor, bei denen, wie der Verfasser selber in Obervolta feststellen konnte, wichtige methodische Grundprinzipien aus Freires Erwachsenenbildungskonzept mit Erfolg beim Aufbau von Selbsthilfeorganisation in Entwicklungsländern angewandt wurden.

2. DIE TEILERKLÄRUNGSANSÄTZE

2.1. Die erziehungswissenschaftliche Komponente des Gronemeyerschen Ansatzes und die Präzisierung des Handlungsspielraums exogener SHO-Anreger vor Ort mit Hilfe von Überlegungen Boettchers

Während Gronemeyer im ersten Teil ihrer Untersuchung die allgemeinen motivationalen Voraussetzungen von innovativem sozialem Handeln zu ermitteln sucht, analysiert sie im zweiten Untersuchungsteil dasjenige Vorgehen des (exogenen) ,,Lernorganisators", das vor allem bei Ohnmacht und Apathie der Betroffenen mit Erfolg die anfangs fehlenden motivationalen Voraussetzungen bei diesen herauszubilden hilft. Hierbei führt die Autorin unter anderem auch die bereits beim ersten Analyseschritt zitierte Fallbeispiele als Belege an.

Bei ihrer analytischen Betrachtung kristallisieren sich zwei methodische Schritte – sie wurden bereits bei dem in der vorliegenden Studie zitierten Fallbeispiel aus Italien erkennbar, bei dem ein Pfarrer sowohl eine neue Sichtweise des Schulproblems anbot, als auch neue Handlungsmöglichkeiten eröffnete – als die beiden methodischen Grundschritte heraus, die eine erfolgreiche, unmittelbare exogene Anregung zu innovativem sozialen Handeln einer Gruppe charakterisieren: das Angebot einer *alternativen Situationsinterpretation* und die sich anschließende *Ermöglichung* von hierauf bezogenen *Handlungsalternativen.*

Als wichtiges Merkmal des ersten methodischen Grundschritts der ,,alternativen Situationsinterpretation" hält Gronemeyer fest: die von den erfolgreichen exogenen Anregern in Aussage- oder Frageform angebotene Interpretation weist eine von verschiedenen Individuen als Problem wahrgenommene

Situation nicht als individuelle, sondern als *gemeinsame* Problemsituation aus. [1]

Dies ermöglicht, daß das Problem oder die Not ,,überhaupt zugegeben werden" [2] kann und ,,nicht ängstlich vor den Nachbarn, die Statuskonkurrenten sind, verborgen und zum Selbstschutz wegrationalisiert werden" [3] muß. Außerdem gestattet eine solche ,,alternative", d.h. vom Bisherigen abweichende Sicht, nach der sich die einzelnen Individuen angesichts der gemeinsamen Problembetroffenheit mit der Situation und den Nöten der anderen identifizieren können, die *soziale Dimension* zahlreicher eigener *Bedürfnisse* wahrzunehmen und letztere als *verallgemeinerungsfähig* zu erkennen oder neue verallgemeinerungsfähige Bedürfnisse zu entwickeln.

Ein weiteres wichtiges Element der alternativen Situationsinterpretation besteht darin, daß bei ihr die *Überzeugung* von einer *Veränderungsfähigkeit der Betroffenen* vermittelt wird. Hierbei — so stellt Gronemeyer heraus — dienen ehemalige Teilkompetenzerfahrungen [4] der Betroffenen, an die sie vom Anreger *erinnert* werden, als Beweise für die Berechtigung dieser Überzeugung. Die Erinnerung an verschüttete Teilkompetenzerfahrungen stellt nach Gronemeyer sogar den ,,wichtigsten ohnmachtsbrechenden Lernimpuls" [5] dar. Die so resultierende Kompetenzmotivation der Betroffenen bezeichnet sie, da sie von außen induziert wird, als ,,(stellvertretende) Kompetenzmotivation" [6].

Bei den von ihr untersuchten Fällen macht die Autorin darüber hinaus noch weitere methodisch relevante Beobachtungen. So stellt sie fest, daß

---

[1] Vgl. GRONEMEYER, M., Motivation ... a.a.O., S. 24.

[2] Ebenda S. 24.

[3] Ebenda S. 24.

[4] Vgl. zu diesem Begriff S. 400 dieser Arbeit.

[5] GRONEMEYER, M., Motivation ... a.a.O., S. 19; im Original kursiv gedruckt.

[6] Ebenda S. 20.

bei erfolgreichen exogenen Anregern das, was im Rahmen der alternativen Situationsinterpretation an neuen Informationen den Betroffenen angeboten wird, in einem direkten Bezug zu ihrer praktischen Lebenserfahrung und zu ihrer alltäglichen Wirklichkeit mit all ihren großen und kleinen Bedürfnissen steht. Der „Lernstoff" ist also ausgesprochen praxisrelevant.

Ferner beobachtete sie, daß sich diese Anreger bei der Informationsvermittlung und der alternativen Situationsinterpretation so weit wie möglich der Sprache der Betroffenen bedienen, was Goodenoughs völkerkundliche Beobachtungen bestätigt. Schließlich berücksichtigen die erfolgreichen Lernorganisatoren den von McClelland in seinem Konzept eines optimalen Spannungsniveaus – nach dem positive Motivationsaffekte von einem *nur mäßigen* Abweichen eines Wahrnehmungsereignisses vom adaptation level ausgehen [1] – herausgearbeiteten Umstand eines schmalen Grates zwischen Unter- und Überforderung. [2] Dies geschieht, indem sie bei der Bewußtmachung der gemeinsamen Problemsituation, in deren Verlauf den Betroffenen einiges an Mangelbewußtsein zugemutet wird – wenn z.B. bei Ohnmacht empfindenden Personen eine alternative Situationsinterpretation die Infragestellung eines aus der Ohnmachtsempfindung resultierenden „Zufriedenheits"-gefühls impliziert –, den Betroffenen nur soviel Mangelbewußtsein abverlangen, „wie zugleich ohnmachtsbrechende Handlungsalternativen zugänglich gemacht werden" [3].

Die zuletztgenannten methodischen Elemente der Praxisnähe der Information, der weitestmöglichen Anwendung der Sprache der Betroffenen und der Berücksichtigung des schmalen Grats der Unter- und Überforderung erweisen sich nach den Gronemeyerschen und zum Teil auch nach den Goodenoughschen Erkenntnissen für ein erfolgreiches exogenes Anregen als konstitutiv. Diesen methodischen Elementen ist hier zwar Autonomie inso-

---

[1] Vgl. S. 388 dieser Arbeit.

[2] Vgl. GRONEMEYER, M., Motivation ... a.a.O., S. 88.

[3] Ebenda S. 40.

weit zuzusprechen, als sie auch zur Erreichung anderer Ziele als derjenigen der Vermittlung einer alternativen Situationsinterpretation dienen können, doch deuten die Beobachtungen auf einen „Implikationszusammenhang
von inhaltlichen und methodischen Entscheidungen" [1] bei erfolgreichen
exogenen Anregern von innovativem sozialen Handeln hin, der im Verlaufe
dieser Untersuchung noch an mehreren Stellen deutlich wird.

Der zweite methodische Grundschritt, „die Ermöglichung von Handlungsalternativen", ist in mehrfacher Hinsicht auf den ersten Grundschritt bezogen. Der augenfälligste Bezug ergibt sich bei der inhaltlichen Gestaltung
der angebotenen Handlungsalternativen, denn der Inhalt des Handlungsange-
bots ist auf den Inhalt der alternativen Situationsinterpretation abgestimmt.

Der Bezug hat aber auch funktionalen Charakter, und zwar insofern, als
der zweite Grundschritt den ersten unterstützt und dessen Wirkungspoten-
tial erst voll zur Geltung kommen läßt. So ermöglicht der zweite methodische Grundschritt zum einen *aktuelle,* nicht aus der Erinnerung aktivierte
Erfahrungen der eigenen Kompetenz — meist „Teilkompetenzerfahrungen"
im Hinblick auf das Gesamtproblem, dessen Lösung durch innovatives soziales Handeln angestrebt wird — die, lerntheoretisch gesprochen, die Kompetenzmotivation der Betroffenen „verstärken". Zum anderen „verstärken"
und verfestigen hierbei gewonnene Erfahrungen die Wahrnehmung von Bedürfnissen als verallgemeinerungsfähig und/oder die Herausbildung neuer als
gemeinsam empfundener Bedürfnisse.

Nach Gronemeyer bemühen sich erfolgreiche Lernorganisatoren, diese Ver-
stärkungswirkungen nicht dadurch zu gefährden, daß sie Handlungen anbieten, die ein hohes Erfolgsrisiko beinhalten. Vielmehr ermöglichen sie
angesichts einer anfänglichen geringen Enttäuschungsfestigkeit der Betroffe-

---

[1] BLANKERTZ, H., Theorien und Modelle der Didaktik, 9. neubearb. u. erweiterte Aufl.,
München 1975, S. 94.

nen [1] solche Handlungen, die durch ein äußerst geringes Risiko gekennzeichnet sind.

Die genannten Funktionen des zweiten methodischen Grundschritts, vor allem die Ermöglichung von (Teil-)Kompetenzerfahrungen, implizieren Voraussetzungen, deren Berücksichtigung Gronemeyer bei erfolgreichen Anregern innovativen sozialen Handelns beobachten und in ihrem Ablauf systematisieren konnte. Die erste Voraussetzung dafür, daß die Betroffenen möglicherweise am „eigenen Leibe" erfahren, daß sie sich verändern können, ohne sich selbst aufzugeben und der Umwelt nur unterzuordnen, also dafür, daß sie (Teil-)Kompetenzerfahrungen sammeln können, besteht darin, daß die Erfahrungen der Wirkung konstruktiven Tuns möglichst *unmittelbar* und *direkt* sind [2], weil mittelbare und indirekte, d.h. *erst in der Zukunft* realisierbare Erfahrungen nach Gronemeyer, die hier ausdrücklich auf Erkenntnisse Skinners verweist [3], „als Verstärker unwirksam sind" [4].

Erfolgreiche Lernorganisatoren berücksichtigen — so die Autorin — diesen Sachverhalt, indem sie, wie Skinner nahelegt, die mit dem Handlungsziel — hier die Entstehung einer Selbsthilfeorganisation — verbundene „Langzeitperspektive .... in kurzfristig erfahrbare Teilkonsequenzen" [5] auflösen, um so den Betroffenen die verzögerten positiven Folgen eines künftigen Gesamtverhaltens zumindest teilweise bereits verfügbar zu machen. In diesem Sinne leisten sie Hilfe bei der Organisation eines Handlungsfeldes, indem sie das Gesamtziel in zumutbare Teilziele untergliedern, ohne dabei den Blick auf das Fernziel zu beschränken. [6] Außerdem ermöglichen sie die Unmittelbarkeit der so gewinnbaren Teilkompetenzerfahrungen durch

---

[1] Vgl. GRONEMEYER, M., Motivation ... a.a.O., S. 165.

[2] Vgl. ebenda S. 49.

[3] Vgl. ebenda S. 46.

[4] Vgl. ebenda S. 46.

[5] Ebenda S. 46.

[6] Vgl. ebenda S. 25.

eine anfängliche Konzentration der Handlungen auf den *Nahbereich* der Betroffenen [1], bei dem die Verhaltensfolgen am leichtesten in das Feld der Erfahrbarkeit einzuholen sind. Denn aus der subjektiven Sicht der Betroffenen zeichnet sich ihr unmittelbares soziales Umfeld (der Nahbereich) im Gegensatz zu ferner liegenden Bereichen durch eine größere Transparenz aus. Darüber hinaus ist es am intensivsten mit dem Problem- und Erfahrungshorizont der Betroffenen verbunden. [2]

Als zweite Voraussetzung für das Möglichwerden von Kompetenzerfahrungen hebt Gronemeyer hervor, daß die diese Erfahrungen bewirkenden Handlungen von *Verantwortung* tragenden und verantwortungs*bewußten* Menschen ausgeführt werden. Denn tragen die Betroffenen – z.B. potentielle SHO-Mitglieder – in der Wirklichkeit keine Verantwortung und/oder sind sie sich einer Verantwortung nicht bwußt, so werden sie Entscheidungen und Veränderungshandlungen nicht auf ihre *eigene* Kompetenz zurückführen können.

Verantwortung kommt nur dann Personen zu und kann nur dann von ihnen wahrgenommen werden, wenn sie *selber* (Wahl-)*Entscheidungen* treffen und dies ihnen nicht durch von anderen vollzogene Vorentscheidungen abgenommen wird. Im Fall eines zur Lösung anstehenden Problems bedeutet das, daß Verantwortung den Betroffenen nicht oder nur scheinbar eingeräumt wird, wenn andere zwischen den Problemlösungsmöglichkeiten A, B und C die Variante B vorab auswählen und den Betroffenen nur „Entscheidungen" über die konkrete Ausgestaltung von B überlassen. Gronemeyer nennt den für die Betroffenen auf diese Weise übrigbleibenden Handlungsspielraum eine „Fiktion" [3]. Sie führt als Beispiel eines solchen

---

[1] Die „Nahbereichsmethode" kann auf eine im Prinzip alte Tradition zurückblicken. So forderte schon Pestalozzi für arme Bevölkerungsschichten im 18. Jh. die Anwendung einer „Elementarmethode" für die Erziehung. Vgl. GERNER, B., J.H. Pestalozzi: Interpretationen zu seiner Anthropologie, München 1974; o. V ., Quellen zur Geschichte der Erziehung, ausgewählt von Günther, K.H. u.a., 9. Aufl., Berlin 1980, S. 171–177.

[2] Vgl. GRONEMEYER, M., Motivation ... a.a.O., S. 49.

[3] Ebenda S. 50.

fiktiven Handlungsspielraums die angesichts des zu lösenden innerstädtischen Verkehrsproblems angebotene Wahlmöglichkeit zwischen einer vier- oder sechsspurigen Autobahn an. [1]

Erst ein *tatsächlicher* Handlungsspielraum, bei dem beispielsweise neben der Problemlösungsvariante B zumindest auch die Variante A, wenn nicht sogar auch noch C zur Disposition stehen, ermöglichen – so Gronemeyer –, daß die an der Handlungsalternative Beteiligten die für die Kompetenzerfahrung unerläßliche eigene Verantwortung übernehmen können.

Deuten die oben angegebenen Erläuterungen auch an, was Gronemeyer unter einem „tatsächlichen" und einem „fiktiven" Handlungsspielraum versteht, so sei wegen der Bedeutung dieses Aspekts an dieser Stelle eine weitere Präzisierung versucht. Eine allgemeine systematische Analyse der Beschaffenheit und der Grenzen von Handlungsspielräumen legt der Kooperationswissenschaftler E. Boettcher vor, deren Ergebnisse er unter anderem in der weiter unten wiedergegebenen Abbildung 1 veranschaulicht.

Aus der Abbildung geht hervor, daß menschliche Handlungsmöglichkeiten in der Überschneidungsfläche zwischen zwei Begrenzungen liegen. Die eine Begrenzung wird nach Boettcher durch die Naturgesetze gebildet. Da man gegen sie keine Handlungsmöglichkeiten gewinnen kann, setzen sie absolute Grenzen. [2] Die andere Begrenzung ergibt sich aus den durch Sitte, Brauch und staatliche Gesetze festgesetzten Schranken, also aus den „Sozialgesetzen", die im Gegensatz zu den vorhin genannten Grenzen jedoch nicht absolut sind, da man sich innerhalb des naturgesetzlich Möglichen auch außerhalb der sozialen Legalität bewegen kann. [3]

---

[1] Vgl. GRONEMEYER, M., Motivation ... a.a.O., S. 50.

[2] Vgl. BOETTCHER, E., Kooperation und Demokratie ... a.a.O,, S. 35.

[3] Vgl. ebenda S. 35.

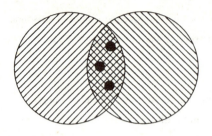

 Durch Sitte, Brauch und Gesetze festgelegter Handlungsspielraum.

 Durch Naturgesetze bestimmter absoluter Handlungsspielraum.

 Bereich der formalen Freiheit

 Bereich der materialen Freiheit (ökonomische Macht)

Abb. 1: Grenzen des Handlungsspielraums [1].

Das aus der Überschneidung des durch die Naturgesetze festgelegten und des durch die Sozialgesetze festgelegten Handlungsspielraums resultierende Feld menschlicher Handlungsmöglichkeiten nennt Boettcher den „Bereich der formalen Freiheit" [2]. Dieser Bereich — so der Autor — vermag jedoch von Niemandem voll ausgeschöpft werden, weil jedem immer nur begrenzt Mittel zur Ausnutzung der formalen Freiheit zur Verfügung stehen. [3] Aus-

---

[1] BOETTCHER, E., Kooperation und Demokratie ... a.a.O., S. 36.

[2] Ebenda S. 36.

[3] Vgl. ebenda S. 36.

schlaggebend ist demnach die Menge dessen, was sich der einzelne zu leisten in der Lage ist, einschließlich derjenigen Handlungen, die eine Person für sich nutzbar machen kann, von Boettcher bezeichnet als „Bereich der materialen Freiheit" oder als „ökonomische Macht" der jeweiligen Personen. [1]

Hinsichtlich des Umfangs der jeweiligen einer Person zur Verfügung stehenden Mittel zur Ausnutzung der formalen Freiheit hebt Boettcher präzisierend drei Bestimmungsfaktoren hervor: [2]

1. die persönliche Qualifikation,

2. die materiellen Voraussetzungen, d.h. vorhandenes Realeinkommen und vorhandenes Real- und Barvermögen und

3. die Machtverteilung, die sich für Boettcher als ein bestimmtes Verhältnis zwischen Mitgliedern einer Gruppe oder Gesellschaft aus dem durch die Knappheit von Gütern bedingten Ausschluß bestimmter Personen von deren Nutzung ergibt. [3]

Auf diesem analytischen Hintergrund läßt sich der von Gronemeyer angesprochene „tatsächliche" Handlungsspielraum dem Bereich der materiellen Freiheit zuordnen. Hingegen ließe sich der im Gronemeyerschen Sinne „fiktive" Handlungsspielraum eines Individuums dadurch erklären, daß entweder durch gesetzliche Bestimmungen hinsichtlich eines potentiellen Handlungsziels A des Betroffenen so viele Vorentscheidungen von außen getroffen sind und somit die sozialgesetzlich bedingten Grenzen im Hinblick auf A so gezogen sind, daß auf A bezogene wirkungsvolle Entscheidungen des Individuums nicht in seine individuelle „Schnittmenge" der

---

[1] Vgl. BOETTCHER, E., Kooperation und Demokratie ... a.a.O., S. 36f.

[2] Vgl. ebenda S. 37.

[3] Boettcher macht auf diese Weise ebenso wie bereits Büscher (vgl. S. 243f. dieser Arbeit) und Seibel (vgl. S. 324f. dieser Arbeit) auf die Bedeutung der *sozialen* Dimension der Bedürfnisbefriedigung aufmerksam.

natur- und sozialgesetzlich festgelegten Handlungsspielräume fallen, obwohl die ihm formal belassenen Möglichkeiten peripherer Einflußnahme es anzudeuten scheinen, oder daß im Rahmen der gegebenen Machtverteilung dem betreffenden Individuum die notwendige Macht trotz gegenteiliger Erklärung de facto vorenthalten wird.

Die Erläuterungen zu den Handlungsspielraumbegriffen machen deutlich, daß bei der Bestimmung eines konkreten Handlungsspielraums immer mitberücksichtigt werden muß, *wer* genau das Handlungs*subjekt* ist [1], ob ein Individuum, eine Organisation oder ein politisches System. In der vorliegenden Untersuchung sind die interessierenden Handlungssubjekte *Individuen,* sei es, wenn das Verhalten potentieller SHO-Mitglieder, sei es, wenn das Vorgehen eines unmittelbaren exogenen SHO-Anregers analysiert wird. [2]

Ist, wie Gronemeyer es herausstellt, ein tatsächlicher Handlungsspielraum unverzichtbare Voraussetzung für Kompetenzerfahrungen, weil nur innerhalb eines solchen von den Betroffenen die Erfahrung eigener Verantwortung gemacht werden kann, und spielen nach Boettcher bei der Ausprägung eines solchen Handlungsspielraumes neben der persönlichen Qualifikation und der Machtverteilung die materiellen Voraussetzungen eine wichtige Rolle, so wird nun auch aus erziehungswissenschaftlicher Sicht verständlich, warum z.B. von Brentano auf die objektive Fähigkeit zu Vorleistungen als allgemeine objektive SHO-Voraussetzung hinweist und in der entwicklungspolitischen Praxis — z.B. von Pössinger [3] — häufig gefordert wird, SHO-Aufbaubemühungen mit einem Kreditsystem zu koppeln, das hilft, die möglicherweise anfangs fehlenden materiellen Voraussetzungen zu schaffen. [4]

---

[1] Vgl. hierzu HUCKE, J., Politische Handlungsspielräume, Möglichkeiten und Probleme ihrer empirischen Bestimmung, Bad Honnef 1980.

[2] Zum Problem des Handlungsspielraums von Nichtregierungs*organisationen,* d.h. u.a. auch Selbsthilfe*organisationen,* siehe DAMS, TH., Marginalität ... a.a.O., S. 37 f.

[3] Vgl. S. 290 dieser Arbeit.

[4] Hieraus soll jedoch nicht der Schluß gezogen werden, daß ein solches Kreditsystem bei jeder exogenen SHO-Entstehung notwendig ist.

Eine solche Kopplung von SHO-Aufbauversuch und Kreditsystem konnte der Verfasser auch bei seinem Feldaufenthalt in Obervolta feststellen.

Voraussetzungscharakter besitzt ein tatsächlicher Handlungsspielraum für die Betroffenen jedoch nicht nur unter dem speziellen Aspekt der Ermöglichung von Kompetenzerfahrungen, sondern auch ganz allgemein hinsichtlich der Ermöglichung von Handlungsalternativen. Diese Feststellung Gronemeyers entspricht der im Zusammenhang mit der Entstehung von Selbsthilfeorganisationen gemachten Beobachtung Büschers, daß sich ein erfolgreicher Entstehungsprozeß nur bei einem Handlungsspielraum für solidarische Selbsthilfe vollzieht.

Fehlt ein solcher Handlungsspielraum für die Betroffenen, so wird er bei erfolgreichen exogenen Anregungsprozessen von außen geschaffen. Als illustrative Beispiele sei hier auf das Zurverfügungstellen seiner Pfarräume durch den Pfarrer von Barbiana und die soeben erwähnte Einrichtung eines Kreditsystems verwiesen. Nicht unerheblich für die Fähigkeit eines exogenen Anregers, bei Bedarf Handlungsspielräume zu schaffen, ist der Umfang seines *eigenen* Handlungsspielraumes. Ist dieser sehr begrenzt, seine Anreger-Rolle eher im Seibelschen Sinne geschlossen und kaum gestaltbar, so steigt bei der Selbsthilfeanregung die Wahrscheinlichkeit, daß ein ex ante genau bestimmter Handlungsspielraum des SHO-Anregers diesen daran hindert, den Betroffenen eventuell anfangs fehlende Handlungsspielräume dort zu ermöglichen, wo sie diese zur Erreichung *ihres* SHO-Zwecks, der durchaus von dem ex ante von einer Selbsthilfeförderungsinstitution geplanten SHO-Zweck abweichen kann, benötigen. Auf diesen Zusammenhang zwischen Anregereffektivität und organisatorischer Eingebundenheit des Anregers wurde bereits von Seibel und Goodenough hingewiesen. [1]

---

[1] Vgl. S. 346 f. und S. 425 f. dieser Arbeit.

2.2. Beobachtungen und Feststellungen von Maria Montessori

Sind durch Gronemeyers Untersuchung diejenigen methodischen Grundschritte deutlich geworden, mit denen ein exogener Lernorganisator eine
Gruppe von Individuen zu einem innovativen sozialen Handeln erfolgreich
anregt, so geben die Gronemeyerschen Erkenntnisse keine Antwort auf
das vor allem von Goodenough hervorgehobene regelmäßige Problem für
exogene SHO-Anreger, das in der *Andersartigkeit* der potentiellen SHO-
Mitglieder in Entwicklungsländern besteht.

Da, wie Goodenough bei seiner Untersuchung feststellen konnte, der erfolgreiche, grundsätzlich erzieherisch vorgehende exogene Selbsthilfeanreger diese Andersartigkeit berücksichtigt, interessieren hier unter erziehungswissen-
schaftlichem Aspekt neben den Methodenerkenntnissen der Völkerkunde,
auf die im nächsten Abschnitt an Goodenough anknüpfend eingegangen
wird, vor allem solche Untersuchungen, bei denen ausdrücklich die Andersartigkeit von „Educanden" auf ihre Implikationen für das methodische
Vorgehen eines „Erziehers" hin analysiert werden. Hierauf bezogene Beobachtungen und Feststellungen, bei denen das Problem der Andersartigkeit
der Educanden ganz grundsätzlich — und nicht allein in seiner völkerkundlichen Ausprägung — vor allem anknüpfend an das Problem der Kinderer-
ziehung aufgeworfen wird, finden sich bei Maria Montessori. Die Andersartigkeit der Educanden ist bei ihren Untersuchungen [1] Dreh- und Angelpunkt aller Betrachtungen.

---

[1] Siehe hierzu: MONTESSORI, M., Kinder sind anders, 3. Aufl. Stuttgart, 1952; d i e s e l -
b e , Mein Handbuch, Grundsätze und Anwendung meiner neuen Methode der Selbsterziehung der Kinder, 2. umgearb. Aufl., Stuttgart 1928; d i e s e l b e , Grundlagen meiner
Pädagogik und weitere Aufsätze zur Anthropologie und Didaktik, besorgt und eingeleitet
von M. Berthold, 4. Aufl., Heidelberg, 1968; d i e s e l b e , Von der Kindheit zur Jugend,
herausg. und eingel. von P. Oswald, Freiburg, Basel, Wien, 1966; d i e s e l b e , Über die
Bildung des Menschen, herausg. und eingel. von P. Oswald und G. Schulz-Benesch, Freiburg,
Basel, Wien 1966; d i e s e l b e , Die Entdeckung des Kindes, herausg. und eingel. von P.
Oswald und G. Schulz-Benesch, 4. Aufl., Freiburg, Basel, Wien 1974; OSWALD, P. und
SCHULZ-BENESCH, G., Grundgedanken der Montessori-Pädagogik, Freiburg, Basel, Wien
1967.

„Kinder sind anders" [1], so lautet die Überschrift eines ihrer Werke, womit sie den Unterschied zwischen Erwachsenen- und Kinderwelt von allen Pädagogen am radikalsten angeht. Da bei ihr die Educanden Kinder und Jugendliche, jedoch nicht Erwachsene sind, ist klar, daß ihre konkreten Detailerkenntnisse für die Erklärung der erzieherischen Teilprozesse beim Untersuchungsgegenstand wenig dienen können [2], was an der weiter oben betonten Untersuchungsrelevanz ihrer allgemeinen, auf das Problem der Andersartigkeit bezogenen Beobachtungen und Feststellungen nichts ändert.

Da nach Montessori auf der einen Seite den Kindern die Erwachsenenwelt völlig fremd gegenübersteht, auf der anderen Seite viele Handlungen der Kinder — z.B. nicht zielbewußtes Arbeiten, das nach Gronemeyer als kompetenzmotiviert zu bezeichnen wäre — den Erwachsenen fremd sind [3], kommt sie zu dem Schluß, daß es für erzieherisches Handeln verhängisvoll ist, wenn diese gegenseitige Fremd- und Andersartigkeit nicht gesehen und berücksichtigt werden. In ihrer eigenen erfolgreichen Praxis berücksichtigt sie diesen Umstand, indem sie

1. beim Erziehen gegenüber den Educanden soweit wie möglich keine unmittelbaren Eingriffe, Vorschriften und a priori-Analysen anwendet,

2. den Educanden tatsächliche Wahlmöglichkeiten läßt und somit einen freien Handlungsraum schafft.

Mit diesen beiden Schritten kann — so Montessori — sowohl der Gefahr von Fehlentwicklungen erfolgreich begegnet werden, die durch ein auf Unkenntnis der Educanden basierendes Aufoktroyieren eigener, a priori gefundener Lösungswege zustandekommen können — die Entwicklungshilfe

---

[1] MONTESSORI, M., Kinder sind anders ... a.a.O.

[2] Bei dieser Aussage sollte nicht übersehen werden, daß die demographische Struktur vieler Entwicklungsländer einen viel höheren Anteil Jugendlicher an der Gesamtbevölkerung ausweist als in den Industrieländern. Dies sollte grundsätzlich mehr berücksichtigt werden, als es bisher in der entwicklungspolitischen Diskussion geschieht.

[3] Vgl. OSWALD, P. und SCHULZ-BENESCH, G., Grundgedanken ... a.a.O.

ist, wie Seibel es mit dem „Dilemma der Entwicklungshilfe" anspricht [1], voll solcher Beispiele — als auch ein wirklicher Freiheitsraum, eine „Atmosphäre der Freiheit" [2] für die Übernahme von Verantwortung ermöglicht werden. Hierbei stellt sie fest, daß die Educanden nach der Entdeckung und Entfaltung eigener Fähigkeiten mit der Zeit zu sehr zielgerichtetem Handeln finden. Hieraus wird für Montessori ersichtlich, daß der Educand „... einen *Lehrmeister* in sich trägt" [3].

Ohne explizit auf Montessori Bezug zu nehmen, spricht Gronemeyer in diesem Zusammenhang davon, daß der Educand hier sein „eigener Lernorganisator" [4] ist. In einem solchen Fall kann überdurchschnittlich viel gelernt werden. Montessori verweist hier auf einige Beispiele überdurchschnittlicher mathematischer Leistungen von Educanden. Im selben Zusammenhang beobachtet Gronemeyer: „Selbst sprödeste Unterrichtsstoffe werden ohne große Problematik angeeignet ..." [5].

Die Beobachtungen Montessoris ergaben schließlich auch, daß es für den zwischen Erzieher und Educanden ablaufenden Interaktionsprozeß fruchtbar ist, wenn der Weg zu abstrakten Erkenntnissen von konkreten Erfahrungen ausgeht und einzelne Erkenntnisse nicht isoliert, sondern in ihrem Zusammenhang gesehen werden.

Übertragen auf den Fall eines erfolgreichen SHO-Anregers vor Ort besagen die Erkenntnisse Montessoris, daß dieser angesichts der Andersartigkeit potentieller SHO-Mitglieder in einer ersten Phase insofern nicht „aktiv" ist, als er erst einmal „nur" fragt, zuhört und beobachtet, um die Welt und die Gedanken der potentiellen SHO-Mitglieder intensiv aufzunehmen und

---

[1] Vgl. S. 345 f. dieser Arbeit.

[2] MONTESSORI, M., Über die Bildung ... a.a.O., S. 61 f.

[3] Ebenda S. 64.

[4] GRONEMEYER, M., Motivation ... a.a.O., S. 96.

[5] Ebenda S. 22.

kennenzulernen. Ein solcher Anreger läßt sich auf dem Hintergrund der genannten Beobachtungen außerdem als ein Erzieher auffassen, der so gut wie nie in den Prozeß direkt eingreift, den Interaktionsprozeß keinem ex ante inhaltlich und zeitlich genau festgelegten „Lehrplan" unterordnet und den Educanden einen Freiheitsraum — nach Boettcher einen Bereich der materialen Freiheit — bietet oder schafft, der ihnen ermöglicht, bei Bedarf auch die Rolle des eigenen Lehrmeisters zu übernehmen.

Es wird deutlich, daß sich somit in zahlreichen der bisher erwähnten psychologischen, soziologischen und völkerkundlichen Beobachtungen erfolgreichen Selbsthilfeanregungsvorgehens pädagogische Erkenntnisse Montessoris widerspiegeln. Dies ist z.B. der Fall, wenn Gronemeyer die Notwendigkeit eines tatsächlichen Handlungsspielraums für die Ermöglichung von Kompetenzerfahrungen hervorhebt, bei der sich die Betroffenen zeitweise auch als eigener Lernorganisator erleben, wenn Seibel das Dilemma derjenigen exogenen SHO-Anregung konstatiert, bei der ex ante alles inhaltlich und zeitlich genau geplant und festgelegt ist, und wenn schließlich Goodenough feststellt, daß nur diejenigen exogenen Selbsthilfeanreger ihr Ziel erreichen, die sich zu Anfang ihres Tätigwerdens vor allem durch ein Erlernen der Sprache der Betroffenen und durch ein an einem partizipatorischen approach orientierten Verhalten darum bemüht haben, die andersartige Kultur der Betroffenen kennenzulernen. Auf den zuletztgenannten Aspekt sei im folgenden Abschnitt näher eingegangen.

2.3. Methodenerkenntnisse im Bereich der Völkerkunde und der landwirtschaftlichen Beratung

Völkerkundliche Methodenerkenntnisse beziehen sich auf den Ablauf eines erfolgreichen ethnologischen Erkundungsprozesses. Sie ergeben sich also aus Untersuchungen des erfolgreichen Vorgehens von *Forschern*. Sollen diese

Erkenntnisse für die vorliegende Untersuchung nutzbar gemacht werden, so muß man sich vergegenwärtigen, daß die Ausgangsfrage dieses erziehungswissenschaftlichen Kapitels sich jedoch *nicht* auf die Erklärung von erfolgreichem *Forschen, sondern* vielmehr auf die Erklärung erfolgreicher exogener und unmittelbarer SHO-*Anregung* richtet.

Wissenschaftliches Erkunden („Erforschen") fremder Völker und das exogene unmittelbare Anregen von Selbsthilfeorganisationen in Entwicklungsländern sind ganz offenkundig nicht dasselbe, geht es doch unter anderem beim Forschen um wissenschaftliche Erkentnisse bei der genannten SHO-Anregung hingegen um die entwicklungspolitisch gewünschte Errichtung einer sozio-ökonomischen Organisation, Können die beiden Prozesse auch nicht gleichgesetzt werden, so überschneiden sie sich insofern, als in den weitaus meisten Fällen exogene SHO-Anreger vor Ort Fremde sind, die, wollen sie effektive Arbeit leisten, zuerst die Kultur der potentiellen SHO-Mitglieder kennenzulernen und zu verstehen haben. Insoweit lassen sich folglich völkerkundliche Erkenntnisse darüber, wie ein solches Erkunden gelingt, der Erklärung der Anfangsphase erfolgreicher unmittelbarer exogener SHO-Anregung nutzbar machen, auch wenn erfolgreiche exogene SHO-Anreger vor Ort völkerkundlich als effektiv erkannte Methoden zur Berücksichtigung der Fremdheit von Kulturen durchaus ohne das Bewußtsein anwenden können, hierbei sich wie ein Ethnologe zu verhalten.

Eine weitere Möglichkeit, den völkerkundlichen Ansatz [1] der Berücksichtigung der Andersartigkeit für die Erklärung erfolgreicher unmittelbarer exogener SHO-Anregung fruchtbar werden zu lassen, ergibt sich dann, wenn dieser Ansatz auf seine Implikationen für ein erzieherisches Vorgehen hin durchleuchtet wird. Denn die erfolgreiche exogene SHO-Anregung vor Ort zeichnet sich, wie gezeigt, nicht nur durch ethnologisch relevante Aspekte, sondern vor allem durch einen grundsätzlich erzieherischen Charakter aus. Auf die sich so ergebende Relevanz völkerkundlicher Methoden sei, weil

---

[1] 'Hierbei ist die Perspektive der cultural anthropology zugrundegelegt.

die Berücksichtigung des erzieherischen Aspekts hier vorerst zurückgestellt wird, erst weiter unten näher eingegangen.

Als einen wesentlichen methodischen Schritt zu Anfang des Tätigwerdens eines Selbsthilfeanregers in einem Entwicklungsland hat Goodenough das Erlernen der ortsüblichen Sprache genannt, wobei er darauf aufmerksam macht, daß der Anreger damit nicht nur verbale Symbole, sondern auch bereits einen beträchtlichen Teil der fremden Kultur kennenlernt. [1] Diese Feststellung läßt sich durch zahlreiche Ergebnisse linguistisch und psycholinguistisch ausgerichteter ethnographischer Untersuchungen belegen, bei denen die Fruchtbarkeit der Erforschung von Sprache und Sprachstruktur für das Verstehen des Selbstverständnisses fremder Personen deutlich wurde. [2]

Wegen des so erkannten ethnologisch relevanten Erklärungspotentials der Sprache haben in neuerer Zeit viele Völkerkundler den Schluß gezogen, ethnologische Erkenntnisse vor allem über die Erforschung der in der betreffenden Kultur verwandten Sprache zu gewinnen. Diese Schlußfolgerung liegt vor allem der „Ethnotheorie" („Ethnoscience") zugrunde, bei der man sich unter Zuhilfenahme linguistischer Methoden und der Methode der teilnehmenden Beobachtung um ein methodisch kontrolliertes Fremdverstehen [3] bemüht, das auf die Art und Weise, wie Angehörige einer Kultur wahrnehmen, definieren und klassifizieren, wie sie ihre Aktivität ausführen, und darauf, welche Bedeutung sie den Handlungen zuschreiben, die im Kontext ihrer Kultur vorkommen, ausgerichtet ist. [4]

---

[1] Vgl. S. 423 dieser Arbeit.

[2] Vgl. ARBEITSGRUPPE BIELEFELDER SOZIOLOGEN, Kommunikative Sozialforschung, München 1976, S. 18–57.

[3] Vgl. ebenda S. 48.

[4] Vgl. STURTEVANT, W.C., Studies in Ethnoscience, in: Romney, K.A. und D'Andrade, R.G. (Hrsg.), Transcultural Studies of Cognition, American Anthropologists Special Publication, American Anthropologist, Vol. 66, Nr. 3, Part 2, 1964, S. 99–131, hier S. 109f.

Die Ethnotheorie erweist sich somit als eine Forschungsrichtung, „die über die sprachlich formulierten kulturellen Orientierungsschemata die Regelmäßigkeiten im Verhalten einer Gruppe oder Gesellschaft verstehen und erklären will. Die Ethnotheorie geht von der Überlegung aus, daß man die im Vokabular der gruppen- oder gesellschaftsspezifischen Sprache als bedeutungsmäßige Wörterbucheinträge einlagernden Vorstellungsbilder als *unmittelbar handlungsleitende Orientierungsschemata* betrachten kann." [1]

Da erfolgreiche unmittelbare exogene SHO-Anreger in der Regel keine psycholinguistischen Studien betreiben und oft auch keine wissenschaftlichem Standard entsprechenden Erhebungen durchführen, liegt der ethnotheoretische Beitrag zur vorliegenden Untersuchung nicht darin, den Ablauf des sich über das Erlernen der Sprache vollziehenden Eindringens eines SHO-Anregers in fremde Kulturen zu erklären, sondern in der durch die ethnotheoretische Forschung herausgearbeiteten Unverzichtbarkeit von Sprachkenntnissen für das Verständnis fremder Kulturen.

Der genannte SHO-Anreger interessierte sich für das in einer Kultur ausgedrückte subjektive Selbstverständnis der Betroffenen nicht nur in seiner Rolle als „Fremder", sondern auch in seiner Rolle als „Erzieher". Was die Fremd- und Andersartigkeit von Educanden für einen Erzieher bzw. für sein Vorgehen bedeutet, hat Bachmair [2] herauszuarbeiten versucht. Der ethnologische Ansatz dient ihm hierbei insoweit als Grundlage, als er als Ausgangspunkt seiner Überlegungen die soziologische Forschungsrichtung der „Ethnomethodologie" wählt, bei der in Anlehnung an die phänomenologischen Grundlagentheoretiker der Sozialwissenschaften Alfred Schütz [3]

---

[1] ARBEITSGRUPPE BIELEFELDER SOZIOLOGEN, Kommunikative ... a.a.O., S. 45 f.; die Hervorhebungen sind im Original unterstrichen.

[2] BACHMAIR, B., Ethnomethodologie als handlungstheoretische Grundlage einer Didaktik der Erziehung, in: Bildung und Erziehung, 32. Jg., 1979, Heft 3, S. 229–240.

[3] Siehe z.B. SCHÜTZ, A., Der sinnhafte Aufbau der sozialen Welt, Eine Einleitung in die verstehende Soziologie, Wien 1960.

und Felix Kaufmann [1] ähnlich wie in der Ethnotheorie versucht wird, den subjektiven Aspekt der sozialen Wirklichkeit, d.h. die soziale Wirklichkeit, so wie sie von den Gesellschaftsmitgliedern erlebt wird, zu analysieren. [2]

Im Gegensatz zur Ethnotheorie, der es um die Ermittlung soziohistorischer Fakten geht, bemüht man sich bei der Ethnomethodologie darum, die für jede Gesellschaft *universalen* Weisen zu ermitteln, in denen die Gesellschaftsmitglieder auf die soziokulturell institutionalisierten Wissensbestände zurückgreifen, diese situationsspezifisch anwenden und dabei in ad-hoc-Strategien re-interpretieren, wobei sie die Bewältigung der alltäglichen Routineangelegenheiten sich gegenseitig als normal zu vermitteln trachten. [3]

Bezogen auf ein erzieherisches Vorgehen impliziert – so Bachmair – dieser Ansatz folgendes: [4]

„'Ethno-' bedeutet: auch in scheinbar vertrauten Situationen wie ein Forscher vorgehen, der eine fremde Volksgruppe erkundet, indem er ihre Sprache erlernt, um von 'innen' heraus fremdes Handeln zu verstehen.

'-method' bedeutet: der außenstehende Beobachter unterstellt dem beobachtenden Handeln eine erkennbare Methode, die die Handelnden auch selbst darstellen und kommentieren. Die Methode des Handelns ist der Gegenstand der Ethnomethodologie.

'logie' bedeutet: Handeln im Alltag ist kompetentes Handeln ...".

Spricht man jedem beobachtbaren Handeln insofern „Methode" zu, als es die Aufgabe erfüllt, eine im oben genannten Sinn gestaltete „Ordnung" herzustellen, so beinhaltet jedes Handeln eine „Mitteilung" und eine „Er-

---

[1] KAUFMANN, F., Methodology of Social Science, New York 1958.

[2] Vgl. ARBEITSGRUPPE BIELEFELDER SOZIOLOGEN, Kommunikative ... a.a.O., S. 52.

[3] Vgl. ebenda S. 51 f.

[4] BACHMAIR, B., Ethnomethodologie ... a.a.O., S. 230.

klärung" des Individuums. Wie ein Sprecher sich der grammatischen Regeln und semantischer Implikationen in der Regel bei einem Sprechakt nicht oder nur zu einem geringen Teil zumindest momentan nicht bewußt ist und dennoch seinem Handeln Methode zugrunde liegt, so ist sich ein Individuum in der Regel des genannten methodischen Aspekts seines Handelns, der Mitteilungen und (unbewußte) Erklärungen impliziert, nicht bewußt.

Dieser geringe (Selbst-)Bewußtseinsgrad kann aber — so Bachmair — im Rahmen erzieherischer Maßnahmen erhöht werden, wenn das betreffende Individuum von außen mit seinen eigenen bis dahin eher unbewußten „Erklärungen" konfrontiert wird. Da potentielle SHO-Mitglieder sich durch mangelndes (Selbst-)Bewußtsein auszeichnen und somit einen Anlaß exogener erzieherischer Anregermaßnahmen bieten können, sei Bachmairs Untersuchung noch weiter verfolgt.

Zur Systematisierung der Elemente einer solchen Methode des (Selbst-)Bewußtwerdenlassens greift Bachmair auf die ethnomethodologische Differenzierung des Erklärungsaspekts einer Handlung zurück. Derzufolge setzt sich die Erklärung aus zwei Komponenten zusammen, der „Darstellbarkeit" und dem „Kommentieren". Dabei ist mit „Darstellbarkeit" der jedem ersichtliche „objektive" Aspekt des Handelns gemeint, während „Kommentieren" die subjektive Interpretation der Handlung durch den Handelnden in einer ganz bestimmten Situation bedeutet.

Vermutlich in Anlehnung an Luhmann [1] bezeichnet Bachmair das feststellbare *Spannungsverhältnis* zwischen der Situationsbezogenheit bzw. dem Situationseingebundensein jeder Handlung und der Darstellung (Reden, Lachen, Weinen, Zeichnungen etc.), das die Funktion eines Strukturmerkmals des Handelns innehat, als „Reflexivität" [2]. Angesichts dieser Beziehung zwischen Handeln, Erklären, Situation und Sinn lassen sich nach Bachmair (Selbst-)-

---

[1] Vgl. z.B. LUHMANN, N., Soziologische Aufklärung, Köln, Opladen 1970.

[2] BACHMAIR, B., Ethnomethodologie ... a.a.O., S. 232 et passim.

Bewußtseinsprozesse dann effektiv auslösen, wenn das betreffende Individuum zum einen mit *Situationsdokumenten* (Zeichnungen, Photos, Dias, Bandaufnahmen etc.) und zum anderen mit hierauf bezogenenen (eigenen) *Kommentaren* konfrontiert wird.

Diese bewußtseinsfördernde Methode der Gegenüberstellung von Situationsdokumenten und Kommentaren, die auch im nächsten Abschnitt bei Paulo Freire zur Sprache kommt und die der Verfasser während seines Feldaufenthaltes ebenfalls antraf, sei hier als relevanter Methodenbeitrag Bachmairs festgehalten. Festzuhalten bleibt außerdem, daß Bachmairs Fruchtbarmachung der ethnomethodologischen Perspektive für erzieherische Belange wie bereits Montessoris Beobachtungen die Berücksichtigung einer Andersartigkeit der Educanden selbst dann, wenn sie der Ethnie des Erziehers angehören sollten, als sinnvoll erscheinen lassen.

Da ein möglicherweise fehlendes Selbstbewußtsein potentieller SHO-Mitglieder zwar einen wichtigen, jedoch nicht den einzigen Bezugspunkt des erzieherischen Handelns eines unmittelbaren exogenen SHO-Anregers darstellt, sondern dieser vielmehr noch andere Aspekte mitzuberücksichtigen hat, zu dem die ethnomethodologisch orientierten erziehungswissenschaftlichen Aussagen Bachmairs keine Anhaltspunkte liefern, seien weitere Methodenerkenntnisse wieder direkt im eigentlichen völkerkundlichen Bereich gesucht.

Ein Ansatz, der die Vorgehensweise völkerkundlichen Forschens im Gegensatz zur Ethnotheorie nicht nur unter dem Sprachaspekt problematisiert, sondern auch — ähnlich wie Goodenough, jedoch noch detaillierter — Rolle wie Haltung eines erfolgreichen Forschers analysiert, wird durch die auf die Methode der teilnehmenden Beobachtung gerichtete Untersuchung Rüdiger Wurrs [1] begründet.

---

[1] WURR, R., Die Strategie des Einlebens und die teilnehmende Beobachtung bei der Erforschung fremder Gesellschaften, in: Sociologia Internationalis, 8. Jg., 1970, Heft 2, S. 167 bis 178.

Wurr betont die schon bei der Ethnotheorie erwähnte Notwendigkeit der Unterscheidung verschiedener Vorgehensphasen. Dabei stellt er der Phase der teilnehmenden Beobachtung die Phase des Einlebens voran. In dieser Phase gelingt es dem erfolgreichen Forscher, „aus seinem eigenen Ethnozentrum heraus(zu)treten und seine mitgebrachten Begriffe kritisch (zu) überprüfen ...“ [1]

Die Voraussetzungen, die für den Erfolg eines Prozesses des Einlebens erforderlich sind, systematisiert Wurr in einer „Strategie des Einlebens“ [2] erfolgreicher Forscher. Im Gegensatz zu den bisherigen Ansätzen wird hierbei der Schwerpunkt der Betrachtung auf Bewußtseinsprozesse beim Forscher und nicht beim Erforschten gelegt. Wurr macht auf zwei wichtige Grundnotwendigkeiten für den Forscher aufmerksam:

a) die Aneignung des Kommunikationsstils und

b) „die Vermeidung von Distanzen“ [3].

Letzteres darf nicht mit Distanzlosigkeit verwechselt werden. Bei Wurr ist Distanz vielmehr soziologisch auf die Gesellschaft bezogen, so daß die Distanzlosigkeit gegenüber einer Gruppe, die in der Integration in dieses Subsystem zum Ausdruck kommt, die Distanz zu bestimmten anderen Gruppen impliziert. Eine solche Integration gilt es nach Wurr als ein „Extrem“ ebenso zu vermeiden wie ein anderes „Extrem“ die Kontaktarmut oder eine Position außerhalb der untersuchten Gesellschaft, die er als „Distanz überhaupt“ auffaßt. [4] Die von Wurr so beschriebene effektive Beziehungsintensität sei in dieser Studie zum leichteren Verständnis als „mittlere Distanz im Sinne Wurrs“ oder vereinfacht als „mittlere Distanz“ des Forschers bezeichnet. [5]

---

[1] WURR, R., Die Strategie ... a.a.O., S. 167. Die Klammerergänzungen stammen vom Verfasser.
[2] Ebenda S. 167.
[3] Ebenda S. 169.
[4] Vgl. ebenda S. 169.
[5] Fußnote siehe folgende Seite 455.

Als Voraussetzung zur Herausbildung dieser „mittleren Distanz" und zur Aneignung des Kommunikationsstils haben sich nach Wurr sowohl die Aufhebung der Trennung von Privat- und Berufsperson beim Forscher [1] als auch die Aneignung einer Rolle bzw. eines Sonderstatus herausgestellt, der „ein erst herauszubildender Status sein muß, und zwar einer, der für verschiedene Gruppen nicht schon jeweils ein 'Oben' oder ein 'Unten' vorfixiert. (Er muß 'identifikationslos' sein.)" [2]

Es wird deutlich, daß hiermit hinsichtlich der Rollenproblematik beim völkerkundlichen Forschen Wurr durch seine Beobachtungen und praktischen Erfahrungen im Feld zur selben Erkenntnis gelangt wie Goodenough und Seibel im Zusammenhang mit der Selbsthilfeanregung, nämlich zu der Erkenntnis, daß hier einer *offenen,* d.h. *selbst gestaltbaren Rolle* wesentliche Bedeutung zugesprochen werden muß.

Detaillierter als Seibel und Goodenough geht Wurr auf den erfolgversprechenden Weg zur Herausbildung der „mittleren Distanz" bzw. einer offenen, selbst gestaltbaren Rolle ein. So hebt er als günstige methodische Elemente hervor: [3]

1. Kontaktstreuung,

2. Erkennenlassen (in allen Kontakten) eines gewissen Selbstbewußtseins; eigene Stellungnahmen, aber keine Dominanz,

3. gemeinsame Reflexion mit den Individuen über Selbstverständnisse (der Betroffenen *und* des Forschers),

---

Fußnote 5 von Seite 454: In dieser Situation läßt sich nach Kantowsky ein „Spannungsfeld von Fremdheit und Vertrautheit" konstatieren. KANTOWSKY, D., Möglichkeiten und Grenzen der teilnehmenden Beobachtung als Methode der empirischen Sozialforschung, in: Soziale Welt, 1969, Heft 4, S. 428–434, hier S. 429.

[1] „Was er als Privatperson beim Kaufmann, im Restaurant, bei den Gesprächen mit den Nachbarn 'falsch' macht, kann er als Forscher nicht wieder gut machen." WURR, R., Die Strategie ... a.a.O., S. 168.

[2] Ebenda S. 169.

[3] Vgl. ebenda S. 170.

4. Bewahrung von Eigenheiten oder gar Originalitäten, in deren Respektierung bereits ein Akzeptieren eines Sonderstatus liegt,

5. Vermeidung von Konflikten, die aus einer mangelnden Respektierung von Selbstverständnissen und Verhaltensweisen resultieren, die den Charakter von Selbstverständlichkeiten tragen,

6. (beim Auftreten solcher Konflikte) offene Austragung des Konflikts durch gegenseitige Explikation der entsprechenden Selbstverständnisse, um zukünftige Barrieren zu vermeiden und

7. Erkennenlassen von Humor, wobei an der Ernsthaftigkeit und Wichtigkeit der (Forscher-)Tätigkeit kein Zweifel gelassen wird.

Alle beschriebenen Grund- und Teilschritte führen im Verlauf der Phase 1 (Phase des Einlebens) zur Herstellung eines Vertrauensverhältnisses [1], die mit dem allmählichen Abbau von „Vorurteilen" einhergeht, der durch sukzessives Infragestellen eigener Selbstverständlichkeiten bewirkt wird. Hieran schließt sich bei Wurr die Phase 2, die teilnehmende Beobachtung, an, die „als Brücke dient von der diffusen 'Zufallserfahrung' zur 'systematischen Erfahrung'" [2] In dieser Phase wird eine Ordnung oder „Objektivierung" von Erfahrungen vorgenommen, die über das bloße Abschildern heterogener Selbstverständnisse hinausgeht. [3] Da dieses „Ordnen" von Geschehen bei der „Beobachtung" als Registrieren und Systematisieren unter bestimmten *sprachlichen Kategorien*, „Begriffen", geschieht [4], muß diesen Kategorien erhöhte Aufmerksamkeit geschenkt werden.

---

[1] Dessen Bedeutung als SHO-Voraussetzung ist vor kurzem noch von Kuhn herausgestellt worden. Vgl. KUHN, J., Aspekte ... a.a.O., S. 43. Zu Vertrauen als Voraussetzung effektiver Situationsanalyse im Rahmen landwirtschaftlicher Beratung in Entwicklungsländern siehe LAKANWAL, A.G., Situationsanalyse ... a.a.O., S. 54.

[2] WURR, R., Die Strategie ... a.a.O., S. 172.

[3] Vgl. ebenda S. 168 f.

[4] Vgl. ebenda S. 173.

Viele dieser Kategorien, besonders die ethnozentrischer Prägung, „entpuppen sich ... als Präjudizierungen"[1], die eine Erfassung der wirklichen Vorgänge verhindern. Es ist daher hilfreich, sich nur *formaler* Kategorien zu bedienen, die vor Ort erst inhaltlich aufgefüllt werden. Damit begonnen wird bereits in der Phase des Einlebens, wobei mitgebrachte formale Kategorien getestet und die anderen in gemeinsamer Reflexion mit den Betroffenen vor Ort erarbeitet werden.[2]

Es wird sichtbar, daß eine schaife Trennung der Phasen schwer möglich ist, da schon in Phase 1 Beobachtungen gemacht und Kategorien verwandt werden. Nur geschieht dies dort zufällig, während in Phase 2 all dies intensiver, gezielter und systematischer betrieben wird. Anhand der so gewonnenen bzw. inhaltlich aufgefüllten Kategorien wird schließlich die teilnehmende Beobachtung durchgeführt, die eine Grundlage für die darauf folgenden wissenschaftlichen Erhebungen darstellt.

Mit diesem Ansatz Wurrs wird es nunmehr möglich, das Vorgehen eines erfolgreichen unmittelbaren exogenen SHO-Anregers in der Anfangsphase eines exogenen SHO-Entstehungsprozesses erklärbar zu machen. Denn mit seiner Phase 1, der „Strategie des Einlebens", beschreibt er die elementaren Anfangsbedingungen, die sich für jeden, der eine fremde Kultur kennenlernen will, als unbedingt zu berücksichtigen herausstellen. Obwohl die teilnehmende Beobachtung angewandt als wissenschaftliches, systematisches Forschungsinstrument nicht als allgemein konstitutives Methodenelement erfolgreicher unmittelbarer exogener SHO-Anregung aufgefaßt werden kann, liefert Wurr dennoch auch mit seiner Analyse der zweiten Phase insofern einen wichtigen Beitrag zur Erklärung erfolgreicher exogener SHO-Anregung vor Ort, als er herausarbeitet, daß es im Rahmen des Sprachenerlernens für den Fremden vor allem auch darum geht, mitgebrachte Kategorien ge-

---

[1] WURR, R., Die Strategie ... a.a.O., S. 174.

[2] Vgl. ebenda S. 174f.

meinsam mit den Betroffenen inhaltlich zu füllen und gegebenenfalls neue Kategorien zu erlernen.

Weitere Methodenerkenntnisse findet man im Bereich der landwirtschaftlichen Beratung. Speziell auf den Aufbau von Selbsthilfeorganisationen in Entwicklungsländern bezogene Methodenerkenntnisse der landwirtschaftlichen Beratung hat in einer schwach systematisierten Form Pössinger vorgelegt. Seine Untersuchungsergebnisse wurden bereits bei der Modifikation und Weiterentwicklung des sozioökonomischen Ansatzes wiedergegeben. [1] Die Ergebnisse der bisherigen Untersuchung zeigen, daß Pössingers Beobachtungen erfolgreicher SHO-Anregung in Angola in vielerlei Hinsicht mit den bisher aufgeführten Methodenerkenntnissen übereinstimmen.

So entspricht Pössingers Beobachtung einer Notwendigkeit nicht-direkten Agierens des SHO-Anregers vor Ort Montessoris Beobachtung der Notwendigkeit nicht-direkten Erziehens bei als völlig „anders" angesehenen Educanden. In Pössingers Feststellung, daß die Betroffenen sich selbst als Handelnde und nicht als Objekt eines Entwicklungsplanes empfinden müssen, findet man Goodenoughs Erkenntnis der Notwendigkeit einer nicht-ethnozentrischen, partnerschaftlichen Einstellung des Selbsthilfeanregers wieder, während Pössinger mit dem Aufzeigen von alternativen Handlungsmöglichkeiten, die im Verständnisbereich der Landbevölkerung liegen müssen, und der Aufteilung von Plänen in Teilpläne die vor allem von Gronemeyer herausgearbeiteten methodischen Elemente der Ermöglichung von Handlungsalternativen, der Nahbereichsorientierung und der Auflösung der Langzeitperspektive anspricht.

Im Bereich der SHO-Förderung spiegeln sich Methodenerkenntnisse auch in Handlungsanleitungen für entwicklungspolitische SHO-Berater in der Praxis wider. Als eine solche Handlungsanleitung sei hier stellvertretend auf den „Guide de l'Agent de Base aux Coopératives" der Friedrich-Ebert-

---

[1] Vgl. S. 289f. dieser Arbeit.

Stiftung verwiesen. [1] Die von Wurr als unverzichtbar herausgestellte Phase des Einlebens wird hier in einem gesonderten Kapitel „Methodologie d'approche" behandelt, wobei die mittlere Distanz im Sinne Wurrs als eine Haltung, bei der der SHO-Berater „neutre et impartial" [2] bleibt, angesprochen wird. Ziel des „approche" ist es wie bei Wurr, „engendrer la *confiance* des divers interlocuteurs" [3], wobei sich der Berater davor zu hüten habe, „... de s'imposer au cours des assemblées." [4]

Trotz dieser Übereinstimmungen kann diese Handlungsanleitung, obwohl es sich auf den ersten Blick hier anbietet, im weiteren nicht als Hilfe zur Strukturierung der methodischen Elemente herangezogen werden, wird bei ihr doch erstens anscheinend von *bereits gegebenen* Selbsthilfeorganisationen ausgegangen, steht bei ihr zweitens doch aufgrund einer offensichtlich innovationstheoretischen und kommunikationswissenschaftlichen Ausrichtung der motivationale Aspekt nicht im Vordergrund [5] und wird drittens dem Sprachproblem doch erst im Rahmen der „Informationsvermittlung", nicht jedoch bereits bei der ersten Phase Bedeutung zugemessen.

Eines der wichtigsten Mittel, deren sich erfolgreiche exogene SHO-Anreger vor Ort zu bedienen haben, ist – dies dürfte u.a. durch die Problematisierung des Sprachenaspekts deutlich geworden sein – das *Gespräch*. Allgemeine, d.h. nicht speziell auf Entwicklungsländer bezogene Erkenntnisse aus dem Bereich der landwirtschaftlichen Beratung erlauben es, für die Zwecke dieser Studie abschließend auch hierzu Aussagen über methodische Sachverhalte als „methodische Aspekte des Beratungsgesprächs" heranzuziehen. [6]

---

[1] FRIEDRICH-EBERT-STIFTUNG (Hrsg.), Guide de l'Agent de Base aux Coopératives, Braunschweig 1978.

[2] Ebenda S. 17.

[3] Ebena S. 16. Die Hervorhebung stammt vom Verfasser.

[4] Ebenda S. 17.

[5] So heißt z.B. im Text: „...S'il s'agit d'un manque d'information *ou seulement* d'un manque de motivation ..."; ebenda S. 18. Die Hervorhebungen stammen vom Verfasser.

[6] Vgl. hierzu vor allem HRUSCHKA, E., Methodische Aspekte des Beratungsgesprächs, in: Der Förderungsdienst, 22. Jg., Sonderheft 2, S. 44–48.

Relevante Aussagen finden sich bei Hruschka [1], der im Rahmen seiner Untersuchungen vor allem der Frage nachgeht, was die u.a. von Goodenough als notwendig herausgearbeitete Respektierung der zu Beratenden als eigene Persönlichkeit [2] für die Art der Gesprächsführung impliziert. Er stellt fest, daß der Berater seinen Respekt vor allem dann am deutlichsten macht, wenn er

a) die Gesprächssituation so gestaltet, daß der Gesprächspartner sich nicht als Bittsteller fühlen muß,

b) den Respekt vor der Persönlichkeit und der Eigenständigkeit des Gesprächspartners nicht nur empfindet, sondern sichtbar und fühlbar werden läßt,

c) Zeitdruck vermeidet,

d) aufmerksames Beobachten und aktives Zuhören in den Mittelpunkt des Gespräches stellt,

e) die Betroffenen aussprechen läßt und nicht in die Rede fällt,

f) ein Gespräch nicht mit Kritik beginnt,

g) Fragen begründet,

h) auf der Verständnis- und Erlebnisebene der Betroffenen argumentiert und reagiert. [3]

Diese allgemeinen Erkenntnisse über eine „partnerschaftliche" Gesprächsführung werden in dieser Studie bereits für die anfängliche Phase des Einlebens relevant und somit in den Wurrschen Ansatz integrierbar. Bevor dieser Möglichkeit nachgegangen wird, sei im nächsten Untersuchungsschritt die Theorie und Praxis erfolgreicher Erwachsenenbildung in Entwicklungs-

---

[1] HRUSCHKA, E., Methodische Aspekte ... a.a.O.

[2] Vgl. ebenda S. 47.

[3] Vgl. ebenda S. 47.

ländern auf ihren methodischen Beitrag zum Anliegen dieser Studie hin geprüft.

2.4. Theorie und Praxis erfolgreicher Erwachsenenbildung in Entwicklungsländern bei Paulo Freire und Möglichkeiten ihrer Weiterentwicklung

Bei der Ermittlung von Ansätzen, die möglicherweise einen Beitrag zur Erklärung der methodischen Schritte erfolgreicher exogener SHO-Anreger vor Ort liefern könnten, wird man in der Entwicklungshilfepraxis meist auf die Alphabetisierungs- und Bildungsmethode des Brasilianers Paulo Freire verwiesen, deren Effizienz im Laufe der Zeit allgemein anerkannt wurde, d.h. auch von denjenigen, die – wie der Verfasser – die anscheinend phänomenologisch-marxistisch beeinflußte Grundauffassung Freires nicht teilen.

Die von ihm seit 1947 erst zur Alphabetisierung vor allem in Slums und Landarbeitersiedlungen Brasiliens, später auch allgemein zum Zwecke der Erwachsenenbildung entwickelte Methode konnte Freire als Bildungsexperte der UNESCO unter anderem in Chile weiterer Überprüfung unterziehen. Er stellt sie in mehreren Abhandlungen dar.[1] Mit seinen unbeschadet unterschiedlicher philosophischer bzw. wissenschaftstheoretischer Auffassung allgemein anerkannten methodischen Erkenntnissen liegt ein im Vergleich zu den bisher aufgeführten Beiträgen ausdrücklich auf *Entwicklungshilfe* bezogener *erziehungswissenschaftlicher* Ansatz vor, der – wie zu zeigen sein wird – in der Praxis auch bei der exogenen SHO-Anregung erfolgreich mitangewendet wurde.

---

[1] Als Grundlage dieses Abschnitts dienen seine Hauptwerke: FREIRE, P., Pädagogik der Unterdrückten, 1. Aufl., Stuttgart, Berlin 1971; d e r s ., Pädagogik der Solidarität, Für eine Entwicklungshilfe im Dialog, Wuppertal 1974; d e r s ., Erziehung als Praxis der Freiheit, Reinbek b. Hamburg 1977.

Diese Integration in erfolgreiches exogenes SHO-Anregervorgehen ist insofern nicht verwunderlich, als die Freiresche Bildungsmethode darauf ausgerichtet ist, in den Entwicklungsländern vor allem ohnmächtige oder apathische sozioökonomisch schlechter Gestellte sich ihrer gemeinsamen Problemsituation selbst voll bewußt werden zu lassen, damit diese so die *Motivation* gewinnen können, sich aktiv gemeinsam der Lösung ihrer Probleme
anzunehmen. Demnach bemüht man sich mit Freires Methode um die Ausbildung einer Motivation, die man als Motivation zur ,,politischen Beteiligung" im Sinne Gronemeyers bezeichnen könnte. So sei auch der im Zusammenhang mit Freires Veröffentlichung oft benutzte Begriff der ,,politischen Bildung" verstanden.

Das Vorgehen Freires wird im folgenden nach seiner im obigen Sinn ,,politischen" Bildungsmethode zu skizzieren versucht, wobei von Educanden
ausgegangen wird, die bereits alphabetisiert sind. Es werden drei Hauptphasen unterschieden: [1]

I.   die Untersuchungsphase,

II. die Kodierungsphase und

III. die Dekodierungsphase.

Ziel der *Untersuchungsphase* ist es, die ,,Themen" zu erkunden, die für
die Betroffenen vor Ort von unmittelbarem und grundlegendem Interesse
sind und als Probleme aufgefaßt werden können. Freire bezeichnet solche
Themen, deren Diskussion die Betroffenen weitere Aspekte ihrer Situation
bewußt werden läßt und die somit neue Themen ,,erzeugen", als die ,,generativen Themen" [2].

Die Untersuchungsphase selbst ist unterteilt in vier Stufen: a) das ,,Entziffern", b) die Kodierung für Untersuchungszwecke, c) die Dekodierung für

---

[1] Vgl. FREIRE, P., Pädagogik der Unterdrückten ... a.a.O., S. 122 ff.

[2] Ebenda S. 123 et passim.

Untersuchungszwecke und d) die systematische und interdisziplinäre Auswertung.

Diese Stufen seien näher erläutert. In der ersten Stufe, der Stufe des „Entzifferns", strebt man an, die fremde Zielgruppe wissenschaftlicher und entwicklungspolitischer Bemühungen in ihrem Reden und Handeln erst einmal kennen- und verstehen zu lernen. Freire vergleicht dies mit einer Situation, in der man eine Gegend untersucht, als wenn sie „ein enormer, einmaliger, lebendiger 'Code' wäre, den es zu entziffern gilt." [1] Hierbei beginnt man mit der Unterstufe 1, dem Beobachten.

Das Beobachten soll *einfühlsam* [2] geschehen und sich, wenn möglich, auf alles beziehen, auch auf scheinbar unwichtige Dinge. Die Beobachtungen umfassen z.B. „die Art, in der die Leute reden, ihren Lebensstil, ihr Verhalten in der Kirche und bei der Arbeit, ... die eigentümliche Sprache der Leute, ihre Ausdrücke, ihr Vokabular, ihren Satzbau (nicht etwa ihre inkorrekte Aussprache, sondern vielmehr die Art und Weise, in der sie ihr Denken konstruieren) ... (die) Arbeit in den Feldern, Zusammenkünfte einer örtlichen Vereinigung (wobei man das Benehmen der Teilnehmer, die dabei verwendete Sprache und die Beziehungen zwischen den Offiziellen und den Mitgliedern festhält), die Rolle, die die Frauen und die jungen Leute spielen, Freizeitstunden, Spiele und Sport, Unterhaltungen mit Leuten zu Hause (wobei man Beispiele des Verhaltens von Ehefrau — Ehemann und Eltern — Kinder festhält.)" [3]

Daß der Beobachter, der all dies in einem Notizbuch festhalten und die unterschiedlichsten Beobachtungssituationen wählen soll, hierbei eigene Wertvorstellungen mitbringt, die ein ethnozentrisches Problem darstellen können, sieht Freire deutlich. Eine Entschärfung, keine Beseitigung dieses

[1] FREIRE, P., Pädagogik der Unterdrückten ... a.a.O., S. 125.
[2] Vgl. ebenda S. 124.
[3] Ebenda S. 125. Der Artikel in der Klammer wurde vom Verfasser ergänzt.

Problems wird nach Freire dadurch erreicht, daß der Beobachter seine Wertvorstellungen nicht aufzwingt, freilich anbietet und somit diese teilnehmende Beobachtung Teil eines *erzieherischen* Bemühens, einer *kulturellen Aktion* [1] ist.

Die zweite Unterstufe der Stufe „Entziffern" ist die der Auswertung. Hier wird das Beobachtete gemeinsam besprochen und diskutiert. Daran nehmen auch *Vertreter der Betroffenen* teil. Bei diesen Auswertungszusammenkünften kristallisieren sich mit der Zeit bei den Betroffenen Komplexe von Widersprüchen und Problemen heraus.

Die Erfahrungen zeigen, daß in den Entwicklungsländern viele Zielgruppen in diesen problematischen Situationen „gefangen und nicht in der Lage sind, sich von ihnen zu lösen" [2], was oft versucht wird, mit den Begriffen „Passivität", „Apathie" oder „Fatalismus" zu kennzeichnen. Die Loslösung davon gelingt nur dann, wenn das bisherige eigene Verhalten gegenüber dieser Situation betrachtet wird, da mit Hilfe dieser „prüfenden Aktion" [3] unerprobte und unbegriffene Möglichkeiten ins Blickfeld kommen können.

Die gerade genannten Widersprüche und Probleme stellen die Themen dar, die in der nun folgenden 2. Stufe der Untersuchungsphase bildlich (in Skizzen, Photographien, Dias, gemalten Bildern usw.) in Form existenzieller Situationen dargestellt oder, um mit Freire zu sprechen, „kodiert" [4] werden.

So kann z.B. ein Bild einen Bauern zeigen, der mit der Hacke sein Feld bearbeitet, und auf diese Weise das generative Thema „Ackerbau" „ko-

---

[1] Vgl. FREIRE, P., Pädagogik der Unterdrückten ... a.a.O., S. 124.

[2] Ebenda S. 127.

[3] Ebenda S. 128.

[4] Vgl. ebenda passim.

dieren", d.h. ein Thema darstellen, das im Verlauf einer Diskussion durch die Befragung der Betroffenen von denselben interpretiert wird — etwa hinsichtlich des benutzten Werkzeuges, des Geschlechts des arbeitenden Menschen, des Zwecks der Mühen etc. — und das man durch Ausweisung der von ihm umfaßten Aspekte „entziffert" („dekodiert"), wobei die dabei sichtbar werdenden und neu aufgeworfenen Probleme als „verwandte Themenkreise" [1] — im genannten Fall z.B. das Problem der Subsistenzwirtschaft — auf den generativen Charakter des Anfangsthemas hinweisen.

Die „pädagogische Kodierung" [2] soll Reaktionen der Betroffenen anregen und gibt nach Freire eine „Problemsituation" [3] wieder. Bei einer solchen Kodierung werden bei erfolgreichen Untersuchungen zwei Dinge beachtet:

1. Die Kodierungen müssen Situationen darstellen, „die dem Einzelnen vertraut sind ..., so daß er die Situation leicht erkennen kann (und damit zugleich seine Beziehung dazu)." [4]

2. Der thematische Kern einer Kodierung darf „weder allzu explizit noch allzu rätselhaft sein ... Das erstere kann zu bloßer Propaganda entarten, bei der keine wirkliche Dekodierung zu leisten ist, abgesehen von der Feststellung eines offensichtlich vorausbestimmten Inhalts. Die letztere läuft Gefahr, als Rätsel- oder Ratespiel zu erscheinen. Da sie existenzielle Situationen darstellen, sollten die Kodierungen in ihrer Komplexität einfach sein und verschiedene Dekodierungsmöglichkeiten bieten, um die Gehirnwäschetendenzen der Propaganda zu vermeiden". [5]

Für Freire besteht das Hauptunterscheidungsmerkmal zwischen einer „pädagogischen Kodierung" und einer „propagandistischen" in der Weite des

---

[1] FREIRE, P., Pädagogik der Solidarität ... a.a.O., S. 95.

[2] Vgl. ebenda S. 97.

[3] Ebenda S. 97; im Original in Klammern.

[4] FREIRE, P., Pädagogik der Unterdrückten ... a.a.O., S. 129.

[5] Ebenda S. 129.

von einer Kodierung umfaßten Bedeutungsfeldes. Ist dieses Feld eng begrenzt und auf eine einzige, festumrissene Bedeutung konzentriert, so daß die Kodierung nur eine einzige Dekodierung zuläßt, ist sie propagandistisch. [1]

Zu Punkt 1. können noch die in Chile gewonnenen Erkenntnisse von Bode [2] hinzugenommen werden, der feststellt, daß die Betroffenen sich nur für die Kodierungen interessieren, wenn ihre unmittelbaren Bedürfnisse angesprochen werden. „Andererseits beobachtete er, daß selbst dort, wo sich die 'Kodierung' auf die von ihnen empfundenen Bedürfnisse konzentrierte, die Landarbeiter nicht in der Lage waren, sich systematisch auf die Diskussion zu konzentrieren, die deshalb oft dahin abglitt, wo sich keine Synthese mehr erreichen ließ. Auch begriffen sie fast nie die Beziehung zwischen den direkten oder indirekten Ursachen dieser Bedürfnisse." [3]

Die Problemlösung, die Bode hier fand, lag in der gleichzeitigen Projektion verschiedener Situationen, z.B. mit Hilfe von zwei Dias und zwei Diaprojektoren, wobei eine die „wesentliche", die andere die mit der ersten in Beziehung stehende „Hilfskodierung" darstellte. Danach wurden Zusammenhänge von den Betroffenen hergestellt und das lebhafte Interesse der Teilnehmer wachgehalten.

Die Ausführungen zu Bode haben sowohl in die grundsätzliche Problematik der Dekodierung als auch bereits in die dritte Untersuchungsstufe der Dekodierung für Untersuchungszwecke geführt. In dieser Stufe werden thematische „Forschungszirkel' [4] gebildet, an denen Mitglieder der Zielgruppe teilnehmen und bei denen die vorläufigen untersuchungsbezogenen Kodierungen zum Entschlüsseln (Dekodieren) präsentiert werden.

[1] Vgl. FREIRE, P., Pädagogik der Solidarität ... a.a.O., S. 102f., Anmerkung 19.
[2] Freire verweist hier auf die Praxiserfahrungen dieses chilenischen Entwicklungsbeamten, ohne eventuelle Veröffentlichungen aufzuführen. Vgl. FREIRE, P., Pädagogik der Unterdrückten ... a.a.O., S. 131f.
[3] Ebenda S. 131.
[4] Ebenda S. 132.

Bei diesem Dekodieren wird oft über *vergangenes* Handeln nachgedacht, was nach Gronemeyer, falls man sich an eigenes kompetentes Handeln erinnert, „ohnmachtsbrechende Lernimpulse" auslöst. [1] Freire hebt in diesem Zusammenhang hervor, daß mit der Erinnerung an Vergangenes ganz allgemein ein *Sichabheben* und *Sichlösen* von einem totalen *Gegenwartsbezug* oder von einer „Zeitlosigkeit" einhergehen. Diese Reflexion schafft somit eine Distanz zu sich selber, bei der sich Menschen eventuell zum erstenmal nicht als total angepaßtes und in die Situation eingebettetes, sondern als *veränderndes* Wesen erkennen können. [2] Dies ist eine notwendige Grundlage für ein mögliches neues Selbstverständnis. „Während des Dekodierungsprozesses darf der Koordinator den Einzelnen nicht nur zuhören, sondern er muß sie auch herausfordern, indem er sowohl die kodierte existenzielle Situation als auch ihre Antworten als Probleme formuliert." [3]

In der vierten Stufe der Untersuchungsphase schließt sich die systematische und interdisziplinäre Auswertung der Beobachtungen und Erkenntnisse aus den Dekodierungen der Forschungszirkel an. Dann erst werden die endgültigen „generativen Themen" der Zielgruppe bestimmt. Mit dieser Stufe ist die Phase I, die Phase der Untersuchung, beendet.

In der Phase II wird die eigentliche, endgültige *Kodierung* für das anvisierte Bildungsvorhaben durchgeführt. Grundlage dieser Kodierung sind die in Phase I herausgearbeiteten „generativen Themen". Freire macht darauf aufmerksam, daß in der Regel zusätzlich zu den vorgeschlagenen generativen Themen noch „Scharnierthemen" [4] kodiert werden, die die Verbindung zwischen zwei Themen in einer Programmeinheit erleichtern oder Lücken zwischen dem allgemeinen Programminhalt und der Weltsicht der Leute schließen.

---

[1] Vgl. S. 434 dieser Arbeit.
[2] Vgl. FREIRE, P., Pädagogik der Solidarität ... a.a.O., S. 98.
[3] FREIRE, P., Pädagogik der Unterdrückten ... a.a.O., S. 133.
[4] Ebenda S. 137.

Da Freire überwiegend mit passiven, fatalistischen oder sogar apathischen Erwachsenen aus Slums und Landarbeitersiedlungen Südamerikas gearbeitet hat, hebt er als fundamentales Scharnierthema „das anthropologische Konzept der Kultur" hervor, demzufolge zwischen der natürlichen Welt und der Welt der Kultur unterschieden wird, d.h. Kultur als Ergebnis menschlicher Arbeit verstanden wird, und demzufolge der Mensch als ein Wesen gilt, das sich nicht nur anpaßt, sondern vor allem auch verändert. [1]

Nach der Kodierung schließt sich als Phase III die Dekodierungsphase an. Die Dekodierung wird in „Kulturzirkeln" [2] durchgeführt, in denen die Zielgruppe organisiert wird. Hier wird den Betroffenen ihre *eigene* Thematik „re-präsentiert" [3] und hier werden sie durch diese Methode „dialogisch-problematisierender Art" [4] zu Kommentaren und Reflexionsprozessen animiert. Die so skizzierte Schrittfolge der Freire-Methode ist auf der nächsten Seite bildlich verdeutlicht (Abb. 2).

Freires Erkenntnisse sind in mehrerer Hinsicht für die Erklärung erfolgreicher unmittelbarer exogener SHO-Anregung fruchtbar. Von grundsätzlicher Bedeutung ist, daß die bei der Erörterung des sozioökonomischen Ansatzes herausgearbeitete und von Seibel bekräftigte SHO-Voraussetzung ‚Wahrnehmung einer Problemsituation" bei Freire als Bezugspunkt der Phase II und Ausgangspunkt der Phase III integraler Bestandteil einer in der Praxis erfolgreichen Methode wird, d.h. erstmals systematisch in einem didaktischen Konzept verankert ist.

---

[1] FREIRE, P., Erziehung ... a.a.O., S. 51f.

[2] FREIRE, P., Pädagogik der Solidarität ... a.a.O., S. 96.

[3] FREIRE, P., Pädagogik der Unterdrückten ... a.a.O., S. 123.

[4] FREIRE, P., Pädagogik der Solidarität ... a.a.O., S. 95.

PHASE I *Untersuchung* (thematische)

> Stufe 1: Entziffern
>
> > Unterstufe 1: Beobachtung
> >
> > Unterstufe 2: Auswertung (dialogisch mit Zielgruppe)
>
> Stufe 2: Kodierung für Untersuchungszweck (vorläufige)
>
> Voraussetzungen:
>
> – vertraute Situation
>
> – Kodierung weder zu explizit noch zu rätselhaft
>
> Stufe 3: Dekodierung für Untersuchungszweck (vorläufige)
>
> Stufe 4: Systematische und interdisziplinäre Auswertung
>
> – in Forschungszirkeln
>
> – Bestimmung der generativen Themen

PHASE II *Kodierung* („Problemsituation")
(auf der Basis der generativen Themen)

PHASE III *Dekodierung*
(Re-Präsentation der eigenen Thematik in Kulturzirkeln)

Abb. 2: Die Schrittfolge bei der Freire-Methode

Das so „dialogisch-problematisierende" Vorgehen bedeutet nicht – darauf weist Freire ausdrücklich hin –, daß die Educanden durch den Erzieher exogen und ex ante als „Problem" definierte Sachverhalte vermittelt bekommen — das wäre eine „kulturelle Invasion" [1] —, sondern daß das Bewußtwerden der eigenen Situation gefördert wird, indem der Dialog über die Situation an den *gemeinsam* herausgearbeiteten *Problem*aspekt der Situation anknüpft.

Da somit das „Problem" *nicht* von *vornherein* feststeht, sondern sich erst im Verlauf des Dialogs ergibt, ist ein hierauf bezogenes erzieherisches Vorgehen für Freire prinzipiell *offen.* [2] Er kommt so zur selben Schlußfolgerung wie Seibel, der angesichts der prinzipiellen Offenheit der konkreten Form einer zukünftigen Selbsthilfeorganisation — als einen möglichen *Problem*lösungsversuch — auf die Notwendigkeit eines „totale Flexibilität und Offenheit" bewahrenden Vorgehens der SHO-Anreger schließt. [3]

Freires langjährige, allgemein als erfolgreich anerkannte Praxis bestätigt im Rahmen der Entwicklungshilfe außerdem die Effizienz der Methode der Gegenüberstellung von „Situationsdokumenten" und „Kommentaren" im Sinne Bachmairs für das (Selbst-) Bewußtwerdenlassen von Educanden. Hierbei berücksichtigt Freire die in Entwicklungsländern bei den Zielgruppen entwicklungspolitischer SHO-Aufbaumaßnahmen häufig anzutreffende passive Haltung durch die Kodierung eines „anthropologischen Konzepts der Kultur". Mag es auf den ersten Blick auch so aussehen, als ob hierdurch in ethnozentrischer Weise eine aktive Leistungsgesinnung der abendländischen Kultur im Dialog vermittelt wird, so wird bei näherer Betrachtung deutlich, daß die Auffassung von Kultur als Ergebnis menschlicher Arbeit keine ausschließlich abendländische Vorstellung ist.

Mit diesem anthropologischen Kulturkonzept bemüht sich Freire offensichtlich darum, passiven Personen die Aufnahme von Elementen einer aktiven affektiv-kognitiven Grundhaltung oder, anders ausgedrückt, die Aufnahme

---

[1] FREIRE, P., Pädagogik der Solidarität ... a.a.O., S. 95.

[2] Vgl. FREIRE, P., Erziehung ... a.a.O., S. 53; d e r s ., Pädagogik der Unterdrückten ... a.a.O., S. 129f.

[3] Vgl. S. 361 dieser Arbeit.

von Leitbildelementen möglich zu machen, die nach Büscher für eine Differenzierung der Motivationsstruktur in Richtung einer Leistungs- und Kompetenzmotivation Voraussetzung ist.

Deutlich geworden ist auch, daß Freire zwar bei der Unterstufe des Beobachtens das Ethnozentrismusproblem anspricht, Wurr mit seiner Strategie des Einlebens jedoch eine genauere Beschreibung der notwendigen Schritte liefert. Die Stärke des Freireschen Ansatzes liegt so nicht in der Fähigkeit, die Anfangsphase einer erfolgreichen exogenen SHO-Anregung vor Ort erklären zu können, sondern vielmehr in der Herausarbeitung von effizienten methodischen Elementen, die dann zum Einsatz kommen, wenn der Anreger aufbauend auf einem erzielten Vertrauensverhältnis und einer Kenntnis der kulturellen Gegebenheiten den Dialog mit den Betroffenen auf Problemwahrnehmung und Problemlösung ausrichtet und intensiviert.

Eine Anwendung und Weiterentwicklung der Freireschen Methode im Zusammenhang mit SHO-Aufbauversuchen in Entwicklungsländern findet daher vor allem bezogen auf diese Phase der Problemwahrnehmung und Problemdiskussion statt. Als Belege für solche Weiterentwicklungen oder Anwendungen der Freire-Methode im Kontext exogener SHO-Entstehungsprozesse in Entwicklungsländern sei auf zwei Beispiele verwiesen.

Als erstes Beispiel sei die kirchliche landwirtschaftliche Beratung in der Diözese Idah (Benue State) in Nigeria erwähnt. [1] Bei diesem Programm wurden vom diözesanen Entwicklungskommittee als Zielgruppe die Kleinbauern im Subsistenzsektor ins Auge gefaßt, deren sozioökonomische Besserstellung angestrebt wird. Da — von einem christlichen Menschenbild ausgehend — die Betroffenen nicht als „Objekte" eines Projektes, sondern als Subjekte des eigenen Handelns in den Vordergrund gestellt wurden,

---

[1] GOLDSTEIN, R., Landwirtschaftliche Beratung im Gebiet der Diözese Idah, Benue State, Nigeria, unveröffentlichtes Manuskript eines Vortrages, gehalten im Seminar: Integrierte ländliche Entwicklung, veranstaltet von der Wissenschaftlichen Kommission des Katholischen Arbeitskreises für Entwicklung und Frieden vom 20.6.–22.6.1978 in Aachen.

wählte man für die „Motivationsarbeit" die von Freire entwickelte Methode. [1]

Freires methodisches Vorgehen wurde „... nicht etwa deshalb für die Situation als zutreffend erkannt, weil man irgendwelche konspirative, menschenverachtende Gruppen von Unterdrückern entlarven und entmachten wollte, sondern weil die traditionellen Verhaltensweisen und externe Umstände (z.B. Klima- oder Bodenverhältnisse) die Funktion eines Unterdrükkers zeigten, die erst dann durch subjektives Handeln beeinflußbar werden, wenn sie in ihrem vollen Ausmaß den Menschen in der Zielgruppe bewußt werden." [2]

Die Effizienz dieser Methode zeigte sich unter anderem darin, daß das durch sie geprägte Programm, von einer katholischen Ordensschwester mit einer Kleingruppe von Bauern in einem Dorf begonnen, steigende Mitgliederzahlen verzeichnete und im Jahr 1978 22000 aktive Mitgliedern zählte.

Ein weiteres Beispiel fand der Verfasser während seines Feldaufenthaltes in Obervolta vor. Dort wurde, hatten die SHO-Anreger im Verlauf von längeren Vorkontakten das Vertrauen von potentiellen SHO-Mitgliedern gefunden, auf Anfrage einer Gruppe potentieller SHO-Mitglieder dieselbe besucht und mit ihr über die spezielle Situation ihres Gemeinwesens gesprochen. Dabei bediente man sich bunter Zeichnungen, die Situationen im Dorf, auf dem Felde sowie allgemein zwischenmenschliche Situationen zeigten, und die dann Kommentaren der Betroffenen gegenübergestellt wurden. Die Nachforschungen vor Ort ergaben, daß diese Methode einen konstitutiven Bestandteil des exogenen SHO-Anregungsprozesses bildete, seine Anwendung jedoch auf den Zeitraum der ersten Dialogphase, d.h. auf die erste Diskussionsreihe, bei der (Dorf-)Problemfindung und -lösung im Vordergrund stand, begrenzt war. Kann (allgemein) die Anzahl der Dörfer, in denen

---

[1] Vgl. GOLDSTEIN, R., Landwirtschaftliche Beratung ... a.a.O., S. 7.

[2] Ebenda S. 7. Die Klammerergänzung stammt vom Verfasser.

sich im Laufe der Zeit Selbsthilfegruppen und -organisationen gebildet haben als Erfolgsindikator dieser Methode verwandt werden, so erwies sie
sich auch in diesem Fall als effizient, waren doch nach achtjähriger Tätigkeit zur Zeit des Besuchs des Verfassers in 20 Dörfern Selbsthilfeaktivitäten zu verzeichnen.

3. SCHLUSSFOLGERUNGEN UND ARBEITSHYPOTHESEN ZUR ERKLÄRUNG DES EXOGENEN ASPEKTS BEIM UNTERSU-CHUNGSGEGENSTAND

Faßt man die jeweiligen methodischen Erklärungsbeiträge zusammen, die
oben dargestellt wurden, so werden ,,Merkmale" sichtbar, mit denen sich
das als erfolgreich erwiesene erzieherische, *mäeutische* (Seibel), *partizipatorische* (Hanel, Seibel) oder *antipaternalistische* (Pössinger) Vorgehen eines
exogenen SHO-Anregers vor Ort näher kennzeichnen läßt.

Zu Beginn seiner Arbeit bemüht sich dieser Anreger demnach darum, die
potentiellen SHO-Mitglieder kennenzulernen, wobei das Verstehen und Berücksichtigen des kulturellen Aspekts von vorrangiger Bedeutung ist. Haupt-
resultat dieser (analytisch) ersten Phase, bei der sich der Anreger vor allem
mit der Sprache der potentiellen SHO-Mitglieder vertraut macht, ist die
Schaffung eines Vertrauensverhältnisses. Was es in dieser Phase des Einlebens alles zu berücksichtigen gilt, macht Wurr deutlich. Er schildert auch,
wie in der (analytisch) zweiten Phase der systematischeren Beobachtung
der Anreger sich gemeinsam mit den potentiellen SHO-Mitgliedern um die
Begriffsklärung bemüht.

Der erfolgreiche exogene SHO-Anreger vor Ort stellt – dies kann in Anlehnung an Montessori, Bachmair und Goodenough festgehalten werden –
auch im weiteren Verlauf seiner Tätigkeiten die Andersartigkeit potentieller SHO-Mitglieder in Rechnung. Dies führt vor allem dazu, daß er den
Handlungsspielraum, innerhalb dessen die betreffenden Personen entsprechend ihren eigenen Auffassungen gemeinsame Selbsthilfe praktizieren und
dabei ihre eigene Lehrmeister sein können, nicht einschränkt, sondern
vergrößert oder einen solchen Spielraum erst schafft. Außerdem unterwirft
er – Montessoris und Seibels Erkenntnisse decken sich hier – den erzieherischen Anregungsprozeß nicht einem ex ante inhaltlich und zeitlich genau
festgelegten Konzept oder „Lehrplan", sondern bemüht sich um inhaltliche
und zeitliche Flexibilität, die es ihm erlaubt, der prinzipiellen Offenheit
eines SHO-Entstehungsprozesses hinsichtlich seiner konkreten zukünftigen
Ausgestaltung zu entsprechen.

Ein solches erzieherisches Vorgehen, bei dem von Anfang an nicht festgelegt ist, was das Problem ist, und wie der Lösungsweg im einzelnen aussieht, zeichnet sich – so hebt Freire hervor – durch Offenheit aus. Diese
Offenheit kommt vor allem, wie Goodenough, Seibel, Pössinger, Montessori, Bachmair und Freire übereinstimmend herausstellen, in einem sich
direkter Eingriffe möglichst enthaltenden Vorgehen zum Ausdruck.

Hat sich der erfolgreiche exogene SHO-Anreger vor Ort eingelebt und u.a.
begriffliche Klarheit erworben, setzt (analytisch) die dritte Phase ein, bei
der er gezielt ermittelt, was für die potentiellen SHO-Mitglieder ein „Problem" darstellt, um dann hieran anknüpfend eine Problemdiskussion zu
beginnen. Gronemeyer zeigt als die zwei wesentlichen Grundschritte dieses
„dialogisch-problematisierenden" Vorgehens (Freire) das Angebot einer alternativen Situationsinterpretation und die Ermöglichung von Handlungsalternativen auf, wobei der kompetenzmotivationale Aspekt Berücksichtigung findet.

Läßt sich so erfolgreiches erzieherisches exogenes SHO-Anregervorgehen vor Ort nach den genannten Merkmalen systematisch näher erfassen als es bisher bei Hanel, Seibel, Pössinger oder Goodenough der Fall war, so bleibt die Frage nach der Einordnung dieser Erkenntnisse in den SHO-Voraussetzungskontext noch unbeantwortet.

Da, wie Brezinka ausdrücklich betont [1], erzieherisches Handeln als durch einen Versuchscharakter gekennzeichnetes Handeln weder als hinreichende Bedingung noch als in *jedem* Fall notwendige Bedingung für das Zustan dekommen bestimmter psychischer Dispositionen angesehen werden kann, ist es *nicht* möglich, das aufgezeigte erzieherische Handeln als für *alle* Fälle exogener SHO-Entstehung notwendige *allgemeine* SHO-Voraussetzung aufzufassen. Andererseits aber hat sich gezeigt, daß zumindest in allen den zitierten Forschern und dem Verfasser vorliegenden Fällen exogener SHO-Entstehungsprozesse, an deren Ende eine lebensfähige Selbsthilfeorganisation steht, ein grundsätzlich erzieherisches Handeln, das die oben genannten Merkmale aufweist, notwendig war.

Mithin legen es die Beobachtungen nahe, davon auszugehen, daß das genannte erzieherische Handeln zumindest bei der ganz überwiegenden Zahl von Fällen erfolgreicher unmittelbarer exogener SHO-Anregung Voraussetzungscharakter besitzt, so daß dieses Handeln, bezogen auf alle Fälle, im Sinne einer mathematisch-statistischen Aussage (Quotient aus günstigen zu möglichen Fällen) als „höchstwahrscheinliche" Voraussetzung — zu Operationalisierungszwecken sei hier ein Quotient von $\geq 0{,}95$ präzisiert — aufzufassen ist. Auf diesem Hintergrund sind im folgenden Hypothesen zu verstehen, bei denen erzieherischem Handeln „höchstwahrscheinlicher" Voraussetzungscharakter zugesprochen wird.

Das erzieherische Handeln bei der exogenen SHO-Entstehung ist darauf gerichtet, anfangs fehlende SHO-Voraussetzungen, d.h. genauer, anfangs

---

[1] Vgl. BREZINKA, W., Grundbegriffe ... a.a.O., S. 54.

fehlende psychische Dispositionen herauszubilden. Von daher beziehen sich
die meisten der folgenden den exogenen Aspekt betreffenden Aussagen
und Hypothesen auf das Verhältnis dieses Handelns zu den jeweiligen
allgemeinen SHO-Voraussetzungen mit Dispositionscharakter.

Zuerst seien diejenigen höchstwahrscheinlichen Voraussetzungen genannt,
deren Notwendigkeit zur Herausbildung *mehrerer* psychischer Dispositionen
sichtbar wurde. In Anlehnung an Gronemeyer sei im Bezug auf die zwei
methodischen Grundschritte festgehalten:

Arbeitshypothese 30:
Im Falle von fehlendem Selbstbewußtsein und/oder fehlendem Selbstverantwortungsbewußtsein und/oder fehlendem Selbstvertrauen und/oder fehlender Bereitschaft zur Selbstbestimmung und/oder fehlender Bereitschaft zu
innovativem sozialem Handeln bei potentiellen SHO-Mitgliedern macht
höchstwahrscheinlich erst ein erzieherisches Handeln, bei dem der SHO-Anreger den genannten Personen eine ihnen nicht vertraute alternative Situationsinterpretation anbietet und Handlungsalternativen ermöglicht, das Zustandekommen der betreffenden psychischen Dispositionen möglich.

Hinsichtlich der für die Ausbildung aller genannten psychischen Dispositionen bedeutsamen affektiv-kognitiven Grundhaltung potentieller SHO-Mitglieder, die bei einer SHO-Entstehung nicht quasi-total weltbildorientiert
sein darf [1] und um deren Leitbildausrichtung sich Freire bei passiven Educanden durch die Vermittlung des anthropologischen Konzepts der Kultur
bemüht, und hinsichtlich der dabei relevanten Kompetenzmotivation, kann
in Anlehnung an Büscher und Gronemeyer unter Berücksichtigung des
exogenen Aspekts ausgesagt werden:

Arbeitshypothese 31:
Liegt bei den potentiellen SHO-Mitgliedern eine durch eine quasi-totale
Weltbildorientierung gekennzeichnete, ohnmächtige bzw. passive Grundhal-

---

[1] Vgl. S. 297 dieser Arbeit.

tung vor, so wird eine langsame Integration von Leitbildelementen in diese Grundhaltung höchstwahrscheinlich erst dann möglich, wenn ein SHO-Anreger den Betroffenen durch ermöglichte Kompetenzerfahrungen erleben läßt, daß sie sich ändern können und sich der Umwelt nicht immer unterwerfen müssen.

Arbeitshypothese 32:
Fehlen den potentiellen SHO-Mitgliedern die notwendigen Kompetenzerfahrungen, so ist es für eine SHO-Entstehung notwendig, daß den Betroffenen Kompetenzerfahrungen ermöglicht werden.

Arbeitshypothese 33:
Voraussetzung dafür, daß der SHO-Anreger den potentiellen SHO-Mitgliedern Kompetenzerfahrungen möglich machen kann, ist die von ihm in einem Dialog vorgenommene Vermittlung von Vertrauen in die Veränderungsfähigkeit der Betroffenen („stellvertretende" Kompetenzmotivation).

Arbeitshypothese 34:
Voraussetzung dafür, daß die potentiellen SHO-Mitglieder durch den SHO-Anreger ermöglichte Kompetenzerfahrungen sammeln können, ist, daß dieser die alternativen Handlungen nicht völlig außerhalb des Nahbereichs der Erlebniswelt der Betroffenen ausführen läßt.

Eine weitere höchstwahrscheinliche Bedingung bei exogenen SHO-Entstehungsprozessen – diesmal für die Herausbildung von (Selbst- oder Selbstverantwortungs-)Bewußtsein und einer Bereitschaft zur Selbstbestimmung und zu innovativem und sozialem Handeln – ist, so wurde im Verlaufe dieser Untersuchung deutlich, ein erzieherisches Handeln, bei dem der Anreger mit den Betroffenen *ihre Problem*situation diskutiert und diese als Ausgangspunkt weiterer Maßnahmen wählt. Freire spricht hier von einem „dialogisch-problematisierenden" Vorgehen:

Arbeitshypothese 35:
Bei fehlendem Selbstvertrauen oder Selbstverantwortungsbewußtsein und/
oder fehlender Bereitschaft zur Selbstbestimmung und/oder zu innovativem
sozialen Handeln macht höchstwahrscheinlich erst ein erzieherisches Handeln, das dialogisch-problematisierend vorgeht, das Zustandekommen der betreffenden Dispositionen möglich.

Gronemeyer hat in Anlehnung an McClelland auf den schmalen Grat von
Unter- und Überforderung aufmerksam gemacht. Diesen berücksichtigt auch
ein erfolgreicher exogener SHO-Anreger. Demnach läßt sich vor allem im
Hinblick auf die Ausbildung von Selbstbewußtsein und Selbstvertrauen festhalten:

Arbeitshypothese 36:
Bei mangelndem Selbstbewußtsein und/oder mangelndem Selbstvertrauen
macht ein erzieherisches Handeln die Herausbildung der betreffenden Disposition erst dann höchstwahrscheinlich möglich, wenn der SHO-Anreger
bei der Erörterung der Problemsituation den potentiellen SHO-Mitgliedern
Mangelbewußtsein nur in demselben von ihnen überschaubaren Rahmen abverlangt, in dem er ihnen auch kompetenzerfahrungsreiche Handlungsalternativen zugänglich macht.

Neben den bisher genannten methodischen Schritten, die hinsichtlich mehrerer Dispositionen bei exogenen SHO-Entstehungsprozessen den Charakter
einer höchstwahrscheinlichen Voraussetzung besitzen, geben die folgenden
Arbeitshypothesen solche Methodenschritte wieder, die weniger umfassend
nur im Hinblick auf eine der genannten Dispositionen diesen Charakter
innehaben. Dabei gilt es jedoch zu berücksichtigen — hierauf wird im
letzten Teil dieser Arbeit (Teil E) eingegangen —, daß die jeweiligen psychischen Dispositionen nicht als isoliert voneinander betrachtet werden
können, so daß Interdependenzen sich auch bei ihren höchstwahrscheinlichen Voraussetzungen niederschlagen und in Rechnung zu stellen sind.

Als unverzichtbar für die Ausbildung eines Selbstverantwortungsbewußtseins erwies sich nach Gronemeyer ein Handlungs*spielraum* — von Boettcher präzisiert — für die betreffenden Personen, weil nur er die Erfahrung von Verantwortung ermöglicht. Demnach läßt sich als Voraussetzung für diese spezielle Disposition formulieren:

Arbeitshypothese 37:
Voraussetzung dafür, daß im Rahmen von neuen, alternativen Handlungen (anfangs fehlende) Selbstverantwortung erfahren und bewußt werden kann, ist, daß diesen Handlungen ein Handlungs*spielraum* zugrundeliegt, d.h., daß potentiellen SHO-Mitgliedern nicht ein solch enger Handlungsrahmen vorgegeben wird, daß eigene (Wahl-)Entscheidungen überflüssig werden.

Die ebenfalls von Gronemeyer in Anlehnung an Skinner als bedeutend herausgestellte Methode der Unterteilung von Gesamtinformationen in Teilinformationen, um so Langzeitperspektive in Kurzzeitperspektive aufzulösen, kann als höchstwahrscheinliche Voraussetzung dafür angesehen werden, daß bei exogenen SHO-Entstehungsprozessen eine anfangs fehlende Bereitschaft zur Selbstbestimmung entstehen kann, sehen sich die potentiellen SHO-Mitglieder doch sonst der komplexen SHO-Idee als unüberschaubarem und daher ihre Fähigkeiten und Kompetenzen vermeintlich übersteigendem Phänomen gegenüber.

Arbeitshypothese 38:
Bei fehlender Bereitschaft zur Selbstbestimmung auf Seiten der potentiellen SHO-Mitglieder macht höchstwahrscheinlich erst ein erzieherisches Handeln, bei dem der SHO-Anreger die mit der alternativen Situationsinterpretation verbundene Problemlösung „Selbsthilfeorganisation" nicht als Ganzes sofort zu Beginn als Idee übermittelt, sondern die Gesamtinformation in Teilinformationen untergliedert, die Herausbildung einer solchen Bereitschaft möglich.

Eine weitere psychische Disposition, zu deren Herausbildung im Falle ihres anfänglichen Fehlens bei exogenen SHO-Entstehungsprozessen bestimmte

methodische Schritte eines exogenen SHO-Anregers vor Ort höchstwahrscheinlich unverzichtbar sind, ist die Bereitschaft zu innovativem sozialen
Handeln. Weiter oben wurde bereits festgehalten, daß diese u.a. nur dann
entstehen kann, wenn

a) die Innovation — hier die Selbsthilfeorganisation zumindest in ihrer speziellen inhaltlichen und/oder personellen Ausprägung — (vgl. Arbeitshypothese 7),

b) das objektive Vorliegen eines Spielraums für solidarisches Handeln (vgl.
   Arbeitshypothese 8) und

c) der Umstand, daß andere Menschen sich in einer vergleichbaren Lebenslage befinden (vgl. Arbeitshypothese 9),

von den potentiellen SHO-Mitgliedern *wahrgenommen* werden sowie

d) zwischen den Beteiligten gegenseitiges Vertrauen herrscht (vgl. Arbeitshypothese 14).

In dem Fall, daß eine solche Wahrnehmung und ein solches Vertrauen
bei exogenen SHO-Entstehungsprozessen anfangs fehlen, bemüht sich der
exogene SHO-Anreger darum, diesen Mangel zu beheben. Die betreffenden Arbeitshypothesen lauten:

Arbeitshypothese 39:
Haben die potentiellen SHO-Mitglieder die Information — hier die „solidarische Selbsthilfe" bzw. „Selbsthilfeorganisation — nicht wahrgenommen,
so macht höchstwahrscheinlich erst eine Person — hier der SHO-Anreger —,
die diese Information in ihr Wahrnehmungsfeld bringt, eine solche Wahrnehmung möglich.

Arbeitshypothese 40:
Nehmen die potentiellen SHO-Mitglieder nicht wahr, daß objektiv die
Möglichkeit (der Spielraum) für solidarisches Handeln gegeben ist, ermög-
licht höchstwahrscheinlich erst ein erzieherisches Handeln, das den SHO-

Betroffenen ihren Handlungsspielraum bewußt macht, die obengenannte Wahrnehmung.

Arbeitshypothese 41:
Wenn potentielle SHO-Mitglieder nicht wahrnehmen, daß sich andere Menschen in vergleichbarer Lebenslage befinden, so macht höchstwahrscheinlich erst ein erzieherisches Handeln, das zum einen im Rahmen einer alternativen Situationsinterpretation dialogisch-problematisierend die Betroffenen bewußt werden läßt, daß es sich bei der Problemsituation nicht um eine individuelle, sondern *gemeinsame* Problemsituation handelt, und das zum anderen im Rahmen gemeinsamer Handlungen die Existenz verallgemeinerungsfähiger Bedürfnisse erfahrbar macht, die genannte Wahrnehmung möglich.

Arbeitshypothese 42:
Ist bei den potentiellen SHO-Mitgliedern kein gegenseitiges Vertrauen gegeben, so macht höchstwahrscheinlich erst ein erzieherisches Handeln, bei dem durch das Bewußtmachen des Gemeinsamkeitscharakters der Problemsituation Angst und Scham untereinander abgebaut werden, die Bildung eines solchen Vertrauens möglich.

Sind mit den genannten Bedingungen zur Herausbildung von Selbstbewußtsein, Selbstverantwortungsbewußtsein, Selbstvertrauen, der Bereitschaft zur Selbstbestimmung und der Bereitschaft zu innovativem sozialen Handeln bei exogenen SHO-Entstehungsprozessen höchstwahrscheinliche Voraussetzungen zur exogenen Entstehung einer Handlungs*bereitschaft* zur Gründung einer Selbsthilfeorganisation aufgeführt, so läßt sich auch hinsichtlich der *Kraft* zur SHO-Gründung ein möglicher exogener Aspekt berücksichtigen. Liegt die Kraft zur SHO-Gründung nämlich anfangs nicht vor, so kommt, wie die innovationstheoretischen Erkenntnisse zeigen, den inoffziellen Führern in einer Gruppe entscheidende Bedeutung zu. Die entsprechende Arbeitshypothese ließe sich folgendermaßen formulieren:

Arbeitshypothese 43:

Ist die Kraft zur SHO-Gründung nicht gegeben, dann wird sie höchstwahrscheinlich erst dann zutage treten, wenn ein SHO-Anreger im Rahmen
eines erzieherischen Handelns die inoffiziellen Führer in einer Gruppe
überdurchschnittlich intensiv in die erzieherische Interaktion einbezieht.

Wurden bisher Aussagen darüber gemacht, inwieweit bestimmte methodische
Schritte sich bei exogenen SHO-Entstehungsprozessen als höchstwahrscheinliche Voraussetzungen der Dispositionsausbildung erweisen, so sei nunmehr
auf die *Vorbedingungen* eingegangen, durch die erst dieses erzieherische
und durch die genannten methodischen Elemente gekennzeichnete Handeln
möglich wird. In Anlehnung an Kuhn, Goodenough und vor allem Wurr
läßt sich hierzu festhalten:

Arbeitshypothese 44:

Basis eines jeden im Rahmen von exogenen SHO-Entstehungsprozessen erfolgreichen, grundsätzlich erzieherischen Vorgehens ist ein *Vertrauensverhältnis* der Betroffenen gegenüber dem SHO-Anreger.

Arbeitshypothese 45:

Dieses Vertrauensverhältnis setzt voraus, daß der SHO-Anreger

a) den Kommunikationsstil der Betroffenen beherrscht bzw. sich aneignet,

b) vor Ort eine Rolle herausbilden kann, mit der es ihm möglich ist, eine
   mittlere Distanz im Sinne Wurrs aufzubauen, und

c) den Betroffenen gegenüber eine positive, partnerschaftliche Einstellung
   und ein ebenso geartetes Verhalten zeigt.

Da der erfolgreiche unmittelbare exogene SHO-Anreger seine Handlungen
an einer Problemsituation anknüpft, ist es erforderlich, daß er zum einen
— so hebt Freire hervor — im Dialog und durch Beobachtung lernt, was
die potentiellen SHO-Mitglieder als „Problem" empfinden, und zum anderen für sich das „Problem" erkennt, das zumindest nicht ir allen Aspekten

mit dem der Betroffenen völlig identisch ist und somit eine der Quellen einer alternativen Situationsinterpretation darstellt. An dieser Stelle kommen auch die objektiven SHO-Voraussetzungen (Voraussetzungsebene I, Umweltbereich) ins Blickfeld, deren Vorliegen der SHO-Anreger nämlich erst dann präzise prüfen kann, wenn er eine konkrete Problemsicht entwikkelt hat.

So läßt sich als weitere Voraussetzung erfolgreicher unmittelbarer exogener SHO-Anregung festhalten.

Arbeitshypothese 46:
Erfolgreiche exogene SHO-Anregung vor Ort setzt voraus, daß der unmittelbare SHO-Anreger aufbauend auf einem Vertrauensverhältnis zu den Betroffenen ihre Situation so genau kennenlernt, daß er für sich das Problem erkennen und von dieser Problemsicht her das Vorliegen der Umwelt-SHO-Voraussetzungen prüfen kann.

Neben den hier schwerpunktmäßig interessierenden höchstwahrscheinlichen Voraussetzungen für exogene SHO-Entstehungsprozesse kristallisierten sich bei der erziehungswissenschaftlichen Betrachtung erfolgreicher unmittelbarer SHO-Anregung außerdem solche methodische Elemente heraus, die sich zwar nicht als in den meisten Fällen unverzichtbar erwiesen, die sich aber als für die Erreichung bestimmter Dispositionen oder ihrer Voraussetzungen *förderlich* bzw. günstig oder *ungünstig* herausstellten. Diesen methodischen Elementen sei die abschließende Betrachtung gewidmet.

So zeigen Bachmair und vor allem Freire im Zusammenhang mit der Bewußtseinsbildung:

Arbeitshypothese 47:
Ein Selbstbewußtsein der Betroffenen läßt sich am ehesten durch eine Gegenüberstellung von Situationsdokumenten und ihrer Kommentierung durch die Betroffenen erreichen.

Wurrs Untersuchung zur Strategie des Einlebens läßt deutlich werden:

Arbeitshypothese 48:

Eine mittlere Distanz im Sinne Wurrs wird von einem Anreger dann am ehesten erreicht, wenn er

a) seine Kontakte streut,

b) in allen Kontakten Selbstbewußtsein erkennen läßt,

c) in Gesprächen Stellung nimmt, und zwar so, daß es nicht zu einer Beherrschung seiner Kommunikationspartner im Sinne einer einseitigen Suggestionsbeziehung kommt und

d) Eigenheiten oder gar Originalitäten seines Verhaltens bewahrt.

Hinsichtlich der Verdeutlichung der von Goodenough als notwendig herausgestellten positiven und partnerschaftlichen Einstellung des Anregers gegenüber den potentiellen SHO-Mitgliedern läßt sich nach Hruschka präzisieren:

Arbeitshypothese 49:

Der Anreger macht im Gespräch dann seine positive und partnerschaftliche Einstellung gegenüber den potentiellen SHO-Mitgliedern am deutlichsten, wenn er

a) die Gesprächssituation so gestaltet, daß der Gesprächspartner sich nicht als Bittsteller fühlen muß,

b) den Respekt vor der Persönlichkeit und der Eigenständigkeit des Gesprächspartners nicht nur empfindet, sondern sichtbar und fühlbar werden läßt,

c) Zeitdruck vermeidet,

d) aufmerksames Beobachten und aktives Zuhören in den Mittelpunkt des Gespräches stellt,

e) die Betroffenen aussprechen läßt und ihnen nicht in die Rede fällt,

f) ein Gespräch nicht mit Kritik beginnt,

g) Fragen begründet und

h) auf der Verständnis- und der Erlebnisebene der Betroffenen argumentiert und reagiert.

Vor allem Goodenough und Seibel haben die Schwierigkeiten deutlich gemacht, die sich aus der organisatorischen Eingebundenheit des Anregers für dessen Rollengestaltung ergeben können. Im Bezug auf diesen Faktor sei festgehalten:

Arbeitshypothese 50:
Die Rolle mit mittlerer Distanz (im Sinne Wurrs) ist vom Anreger umso schwerer aufzubauen

a) je intensiver er in ein politisches Gesamtprogramm integriert und ohne persönlichen Handlungsspielraum ist und

b) je negativer das Programm oder die politische Institution, in der der Anreger integriert sein kann, von den Betroffenen gewertet wird.

Bezogen auf die spätere Phase der Problemdiskussion wurden bei Gronemeyer folgende Zusammenhänge deutlich:

Arbeitshypothese 51:
Die Vermittlung von Vertrauen in die Veränderungsfähigkeit der Betroffenen durch den Anreger gelingt diesem umso besser, je mehr Erinnerungen der Betroffenen an vergangene Kompetenzerfahrungen von ihm wachgerufen werden und je mehr es ihm gelingt, den Betroffenen gegenwärtige Kompetenzerfahrungen zum Bewußtsein zu bringen.

Arbeitshypothese 52:
Die Übermittlung von Teilinformationen gelingt dem Anreger umso eher, je mehr sie in einem direkten Bezug zur praktischen Lebenserfahrung und alltäglichen Wirklichkeit der Betroffenen stehen.

Arbeitshypothese 53:

Die Übermittlung der Informationen und Interpretationen gelingt dem Anreger umso eher, je besser der Anreger die Sprache der Betroffenen
spricht.

Bezogen auf das Problem der Innovationswahrnehmung bedeuten Gronemeyers Erkenntnisse schließlich:

Arbeitshypothese 54:

Die Innovationswahrnehmung erhöht der Anreger bei den Betroffenen

a) durch die Erinnerung an ehemalige, vergessene Kompetenzerfahrungen
   der potentiellen SHO-Mitglieder und

b) durch die Bewußtmachung ihres Handlungsspielraums.

Mit den ausgewiesenen Arbeitshypothesen, die aus den erziehungswissenschaftlichen Erkenntnissen resultieren, die sich für die Erklärung von exogenen SHO-Entstehungsprozessen als relevant erwiesen, geht die Analyse
wissenschaftlicher Erklärungsansätze zu Ende. Die ausgewählten und dargestellten Ansätze sind als theoretisches Fundament des eigenen interdisziplinären sozialwissenschaftlichen Versuchs der Erklärung der Entstehung
von Selbsthilfeorganisationen in Entwicklungsländern aufzufassen, dessen
Aussagen den im Verlauf dieser Untersuchung entwickelten Arbeitshypothesen zu entnehmen sind. Mit diesen Arbeitshypothesen, die im letzten Teil
dieser Arbeit (Teil E) zusammengefaßt werden, wird kein Anspruch auf
Vollständigkeit erhoben. Jedoch geht der Verfasser davon aus, die wesentlichen Entstehungsfaktoren analytisch erfaßt zu haben. So spiegelt das in
Arbeitshypothesen gefaßte Aussagesystem nach Auffassung des Verfassers
noch keine fertige Theorie der SHO-Entstehung wider, sondern bietet nur
einen *theoretischen Ansatz* zur Erklärung der SHO-Entstehung in Entwicklungsländern. Welche Folgen sich aus diesem für die *Evaluierung exogener*
SHO-Entstehungsprozesse ergeben, soll im folgenden, letzten Teil dieser
Studie gezeigt werden.

E. SCHLUSSFOLGERUNGEN FÜR DIE EVALU-IERUNG DER EXOGENEN ENTSTEHUNG VON SELBSTHILFEORGANISATIONEN IN ENTWICKLUNGSLÄNDERN

1. KONSEQUENZEN DES ERZIEHERISCHEN ELEMENTS

Die vorliegende Untersuchung hat gezeigt, daß zumindest in allen den zitierten Forschern und dem Verfasser vorliegenden Fällen exogener SHO-Entstehungsprozesse, an deren Ende eine lebensfähige Selbsthilfeorganisation in einem Entwicklungsland vorlag, ein grundsätzlich erzieherisches Handeln vor Ort, das darüber hinaus noch zusätzlich durch bestimmte methodische Elemente gekennzeichnet ist, für die Herausbildung einzelner am Anfang noch fehlender SHO-Voraussetzungen notwendig war. Ergibt sich hieraus auch nicht zwingend, daß das erzieherische Element bei *jeder* exogenen SHO-Entstehung, an deren Ende eine lebensfähige Selbsthilfeorganisation vorliegt, eine notwendige Voraussetzung bildet, so kann doch auf dem Fundament der bisherigen Untersuchungsergebnisse begründet angenommen werden, daß bei der ganz überwiegenden Zahl von („erfolgreichen") exoge-nen SHO-Entstehungsprozessen dem erzieherischen Element Voraussetzungs-charakter zuzusprechen ist. Trifft diese schlußfolgernde Annahme zu, so muß dieses erzieherische Element bei einer Evaluierung exogener SHO-Entstehungsprozesse Berücksichtigung finden.

Als Kennzeichen des beschriebenen und analysierten, grundsätzlich erzie-herischen Vorgehens vor Ort zeigte sich das Bemühen, auf die Ecudan-den — der prinzipiellen Offenheit eines SHO-Entwicklungsprozesses hinsicht-lich seiner zukünftigen konkreten Ausprägung entsprechend — *ohne Macht-*

ausübung so einzuwirken, daß bei ihnen bestimmte psychische Dispositionen entstehen können, die unerläßlich für den erfolgreichen Fortgang des Entstehungsprozesses sind. Hieraus ergibt sich eine *prinzipielle Offenheit* beim erzieherischen Teilelement des Gesamtprozesses, die darin ihren Ausdruck findet, daß weder vom Anreger noch von den Educanden mit Sicherheit ein bestimmtes Verhalten oder eine bestimmte Situation in der Zukunft benannt und prognostiziert werden kann.

Diese prinzipielle Offenheit läßt sich somit durch den erzieherischem Vorgehen eigenen Verzicht darauf erklären, mittels Anwendung von Machtmitteln bis hin zur Gewalt kurz- oder mittelfristig ein bestimmtes *Endergebnis* bzw. *Endverhalten* zumindest der *äußeren Form* nach in größtmöglichem Umfang „*sicherzustellen*".

Verzichtet man beim erzieherischen Handeln hierauf, so unterzieht man sich auch nicht der Verpflichtung, bestimmte angestrebte Sachverhalte *unbedingt* an bestimmten äußerlichen Merkmalen festmachen zu müssen, die als von den Sachverhalten bedingte Wirkungen deren Vorhandensein zum Ausdruck bringen. Denn ohne solche ex ante vorzunehmende Festlegungen von durch Machtausübung zu erreichenden sichtbaren Merkmalen bei den Handlungsobjekten scheinen Macht- und Gewaltanwendung nicht sinnvoll.

Diese prinzipielle Offenheit des erzieherischen Handelns spiegelt so den Umstand wider, daß Erziehung im hier zugrundegelegten Sinne [1] *nicht* als eine *hinreichende* Bedingung zur Erreichung von (Erziehungs-)Zielen angesehen wird. Diese Offenheit wird schließlich umso größer, je unbekannter und fremder dem Anreger die Educanden sowie die Umweltkonstellationen sind. Dies wurde spätestens im völkerkundlichen Abschnitt dieser Arbeit deutlich. Daß im entwicklungspolitischen Bereich dieser Fall der Fremdheit und Unbekanntheit von Educanden sowie Umweltkonstellationen eher den

---

[1] Vgl. S. 128 f. dieser Arbeit.

Regel- als den Sonderfall darstellt, wird niemand ernsthaft bezweifeln wollen.

Somit entspricht bei einer effektiven Selbsthilfeförderung ein *ex ante* ohne vertieftes Kennenlernen und ohne Beteiligung der Betroffenen genau konzipiertes Zielsystem beim Anreger *nicht* dem beschriebenen, als erfolgreich aufgezeigten Anregervorgehen. Es hat sich nämlich gezeigt, daß der erfolgreiche Anreger von exogenen SHO-Entstehungsprozessen nicht als erstes ein fertiges Zielsystem und SHO-Konzept vorlegt, sondern sich erst einlebt, die Verhältnisse kennenlernt und schließlich *gemeinsam* mit den Betroffenen Zielformulierungen vornimmt.

Mit dieser Aussage konfrontiert, werden sich viele Entwicklungshilfepraktiker und -theoretiker fragen, ob der Verfasser von der Vorstellung ausgeht, daß der Anreger sich ohne irgendeine eigene Idee in den Anregungsprozeß stürzt. Dem ist nicht so. Nur muß folgendes beachtet werden:

Ob jemand, hier der Anreger, sich mit einer *vagen Vorstellung* oder mit einem *bereits ausgearbeiteten Konzept* bzw. detaillierten Plan potentiellen SHO-Mitgliedern nähert, macht einen bedeutenden Unterschied aus.

Daß vom Leitbild bis zu einem Konzept ein möglicherweise weiter — und auch für den Anreger selbst — lehrreicher Weg zurückgelegt werden muß, wird oft übersehen. So wird beides oft nicht auseinandergehalten und differenziert, sondern unbedacht vermischt. Daß dies so häufig geschieht, ist gewiß auch damit zu erklären, daß viele Analytiker bei der Rückbesinnung auf die Entstehung von Selbsthilfeorganisationen (hier: Genossenschaften) im Europa des 19. Jahrhunderts den Umstand übersehen, daß auch die Genossenschaftspioniere nicht von heute auf morgen mit fertigen Genossenschaftskonzeptionen aufwarteten und auch nur diejenigen von ihnen dauerhaften Erfolg hatten, die sich mit der tatsächlichen Situation und Denkweise der potentiellen SHO-Mitglieder im Laufe der Jahre vertraut gemacht hatten, obwohl sie als *Landsleute* ihrer Anregungspartner im Gegensatz zu vielen entwicklungspolitischen SHO-Anregern den Vorteil hatten, Mitglieder derselben Ethnie zu sein. [1]

Ist somit — zumindest nach den hier vorliegenden Erkenntnissen — nur der Anreger erfolgreich, der motiviert und getrieben durch sein persönliches Leitbild, aber ohne vorgefertigtes Konzept oder ex ante erstellten Plan den Anregungsprozeß erzieherisch beginnt, so müssen hieraus für die Evaluierung exogener SHO-Entstehungsprozesse Konsequenzen gezogen werden.

Als erste Konsequenz läßt sich anführen, daß dem Evaluierer — zumindest im Falle von erfolgreichen Anregungsprozessen — kein fertiges Konzept bzw. kein *ex ante* ausgearbeitetes Zielsystem des SHO-Anregers zur Verfügung steht. Liegen Konzepte bzw. Zielsysteme *ex ante* vor, so kann der Evaluierer aufgrund der herausgestellten Zusammenhänge mit einigem Grund daran zweifeln, ob die für eine erfolgreiche exogene SHO-Entstehung wichtige erzieherische Komponente beim Handeln des bzw. der SHO-Anreger überhaupt vorliegt.

Wenn *ex ante* vorgegebene Zielsysteme bei erfolgreichen SHO-Anregungsprozessen beim SHO-Anreger *nicht* vorliegen, so heißt dies aber nicht, daß von ihm oder den SHO-Betroffenen *überhaupt keine Ziele* im Rahmen eines erfolgreichen Anregungsversuches vorgegeben werden können. Solche konkreten Teilziele werden vielmehr *im Verlaufe* des SHO-Entstehungsprozesses von ihnen gemeinsam entwickelt und als Voraussetzungen zur Erfüllung höher eingestufter Ziele aufgefaßt.

---

[1] Vgl. zur angesprochenen Problematik z.B. HASSELMANN, E., Am Anfang war die Idee, Robert Owen, Sturm und Drang des sozialen Gewissens in der Frühzeit des Kapitalismus, in: Zentralverband deutscher Konsumgenossenschaften e.V. (Hrsg.), Wegbereiter und Organisatoren, Lebensbilder großer Genossenschaften, Heft 3, Hamburg 1958; ELSÄSSER, M., Die Rochdaler-Pioniere. Religiöse Einflüsse in ihrer Bedeutung für die Entstehung der Rochdaler Pioniergenossenschaft von 1844 in: Engelhardt, W.W. und Thiemeyer, Th. (Hrsg.), Schriften zum Genossenschaftswesen und zur öffentlichen Wirtschaft, Band 5, Berlin 1982.

Betrachtet man den grundsätzlichen Charakter dieser erst im Verlauf des Prozesses durch die SHO-Beteiligten selber formulierten Teilziele bzw. Voraussetzungen genauer, so wird verständlich, warum auf sie in der bisherigen Erörterung nicht näher eingegangen wurde. Sie stellen nämlich die für eine jeweilige Selbsthilfeorganisation *spezifischen* Teilziele bzw. speziellen Voraussetzungen dar, die im einzelnen sehr unterschiedlich zu sein vermögen. So kann z.B. bei einem SHO-Aufbauversuch das Erlernen von *Entwässerungstechniken* als spezielle Voraussetzung zu einer funktionsfähigen Selbsthilfeorganisation zum Zwecke der Ertragssteigerung angesehen werden, während bei einer auf denselben Zweck ausgerichteten Selbsthilfeorganisation in einer trockenen Gegend eventuell das Erlernen von *Bewässerungstechniken* als spezielle Voraussetzung aufgefaßt werden kann.

Wie bereits an früheren Stellen betont [1], bezieht sich das Untersuchungsinteresse dieser Arbeit jedoch nicht auf diese speziellen Voraussetzungen, da nur die für *alle* Selbsthilfeorganisationen notwendigen Voraussetzungen in dieser Analyse und somit auch im Rahmen der hier auszubreitenden Evaluierungsperspektive betrachtet werden sollen. Von daher sind diese speziellen Voraussetzungen bzw. Teilziele für das Evaluierungs*zielsystem*, das in dieser Arbeit entwickelt werden soll, irrelevant. Von Interesse sind nur die *allgemeinen* SHO-Voraussetzungen.

Im Zusammenhang mit der für diese Arbeit gewählten Evaluierungsmethode [2], der Zielerreichungsanalyse, bedeutet dies, daß der Evaluierer von allgemeinen SHO-Voraussetzungen nicht, wie sonst bei Zielerreichungsanalysen üblich, auf *von anderen ex ante* vorgegebene Ziele zurückgreifen kann, um für seine Evaluierung ein Zielsystem zu entwickeln. Er kann es entweder deswegen nicht, weil ein ex ante festgelegtes Zielsystem bei den SHO-Anregern nicht vorliegt oder weil es zwar vorliegt, er aber dies nur

---

[1] Vgl. S. 12 f. und S. 90 f. dieser Arbeit.

[2] Vgl. S. 108 ff. dieser Arbeit.

als Indikator mangelnden erzieherischen Vorgehens, *nicht* jedoch als *Grundlage* seiner Evaluierung auffassen und übernehmen kann.

Die zu Anfang dieser Untersuchung vorgenommene Zuordnung der allgemeinen Voraussetzungen zur „Ziel"kategorie steht zu dem bisher Gesagten nicht im Widerspruch, stellt diese Zuordnung doch die Formulierung *„selbst entwickelter"*, nicht von anderen übernommener Ziele durch den Evaluierungs*planer* dar. Diese „selbst entwickelten" Ziele sind jedoch nicht willkürlich gewählt, sondern auf das Leitbild des SHO-Anregers insofern bezogen, als daß die allgemeine SHO-Voraussetzungen als Zwischen„ziele" auf dem Weg zur Erreichung *seines* grundsätzlichen Anliegens (Ziels) „Zustandekommen einer lebensfähigen Selbsthilfeorganisation" aufgefaßt werden.

Es war hervorgehoben worden, daß diese Zuordnung eine logische und keine empirische Aussage beinhaltet. Dies besagt, daß die allgemeinen SHO-Voraussetzungen als (Zwischen-)Ziele des Evaluierungsplaners in der Realität insofern ex ante von ihm selbst entwickelte (Evaluierungs-)Ziele sind, als daß sie zwar logisch aus dem Grundanliegen des SHO-Anregers abgeleitet sind, die so bezeichneten Sachverhalte aber von den SHO-Anregern in der Wirklichkeit exogener SHO-Entstehungsprozesse nicht immer bewußt als Voraussetzungen bzw. Zwischenziele aufgefaßt und benannt werden.

Läßt somit das erzieherische Element bei exogenen SHO-Entstehungsprozessen es zweckmäßig erscheinen, im Rahmen der Evaluierung von allgemeinen SHO-Voraussetzungen, abweichend von den üblichen Gepflogenheiten der Praxis der Zielerreichungsanalyse, keine von anderen ex ante vorgegebenen Ziele zu übernehmen bzw. von anderen durch Befragen zu ermitteln, so legt das erzieherische Handeln noch ein weiteres Abweichen vom bisher benutzten „Pfad" der Evaluierungspraxis in Entwicklungsländern nahe.

Man pflegt nämlich, wie bereits zu Anfang dieser Arbeit gezeigt worden ist, Bemühungen um Entwicklungen in der „Dritten Welt" in der Regel als

„Projekte" zu klassifizieren, also als Vorhaben, deren Ziele und Mittel ex ante genau festliegen und die zeitlich begrenzt sind. [1] Es läßt sich nunmehr leicht nachvollziehen, daß es widersprüchlich wäre, exogene SHO-Entstehungsprozesse, die im Zustandekommen von lebensfähigen Selbsthilfeorganisationen münden, als „Projekte" zu bezeichnen, die durch Ziel-Mittel-Relationen gekennzeichnet sind, die von den Projektplanern bzw. den Projektbeteiligten ex ante eindeutig festgelegt werden. [2] Eine „Projektperspektive" als Evaluierungsperspektive würde dem exogenen SHO-Entstehungsprozeß mithin nicht gerecht.

Es empfiehlt sich daher, die Evaluierung von exogenen SHO-Enstehungsprozessen *nicht* als „Projektevaluierung" zu konzipieren und am besten den Projektbegriff trotz seiner Geläufigkeit gar nicht zu verwenden, um sich nicht unbewußt in Widersprüche zu verwickeln. Vielmehr sei in dieser Arbeit von einem *„SHO-Aufbauversuch"* gesprochen, wenn exogene SHO-Anregungsprozesse ins analytische Blickfeld gelangen.

2. BISHERIGE, AUF SELBSTHILFEORGANISATIONEN BEZOGENE EVALUIERUNGSANSÄTZE

Bevor im dritten Kapitel ansatzweise eine Lösung des aufgeworfenen Evaluierungsproblems versucht werden soll, sei zu ihrer besseren Einordnung und zu ihrem besseren Verständnis in diesem zweiten Kapitel auf die bisherigen Ansätze zur SHO-Evaluierung eingegangen, die in der Bundesrepublik vorzufinden sind.

---

[1] Vgl. S. 114 dieser Arbeit.

[2] Vgl. hierzu auch S. 362 dieser Arbeit.

Der überwiegende Teil der heute vorliegenden Überlegungen zur SHO-Evaluierung bezieht sich auf die SHO-Form „Genossenschaft", wobei die *bereits bestehende* Genossenschaft das Evaluierungsobjekt bildet. Obwohl der
Entstehungsprozeß bei diesen Überlegungen nicht untersucht wird, scheinen
sie dennoch für das Evaluierungsanliegen dieser Arbeit hilfreich, und zwar
aufgrund einiger grundsätzlicher Erkenntnisse und Instrumentarien, die
durch jene Überlegungen für die SHO-Evaluierungsdiskussion fruchtbar gemacht worden sind.

In so gut wie allen Ansätzen wird die SHO-Evaluierung im Sinn einer
Zielerreichungsanalyse verstanden und so ebenfalls nach möglichen Zielsystemen bzw. Zielhierarchien gefragt. Im Anschluß an Flohr [1] und andere
Autoren aus dem Umkreis des Kölner Genossenschaftswissenschaftlers Gerhard Weisser nennt Derfuß [2] drei verschiedene Ebenen, denen Ziele bei
einer Genossenschaft zuzuordnen sind:

(1) die Mitglieder (Zielebene I),

(2) die Mitgliederwirtschaften (Zielebene II),

(3) die Genossenschaftsbetriebe (Zielebene III).

In neuerer Zeit fügte Richter [3] dieser Aufzählung unter Anknüpfung an
die Koalitionstheorie der Unternehmung noch eine vierte Ebene (Zielebene
IV) hinzu, die durch die „externen Koalitionspartner" einer Genossenschaft
wie Staat, Genossenschaftsverband, Konkurrenten etc. gebildet wird.

Es ließe sich bei dem hier zur Diskussion gestellten Evaluierungsanliegen
fragen, auf welcher dieser Ebenen die Evaluierungs„zwischenziele" dieser
Arbeit, nämlich die allgemeine SHO-Voraussetzungen, anzusiedeln wären.

---

[1] Vgl. FLOHR, H., Probleme ... a.a.O.; d e r s ., Bemerkungen ... a.a.O.

[2] Vgl. DERFUSS, J., Erfolgsermittlung ... a.a.O.

[3] Vgl. RICHTER, D., Möglichkeiten ... a.a.O.

Aus der definitorischen Breite des SHO-Begriffs ergibt sich, daß nicht jeder SHO-Entstehungsprozeß zwangsläufig in eine Selbsthilfeorganisation mit einem Organbetrieb (hier: Genossenschaftsbetrieb) mündet. Es bleibt ferner von der konkreten inhaltlichen Ausgestaltung einer exogen angeregten Selbsthilfeorganisation abhängig, ob aufgrund ökonomischer Zielsetzungen bei den Mitgliedern auch ihre eigenen Wirtschaften als gesonderte Ebene Bedeutung erlangen. So bleiben die Ebene der Mitglieder und die der externen Koalitionsteilnehmer als diejenigen übrig, denen die allgemeinen SHO-Voraussetzungen als „Zwischenziele" im Verlaufe des Entstehungsprozesses zugeordnet werden könnten. Hierbei würden sich die allgemeinen SHO-Voraussetzungen des Umweltbereichs auf — dieselbe noch erweiternd — die Zielebene IV der externen Koalitionsteilnehmer beziehen. Die zuerst genannte Zuordnung fällt im übrigen umso leichter, als daß die von Derfuß genannte Zielebene I gerade auch außerökonomische Überlegungen mitumfaßt. [1]

Die bisherigen genossenschaftswissenschaftlichen Evaluierungsüberlegungen gestatten es ferner, den Aspekt der im vorigen Abschnitt herausgestellten, prinzipiellen Offenheit des erzieherischen Teilelements im Rahmen einer exogenen SHO-Entstehung auf seine Konsequenzen hin noch näher zu beleuchten. Das erzieherische Handeln kann für den Evaluierungszusammenhang nämlich durchaus als eine „partizipative bzw. kooperative Form der Zielbildung" interpretiert werden, bei deren Tolerierung sich nach Meinung des Kölner Genossenschaftswissenschaftlers W.W. Engelhardt „eine isolierte und abschließende Zielsetzung mindestens bei einem Teil der Genossenschaften verbieten (dürfte)". [2]

---

[1] Vgl. hierzu: RICHTER, D., Möglichkeiten ... a.a.O., S. 148–203; ENGELHARDT, W.W., Der genossenschaftliche Grundauftrag — Leerformel oder Verpflichtung?, in: Erwartungen der Genossenschaftspraxis an die Wissenschaft, Tagungsbericht der IX. Internationalen Genossenschaftswissenschaftlichen Tagung 1978 in Freiburg/Schweiz, Sonderheft der ZfgG, 1979, S. 160–199, hier S. 169.

[2] ENGELHARDT, W.W., Der genossenschaftliche ... a.a.O., S. 172; Klammerergänzung vom Verfasser.

Der Münsteraner Genossenschaftswissenschaftler Erik Boettcher geht einen Schritt weiter und problematisiert den in dieser Studie beim erfolgreichen SHO-Anreger aufgezeigten Verzicht auf ein genaues, ex ante festgelegtes Zielsystem als die einzig *rationale* Vorgehensweise eines jeden Planers bzw. Handelnden. [1] Auf diese Weise wirft er in Anlehnung an Dieter Aldrup [2] im Zusammenhang mit der Frage der Zieloperationalisierung das bereits weiter oben (Teil D) angesprochene Rationalitätsproblem auf.

Es war im betreffenden Kapitel (D.II.1.) festgehalten worden, daß das klassische Rationalitätsaxiom der älteren Entscheidungstheorie, nach der ein Individuum sich aller Alternativen voll bewußt für den Weg entscheidet, der seine Bedürfnis- und Nutzenvorstellungen maximal befriedigt, sich in der Realität nicht bewahrheitet (hat). Vielmehr wird in dieser Arbeit die Annahme der neueren Entscheidungstheorie geteilt, nach der sich der Entscheidungsträger in einer Unvollkommenheitssituation befindet und sich schon mit befriedigenden Lösungen begnügt. Im Bewußtsein dieser Unvollkommenheitssituation stellt Boettcher aus einer dynamischen Perspektive heraus fest [3], daß die Menschen nicht „dumm" sind, wenn sie anfangs nicht genau wissen, was sie wollen, „weil (nämlich) das Wünschenswerte und Wünschbare erst im Verlaufe einer Entscheidungsperiode klar wird." [4]

„Daher verhalten sich die Menschen gerade immer dann rational, wenn sie sich vor Beginn einer Periode nicht auf feste Ziele genau festlegen lassen, weil sie ja nicht genau wissen, ob nicht auch neue, bessere Mittel bekannt werden oder die bekannten Mittel verbilligt werden, so daß auch noch andere Ziele in den Umkreis der erfüllbaren Möglichkeiten treten." [5]

---

[1] Vgl. BOETTCHER, E., Die Problematik ... a.a.O., S. 211f.

[2] ALDRUP, D., Das Rationalitätsproblem ... a.a.O.

[3] Vgl. BOETTCHER, E., Die Problematik ... a.a.O., S. 211.

[4] Ebenda S. 211; Klammerergänzung vom Verfasser.

[5] Ebenda S. 211.

Diese Auffassung, der sich hier angeschlossen wird, beinhaltet die Ablehnung der herkömmlichen wirtschaftswissenschaftlichen Rationalitätsvorstellung gemäß dem Konzept der „vorgängigen Erfolgssicherung" [1], nach dem sich rational verhält, wer erst das Ziel festlegt, um dann zu dessen Erreichung die geeigneten Mittel auszuwählen. [2]

Im Anschluß an Aldrup und Boettcher sei hier hingegen die Rationalität im Sinne des Konzepts des „Kritischen Rationalismus" verstanden, nach dem sich rational verhält, „wer Ziele und Mittel für ständige Kritik und Revision offenhält." [3]

Wenn in dieser Arbeit den allgemeinen SHO-Voraussetzungen zum Zwecke ihrer *Evaluierung* von vorneherein, ex ante ein (Zwischen-) Zielcharakter zugesprochen wird, so steht dies zum gerade Gesagten nicht im Widerspruch. Denn bei den ausschließlich für Evaluierungszwecke als „Ziele" formulierten SHO-Voraussetzungen dieser Studie handelt es sich, wie schon mehrfach betont, nur um *logisch* durch den Evaluierungs*planer* abgeleitete Zwischenziele und *nicht* zwingend um *tatsächliche,* ex ante (Zwischen-)-Ziele von SHO-*Anregern* in der empirisch überprüfbaren Wirklichkeit, bei denen hier die Rationalitätsfrage erörtert wurde.

Es ergibt sich somit für Boettcher, daß man zu Anfang einer Entscheidungsperiode nur „ungefähre Zielvorgaben" [4] machen kann, die sich von dem am Ende einer Planperiode entwickelten „Endziel" unterscheiden können. „Denn das Endziel als das schließliche Ziel am Ende der Periode ist das Ergebnis eines Lernvorgangs, nicht sein Ausgang. Ziele werden danach also durch die Erfahrung konkretisiert und angepaßt." [5] Bemerkens-

---

[1] ALDRUP, D., Das Rationalitätsproblem ... a.a.O., S. 29 et passim.

[2] Vgl. hierzu und zum folgenden: BOETTCHER, E., Die Problematik ... a.a.O., S. 211.

[3] Ebenda S. 211.

[4] Vgl. hierzu und zu folgenden ebenda S. 211.

[5] Ebenda S. 211f.

werterweise formuliert Boettcher hier trotz seiner von Freire grundverschiedenen weltanschaulichen und wissenschaftstheoretischen Ausgangsposition [1], ganz allgemein bezogen auf jeden Entscheidungsvorgang, im Prinzip dasselbe, was auch in Freires speziell auf erzieherisches Handeln ausgerichteter Aussage ausgesprochen wird, nach der nämlich dasjenige Vorgehen, das für die Selbstbewußtwerdung eines erwachsenen Educanden für sinnvoll angesehen wird, bei dem der Lehr*inhalt* mit dem Lern*prozeß* identifiziert wird. [2]

Die nur „ungefähre Zielvorgabe" findet sich in Boettchers Evaluierungsansatz wieder, den er als nur auf Genossenschaften mit Genossenschaftsunternehmen bezogen verstanden wissen möchte. [3] Bei diesem Ansatz unterscheidet er grundsätzlich zwischen der Messung der „Produktivität" als Erfolg der Kooperation im Außenverhältnis – von ihm „Markterfolg" genannt – und der Messung der „Effektivität" als Erfolg der Kooperation im Innenverhältnis – von ihm als „Förder- oder Mitgliedererfolg" bezeichnet. [4] Da seiner Meinung nach bewährte Mittel zur Messung des Markterfolges vorliegen, konzentriert er sich im Rahmen seiner neueren Überlegungen auf das Meßproblem beim Mitgliedererfolg. Bei der Erörterung dieses Problems fällt bei ihm der „ungefähren Zielvorgabe" in der Form des sogenannten „Förderplans" eine konstitutive Aufgabe zu.

Der am Anfang einer Entscheidungsperiode erstellte „Förderplan" nämlich und der „Förderbericht" als Ergebnisbericht an deren Ende stellen die beiden Hauptkomponenten der Effektivitätsmessung dar. Dabei muß bei der Erstellung des Förderplans auf der Basis des durch Indikatoren [5] operationalisierten Förderungsauftrages sukzessive geklärt werden, was als Ziel

---

[1] Boettcher fühlt sich nach eigenen Angaben der „liberalen Tradition" verpflichtet. Vgl. d e n s e l b e n , Die Problematik ... a.a.O., S. 209.

[2] Vgl. FREIRE, P., Erziehung ... a.a.O., S. 53.

[3] Vgl. BOETTCHER, E., Die Problematik ... a.a.O., S. 201.

[4] Vgl. ebenda S. 198ff. und d e r s ., Kooperation ... a.a.O., vor allem S. 131–165.

[5] Fußnote siehe folgende Seite 499.

grundsätzlich gewählt werden könnte, was man in der konkreten Situation wählen sollte und was man sich am Ende eigentlich überhaupt leisten kann zu wählen. [1]

Auf der bisher skizzierten Grundlage nimmt bei Boettcher die Ermittlung des Mitgliedererfolges folgende Gestalt an: auf dem gerade genannten Weg wird zu Anfang einer Entscheidungsperiode der Förderplan als ungefähre Zielvorgabe über die Interessen- und Situationslage der Mitglieder sowie über die zur Verfügung stehenden Mittel aufgestellt. Am Ende der Entscheidungsperiode wird im Förderbericht zu den inzwischen eingetretenen Änderungen bei der Interessen- und bei der Situationslage, zu den eingesetzten Mitteln und schließlich dazu Stellung bezogen, inwieweit die Genossenschaftsleitung die Veränderung der Lage der Mitglieder durch den Einsatz ihrer Mittel als ihren Förderungserfolg begründet. Ein solcher Bericht dient im nächsten Schritt dem Förderplan der nächsten Entscheidungsperiode als Grundlage.

Berücksichtigen Boettchers Überlegungen somit noch stärker als die bisher ausgewiesenen Ansätze die evolutorische Komponente bei genossenschaftlichen Zielfindungsprozessen, so setzen aber auch sie erst bei bereits bestehenden Genossenschaften an. In dieser Arbeit interessieren jedoch *nicht* die *Mitglieder* einer *Genossenschaft,* sondern vielmehr die allgemeinen SHO-Voraussetzungen im Bereich der Umwelt und im personalen Bereich *potentieller* bzw. *zukünftiger* Mitglieder einer *Selbsthilfeorganisation* und bei deren exogenen Anregern.

Ein Evaluierungsansatz, der abweichend von den herkömmlichen Überlegungen zur Evaluierung von Genossenschaften zum einen ausdrücklich auch

---

Fußnote 5 von Seite 498: Da die von Boettcher ohne Anspruch auf Vollständigkeit ausgewiesenen Indikatoren sich nur auf bestimmte, bereits bestehende Genossenschaften beziehen, seien sie hier aufgrund des vorliegenden Untersuchungsschwerpunktes nicht weiter ausgeführt. Vgl. aber BOETTCHER, E., Die Problematik ... a.a.O., S. 201.

[1] Vgl. ebenda S. 204.

auf Selbsthilfeorganisation im hier verstandenen weiten Sinne bezogen ist und zum anderen den exogenen Entstehungsaspekt in die bewertende Betrachtung mit aufzunehmen versucht, ist der Evaluierungsansatz des Marburger Genossenschaftswissenschaftlers Eberhard Dülfer. [1] Dieser Ansatz erfordert es, umso mehr in dieser Arbeit erörtert zu werden, als er, wie bereits erwähnt [2], die Grundlage des Evaluierungsteils der „Grundsätze zur Förderung von Selbsthilfeorganisationen in Entwicklungsländern" des bundesdeutschen Ministerums für wirtschaftliche Zusammenarbeit vom November 1977 bildet und somit praktische Bedeutung für die Entwicklungspolitik bekommen hat. [3]

Den exogenen Entstehungsprozeß von Selbsthilfeorganisationen in Entwicklungsländern versucht Dülfer mit dem *Projekt*begriff anzugehen. Bewertende Betrachtungen, die sich auf den exogen angeregten Werdevorgang einer Selbsthilfeorganisation richten, werden von ihm folglich als *Projekt*evaluierungen konzipiert. Hierbei hebt er als wichtiges Merkmal eines Projekts hervor, daß bei ihm „ein durch den angestrebten Endzustand (Projektziele) *inhaltlich eindeutig* umschriebenes und zeitlich begrenztes Vorhaben (vorliegt), mit dessen Realisation das Projekt als abgeschlossen gilt." [4]

Die Berücksichtigung der zeitlichen Dimension bei einer Selbsthilfeorganisation in einem Entwicklungsland, die in der Einbeziehung einer SHO-Projektphase — Dülfer spricht in diesem Zusammenhang von einem „SHO-Aufbauprojekt" [5] — zum Ausdruck kommt, ist eines seiner zentralen Anliegen, da er gerade die Vernachlässigung der zeitlichen Komponente mit

---

[1] Vgl. zu diesem Evaluierungsansatz und zu den folgenden Ausführungen: DÜLFER, E., Operational Efficiency ... a.a.O.; d e r s ., Eine analytische Methode ... a.a.O.; d e r s ., Aufbau ... a.a.O.; d e r s ., Die Evaluierung von Genossenschaften, in: ZfgG, Band 27, 1977, S. 316—336; d e r s ., Leitfaden ... a.a.O.

[2] Siehe Fußnote 4 auf S. 30 dieser Arbeit.

[3] Siehe BMZ (Hrsg.), Grundsätze ... a.a.O., S. 49—87.

[4] DÜLFER, E., Leitfaden ... a.a.O., S. 28; Klammerergänzungen vom Verfasser; im Original nicht kursiv gedruckt.

[5] Vgl. z.B. DÜLFER, E., Aufbau ... a.a.O., S. 33.

für das Scheitern vieler SHO-Aufbaubemühungen verantwortlich macht. [1]
Sein diesbezüglicher Vorwurf lautet, daß die betreffenden Aufbaumaßnahmen „im Sinne eines *statischen* Modells simultan geplant und je nach
Möglichkeit realisiert" [2] wurden, obwohl, so Dülfer, „sie nur in einem
zeitlich strukturierten Prozeß der allmählichen Veränderung voll hätten
zum Tragen kommen können." [3]

Um eine solche „zeitliche Strukturierung" des exogenen SHO-Entstehungsprozesses bemüht, entwickelt Dülfer ein „Phasenschema" der Selbsthilfeorganisation, das folgende Gestalt hat: [4]

„Phase 1: Initiierung der Selbsthilfe und Entwurf eines operativen Konzepts;

Phase 2:   Motivierung und Schulung der SHO-Gründungsmitglieder;

Phase 3:   Organisatorische und ggf. rechtliche Gründung der SHO;

Phase 4:   Herstellung der Betriebsbereitschaft des Organbetriebs (wenn
           vorhanden);

Phase 5:   Einübung des Dauerbetriebs bis zur Verselbständigung;

Phase 6:   Selbständiger Dauerbetrieb mit Förderungsbedarf;

Phase 7:   Selbständiger Dauerbetrieb ohne Förderungsbedarf."

Dülfer stellt sich hierbei unter den Phasen im einzelnen folgendes vor: [5]

a) zur Phase 1:
Diese Phase beginnt für ihn in dem Moment, in dem zum ersten Male die
Anregung zur Gründung einer Selbsthilfeorganisation „geäußert" wird. Während Dülfer zur Art und Weise dieser „Äußerung" keine weiteren Bemer-

---

[1] Vgl. DÜLFER, E., Aufbau ... a.a.O., S. 19.

[2] Ebenda S. 19.

[3] Ebenda S. 19.

[4] Ebenda S. 22.

[5] Vgl. zu den folgenden Ausführungen ebenda S. 22—27 und d e n s e l b e n Leitfaden
     ... a.a.O., S. 95—103.

kungen macht, geht er auf die Frage des Anregertyps etwas näher ein. Er hält fest, daß die Anregung von den verschiedensten Initiatoren kommen kann, wobei er vor allem Rückkehrer von großen Arbeiter-Migrationen und zufällig am Ort weilende Beamte der Genossenschafts-, Landwirtschafts- aber auch anderer Behörden nennt. Nach Dülfer wird die Initiative nur selten von den Dorfbauern spontan ergriffen. [1] Werden sie aktiv, so gehe dies sehr häufig auf eine entwicklungspolitische Anregung im Rahmen eines Entwicklungshilfeprogramms zurück, das durch inländische und/oder ausländische Berater durchgeführt wird.

Bezogen auf die *Methode* der Initiierung betont der Autor, daß im Rahmen dieser Phase besonders beachtet werden müsse, daß „Selbsthilfeverfahren und -strukturen den Betroffenen am Ort nicht als vorgefertige Rezepte aufgegeben werden dürfen, sondern von jenen in einem Lernprozeß von Grund auf nachvollzogen und entwickelt werden müssen ...". [2] Dies läßt ihn fordern, schon in dieser ersten Phase die Kontaktaufnahme mit örtlichen Initiatioren und Animateuren zu suchen.

Die Phase 1 endet gemäß Dülfer mit „der Vorlage eines inhaltlich und zeitlich detaillierten Projektplans" [3].

b) zur Phase 2:
Erst wenn so eine „genaue inhaltliche und zeitliche Vorstellung von dem weiteren Vorgehen [4] bzw. eine „einleuchtende Konzeption des Gesamtvorgehens" [5] gegeben ist, kann nach Auffassung des Autors die Phase 2 beginnen. Ihr Ziel besteht sowohl in der „Anwerbung von Teilnehmern" [6]

---

[1] In diesem Fall müßte man wahrscheinlich eher von einer *endogenen* SHO-Entstehung ausgehen.

[2] DÜLFER, E., Leitfaden ... a.a.O., S. 95.

[3] Ebenda S. 96.

[4] Ebenda S. 96.

[5] DÜLFER, E., Aufbau ... a.a.O., S. 24.

[6] DÜLFER, E., Leitfaden ... a.a.O., S. 115.

am Projekt bzw. in der „Mobilisierung" einer nach gesetzlichen und/oder praktischen Erfordernissen ausreichend großen Mitgliederzahl, als auch in der Vermittlung von SHO-Grundkenntnissen sowie spezieller, für die konkrete Ausrichtung der jeweiligen Selbsthilfeorganisation unverzichtbarer Informationen und Fähigkeiten. Diese, in den meisten Fällen „mühsame Aufgabe"[1] der Phase 2, die sich nach Dülfer in Form regelmäßig wiederholter Zusammenkünfte und schrittweiser Diskussionen möglicher Vor- und Nachteile eventuell über Wochen und Monate hinwegzieht, endet mit dem Nachweis eines nach den gesetzlichen Bestimmungen bzw. praktischen Erfordernissen ausreichenden ersten Mitgliederkreises.

c) zur Phase 3:
Diese Phase kann nach zeitlicher Ausdehnung und enthaltenen Tätigkeiten recht unterschiedlich ausfallen. So geht es bei einfachen formalen Selbsthilfeorganisationen ohne Organbetrieb nur darum, den rechtlich-organisatorischen Charakter der betreffenden Organisation zu klären und ihn den Gründungsmitgliedern deutlich zu machen. In solchen Fällen ist es denkbar, daß allein die Wahl eines Sprechers bzw. Vorsitzenden eine geregelte Außenvertretung gewährleisten kann.

Handelt es sich aber um eine formale Selbsthilfeorganisation mit Organbetrieb, so umfaßt die Phase 3 meist die Klärung des gesellschaftlich-rechtlichen Charakters der Organisation, dies absichernde Gründungsbeschlüsse und die ordnungsgemäße Eintragung in ein amtliches Register.

Dülfer weist darauf hin, daß wegen der Investitionssicherung, wegen der Haftungsverhältnisse und wegen eventuell erforderlicher Gewährleistungen amtlicher Betreuung in der Regel die Gründung eines Wirtschaftsbetriebes bzw. einer operativen Verwaltungseinheit erst nach der vollständigen Klärung des rechtlichen Charakters der Selbsthilfeorganisation gewagt werden

---

[1] DÜLFER, E., Leitfaden ... a.a.O., S. 115.

kann. In einem solchen Fall sind nach Dülfer Gründungsversammlungen, Satzungen und die Wahl gesetzlicher Vertretungsorgane erforderlich.

Die Phase 3 endet folglich mit dem Nachweis der Voraussetzungen einer bestimmten SHO-Rechtsnatur, wozu auch der Nachweis der personellen Besetzung der Leitungsstruktur gehört.

d) zur Phase 4:

Diese Phase ist ex definitione nur für die formalen Selbsthilfeorganisationen mit Organbetrieb von Bedeutung. Bei den für die „Herstellung der Betriebsbereitschaft des Organbetriebs" notwendigen Maßnahmen denkt Dülfer vor allem an die Beschaffung der notwendigen Gebäude, Betriebsmittel und Werkstoffe sowie die Auswahl und Einstellung des Personals. Die Phase endet beim tatsächlichen Arbeitsbeginn des Organbetriebs.

e) zur Phase 5:

Hier handelt es sich, so der Autor, um die Phase, die in der Entwicklungshilfepraxis und -theorie unter der Bezeichnung „Startphase" bzw. „take-off period" bekannt ist. Sie ist dadurch gekennzeichnet, daß in ihr die Führungs- und Fachfunktionen oft noch überwiegend durch auswärtige oder ausländische Berater ausgeübt werden, wobei gleichzeitig die Counterparts in dieser Tätigkeit eingeübt werden. Diese Phase gilt dann als abgeschlossen, wenn die SHO-eigenen Führungs- und Fachkräfte die Aufgaben und Tätigkeiten der bisherigen Berater, die nun in Stabsfunktionen überwechseln, auf Dauer selbständig und selbstverantwortlich übernommen haben.

f) zur Phase 6 und 7:

Bedeutet die Phase 5 auch das Ende der „Projekt"phase einer Selbsthilfeorganisation, so sind nach Dülfer beim exogenen SHO-Entstehungsprozeß noch zwei weitere Phasen zu nennen. So schließt sich im Rahmen der SHO-Entwicklung die Phase 6 an, in der bei der Selbsthilfeorganisation noch ein Förderungsbedarf an materiell-finanzieller Stützung sowie an funktionaler oder projektbezogener Beratung besteht. Erst wenn dieser Bedarf nicht mehr gegeben ist, tritt die Phase 7 ein.

Demnach greift Dülfer den exogenen SHO-Entstehungsprozeß zwar mit dem Projektbegriff auf, setzt diesen Prozeß aber nicht mit einem Projekt gleich. Vielmehr endet das SHO-Projekt bei ihm nach der Phase 5. Phase 6 setzt den Anfang der Selbsthilfeorganisation als „Institution". Diese Unterscheidung von „Projekt" und „Institution" bildet ein weiteres zentrales Element seiner Überlegungen, das sich auch in seinem Evaluierungsansatz niederschlägt.

So verbindet er bei der Evaluierung des für den Zweck dieser Untersuchung allein interessanten „SHO-Aufbauprojekts" eine „Projekt-" und eine „Institutionenevaluierung". Dies bedeutet, daß er den in der letzten Phase des Entstehungsprozesses bereits — zumindest teilweisen — *institutionellen* Charakter des SHO-Auf*bauprojekts* durch eine gesonderte Evaluierungsform berücksichtigen möchte. Hierbei geht er davon aus, daß Institutionen sich unter anderem dadurch von einem Projekt unterscheiden, daß: [1]

1. sie auf eine *dauerhafte* und nicht einmalige Verfolgung von Zielen ausgerichtet sind,

2. ihre Ziele und ihre Mittel im Zeitablauf variabel sind und

3. zukünftige geschäftliche Operationen und die Form der langfristigen Entwicklung der Institutionen nicht im voraus determiniert werden können.

Die Evaluierung des SHO-Aufbauprojekts findet bei Dülfer in Form einer Zielerreichungsanalyse statt. Dabei sind für die obengenannten Phasen folgende Endziele als Kriterium zu nennen: [2]

---

[1] Vgl. DÜLFER, E., Eine analytische Methode ... a.a.O., S. 12f.
[2] Vgl. BMZ (Hrsg.), Grundsätze ... a.a.O., S. 65.

a) Endziel der Phase 1: Vorlage eines inhaltlich und zeitlich detaillierten Projektplans,

b) Endziel der Phase 2: Nachweis eines nach den gesetzlichen und/oder praktischen Erfordernissen ausreichenden ersten Mitgliederkreises,

c) Endziel der Phase 3: Nachweis der Voraussetzungen für eine bestimmte Rechtsnatur der Selbsthilfeorganisation, der Eintragung ins amtliche Register falls vorgeschrieben, Nachweis der personellen Besetzung der Leitungsstruktur,

d) Endziel der Phase 4: Tatsächlicher Arbeitsbeginn eines etwaigen SHO-Organbetriebes,

e) Endziel der Phase 5: Nachweis der selbständigen Funktionsausübung seitens der SHO-eigenen Führungs- und Fachkräfte,

f) Endziel der Phase 6: Nachweis der Lebens- und Funktionsfähigkeit der Selbsthilfeorganisation bzw. einzelner Tätigkeitsbereiche bei Aussetzen der Förderung.

Für die Phase 7 wird kein Endziel angegeben, da diese im Zeitablauf offen ist.

Nach Dülfer ist nun auf dem Wege eines *Soll-Ist*-Vergleichs festzustellen, ob die jeweiligen Endziele gemäß dem Phasenschema erreicht werden bzw. welcher Entwicklungsstand des zu evaluierenden SHO-Aufbauprojekts gemäß Phasenschema zu konstatieren ist. Auf diese Weise, so der Autor, erhalte man Aufklärung zum einen über den bisherigen Ablauf des SHO-Enstehungsprozesses und darüber, welchen Anteil die einzelnen Phasen an ihm hatten, und zum anderen darüber ob die verschiedenen Förderungsmaßnahmen in der richtigen zeitlichen Zuordnung erfolgten.

Da die Endziele der Phasen 1, 3 und 6 häufig den Charakter von direkt meßbaren Sachzielen haben, problematisiert Dülfer in ihrem Zusammenhang die Frage der genauen Messung der Zielerreichung nicht. Bezogen auf die Endziele der Phase 2 und 5 wird in den von ihm geprägten BMZ-Grundsätzen angemerkt, daß im Zusammenhang mit ihrer Messung zusätzlich quantitative Angaben erforderlich sind.

In den Phasen 5 und 6 tritt zum genannten Endziel noch die „unternehmenspolitische Effizienz"[1] als weiteres Bewertungskriterium hinzu, das aus dem Bereich der Dülfer'schen „Institutionenevaluierung" stammt. Bei dieser Evaluierung stellt es neben der „entwicklungspolitischen" und der „mitgliederbezogenen Effizienz" das dritte Bewertungskriterium dar.

Als „unternehmenspolitische Effizienz" mißt Dülfer die „Wirksamkeit" einer Selbsthilfeorganisation. Unter „Wirksamkeit" versteht er dabei das Ausmaß, mit der die Organisation ihre selbst gesteckten Ziele erreicht. Die selbstgesteckten Ziele, die dabei zugrundegelegt werden, sind die „operationalen Leistungsziele des Organbetriebes"[2]. Sie setzen sich zum einen aus dem operationalisierten Zielsystem der SHO-Gruppe, den eigenen Zielen des SHO-Organbetriebs sowie u.a. aus den persönlichen Zielen der leitenden Mitarbeiter und den Zielen von Behörden, Verbänden etc. zusammen. Der jeweilige Inhalt eines so zusammengesetzten operationalen Zielsystems des Organbetriebs hängt ganz von der konkreten Ausprägung der jeweiligen Selbsthilfeorganisation ab.

Das Ausmaß der entwicklungspolitischen Beiträge einer funktionierenden Selbsthilfeorganisation mißt Dülfer mit der „entwicklungspolitischen Effizienz"[3], dem zweiten Evaluierungskriterium. Hierbei werden entwicklungspolitische Ziele auf die Ebene der jeweiligen Mitgliederwirtschaften einer Selbst-

---

[1] Vgl. z.B. DÜLFER, E., Leitfaden ... a.a.O., S. 189 ff.

[2] Vgl. DÜLFER, E., Bewertungs- und Meßprobleme bei der Evaluierung von Genossenschaften in Entwicklungsländern, in: ders. (Hrsg.). Zur Krise der Genossenschaften in der Entwicklungspolitik, in: Schriften des Instituts für Kooperation in Entwicklungsländern, Marburger Schriften zum Genossenschaftswesen, Reihe B, Göttingen 1975, S. 17–57, hier S. 20.

[3] Vgl. DÜLFER, E., Leitfaden ... a.a.O., S. 237 ff.

hilfeorganisation hinabprojiziert, ihre Erreichung dort gemessen und schließlich der Selbsthilfeorganisation zugerechnet. Im Rahmen der hier interessierenden SHO-Aufbauprojekt-Evaluierung wird dieser Aspekt ab Phase 5 berücksichtigt.

Da nach Dülfer die einfachen SHO-Mitglieder oft bei den Verhandlungen über das SHO-eigene Zielsystem gegenüber der „SHO-Leitung" eine schwache Position einnehmen, die durch staatliche Einflusse noch weiter geschwächt werden kann, empfiehlt er schließlich noch die Messung einer „mitgliederbezogenen Effizienz" [1] mittels Marktforschungsmethoden und Methoden der empirischen Sozialforschung. Die Messung der so ermittelten Mitgliederziele sieht Dülfer im Rahmen einer SHO-Aufbauprojekt-Evaluierung jedoch nicht vor. Auf mögliche Konfliktsituationen zwischen „einfachen Mitgliedern" und der „SHO-Leitung" soll im Rahmen der gemeinsamen Evaluierung hingegen bereits geachtet werden. [2]

Bei Dülfers „SHO-Institutionenevaluierung" werden alle drei Effizienzen als unverzichtbar angesehen, und nur positive Resultate bei allen dreien ermöglichen eine langfristige Lebensfähigkeit der Selbsthilfeorganisation. Da der Schwerpunkt dieser Untersuchung auf dem Entstehungsaspekt bei Selbsthilfeorganisationen liegt, sei an dieser Stelle auf eine weitergehende Erörterung der „Institutionenevaluierung" Dülfers, die im Rahmen der Bewertung eines SHO-Aufbauprojekts auch nur im speziellen Fall des Vorliegens eines Organbetriebs relevant wird, verzichtet.

Liegt mit diesem Evaluierungsansatz Eberhard Dülfers auch erstmalig (zumindest nach Kenntnis des Verfassers) im deutschen Sprachraum ein Ansatz vor, in dem man sich bemüht, die exogene Entstehung von Selbsthilfeorganisationen in Entwicklungsländern einer *systematischen* und SHO-*spezifischen,* bewertenden Betrachtung zu unterziehen, so scheinen

---

[1] Vgl. DÜLFER, E., Leitfaden ... a.a.O., S. 263 ff.

[2] Vgl. BMZ (Hrsg.), Grundsätze ... a.a.O., S. 80.

doch hinsichtlich seiner Brauchbarkeit bzw. seiner Anwendungsmöglichkei-
ten für das Evaluierungsanliegen dieser Arbeit einige Zweifel angebracht.

Drei Sachverhalte nähren wesentlich diese Zweifel. Als erstes wäre die
Verwendung der „Projekt"konzeption durch Dülfer zu nennen, die in ihrer detaillierten Ausgestaltung eher dem weiter oben kritisierten herkömmlichen Konzept der „vorgängigen Erfolgssicherung" zu entsprechen scheint,
als dem hier im Einklang mit Aldrup und Boettcher vertretenen Konzept des „Kritischen Rationalismus", das am Anfang einer Planung nur
von „ungefähren Zielvorgaben" ausgeht. Formulierungen wie „inhaltliche
und zeitliche *Vorstellung*" [1] oder *„operatives* Konzept" [2] oder Verzicht
auf „vorgefertigte Rezepte" [3] könnten einen zwar an der obengemachten
Feststellung zweifeln lassen, doch zu ihrer Untermauerung lassen sich andere, nach Ansicht des Verfassers überzeugendere Gegenargumente im Dülfer'schen Evaluierungskonzept anführen.

So spricht Dülfer zwar in seiner Abhandlung von 1977 nur von einer „inhaltlichen und zeitlichen Vorstellung", die am Ende der ersten Projektphase
vorzuliegen hat, präzisiert dies jedoch zwei Jahre später in seinem „Leitfaden" insofern, als er nun „eine *genaue* inhaltliche und zeitliche Vorstellung von dem weiteren Vorgehen" [4] für das Ende dieser Phase fordert.
Aber schon 1977 spricht er im selben Kontext ergänzend davon, daß zum
betreffenden Zeitpunkt „eine *einleuchtende Konzeption* des *Gesamtvorhabens*" [5] gegeben sein müsse. Selbst wenn man nicht die Definition des
Begriffs „Konzeption" teilt, die dieser Arbeit zugrundegelegt wurde [6], so
wird man den Ausdruck „Konzeption" in der Regel nicht zur Kennzeichnung von nur recht vage gehaltenen „ungefähren Zielvorgaben" benutzen.

---

[1] DÜLFER, E., Aufbau ... a.a.O., S. 23; im Original nicht kursiv gedruckt.

[2] Ebenda S. 22; im Original nicht kursiv gedruckt.

[3] Ebenda S. 23.

[4] DÜLFER, E., Leitfaden ... a.a.O., S. 96; im Original nicht kursiv gedruckt.

[5] DÜLFER, E., Aufbau ... a.a.O., S. 24; im Original nicht kursiv gedruckt.

[6] Vgl. S. 44 dieser Arbeit.

Dülfers definitorische Kennzeichnung des Unterschieds zwischen einem „Projekt" und einer „Institution" liefert jedoch den gravierendsten Hinweis für die Berechtigung des oben geäußerten Zweifels. Die Institution hebt sich bei ihm nämlich ex definitione dadurch vom Projekt als inhaltlich „eindeutig"[1] umschriebenem und zeitlich begrenztem Vorhaben ab, daß sie zeitlich nicht begrenzt ist, bei ihr Ziele und Mittel variabel und zukünftige Operationen sowie die Form ihrer langfristigen Entwicklung nicht im voraus determinierbar sind.[2] Es scheint dem Verfasser nicht unzulässig, aus dieser Institutionsdefinition — die Dülfer aus dem Hintergrund seiner Bemühungen, die „Institution" grundsätzlich vom „Projekt" abzugrenzen, in dieser Form festgelegt hat — den Schluß zu ziehen, daß umgekehrt für das „Projekt" die Nicht-Variabilität der Ziele und Mittel und die Ex ante-Determinierbarkeit zukünftiger Operationen sowie des Prozeßablaufs charakteristisch sind. Daß ein „Projekt" nur „ungefähre Zielvorgaben", die im Laufe der Entscheidungsperiode konkretisiert oder sogar geändert werden können, umfaßt, läßt sich mithin allein aus den definitorischen Festlegungen Dülfers schwer vorstellen.

Das Konzept der „vorgängigen Erfolgssicherung", dem Dülfer anscheinend folgt, sei es nun bewußt oder unbewußt, zeigt dann seine verletzbare „Flanke" bzw. wird dann aus der Sicht dieser Arbeit problematisch, wenn es ausdrücklich auf die *Wirklichkeit* bezogen, ihm also ein empirischer Bezug zugesprochen wird. Bei Dülfer geschieht dies im Rahmen seines Evaluierungsansatzes, indem er, wie aufgezeigt, das Konzept der „vorgängigen Erfolgssicherung" bewußt oder unbewußt über seinen Projektbegriff in den Bereich tatsächlicher und empirisch beobachtbarer exogener SHO-Entstehungsprozesse einführt.

Dieser Realitätsbezug präzisiert sich in einem weiteren Schritt in seinem Phasenmodell, auf dem seine SHO-Aufbauprojekt-Evaluierung basiert und

---

[1] DÜLFER, E., Leitfaden ... a.a.O., S. 28f.
[2] Vgl. DÜLFER, E., Eine analytische Methode ... a.a.O., S. 12f.

auf dessen empirische Fundierung er hinweist. [1] Nach diesem Phasenschema erarbeitet der erfolgreiche exogene SHO-Anreger unter Kontaktaufnahme mit örtlichen Animateuren und Initiatoren am Anfang des Prozesses den bereits angesprochenen inhaltlich und zeitlich „detaillierten" Projektplan. Dies wirft nun den zweiten Sachverhalt auf, der Zweifel an der Brauchbarkeit des Dülfer'schen Ansatzes für den Zweck dieser Untersuchung nährt. Er zeigt sich in dem von Dülfer charakterisierten *Vorgehen* des Anregers in der Phase 1, in dessen Verlauf das, in dieser Arbeit als sehr bedeutend herausgestellte, erzieherische Element nur mit Mühe ausgemacht werden kann.

Als Kennzeichen erzieherischen Handelns wurden in dieser Studie zum einen als Handlungsobjekte die psychischen Dispositionen, die ihrer Beschaffenheit entsprechend nicht direkt an bestimmten äußerlichen Merkmalen be„merkbar" sind, genannt und zum anderen der *Versuchs*charakter der Erziehung hervorgehoben, der im Bemühen um Abbau von vorliegenden Machtgefällen, in einem Nicht-unbedingt-Angewiesensein auf äußerlich direkt bemerkbare Phänomene und in einer prinzipiellen Offenheit des Prozesses zum Ausdruck kommt.

Wenn aber schon am Anfang des Prozesses ein detaillierter Plan vorzuliegen hat, läßt das den Verdacht aufkommen, daß die prinzipielle Offenheit des erzieherischen Vorgehens, in dessen Rahmen grundsätzlich Risiken und Unabwägbarkeiten akzeptiert und in den Ablauf eingeschlossen sind, von vornherein begrenzt werden soll. Gesellt sich hierzu noch eine Ex ante-Festlegung auf äußerliche, direkt bemerkbare Phänomene als „Projektziele", auf die erzieherisches Handeln nicht unbedingt angewiesen ist, so erhärtet sich die Befürchtung, daß die hinter diesem Vorgehen stehende Absicht sich weniger durch einen erzieherischen als mehr durch einen eher politischen Charakter auszeichnet.

---

[1] Vgl. DÜLFER, E., Aufbau ... a.a.O., S. 20.

Daß sich aus diesem Vorgehen im Rahmen einer Projektkonzeption zumindest die Gefahr ergibt, daß die Handlungen des exogenen SHO-Anregers trotz eventuell gegenteiliger Absicht immer mehr politische Züge bekommen, indem bei ihnen die Aufmerksamkeit von den psychischen Dispositionen weg immer mehr auf die Erreichung der als „detaillierte Ziele" anvisierten, direkt bemerkbaren Phänomene ausgerichtet wird, ist für Seibel eine systemimmanente Erscheinung. [1] Projektkonzeptionen spiegeln nämlich, so Seibel, nur das, für bürokratisch strukturierte Organisationen typische, von Max Weber herausgestellte Bemühen um die Produktion *beabsichtigter* Folgen wider. Dies gilt bei Seibel auch für die Projektkonzeptionen im Rahmen der Entwicklungshilfe, da Entwicklungshilfeorganisationen zu einem nicht unbeträchtlichen Teil bürokratisch organisiert seien. SHO-Anreger, die in eine solcne Projektkonzeption eingebunden sind, würden — und seien sie noch so erzieherisch motiviert — im Laufe der Zeit nicht umhin können, der Erreichung der beabsichtigten Folgen, die in diesem Zusammenhang immer an äußerlich direkt bemerkbaren Phänomenen festgemacht sind, fast ihre ganze Aufmerksamkeit zu schenken, wie auch Goodenough beobachten konnte. [2]

Dülfer berührt dieses Problem, wenn er folgende Beobachtung wiedergibt: [3]

„Wegen der Schwierigkeiten dieser ersten beiden Phasen treten die Initiatoren *oft* 'die Flucht' nach vorne' an, indem sie (äußerlich direkt bemerkbare) Institutionen gründen oder sogar (äußerlich direkt bemerkbare) Anschaffungen tätigen. Sie hoffen auf die Überzeugungskraft der Fakten, irren sich darin aber gründlich."

---

[1] Vgl. SEIBEL, H.D., Voraussetzungen ... a.a.O., S. 302 f.

[2] Vgl. S. 425 f. dieser Arbeit.

[3] DÜLFER, E., Leitfaden ... a.a.O., S. 195; im Original nichts kursiv gedruckt; Klammerergänzungen vom Verfasser. Vgl. zu diesem Mißverständnis auch Goodenoughs Beobachtungen S. 425 ff.

Mögen, wie Dülfer hier andeutet, bei dieser „Flucht nach vorn" dem so praktizierten Handeln noch psychische Dispositionen als Bezugspunkte bzw. als erzieherische Oberziele zur Verfügung stehen, so kann doch nicht ausgeschlossen werden — gescheiterte Projekte scheinen dies anzudeuten —, daß bei einer solchen „Flucht" die psychischen Dispositionen ganz aus den Augen verloren oder aus dem Bewußtsein verdrängt werden.

Angesichts der so konstatierten Unsicherheit darüber, ob die von Dülfer seiner Evaluierung zugrundegelegte Initiierungsmethode überhaupt einen ausreichend erzieherischen oder nicht vielmehr einen überwiegend politischen Charakter besitzt, wird verständlich, daß Dülfers Ansatz für das Anliegen dieser Arbeit nicht anwendbar erscheint. Denn man kann einen Evaluierungsansatz nicht auf einer Basis aufbauen und konzipieren, die man als nicht tragbar erkannt hat, d.h. im hier vorliegenden Falle, der man keine ausreichende Wiedergabe des tatsächlichen exogenen SHO-Entstehungsprozesses zuspricht.

Wird trotz der oben geäußerten Bedenken dennoch davon ausgegangen, daß das von Dülfer angesprochene Initiierungsvorgehen ein grundsätzlich erzieherisches Handeln darstellt, so stößt man bei der Prüfung der Vorgehensmethode im einzelnen schließlich auf den letzten der drei Sachverhalte, die Zweifel daran nähren, ob der Dülfer'sche Ansatz für das Evaluierungsanliegen dieser Arbeit anwendbar ist. Die bei Dülfer ausgewiesene Initiierungsmethode unterscheidet sich nämlich allem Anschein nach wesentlich von derjenigen erzieherischen Anregungsmethode, die in dieser Studie als im Rahmen von exogenen SHO-Entstehungsprozessen erfolgreiches Vorgehen aufgezeigt worden ist. Die in dieser Untersuchung herausgestellte Methode läßt sich knapp zusammenfassend dadurch charakterisieren, daß bei ihr der SHO-Anreger sich ohne ausgearbeitetes Konzept den Betroffenen nähert, sich zuerst einlebt, die Verhältnisse kennenlernt und erst dann im Rahmen eines dialogisch-problematisierenden Vorgehens, bei dem er eine alternative Situationsinterpretation anbietet und Handlungsalternativen ermöglicht, Ziele sukzessiv *gemeinsam* mit den Betroffenen formuliert und

SHO-bezogene Aktionen möglichst nur von ihnen durchführen läßt. Der SHO-Anreger bemüht sich somit darum, die Betroffenen zu befähigen, die Probleme alle selbst zu erkennen, alle Entscheidungen selbst zu treffen und möglichst alle auch selber auszuführen.

Die von Dülfer skizzierte Initiierungsmethode scheint insoweit diesem Vorgehen nicht zu entsprechen, als daß der SHO-Anreger anscheinend bereits in der ersten Phase des „Projektes" eine inhaltlich und zeitlich detaillierte Konzeption des Gesamtvorgehens entwirft. Dies geschieht zwar auch im Kontakt mit örtlichen Initiatoren und Animateuren, die SHO-Betroffenen selber werden in diesem Zusammenhang jedoch von Dülfer, zumindest explizit, nicht angesprochen.

Dies legt zwei Interpretationsmöglichkeiten nahe. Entweder geht Dülfer davon aus, daß man zu Beginn der Phase 2 den SHO-Betroffenen mit einer fertigen Konzeption begegnet, die ohne deren direkte Beteiligung entstanden ist, und die Betroffenen auf diese hin „motiviert" und schult, oder aber er meint — eine Kontaktaufnahme mit den Betroffenen unterstellt —, daß man in relativ kurzer Zeit bestimmte Ziele mit ihnen *gemeinsam* entwickelt, wobei der exogene SHO-Anreger die Betroffenen in der zweiten Phase für ihre so gefundenen eigenen Ziele erst noch motivieren muß.
Da nach den in dieser Studie gewonnenen Erkenntnissen die solchen Zielen zugrundeliegenden Interessen Motivation(en) voraussetzen, scheint letzteres Vorgehen sehr fragwürdig bzw. empfiehlt es sich, die zweite Interpretationsmöglichkeit der Dülfer'schen Vorgehensweise hier nicht weiter zu verfolgen.

Dafür, daß Dülfer selbst das Vorgehen eher im zuerst genannten Sinne verstanden wissen möchte, deutet seine Äußerung an, daß „die Mobilisierung eines Gründerkreises nicht ohne eine einleuchtende Konzeption des Gesamtvorhabens erfolgen (kann)" [1] und „daß Selbsthilfeverfahren und

---

[1] DÜLFER, E., Aufbau ... a.a.O., S. 23 f.; Klammerergänzung vom Verfasser.

-strukturen von jenen (den SHO-Betroffenen) in einem Lernprozeß *nach-vollzogen* und entwickelt werden müssen." [1] Versteht man Dülfer so, läßt sich auch leichter einsehen, warum er im Zusammenhang mit der Phase 2 an einer Stelle von der „Anwerbung von Teilnehmern" [2] spricht und neben der „Motivierung" in den erläuternden Texten auch von der „Mobilisierung eines Gründerkreises" [3] gesprochen wird.

Eine solche Vorgehensweise, bei der in der Phase 2 eine dem Projektkonzept [4] entsprechend „ausreichende Mitgliedergruppe ... durch einen sozialpsychologisch geschulten Fachmann motiviert werden" [5] muß, ließe sich mit den Worten des Marburger Genossenschaftswissenschaftlers Alfred Hanel [6] als „edukativ-motivierender Stil" im Rahmen einer als „sozialökonomisch zu interpretierenden Grundstrategie" bezeichnen. Bei dieser Grundstrategie, die auf die Bildung SHO-geeigneter Gruppen unter Berücksichtigung zentraler Kriterien wie Größe, Heterogenitätsgrad und regionale Streuung ausgerichtet ist, können die Förderer im Konsens mit den potentiellen Mitgliedern erforderliche Entscheidungen selber treffen und diese in deren Auftrag auch selber realisieren. [7]

Das erzieherische Elemente taucht hier nur bei der Bezeichnung des *Stils,* nicht jedoch bei der Kennzeichnung der Grundstrategie auf. Diese wird als „sozialökonomisch" bezeichnet und scheint angesichts der bisher gemachten einschränkenden Bemerkungen zum erzieherischen Charakter der von Dülfer zugrundegelegten Vorgehensweise bzw. Strategie nach Meinung des Verfassers zu deren Kennzeichnung sehr geeignet.

---

[1] DÜLFER, E., Leitfaden ... a.a.O., S. 95: Hervorhebungen vom Verfasser.

[2] Ebenda S. 115.

[3] Ebenda S. 97.

[4] Es wurde ohne die direkte Beteiligung der SHO-Betroffenen ausgearbeitet.

[5] DÜLFER, E., Leitfaden ... a.a.O., S. 120.

[6] Siehe zum folgenden: HANEL, A., Staatliche Entwicklungspolitik ... a.a.O., S. 156f.

[7] Vgl. ebenda S. 157.

Die im Verlaufe dieser Studie skizzierte Methode des SHO-Anregers, die sich ganz offensichtlich von derjenigen unterscheidet, die Dülfer aufzeigt, weist eine starke Ähnlichkeit mit der anderen, von Hanel vorgestellten Strategie auf, und zwar mit der „als sozialpädagogisch zu charakterisierenden Strategie" [1]. Bei ihr will der SHO-Förderer potentielle Mitglieder zur Gruppenbildung anregen und sie befähigen, alle mit der Gründung einer Selbsthilfeorganisation und Errichtung eines eventuellen Organbetriebs zusammenhängende Probleme selbst zu erkennen, entsprechende Entscheidungen selbst zu fällen und auszuführen sowie den eventuellen Organbetrieb ausschließlich aus eigenen Mitteln zu finanzieren. [2] Dem Leser wird die Ähnlichkeit offensichtlich. An der Frage der ausschließlichen Eigenfinanzierung zeigt sich hingegen die mangelnde vollständige Konvergenz.

Als Fazit ließe sich abschließend festhalten, daß der Dülfer'sche Ansatz zur Evaluierung von SHO-Aufbauprojekten vor allem aus folgenden drei Gründen als nicht für das Evaluierungsanliegen dieser Arbeit anwendbar angesehen wird:

1. Das Projektkonzept Dülfers, mit dem dieser exogene SHO-Entstehungsprozesse empirisch fundiert erfassen möchte, impliziert das Konzept der „vorgängigen Erfolgssicherung", welches das tatsächliche Entscheidungsverhalten der Beteiligten an einem erfolgreichen exogenen SHO-Entstehungsprozeß gemäß den in dieser Studie gewonnenen Erkenntnissen nicht korrekt wiedergibt.

2. Das von Dülfer zugrundegelegte Verhalten der SHO-Anreger ist eher politisch als erzieherisch und entspricht daher nicht dem in dieser Arbeit aufgezeigten erfolgreichen, grundsätzlich erzieherischen Handeln eines exogenen SHO-Anregers vor Ort. Das von Dülfer aufgewiesene Vorgehen der SHO-Anreger kann daher der Evaluierungskonzeption dieser Arbeit nicht als Grundlage dienen.

---

[1] Vgl. HANEL, A., Staatliche Entwicklungspolitik ... a.a.O., S. 156.

[2] Vgl. ebenda S. 156.

3. Die Anregungsmethode, die im Dülfer'schen Phasenschema zum Ausdruck kommt, entspricht, selbst wenn man ihr erzieherischen Charakter zuspricht, nicht derjenigen Methode, die sich im Verlaufe der vorliegenden Untersuchung als erfolgreiche SHO-Anregungsmethode herauskristallisiert hat. Sie kann daher auch deshalb nicht als Grundlage des hier zu entwickelnden Evaluierungsansatzes dienen.

Ist hiermit auch deutlich geworden, daß keiner der bisherigen auf Selbsthilfeorganisationen bezogenen Evaluierungsansätze dem zum entwerfenden Bewertungskonzept als Basis dienen kann, so offenbaren sich bei ihrer Erörterung doch einige wichtige Gesichtspunkte, die, wie die drei zuletzt genannten Gründe, im folgenden Abschnitt berücksichtigt werden müssen, wenn es um die Entwicklung des eigenen Evaluierungsansatzes geht.

3. DIE „DYNAMISCHE EVALUIERUNG" ALS EVALUIERUNGSANSATZ DIESER ARBEIT

3.1. Das Evaluierungsobjekt

3.1.1. Die allgemeinen Voraussetzungen von Selbsthilfeorganisationen

Das zu Beginn dieser Arbeit noch recht abstrakt formulierte Evaluierungsobjekt [1]

„Allgemeine Voraussetzungen einschließlich ihres zeitlichen /kausalen Dependenz- und Interdependenzgeflechts bei exogen entstehenden bzw. exogen entstandenen Selbsthilfeorganisationen in Entwicklungsländern"

---

[1] Vgl. S. 90f., S. 97 und S. 107 dieser Arbeit.

läßt sich nach den bisher gewonnenen Erkenntnissen über endogene und exogene SHO-Entstehungsprozesse in Entwicklungsländern jetzt inhaltlich näher bestimmen.

Bevor die jeweiligen allgemeinen SHO-Voraussetzungen im folgenden aufgeführt werden, erscheint es angebracht, einleitend den Unterschied hervorzuheben, der grundsätzlich zwischen „Voraussetzungen" einerseits und „Ursachen" andererseits besteht. Während „Ursachen" eine Wirkung notwendig und unabänderlich hervorbringen, stellen „Voraussetzungen" Bedingungen dar, die ein als „Ursache" bezeichnetes Geschehen erst *möglich* machen. So ist zum Beispiel die *Bereitschaft* zum gemeinsamen Handeln eine SHO-*Voraussetzung,* aber erst das tatsächliche gemeinsame Handeln selbst bewirkt als „Ursache" gemeinsam mit anderen „Ursachen" das Zustandekommen einer Selbsthilfeorganisation. [1]

Diese Unterscheidung ist insofern von Bedeutung, als daß im bisherigen Verlauf dieser durchaus auf SHO-Voraussetzungen ausgerichteten Untersuchung nicht nur diese, sondern zum Teil auch SHO-Ursachen bei der empirisch-theoretischen Analyse von SHO-Entstehungsprozessen ins Blickfeld kamen und Erwähnung fanden, während im Rahmen der sich an dieser Stelle anschließenden Evaluierungsdiskussion ausschließlich das Vorliegen von SHO-*Voraussetzungen* erörtert wird. Die bestmögliche Evaluierungsaussage kann mithin nur lauten: „Alle Bedingungen, die das exogene Zustandekommen einer Selbsthilfeorganisation möglich machen, sind gegeben". Bei dieser Aussage ginge man von der Annahme aus, daß die Wahrscheinlichkeit eines Zustandekommens einer lebensfähigen Selbsthilfeorganisation bei gegebenen Voraussetzungen wesentlich höher liegt als bei deren Fehlen. Die bestmögliche Evaluierungsaussage lautet demnach nicht: „Die Selbsthilfeorganisation muß notwendigerweise entstehen, da alle Ursachen wirksam geworden sind". Eine solche Aussage hieße, alle allgemei-

---

[1] Mit diesem Beispiel sei jedoch nicht die Aussage verbunden, daß bei ein und demselben Sachverhalt nicht gleichzeitig sowohl Voraussetzungs- als auch Ursachenaspekte lokalisiert werden können.

nen SHO-Ursachen bestimmen zu können. Dieser Anspruch wird in dieser Arbeit nicht erhoben.

Es bleibt schließlich in Erinnerung zu rufen, daß die allgemeinen SHO-Voraussetzungen im *evolutorischen* Vorgang eines Entstehungsprozesses anzusiedeln sind. Von daher gelangen aus einer kausalanalytischen Perspektive heraus die Sachverhalte, die wiederum das Zustandekommen der SHO-Voraussetzungen ermöglichen, also die die „Voraussetzungen der allgemeinen SHO-Voraussetzungen" bilden, mit in das Blickfeld der Untersuchung. Die oben gemachten Bemerkungen sind deshalb nicht so zu verstehen, als ob in diesem Kapitel grundsätzlich auf die Erörterung von Ursachen verzichtet werden soll. Vielmehr sind sie als ein Hinweis darauf aufzufassen, daß aus der *Evaluierungsperspektive* dieser Arbeit heraus die *kausalanalytische* Betrachtung des SHO-Entstehungsprozesses beim Aufzeigen der SHO-*Voraussetzungen endet* und nicht, wie an früheren Stellen dieser Studie, die durch sie möglich gewordenen SHO-Ursachen und das schließlich so bewirkte Zustandekommen der Selbsthilfeorganisation mitumfaßt.

Entsprechend den aufgestellten Arbeitshypothesen 21 bis 26 lassen sich für den *Umwelt*bereich (Voraussetzungsebene I) folgende sechs objektiven Voraussetzungen als allgemeine Voraussetzungen endogener und exogener SHO-Entstehungsprozesse nennen:

1. Vergrößerung der objektiven Bedürfnisbefriedigungschancen,

2. Handlungsspielraum für solidarisches, aber nicht für individuelles Handeln im Hinblick auf den vorgesehenen SHO-Zweck,

3. Nicht-Existenz einer „übergeordneten" sozialen Institution bzw. deren Unfähigkeit oder mangelnder Wille, potentiellen SHO-Mitgliedern bei der Verbesserung ihrer Lebenslage zu helfen,

4. Zugang potentieller SHO-Mitglieder zu neuen Informationen, insbesondere zu Informationen über die Existenz anderer Personen in einer vergleich-

baren Lebenslage und über die Idee oder das Konzept einer inhaltlich und/oder personell speziell ausgeprägten Selbsthilfeorganisation,

5. Vorhandensein von Personen in vergleichbaren Lebenslagen,

6. Objektive Fähigkeit potentieller SHO-Mitglieder zu Vorleistungen.

Im *personalen* Bereich, bei dem im Verlaufe dieser Studie ausführlicher als im Umweltbereich den kausalen Zusammenhängen der einzelnen Faktoren nachgegangen wurde, bietet die Untersuchung eine solche Fülle von Angaben über Einflußfaktoren mit Voraussetzungs- und zum Teil auch Ursachencharakter, daß sich für eine verständliche Darstellung derselben ihre Systematisierung empfiehlt. Diese Systematisierung der Angaben über entstehungsrelevante Faktoren aus dem Bereich der Wahrnehmungs-, Bedürfnis- und Motivationsstruktur des Menschen, die die subjektive Bedeutung der objektiven Voraussetzungen bei den SHO-Betroffenen (Voraussetzungsebene II) beeinflussen, und aus dem Bereich der ganz individuellen, nicht determinierten Voraussetzungen (Voraussetzungsebene III), deren Einfluß (Leitbild-/Weltbildorientierung) auf die Ausgestaltung der gerade genannten Struktur ebenfalls aufgezeigt wurde, folgt hier der im personalen Bereich analytisch herausgearbeiteten Kausalreihe bzw. Kausalkette bei SHO-Entstehungsprozessen.

Zu diesem Zweck sei zuerst einmal das letzte „Glied" der Kausalkette bestimmt, das als allerletzte „Wirkung" im Verlauf des analysierten Ablaufs betrachtet werden kann. Im Hinblick auf die dieses Kapitel charakterisierende Evaluierungsperspektive ist hierbei zweierlei zu berücksichtigen:

1. Das letzte Glied der Kausalkette besitzt – gemäß den Darlegungen weiter oben – keinen Ursachen-, sondern einen *Voraussetzungscharakter*.

2. Da im Rahmen der Evaluierungsüberlegungen dieser Arbeit *nur exogene* SHO-Entstehungsprozesse einer bewertenden Betrachtung unterzogen werden, sollte bei einem Systematisierungsversuch der für beide Entstehungsprozesse relevanten Voraussetzungen berücksichtigt werden, daß sie im

Falle der exogenen Entstehung möglicherweise Zielobjekte *erzieherischen* Handelns werden können.

Aus diesen Erwägungen heraus kommt bei der Bezeichnung des letzten Elements der Kausalreihe wie bereits an früherer Stelle [1] die Kategorie *„psychische Disposition"* zur Anwendung. Einerseits nämlich *bezeichnen* psychische Dispositionen *Voraussetzungen,* andererseits bilden sie gemäß der Erziehungsdefinition, die dieser Arbeit zugrundegelegt wurde [2], die *Objekte erzieherischen* Handelns.

Hierarchisch interpretiert läßt sich dieses letzte Glied der Kausalkette als „oberste" SHO-Voraussetzung im personalen Bereich bezeichnen. Diese *oberste SHO-Voraussetzung* bei den potentiellen SHO-Mitgliedern besteht aus zwei Komponenten: [3]

1. der „Handlungs*bereitschaft* zur Gründung einer Selbsthilfeorganisation",

2. der „*Kraft* zur Gründung einer Selbsthilfeorganisation" [4].

Im Gegensatz zur zweiten Disposition sei in dieser Arbeit das erste Dispositionsgefüge [5] noch näher gekennzeichnet. Es ergibt sich gemäß der Arbeitshypothese 1 aus folgenden fünf psychischen Dispositionen bei den potentiellen SHO-Mitgliedern:

1. Selbstbewußtsein

2. Selbstvertrauen

3. Selbstverantwortungsbewußtsein

4. Bereitschaft zur Selbstbestimmung

---

[1] Vgl. S. 294 f. dieser Arbeit.

[2] Vgl. S. 128 f. dieser Arbeit.

[3] Vgl. hierzu S. 295 dieser Arbeit.

[4] Vgl. „Kraft zur Tat" bei SCHUMPETER, J.A., Der Unternehmer, in: Witte, E. und Thimm, A.L. (Hrsg.), Entscheidungstheorie ... a.a.O., S. 15.

[5] Vgl. zum Dispositionsbegriff S. 39 f. dieser Arbeit.

5. Bereitschaft zu innovativem solidarischen Handeln.

Graphisch ließe sich das psychische Dispositionsgefüge „Handlungsbereitschaft zur Gründung einer Selbsthilfeorganisation" folgendermaßen darstellen:

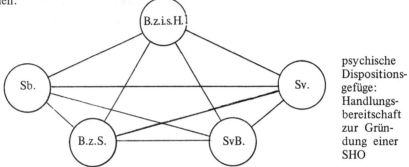

psychische
Dispositions-
gefüge:
Handlungs-
bereitschaft
zur Grün-
dung einer
SHO

Erläuterung der Abkürzungen:
Sb. = Selbstbewußtsein
Sv. = Selbstvertrauen
SvB. = Selbstverantwortungsbewußtsein
B.z.S. = Bereitschaft zur Selbstbestimmung
B.z.i.s.H. = Bereitschaft zu innovativem, solidarischen Handeln.

Abb. 3: Handlungsbereitschaft zur Gründung einer Selbsthilfeorganisation

Diese fünf allgemeinen SHO-Voraussetzungen im personalen Bereich sind
als Elemente eines psychischen Dispositionsgefüges, wie die Abbildung
deutlich zu machen versucht, nicht als isolierte, sondern als *interdependente* Komponenten aufzufassen. So können diese psychischen Dispositionen im Rahmen dieses interdependenten Beziehungsgeflechts bei manchen
Individuen Wirkung der anderen Dispositionen darstellen, bei anderen Individuen wiederum die Voraussetzung dafür bilden, daß die anderen Dispositionen sich bilden bzw. sich in vollem Ausmaß entwickeln können.

Beispielsweise ist der Fall denkbar, daß das Vorliegen von Selbstbewußtsein, Selbstvertrauen und Selbstverantwortungsbewußtsein zu einer Bereit-

schaft zu gemeinsamem Handeln führt. Ebenso vorstellbar ist jedoch auch, daß sich bei bestimmten Personen, die aus sozialen Verpflichtsgefühlen heraus grundsätzlich zu gemeinsamem Handeln bereit sind, im Verlauf einer solchen Handlung erst Selbstbewußtsein, Selbstvertrauen und Selbstverantwortungsbewußtsein ausbilden.

3.1.2. *Die Grundvoraussetzung exogener SHO-Entstehungsprozesse und ihre Konsequenzen*

Müssen die oben aufgeführten allgemeinen Voraussetzungen auch in *allen* Fällen erfolgreicher SHO-Entstehung, d.h. sowohl bei endogener als auch bei exogener Entstehung, gegeben sein, so darf dies über folgenden, bereits an früherer Stelle herausgehobenen Umstand nicht hinwegtäuschen: *Grundvoraussetzung exogener* SHO-Entstehungsprozesse ist gerade, daß *einzelne* der aufgeführten allgemeinen SHO-Voraussetzungen, die bei endogenen SHO-Entstehungsprozessen vorliegen, *am Anfang* des erfolgreichen *exogenen* SHO-Entstehungsprozesses vor allem im personalen Bereich (noch) *nicht* gegeben sind. Darum, daß sie im Verlaufe eines solchen Prozesses dann noch hergestellt werden, bemüht sich der exogene SHO-Anreger.

Die durchgeführte Untersuchung hat gezeigt [1], daß zumindest in allen den zitierten Forschern und dem Verfasser vorliegenden Fällen erfolgreicher exogener SHO-Entstehung ein grundsätzlich erzieherisches Handeln vor Ort, bei dem zusätzlich bestimmte methodische Elemente als charakteristisch herausgearbeitet werden konnten, für die Herausbildung einzelner am Anfang noch fehlender SHO-Voraussetzungen notwendige Bedingung ist. Da erzieherisches Handeln, wie Brezinka ausdrücklich betont [2], weder als hinreichende Bedingung noch als in *jedem* Fall notwendige Bedingung für das Zustandekommen bestimmter psychischer Dispositionen angesehen werden

---

[1] Vgl. zu folgendem S. 475 f. dieser Arbeit.

[2] Vgl. BREZINKA, W., Grundbegriffe ... a.a.O., S. 54.

kann, ist es *nicht* möglich, das aufgezeigte erzieherische Handeln als eine
weitere, für alle Fälle gültige, *allgemeine* Voraussetzung bei exogenen SHO-
Entstehungsprozessen zu bezeichnen.

Möglich ist hingegen, von der These auszugehen, daß in *fast allen* (mindestens 95%) der Fälle exogener SHO-Entstehungsprozesse ein durch die
aufgezeigten methodischen Elemente charakterisiertes, grundsätzlich erzieherisches Handeln des SHO-Anregers vor Ort den Charakter einer notwendigen Bedingung, d.h. einer Voraussetzung enthält. Bezogen auf *alle* Fälle
exogener SHO-Entstehung wäre dieses Handeln im Sinne einer mathematisch-statistischen Aussage (Quotient aus günstigen Fällen zu möglichen Fällen) als eine *„höchstwahrscheinliche"* Voraussetzung zu bezeichnen.

Auf diesem Hintergrund ließe sich folgende *Hypothese I* formulieren:
„Die psychischen Dispositionen als allgemeine Voraussetzungen erfolgreicher
exogener SHO-entstehungsprozesse im personalen Bereich sind im Verlauf
des Anregungsprozesses bei allen beteiligten einzelnen Individuen umso
wahrscheinlicher gegeben und umso stärker ausgeprägt, je mehr die Handlung eines bzw. mehrerer SHO-Anreger(s) grundsätzlich erzieherische Elemente und zusätzlich die aufgezeigten methodischen Komponenten enthält."

3.1.3. *Die Vor-Voraussetzungen der allgemeinen SHO-Voraussetzungen im personalen Bereich*

Nachdem in den vorangegangenen Abschnitten die genannten allgemeinen
SHO-Voraussetzungen vor allem des personalen Bereichs an der obersten
Stelle einer Voraussetzungshierarchie angesiedelt und dort erörtert wurden,
soll im folgenden dem evolutorischen Charakter des SHO-Entstehungsprozesses, in dem sie eingebunden sind, dadurch mehr Rechnung getragen
werden, daß auf die „Voraussetzungen der Voraussetzungen" näher eingegangen wird.

Bei der exogenen SHO-Entstehung wurde bereits ein bestimmtes grundsätzlich erzieherisches Handeln vor Ort als eine solche — wenn auch auf
alle exogenen SHO-Entstehungsprozesse bezogen nur „höchstwahrscheinliche"
— Vor-Voraussetzung herausgestellt. Wenn in diesem Abschnitt den SHO-
Voraussetzungen jeweils vorgelagerte Voraussetzungen zugeordnet werden,
so befinden sich demnach unter ihnen auch spezielle erzieherische Handlungen, die methodische Teilkomponenten der erzieherischen Gesamtak-
tion darstellen.

Weiterhin sei darauf aufmerksam gemacht, daß die Aufzählung der den
allgemeinen SHO-Voraussetzungen vorgelagerten Voraussetzungen nur das
zusammenfassend wiedergibt, was im Verlaufe dieser Untersuchung bereits
in den betreffenden Arbeitshypothesen formuliert worden ist. So beziehen
sich die kausalanalytischen Betrachtungen auch nur auf den Prozeß des
Zustandekommens der allgemeinen SHO-Voraussetzungen im *personalen* Bereich, die den entwicklungspolitisch bzw. am Mikro-Ansatz orientierten Interessensschwerpunkt dieser Untersuchung bilden. Auf die jeweils zugrundeliegenden Arbeitshypothesen wird an den betreffenden Stellen in Klammern
verwiesen. Schließlich sei angemerkt, daß bestimmte Voraussetzungen mehrmals aufgeführt werden.

a) Zur allgemeinen SHO-Voraussetzung: *Selbstbewußt*sein (psychische Disposition, nach der man sich als Einheit empfindet und die entdeckten
   eigenen Möglichkeiten als positiv ansieht).

   1. Basis (Grundvoraussetzung) für das Zustandekommen eines ausgepräg-
      ten Selbstbewußtseins ist eine affektiv-kognitive Grundhaltung, die
      nicht quasi-total weltbildorientiert ist und somit

   2. eine Leistungs- und Kompetenzmotivation bei einem Individuum mög-
      lich macht (vgl. Arbeitshypothese 2).

   3. Liegt bei den potentiellen SHO-Mitgliedern eine durch eine quasi-tota-
      le Weltbildorientierung gekennzeichnete, ohnmächtige bzw. passive
      Grundhaltung vor, so wird eine langsame Integration von für die Her-

ausbildung eines ausgeprägten Selbstbewußtseins notwendigen Leitbildelementen in diese Grundhaltung höchstwahrscheinlich erst dann möglich, wenn ein SHO-Anreger den Betroffenen durch ermöglichte Kompetenzerfahrungen erleben läßt, daß sie sich ändern können und sich der Umwelt nicht immer unterwerfen müssen (vgl. Arbeitshypothese 31).

4. Im Falle von mangelndem oder nur recht schwach ausgeprägtem Selbstbewußtsein bei potentiellen SHO-Mitgliedern macht höchstwahrscheinlich erst ein erzieherisches Handeln, bei dem der SHO-Anreger den genannten Personen eine ihnen nicht vertraute *alternative Situationsinterpretation* anbietet und *Handlungsalternativen* ermöglicht, das Zustandekommen eines ausgeprägten Selbstbewußtseins möglich (vgl. Arbeitshypothese 30).

4. Im Falle von mangelndem oder nur recht schwach ausgeprägtem Selbstbewußtsein macht höchstwahrscheinlich erst ein erzieherisches Handeln, das dialogisch-problematisierend vorgeht, das Zustandekommen eines ausgeprägten Selbstbewußtseins möglich (vgl. Arbeitshypothese 35).

6. Im Falle von mangelndem oder schwach ausgeprägtem Selbstbewußtsein macht ein erzieherisches Handeln die Entstehung eines ausgeprägten Selbstbewußtseins dann erst höchstwahrscheinlich möglich, wenn der SHO-Anreger bei der Erörterung der Problemsituation den potentiellen SHO-Mitgliedern Mangelbewußtsein nur in demselben von ihnen überschaubaren Rahmen abverlangt, in dem er ihnen auch kompetenzerfahrungsreiche Handlungsalternativen zugänglich macht (vgl. Arbeitshypothese 36).

7. Sind alle anderen Voraussetzungen gegeben, fehlen den potentiellen SHO-Mitgliedern aber die für die Entstehung eines ausgeprägten Selbstbewußtseins notwendigen Kompetenzerfahrungen, so ist es für eine solche Entstehung notwendig, daß den Betroffenen Kompetenzerfahrungen ermöglicht werden (vgl. Arbeitshypothese 32).

8. Voraussetzung dafür, daß der SHO-Anreger den potentiellen SHO-Mitgliedern Kompetenzerfahrungen möglich machen kann, ist die von ihm in einem Dialog vorgenommene Vermittlung von Vertrauen in die Veränderungsfähigkeit der Betroffenen („stellvertretende Kompetenzmotivation") (vgl. Arbeitshypothese 33).

9. Eine weitere Voraussetzung dafür, daß die potentiellen SHO-Mitglieder durch den SHO-Anreger ermöglichte Kompetenzerfahrungen sammeln können, ist, daß dieser die alternativen Handlungen nicht völlig außerhalb des Nahbereichs der Erlebniswelt der Betroffenen ausführen läßt (vgl. Arbeitshypothese 34).

b) Zur allgemeinen SHO-Voraussetzung: *Selbstvertrauen* (psychische Disposition, bei der man davon ausgeht, daß man sich in den unterschiedlichsten Situationen — einschließlich nicht-vertrauter Situationen — auf seine eigenen Fähigkeiten verlassen kann)

1. Basis (Grundvoraussetzung) für die Herausbildung von Selbstvertrauen ist eine affektiv-kognitive Grundhaltung, die nicht quasi-total weltbildorientiert ist und somit

2. eine Leistungs- und Kompetenzmotivation möglich macht (vgl. Arbeitshypothese 2).

3. Liegt bei den potentiellen SHO-Mitgliedern eine durch eine quasi-totale Weltbildorientierung gekennzeichnete, ohnmächtige bzw. passive Grundhaltung vor, so siehe zur höchstwahrscheinlichen Voraussetzung zur Herausbildung von Leitbildelementen oben Punkt a) 3. (vgl. auch Arbeitshypothese 31).

4. Mangelt es an Selbstvertrauen bei den potentiellen SHO-Mitgliedern, so macht höchstwahrscheinlich erst erzieherisches Handeln, bei dem der SHO-Anreger den genannten Personen eine ihnen nicht-vertraute, alternative Situationsinterpretation anbietet und Handlungsalternativen ermöglicht, die Herausbildung von Selbstvertrauen bei ihnen möglich (vgl. Arbeitshypothese 30).

5. Bei mangelndem Selbstvertrauen der potentiellen SHO-Mitglieder macht ein erzieherisches Handeln die Herausbildung von Selbstvertrauen dann erst höchstwahrscheinlich möglich, wenn der SHO-Anreger bei der Erörterung der Problemsituation den potentiellen SHO-Mitgliedern Mangelbewußtsein nur in demselben von ihnen überschaubaren Rahmen abverlangt, in dem er ihnen auch kompetenzerfahrungsreiche Handlungsalternativen zugänglich macht (vgl. Arbeitshypothese 36).

6. Sind alle anderen Voraussetzungen gegeben, fehlen potentiellen SHO-Mitgliedern aber die für die Herausbildung von Selbstvertrauen notwendigen Kompetenzerfahrungen, so ist es für eine solche Entstehung notwendig, daß den Betroffenen (durch den SHO-Anreger) Kompetenzerfahrungen ermöglicht werden (vgl. Arbeitshypothese 32).

7. entspricht Punkt a) 8.

8. entspricht Punkt a) 9.

c) Zur allgemeinen SHO-Voraussetzung: *Selbstverantwortungsbewußtsein* (psychische Disposition, nach der man sich für sein eigenes Schicksal als verantwortlich bzw. rechenschaftspflichtig ansieht, bezogen auf die Verbesserung der eigenen Lebenslage)

1. Basis (Grundvoraussetzung) für die Ausprägung eines Selbstverantwortungsbewußtseins ist eine affektiv-kognitive Grundhaltung, die nicht quasi-total weltbildorientiert ist und somit

2. eine Leistungs- und Kompetenzmotivation bei einem Individuum möglich macht (vgl. Arbeitshypothese 2).

3. Liegt eine quasi-totale Weltbildorientierung bei den potentiellen SHO-Mitgliedern vor, so siehe zu der dann für die Dispositionsausprägung notwendigen Vermittlung in Leitbildelementen a) 3.

4. Eine weitere Grundvoraussetzung dafür, daß sich bei potentiellen SHO-Mitgliedern, bezogen auf die von ihnen als Problem empfundene Situation, ein Selbstverantwortungsbewußtsein herausbilden kann, besteht darin, daß sie die *objektiven* SHO-*Voraussetzungen* des Vorliegens eines Spielraums für Selbsthilfehandlungen sowie der Nicht-Existenz

einer „übergeordneten" sozialen Institution bzw. deren Unfähigkeit oder mangelnden Willen, ihnen bei der Lösung ihres Problems zu helfen, *wahrnehmen* (vgl. die Arbeitshypothese 18 und 19).

5. Im Falle mangelnden Selbstverantwortungsbewußtseins bei den potentiellen SHO-Mitgliedern macht höchstwahrscheinlich erst ein erzieherisches Handeln, bei dem der SHO-Anreger den genannten Personen eine alternative Situationsinterpretation, die eventuell auch eine neue Sicht der von „oben" zu erwartenden Hilfe umfaßt, anbietet sowie Handlungsalternativen ermöglicht, in deren Verlauf Selbstverantwortungserfahrungen gesammelt werden können, die Herausbildung eines solchen Bewußtseins möglich (vgl. Arbeitshypothese 30).

6. Bei fehlendem Selbstverantwortungsbewußtsein ermöglicht höchstwahrscheinlich erst ein erzieherisches Handeln, das dialogisch-problematisierend vorgeht, die Herausbildung des obengenannten Bewußtseins (vgl. Arbeitshypothese 35).

7. Daß im Rahmen von neuen, alternativen Handlungen (anfangs fehlende) Selbstverantwortung von den Betroffenen erfahren und ihnen bewußt werden kann, setzt voraus, daß diesen Handlungen ein Handlungs*spielraum* zugrundeliegt, d.h., daß potentiellen SHO-Mitgliedern nicht ein solch enger Handlungsrahmen vorgegeben wird, daß eigene (Wahl-)Entscheidungen überflüssig werden (vgl. Arbeitshypothese 37).

8. Punkt a) 7. gilt analog.

9. entspricht a) 8.

10. entspricht a) 9.

d) Zur allgemeinen SHO-Voraussetzung: *Bereitschaft zur Selbstbestimmung* (psychische Disposition, nach der jemand bereit ist, in seinen eigenen Belangen selber zu bestimmen und zu entscheiden)

1. Basis (Grundvoraussetzung) für die Herausbildung einer Bereitschaft zur Selbstbestimmung ist eine affektiv-kognitive Grundhaltung, die nicht quasi-total weltbildorientiert ist und somit

2. eine Leistungs- und Kompetenzmotivation möglich macht (vgl. Arbeitshypothese 2).

3. Liegt bei den potentiellen SHO-Mitgliedern eine durch eine quasi-totale Weltbildorientierung gekennzeichnete, ohnmächtige bzw. passive Grundhaltung vor, so wird eine langsame Integration von für die Bildung der oben genannten Bereitschaft notwendigen Leitbildelementen in diese Grundhaltung höchstwahrscheinlich erst dann möglich, wenn ein SHO-Anreger die Betroffenen durch von ihm ermöglichte Kompetenzerfahrungen erleben läßt, daß sie sich ändern können und sich der Umwelt nicht immer unterwerfen müssen (vgl. Arbeitshypothese 31).

4. Eine weitere Voraussetzung dafür, daß sich bei den potentiellen SHO-Mitgliedern eine Bereitschaft zur Selbstbestimmung herausbilden kann, besteht darin, daß sie die objektiven Voraussetzungen des Vorliegens eines Spielraums für Selbsthilfehandlungen sowie die Nicht-Existenz einer „übergeordneten" sozialen Institution bzw. deren Unfähigkeit oder mangelnden Willen, ihnen bei der Verbesserung ihrer Lebenslage zu helfen, wahrnehmen (vgl. die Arbeitshypothesen 18 und 19).

5. Bei fehlender Bereitschaft zur Selbstbestimmung auf Seiten der potentiellen SHO-Mitglieder macht höchstwahrscheinlich erst ein erzieherisches Handeln, bei dem der SHO-Anreger den genannten Personen eine alternative Situationsinterpretation anbietet sowie Handlungsalternativen ermöglicht, die Herausbildung einer solchen Bereitschaft möglich (vgl. Arbeitshypothese 30).

6. Im Falle mangelnder Bereitschaft zur Selbstbestimmung macht höchstwahrscheinlich erst ein erzieherisches Handeln, das dialogisch-problematisierend vorgeht, die Herausbildung dieser Bereitschaft möglich (vgl. Arbeitshypothese 35).

7. Sind alle anderen Voraussetzungen gegeben, fehlen aber bei den potentiellen SHO-Mitgliedern die für die Herausbildung einer Bereitschaft zur Selbstbestimmung notwendigen Kompetenzerfahrungen, so ist es

für eine Bereitschaftsbildung notwendig, daß den Betroffenen Kompetenzerfahrungen ermöglicht werden (vgl. Arbeitshypothese 32).

8. entspricht a) 8.

9. entspricht a) 9.

10. Fehlt die Bereitschaft zur Selbstbestimmung bei den potentiellen SHO-Mitgliedern, so macht höchstwahrscheinlich erst ein erzieherisches Handeln, bei dem der SHO-Anreger die mit der alternativen Situationsinterpretation verbundene Problemlösung „Selbsthilfeorganisation" nicht als ganzes sofort zu Beginn als Idee übermittelt, sondern die Gesamtinformation in *Teilinformationen untergliedert,* die Herausbildung einer solchen Bereitschaft möglich (vgl. Arbeitshypothese 38).

e) Zur allgemeinen SHO-Voraussetzung: *Bereitschaft zu innovativem solidarischen Handeln*

(psychische Disposition, nach der man bereit ist, mit anderen im Hinblick auf ein gemeinsames Ziel zusammenzuarbeiten, wobei erstens diese Zusammenarbeit von einem Zusammengehörigkeitsgefühl gekennzeichnet ist, das aus der Erkenntnis vergleichbarer individueller Lebenslagen erwächst und dessen integrative Kraft daher über den rein zweckorientierten Zusammenhalt einer ausschließlich auf vertraglichen Abmachungen basierenden Kooperation hinausgeht, und zweitens eine solche Zusammenarbeit in inhaltlicher und/oder personeller Hinsicht von den potentiellen Akteuren zum ersten Male praktiziert wird: bezogen auf die SHO-*Entstehungsphase* bedeutet der solidarische Aspekt, daß die psychische Disposition eine Bereitschaft zur Erbringung von sozialen und wirtschaftlichen *Vorleistungen* umfaßt)

1. Basis für die Herausbildung dieser Bereitschaft ist eine affektiv-kognitive Grundhaltung, die nicht quasi-total weltbildorientiert ist und somit

2. eine Leistungs- und Kompetenzmotivation möglich macht (vgl. Arbeitshypothese 2).

3. Liegt eine quasi-totale Weltbildorientierung bei den potentiellen SHO-Mitgliedern vor, so siehe zu der dann für die Dispositionsausprägung notwendigen Vermittlung von Leitbildelementen a) 3.

4. Bei fehlender Bereitschaft zu innovativem solidarischen Handeln bei den potentiellen SHO-Mitgliedern macht höchstwahrscheinlich erst ein erzieherisches Handeln, bei dem der SHO-Anreger den genannten Personen eine alternative Situationsinterpretation anbietet sowie Handlungsalternativen ermöglicht, die Herausbildung einer solchen Bereitschaft möglich (vgl. Arbeitshypothese 30).

5. Bei mangelnder Bereitschaft zu innovativem solidarischen Handeln macht höchstwahrscheinlich erst ein erzieherisches Handeln, das dialogisch-problematisierend vorgeht, die Bildung dieser Bereitschaft möglich (vgl. Arbeitshypothese 35).

6. Eine weitere Grundvoraussetzung für die Herausbildung dieser Bereitschaft ist der Umstand, daß die potentiellen Akteure eine Situation als *Problemsituation* ansehen (vgl. Arbeitshypothese 3).

7. Eine dritte Grundvoraussetzung für diese Handlungsbereitschaft beinhaltet, daß die potentiellen SHO-Mitglieder im Vergleich zu einer relevanten Bezugsgruppe angesichts einer Deprivationssituation bestimmte *Bedürfnisse* empfinden, die sie aus ihrer subjektiven Sicht als berechtigte Interessen ansehen (vgl. Arbeitshypothese 4).

8. Eine vierte Grundvoraussetzung dafür, daß diese Bereitschaft entstehen kann, ist, daß die betreffenden potentiellen SHO-Mitglieder die neue Information bzw. Innovation — hier die „Selbsthilfeorganisation" zumindest in ihrer speziellen inhaltlichen und/oder personellen Ausprägung — *wahrnehmen* (vgl. Arbeitshypothese 7).

9. Haben die potentiellen SHO-Mitglieder die Information — hier die „solidarische Selbsthilfe" bzw. „Selbsthilfeorganisation" — nicht wahrgenommen, so macht höchstwahrscheinlich erst eine Person — hier der SHO-Anreger, der diese Information in ihr *Wahrnehmungsfeld* bringt, eine solche Wahrnehmung möglich (vgl. Arbeitshypothese 39).

10. Eine fünfte Grundvoraussetzung für die Bereitschaft zu innovativem
    solidarischen Handeln besteht darin, daß die jeweiligen problembe-
    troffenen Individuen wahrnehmen, daß *objektiv* die *Möglichkeit*
    (Spielraum) für solidarisches Handeln gegeben ist (vgl. Arbeitshypo-
    these 8).

11. *Nehmen* die potentiellen SHO-Mitglieder *nicht wahr,* daß objektiv
    die Möglichkeit (der Spielraum) für solidarisches Handeln gegeben
    ist, ermöglicht höchstwahrscheinlich erst ein erzieherisches Handeln,
    das den SHO-Betroffenen ihren Handlungsspielraum bewußt macht,
    die genannte Wahrnehmung (vgl. Arbeitshypothese 40).

12. Eine sechste Grundvoraussetzung für die Bereitschaft zu innovativem
    solidarischen Handeln beinhaltet die Notwendigkeit, daß die jeweili-
    gen problembetroffenen Individuen wahrnehmen, daß es noch *an-
    dere* Menschen in einer *vergleichbaren* Lebenslage gibt, d.h. in
    einer Problemsituation mit gleichgelagerten Bedürfnissen (vgl. Arbeitshypo-
    these 9).

13. Wenn potentielle SHO-Mitglieder nicht wahrnehmen, daß andere
    Menschen sich in vergleichbarer Lebenslage befinden, so macht
    höchstwahrscheinlich erst ein erzieherisches Handeln, das zum einen
    im Rahmen einer alternativen Situationsinterpretation dialogisch-
    problematisierend den Betroffenen bewußt werden läßt, daß es
    sich bei der Problemsituation nicht um eine individuelle, sondern
    gemeinsame Problemsituation handelt, und das zum anderen im
    Rahmen gemeinsamer Handlungen die Existenz verallgemeinerungs-
    fähiger Bedürfnisse erfahrbar macht, die genannte Wahrnehmung
    möglich (vgl. Arbeitshypothese 41).

14. Damit die Bereitschaft zu innovativem solidarischen Handeln bei
    mehreren Individuen entstehen kann, bedarf es als weiterer Voraus-
    setzung eines *gegenseitigen Vertrauens* (vgl. Arbeitshypothese 14).

15. Liegt bei den potentiellen SHO-Mitgliedern kein gegenseitiges Ver-
    trauen vor, so macht höchstwahrscheinlich erst ein erzieherisches
    Handeln, bei dem durch das Bewußtmachen des Gemeinsamkeits-

charakters der Problemsituation Angst und Scham untereinander abgebaut werden, die Bildung eines solchen Vertrauens möglich (vgl. Arbeitshypothese 42).

16. Damit sich eine Bereitschaft zu innovativem solidarischen Handeln bilden kann, bedarf es als weiterer Voraussetzungen, daß

   a) die Individuen Vertrauen in den „Informanten" haben,

   b) die Individuen trotz der von ihnen zu erbringenen Vorleistungen langfristig einen relativen Vorteil für sich von der Innovation — hier der Selbsthilfeorganisation zumindest in ihrer speziellen inhaltlichen und/oder personellen Ausprägung — erwarten,

   c) die Innovation — hier das SHO-Konzept zumindest mit seiner speziellen Ausprägung vor Ort — nicht den Erfahrungs- und Wertvorstellungen der Individuen total zuwiderläuft und

   d) die Innovation ihnen nicht zu kompliziert, unverständlich und ohne Möglichkeit von Teilerfahrungen gegenübertritt (vgl. Arbeitshypothese 11).

17. Da die Bereitschaft zu innovativem solidarischen Handeln hier in ihrer Funktion als Voraussetzung für das von mehreren Individuen tatsächlich durchgeführte innovative solidarische Handeln betrachtet wird, ist eine weitere Grundvoraussetzung dieser allgemeinen SHO-Voraussetzung, daß diese Bereitschaft bei *mehreren* Personen und nicht allein bei einem einzigen Individuum vorliegt. Hierbei läßt sich die Mindestzahl der potentiellen SHO-Mitglieder, bei denen diese Bereitschaft als allgemeine Voraussetzung gegeben sein muß, *genau* nur von der Art und dem Umfang des jeweils gemeinsam anvisierten Ziels her bestimmen (vgl. Arbeitshypothese 12).

18. Schließlich ist als Voraussetzung zu nennen, daß bei Vorliegen einer Anzahl von zu solidarischem Handeln bereiten Personen, die dem durch das jeweilige Ziel vorgegebenen Mindestanzahlerfordernis entspricht, dieser speziellen Personengruppe innerhalb der gesamten Gruppe dem jeweiligen kulturellen Verständnis entsprechend

— sei es aufgrund der Größe (z.B. Mehrheitsprinzip), sei es aufgrund ihrer personellen Zusammensetzung (z.B. anerkannte Führer) — auch Entscheidungsmacht eingeräumt wird (vgl. Arbeitshypothese 13).

19. Punkt a) 7. gilt analog.

20. èntspricht a) 8.

21. entspricht a) 9.

f) Zur zweiten Komponente der obersten SHO-Voraussetzung: *die Kraft zur Gründung einer Selbsthilfeorganisation*.

1. Voraussetzung dafür, daß diese Kraft im Rahmen einer SHO-Gruppe gegeben ist, ist, daß ein paar Gruppenmitglieder, die das Vertrauen der anderen genießen, selber mit einigen Gründungsaktivitäten, wie z.B. der Erbringung von Vorleistungen, beginnen und die Zögernden zum Mitmachen animieren (vgl. Arbeitshypothese 20).

2. Ist diese Kraft der SHO-Gruppe nicht gegeben, dann wird sie höchstwahrscheinlich erst dann zustandekommen, wenn ein SHO-Anreger im Rahmen eines erzieherischen Handelns die inoffiziellen Führer in einer Gruppe überdurchschnittlich intensiv in die erzieherische Interaktion einbezieht (vgl. Arbeitshypothese 43).

Da im Falle von exogenen SHO-Entstehungsprozessen, bei denen am Anfang einige allgemeine SHO-Voraussetzungen zum Teil (noch) nicht gegeben sind, das Anregervorgehen vor Ort, das grundsätzlich erzieherisch ist und die genannten methodischen Teileelemente enthält, als höchstwahrscheinliche Voraussetzung herausgestellt worden ist, scheint es angebracht, schließlich auf die Voraussetzungen einzugehen, die bei der aufgezeigten erfolgreichen, unmittelbaren exogenen SHO-Anregung gegeben sein müssen.

g) Zur höchstwahrscheinlichen SHO-Voraussetzung bei exogenen SHO-Entstehungsprozessen: *durch bestimmte methodische Elemente charakterisiertes, grundsätzlich erzieherisches Handeln*

1. Basis eines jeden im Rahmen von exogenen SHO-Entstehungsprozessen erfolgreichen, grundsätzlich erzieherischen Vorgehens ist ein *Vertrauensverhältnis* der Betroffenen gegenüber dem SHO-Anreger (vgl. Arbeitshypothese 44).

2. Dieses Vertrauensverhältnis setzt voraus, daß der SHO-Anreger

   a) den Kommunikationsstil der Betroffenen beherrscht bzw. sich aneignet,

   b) vor Ort eine Rolle herausbilden kann, mit der es ihm möglich ist, eine *mittlere* Distanz im Sinne *Wurrs* aufzubauen,

   c) den Betroffenen gegenüber eine positive partnerschaftliche Einstellung und ein ebenso geartetes Verhalten zeigt (vgl. Arbeitshypothese 45).

3. Eine weitere Voraussetzung für das genannte Handeln besteht darin, daß der unmittelbare SHO-Anreger aufbauend auf einem Vertrauensverhältnis zu den Betroffenen ihre Situation so genau kennenlernt, daß er für sich das Problem erkennen kann und von dieser Problemsicht her das Vorliegen der *Umwelt*-SHO-Voraussetzungen prüfen kann (vgl. Arbeitshypothese 46).

Diese Übersicht über die den allgemeinen SHO-Voraussetzungen im personalen Bereich zugrundeliegenden Voraussetzungen zeigt nicht nur, daß die Entstehung einer bestimmten psychischen Disposition von einer Vielzahl von einzelnen Voraussetzungen abhängig ist, sondern auch, daß bestimmte Sachverhalte Voraussetzungscharakter für mehrere der genannten psychischen Dispositionen besitzen. Im zuletztgenannten Umstand spiegeln sich die Interdependenzen wider, die — wie bereits weiter oben angedeutet — zwischen den einzelnen aufgeführten psychischen Dispositionen bestehen. Da, wie am Anfang dieses Abschnitts betont, mit der Aufzählung der Vor-Voraussetzungen kein Anspruch auf Vollständigkeit erhoben wird, ist es denkbar, daß sich außer den ausgewiesenen Zusammenhängen, die nur die Inhalte bestimmter, bereits explizit formulierter Arbeitshypothesen wiedergeben, noch weitere Zusammenhänge bzw. Voraussetzungen, die sich implizit aus dem Dispositionsgeflecht ergeben, aufführen ließen. Dies sei an dieser Stelle jedoch nicht versucht, da davon ausgegangen wird, daß die wesentlichen Elemente des in dieser Untersuchung aufgezeigten Kausal- bzw. Wechselwirkungsgerüsts durch die vorangegangenen Angaben verdeutlicht werden konnten.

Um sich die Abläufe vollständig vorstellen zu können, bedarf es streng genommen auch des Ausweises des Wirksamwerdens der durch die einzelnen Vor-Voraussetzungen erst möglich gewordenen Ursachen. Auf *mögliche* Ursachen, die jedoch *nicht* bei *allen* SHO Entstehungsprozessen als *allgemeine* Ursachen gegeben sind, wird in einem späteren Abschnitt eingegangen werden. Ansonsten sei in diesem Zusammenhang daran erinnert, daß in dieser Studie nicht der Anspruch erhoben wird, bei *allen* Fällen von SHO-Entstehungsprozessen wirksam werdende allgemeine *SHO-Ursachen* aufzeigen zu können. Untersuchungsobjekt sind die allgemeine SHO-*Voraussetzungen*.

3.2. Die allgemeinen Voraussetzungen als Evaluierungsziele und ihre Operationalisierungsmöglichkeiten

3.2.1. Die Unzulänglichkeit bisherigen Operationalisierungsvorgehens

Die bisherige Analyse hat gezeigt, daß im Umweltbereich *keine* allgemeinen SHO-Voraussetzungen festgestellt werden konnten, die als allein durch die *natürliche* Umwelt ausgelöste „erstrebenswerte, aber nicht-menschlich verursachte Wirkungen" [1] anzusehen sind. Von daher kann im folgenden der „Ziel"begriff im Sinne der zu Anfang dieser Arbeit gemachten Erläuterungen [2] für *alle* allgemeinen SHO-Voraussetzungen angewandt werden.

---

[1] Vgl. S. 106 dieser Arbeit.

[2] Vgl. S. 104 ff. dieser Arbeit.

Sollen die allgemeinen SHO-Voraussetzungen als „Ziele" für eine Evaluierung exogener SHO-Entstehungsprozesse anwendbar gemacht, also operationalisiert werden, so empfiehlt es sich, zuerst einen Blick auf die Vorgehensweise zu werfen, die üblicherweise bei Evaluierungen in Form einer Zielerreichungsanalyse gewählt wird. Bei dieser lassen sich drei Merkmale besonders hervorheben:

1. Der Evaluierer *übernimmt* die Evaluierungsziele, die hinsichtlich ihres Inhalts, des Ausmaßes der Zielerreichung und ihrer zeitlichen Begrenzung von den Betroffenen ohne intensive oder auch in eingehender Diskussion mit dem Evaluierer präzisiert worden sind, *von* den am Evaluierungsobjekt *Beteiligten*.

2. Die Zielformulierungen beziehen sich auf ein einzelnes, ganz spezielles Evaluierungsobjekt.

3. Um die Messung direkt nicht meßbarer Ziele zu ermöglichen, werden „Outputindikatoren" [1] oder Definitionsbestandteilindikatoren entwickelt bzw. festgelegt.

Der zuletzt genannte Punkt erfordert Erläuterungen. Unter einem „Outputindikator" oder „outputorientierten Indikator" [2] wird in dieser Arbeit derjenige Indikator verstanden, der als Ergebnis oder Resultat bzw. Wirkung des zu indizierenden (Ziel-)Sachverhalts angesehen wird. Es handelt sich bei ihm um einen durch den Zielsachverhalt „bedingten Indikator" [3]. So bedingt z.B. das Interesse für die Idee der Selbsthilfe eventuell eine rege Teilnahme des betroffenen Individuums an SHO-Vorbereitungsversammlungen. Demnach könnte die Teilnahmehäufigkeit als durch ein SHO-Interesse bedingter Sachverhalt, als „bedingter Indikator" für SHO-Interesse aufgefaßt werden.

---

[1] RICHTER, B., Möglichkeiten ... a.a.O., S. 193 et passim.

[2] Vgl. ebenda S. 180 et passim.

[3] Vgl. MAYNTZ, R. et al., Einführung ... a.a.O., S. 42.

Den Gegensatz zu diesem Indikator bildet der „Inputindikator"[1]. Dieser „inputorientierte Indikator"[2] gibt in dieser Arbeit die zur Erreichung eines zu induzierenden (Ziel-)Sachverhalts eingesetzten Mittel bzw. Maßnahmen wieder oder bezeichnet in einem streng kausalen Zusammenhang die Ursache oder Bedingung eines zu induzierenden Zielsachverhalts. Bei ihm ließe sich demzufolge von einem „bedingenden Indikator"[3] sprechen. Beispielsweise kann angenommen werden, daß der sozio-ökonomische Status, den ein bestimmtes Dorfmitglied innehat, seine Haltung gegenüber einer Neuerung, wie z.B. der einer bestimmten Selbsthilfeorganisation, mitbedingt. In diesem Falle ließe sich der sozio-ökonomische Status als ein „bedingender Indikator" für Innovationsoffenheit verwenden.

Als „Definitionsbestandteilindikatoren" werden in dieser Studie diejenigen Indikatoren verstanden, die selber Bestandteil der Zieldefinition sind. So könnte zum Beispiel der Typ eines Fahrzeuges Teil der Definition von „sozialem Status" sein und somit als Definitionsbestandteilindikator bezeichnet werden.

Bilden *allgemeine* SHO-*Voraussetzungen* die „Ziele" einer Evaluierung, so legen mehrere Gründe, die anschließend aufzuzeigen sind, ein Abweichen vom oben angesprochenen üblichen Operationalisierungsvorgehen nahe. Der erste Grund ergibt sich *ex definitione. Allgemeine* SHO-Voraussetzungen beziehen sich definitionsgemäß als Zwischenziele immer auf *jeden* SHO-Entstehungsprozeß. Sie werden demzufolge nicht allein auf nur einen ganz bestimmten SHO-Entstehungsprozeß hin formuliert. Dies bedeutet aber auch, daß sie immer schon *ex ante* bestimmbar und aufgrund ihres Voraussetzungscharakters als Zwischenziele auf dem Weg zum Zustandekommen einer lebensfähigen Selbsthilfeorganisation von vorneherein festgelegt sind.

---

[1] RICHTER, D., Möglichkeiten ... a.a.O., S. 193 et passim.

[2] Vgl. ebenda S. 180 et passim.

[3] MAYNTZ, R. et al., Einführung ... a.a.O., S. 42.

Sind die allgemeinen SHO-Voraussetzungen einmal bekannt, so erübrigt
sich für einen Evaluierer, diese Voraussetzungen als Zwischenziele von den
SHO-Beteiligten zu erfragen. Täte er es dennoch, etwa mit der Frage:
„Was sind für Sie allgemeine, d.h. nicht nur die im Rahmen Ihrer Selbst-
hilfeorganisation bzw. Ihres SHO-Aufbauversuchs, sondern die für alle
Selbsthilfeorganisationen relevanten Voraussetzungen?", so erhielte er als
Antwort nur bereits Bekanntes. Von einer wirklichen Übernahme der Ziele
von den SHO-Beteiligten durch den Evaluierer ließe sich in einem solchen
Falle nicht sprechen.

Da davon ausgegangen wird, daß im Rahmen einer empirisch-theoretischen
Analyse die wesentlichen allgemeinen SHO-Voraussetzungen aufgezeigt
werden konnten, werden sie in dieser Evaluierungsdiskussion als *bekannt*
zugrundegelegt. Von daher ist bei dem hier zu entwickelnden Vorschlag
zur Evaluierung von allgemeinen SHO-Voraussetzungen bei exogen entstehenden bzw. exogen entstandenen Selbsthilfeorganisationen in Entwicklungsländern die Übernahme von durch die Beteiligten selbst formulierten
allgemeinen Voraussetzungen nicht als methodisches Teilelement vorgesehen. [1] Von den SHO-Beteiligten übernommen wird, wenn man es so formulieren will, nur das (End-)Ziel bei jedem SHO-Entstehungsprozeß, nämlich das Zustandekommen einer lebensfähigen Selbsthilfeorganisation.

Wenn somit die allgemeinen SHO-Voraussetzungen nicht von den SHO-
Beteiligten als Zwischenziele übernommen werden, so geschieht dies
schließlich nicht aus Scheu vor einer Berührung mit der Realität, sondern
vielmehr aus der Überzeugung eines starken Realitätsbezuges der empirisch
theoretisch gewonnenen Erkenntnisse über allgemeine SHO-Voraussetzungen
heraus. Eine dieser Erkenntnissse besagte, daß in der Wirklichkeit die exogenen SHO-Anreger, die sich um das Zustandekommen noch fehlender
SHO-Voraussetzungen bemühen, *ex ante* keine präzise formulierten Ziele,

---

[1] Hiervon ganz klar zu trennen wäre eine repräsentative Befragung von Beteiligten verschiedener SHO-Entstehungsprozesse zum Zwecke einer empirischen Prüfung der in dieser Arbeit aufgestellten Hypothesen.

sondern nur vage Ideen bzw. Leitbilder besitzen. Diese empirisch feststellbare, *ex ante* nur *vage* Bestimmtheit der Vorstellungen erfolgreicher SHO-
Anreger spiegelt sich in den allgemeinen SHO-Voraussetzungen wider, die
in dieser Arbeit auf empirisch-theoretische Weise analysiert wurden und die
ex definitione immer schon ex ante, d.h. vor Beginn eines jeweiligen konkreten SHO-Entstehungsprozesses festliegen.

So fällt auf, daß die allgemeinen SHO-Voraussetzungen des Umweltbereichs
einen — aufgrund des angestrebten Universalcharakters der Voraussetzungen notgedrungen — relativ abstrakten Charakter besitzen, der dem Prä-
zisionsanspruch einer Evaluierung nicht entgegenkommt. Im personalen
Bereich haben die allgemeinen SHO-Voraussetzungen die Form von psychischen Dispositionen. Da psychische Dispositionen meist eine komplexe
Struktur besitzen und als nicht wahrnehmungsfähige Quellen und Bedingungen wahrnehmbaren Verhaltens von Menschen nur erschlossen und
nicht erlebnismäßig an wirklich „bemerkbaren" Merkmalen festgemacht
werden können [1], kann auch ihnen eine Unschärfe nicht gänzlich abgesprochen werden.

Dieser Unschärfe läßt sich mit dem aufgezeigten herkömmlichen Operationalisierungsvorgehen nur insofern zum Teil beikommen, als daß nähere
Angaben zum Sach- bzw. Formalzielcharakter, zum Ausmaß der möglichen
Zielerreichung und zur zeitlichen Begrenzung der allgemeinen SHO-Voraussetzungen gemacht werden können.

Da die ausgewiesenen allgemeinen SHO-Voraussetzungen angestrebte Sachverhalte darstellen, die nicht unmittelbar als reale (physikalische) Erscheinung sichtbar werden und deren Messung daher nur mit Hilfe von Indikatoren möglich ist, sind sie als *Formalziele* zu bezeichnen. Außerdem lassen
sie sich hinsichtlich des Ausmaßes der angestrebten Zielerreichung eher
den Satisfaktionszielen, also den *begrenzten* Zielen, zuordnen, da ihre

---

[1] Vgl. STROHAL, R., Bemerkungen, ... a.a.O., S. 252.

Maximierung nicht vorgesehen ist. Kann mithin festgehalten werden, daß die allgemeinen SHO-Voraussetzungen eher als begrenzte denn als unbegrenzte Zwischenziele anzusehen sind, so lassen sich wegen mangelnder Quantifizierungsmöglichkeiten ihre jeweiligen genauen Grenzen nicht festlegen.

Auch eine zeitliche Festlegung der allgemeinen SHO-Voraussetzungen ist insoweit problematisch, als die Handlungsbereitschaft und die Kraft zur Gründung einer Selbsthilfeorganisation zwar auf den Zeitraum eines SHO-Entstehungsprozesses bezogen sind, die zugrundeliegenden psychischen Dispositionen jedoch auch für das Fortleben einer Selbsthilfeorganisation Bedeutung besitzen. Die im Umweltbereich ausgewiesenen Voraussetzungen sind ebenfalls eher als zeitlich prinzipiell unbegrenzt zu betrachten, da auch sie über den Entstehungsprozeß hinaus ihre Bedeutung behalten.

Die im Rahmen der üblichen Operationalisierungsvorgehensweise außerdem vorgesehene Bildung von Output- bzw. Definitionsbestandteilindikatoren erweist sich bei *allgemeinen* SHO-Voraussetzungen als problematisch, da sich in dieser Studie um einen Ansatz zur Evaluierung derselben bemüht wird, der *allgemein,* d.h. bei allen Selbsthilfeorganisationen bzw. allen SHO-Aufbauversuchen *anwendbar* ist. Dies bedeutet, daß die Indikatoren ebenfalls allgemein anwendbar sein müssen.

Betrachtet man in einem ersten Schritt die allgemeinen SHO-Voraussetzungen im Umweltbereich, so läßt sich im einzelnen zur Möglichkeit der Bildung dieser Indikatoren folgendes festhalten:

a) Zur Voraussetzung: Vergrößerung der objektiven Bedürfnisbefriedigungschancen
   Ob diese Voraussetzung in einem speziellen Fall gegeben ist, läßt sich erst dann feststellen, wenn deutlich geworden ist, *welche konkreten Bedürfnisse* mit der Gründung einer bestimmten Selbsthilfeorganisation befriedigt werden sollen.

Plant zum Beispiel, eventuell angeregt durch einen exogenen SHO-Anreger, eine Gruppe von Bauern, sich im Rahmen einer Selbsthilfeorganisation die Tieranspannung zu ermöglichen, so müßte als obengenannte Voraussetzung die objektive Möglichkeit zur Anschaffung der Tiere und zum Kauf bzw. zur eigenen Herstellung des notwendigen Materials im Vergleich zu früher gegeben sein. In diesem Fall könnten Angaben über den Umfang des Angebots an Kühen, Ochsen, Eseln auf dem Tiermarkt, über das Angebot an Anspanngeschirr und über die Entfernung zu den jeweiligen Märkten Definitionsbestandteilindikatoren darstellen, an denen sich ablesen ließe, ob die genannte Voraussetzung gegeben ist.

Da Selbsthilfeorganisationen auf die Befriedigung sehr *unterschiedlicher* Bedürfnisse ausgerichtet sein können und sich objektive Bedürfnisbefriedigungschancen bzw. ihre Vergrößerung nur in Abhängigkeit von jeweiligen konkreten Bedürfnissen bestimmen lassen, ist es unmöglich, Indikatoren der obengenannten Art zu entwickeln, die der Messung dieser allgemeinen Voraussetzung bei *jeder* Selbsthilfeorganisation bzw. bei *jedem* SHO-Aufbauversuch dienen können. Wird in diesem Zusammenhang ein Definitionsbestandteilindikator oder ein Outputindikator gebildet, so mißt er — gemäß der in dieser Untersuchung vorgenommenen Klarstellung — mithin *nicht* das Vorliegen einer *allgemeinen, sondern* das Vorliegen einer *speziellen* Voraussetzung.

b) Zur Voraussetzung: Handlungsspielraum für solidarisches, nicht jedoch individuelles Handeln im Hinblick auf den vorgesehenen SHO-Zweck

Als ein allgemeiner, jedoch nur bedingt aussagekräftiger Definitionsbestandteilindikator für diese Voraussetzung ließe sich das Vorliegen solcher Gesetze und Verordnungen auffassen, die Privatinitiative und freiwillige Zusammenarbeit, auch mit ökonomischen Zielsetzungen, grundsätzlich zulassen. Um zu ermitteln, ob diese allgemeine Voraussetzung in einem konkreten Fall gegeben ist, reicht er aber nicht aus.

Hierfür ist es erforderlich, vorher zu wissen, auf *was* sich das solidarische Handeln im konkreten Fall bezieht. Ob es auf eine Jugendgruppe hinauslaufen soll, die ein Gemeinschaftsfeld bestellt, oder auf eine Gewerkschaft, ist für den Handlungsspielraum, der von außen den SHO-Beteiligten eingeräumt wird, von erheblicher Bedeutung.

So ist das Fazit zu ziehen, daß allgemein anwendbare Indikatoren der gerade genannten Form hier nur von sehr begrenzter Aussagekraft sind. Aussagekräftige Output- bzw. Definitionsbestandteilindikatoren können nur in Abhängigkeit von der jeweiligen speziellen Ausrichtung des solidarischen Handelns gebildet werden, womit sie jedoch zu Indikatoren *spezieller* SHO-Voraussetzungen werden.

c) Zur Voraussetzung: Nicht-Existenz einer „übergeordneten" sozialen Institution bzw. deren Unfähigkeit oder mangelnder Wille, potentiellen SHO-Mitgliedern bei der Verbesserung ihrer Lebenslage zu helfen.

Vorausgesetzt, daß dem Evaluierer die hierarchische Struktur nicht nur im „modernen", sondern auch im traditionellen Bereich einer Gesellschaft bekannt ist, lassen sich Definitionsbestandteilindikatoren zur Feststellung einer „übergeordneten" sozialen Institution entwickeln. Sollte sich hierbei herausstellen, daß eine solche Institution existiert, könnte man in einem zweiten Schritt die ihr zur Verfügung stehenden finanziellen Ressourcen, die Größe ihres Mitarbeiterstabes sowie dessen Qualität bzw. Qualifizierung unter anderem als dementsprechende Indikatoren ihrer Fähigkeit zur Hilfe bei der Verbesserung der Lebenslage potentieller SHO-Mitglieder verwenden.

Die allgemeine Bestimmung eines Output- bzw. Definitionsbestandteilindikators wird jedoch erheblich schwieriger, wenn nicht sogar unmöglich, soll ein fehlender Wille zur Hilfe bei einer existierenden und durchaus hilfsfähigen „übergeordneten" sozialen Institution festgestellt werden. Aussagekräftige Indikatoren der genannten Art lassen sich hierbei nämlich nur bilden, wenn dem Evaluierer das konkrete Anliegen einer bestimmten

Selbsthilfegruppe bzw. -organisation deutlich ist, auf das sich der Wille bzw. Unwille der übergeordneten Institution bezieht. Als Beispiele seien hier nochmals die Jugendgruppe zum Zwecke gemeinsamer Feldbestellung einerseits und eine Gewerkschaft andererseits genannt.

Mithin läßt sich zusammenfassen, daß die genannten Indikatoren für die hier angesprochene allgemeine SHO-Voraussetzung sich nur zum Teil bilden lassen. Zu einem anderen Teil übernehmen sie auch hier wieder die Rolle von Indikatoren spezieller Voraussetzungen.

d) Zur Voraussetzung: Zugang potentieller SHO-Mitglieder zu neuen Informationen, insbesondere zu Informationen über die Existenz anderer Personen in einer vergleichbaren Lebenslage und über die Idee oder das Konzept einer inhaltlich und/oder personell speziell ausgeprägten Selbsthilfeorganisation

Bei dieser Voraussetzung bietet sich bei exogenen SHO-Entstehungsprozessen — und nur diese werden hier untersucht — der SHO-Anreger selbst als ein Definitionsbestandteilindikator an. Er selbst stellt nämlich einen, wenn nicht sogar den entscheidenden Zugang zu den SHO-relevanten neuen Informationen dar und wäre so als ein allgemein anwendbarer Definitionsbestandteilindikator anzusehen.

e) Zur Voraussetzung: Vorhandensein von Personen in vergleichbaren Lebenslagen
Die Bildung von aussagekräftigen Output- bzw. Definitionsbestandteilindikatoren zur Anzeige dieser Voraussetzungen hängt wie bei den meisten der anderen genannten Voraussetzungen von der konkreten Ausgestaltung einer Selbsthilfeorganisation bzw. eines SHO-Aufbauversuchs ab. Denn nur, wenn man weiß, in welcher Hinsicht Lebenslagen gleich sind, lassen sich aussagekräftige Indikatoren finden.

So ist auch an dieser Stelle festzuhalten: aussagekräftige allgemein anwendbare Output- bzw. Definitionsbestandteilindikatoren sind hier nicht möglich. Sollten solche Indikatoren aufgrund von Kenntnissen der konkreten SHO-Ausgestaltung aussagekräftig formuliert werden, verlieren sie den Charakter der Allgemeingültigkeit.

f) Zur Voraussetzung: objektive Fähigkeit potentieller SHO-Mitglieder zu Vorleistungen

Auch bei dieser Voraussetzung ist dasselbe Fazit bei der Indikatorfrage zu ziehen wie im zuvor genannten Fall. Hier wird die Art der Vorleistung und die darauf bezogene Fähigkeit erst durch die konkrete SHO-Ausgestaltung präzisierbar.

Die Erläuterungen zu den einzelnen Voraussetzungen haben folgendes deutlich gemacht: aufgrund des relativ abstrakten Charakters der allgemeinen SHO-Voraussetzungen im Umweltbereich ist es mit Ausnahme der Voraussetzung unter d) sehr problematisch bis unmöglich, aussagekräftige Output- bzw. Definitionsbestandteilindikatoren zu entwickeln, die bei *allen* SHO-Aufbauversuchen bzw. Selbsthilfeorganisationen angewandt werden können. Solche allgemein anwendbare aussagekräftige Indikatoren zum Ausweis des Vorliegens bzw. Nichtvorliegens allgemeiner Voraussetzungen bei exogenen SHO-Entstehungsprozessen sind aber gerade das Anliegen dieser Arbeit. Ob die Anwendbarkeit von Output- bzw. Definitionsbestandteilindikatoren bei den allgemeinen Voraussetzungen im personalen Bereich ebenfalls in Frage zu stellen ist, sei im folgenden Untersuchungsschritt geprüft.

Da die allgemeinen SHO-Voraussetzungen im personalen Bereich die Form von psychischen Dispositionen annehmen, die als Bedingung wahrnehmbaren Verhaltens verstanden werden, bieten sich für ihre Messung vor allem Outputindikatoren an. Hierbei würden bestimmte beobachtbare Verhaltensweisen als, durch die psychischen Dispositionen *bedingte,* Indikatoren verwandt.

Würde man demzufolge bei der Evaluierung exogen entstehender bzw. exogen entstandener Selbsthilfeorganisationen bestimmte Outputindikatoren festlegen, um das Vorliegen der notwendigen psychischen Dispositionen zu prüfen, so hieße dies, die folgenden drei Sachverhalte zu ignorieren:

1. Die Untersuchung hat gezeigt, daß bei erfolgreichen exogenen SHO-Entstehungsprozessen der SHO-Anreger vor Ort grundsätzlich erzieherisch
vorgeht und bei der Zielbestimmung *ex ante* zurückhaltend ist. Dies
heißt, daß er nur mit einem Leitbild, aber nicht mit bereits ex ante
definierten Outputindikatoren bestimmter psychischer Dispositionen an
die SHO-Betroffenen herantritt. Daß er auf eine ex ante Festlegung
von Outputindikatoren verzichtet, ist zum einen darauf zurückzuführen,
daß er den Entwicklungsprozeß offenhalten will, zum anderen bedeutet
dies eine Konsequenz aus dem Selbsteingeständnis seiner unvollkomme
nen Kenntnisse über die SHO-Betroffenen.

2. Spätestens im völkerkundlichen Abschnitt dieser Arbeit ist deutlich geworden, daß man in den verschiedenen Entwicklungsländern sehr unterschiedliche, dem europäischen Leser recht fremde Kulturen vorfindet,
in die die jeweiligen SHO-Entstehungsprozesse eingebettet sind. Die
Wichtigkeit des kulturellen Aspekts bzw. der Unterschiedlichkeit der
verschiedenen Kulturen kommt unter anderem auch darin zum Ausdruck,
daß bestimmte psychische Dispositionen sich in einem Kulturkreis ganz
anders manifestieren können als in einem anderen.

So berichtet z.B. Karla Krause von der Erfahrung einer indonesischen
SHO-Anregerin, die diese bei der Zusammenarbeit mit Bewohnern der
ihr fremden, aber ebenfalls indonesischen Sunda-Inseln gemacht hat.
Diese Anregerin hatte mehrmals von den Bewohnern eine Schüssel
Schweinefleisch geschenkt bekommen und dann die Schüssel nach Ver-
zehr des Fleisches den Höflichkeitsvorstellungen ihrer eigenen Herkunfts-
insel Sumatra entsprechend gewaschen ihren Wohltätern zurückgegeben. [1]
Diese empfanden gerade dieses Waschen der Schüssel jedoch als unhöf-
lich, denn, so wurde ihr erklärt, „das heißt bei uns, du willst nicht
mehr an den erinnert werden, der dir das Essen gebracht hat, du willst
seine Spuren verwischen." [2]

---

[1] Vgl. KRAUSE, K., Weiße Experten ... a.a.O., S. 37.

[2] Ebenda S. 37.

Verbleibt man im vertrauten eurpäischen Raum, so lassen sich hierzu ebenfalls zahlreiche Beispiele nennen, wie z.B. das leichte Kopfneigen der Männer bei der Begrüßung, das in Deutschland als Höflichkeitszeichen gilt, in Frankreich z.B. aber eher (gespielte oder echte) Unterwürfigkeit andeutet.

3. Wie Goodenough im Zusammenhang mit den Artefakten hervorgehoben hat, sind äußerlich sichtbare Merkmale oft nur sehr begrenzt aussagekräftige Outputindikatoren psychischer Gegebenheiten. [1] Änderungen äußerlich sichtbarer Merkmale — so hebt er hervor — zeigen nicht notwendigerweise eine Änderung von kulturellen Grundpositionen an, sondern können *ebenso* der *bisherigen Kultur konforme Reaktionen* auf *veränderte Umweltkonstellationen* darstellen, wie Goodenough bei zahlreichen Selbsthilfeanregungsbemühungen, bei denen die Präsenz einer Selbsthilfeförderungsorganisation eine wesentliche Änderung der Umweltkonstellationen vor Ort bewirkte, beobachten konnte. Nur die Kenntnis der kulturellen Gegebenheiten vor Ort ermöglicht es, die jeweils richtige Beziehung herzustellen.

Es bedarf keiner weiteren Begründung, daß angesichts des kulturellen Aspekts und des damit nicht nur für den SHO-Anreger, sondern vor allem auch für den Evaluierer verbundenen Problems des Ethnozentrismus eine ex ante vorgenommene Festlegung von *allgemein anwendbaren* Outputindikatoren zur Messung von psychischen Dispositionen eine höchst fragwürdige Vorgehensweise wäre. Dennoch ist die Entwicklungshilfe voll solcher Beispiele von Evaluierungen, bei dem Kulturfremde Outputindikatoren festlegten, die ihnen aus ihrem eigenen Kulturkreis vertraut waren, für die betreffenden potentiellen SHO-Mitglieder jedoch überhaupt keine Gültigkeit besaßen.

Bei einem solchen Vorgehen käme hinzu, daß der Evaluierer einer exogenen SHO-Entstehung somit ein Verfahren praktizierte, das er gemäß den

---

[1] Vgl. S. 426 ff. dieser Arbeit.

Erkenntnissen dieser Untersuchung beim SHO-Anreger negativ bewerten müßte.

3.2.2. Das exogene Anregungsvorgehen als Inputindikator

Es wird offensichtlich, daß eine Operationalisierung der allgemeinen SHO-Voraussetzungen zum Zwecke einer allgemein anwendbaren Evaluierung derselben mit Hilfe von Output- bzw. Definitionsbestandteilindikatoren problematisch und zum Teil unmöglich ist. Auch wenn in den ganz überwiegenden Fällen von Evaluierungen in Form von Zielerreichungsanalysen ausschließlich die genannten Indikatoren verwandt werden, muß nach Ansicht des Verfassers das Evaluierungsanliegen dieser Arbeit deshalb nicht aufgegeben werden. Als Lösung des Operationalisierungsproblems bietet sich nämlich die Wahl von *Inputindikatoren* an, welche die Ursachen oder Bedingungen der allgemeinen SHO-Voraussetzungen beinhalten.

Die Bildung solcher Inputindikatoren setzt Kenntnisse über die Ursachen bzw. Bedingungen der allgemeinen SHO-Voraussetzungen voraus. Aufgrund des entwicklungspolitisch — und zwar Mikro-Ansatz-orientierten — Interessenschwerpunktes dieser Arbeit war im Umweltbereich keine umfangreiche Ursachenanalyse betrieben worden. Von daher kann in dieser Studie kein allgemein anwendbarer Evaluierungsansatz zur Ermittlung der objektiven Voraussetzungen (Voraussetzungsebene I) bei exogenen SHO-Entstehungsprozessen entwickelt werden. Das System der ausgewiesenen SHO-Voraussetzungen im Umweltbereich kann dem Praktiker jedoch dabei behilflich sein, den speziellen objektiven Voraussetzungen bei einem bestimmten SHO-Objekt systematischer nachzugehen.

Im personalen Bereich wurde hingegen der den allgemeinen SHO-Voraussetzungen kausal vorgelagerte Bereich näher analysiert, wobei vor allem die für das Zustandekommen der Voraussetzungen notwendigen Bedingungen erörtert wurden. Die Ursachenkomponente war bei diesen Erörterungen

der „Voraussetzungen der Voraussetzungen" insofern immer mitenthalten,
als daß explizit oder implizit angenommen wurde, daß die Wahrscheinlichkeit des Zustandekommens der psychischen Dispositionen bei gegebenen
Vor-Voraussetzungen wesentlich höher liegt als bei deren Fehlen.

Bei dem hier allein interessierenden Fall *exogener* SHO-Entstehung lag diese Annahme beim grundsätzlich erzieherischen Vorgehen des unmittelbaren
SHO-Anregers zugrunde, was sich in der weiter oben formulierten Hypothese I [1] widerspiegelt. Mit dieser Hypothese wurde *weder* behauptet, daß
bei erfolgreichen exogenen SHO-Entstehungsprozessen ein bestimmtes, grundsätzlich erzieherisches Vorgehen die *einzige* Ursache für das Zustandekommen der allgemeinen Voraussetzungen im personalen Bereich, sei, *noch*
wurde die These aufgestellt, daß dieses Vorgehen die Ursache dieser Voraussetzungen bei *allen* erfolgreichen exogenen SHO-Entstehungsprozessen
darstelle. Aber die oben erwähnte Hypothese besagt immerhin, daß dieses Vorgehen in einem mathematisch-statistischem Sinne als höchstwahrscheinliche Voraussetzung und als *höchstwahrscheinliche Mitursache* (Quotient von günstigen Fällen zu möglichen Fällen ist nahe 1) der genannten
Voraussetzungen aufzufassen ist.

Diese höchstwahrscheinliche Mitursache bezieht sich grundsätzlich auf alle
aufgeführten SHO-Voraussetzungen im personalen Bereich, da dieses grundsätzlich erzieherische Handeln vor Ort darauf angelegt ist, alle möglicherweise fehlenden Voraussetzungen im Laufe des Anregungsprozesses noch
nachträglich zu schaffen. Auf diese Weise liegt ein evolutorisches Phänomen
vor, das als Gesamtinputindikator zur Messung des Vorliegens der SHO-
Voraussetzungen im personalen Bereich dienen kann. Dies bedeutet, daß
davon ausgegangen werden kann, daß durch eine begleitende oder nach-
trägliche dynamische Betrachtung des Anregungsvorgehens im Rahmen eines
exogenen SHO-Aufbauversuchs Aussagen darüber möglich werden, ob die
allgemeinen SHO-Voraussetzungen im personalen Bereich wahrscheinlich gegeben sind oder nicht.

[1] Vgl. S. 524 dieser Arbeit.

Da bei einem exogenen SHO-Aufbauversuch eventuell mehrere exogene SHO-Anreger tätig werden und diese in der Realität möglicherweise nicht immer ein erzieherisches Verhalten an den Tag legen, sei der Inputindikator abstrakt folgendermaßen formuliert:

„Inputindikator für das Vorliegen bzw. Nichtvorliegen der allgemeinen Voraussetzungen im personalen Bereich bei exogenen SHO-Entstehungsprozessen in Entwicklungsländern ist das *Anregungsvorgehen im Rahmen eines exogenen SHO-Aufbauversuchs.*"

Da dieses Anregungsvorgehen einen Vorgang, d.h. ein evolutorisches Phänomen darstellt und es auf dem Weg über seine Verwendung als Inputindikator bei der angestrebten Evaluierung zu einer Betrachtung von Voraussetzungen unterschiedlicher Zeitpunkte in ihrem kausal/zeitlichen Zusammenhang kommt, sei der Evaluierungsansatz dieser Arbeit als *„Dynamische Evaluierung"* bezeichnet.

Dieser dynamische Evaluierungsansatz kann so unter anderem auch als ein Betrag zur Entwicklung einer *Ablaufanalyse* bei entwicklungspolitischen Vorhaben aufgefaßt werden, die von mehreren Autoren in letzter Zeit gefordert wird. So weist Bodemer auf die Notwendigkeit hin, „... die Durchführung der entwicklungspolitischen Maßnahmen durch eine Art Verlaufsforschung (*action research*) kritisch ..."[1] zu begleiten. Für eine Ablaufanalyse spricht sich im Zusammenhang mit praxisorientierter Forschung, die sich auf die Verbesserung von Entwicklungsmaßnahmen richtet, auch Schönherr aus.[2] Weiss und Rein betonen in einem ähnlichen Zusammenhang, daß gegenüber den bisherigen Evaluierungsverfahren eine „alternative methodology", die eine „process-oriented research" bzw. eine „historical-research" beinhaltet, vorzuziehen sei.[3]

---

[1] BODEMER, K., Erfolgskontrolle ... a.a.O., S. 201.

[2] SCHÖNHERR, S., Neue Extension-Methoden ... a.a.O., S. 251 f.

[3] WEISS, R.S. und REIN, M., The evaluation of broad-aim programs: Experimental design, its difficulties, and an alternative, in: Administrative Science Quaterly, Vol. 15, No. 1, 1970, S. 97–109, hier S. 105.

Mit ihrer *interdisziplinären* Ausrichtung kommt die Dynamische Evaluierung noch einer weiteren Forderung Bodemers entgegen, der sich „für eine interdisziplinär zu leistende, multidimensionale Evaluierung ...” [1] ausspricht, bei der neben der Volks- und Betriebswirtschaft und der technischen Wissenschaft auch „den Sozialwissenschaften Politikwissenschaft, Soziologie, Psychologie, Ethnologie und Sozialanthropologie” [2] Bedeutung zukommt. In der vorliegenden Studie wurde dieser Liste noch die Erziehungswissenschaft hinzugefügt.

Außerdem ergibt sich bei ihr durch den Verzicht auf Outputindikatoren, d.h. durch den Verzicht auf die ex ante Festlegung bestimmter Projektfolgen, daß sogenannte „unvorhergesehene Folgen” kein Evaluierungsproblem bilden, worauf u.a. vor allem Seibel Wert legt. [3]

Schließlich berücksichtigt eine so konzipierte Dynamische Evaluierung, die am exogenen Anregungsvorgehen ansetzt, zum einen ausdrücklich die erzieherischen Aspekte, deren stärkere Berücksichtigung Büchi verlangt [4], und zum anderen den personellen Aspekt, dessen Beachtung nach Bodemer bisher vernachlässigt wurde. [5]

Sind die allgemeinen SHO-Voraussetzungen bisher als Evaluierungsziele hinsichtlich ihrer Beschaffenheit, ihrer Beziehung zueinander und ihrer jeweiligen Vor-Voraussetzungen bzw. ihrer Ursachen näher bestimmt und der Inputindikator für das Vorliegen bzw. Nichtvorliegen der allgemeinen SHO-Voraussetzungen im personalen Bereich definiert worden, so müssen zur Vervollständigung der Dynamischen Evaluierung für den vorgesehenen Soll-

---

[1] BODEMER, K., Erfolgskontrolle ... a.a.O., S. 192.

[2] Ebenda S. 192.

[3] Vgl. SEIBEL, H.D., Voraussetzungen und Folgen ... a.a.O., S. 303.

[4] Vgl. BÜCHI, R., Erfolgsevaluierung von Entwicklungsprojekten, Bern, Frankfurt a.M., München 1976, S. 23.

[5] Vgl. BODEMER, K., Erfolgskontrolle ... a.a.O., S. 202.

Ist-Vergleich noch die Sollgröße und die Erhebungsverfahren, mit denen die Istgröße ermittelt werden kann, festgelegt werden.

3.3. Die „Erzieherische Grundstrategie" als Sollgröße (-ablauf) der Dynamischen Evaluierung

Die Verwendung des Begriffs „Sollgröße" könnte den Verdacht aufkommen lassen, daß in diesem Abschnitt normative Aussagen gemacht werden sollen. Dies ist jedoch nicht der Fall. Vielmehr handelt es sich hier um eine Wenn-Dann-Aussage, die insoweit „sozio-technischen" Charakter besitzt, als bei ihr das entwicklungspolitische Ziel der Errichtung von lebensfähigen Selbsthilfeorganisationen *hypothetisch* unterstellt wird. Da ihr in dieser Studie aber auch explizit herausgestellte Grundannahmen des Forschers zugrundeliegen, welche die Möglichkeit von Wertimplikationen explikativer, Aussagensysteme mitbeinhalten, und dies dem „klassischen" konzeptionellen Hintergrund „sozio-technischer" Aussagen nicht entspricht [1], erscheint hier eine Kennzeichnung der Wenn-Dann-Aussage als „sozio-technische" jedoch als nicht ganz angemessen.

Im vorliegenden Fall wurde das exogene Zustandekommen von lebensfähigen Selbsthilfeorganisationen in Entwicklungsländern als eines von mehreren denkbaren „Zielen" der Entwicklungspolitik hypothetisch übernommen und anschließend versucht, die zu seiner Erreichung erforderlichen Voraussetzungen bzw. Ursachen empirisch-theoretisch herauszuarbeiten. Die Wenn-Dann-Aussage ließe sich danach folgendermaßen formulieren:
„*Wenn* man das exogene Zustandekommen von lebensfähigen Selbsthilfeorganisationen in Entwicklungsländern als ʼZielʼ auffaßt, *dann* müssen für dessen Erreichung die aufgezeigten allgemeinen SHO-Voraussetzungen gege-

---

[1] Dieser Hintergrund ist durch die u.a. von Albert aufgestellte Forderung nach Wertaussagefreiheit im Begründungszusammenhang gekennzeichnet . Vgl. hierzu Teil A dieser Arbeit.

ben sein, die in den allermeisten Fällen (mindestens 95% der Fälle) durch ein bestimmtes, grundsätzlich erzieherisches Verhalten vor Ort bewirkt werden."

Aus dieser übernommenen Zielperspektive heraus erhält das spezielle Anregungsvorgehen den Charakter einer *Soll*größe. Es wird in dieser Studie — bezogen auf den Inputindikator: „Anregungsvorgehen im Rahmen eines exogenen SHO-Aufbauversuchs" — aufgrund seines aufgezeigten Sollgrößencharakters als *Ideal*vorgehen in Form einer „Erzieherischen Grundstrategie" zusammengefaßt.

3.3.1. Mögliche Mitursachen bzw. Einflußfaktoren bei der exogenen Entstehung von Selbsthilfeorganisationen

Eine solche „Erzieherische Grundstrategie" beinhaltet demnach nicht nur die in den vorausgegangenen Abschnitten dargelegten Voraussetzungen, sondern in ihr werden, da sie ein Soll- bzw. Idealvorgehen wiedergibt, außerdem all die Faktoren mitberücksichtigt, die zum Teil als mögliche (nicht als notwendige) Mitursachen der Entstehung der allgemeinen SHO-Voraussetzungen angesehen werden. Diese seien an dieser Stelle zusammengefaßt, wobei auf die ihnen zugrundeliegenden Arbeitshypothesen in Klammern verwiesen wird.

Folgende Zusammenhänge wurden herausgestellt:

a) Die *Wahrnehmung* einer neuen Information bzw. Innovation durch potentielle SHO-Mitglieder ist umso wahrscheinlicher gegeben und umso intensiver, je größer die gedankliche Nähe von Vergangenheitserfahrungen, in sozialer Interaktion vermittelter Wertungen und Zukunftserwartungen zur Innovation ist (vgl. Arbeitshypothese 10).

b) Die Innovationswahrnehmung findet in einem Entwicklungsland mit einer relativ offenen Gesellschaftsstruktur oder zumindest mit einer relativ offenen Struktur im SHO-relevanten Subsystem schneller und leichter statt, als in einem Entwicklungsland bzw. dessen SHO-relevanten Subsystem mit einer relativ geschlossenen Struktur (vgl. Arbeitshypothese 27).

c) Die Wahrscheinlichkeit, daß ein sozialer Akteur einen als relative Deprivation wahrgenommenen intrapersonalen Konflikt durch innovatives Handeln zu lösen versucht, ist am größten bei progressiver Deprivation, am geringsten bei Abnahmedeprivation (vgl. Arbeitshypothese 5).

d) Die Wahrscheinlichkeit, daß ein sozialer Akteur einen als relative Deprivation wahrgenommenen intrapersonalen Konflikt durch innovatives soziales Handeln zu lösen versucht, ist umso größer, (a) je höher die Intensität der relativen Deprivation ist, (b) je größer der vom Akteur wahrgenommene Handlungsspielraum und die Menge der ihm aufgrund seiner sozialen Position zur Verfügung stehenden Leistungsmittel sind, (c) je mehr die affektiv-kognitive Grundhaltung des Akteurs von Elementen der Leitbildorientierung geprägt ist und je stärker infolgedessen der Akteur in seiner Motivation differenziert und im Blick auf relevante Bezugsgruppen aufstiegsorientiert ist (vgl. Arbeitshypothese 6).

e) Die *Handlungsbereitschaft* der Selbsthilfegruppe kann dadurch schneller und intensiver erreicht werden, daß *alle* potentiellen SHO-Mitglieder über die vom SHO-Anreger initiierten Vorhaben informiert werden (vgl. Arbeitshypothese 16).

f) Der Abstimmungsprozeß in der Gruppe wird umso schneller positiv für die Neuerung verlaufen, desto schneller die inoffiziellen Führer und desto mehr von ihnen von der Innovation überzeugt sind (vgl. Arbeitshypothese 15).

g) Der Abstimmungsprozeß in der Gruppe wird umso schneller positiv für die Neuerung verlaufen, je mehr potentiell von einer SHO-Entstehung *mitbetroffene* zukünftige *Nichtmitglieder* des sozialen Umfelds, vor allem Familienmitglieder (Ehemann bzw. Ehefrau, Junge, Alte) in den

Informations- und Kommunikationsprozeß *einbezogen* sind und dabei eine positive Haltung gegenüber der Neuerung entwickeln (vgl. Arbeitshypothese 17).

Speziell bezogen auf die exogene SHO-Entstehung wurde festgehalten:

h) Ein Selbstbewußtwerden der Betroffenen läßt sich am ehesten durch eine Gegenüberstellung von Situationsdokumenten und ihrer Kommentierung durch die Betroffenen erreichen (vgl. Arbeitshypothese 47).

i) Eine mittlere Distanz im Sinne Wurrs wird von einem Anreger dann am ehesten erreicht, wenn er

a') seine Kontakte streut,

b') in allen Kontakten Selbstbewußtsein erkennen läßt,

c') in Gesprächen Stellung nimmt, und zwar so, daß es nicht zu einer Beherrschung seiner Kommunikationspartner im Sinne einer einseitigen Suggestionsbeziehung kommt,

d') Eigenheiten oder gar Originalitäten seines Verhaltens bewahrt (vgl. Arbeitshypothese 48).

j) Der Anreger macht dann seine positive und partnerschaftliche Einstellung im Gespräch gegenüber den potentiellen SHO-Mitgliedern am deutlichsten, wenn er

a') die Gesprächssituation so gestaltet, daß der Gesprächspartner sich nicht als Bittsteller fühlen muß,

b') den Respekt vor der Persönlichkeit und der Eigenständigkeit des Gesprächspartners nicht nur empfindet, sondern sichtbar und fühlbar werden läßt,

c') Zeitdruck vermeidet,

d') aufmerksames Beobachten und aktives Zuhören in den Mittelpunkt des Gespräches stellt,

e') die Betroffenen aussprechen läßt und nicht in die Rede fällt,

f') ein Gespräch nicht mit Kritik beginnt,

g') Fragen begründet,

h') auf der Verständnis- und Erlebnisebene der Betroffenen argumentiert und reagiert (vgl. Arbeitshypothese 49).

k) Die Rolle mit mittlerer Distanz ist vom Anreger umso schwerer aufzubauen,

a') je intensiver er in ein politisches Gesamtprogramm integriert und ohne persönlichen Handlungsspielraum ist,

b') je negativer das Programm oder die politische Institution, in der der Anreger integriert sein kann, von den Betroffenen gewertet wird (vgl. Arbeitshypothese 50).

l) Die *Vermittlung* von *Vertrauen* in die *Veränderungsfähigkeit* der Betroffenen durch den Anreger gelingt diesem umso besser, je mehr Erinnerungen der Betroffenen an vergangene Kompetenzerfahrungen von ihm wachgerufen werden, und je mehr es ihm gelingt, den Betroffenen gegenwärtige Kompetenzerfahrungen zum Bewußtsein zu bringen (vgl. Arbeitshypothese 51).

m) Die Innovationswahrnehmung erhöht der Anreger bei den Betroffenen

a') durch die Erinnerung an ehemalige, vergessene Kompetenzerfahrungen der potentiellen SHO-Mitglieder,

b') durch die Bewußtmachung ihres Handlungsspielraums (vgl. Arbeitshypothese 54).

n) Die *Übermittlung* von *Teilinformationen* gelingt dem Anreger umso eher, je mehr sie in einem direkten Bezug zur praktischen Lebenserfahrung und alltäglichen Wirklichkeit der Betroffenen stehen (vgl. Arbeitshypothese 52).

o) Die Übermittlung der Informationen und Interpretationen gelingt dem Anreger umso eher, je besser der Anreger die Sprache der Betroffenen spricht (vgl. Arbeitshypothese 53).

p) Je offener eine Gesellschaft oder zumindest das SHO-relevante Subsystem strukturiert ist, desto mehr wächst die Gefahr, daß eine Entstehung einer lebensfähigen Selbsthilfeorganisation aufgrund zu großen

Mißtrauens potentieller SHO-Mitglieder nicht stattfindet (vgl. Arbeitshypothese 28).

q) Je geschlossener eine Gesellschaft oder zumindest das SHO-relevante Subsystem strukturiert ist, desto mehr wächst die Gefahr, daß eine exogene Entstehung einer lebensfähigen Selbsthilfeorganisation, die unter Einbeziehung anerkannter Autoritätsträger angeregt wird, wegen zu großen Vertrauens potentieller SHO-Mitglieder in ihre Autoritätsträger, bei dem die potentiellen SHO-Mitglieder die SHO-bezogenenen Ideen und Anregungen unkritisch übernehmen und nur scheinbar verinnerlichen, nicht stattfindet (vgl. Arbeitshypothese 29).

3.3.2. Die drei Phasen der „Erzieherischen Grundstrategie"

Die „Erzieherische Grundstrategie" als Evaluierungs-*Soll*größe — bezogen auf den Inputindikator: „Anregungsvorgehen im Rahmen eines exogenen SHO-Aufbauversuchs" — baut auf den genannten Arbeitshypothesen auf. Da bei ihr folglich ein *Ideal*vorgehen beschrieben wird, bei dem ein oder mehrere Idealanreger aktiv werden, sei im folgenden anstatt von einem SHO-Anreger idealtypisch von einem „pädagogischen Katalysator" gesprochen.

Der Begriff „pädagogischer Katalysator" sei hier deshalb verwandt, weil er viel besser die behutsame, nichtdirektive, nichtpaternalistische, sondern mehr in aktiven Reaktionen zum Ausdruck kommende Vorgehensweise erfolgreicher SHO-Erzieher wiedergibt. Kennzeichen des Katalysators in der Chemie, aus der der Begriff übernommen wurde, ist nämlich, daß er erstens in einer Lösung nicht völlig aufgeht und zweitens mit anderen Elementen keine dauerhafte Verbindung eingeht. Dieses nicht völlige Aufgehen in der Umgebung, dieses Sichselbsttreubleiben und dieses Keinedauerhafte-Verbindungeingehen geben anschaulich wieder, was weiter oben mit „mittlerer Distanz" eines SHO-Erziehers angesprochen wurde.

Selbst eine dritte Haupteigenschaft des chemischen Katalysators, allein schon durch sein bloßes Vorhandensein, Reaktionen auszulösen, kann im erzieherischen Interaktionsprozeß bei der Entstehung von Selbsthilfeorganisationen in Entwicklungsländern festgestellt werden.

So löst das bloße Vorhandensein eines SHO-Anregers in einem Gebiet oder in einem Dorf Erwartungen, Wünsche und Hoffnungen aus, auf die der Anreger richtig *reagieren* muß. So berichtet Karla Krause in ihren Protokollen über kirchliche Selbsthilfeförderungsbemühungen in Indonesien, daß ihr ein indonesischer Motivator deutlich machte, daß die ersten Monate im Dorf die schwerste Prüfung für einen Motivator seien [1]. „Er wird beobachtet, und man erwartet von ihm, daß er alles weiß; denn er hat Schulbildung, und die Kirche schickt ihn. Und die genießt, nicht nur in christlichen Gemeinschaften, großes Ansehen. Wenn sich da der Motivator nicht zurückhält, wenn er gleich am Anfang einen Fehler macht, bekommt er später kein Bein mehr auf die Erde." [2]

Der Verfasser konnte ähnliche Erfahrungen bei einem SHO-Aufbauversuch in Obervolta sammeln, wo allein das Vorhandensein eines ehemaligen Volksschuldirektors als SHO-Anreger im betreffenden Dorf die verschiedensten — freundliche wie feindliche — Reaktionen auslöste.

Aufbauend auf den aufgestellten Arbeitshypothesen über die Vor-Voraussetzungen bzw. höchstwahrscheinlichen Mitursachen der allgemeinen SHO-Voraussetzungen im personalen Bereich und über mögliche Entstehungseinflußfaktoren werden bei der „Erzieherischen Grundstrategie" analytisch drei Phasen unterschieden, die sich in der Wirklichkeit durchaus überschneiden können:

---

[1] Vgl. KRAUSE, K., Weiße Experten ... a.a.O., S. 36.
[2] Ebenda S. 36.

Phase I: die Phase des Einlebens,
Phase II: die Phase der systematischeren Beobachtung,
Phase III: die Phase der gezielteren Reaktion.

3.3.2.1. Die Phase des Einlebens

Ziel der Phase des Einlebens ist die Herstellung eines *Vertrauensverhältnisses* zwischen dem pädagogischen Katalysator und den potentiellen SHO-Mitgliedern, das als Basis der höchstwahrscheinlichen SHO-Voraussetzung bei exogenen SHO-Entstehungsprozessen, nämlich eines grundsätzlich erzieherischen Handelns vor Ort, unbedingt erforderlich ist. Die einzelnen Schritte, die teilweise die Voraussetzung zur Herstellung eines solchen Vertrauensverhältnisses bilden, teilweise idealtypische Einflußfaktoren wiedergeben, werden aus folgender Abbildung 4 ersichtlich.

Offensichtlich ist die Phase I für pädagogische Katalysatoren, die schon lange vor Ort leben, zu relativieren. Der Evaluierer sollte sich bei dieser Phase immer dafür interessieren, ob der pädagogische Katalysator schon lange vor Ort ist oder nicht. Spätestens in dieser Phase erlernt der pädagogische Katalysator die Sprache der potentiellen SHO-Mitglieder. Die Herausbildung des Vertrauensverhältnisses auf diese Weise zwischen dem pädagogischen Katalysator und den potentiellen SHO-Mitgliedern wird in einer offenen Gesellschaft in der Regel mehr Zeit benötigen als in einer geschlossenen.

3.3.2.2. Die Phase der systematischeren Beobachtung

In dieser Phase beginnt der Versuch, von dem in Phase I hergestellten Vertrauensverhältnis her eine Ordnung und Objektivierung der bisherigen Zufallserfahrungen durchzuführen, die über die bloße Wiedergabe von heterogenen Selbstverständnissen hinausgehen.

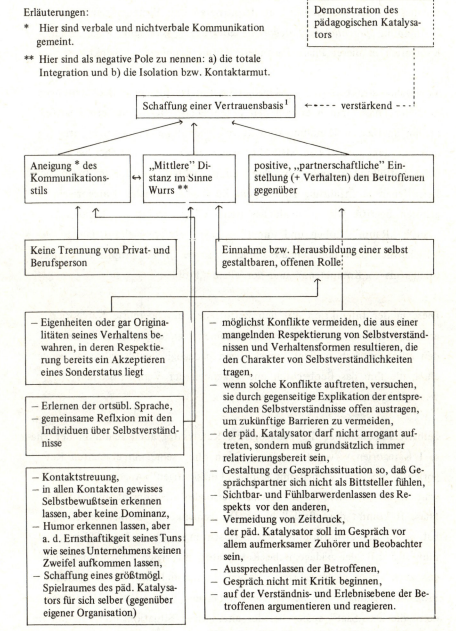

Erläuterungen:

* Hier sind verbale und nichtverbale Kommunikation gemeint.

** Hier sind als negative Pole zu nennen: a) die totale Integration und b) die Isolation bzw. Kontaktarmut.

Demonstration des pädagogischen Katalysators

Schaffung einer Vertrauensbasis[1] ←---- verstärkend ---

Aneigung * des Kommunikationsstils ↔ „Mittlere" Distanz im Sinne Wurrs **

positive, „partnerschaftliche" Einstellung (+ Verhalten) den Betroffenen gegenüber

Keine Trennung von Privat- und Berufsperson

Einnahme bzw. Herausbildung einer selbst gestaltbaren, offenen Rolle

– Eigenheiten oder gar Originalitäten seines Verhaltens bewahren, in deren Respektierung bereits ein Akzeptieren eines Sonderstatus liegt

– Erlernen der ortsübl. Sprache,
– gemeinsame Reflxion mit den Individuen über Selbstverständnisse

– Kontaktstreuung,
– in allen Kontakten gewisses Selbstbewußtsein erkennen lassen, aber keine Dominanz,
– Humor erkennen lassen, aber a. d. Ernsthaftigkeit seines Tuns wie seines Unternehmens keinen Zweifel aufkommen lassen,
– Schaffung eines größtmögl. Spielraumes des päd. Katalysators für sich selber (gegenüber eigener Organisation)

– möglichst Konflikte vermeiden, die aus einer mangelnden Respektierung von Selbstverständnissen und Verhaltensformen resultieren, die den Charakter von Selbstverständlichkeiten tragen,
– wenn solche Konflikte auftreten, versuchen, sie durch gegenseitige Explikation der entsprechenden Selbstverständnisse offen austragen, um zukünftige Barrieren zu vermeiden,
– der päd. Katalysator darf nicht arrogant auftreten, sondern muß grundsätzlich immer relativierungsbereit sein,
– Gestaltung der Gesprächssituation so, daß Gesprächspartner sich nicht als Bittsteller fühlen,
– Sichtbar- und Fühlbarwerdenlassen des Respekts vor den anderen,
– Vermeidung von Zeitdruck,
– der päd. Katalysator soll im Gespräch vor allem aufmerksamer Zuhörer und Beobachter sein,
– Aussprechenlassen der Betroffenen,
– Gespräch nicht mit Kritik beginnen,
– auf der Verständnis- und Erlebnisebene der Betroffenen argumentieren und reagieren.

Abb. 4: Schaffung einer Vertrauensbasis

[1] In Anlehnung an WURR, S., Strategie ... a.a.O., HRUSCHKA, E., Methodische ... a.a.O. und GOODENOUGH, W.H., Cooperation ... a.a.O.

Da dies bei der Beobachtung als Registrieren und Systematisieren unter bestimmten *sprachlichen Kategorien,* ,,Begriffen" geschieht, wird diesen Kategorien in dieser Phase besondere Aufmerksamkeit geschenkt.

Von daher strukturiert der pädagogische Katalysator seine Beobachtungen in dieser Phase, indem er von den potentiellen SHO-Mitgliedern Begriffe, die im anvisierten Handlungskontext von Bedeutung sein können, erlernt und mit den potentiellen SHO-Mitgliedern *gemeinsam* versucht, die inhaltliche Auffüllung *formaler* von ihm ,,mitgebrachter" Kategorien durch die Betroffenen in Erfahrung zu bringen. Zu diesen formalen Kategorien gehören Begriffe wie ,,individuelles Handeln", ,,gemeinsames Handeln", ,,Zeit", ,,Raum", ,,oben und unten" — seien letztere weltanschaulich, gesellschaftlich oder politisch ausgeprägt — sowie ,,Bezugsgruppe", ,,Mangel", ,,Bedürfnis", ,,Kompetenz" und vor allem ,,Problem".

Diese in der Interaktion mit den Betroffenen durchgeführte Kategorienerarbeitung könnte man mit der gemeinsamen Herstellung einer Brille für den ethnozentrisch bedingt kurzsichtigen pädagogischen Katalysator vergleichen, die ihm das Beobachten und Erkennen der Verhältnisse am Ort wesentlich erleichtern soll.

Selbstverständlich hat der pädagogische Katalysator auch schon in der Phase I Kategorien verwenden müssen. Denn ohne seine mitgebrachten Kategorien — sie seien einmal mit seinen ,,kurzsichtigen" Augen verglichen — wäre er als ,,Blinder" in der Phase I erfolglos ,,herumgetappt". In der Phase II kommt die ,,Brille" hinzu. Die gemeinsame ,,Brillenherstellung" hat neben der Strukturierung der Beobachtung noch weitere Effekte. So muß sich z.B. der pädagogische Katalysator mit vielen seiner Überlegungen auch selber in Frage stellen lassen. Ferner induziert dieser gemeinsame Prozeß Anregungen zur Selbstreflexion bei den potentiellen SHO-Mitgliedern, die als ,,Saat" später bei der alternativen Situationsinterpretation in Phase III ,,aufgehen" könnten.

Hat der pädagogische Katalysator seine Beobachtungen strukturiert, so kommt er zu einem vorläufigen *Vorverständnis* der Situation, vor allem was seine *eigene Problemansicht* betrifft.

Bevor er die potentiellen SHO-Mitglieder mit seiner so erarbeiteten Problemsicht in Form von mäeutischen Fragen konfrontiert – eine Problemsicht, die sich in vielen Fällen nicht völlig mit der Sicht der Betroffenen deckt –, muß der pädagogische Katalysator von seiner Problemdefinition her die *Umwelt* SHO *Voraussetzungen* näher analysieren, wobei hier der Handlungsspielraum für solidarische Selbsthilfe besonders hervorgehoben sei. Dies kann er eventuell bereits vor seiner Ankunft vor Ort gemacht haben. Es ist jedoch einleuchtend, daß sich seine Sicht in den Phasen I und II lernend verändert, so daß am Ende die ursprüngliche Problemspekulation sich in eine durch Erfahrung bestimmte konkrete Problemdefinition bzw. Problemanalyse transformiert hat. Nach dieser neuen Problemdefinition liegt ein erneutes genaueres Analysieren der Umweltgegebenheiten nahe.

Eine solche Analyse kann zu unterschiedlichen Ergebnissen kommen. Der pädagogische Katalysator kann die Auffassung gewinnen, daß die *objektiven* SHO-*Voraussetzungen* inklusive des notwendigen Handlungsspielraums für solidarische Selbsthilfe gegeben sind. In diesem Falle kann er sich der Phase III widmen. Er kann aber auch zu dem Ergebnis kommen, daß die Bedingungen nicht gegeben sind. In einem solchen Fall kann er dann versuchen, die objektiven Barrieren abzubauen, was meist die Schaffung von Handlungsspielräumen auf Mikroebene bedeutet, wie etwa die Ermöglichung solidarischen Handelns durch Nutzbarmachung von Freiräumen, die z.B. in vielen Entwicklungsländern kirchlichen Einrichtungen eingeräumt werden. Oder der pädagogische Katalysator gibt angesichts seiner eigenen Machtlosigkeit das ursprüngliche SHO-Ziel auf bzw. macht einem eventuellen Auftraggeber (einer Selbsthilfeförderungsinstitution) dasselbe als ein unrealistisches Ziel im konkret vorliegenden Kontext klar.

3.3.2.3. Die Phase der gezielteren Reaktion

Bezogen sich die Phase I und II auf die Herstellung derjenigen Voraussetzungen, die das idealtypisch aufzuzeigende erzieherische Vorgehen *erst möglich* machen, so ist dieses Vorgehen selbst Objekt der dritten Phase.

Hat die Phase II ergeben, daß die SHO-geeigneten Umweltbedingungen gegeben oder geschaffen worden sind, so beginnt der pädagogische Katalysator mit der Phase III der gezielteren Reaktion. Ihren Beginn bilden eine oder mehreren „Problem"diskussionen, die der pädagogische Katalysator mit potentiellen SHO-Mitgliedern führt, wobei er *alle* potentiellen SHO-Mitglieder persönlich oder über Vertreter *anspricht* und über sein Gesprächsinteresse *informiert,* außerdem aber auch alle Kreise potentiell von einer SHO-Entstehung betroffener zukünftiger *Nicht*mitglieder, vor allem Familienmitglieder in den Kommunikationsprozeß durch ihre zusätzliche Einladung zu den Versammlungen mit einbezieht.

Im Rahmen dieser vor aller Augen stattfindenden und zur Zeugenschaft aufrufenden, *anfänglichen Problemdiskussionen* ermittelt der pädagogische Katalysator,

a) was von den Betroffenen als „Problem" benannt wird,

b) welche Lösungsmöglichkeiten ihnen *bekannt* sind (vor allem, ob individuelles und/oder gruppenmäßiges Vorgehen bekannt ist),

c) welche Lösungsmöglichkeiten von ihnen *vorgeschlagen* werden (auch hier gilt das besondere Interesse der Frage, ob individuelles und/oder gruppenmäßiges Vorgehen vorgeschlagen wird.),

d) welche Menschen aus ihrer Sicht betroffen sind.

Außerdem beobachtet er bei den anfänglichen Problemdiskussionen, in welcher Form das Problemdefinieren bei den Betroffenen abläuft. Dabei interessiert den pädagogischen Katalysator vor allem,

a) ob sich der Definitionsprozeß einheitlich (homogen) oder uneinheitlich (heterogen) vollzieht,

b) ob im Vergleich mit früher das „Problem" empfunden wird

c) und/oder im Vergleich mit anderen Personen,

d) ob die Bedürfnisse als legitim empfunden werden,

e) wer und wie bei den Diskussionen tatsächlich das „Problem" „definiert",

f) wer definieren darf.

Die Ergebnisse dieser Ermittlungen und Beobachtungen bestimmen die Reaktionen des pädagogischen Katalysators. Ein sehr unwahrscheinlicher Fall wäre, daß die potentiellen SHO-Mitglieder insofern bereits zu Anfang dieser Phase mit ihm übereinstimmen würden, als daß sie in einer überwältigenden Mehrheit ihr Problem ebenfalls als ein gemeinsames Problem und ihre Bedürfnisse als legitim ansehen sowie als Lösung solidarische Selbsthilfe vorschlagen würde. Träfe dies alles zu, so wären die personalen Voraussetzungen — die Voraussetzungsebene I wird in Phase III als bereits gegeben angesehen — für die endogene Entstehung einer lebensfähigen Selbsthilfeorganisation schon gegeben und es stellte sich die Frage, inwieweit hier überhaupt noch ein pädagogischer Katalysator vonnöten wäre.

Es sei hier jedoch davon ausgegangen, daß am Anfang bestimmte Divergenzen zwischen der Problemsicht des pädagogischen Katalysators und derjenigen der Betroffenen bestehen. Stellt sich das Problem für die Betroffenen als ein individuelles Problem dar, so wird sich der pädagogische Katalysator im Dialog zuerst durch mäeutische Fragen bemühen aufzuzeigen, daß dieses Problem den Betroffenen gemeinsam ist, da sich auch andere Menschen in einer vergleichbaren Lebenslage befinden, und es somit nicht das Resultat individuellen Versagens darstellt. Bei dieser alternativen Situationsinterpretation bedient sich der pädagogische Katalysator als idealer SHO-Anreger bevorzugt Dokumente, seien es Photos oder Zeichnungen, die das alltägliche Leben der Betroffenen wiedergeben. Dabei bezieht sich sein alternatives Interpretationsangebot konkret auf das aufgeworfene Problem. Es ist weder kompliziert noch abstrakt. Der objektiv vorhandene Gemeinsamkeitscharakter der Problemsituation kann somit durch die eigene Reflexion der Betroffenen erkannt werden. Entsprechende *Erfahrungen* läßt sie der pädagogische Katalysator bei den späteren Aktionen sammeln.

Sollte es der pädagogische Katalysator mit einer Bevölkerungsgruppe zu tun haben, die sich zusätzlich durch eine ohnmächtige, sehr passive, d.h. also sehr stark weltbildorientierte Grundhaltung ohne ausgeprägtes Selbstbewußtsein und Selbstvertrauen auszeichnet und die möglicherweise außerdem ihre Bedürfnisse als illegitim empfindet, so wird er sich mit seinem mäeutischen Fragen bei der Gegenüberstellung von Situationsdokumenten und Kommentar darauf schwerpunktmäßig konzentrieren, den Umstand zum Bewußtsein zu bringen und zur Diskussion zu stellen, daß die gegenwärtige (dörfliche) Umwelt, der sich die Betroffenen gegenüber sehen und die sich nicht völlig ablehnen, sondern nur verbessern wollen, ein *Produkt* ihrer Tätigkeit bzw. der ihrer Vorväter ist. Verfügt der pädagogische Katalysator aus den vorherigen Phasen über Kenntnisse über die Vergangenheit der Betroffenen und/oder werden ihm solche Erkenntnisse in den anfänglichen Problemdiskussionen durch Gesprächsbeiträge der Betroffenen zuteil, so kann er bei einem solchen Vermittlungsversuch von Leitbildelementen positive Vergangenheitserfahrungen der Betroffenen als Beweise seiner Sicht anführen. Ist das Gefühl der Illegitimität stark ausgeprägt, so wird der pädagogische Katalysator sich darum bemühen, durch den Hinweis auf Beispiele von ihnen als legitim erachtetem dynamischen leistungs- und kompetenzmotivierten Handeln von Mitgliedern ihrer Bezugsgruppe dieses Gefühl zu vermindern und den Illegitimitätsverdacht zu entkräften.

Falls die Betroffenen das Problem als ein gemeinsames ansehen und ihnen die grundsätzliche Lösungsmöglichkeit: „solidarische Selbsthilfe" bekannt ist und dieselbe dennoch nicht für die Lösung des konkreten Problems vorschlagen, so wird sich der pädagogische Katalysator nach dem Grund erkundigen, warum im konkreten Fall diese Lösungsmöglichkeit für irrelevant gehalten wird. Hierauf sind vor allem Auskünfte folgenden Inhalts denkbar:

Erstens kann der Hauptgrund in einem grundsätzlichen Wandel der affektiv-kognitiven Grundhaltung der Betroffenen gegenüber ihren Vorvätern liegen. Selbstbewußtsein und Selbstvertrauen ist nur noch schwach ausgeprägt. In einem solchen Fall setzt der pädagogische Katalysator mit dem obengenannten Vermittlungsversuch von Leitbildelementen an.

Zweitens kann ihm direkt oder indirekt verdeutlicht werden, daß man in neurer Zeit mit der Idee solidarischen Handelns schlechte Erfahrungen gesammelt habe, sei es, daß diejenigen, die sie vorschlugen, nicht so selbstlos waren, wie sie taten – eine Haltung, die man aufgrund einer erfolgreichen Phase I dem pädagogischen Katalysator nicht unterstellt –, sei es, weil ein solidarisches Bewußtsein, das gegenseitiges Vertrauen mitumfaßt und persönliche Vorleistungen möglich macht, nicht (mehr) existiert. In einem solchen Fall wird sich der pädagogische Katalysator in erster Linie darum bemühen, den Betroffenen sein Vertrauen in ihre Redlichkeit und in ihre *grundsätzliche* Kooperationsfähigkeit zu vermitteln, um sie so schließlich dazu anzuregen, einmal einen zuerst zeitlich und inhaltlich eng begrenzten Kooperationsversuch zu unternehmen. Denn erst dieser Kooperationsakt selber ermöglicht die Herausbildung des verlorengegangenen gegenseitigen Vertrauens und das Einüben eines auf Fairneß gerichteten Gruppengeistes. Auch hier bei der Vermittlung stellvertretender Kompetenzmotivation dienen positive Vergangenheitserfahrungen als Beweismittel.

Drittens ist es denkbar, daß man gemeinsames Handeln deshalb nicht vorschlägt, weil das „Problem" so typisch für die neue, „moderne" Zeit ist, daß „altmodische", traditionelle Wege zu seiner Lösung einfach nicht dienen können. In einem solchen Fall wird der pädagogische Katalysator die Unterschiede zwischen den Problemen der „modernen" und der vergangenen Zeit zu relativieren suchen, wobei er eventuelle allgemein als positiv genannte Vergangenheitserfahrungen als Relativitätsbeweis anführen kann.

Viertens kann aus der Sicht der Betroffenen ein Handlungsspielraum für gemeinsames Handeln nicht gegeben sein. Bei dieser Antwort der potentiellen SHO-Mitglieder wird der pädagogische Katalysator durch ein dialogisch-problematisierendes Vorgehen den von ihm erkannten bzw. in der Phase II mitgeschaffenen Handlungsspielraum bewußt zu machen suchen. Das Mißtrauen wird schließlich erst durch tatsächlich den Spielraum ausnutzende Aktionen abgebaut werden.

Schließlich ist es möglich, daß ein Selbstverantwortungsbewußtsein und eine Bereitschaft zur Selbstbestimmung im Gegensatz zu früher nicht vorliegen und man zur Lösung des Problems Hilfe von oben, wo allein die Verantwortung zu tragen sei, erwartet. Diese Haltung vorausgesetzt, wird der pädagogische Katalysator den Betroffenen insoweit Mangelmotivation vermitteln, als daß er ihnen dialogisch-problematisierend bewußt macht, daß „übergeordnete" soziale Institutionen, sofern sie überhaupt vorhanden sind, entweder objektiv nicht zu einer Hilfe von oben in der Lage sind oder aus bestimmten, vielleicht durchaus verständlichen Gründen nicht helfen wollen.

(Zur Bewußtmachung eines eventuell fehlenden politischen Willens wird der pädagogische Katalysator nicht den Weg wählen, einen solchen fehlenden Willen direkt anzusprechen. Vielmehr wird er nur die mangelnde Fähigkeit der Institution als Erklärungsmöglichkeit anführen, und es den Betroffenen selbst überlassen, ihn von einer hiervon abweichenden Wirklichkeit zu überzeugen.)

Um die Gefahr zu vermeiden, daß ein so gefördertes Mangelbewußtsein in einen Verlust an Selbstvertrauen umschlägt, ermöglicht der pädagogische Katalysator gleichzeitig ausreichende Kompetenzmotivation, indem er an vergangene und gegenwärtige Kompetenzerfahrungen erinnert und auf einen objektiv gegebenen Handlungsspielraum für solidarische Selbsthilfe hinweist.

Bei seiner anfänglichen Vermittlung der alternativen Situationsinterpretation verhindert der pädagogische Katalysator das Umschlagen der von ihm eventuell geförderten Mangelmotivation in Resignation, Ohnmacht und Innovationsfeindlichkeit bei der anfänglichen Problemdiskussion dadurch,

a) daß er seine neue, alternative Interpretation so nahe wie möglich an positiven — aus der Gegenwartsperspektive der Betroffenen ebenfalls „alternativen" — Vergangenheitserfahrungen orientiert,

b) daß er sie nur dort von herrschenden Werten und Normen abweichen läßt, wo eine quasi-totale Welbildorientierung sonst jegliche Änderung verhindern würde,

c) daß er seine Interpretation nur praxisbezogen, schritt- und stückchenweise, d.h. dem jeweils von den Betroffenen vorgegebenen Reflexionsniveau entsprechend und somit überschaubar und verständlich übermittelt.

Die Auswertung dieser Gespräche — Teil der durch den pädagogischen Katalysator durchgeführten Selbstevaluierung — läßt ihn sich unter zusätzlicher Berücksichtigung der Erkenntnisse aus den ersten beiden Phasen u.a. ein Bild darüber machen, wer die jeweiligen offiziellen und nicht-offiziellen Führer vor Ort sind und wie sie sich verhalten. Möchte er am Ende seiner Bemühungen die psychische Disposition der Kraft zur SHO-Gründung einer zukünftigen SHO-Gruppe herstellen, so wird er sich der SHO-geneigten inoffiziellen Führer in seinen anschließenden Gesprächen und Aktionen besonders annehmen.

Bevor er in einem zweiten methodischen Hauptschritt die potentiellen SHO-Mitglieder zu gemeinsamen Aktivitäten animiert, die im Hinblick auf das SHO-Endziel nur einen Teilaspekt der Gesamtaktivitäten umfassen und vorbereitenden Charakter besitzen, prüft er, inwieweit am Ende der anfänglichen Diskussionsreihe die potentiellen SHO-Mitglieder die alternative Situationsinterpretation und das solidarische Handeln als Lösungsweg verinnerlicht und angenommen haben. Hierbei sei angemerkt, daß diese alternative Situationsinterpretation entsprechend der Philosophie einer sukzessiven Vorgehensweise sich am Anfang nur in dem von den Betroffenen selbst vorgegebenen inhaltlichen Rahmen bewegt. Dies heißt mit anderen Worten, daß sie immer an dem konkret genannten Bedürfnis bzw. Ziel der Betroffenen ansetzt. Eine *alternative* Interpretation bedeutet daher *nicht* eine *Ablehnung* des Bedürfnisses bzw. Zieles, sondern vielmehr eine neue, unvertraute Einordnung bzw. Wertung desselben.

Wenn z.B., wie im vom Verfasser besuchten SHO-Aufbauversuch in Obervolta, als „Problem" die Durchlässigkeit einer Umzäunung benannt wird, richtet sich der pädagogische Katalysator mit seinen Überlegungen auf die Lösung dieses Problems. Sein Vorschlag zur Lösung des Umzäunungsproblems basiert zwar schon auf einer der SHO-Idee entsprechenden alternativen Situationsinterpretation, aber dies heißt nicht, daß er zu diesem Zeitpunkt bereits die Lösung in Form eines abstrakten und komplizierten SHO-Konzepts präsentiert. Beim hier angesprochenen Beispiel „lancierte" der pädagogische Katalysator durch ein dialogisch-problematisierendes Vorgehen die Idee, anstatt Gitterzäune in der 200 km entfernten Großstadt zu kaufen, selber gemeinsam eine Umgrenzungsmauer zu errichten, wobei die Betroffenen gleichzeitig Maurerkenntnisse für ihre individuellen Belange gewinnen konnten.

Während in einer Gesellschaft (bzw. deren Subsystemen) mit einer relativ offenen Struktur bei der obengenannten Prüfung des — bereits entwickelten — Problembewußtseins die Informationserhebung nicht auf allzugroße Schwierigkeiten stößt, da die Bereitschaft der Gesellschaftsmitglieder gegeben ist, Meinungen und Meinungsverschiedenheiten nicht über Gebühr zu verstecken, stellt sich eine solche Problembewußtseinsprüfung bei Gesellschaften (bzw. deren Subsystemen) mit einer relativ geschlossenen Struktur als problematisch dar. In der zuletztgenannten Gesellschaft kann es nämlich dazu kommen, daß die traditionellen Führer, aus was für Gründen im einzelnen auch immer, die Sicht des pädagogischen Katalysators teilen und die anderen Gesellschaftsmitglieder autoritätsfixiert diese Sicht übernehmen und die Idee der solidarischen Selbsthilfe nur *scheinbar* verinnerlichen.

Die Problembewußtseinsprüfung nimmt je nach den vorliegenden Verhältnissen sehr unterschiedliche Formen an. Übereinstimmender Grundgedanke jedoch, der jeder dieser Prüfungen zugrunde liegt, ist, einen anderen, ebenso aus der alternativen Situationsinterpretation ableitbaren, konkreten Lösungsvorschlag für ein vergleichbares Problem zur Diskussion zu stellen. Z.B. kann man in einem Fall, bei dem man sich anscheinend darauf geeinigt hat, sich durch gemeinsamen Bezug von Betriebsstoffen aus der Abhängigkeit von den Zwischenhändlern zu lösen, die Frage stellen, was man gegen hohe Kreditzinsen unternehmen könnte.

Nach Abschluß dieses Versuchs auszuloten, inwieweit welche Personen die alternative Situationsinterpretation verinnerlicht haben, kristallisieren sich für den pädagogischen Katalysator unter anderem Mitläufer, Grundsätzlich-Interessierte, Überdurchschnittlich-Interessierte, interessierte offizielle und inoffizielle Führer sowie potentielle zukünftige Gegner der konkret ins Auge gefaßten solidarischen Selbsthilfehandlung heraus.

Auf der Basis dieser Klärungen bietet er nun, falls die Problembewußtseinsprüfung positiv ausgefallen ist — wenn nicht, setzt er den Diskussionsprozeß fort —, seine Hilfe bei der Realisierung der von ihm ins Gespräch gebrachten alternativen Handlungsmöglichkeiten an. Dieses Angebot richtet er, genauso wie seine anfängliche Gesprächsofferte an *alle* von einer zukünftigen Selbsthilforganisation Betroffenen, so daß keiner — vor allem kein potentieller SHO-Gegner — sagen kann, er sei nicht informiert gewesen und man habe absichtlich an ihm vorbei den SHO-Aufbauversuch begonnen. Um zu vermeiden, daß sich eine neugebildete SHO-Gruppe vorzeitig in Konflikte verwickelt, denen sie noch nicht gewachsen ist, wird der pädagogische Katalysator ferner dieses Angebot durch eine zumindest formale Zustimmung oder zumindest durch eine Duldung von Seiten der relevanten traditionellen Führer bzw. Problemdefinitionsmächtigen absichern.

Die so vom pädagogischen Katalysator in einem ersten Schritt ermöglichten und legitimierten Handlungsalternativen werden in ihrer inhaltlichen und umfangmäßigen Nähe zum SHO-Endziel durch die Ergebnisse der anfänglichen Problemdiskussion bestimmt. Sollte z.B. eine stark ausgeprägte ohnmächtige und passive Grundhaltung vorherrschen, so wird bei den angebotenen Aktivitäten der Schwerpunkt darauf gerichtet, daß durch sie *etwas* – und sei es noch so einfach – geschaffen wird, dessen *Beeinflussung* bzw. *Herstellung* durch die Betroffenen selber nach der bei ihnen vorherrschenden Meinung für unmöglich gehalten wird. Hierbei führt ein positives Handlungsergebnis in der Regel zumindest bei einigen Aktionsteilnehmern zu der Überlegung: „Wenn wir *das* können, warum sollten wir dann nicht auch fähig sein, anderes bewirken zu können?"

Sollte sich hingegen herausgestellt haben, daß das Problem vor allem in einem fehlenden gegenseitigen Vertrauen liegt, so wird der pädagogische Katalysator solche Aktivitäten anbieten, die bisher nicht gemeinsam durchgeführt worden sind, wobei die Zielrichtung dieser Aktivitäten anfangs vom SHO-Endziel noch weit entfernt sein kann. Als eine solche von der SHO-Zielsetzung recht entfernte gemeinsame Aktion ließen sich bei jungen Menschen sportliche Aktivitäten nennen, die eventuell in Wettkämpfen mit anderen Gruppen oder Dörfern münden können.

In den übrigen Fällen kann der pädagogische Katalysator die angebotenen Aktivitäten von Anfang an in einen direkten inhaltlichen Bezug zu dem bis dahin ersichtlichen eigentlichen Zweck der solidarischen Selbsthilfe stellen. Jedoch wird er sie umfangmäßig begrenzen. Auf jeden Fall werden die Aktivitäten von ihm inhaltlich so ausgerichtet, daß sie sich in dem von den Betroffenen vorgegebenen und überschaubaren Rahmen bewegen. Wird z.B. – wie beim beobachteten SHO-Aufbauversuch in Obervolta – von bestimmten Personen der Zustand der Wege in einem Dorf als „Problem" aufgefaßt, so richtet sich die von einer alternativen Situationsinterpretation ausgehende Lösungsidee auf ein gemeinsames Handeln zur Bewältigung des konkreten „Wege"-Problems.

Solche vom pädagogischen Katalysator ermöglichten gemeinsamen Ad-hoc-Aktivitäten, die den Charakter des Alternativen, genauer gesagt, des Neuen, tragen, entsprechen der Notwendigkeit, die Subelemente der SHO-Idee im Nah- bzw. Erlebnisbereich potentieller SHO-Mitglieder erfahrbar zu machen. Denn der von den Betroffenen selber vorgegebene inhaltlich bestimmte (Ziel-)Rahmen ist für sie überschaubar, verständlich und erfahrbar. Da die Enttäuschungsfestigkeit der Betroffenen am Anfang recht gering ist, wird der pädagogische Katalysator die angebotenen Aktivitäten auch nach dem Kriterium hoher Erfolgswahrscheinlichkeit auswählen.

Diejenigen potentiellen SHO-Mitglieder, welche die von ihm angebotenen alternativen Handlungsmöglichkeiten wahrnehmen, bilden die SHO-Gruppe. Dadurch, daß der pädagogische Katalysator die Aktivitäten praxisbezogen im Erlebnisbereich der Betroffenen angesiedelt hat und nur die Aktivitäten wählt, die mit aller Wahrscheinlichkeit erfolgreich enden, läßt er

1. die Gruppenmitglieder die Innovation „solidarische Selbsthilfe" besser wahrnehmen,

2. die Betroffenen aufgrund des Handlungs*spielraums* Selbstverantwortung erfahren,

3. sie spätestens jetzt entdecken, daß es verallgemeinerungsfähige Bedürfnisse gibt,

4. sich ein gegenseitiges Vertrauen bilden,

5. die Betroffenen schon kleine Vorleistungen für die Gruppe erbringen und

6. sie *Kompetenzerfahrungen* sammeln, die die Entstehung von Selbstbewußtsein, Selbstvertrauen und eine Bereitschaft zur Selbstbestimmung fördern und eventuell auch eine quasi-totale Weltbildorientierung ins Wanken bringen.

Während dieser „Aktionsphase" wird der pädagogische Katalysator seine Gespräche mit denjenigen inoffiziellen Führern intensivieren, die sich der SHO-Gruppe angeschlossen haben. Diese inoffiziellen Führer verfügen in der Regel nicht über große Macht oder großen Besitz. Sie werden allgemein aber als Führer akzeptiert, weil sie z.B. gebildet oder redegewandt, besonders erfolgreich oder experimentierfreudig sind, also eher dem Seibelschen Typ einer offenen Persönlichkeit oder dem Engelhardtschen Typ eines leitbildorientierten Menschen entsprechen. Im Gegensatz zu Gesellschaften mit einer eher offenen Struktur sind solche inoffziellen Führer in einer eher geschlossen strukturierten Gesellschaft schwerer zu identifizieren. Auf diese im Vergleich zu anderen besonders innovationsfreundigen Personen zielen die Motivierungsgespräche und -aktivitäten des pädagogischen Katalysators insbesondere ab.

Haben die Aktivitäten einen möglicherweise nur vorläufigen, erfolgreichen Abschluß gefunden, wird der pädagogische Katalysator den auch während der Durchführung der Aktivitäten nie abgebrochenen Gesprächskontakt wieder intensivieren, indem er gemeinsam mit den Aktionsteilnehmern ihre bis dahin gewonnenen Erfahrungen zusammenfaßt und auswertet. Während dieser gemeinsamen Reflexion der Nach-Aktion-Situation, die für die Betroffenen eine neue Situation bedeutet, wird der pädagogische Katalysator zuerst ihre Kompetenzmotivation dadurch verstärken, daß er sie auf ihr selbstbewußtes, selbstverantwortliches, erfolgreiches Handeln hinweist. Es wird ferner darauf aufmerksam machen, daß sie zum einen solidarisch gehandelt haben, da sie bestimmte, von ihm konkret zu benennende Vorleistungen u.a. aus einem Zusammengehörigkeitsgefühl heraus bereits erbracht haben, und daß sie zum anderen aber auch individuelle Vorteile realisieren konnten.

Nach dieser Kompetenzmotivationsstärkung wird er — und hierbei wieder besonders die genannten inoffiziellen Führer „im Visier" habend — durch mäeutische Fragen ihrem bestehenden Mangelbewußtsein insoweit neue Elemente hinzuzufügen wagen, als daß er auch neue Risiken, neue Konflikte und eventuell neue Gegner, die sich aus der Nach-Aktion-Situation für die SHO-Gruppe ergeben oder bereits ergeben haben, ins Gespräch bringt.

Kommt er dabei zu der Erkenntnis, daß die SHO-Gruppe angesichts der aufgeworfenen neuen Schwierigkeiten vor neuen weiter in die Richtung einer dauerhaften Selbsthilfeorganisation gehenden Aktivitäten zurückschreckt, so wird er sich die Zeit nehmen, die bisherigen Aktivitäten in vergleichbarer Form zu wiederholen und seine auf die erneuerungsfreudigen inoffiziellen Führer gerichtete Motivierungsarbeit noch weiter zu verstärken.

Stellt er jedoch fest, daß die SHO-Gruppe, motiviert vor allem durch die SHO-geneigten inoffiziellen Führer, zu neuen Aktivitäten und zur Aufnahme neuer durch ihren Erfolg animierter Gruppenmitglieder bereit ist, wird er in einem nächsten Schritt auch diese Aktivitäten ermöglichen. Auch hier gilt das Angebot wieder allen.

Bei der sich nun anschließenden Abfolge von Aktion und Reflexion, in deren Rahmen die bisher genannten methodischen Schritte weiterhin analog ausgeführt werden und bei der am Ende solche Aktivitäten vorzufinden sind, die auf dasjenige Ziel ausgerichtet werden, das schließlich gemeinsam als Ziel einer *dauerhaften* Selbsthilfeorganisation definiert wird, beachtet der pädagogische Katalysator, daß

1. durch Stärkung der SHO-geneigten inoffiziellen Führer — bei denen sich durchaus entsprechend der sich im Prozeßverlauf ändernden Aufgaben neue Führerpersönlichkeiten herausbilden können — ein ausreichendes Gegengewicht gegenüber denjenigen Führern gebildet wird, die offen oder versteckt gegen den SHO-Aufbauversuch arbeiten oder ihn für ihre persönlichen Zwecke umfunktionieren wollen,

2. ein Umfunktionieren der Aktivitäten in Richtung rein individueller Vorteilssuche und die Etablierung einer SHO-Machtelite dadurch verhindert werden, daß im Rahmen der SHO-Gruppe alle Informationen, Entscheidungen und Aktionen offen und nicht verdeckt oder gar geheim erfolgen,

3. im Laufe der Entwicklung der Kompetenzmotivation auch riskantere Aktivitäten begonnen werden können, wobei bei einem eventuellen Mißerfolg die Enttäuschung durch Hinweis auf die bisherigen Kompetenzerfahrungen aufgefangen werden kann.

4. die Aktivitäten nicht aus Ungeduld einen solch großen Umfang annehmen, daß sie das nur langsam wachsende Aufnahmevermögen der SHO-Gruppe übersteigen und Konfliktgegner auf den Plan rufen, denen die Gruppe (noch) nicht gewachsen ist, d.h. der pädagogische Katalysator wird bei der Gefahr einer Selbstüberschätzung verstärkt Mangelbewußtsein vermitteln,

5. allen SHO-Gruppenmitgliedern der relative Vorteil der Innovation für sie persönlich deutlich wird.

Nachdem der pädagogische Katalysator so vorgegangen ist, wird sich mit hoher Wahrscheinlichkeit bei der SHO-Gruppe zum einen die *Bereitschaft,* zum anderen aber auch durch die Erbringung von Vorleistungen und die Durchführung gründungsbezogener Aktivitäten bestimmter inoffizieller Führer die *Kraft* zur Gründung einer dauerhaften Selbsthilfeorganisation einstellen.

3.4.   Die Ermittlung der Istgröße (des Istablaufs): ,,Tatsächliches exogenes Anregungsvorgehen"

3.4.1.   Die Dynamische Evaluierung im Vergleich mit Untersuchungen der empirischen Sozialforschung

Daß in dieser Arbeit bei dem Entwurf einer ,,Dynamischen Evaluierung" von der für die bisherige Entwicklungspolitik charakteristischen Situation ausgegangen wird [1], nach der die Evaluierung eines SHO-Aufbauversuchs begleitend oder ex post durch ihre finanziellen Förderer oder in deren Auftrag geschieht, führt bei der Frage der Erhebung der notwendigen Informationen über das tatsächliche exogene Anregungsvorgehen vor Ort zu Schwierigkeiten bei der Erfüllung der (wissenschaftlichen) Ansprüche der für die Evaluierung relevanten empirischen Sozialforschung.

Die zugrundegelegte Situation ist nämlich durch folgende Merkmale gekennzeichnet.

1. Die Evaluierung wird von *Außenstehenden,* z.B. von Angehörigen einer Selbsthilfeförderungseinrichtung, Evaluierungsspezialisten oder unabhängigen Forschungsinstituten [2] durchgeführt, jedoch nicht von den SHO-Betroffenen selbst (keine Selbstevaluierung).

2. Die *Geldmittel,* die zur Durchführung einer Evaluierung zur Verfügung gestellt werden, sind in der Regel *sehr knapp bemessen.*

3. Der zur Durchführung der Evaluierung von den Selbsthilfeförderungseinrichtungen zugebilligte *Zeitraum* ist im Normalfall *kurz* und beträgt selten mehrere Monate. Dies erklärt sich zum einen aus den genannten finanziellen Restriktionen. Zum anderen resultiert dies aus der grundsätzlichen Funktion, die die Evaluierung in der Regel für diese Einrichtungen zu erfüllen hat. Die Evaluierung dient nämlich in so gut wie allen Fällen als Grundlage oder zumindest als Hilfe für dringend erforderliche Entscheidungen über den betreffenden SHO-Aufbauversuch oder über die betreffende Selbsthilfeorganisation.
In dieser Arbeit wird demzufolge von einem Evaluierungs*zeitraum* ausgegangen, der *höchstens drei* Wochen beträgt.

4. Diese durch oder im Auftrag von Selbsthilfeförderungseinrichtungen durchgeführte Evaluierung *stößt* bei den Personen, deren Tätigkeiten

---

[1] Zur Begründung dieser Vorgehensweise vgl. S. 113f. dieser Arbeit.

[2] Vgl. hierzu u.a.: ALBRECHT, H., Evaluierung in der Beratung, in: Ausbildung und Beratung in Land- und Hauswirtschaft, 27. Jg. (1974), Heft 10, S. 163–165, hier S. 165.

bisher finanziell unterstützt wurden und die jetzt evaluiert werden sollen, aufgrund des beim Evaluierer vorliegenden Auftragverhältnisses und seiner direkten Interessensgebundenheit auf *Skepsis* und *Mißtrauen.*

5. Neben der grundsätzlichen Funktion der Evaluierung als Entscheidungshilfe sind zwei weitere Aufgaben zu nennen, die sie in der Regel zu erfüllen hat. Zum einen dient sie der *Rechenschaftslegung* der Selbsthilfe-Förderungsinstitution (SHF) gegenüber ihren Geldgebern hinsichtlich der für den betreffenden SHO-Aufbauversuch bzw. für die betreffende Selbsthilfeorganisation aufgewendeten Geldmittel. Zum anderen soll sie *Impulse* zur Modifizierung des bisherigen Vorgehens *vermitteln.*

6. Die Evaluierung dient nicht dem empirischen Beweis von Hypothesen, sondern bei ihr werden Sachverhalte *exploriert,* die anschließend bewertet werden.

Die aufgeführten Situationsmerkmale zeigen, daß die Rolle eines Evaluierers und die eines (Sozial-)Forschers sich überschneiden, jedoch nicht identisch sind. Zwar verbindet Evaluierer wie Forscher das Interesse an der Erhebung von Daten und einer Exploration von bisher unbekannten Sachverhalten, jedoch ist es die „primäre Funktion" [1] der empirischen Sozialforschung, *Hypothesen* zu *überprüfen* bzw. aufgrund der gewonnenen Erkenntnisse eventuell zu modifizieren. [2]

Da es bei einer Evaluierung um eine solche Hypothesenüberprüfung nicht geht, kann auch der Evaluierungsansatz dieser Arbeit, der auf den ausgewiesenen Arbeitshypothesen basiert, *nicht* eine *empirische Überprüfung* dieser Hypothesen leisten. Aufgrund der auszuweisenden Zusammenhänge zwischen Evaluierung und Untersuchungen im Rahmen der empirischen Sozialforschung leistet dieser Evaluierungsansatz jedoch schon Vorarbeit

---

[1] MAYNTZ, R. et al., Einführung ... a.a.O., S. 25.

[2] Vgl. ebenda S. 25; siehe u.a. ferner: KÖNIG, R. (Hrsg.), Handbuch der empirischen Sozialforschung, Band 1, Geschichte und Grundprobleme der empirischen Sozialforschung, Stuttgart 1967.

für ihre empirische Überprüfung und läßt bereits Schlüsse auf ihre Haltbarkeit zu.

Ein weiterer Unterschied besteht darin, daß die sozialwissenschaftliche Forschung sich in der Regel nicht darauf richtet, „individuelles Handeln zu erklären, sondern die gesellschaftlichen Bedingungen des individuellen Handelns zu untersuchen, selbst wenn sie in Teilen ihrer Forschung beim Individuum (z.B. bei einer Befragung) ansetzt." [1] Die Evaluierung ist jedoch oft auf individuelles Handeln, wie im hier vorliegenden Fall zum Beispiel auf ein bestimmtes SHO-Anregungsvorgehen, bezogen.

Da Evaluierungsberichte nicht nur für den Evaluierer von Bedeutung sind, sondern auch und gerade für andere Personen, vor allem für den Auftraggeber, überschneiden sich andererseits das Evaluierungs- und Forschungsinteresse in dem Bestreben, zu *intersubjektiv mitteil-* und *nachprüfbaren* Ergebnissen zu kommen. Da sich dieses so gekennzeichnete Anliegen, nach dem Evaluierung wie Forschung prinzipiell von der Subjektivität des Evaluierers bzw. des Forschers unabhängig werden sollen, als Grundanliegen jeglicher wissenschaftlicher Betätigung ansehen läßt, scheint es dem Verfasser vertretbar, davon auszugehen, daß sich grundsätzlich auch jede Evaluierung trotz ihrer Unterschiede zu „Forschungs"vorhaben in einer *wissenschaftlichen* Form konzipieren läßt. In dieser Arbeit wird ein entsprechender Versuch gemacht.

Demzufolge stellt sich der Ansatz der „Dynamischen Evaluierung" grundsätzlich ebenso den beiden allgemein anerkannten sozialempirischen Prüfmaßen zur Messung der wissenschaftlichen Brauchbarkeit von Forschungsmethoden oder spezieller Forschungsverfahren, und zwar der Validität (Gültigkeit) und der Reliabilität (Zuverlässigkeit). [2]

---

[1] FRIEDRICHS, J.. Methoden ... a.a.O., S. 26.

[2] Vgl. hierzu u.a. ebenda S. 100–103; MAYNTZ, R. et al., Einführung ... a.a.O., S. 22f.

Die Validität eines Forschungsinstrumentes bezieht sich auf die Frage, ob das Instrument auch tatsächlich das erhebt oder mißt, was es erheben bzw. messen soll. Bei der Realiabilität richtet sich die Frage darauf, inwieweit das Instrument zuverlässig ist, d.h., ob es unter sonst gleichen Bedingungen immer die gleichen Resultate liefert. Die Reliabilität betrifft folglich immer den Grad der *formalen* Genauigkeit von empirisch ermittelten Daten ohne Rücksicht auf ihre theoretische Brauchbarkeit. Das Verhältnis der beiden Prüfmaße zueinander läßt sich mithin folgendermaßen bestimmen:

„ „Ist ein Forschungsinstrument nicht zuverlässig, dann ist von vornherein auch seine Gültigkeit fragwürdig. Gültigkeit setzt also immer Zuverlässigkeit voraus, jedoch genügt die Zuverlässigkeit eines Instrumentes nicht, um seine Gültigkeit zu gewährleisten." [1]

Wenn im Verlaufe dieses Abschnitts das Für und Wider unterschiedlicher empirischer Erhebungsmethoden bei der Ermittlung des tatsächlichen exogenen SHO-Anregungsverhaltens abgewogen werden, so bilden Validität und Reliabilität die Abwägungskriterien.

Stellt sich die „Dynamische Evaluierung" auch diesen Brauchbarkeitsprüfmaßen, und können bei ihr auch wegen des ihr zugrundeliegenden Bemühens um Transparenz bzw. intersubjektive Nachprüfbarkeit der Erhebungsschritte sowie um Systematisierung bzw. um allgemeine Anwendbarkeit wichtige wissenschaftliche Komponenten ausgemacht werden, so markiert das *Bewertungsanliegen,* das jede Evaluierung ex definitione kennzeichnet, eine weitere Trennungslinie [2] zwischen Evaluierung und herkömmlichen Untersuchungen im Rahmen der empirischen Sozialforschung.

---

[1] MAYNTZ, R. et al., Einführung ... a.a.O., S. 23.

[2] Die ersten beiden Trennungslinien entstanden dadurch, daß die Evaluierung im Gegensatz zu Untersuchungen im Rahmen der empirischen Sozialforschung nicht auf Hypothesenüberprüfung und ferner nicht notwendigerweise auf die Erklärung von sozialen, gesellschaftlichen Sachverhalten abzielt.

Da der Evaluierer seine Bewertungskriterien (hier: „Ziele") hypothetisch *übernimmt,* handelt es sich bei der Evaluierung, wie schon an früherer Stelle betont [1], *nicht* um ein normsetzendes, d.h. normatives Vorgehen, sondern vielmehr um Wenn-Dann-Aussagen. Diese unterscheiden sich aber von den Aussagen der empirischen Forschung. Letztere dienen nämlich der *Beschreibung* und *Erklärung* sozialer Phänomene [2] und *bilden* so die *Grundlage* der oben erwähnten Wenn-Dann-Aussagen. Wird somit ein zweiter Aspekt des Zusammenhangs zwischen empirischer Forschung und Evaluierung deutlich, so läßt dies doch nicht den Unterschied übersehen, der prinzipiell zwischen einer Grundlage (emprische Aussagen) und dem darauf errichteten (Argumentations-)Gerüst (Evaluierung) besteht.

Das Ziel der Deskription und Explikation führte bei der empirischen Sozialforschung dazu, daß dem Forscher im „Normalfall" [3] eine *neutrale* Rolle zugewiesen wird, die jegliche subjektive Beeinflussung des Untersuchungsobjektes durch den Forscher ausschließen soll. [4] Eine solche neutrale Rolle einzunehmen, ist dem Evaluierer schwer möglich. Denn zum einen wissen diejenigen, deren Tun von ihm erforscht wird, daß er ihre Tätigkeiten *bewertet,* und zwar als Mitglied oder im Auftrag eines finanziellen Förderers, und zum anderen möchte der Evaluierer mit seiner Evaluierung auch Denkanstöße geben bzw. Verhaltensänderungen auslösen, d.h. Einfluß auf die Betroffenen ausüben. Und selbst wenn man dies alles unberücksichtigt ließe, wäre ein neutrales Verhalten problematisch, da, worauf Scheuch hinweist [5], bei sehr intensiven Überzeugungen der Betroffenen — bei exogenen SHO-Anregern ist damit teilweise durchaus zu rechnen — eine strikte Neutralität eines anderen nicht selten als Feindschaft gegenüber den eigenen Ansichten empfunden werden kann.

---

[1] Vgl. S. 553 dieser Arbeit.

[2] Vgl. MAYNTZ, R. et al., Einführung ... a.a.O., S. 24.

[3] SCHEUCH, E.K., Das Interview in der Sozialforschung, in: König, R. (Hrsg.), Handbuch der empirischen Sozialforschung, Band 2, Grundlegende Methoden und Techniken der empirischen Sozialforschung, Erster Teil, 3. Aufl., Stuttgart 1973, S. 66–190, hier S. 98.

[4] Vgl. z.B. ebenda S. 97 ff.

[5] Vgl. ebenda S. 103.

Bei dieser Situation des Evaluierers liegt es nahe, nach Forschungsstrategien zu suchen, die vom genannten „Normalfall" abweichen und die
eine Subsumierung der Evaluiererrolle denkbar erscheinen lassen. Als eine
solche „alternative" Forschungsstrategie, bei der sich im Gegensatz zur
„klassischen" Strategie Richtungs- und Methodenfragen zum Teil noch in
einem Klärungsprozeß befinden, ließe sich die „Aktionsforschung" [1] nennen.

Klüver und Krüger charakterisieren sie folgendermaßen: [2]

„a) Die Problemauswahl und -definition geschieht nicht vorrangig aus
dem Kontext wissenschaftlicher Erkenntnisse, sondern entsprechend gesellschaftlicher Bedürfnisse.

b) Das Forschungsziel besteht nicht ausschließlich darin, soziologische
theoretische Aussagen zu überprüfen oder zu gewinnen, sondern darin,
gleichzeitig praktisch verändernd in gesellschaftliche Zusammenhänge ein-
zugreifen.

c) Die im Forschungsprozeß gewonnenen Daten werden nicht mehr als
isolierte Daten an sich angesehen, sondern als Momente eines prozeßhaf-
ten Ablaufs interpretiert; sie gewinnen ihren Sinn auf der theoretischen
Ebene dadurch, daß sie stets mit dem realen Prozeß als Gesamtheit zu-
sammengedacht werden, und erhalten ihre Relevanz auf der praktischen
Ebene als konstitutive Momente weiterer Prozeßabläufe.

d) Die als Problem aufgenommene soziale Situation wird als Gesamtheit
— als soziales Feld — angesehen, aus der nicht aufgrund forschungsimma-
nenter Überlegungen einzelne Variablen isoliert werden können.

e) Die praktischen und theoretischen Ansprüche des action research ver-
langen vom Forscher eine zumindest vorübergehende Aufgabe der grundsätzlichen Distanz zum Forschungsobjekt zugunsten einer bewußt einfluß-

---

[1] Zur Aktionsforschung u.a.: LEWIN, K., Die Lösung sozialer Konflikte, 1. Aufl., Bad Nauheim, 1953; HAAG, F. et al. (Hrsg.), Aktionsforschung, Forschungsstrategien, Forschungsfelder und Forschungspläne, 2. Aufl., München 1975; HORN, K. (Hrsg.), Aktionsforschung:
Balanceakt ohne Netz?, Methodische Kommentare, Frankfurt a.M., 1979.

[2] KLÜVER, J. und KRÜGER, H., Aktionsforschung und soziologische Theorien, in: Haag,
F. et al. (Hrsg.), Aktionsforschung ... a.a.O., S. 76–100, hier S. 76f.

nehmenden Haltung, die von teilnehmender Beobachtung bis zur aktiven Interaktion mit den Beteiligten reicht.

f) Entsprechend soll sich auch die Rolle des Befragten und Beobachteten verändern und ihr momentanes Selbstverständnis so festgelegt werden, daß sie zu Subjekten im Gesamtprozeß werden."

Vergegenwärtigt man sich die aufgeführten Merkmale einer Aktionsforschung, so werden einige Ähnlichkeiten zwischen der „Dynamischen Evaluierung" dieser Arbeit und der Aktionsforschung deutlich. So werden bei beiden die gewonnenen Daten nicht als isolierte Daten für sich angesehen, sondern als Momente eines *evolutorischen* Vorgangs. Denn bei der „Dynamischen Evaluierung" wird das exogene Anregungs*vorgehen* in seinem ganzen bis zum Evaluierungszeitpunkt vollzogenen Ablauf zu ermitteln versucht, da es nur so als Inputindikator für die Herausbildung der allgemeinen SHO-Voraussetzungen im personalen Bereich Aussagekraft erreicht.

Ferner wird bei beiden Prozessen bewußt Einfluß genommen, wobei dies bei der „Dynamischen Evaluierung" in einer mehr (entwicklungs-)-politischen oder mehr erzieherischen Haltung geschehen kann, ganz in Abhängigkeit davon, ob eine Selbsthilfeförderungsinstitution eher eine entwicklungspolitische oder eher eine entwicklungspädagogische Evaluierungskonzeption verfolgt.

Je intensiver die pädagogische Komponente im Rahmen einer Evaluierungskonzeption ausgeprägt ist, umso stärker wird betont, daß die von einer Evaluierung Betroffenen nicht Forschungs*objekte* sind, sondern vielmehr *Subjekte*, die im Rahmen einer pädagogisch kooperativ angelegten Evaluierung mitgestaltenden Einfluß haben. In diesem Falle wäre eine weitere Ähnlichkeit der beiden Untersuchungsverfahren festzustellen.

Die Unterschiede zwischen der „Dynamischen Evaluierung" und der Aktionsforschung lassen sich an drei Sachverhalten festmachen:

1. Der Evaluierer wird im Gegensatz zum Aktionsforscher zumindest in der Hauptsache nicht von einem sozialwissenschaftlichen Erkenntnis-interesse geleitet.

2. Der Evaluierer übernimmt Ziele von anderen — im hier vorliegenden Fall das entwicklungspolitische Ziel des Zustandekommens einer lebensfähi-gen Selbsthilfeorganisation —, wählt aber nicht notwendigerweise Ziele „entsprechend gesellschaftlicher Bedürfnisse".

3. „Dynamische Evaluierungen", denen ein micro-approach zugrundeliegt, visieren nicht notwendigerweise Eingriffe in „gesellschaftliche Zustän-de" an.

Angesichts dieser Ähnlichkeiten und Unterschiede könnte man die „Dyna-mische Evaluierung" als Evaluierungsansatz dieser Arbeit mit Bodemer ein-schränkend als „eine Art Verlaufsforschung (action research)" [1] bezeichnen. Klärender als eine solche recht vage Zuordnung scheint es jedoch zu sein, die für die „Dynamische Evaluierung" möglicherweise anwendbaren Erhe-bungsmethoden im folgenden näher zu untersuchen.

3.4.2. Mögliche Erhebungsverfahren

Die Beobachtung, die Befragung, die Inhaltsanalyse, die Soziometrie und das Experiment bilden den klassischen Satz an Erhebungsmethoden der empirischen Sozialforschung. [2] Für die Ermittlung des tatsächlichen exoge-nen SHO-Anregungsvorgehens in einem Entwicklungsland bieten sich vor allem die *Beobachtung* und die *Befragung* an, da die anderen Methoden aus folgenden Gründen wenig relevant erscheinen:

1. Da die Durchführung eines Experiments oft eine Informationsunterlassung oder Fehlinformation bzw. Täuschung der „Teilnehmer" beinhaltet, wür-

---

[1] BODEMER, K., Erfolgskontrolle ... a.a.O., S. 201; im Original zum Teil gesperrt gedruckt.

[2] Vgl. dazu z.B.: KÖNIG, R. (Hrsg.), Handbuch der empirischen Sozialforschung, Bände 2 bis 4, Stuttgart 1967; MAYNTZ, R. et al., Einführung ... a.a.O.; FRIEDRICHS, J., Metho-den ... a.a.O.

de ein theoretisch denkbares „Feldexperiment" [1] Gefahr laufen, das
eventuell langjährig aufgebaute Vertrauensverhältnis zwischen den Beteiligten am SHO-Aufbauversuch und der Selbsthilfeförderungsinstitution
von Grund auf zu erschüttern. Dem möglicherweise durch ein solches
Experiment zu erwartenden Informationsertrag stünden somit extrem
hohe Risikokosten gegenüber.

2. Da das exogene SHO-Anregungsvorgehen sich auf sehr unterschiedliche
   Einflußgrößen bezieht (Individuen, Gruppen, Institutionen), würde eine
   Schwerpunktsetzung der Erhebung auf die Untersuchung von Struktur-
   aspekten einer Gruppe, hier der SHO-Gruppe, dazu führen, andere
   ebenso wichtige Aspekte, wie z.B. das individuelle Verhalten des exogenen SHO-Anregers, nicht genügend zu berücksichtigen. Von daher
   kommt hier die Soziometrie als Haupterhebungsmittel nicht in Betracht.
   Falls in dem knapp bemessenen Evaluierungszeitraum für ihre Anwendung ausnahmsweise doch genug Zeit gefunden werden kann, so kann
   die Soziometrie jedoch eine fruchtbare Ergänzung der aufzuzeigenden
   Erhebungsmethoden der „Dynamischen Evaluierung" darstellen.

3. Evaluierungen als Begutachtungen von Entwicklungsvorhaben vor Ort
   werden in der entwicklungspolitischen Praxis so gut wie in allen Fällen dann für notwendig erachtet, wenn die vorliegenden Informationsdo-
   kumente über ein aus den verschiedensten Gründen besonders interessie-
   rendes Entwicklungsvorhaben als nicht ausreichend angesehen werden.
   Von daher erschien es nicht sinnvoll, bei der „Dynamischen Evaluierung", die gerade auf diese entwicklungspolitische Praxis ausgerichtet
   ist, als Haupterhebungsmethode, die Inhaltsanalyse zu wählen, deren vor-
   nehmliche Aufgabe darin besteht, (sprachliche) Mitteilungen unterschiedlicher Art, z.B. Dokumente, Bücher, Reden, Filme, Prospekte etc. auf
   dahinterliegende, nicht-sprachliche Phänomene zu untersuchen.

---

[1] Zum Feldexperiment siehe u.a.: FRIEDRICHS, J., Methoden ... a.a.O., S. 344—349;
MAYNTZ, R. et. al., Einführung ... a.a.O., S. 184—186.

Die Entscheidung, sich im Rahmen der „Dynamischen Evaluierung" auf die Anwendung von Befragungs- und Beobachtungsmethoden zu konzentrieren, darf jedoch nicht so schematisch verstanden werden, als ob bei den anderen Erhebungsmethoden die Befragung bzw. die Beobachtung keine Rolle spielen. Vielmehr kann nach König [1] die Beobachtung als ein alle Erhebungsmethoden umfassender Oberbegriff verwandt werden. Ausgehend von einer Differenzierung verschiedener Arten von Beobachtung ließen sich das Experiment als „Beobachtung künstlich erzeugter Situationen", die Inhaltsanalyse als „indirekte Beobachtung", die Befragung sowie die auch Befragungsmethoden implizierende Soziometrie als „direkte Beobachtung" unter diesen Oberbegriff subsumieren.

Neben der Differenzierung zwischen der Beobachtung „natürlicher" und „künstlich erzeugter" Situationen und zwischen „direkter" und „indirekter" Beobachtung wird in der empirischen Sozialforschung noch der Unterschied von „nicht-teilnehmender" und „teilnehmender" Beobachtung hervorgehoben. [2] Hierbei bezieht sich die Differenzierung im Gegensatz zur Unterscheidung zwischen „direkter" und „indirekter" Beobachtung, bei der auf die *Stellung* des *Beobachtungsmaterials* zur *Wirklichkeit* abgehoben wird, auf die *Stellung* des *Beobachters* zur *Wirklichkeit*. Nimmt der Beobachter an den Tätigkeiten der von ihm beobachteten Personen nicht teil, so spricht man von „nicht-teilnehmender" Beobachtung. Mischt er sich jedoch unter die zu beobachtenden Personen, so beobachtet er „teilnehmend", wobei sich schließlich hinsichtlich seiner Teilnahmeintensität noch eine „aktive" und „passive" „teilnehmende Beobachtung" unterscheiden läßt. [3]

---

[1] KÖNIG, R., Die Beobachtung, in: ders. (Hrsg.), Handbuch der empirischen Sozialforschung, Band 2, Grundlegende Methoden und Techniken der empirischen Sozialforschung, Erster Teil, 3. Aufl., Stuttgart 1973, S. 1—65.

[2] Vgl. u.a. ebenda S. 46 ff.; FRIEDRICHS, J., Methoden ... a.a.O., S. 269—308; MAYNTZ, R. et al., Einführung ... a.a.O., S. 98—102.

[3] Vgl. KÖNIG, R., Die Beobachtung ... a.a.O., S. 51.

Da die Beobachtung als Oberbegriff aufgefaßt werden kann, können die grundsätzlichen Anforderungen, denen sich derjenige stellt, der Methoden der empirischen Sozialforschung anwenden möchte, anhand der Anforderungen verdeutlicht werden, die sich aus dem Bemühen um eine wissenschaftliche Beobachtung ergeben.

René König nennt in diesem Zusammenhang die Berücksichtigung von drei Prinzipien: dem *Konstanz*prinzip, dem *Kontroll*prinzip und dem Prinzip der *Gezieltheit* wissenschaftlicher Beobachtungsakte. [1] Mit dem Konstanzprinzip hebt er auf die Notwendigkeit ab, die Konstanz bzw. die Konsistenz einer beobachteten Erscheinung zu sichern. Diese Konstanzsicherung erreicht man nach König

1. durch die Wiederholung gerichteter Beobachtungsakte,

2. durch deren Wiederholung durch weitere Personen, die entweder gleichzeitig wie der erste Beobachter oder zu verschiedenen Zeiten das gleiche Phänomen beobachten und

3. durch den Rückgriff auf andere Materialien, z.B. literarisch niedergelegte Ergebnisse früherer Beobachtungen. [2]

Resultat einer solchen Konstanzsicherung ist die Möglichkeit, die *relevante Beobachtungseinheit* (-konstellation) festlegen zu können, ohne die jede wissenschaftliche Beobachtung wertlos wird.

Dieses so beachtete Konstanzprinzip, mit dessen Berücksichtigung vermieden werden soll, daß zufällige Konstellationen die Beobachtungsgrundlage bilden, impliziert das Kontrollprinzip. Dieses Prinzip, nach dem eine wissenschaftliche Beobachtung nicht willkürlich, unreflektiert, „naiv", sondern bewußt, das Vorgehen des Beobachters kontrollierend, offenlegend und intersubjektiv nachvollziehbar erfolgen muß, mündet in der Entwicklung von Beobachtungs*techniken*.

---

[1] Vgl. hierzu und zu folgendem: KÖNIG, R., Die Beobachtung ... a.a.O., S. 29–32.

[2] Vgl. ebenda S. 29.

Zu diesen Beobachtungstechniken zählt zwar auch die Anwendung von mechanischen Instrumenten wie Photokameras, Tonbänder, Cassettenrecorder etc., die den Untersuchenden relativ frei von der Unzulänglichkeit seiner eigenen Organe machen, von größerer Bedeutung sind aber alle die Techniken, die darauf ausgerichtet sind, *Standardisierungen* vorzunehmen. Auf sie wird weiter unten noch näher eingegangen.

Das Prinzip der Gezieltheit wissenschaftlicher Beobachtung weist darauf hin, daß zum einen die Wahrnehmung des Untersuchenden immer insoweit von neuem geschärft werden muß, als daß ein sich mit der Zeit einstellendes habituelles Wahrnehmen vermieden werden muß, und daß zum anderen die für die Gezieltheit einer Beobachtung verantwortlichen Frageformulierungen aus einem „umfangreichen Dispositionsfonds an bereits bestehenden theoretischen Einsichten entnommen werden müssen." [1] Einen solchen umfangreichen Dispositionsfonds bilden in dieser Arbeit die Ergebnisse der Theoriendiskussion in Kapitel C und D.

Bezogen auf die Brauchbarkeit von Forschungsinstrumenten ließe sich feststellen, daß die Befolgung des Konstanz- und des Kontrollprinzips die Zuverlässigkeit (Reliabilität) der Instrumente, die Befolgung des Prinzips der Gezieltheit wissenschaftlicher Beobachtung die Gültigkeit (Validität) der Instrumente positiv beeinflussen.

Verschiedene Umstände aber erschweren in der Wirklichkeit, daß den obengenannten Prinzipien in ausreichendem Maße Genüge getan wird, bzw. daß eine ausreichende Validität und Reliabilität der Erhebungsmethode erreicht werden können. Als Hauptfehlerquellen werden in diesem Zusammenhang zum einen der Beobachter mit seinen vorgefaßten Meinungen und als Träger einer bestimmten sozialen Rolle und zum anderen der Beobachtete genannt. [2] In dieser Studie seien die erwähnten finanziellen und zeitlichen Restriktionen noch als weitere grundsätzliche Hindernisse aufgeführt.

---

[1] KÖNIG, R., Die Beobachtung ... a.a.O., S. 32.

[2] Vgl. z.B. SCHEUCH, E.K., Das Interview ... a.a.O., S. 99ff. und S. 115ff.

Bei der hier zugrundegelegten für den entwicklungspolitischen Alltag typischen *Evaluierungssituation* lassen sich demnach folgende Sachverhalte herausstellen, die die Erfüllung der oben skizzierten Ansprüche erschweren:

1. Die *zeitlichen* und *finanziellen* Restriktionen erschweren es dem Evaluierer, seine eigenen gerichteten Beobachtungsakte zu wiederholen und somit seine Beobachtungseinheit mit Sicherheit festzulegen.

2. Der Evaluierer hat eine *Überzeugung* davon, wie bei einem bestimmten Entwicklungsvorhaben vorgegangen werden soll. Im hier vorliegenden Fall drückt sich diese Überzeugung in der „Erzieherischen Grundstrategie" aus. Diese Überzeugung kann, wird sie den Betroffenen bekannt, deren verbale oder nicht-verbale Reaktionen so beeinflussen, daß sie ihre tatsächlichen Auffassungen nicht immer korrekt widerspiegeln. Dieser Gefahr für den Informationsgehalt einer solchen Beobachtung weicht der Evaluierier außerdem nicht aus, indem er sich z.B. darum bemüht, seine Überzeugung nicht offenkundig werden zu lassen. Vielmehr möchte er aufgrund der entwicklungspolitischen bzw. -pädagogischen Impulsfunktion einer Evaluierung seine Überzeugung sogar, wenn auch nur auf die wesentlichen Bestandteile beschränkt, den Betroffenen vermitteln.

3. Der Evaluierer ist Träger einer bestimmten sozialen *Rolle,* die bei den Betroffenen Erwartungshaltungen schafft, die ihrerseits den Informationsgehalt ihrer Mitteilungen vermindern kann. Sehr oft wird der Evaluierer als ein „Kontrolleur" oder als diejenige Person angesehen, die darüber entscheidet, ob die Geldquelle für die Evaluierten in Zukunft versiegt oder nicht. [1]

4. Das *Sprach*problem, das oft die Inanspruchnahme von Dolmetschern zur Durchführung einer Evaluierung erfordert, sowie der in der Regel festzustellende *ethnische Unterschied* zwischen dem Evaluierer und den Evaluierten sind von einem erheblichen negativen Einfluß auf die Validität einer Erhebung.

---

[1] Die eigenen Erfahrungen in Obervolta können diese Aussage bestätigen.

5. Da die Evaluierten wissen, daß der Evaluierer nicht allein für sich evaluiert, sondern für eine Selbsthilfeförderungseinrichtung, werden sie bei ihren nicht-verbalen und verbalen Reaktionen auf die Gegenwart eines bewertenden Beobachters diese Hintergrund-Adressaten ihrer Mitteilungen mitberücksichtigen. Hierdurch kann es zu einer Verzerrung des Beobachtungsergebnisses kommen, die in der Literatur als „sponsorship bias" oder „Auftraggebereffekt" bekannt ist. [1]

6. Eng verbunden mit diesem Effekt ist in den Entwicklungsländern der Umstand, daß sich die Evaluierten angesichts kulturell bedingter Verständigungsschwierigkeiten gegenüber dem von außen kommenden Evaluierer oft zu Äußerungen veranlaßt sehen, „die dem Befrager zu Gefallen (*courtesy effect*) bestimmte Dinge strukturieren, die den Befragten vorher nur völlig diffus bewußt waren. Er (der Befragte) baut damit gewissermaßen eine Reflexkultur auf, die abhängiger ist von der Struktur der Frage als von der vorgegebenen Kultur, in der er lebt." [2] Mag eine solche „Reflexkultur" auch Ziel vieler entwicklungspolitischer Evaluierungen sein, so darf das nicht darüber hinwegtäuschen, daß sie den Aussagegehalt der Antworten relativiert.

Wie den obengenannten Ansprüchen entsprochen und den gerade aufgeführten Schwierigkeiten begegnet werden könnte, soll im nun folgenden letzten Abschnitt dieser Studie gezeigt werden.

3.4.3. *Das Erhebungsverfahren bei der Dynamischen Evaluierung*

Das Erhebungsverfahren der Dynamischen Evaluierung umfaßt eine Kombination von Beobachtungsmethoden. Ihre chronologische Strukturierung wird im folgenden Grundschema einer „Dynamischen Evaluierung" ersichtlich.

---

[1] Vgl. z.B. SCHEUCH, E.K., Das Interview ... a.a.O., S. 114.

[2] KÖNIG, R., Die Beobachtung ... a.a.O., S. 11. Die Klammerergänzung stammt vom Verfasser.

VOR DEM FELDAUFENTHALT

1. Vorgespräche mit denjenigen SHF-Mitarbeitern, die für die jeweils zu evaluierende Selbsthilfeorganisation oder für den jeweils zu evaluierenden SHO-Aufbauversuch verantwortlich sind

2. Studium und Analyse der bis dahin zugänglichen Unterlagen

FELDAUFENTHALT

3. Gespräch mit bzw. Befragung von den im Entwicklunsland selbst für eine Selbsthilfeorganisation bzw. deren Aufbau Verantwortlichen, die selber nicht unmittelbare exogene SHO-Anreger sind

4. Studium der vor Ort zugänglichen Unterlagen

5. Tiefeninterview mit dem (n) unmittelbaren (n) exogenen SHO-Anreger (n)

6. Beobachtung der Interaktion von unmittelbarem (n) exogenen SHO-Anreger (n) und den SHO-Betroffenen

7. Gespräch mit den bzw. Befragung der SHO-Betroffenen

8. vorläufige Auswertung der Ergebnisse gemeinsam mit den SHO-Beteiligten

NACH DEM FELDAUFENTHALT

9. endgültige Auswertung der Ergebnisse

Abb. 5: Ablaufschema der Dynamischen Evaluierung

Wie sich aus dem Ablaufschema ablesen läßt, wird sich bemüht, durch den Rückgriff auf vor allem schriftliche Unterlagen, die Ergebnisse bereits früherer Beobachtungsakte enthalten, und durch die Abfolge mehrerer direkter Beobachtungen vor allem in Form von Befragungen dem Konstanzprinzip Genüge zu tun.

Da es aufgrund des knapp bemessenen Zeitraums aus praktischen Gründen (evtl. große räumliche Ausdehnung des Entwicklungsvorhabens, Transportprobleme etc.) schwierig sein kann, mit allen SHO-Betroffenen in einem ausreichenden Umfang in Kontakt zu treten, spielen die Beobachtung der Interaktion zwischen dem(n) unmittelbaren exogenen SHO-Anreger(n) und den SHO-Betroffenen (Punkt 6 des Ablaufschemas) sowie die Befragung der letzteren (Punkt 7) im Rahmen der „Dynamischen Evaluierung" nicht die Hauptrolle bei der Informationserhebung. Diese Funktion kommt vielmehr der Befragung des(r) unmittelbaren exogenen SHO-Anreger(s) zu, die in der Form eines Tiefeninterviews durchgeführt wird (Punkt 5). Von daher besitzen die obengenannten Beobachtungen und Betroffenenbefragungen hauptsächlich eine *Kontrollfunktion.* Mit ihrer Hilfe soll vor allem die Validität der SHO-Anreger-Befragung überprüft werden.

Mittelpunkt der Beobachtung der Interaktionen bildet deshalb das Verhalten des SHO-Anregers gegenüber den Betroffenen und deren Reaktionen. Beobachtungseinheit sind zum einen die *regelmäßigen* Zusammentreffen des Anregers mit den Betroffenen. Bei diesen für eine Selbsthilfeorganisation bzw. für einen SHO-Aufbauversuch typischen *Routine*interaktionen zwischen Anreger und Betroffenen kann erhofft werden, eine repräsentative Standardsituation zu beobachten. Das käme der Einhaltung des Konstanzprinzips entgegen. Da eine Trennung von „Beruf" und „Privataktivitäten" beim erfolgreichen SHO-Anreger nicht festgestellt werden konnte, gehören zum anderen auch die sogenannten „privaten" Interaktionen zwischen SHO-Anreger(n) und Betroffenen zur Beobachtungseinheit.

Was als regelmäßiges Zusammentreffen bei einer bestimmten Selbsthilfeorganisation oder bei einem bestimmten SHO-Aufbauversuch angesehen werden kann, klärt sich in der Regel schon im Rahmen der Vorermittlung (Punkt 1—4), spätestens bei der Befragung des(r) SHO-Anreger(s). Der

Evaluierer wird hier *teilnehmend* beobachten, wobei aufgrund seiner Fremdheit von einer „passiven" teilnehmenden Beobachtung auszugehen ist. Da die kulturelle Diskrepanz zwischen dem Evaluierer und den Betroffenen in vielen Fällen noch größer ist als diejenige zwischen dem Evaluierer und dem(n) SHO-Anreger(n), mindern Verständnisprobleme, die meist die Hilfe eines Dolmetschers — oft muß hier auf den SHO-Anreger selber zurückgegriffen werden — erfordern, die Validität einer Beobachtung bzw. Befragung der Betroffenen.

Die Befragung des oder der unmittelbaren exogenen SHO-Anreger stellt also bei der „Dynamischen Evaluierung" die Hauptexplorationsquelle dar. [1] Möchte man die Fehlerquelle „Evaluierer" möglichst beseitigen, so darf zum einen die Rollenerwartung der Befragten in bezug auf einen Evaluierer nicht verletzt werden, zum anderen scheint ein Interviewervorgehen angebracht, welches das vorliegende Mißtrauensverhältnis zwischen SHO-Anreger(n) und Evaluierer abbaut.

Hierfür empfiehlt sich weder ein „neutrales" noch ein „hartes", auf die Autorität des Evaluierers pochendes, sondern vielmehr ein „kooperatives Interview" [2], bei dem darauf verzichtet wird, den Evaluierten gewissermaßen zu „überlisten", und bei dem der Interviewer das Gefühl vermittelt, daß man gemeinsam eine Aufgabe zu lösen hat.

Dies bedeutet hier vor allem, daß der Evaluierer seinen grundsätzlichen Standpunkt zum Ablauf eines erfolgreichen SHO-Anregungsprozeß nicht verheimlicht, sondern — allerdings nur in grundsätzlicher Form und nur außerhalb des Interviews — denselben in groben Zügen offenlegt. Der Standpunkt kann aber nicht in allen Einzelheiten präzisiert werden oder

---

[1] Im *Ausnahmefall* einer „Dynamischen Evaluierung" einer bereits bestehenden Selbsthilfeorganisation, bei der die *unmittelbaren* exogenen SHO-Anreger bereits *ausgeschieden* sind und für eine Befragung nicht mehr zur Verfügung stehen, kann dieses Instrument nicht angewandt werden. In einem solchen Fall kommt den anderen Erhebungsinstrumenten eine größere Bedeutung zu.

[2] Vgl. zu folgendem: SCHEUCH, E.K., Das Interview ... a.a.O., S. 96.

in die Frageformulierungen einfließen, da sonst die Gefahr des courtesy effects bzw. des sponorship bias erheblich vergrößert wird.

Bei den Formulierungen der einzelnen Fragen wurde sich für „offene" Fragen entschieden, die im Gegensatz zu „geschlossenen" Fragen die Antwortmöglichkeiten nicht vorher festlegen. Dies geschah, obwohl „offene" Fragen den vom Kontrollprinzip herrührenden Standardisierungsbemühungen zuwiderlaufen. Dabei waren folgende Gründe ausschlaggebend:

1. Die bei einer Evaluierung vorhandene vorgefaßte Meinung oder Überzeugung des Evaluierers kann bei offenen Fragen die Antworten nicht so stark verzerren.

2. Somit kann außerdem der sponsorship bias (Auftraggebereffekt) mit offenen Fragen abgeschwächt werden.

3. Eine „Überforderung" des Befragten, die gerade beim Evaluiertwerden durch einen einer ganz anderen Kultur angehörenden Spezialisten häufig auftreten kann, wird bei offenen Fragen schneller und leichter sichtbar als bei geschlossenen Fragen.

4. Offene Fragen entsprechen eher dem Kommunikationsstil der Menschen in Entwicklungsländern als geschlossene, so daß bei ihrer Anwendung die Antwortbereitschaft erhöht wird.

Die oft im Bereich der empirischen Sozialforschung gegen offene Fragen ins Feld geführten Argumente der mangelnden Quantifizierbarkeit der durch sie möglich gewordenen Antworten und ihrer ausschließlichen Eignung zu Explorationszwecken fallen hier nicht ins Gewicht, da bei einer Evaluierung gerade exploriert werden soll und bei der „Dynamischen Evaluierung" eine Quantifizierung nicht vorgesehen ist.

Analog sei in der Auseinandersetzung um die Brauchbarkeit von „Tiefeninterviews" [1] argumentiert. Das Tiefeninterview, das hier als Interviewform

---

[1] Vgl. hierzu und zu folgendem: SCHEUCH, E.K., Das Interview ... a.a.O., S. 121 ff.

für die Befragung des(r) unmittelbaren exogenen SHO-Anreger(s) gewählt wird, zeichnet sich dadurch aus, daß bei ihm zwar der Interviewer an einen „Interviewleitfaden" gebunden ist, der die Erhebungspunkte vorgibt, die Formulierung der einzelnen Fragen aber und gelegentlich auch die Reihenfolge in der Berücksichtigung der Erhebungspunkte in das Ermessen des Interviewers gestellt werden. Scheuch weist darauf hin, daß in extremen Fällen sogar auf das Notieren während der Befragung verzichtet und nachträglich aus dem Gedächtnis ein Protokoll angefertigt wird. [1]

Der Verfasser machte in Obervolta unterschiedliche Erfahrungen. Bei Interviews mit dem exogenen SHO-Anreger konnte er einen Cassettenrecorder verwenden. Bei Beobachtungen der regelmäßigen Zusammentreffen zwischen SHO-Anreger und Betroffenen verzichtete er bald auf Aufzeichnungen während der Versammlungen, da bei den meist nicht schriftkundigen SHO-Beteiligten dieser Vorgang, dem sie schnell einen offiziellen oder amtlichen Charakter zusprachen — besonders weil der Ausführende auch noch ein Europäer war —, Sorgen, Ängste oder zumindest Hemmungen auslöste.

Das Tiefeninterview unterscheidet sich somit von standardisierten Interviews, bei denen nicht nur die Reihenfolge der Erhebungspunkte, sondern auch die Formulierung der Fragen (Fragebogen) vorgegeben sind. In dieser Arbeit wurde sich deshalb dafür entschieden, im Rahmen der „Dynamischen Evaluierung" die Methode des Tiefeninterviews anzuwenden, da es in der Absicht des Verfassers lag, ein Evaluierungskonzept für die Ermittlung des Vorliegens allgemeiner SHO-Voraussetzungen (im personalen Bereich) bei allen möglichen Formen und Arten exogener SHO-Entstehungsprozesse in den verschiedensten Ländern der „Dritten" Welt zu entwickeln.

Ein standardisiertes Interview (meist unter Anwendung eines Fragebogens) bedeutet aber im Kontext dieser Arbeit, dem Evaluierer für *alle Fälle* ganz bestimmte Frageformulierungen vorzuschreiben. Angesichts der spätestens im völkerkundlichen Abschnitt dieser Untersuchung deutlich gewor-

---

[1] Vgl. SCHEUCH, E.K., Das Interview ... a.a.O., S. 121.

denen Verschiedenheit der vielen Kulturen auf dieser Erde wäre dies ein ausgesprochen ethnozentrisches Vorgehen. Das Bemühen um allgemeine Anwendbarkeit des Ansatzes mündet jedoch insofern in Standardisierungselementen, als ein Interviewleitfaden entwickelt wurde, in dem auch die Reihenfolge der Erhebungspunkte vorgegeben ist.

Von daher ließe sich das im Rahmen der „Dynamischen Evaluierung" durchzuführende Tiefeninterview als ein „halbstandardisiertes" Interview bezeichnen.

Es sei schließlich noch darauf hingewiesen, daß bei der Entwicklung eines Interviewleitfadens in der Mehrzahl dieselben Überlegungen angestellt werden müssen, wie bei der Entwicklung eines Fragebogens. Dies besagt, daß man bei der Entwicklung eines Interviewleitfadens berücksichtigen muß,

1. daß die Fragen einfach formuliert sein sollten,

2. daß sie eindeutig sind, d.h. einen klaren Bezugsrahmen besitzen,

3. daß die Fragen weder überfordern noch suggestiv wirken,

4. daß sie andererseits auch nicht unterfordern und dem Befragten das Gefühl vermitteln, nicht erstgenommen zu werden,

5. ob die Antwort auf die Frage angesehen wird als

   a) unmittelbares Evidenzmaterial (Fragen = Stimuli),

   b) Selbstbeobachtung des eigenen Verhaltens,

   c) Beschreibung des Verhaltens anderer,

   d) Analyse des eigenen Verhaltens,

   e) analytische Aussage über Sachverhalte.

Im hier vorliegenden Fall wurde versucht, die für die richtige Formulierung von Fragen wichtigen Regeln [1] zu berücksichtigen. Außerdem wurde durch

---

[1] Siehe zu solchen Regeln z.B. SCHEUCH, E.K., Das Interview ... a.a.O., S. 77—95.

Hinweise auf der äußeren rechten Seite versucht, deutlich zu machen, in welcher Form und hinsichtlich welcher Gegenstände die Antworten auf bestimmte Fragen aufgefaßt werden.

Zu dem weiter unten aufgeführten Interviewleitfaden für das Tiefeninterview der(s) unmittelbaren exogenen SHO-Anreger(s) (Punkt 5) seien noch folgende Anmerkungen gemacht:
Da die ermittelten Informationen mit der „Erzieherischen Grundstrategie" vergleichbar sein müssen (Soll/Ist-Vergleich), wurde angestrebt, die drei Phasen dieser Idealstrategie in einem tatsächlichen exogenen SHO-Anregungsprozeß lokalisierbar zu machen. Diesem Bemühen dienen die Kapitel I.1.–3., II und III des Interviewleitfadens. Geleitet vom Hauptinteresse zu ermitteln, ob zum einen überhaupt ein grundsätzlich *erzieherischer* Ansatz vorliegt und wie zum anderen dieser im Verhalten des SHO-Anregers zum Ausdruck kam, wird im Kapitel I.4. bei der „Vorprüfung" die Einstellung und das Verhalten des SHO-Anregers daraufhin betrachtet, inwieweit sie als erzieherisch bezeichnet werden können oder nicht. Im weiteren Verlauf des Interviews wird ferner die für einen pädagogischen Katalysator wichtige, etappenweise eigene Auswertung und Prüfung des eigenen Vorgehens unter dem Stichwort „Selbstevaluierung" angesprochen.

Da die Erhebungspunkte, die in diesem Leitfaden aufgeführt werden, ebenso den anderen Befragungen und Beobachtungen im Rahmen der „Dynamischen Evaluierung" als Bezugspunkte dienen, sei im folgenden der Interviewleitfaden im einzelnen wiedergegeben.

Den Abschluß dieser Arbeit bildet schließlich das Auswertungsschema der „Dynamischen Evaluierung".

LEITFADEN FÜR DAS TIEFENINTERVIEW MIT DEM SHO-ANREGER

GLIEDERUNG

I.   Begriffsklärung und Vorprüfung

II.   Fragen zur Ausgangssituation des SHO-Aufbauversuchs

III. Fragen zur Situation des SHO-Aufbauversuchs in der Gegenwart

IV. Gezielte Fragen zur Phase I der Erzieherischen Grundstrategie

V.   Gezielte Fragen zur Phase II der Erzieherischen Grundstrategie

VI. Gezielte Fragen zur Phase III der Erzieherischen Grundstrategie

Vorbemerkungen

1. Für den Fall, daß der befragte Anreger zum Evaluierungszeitpunkt nicht identisch ist mit dem Anreger zu Beginn des SHO-Aufbauversuchs, sollte er zu allen Erhebungspunkten auch zur Haltung seines Vorgängers bzw. seiner Vorgänger befragt werden.

2. Im Text vorkommende Fragen dienen nur der näheren Kennzeichnung der Erhebungspunkte. Sie sind nicht als vorformulierte Fragen mit verpflichtendem Charakter aufzufassen.

I. BEGRIFFSKLÄRUNG UND VORPRÜFUNG

1. „Selbsthilfeorganisation"

   a) Ist der Begriff geläufig? Wenn nicht, Erklärung durch Interviewer;

   b) (an a) anschließend): Fragen in die Richtung, ob die Entstehung einer oder mehrerer SHO beabsichtigt ist oder war, in welchem Strukturgebilde die SHO zum Ausdruck kommt;

   c) in diesem Zusammenhang können Begriffe geklärt werden, wie: „gemeinsames Handeln", „Gruppenarbeit", „solidarisches Handeln", „solidarische Selbsthilfe" oder Ähnliches (Ob diese Klärung tatsächlich durchgeführt wird, hängt davon ab, ob der Befragte bestimmte Termini gebraucht, die dann als Frageansatzpunkte dienen können.).

2. „Projekt", „SHO-Entstehungsprozeß", „SHO-Aufbauversuch" oder ähnliche Ausdrücke

   a) Was versteht der Befragte darunter?

   b) Welcher *Zeitraum* wird mit dem Ausdruck abgedeckt?

3. „Entstehungsgeschichte des SHO-Aufbauversuchs

   Die Antworten auf 2. und 3. liefern ein inhaltiches und zeitliches Grundgerüst und Beispiele, die der gezielteren Formulierung von Fragen sowie als zukünftige Fragenansatzpunkte dienen.

4. Vorstellungen, Absichten und Verhalten des Anregers
   (Prüfung, ob bzw. inwieweit sie *erzieherisch* sind.)

   a) Hier sollten zuerst die Begriffe „Anreger" oder „Animateur" oder „Berater" oder „Promotor" oder ähnliche Begriffe geklärt werden; an schon verwandte Begriffe anknüpfend oder in diese Richtung fragend,

   – z.B. als wen sich Befragter selbst sieht oder wie seine offizielle Bezeichnung ist;

b) Frage nach dem eigentlichen Zielobjekt und Ansatzpunkt des Befragten (*Was soll geändert werden?*);

> Da Ziele in mehrere Ebenen unterteilbar sind, kann auch die Frage nach der „grundsätzlichen Vorgehensweise" aufschlußreiche Antworten ermöglichen.

zum *Zielobjekt / Ansatzpunkt:*

► *Psychische Dispositionen?*

c) Fragen in die Richtung, ob ein festes Konzept (inhaltlich oder zeitlich) vorliegt;

d) Fragen in die Richtung, wie Konzept entstanden ist (z.B. ex ante);

e) Fragen in die Richtung, inwieweit Ziel- und Mitteländerungen möglich sind;

f) Fragen in die Richtung, wie man bei Nichtbeachtung bzw. Nichterreichung von Zielen reagiert;

zum *VERSUCHScharakter der Erziehung*

► *(Nicht-Teilen von Erfahrungen; Nicht-Teilen von Risiken;)*

g) Fragen in die Richtung, ob Betroffene selbstverantwortlich Erfahrungen machen können, inklusive des Risikos des Mißerfolgs (Wenn nicht, warum nicht?);

h) Fragen in die Richtung, wie der Informationsfluß zwischen dem Befragten („Anreger") und den Betroffenen geregelt ist (evtl. wie er im Zeitablauf gesehen wird);

zur *Annahme der Abbaubarkeit der Machtdifferenz und zum tatsächlichen Abbauversuch*

i) Fragen in die Richtung, welche Form von „Eingriffen" oder „Aktivitäten" von Befragten gewählt und für nötig gehalten werden.

zur Annahme der Abbaubarkeit der Machtdifferenz und zum tatsächlichen Abbauversuch

Nach der Beantwortung von I. müßte zum einen die Begriffsklärung und zum anderen die Vorprüfung (SHO, Erzieher) abgeschlossen sein. Bei positiver Antwort auf die SHO-Frage kann mit II. fortgefahren werden.

II. FRAGEN ZUR AUSGANGSSITUATION * DES SHO-AUFBAU-VERSUCHS

1. Ort des Beginns des SHO-Aufbauversuchs   *Raum*

2. Zahl und Typ der am Anfang des SHO-Aufbauversuchs Beteiligten (z.B. Junge, Alte, Männer, Frauen, Bauern, Handwerker etc.)   *Beteiligte*

3. Form der Beteiligung am Anfang
   — „Erwerb" der Mitgliedschaft,
   — Art der Aktivität (z.B. private Güter, öffentliche Güter),
   — Funktionen

   Art der anfänglichen Aktivität der Beteiligten (+ evtl. Mitgliedschaft/ Funktionen)

4. Zur Art, wie der SHO-Aufbauversuch begonnen wurde
   a) Fragen in die Richtung, wer wen ansprach;
   b) Fragen in die Richtung, wer informiert wurde;
   c) Fragen in die Richtung, wer zur Beteiligung eingeladen oder bestimmt wurde;

   Zeugenschaft

   d) die Aktivitäten des Anregers hierbei;
   e) die Rolle des Anregers am Anfang [evtl. hier schon die Fragen 7. u. 8. anschließen;
   f) Fragen nach Zielen des Anregers zu diesem Zeitpunkt (auf dem Hintergrund der Grundgedanken, die bereits in I.4. geäußert wurden);

   Startstrategie / Startmethode

---

* Der Zeitpunkt ist durch die Antwort des Befragten auf I.2. und 3. vorgegeben.

g) Fragen nach den Zielen der anderen Beteiligten zu diesem Zeitpunkt;

h) Fragen nach der Motivation bei den anderen Beteiligten;

i) Fragen danach, wie der Anreger die Ziele der anderen, vor allem aber ihre Motivation in Erfahrung brachte (z.B. durch direkte Befragung und/oder durch bestimmte Indikatoren);

j) Fragen danach, wie eigene Motivation des Anregers gesehen wird.

Startstrategie / Startmethode

Motivationsindikatoren des Anregers

5. (Anfängliche) Grundlagen oder Grundphilosophie oder Grundprinzipien

a) Gab es sie? Wenn ja, beschreiben lassen; wenn nein, Fragen nach irgendwelchen allgemein anerkannten Regeln stellen;

b) In welcher Form wurden oder werden sie für später bewahrt?

Grundidee
— Philosophie
— Prinzipien

Selbstevaluierung

6. Finanzbedarf

a) Fragen danach, ob ein solcher Bedarf artikuliert wurde;

b) wenn ja; Fragen danach, von wem wie reagiert wurde und ob Finanzbedarf gedeckt wurde.

evtl. Geldquellen

7. Entscheidungsprozeß (am Anfang)

Fragen in die Richtung, wie am Anfang der Entscheidungsprozeß ablief (u.a. Fragen zu Entscheidungskriterien; evtl. ein Beispiel nennen lassen).

Entscheidungsfindung

8. Entscheidungsausführung und ihre Kontrolle

    a) Fragen in die Richtung, wer zu Beginn die Entscheidung*ausführenden* waren;

    b) Fragen in die Richtung, wer die Ein-haltung der Beschlüsse „überwachte" und wie dies geschah.

Entscheidungsausführung und ihre Kontrolle

III. FRAGEN ZUR SITUATION DES SHO-AUFBAUVERSUCHS IN DER GEGENWART

1. Räumliche Ausdehnung des SHO-Aufbauversuchs in der Gegenwart
   Raum

2. Zahl und Typ der heute am SHO-Aufbauversuch Beteiligten (inkl. „Anreger")
   Beteiligte

3. Form der Beteiligung

   a) Fragen nach Mitgliedschaft

   　a′) Form des „Erwerbs" der Mitgliedschaft,

   　b′) unterschiedliche Formen der Mitgliedschaft,

   　c′) mögliche nicht-formale Ein- oder Beitrittsbarrieren;
   ▶*Mitgliedschaft*

   b) Fragen nach Funktionen bzw. „Ämtern"

   　a′) Art der Funktionen bzw. „Ämter"

   　b′) Bezahlung oder evtl. andere „Vorteile" bestimmter Funktionen,

   　c′) Nachteile bestimmter Funktionen,

   　d′) Dauer der Funktionen,

   　e′) Wahlmodus,

   　f′) „Ämterhäufung";
   (Struktur / Organisation)
   ▶*Funktionen*

   c) Fragen nach der Art der Aktivitäten heute.
   Art der Aktivitäten

4. Beteiligungshäufigkeit, Beteilungsstruktur

   – Fragen nach der Häufigkeit von

   　– Mitgliederversammlungen,

   　– Versammlungen von Funktionsträgern,

   　– Aktivitäten (welchen?)

   　　(z.B. Inanspruchnahme von Dienstleistungen).
   ▶*Beteiligungshäufigkeit / Beteiligungsstruktur*

5. Derzeitige Strukturierung des SHO-Aufbauversuchs

> Mit dieser Frage kann zum Teil schon ein Fazit aus den Antworten
> zu III.1.–4. vergewissernd gezogen werden.
> Bei sehr ausgiebiger Beantwortung der Fragen III.1.–4. kann auf die
> Frage III.5. evtl. verzichtet werden.

— Fragen nach

  a) der tatsächlichen Rolle verschiedener
    Struktureinheiten,

  b) ihrem Verhältnis zueinander,

  c) der Zahl und dem Typ der bei den ver-
    verschiedenen Struktureinheiten Betei-
    ligten,

  d) der Form der Beteiligung bei den
    verschiedenen Struktureinheiten

    — Mitgliedschaft,

    — Funktionen,

    — Art der Aktivitäten;

  e) der Beteiligungshäufigkeit bei den
    verschiedenen Struktureinheiten.

(Fein-)
Struktur

6. Grundprinzipien (-idee, -philosophie)
  und bisherige Regeln (bzw. „unge-
  schriebene Gesetze")

  a) Fragen zu Grundprinzipien u.a. vor
    allem danach

    a') ob die Grundprinzipien unver-
      ändert auch heute gelten

    b') oder völlig geändert

    c') oder erweitert bzw. verfeinert
      wurden,

    d') wenn ja bei b') oder c'), warum?

    e') in welcher Form sie bewahrt
      werden.

Grundprinzipien

b) Fragen zu Regeln u.a. vor allem danach

a') ob es neben den Grundprinzipien auch weitere Regeln gibt,

b') wenn ja, in welcher Form sie bewahrt werden,

c') welche Regeln sich unterscheiden lassen,

d') – [Entscheidungsregeln] wer gemäß Regel wie entscheidet über

– Geldangelegenheiten,

– organisatorische Fragen (z.B. Versammlungstermine, Versammlungseinberufung, Art der Entscheidungsausführung),

– Aktivitäten nicht-monetärer Art

Entscheidungsfindung
in dem Bereich
– Geld
– Organisation
– Aktion

e') – [Kontrollregeln] –

– Wer gemäß den Regeln die Einhaltung der Regeln kontrolliert und wie

– Wer gemäß den Regeln die Einhaltung der Grundprinzipien kontrolliert und wie

– Wer gemäß den Regeln die Entscheidungsausführung kontrolliert und wie

Kontrolle /
Selbstevaluierung

f') Was die Reaktion bei Regelverletzungen ist (z.B. Strafen),

– Was geschieht zum Beispiel, wenn Mitglieder oft auf Versammlungen fehlen?

Regelverletzung

R
E
G
E
L
N

g′) Wie sich das Soll-Wirklichkeit-Verhältnis darstellt, Fragen in die Richtung, inwieweit es noch große Unterschiede gibt, z.B. zwischen dem, ▶ *Soll / Wirklichkeit*

— was die Grundprinzipien

— was die Regeln

fordern und dem, was tatsächlich praktiziert wird.

(Wer entscheidet z.B. zur Zeit „wirklich"? Wer kontrolliert zur Zeit „wirklich"?) ▶ *Entscheidung / Kontrolle*

h′) Welches die Gründe für die bisherigen Regelinhalte und die bisherigen Abweichungen aus der Sicht des Befragten sind

(z.B. warum wurde eine bestimmte Kontrollinstanz gewählt?).

R E G E L N

7. Regelinhalte

Wie bei Punkt 5. besitzen die Fragen zu Erhebungspunkt 7. eine Residualfunktion, d.h. sie sollten alle Regelinhalte, die nicht schon aus der Beantwortung von III.3. u. 4. deutlich wurden, hier noch zu ermitteln suchen.

Fragen zu

a) Regeln bei Geldangelegenheiten

Hierbei kann gleichzeitig auch gefragt werden: ▶ *Geld*

— Welche Geldquellen wurden genutzt?

— Wofür und wie wird das Geld verwendet?

b) Regeln zur Organisation

— z.B. „Führungs"qualifikationen,

c) Regeln zur Durchführung von Aktivitäten.

8. Vergleich mit Anfangssituation

Fragen in die Richtung,

a) welche Rolle der Anreger jetzt hat,
   – dieselbe,
   – eine andere,

b) welche Aktivitäten er jetzt ausführt,

c) ob er dasselbe Verhalten wie am Anfang den Betroffenen gegenüber zeigt,

d) welche Ziele die Beteiligten jetzt haben,

e) welche Motivationen die Beteiligten jetzt zeigen.

> *Vergleich mit der Anfangssituation*

9. Selbstevaluierung

Fragen in die Richtung,

a) ob man Aufzeichnungen macht und wenn ja, welcher Art diese sind,

b) ob man und wenn ja, wie man die Erreichung der (gemeinsam?) formulierten Aktionsziele ermittelt,

c) ob man und wenn ja, wie man die individuellen Ziele bzw. Motive erfährt,

d) ob man und wenn ja, wie man die gemeinsamen Ziele erfährt,

e) ob man und wenn ja, wie man Informationen über Aktivitäten in den einzelnen Bereichen erhält,

f) ob der Anreger selber die Erreichung seiner eigenen Ziele beachtet und ermittelt und wenn ja, wie dies geschieht.

> *Selbstevaluierung*

10. Interpretation des gegenwärtigen Zustandes
des SHO-Aufbauversuchs

Fragen in die Richtung,

a) ob die Ziele oder Grundgedanken des
Anregers einer Änderung unterworfen
waren;

b) wie der Befragte aufgrund seiner jetzi-
gen Ziele und Grundgedanken die
gegenwärtige Situation des SHO-Aufbauversuchs sieht (und vermutlich
auch bewertet); z.B.

– die jeweiligen Struktureinheiten und
ihre Beziehungen zueinander,
– die jeweiligen Evaluierungsergebnisse
in den Bereichen:

– Rolle / Funktion,
– Motivation,
– Aktivitäten,

– die jeweiligen Entwicklungen im Bereich von Entscheidungen, Kontrolle
und Geldfragen.

Interpretation des gegenwärtigen Zustandes des SHO-Aufbauversuchs durch den Befragten

IV. GEZIELTE FRAGEN ZUR PHASE I DER ERZIEHERISCHEN GRUNDSTRATEGIE

1. Aneignung bzw. Beherrschung des ortsüblichen Kommunikationsstils (verbal und
   nicht verbal)
   Fragen in die Richtung, ob vor dem
   „eigentlichen" Beginn des SHO-Aufbauversuchs oder beim Beginn des SHO-Aufbauversuchs (die Einteilung hängt von
   der zeitlichen Einordnung durch Befragten
   in I. ab)

   a) der Anreger Mitglied derselben Ethnie
      war;
      — wenn *ja,* Fragen zum Lebenslauf
        anschließen, wie z.B.:
        a′) Geburt,   *Sprache*
        b′) Schule,   *Kenntnis der allg.*
        c′) Beruf,   ▸ *Wertvorstellungen*
        d′) Familienstand,   *und*
        e′) soziale Position,   *Verhaltensformen*
        f′) Arbeitsfeld in derselben Region,
            auf dem Lande, in der Stadt,
        g′) Ausbildung und/oder Berufsausübung
            zum Teil in Europa;
      — wenn *nein,* Fragen in die Richtung,
        a″) ob der Anreger dieselbe Sprache   *Sprache*
            wie die Betroffenen spricht,
        b″) ob der Anreger zwischen privaten
            und beruflichen Kontakten unter- ▸ *Privat / Beruf*
            scheidet, so daß in seinem Ver-
            halten Unterschiede festzustellen
            sind,

c″) wie lange der Anreger schon vor Ort
lebt(e) oder im selben Kulturkreis; *wie a′ bis g′*

b) der Anreger mit den Betroffenen gemeinsam über Selbstverständnisse diskutierte
und reflektierte; *Gemeinsame Reflexion der Selbstverständnisse*

2. Offene, selbst gestaltbare Rolle mit einer
„mittleren" Distanz
Hier kann ausdrücklich an II. und III. an-
geknüpft werden.
Fragen in die Richtung,

a) ob der Anreger die Beteiligten schon
„vorher" (vor dem SHO-Aufbauversuch) kannte; wenn ja, wie lange;

b) ob der Anreger auch Kontakt zu anderen Personen hatte; wenn ja, zu wem, in
welcher Form, zu vielen, zu wenigen; *Kontaktstreuung*

c) ob der Anreger versuchte, die Kontakte
möglichst zu streuen oder auf bestimmte Personen zu konzentrieren und zu
begrenzen;

d) ob er den Personen nur in *einer* bestimmten Funktion oder in mehreren
unterschiedlichen begegnete; *Fixiertheit der Rolle*
[Evtl. schon durch IV.1.a) beantwortet.]

e) ob sein persönlicher Spielraum einge-
engt wurde oder ob im Gegenteil Er-
weiterungsmöglichkeiten bestanden
bzw. genutzt wurden, wie er auf die
Einengung seines Spielraumes reagierte, *Persönlicher Spielraum des Anregers*
mögliche Spielraum verengende Faktoren:
— private Verbindungen des Anregers,
— traditionelle Strukturen,
— Dienst- / bzw. Auftragsverhältnis
gegenüber einer Organisation,

f) ob sich der Anreger bemüht, persönliche Eigenheiten oder Originalitäten zu vermindern oder zumindest in den Hintergrund treten zu lassen oder ob er sich vielmehr darum bemüht, sie zu bewahren und offen zu ihnen zu stehen.

Haltung des Anregers gegenüber seinen Eigenheiten / Originalität / Selbstbewußtsein

3. Positive „partnerschaftliche" Einstellung und Verhalten den Betroffenen gegenüber

a) Fragen zur *Gesprächssituation:*

- Relativierungs- und Lernbereitschaft beim Anreger und ihr Sichtbarwerdenlassen,

- Rolle der Gesprächspartner (Partner , Bittsteller),

- Ablauf des Gesprächs:

  - eher Gespräch, bei dem Anreger der „Wortführer" war,

  - eher Gespräch, bei dem Anreger überwiegend Zuhörer war,

  - gab es Gesprächsleiter? Wenn ja, wen?

  - gab es jemanden, der zum Gespräch aufforderte oder einlud? Wenn ja, wer?

- Kritik zum Gesprächsbeginn,

- Verhältnis zu Fragen zu Mitteilungen: wenn der Anreger das Wort ergriff, fragte er mehr oder teilte er mehr mit?

- Art der Mitteilungen:

  z.B.:

  - wie man etwas Bestimmtes im Einzelnen besser machen könne,

  - wie man sich entscheiden solle,

▶ *Dominanz*

    — wie er (der Anreger) sich grundsätzlich eine „positive" Entwicklung vorstelle,

    — wie er sich in dem konkreten Fall genau eine positive Entwicklung vorstelle,

    — Mitteilung schließt „nur" Informationslücke;

— die Richtung der Fragen:

z.B.

    — es wird nur ganz allgemein gefragt, warum bisher so gehandelt wurde,

    — was der Meinung der Betroffenen nach das Problem ist,

    — ob sie ihm die Lösung des Problems anzuvertrauen bereit seien;

▶ *Dominanz*

b) Fragen zur Haltung des Anregers gegenüber einheimischen Selbstverständnissen und Verhaltensweisen

u.a.: Wird die Haltung sichtbar bzw. fühlbar?

c) Fragen zur Auswirkung der obengenannten Haltung auf die Gesprächssituation,

d) Fragen zum Zeitfaktor

    — Zeitdruck,

    — Geduld;

e) Fragen zu Konflikten mit den einheimischen Selbstverständnissen und Verhaltensweisen

    — Gab es sie in der Vergangenheit?

    — Wenn ja, wie wurden sie gelöst?

V. GEZIELTE FRAGEN ZUR PHASE II DER ERZIEHERISCHEN GRUNDSTRATEGIE

1. Kenntnisse des Anregers über die inhaltliche Ausfüllung bestimmter formaler Kategorien durch die Beteiligten

   a) Fragen, bezogen auf die Kenntnisse des vor Ort üblichen Verständnisses folgender Termini:
   - „individuelles Handeln",
   - „gemeinsames Handeln",
   - „Zeit",
   - „Raum",
   - „oben", „unten" (religiös, gesellschaftlich, politisch),
   - „relevante Vergleichsgruppe" oder „Gruppe, mit der man sich mißt",
   - „Mangel",
   - „Bedürfnis",
   - „Kompetenz" oder „erworbene Fähigkeit",
   - „Problem";

   b) Fragen, bezogen auf die Art des Inerfahrungbringens,

   c) Fragen nach dem Unterschied und der Übereinstimmung beim Verständnis der Termini zwischen Anreger und Betroffenen.

2. Ermittlung der Umweltsituation und ihre Interpretation durch die Betroffenen

a) die allgemeine Haltung gegenüber objektiven Faktoren in der Umwelt der Betroffenen

— analytisch,

— prüfend,

— rein aus der Erfahrung schöpfend,

— nur geringe Beachtung schenkend;

b) Fragen zu vorhandenen Umweltgegebenheiten

— Vergrößerung der Bedürfnisbefriedigungschancen durch Differenzierung
von Produktions- und Distributions-
struktur,

— Handlungsspielraum
(hier u.a. nach anderen Entwicklungs-
„agenten" bzw. -organisationen, ihren
Strategien vor Ort fragen sowie mögliche Konflikte bzw. Konvergenzen
zwischen Anregern und ihnen aus-
loten.),

— Hilfe von „oben"
(ihre Unmöglichkeit bzw. ihr Nicht-
erwartet-werden),

— Zugang zu neuen Informationen,

— vergleichbare Lebenslage der Betroffenen,

— objektive Fähigkeit zur Vorleistung;

c) Reaktion des Anregers auf Erkenntnisse aus 2. a) und b)

— im Falle, daß die objektiven SHO-
Voraussetzungen vorliegen,

— im Falle, daß sie nicht vorliegen.

*Objektive
SHO-Voraus-
setzungen*

VI. GEZIELTE FRAGEN ZUR PHASE III DER ERZIEHERISCHEN GRUNDSTRATEGIE

1. Die (anfängliche) „Problem"diskussion
   a) Sicht der Betroffenen

      Fragen in die Richtung,

      – was von den Betroffenen als Problem genannt wurde,

      – welche Lösungsmöglichkeiten ihnen bekannt waren bzw. sind (indiv. / gruppenmäß.),

      – welche Lösungsmöglichkeiten von ihnen vorgeschlagen wurden,

      – welche Menschen aus ihrer Sicht vom Problem betroffen sind;

   b) Diskussionsbeobachtung durch den Anreger

      Fragen zuerst

      – worauf er bei der Diskussion im allgemeinen achtet(e),

      dann gezielter nach

      – der Form des Problemdefinierens,

        – homogenen, heterogenen Definitionen, *(Evaluierung)*

        – im Vergleich mit früher,

        – im Vergleich mit anderen,

        – oder in anderer Form,

        – Werden die Bedürfnisse äls legitim empfunden?

      – dem bzw. den Problemdefinierer(n)

      Hier sollte man damit beginnen zu klären, wer die Problemdefinitionsmächtigen und wer die inoffziellen Führer sind.

        – Wer definiert und wie?

        – Wer darf definieren? *Inoffizielle Führer /*

        – inoffizielle Führer, *Problemdefinitions-*

        – Problemdefinionsmächtige; *mächtige*

c) Sicht des Anregers

– zuerst ganz allgemein danach fragen,
wo die Übereinstimmung und wo der
Unterschied der Sichtweisen von Anreger und Betroffenen liegen bzw. lagen;
anschließend gezielter fragen nach:
– dem Unterschied bei den Sichtweisen
  – bei der Definition des ,,Problems''
    (z.B. individuell oder gemeinsam)
  – bei der allg. Interpretation der
    Situation,
  – bei Lösungsvorschlägen
    – noch unbekannte,
    – schon vergessene
      (z.B. gemeinsame Selbsthilfe),
    – bekannte, jedoch nicht vorge-
      schlagene,
  – bei der Definition der Problem-
    betroffenen
    (Zielgruppendiskussion);

Alternative Situationsinterpretation

d) Reaktion des Anregers

– zuerst ganz allgemein danach fragen,
wie der Anreger angesichts a) bis c)
im Gespräch reagierte;
– anschließend gezielter fragen nach
seiner Reaktion,
a') falls er die Problemdefinition der
Betroffenen teilt,
b') falls er sie nicht teilt;
Wurde eine alternative Situationsinterpretation vermittelt? Wenn
ja, wie?
(mit Situationsdokumenten, mit
Bildern?)

Alternative Situationsinterpretation

Erinnerte er (in Frageform?) an
frühere, bisher gemachte Kompetenzerfahrungen, an bisherige
erfolgreiche Lösungsversuche
(z.B. traditionelle SHO)?

*Alternative
Situationinter-
pretation*

Falls der Anreger in diesem Zusammenhang gezielt auch an bisherige
einheimische (autochthone) SHO-Lösungsversuche erinnert, sollten
Fragen zu
Kenntnissen des Anregers über existierende einheimische (autochthone)
SHO vor Ort
in Anlehnung an den Leitfaden von Seibel und Ukandi [1] eingescho-
ben werden.

— ferner Fragen nach
  — Vermittlung von Vertrauen,
    „stellvertretende Kompetenzmotiva-
    tion", Vertrauen in die Veränderungs-
    fähigkeit der Betroffenen; wenn ja,
    wie wurde es vermittelt?

    *Stellvertretende
    Kompetenz-
    motivation*

  — Art der Informationsdarbietung
    — Unterteilung in Teilelemente? In
      welche?
    — den Wert- und Verhaltensvorstellun-
      gen angepaßt oder entgegenkom-
      mend?

    Nahbereich

  — Problem des Handlungsspielraums
    (Hier kann an V.2. angeschlossen
    werden.)
    Wurde das Problem angesprochen?
    Wenn ja, wie und mit welchem
    Ergebnis?

    Handlungsspielraum

  — Mangelbewußtsein
    Inwieweit wurde es vermittelt und
    wie?

    Mangelbewußtsein

  — Vermittlung eines Leitbildes
    [anschließend an I.4. und II.4. u. 5.]
    Erfolgte sie? Wenn ja, wie?

    Leitbild

[1] SEIBEL, H.D. und UKANDI, G.D., Self-help Organizations ... a.a.O.

2. Reaktionen des Anregers, die nicht in der
anfänglichen Problemdiskussion stattfinden

a) Dialogauswertung durch Anreger

   – Form der Dialogauswertung

     – allein, mit anderen, im Kopf,
      schriftlich? ▶ *Selbstevaluierung*

     – was wird mit welchen Kriterien
      und mit welchem Ergebnis gewür-
      digt?

     (Problembewußtseinsprüfung, z.B.
     welche Kriterien, welche Ergeb-
     nisse?)

   – Sichtung der inoffiziellen Führer
     [anknüpfend an VI. 1.b)]
     Hier danach fragen, ob eine Sichtung
     durchgeführt wurde und wenn ja,

     – welche im Sinne der Entwicklungs-
      zielgruppe von Nutzen sein können, ▶ *Inoffizielle*

     – welches Verhältnis zwischen den   *Führer*
      SHO-interessierten inoffiziellen
      Führern und den anderen Inter-
      essierten besteht;

   Obigen Erhebungspunkt nur dann prüfen,
   wenn er durch VI. 1.b) noch nicht ausreichend geklärt ist.

   – Erwartungen von individuellen Vorteilen
     bei potentiellen Mitgliedern

     – Liegen sie vor? In welcher Form?

b) Verhalten gegenüber den inoffiziellen
Führern (Strategie)

Falls in VI.1.b) und VI.2.a) inoffizielle
Führer gesichtet wurden, danach fragen,
— ob eine Intensivierung des Kontakts mit
ihnen vom Anreger praktiziert wurde
und wenn ja, wie: (z.B.)
  — im Gespräch,
  — in speziellen Aktivitäten mit ihnen,
  — in aktivem Auf-sie-Zugehen;
— wie Reaktion der inoffiziellen Führer
auf Strategie des Anregers aussieht,
— wie zur Zeit sein Verhältnis zu ihnen aussieht,
— wie bei Konflikten in der Vergangenheit die Lösung (wenn überhaupt)
sich gestaltete;

Inoffizielle Führer

c) Aktionsabfolge nach Dialogauswertung
Fragen danach, was nach der Dialog-
auswertung geschah,
— Handlungen, wenn ja:
Welche?, Mit wem? Mit welchem
Ziel?
— Diskussionen, wenn ja:
Mit wem? Mit welchen Themen?
Mit welchen Zielen?
— Falls beides praktiziert wurde:
  — In welchem zeitlichen Zusam-
  menhang stehen sie?
  — In welchem logischen oder päd-
  agogischen oder strategischen Zu-
  sammenhang standen sie?
Gemäß den Informationen aus I.2. und
den hier erhaltenen kann zur einzelnen
Schrittfolge gezielt nachgefragt werden.

Aktion — Reflexion

Z.B.:

– Gab es Ablehnung, Modifizierung,
völlige Übernahme der Vorschläge des
Anregers und wenn ja, welche?

– Wie sahen die Reaktionen des Anregers auf Ablehnung, Modifizierung
oder totale Übernahme seiner Vorschläge aus?

– Gab es eine gemeinsame Reflexion
der Nach-Aktion-Situation?

– Wo und wenn ja, wie wird im Prozeß
evaluiert?

Aktion –
Reflexion

3. Die Handlungen im Entstehungsprozeß
Fragen in Richtung:

a) individuelle oder gemeinsame Handlungen,

b) Nahbereich der Handlungen
(Erlebnisfeld, praktische Erfahrung),

c) realer Handlungsspielraum der Betroffenen (Selbstverantwortungserfahrung),

d) Teilkompetenzerfahrung,

e) Erfahrung verallgemeinerungsfähiger
Bedürfnisse,

f) Handlungsangebot
– An wen?

Aktionen

4. Momentane Situation
[im Vergleich mit III. nur gezielte Fragen]
Fragen in die Richtung:

a) Vorteilserwartung der potentiellen SHO-
Mitglieder

– Liegt eine Erwartung vor?

– Wie erfährt Anreger dies?
(evtl. über die Inanspruchnahme von
Dienstleistungen?)

– Sehen die potentiellen Mitglieder die
Vorteile für sich?

Individuelle
Vorteilserwartung
(Selbstevaluierung)

b) Vorleistungen

u.a.:

— Wurden sie erbracht und wenn ja,
von wem, wieviel?

— Liegen Regeln zur Vorteilsverteilung
vor?

Vergleiche hierzu III.6.

► *Vorleistungen*

c) Verhältnis zu möglichen Gegnern oder
Konkurrenten der SHO bzw. zu SHO-
Förderern

u.a.:

— Welche anderen Organisationen mit
entwicklungspolitischer Zielsetzung
gibt es vor Ort?

— Überschneidung und Widerspruch
der Ziele

— Gab es schon Konflikte?

— Wie sah die bisherige Strategie den
anderen Organisationen gegenüber aus?

— Wie läßt sich das derzeitige Verhältnis
zu ihnen beschreiben?

► *„Gegner"*

d) Vertrauensverhältnis in der Gruppe

u.a.:

— Herrscht ein Vertrauensverhältnis?

— Wie sahen bisherige Konfliktlösungen
aus?

— Wie informiert sich der Anreger darüber?

► *Vertrauen in der Gruppe*

► *(Selbst-Evaluierung)*

e) Form der Gründung der SHO

u.a.:

— Rolle des Anregers.

► *Gründung*

AUSWERTUNGSSCHEMA

1. VERTRAUENSVERHÄLTNIS ZWISCHEN SHO-ANREGER(N)
   UND SHO-BETROFFENEN
   (Zur Phase I der Erzieherischen Grundstrategie)

Bei allen Beobachtungsakten (Punkte 1–7 des Ablaufschemas) können diesbezügliche Informationen gesammelt werden.

Bei folgenden Erhebungspunkten können für das obengenannte Vertrauensverhältnis relevante Informationen erwartet werden. Erhebungspunkte, bei denen dieses Vertrauensverhältnis den Schwerpunkt des Beobachtungsaktes bildet, sind durch das Symbol (S) besonders hervorgehoben. Die Numerierung der Erhebungspunkte bezieht sich auf den Interviewleitfaden. Der den Ziffern häufig beigefügte Text gibt stichwortartig den Bezug zur interessierenden Erhebungsfrage wieder.

I.3

I.4   positive, partnerschaftliche Einstellung und entsprechendes Verhalten

II.4   a) bis c) Kontaktstreuung

        d) Aktivitäten des SHO-Anregers

        e) Rolle des SHO-Anregers

II.7
        Dominanz des SHO-Anregers?
II.8

III.6   positive, partnerschaftliche Einstellung und entsprechendes
        Verhalten

IV.1   Aneignung des Kommunikationsstils (S)

IV.2   Rolle des SHO-Anregers (S)

IV.3   positive, partnerschaftliche Einstellung und entsprechendes
        Verhalten (S)

2. BEGRIFFS- UND UMWELTKLÄRUNG DURCH SHO-ANREGER
(Zur Phase II der Erzieherischen Grundstrategie)

Die zum ersten Punkt dieses Auswertungsschemas gemachten Ausführungen
und Anmerkungen gelten hier analog.

I.1

I.2

I.3

I.4   Umwelt

II.4   d) Begriffe und Umwelt

III.6   h')

          Umwelt

III.10 b)

IV.1   Begriffe

IV.2   e) Handlungsspielraum

IV.3   b) Begriffe

IV.3   e) Begriffe

V.1   (S)

V.2   (S)

VI.1   c) Begriffe

VI.1   d) Handlungsspielraum

VI.3   Handlungsspielraum

3. ANFÄNGLICHE PROBLEMDISKUSSION UND ANSCHLIESSENDE AKTIONS- UND REAKTIONSABFOLGE
(Zur Phase III der Erzieherischen Grundstrategie)

Die zum ersten Punkt dieses Auswertungsschemas gemachten Amerkungen
gelten hier analog.

I.2
I.3 } allgemeiner Aktionsablauf

I.4   grundsätzliche Strategie des SHO-Anregers

II.3   Art der Aktivität der Betroffenen

LITERATURVERZEICHNIS

ACKHOFF, R.L. und EMERY, F.E.: Zielbewußte Systeme, Frankfurt 1975.

ADORNO, Th. et al.: Der Positivismusstreit in der deutschen Soziologie, Neuwied, Berlin 1972.

ALBERT, H.: Probleme der Wissenschaftslehre in der Sozialforschung, in: König, R. (Hrsg.), Handbuch der empirischen Sozialforschung, Band 1, Stuttgart 1962, S. 38–63.

– Marktsoziologie und Entscheidungslogik, Neuwied, Berlin 1967.

– Wertfreiheit als methodisches Prinzip, Zur Frage der Notwendigkeit einer normativen Sozialwissenschaft, in: Topitsch, E. (Hrsg.), Logik der Sozialwissenschaften, 4. Aufl., Köln, Berlin 1967 (5. Aufl., 1968), S. 181–210.

– Theorie und Praxis, in: ders. und Topitsch, E. (Hrsg.), Werturteilsstreit, Darmstadt 1971, S. 200–236.

ALBERT, H. und TOPITSCH, E. (Hrsg.): Werturteilsstreit, Darmstadt 1971.

ALBRECHT, H.: Evaluierung in der Beratung, in: Ausbildung und Beratung in Land- und Hauswirtschaft, 27. Jg. (1974), Heft 10, S. 163–165.

ALDRUP, D.: Das Rationalitätsproblem in der Politischen Ökonomie, Methodenkritische Lösungsansätze, in: Boettcher, E. (Hrsg.), Die Einheit der Gesellschaftswissenschaften, Band 11, Tübingen 1971.

ALLPORT, G.W.: Werden der Persönlichkeit, in: Heiß, R. (Hrsg.), Enzyklopädie der Psychologie in Einzeldarstellungen, Band 1, Bern, Stuttgart 1958.

– Historical Background of Modern Social Psychology, in: Lindsey, G. und Aronson, E. (Hrsg.), Handbook of social psychology, Vol. I., 2. Aufl., Cambridge (Mass.) 1968, S. 1–81.

– Gestalt und Wachstum in der Persönlichkeit, übertragen und hrsg. von Helmut von Bracken, Meisenheim am Glan 1970.

APPEL, O.: Politik und Pädagogik, in: Lexikon der Pädagogik, III. Band, 3. Aufl., Freiburg, Basel, Wien 1962, Sp. 909–912.

ARBEITSGRUPPE BIELEFELDER SOZIOLOGEN: Kommunikative Sozialforschung, München 1976.

ATKINSON, J.W.: Einführung in die Motivationsforschung, Stuttgart 1975.

BACHMAIR, B.: Ethnomethodologie als handlungstheoretische Grundlage einer Didaktik der Erziehung, in: Bildung und Erziehung, 32. Jg. (1979), Heft 3, S. 229–240.

BALDUS, R.D.: Selbsthilfe-Förderung in der deutschen Entwicklungspolitik, in: Müller, J.O. (Hrsg.), Gesellschaftspolitische Konzeptionen der Förderung von Selbsthilfe durch Fremdhilfe in Afrika, Theorie und Praxis im Test konkreter Vorhaben, in: Studien und Berichte des Instituts für Kooperation in Entwicklungsländern, Nr. 13, Marburg/Lahn 1981, S. 44–52.

BARNARD, C.I.: Die Führung großer Organisationen, in: Schriften der Gesellschaft zur Förderung des Unternehmernachwuchses, Essen 1970.

BARNETT, H.G.: Innovation, The Basis of social change, New York, Toronto, London 1953.

BECK, R.: Politikwissenschaft, in: ders. (Hrsg.), Sachwörterbuch der Politik, Stuttgart 1977, S. 655–662.

BECK, U.: Soziologische Normativität,in: KZfSS, 24. Jg. (1972), S. 201–231.

BECKMANN, H.-K.: Die geschichtliche Entwicklung der Pädagogik, in: Klafki, W. et al. (Hrsg.), Erziehungswissenschaft, Eine Einführung in drei Bänden, Funk Kolleg, 12. Aufl., Band 3, Frankfurt a.M. 1979, S. 229–230.

BEHRMANN, G.C.: Soziales System und politische Sozialisation, Eine Kritik der neueren politischen Pädgogik, Stuttgart, Berlin, Köln, Mainz 1972.

BENECKE, D.W.: Kooperation und Wachstum in Entwicklungsländern, in: Boettcher, E. et al. (Hrsg.), Schriften zur Kooperationsforschung, A Studien, Band 2, Tübingen 1972.

– Promotion of SHO through training with special reference to DSE target groups and instruments, in: DSE (Hrsg.), Self-help Organizations – Projects, Models, Experiences, Report of the International Conference from 26. to 28.3.1979, Berlin (West), o.J., S. 27–35,

BERGER, P.L.: Welt der Reichen – Welt der Armen, München 1976.

BLÄTTNER, F.: Geschichte der Pädagogik, 14. Aufl, Heidelberg 1973.

BLANK, H.-J.: Politologie, in: Görlitz, A. (Hrsg.), Handlexikon zur Politikwissenschaft, München 1970, S. 341–343.

BLANKERTZ, H.: Theorien und Modelle der Didaktik, 9. neubearb. und erweiterte Aufl., München 1975.

BODEMER, K.: Erfolgskontrolle der deutschen Entwicklungshilfe – improvisiert oder systematisch?, in: TRANSFINES hrsg. von Mols, M., Nohlen, D. und P. Waldmann, Band 3, Meisenheim am Glan 1979.

– Evaluierung, in: Nohlen, D. (Hrsg.), Lexikon der Dritten Welt, Baden-Baden 1980, S. 120–122.

BODENSTEDT, A.A.: Selbsthilfe: Überlegungen zur entwicklungsstrategischen Verwendbarkeit eines allgemeinen sozialen Handlungsmusters, in: ders. (Hrsg.), Selbsthilfe, Instrument oder Ziel ländlicher Entwicklung, in: SSIP-Schriften, Heft 24, Saarbrücken 1975, S. 1–24.

BOETTCHER, E.: Kooperation und Demokratie in der Wirtschaft, in: ders. et al. (Hrsg.), Schriften zur Kooperationsforschung, A Studien, Band 10, Tübingen 1974.

— Die Problematik der Operationalisierung des Förderungsauftrages in Genossenschaften: Förderplan und Förderbericht, in: ZfgG, Band 29, 1979, S. 198–216.

BOHNET, M. (Hrsg.): Das Nord-Süd-Problem, München 1972.

BOULDING, K.E.: Die neuen Leitbilder, Düsseldorf 1958.

v.BRENTANO, D.: Grundsätzliche Aspekte der Entstehung von Genossenschaften, Dargestellt insbesondere an Problemen von Konsum- und Wohnungsbaugenossenschaften, in: Engelhardt, W.W. und Thiemeyer, Th. (Hrsg.), Schriften zum Genossenschaftswesen und zur öffentlichen Wirtschaft, Band 1, Berlin 1980.

— Die Bedeutung der Solidarität in Genossenschaften und bei genossenschaftlichen Gründungsvorgängen, in: Archiv für öffentliche und freigemeinnützige Unternehmen, Jahrbuch für nichterwerbswirtschaftliche Betriebe und Organisationen (Nonprofits), 12. Jg. (1980), S. 11–32.

BRETZKE, W.-R.: Der Problembezug von Entscheidungsmodellen, in: Boettcher, E. (Hrsg.), Die Einheit der Gesellschaftswissenschaften, Band 29, Tübingen 1980.

BREZINKA, W.: Von der Pädagogik zur Erziehungswissenschaft, Eine Einführung in die Metatheorie der Erziehung, 3. verb. Aufl., Weinheim, Basel 1975.

— Erziehungsbegriffe, in: Roth, L. (Hrsg.), Handlexikon zur Erziehungswissenschaft, München 1976, S. 128–133.

— Grundbegriffe der Erziehungswissenschaft, 3. verb. Aufl., München, Basel 1977.

— Metatheorie der Erziehung, 4. vollst. neubearb. Aufl., München, Basel 1978.

BRUNER, J.S., MATTER, J., LEWIN, M., PAPANEK: Breadth of Learning as a Function of Drive Level and Mechanization, in: Psychological Review, Vol. 62, No. 1, 1955.

BUNDESMINISTERIUM FÜR WIRTSCHAFTLICHE ZUSAMMENARBEIT: Grundsätze für die Förderung von Selbsthilfeorganisationen in Entwicklungsländern, Bonn 9.11.1977.

— (Hrsg.), Grundbedürfniskonzept, in: BMZ-aktuell, 6.11.1978.

— (Hrsg.), Fortschritte bei der Verwirklichung der Grundbedürfnisstrategie, Informationsvermerk 41/79 für den Bundestagsausschuß für wirtschaftliche Zusammenarbeit, Bonn 4.10.1979.

BMZ, WISSENSCHAFTLICHER BEIRAT (Hrsg.): Möglichkeiten und Grenzen der Kooperation der Bundesrepbulik Deutschland mit Entwicklungsländern auf dem Gebiet der ländlichen Entwicklung – Das Konzept der integrierten ländlichen Entwicklung, o.O., November 1979.

BÜCHI, R.: Erfolgsevaluierung von Entwicklungsprojekten, Bern, Frankfurt a.M., München 1976.

BÜSCHER, H.: Die Rolle der Genossenschaften im Rahmen einer entwicklungspolitischen Konzeption, in: Genossenschaften und Genossenschaftsforschung, Festschrift zum 65. Geburtstag von Georg Draheim, hrsg. von Weisser, G. unter Mitarbeit von Engelhardt, W.W., Göttingen 1968, S. 312–331.

– Handlungsorientierung, Bezugsgruppenerwartungen und Erkenntnisfortschritt in der Entwicklunstheorie, in: KZfSS, 1979, Heft 1, S. 25–55.

– Solidarische Selbsthilfe als innovatives kooperatives Handeln, Betrachtungen zur vorkooperativen Phase sozioökonomischer Entwicklung, in: Archiv für öffentliche und freigemeinnützige Unternehmen – Jahrbuch für nichterwerbswirtschaftliche Betriebe und Organisationen (Nonprofits), 12. Jg. (1980), S. 33–60.

– Axiomatische Grundlagen einer gesellschaftspolitischen Konzeption nach Weisser, in: Sozialer Fortschritt, 30. Jg. (1981), Heft 5, S. 109–115 und Heft 6, S. 132–134.

– Besprechung von: Brentano, Dorothee von: Grundsätzliche Aspekte der Entstehung von Genossenschaften, in: ZfgG, Band 31, 1981, S. 349–352.

CROTT, H., KUTSCHKER, M. und LAMM, H.: Verhandlungen I, Individuen und Gruppen als Konfliktparteien, Stuttgart, Berlin, Köln, Mainz 1977.

v. CUBE, F.: Erziehungswissenschaft, Möglichkeiten, Grenzen, Politischer Mißbrauch, Eine systematische Einführung, Stuttgart 1977.

CYERT, R.M., DILL, W.R. und MARCH, J.G.: The Role of Expectations in Business Decision Making, in: Alexis, M. u. Wilson, Ch.Z. (Hrsg.), Organizational Decision Making, Englewood Cliffs 1967, S. 134–147.

DALTON, G. (Hrsg.): Tribal and Peasant Economics, Readings in economic anthropology, American Museum, Sourcebooks in Anthropology, 22. New York 1967.

DAMS, Th.: „Marginalität" – Motivierung und Mobilisierung von Selbsthilfegruppen als Aufgabe der Entwicklungspolitik, Bensheim 1970.

DERBOLAV, J.: Pädagogik und Politik, Eine systematisch-kritische Analyse ihrer Beziehungen, Stuttgart, Berlin, Köln, Mainz 1975.

DERFUSS, J.: Erfolgsermittlung bei gewerblichen und ländlichen Genossenschaften, Wiesbaden 1974.

DEUTSCHE STIFTUNG FÜR INTERNATIONALE ENTWICKLUNG (Hrsg.):
Selbsthilfeorganisationen als Instrument der ländlichen Entwicklung (Seminar vom 1.–12.10.1979 in Berlin/West), Seminarbericht, o.O., o.J.

DEWEY, J.: Human Nature and Conduct, An Introduction to Social Psychology,
New York 1922.

DOLCH, J.: Grundbegriffe der pädagogischen Fachsprache, 5. Aufl., München
1965.

DOLZER, H.: Die bäuerliche Gesellschaft: Zwischen Traditionalität und Mo-
dernität, zum Verständnis der Entwicklungs traditionaler Gesellschaft
mit Bezug auf die indianischen Landgemeinden Perus, in: Europäische
Hochschulschriften, Reihe XXII, Soziologie, Band/Vol. 35, 1979.

DORN, D. und ECKSTEIN, G.: Wirtschaftlichkeit in der öffentlichen Verwaltung – Neuere Ziele und Methoden der Budgetgestaltung, in: Schmollers
Jahrbuch für Wirtschafts- und Sozialwissenschaften, 88. Jg. (1968), S.
441–456.

DORSCH, F.: Motivation, in: ders. (Hrsg.), Psychologisches Wörterbuch, 9.
völlig neubearb. Aufl., Bern, Stuttgart, Wien 1976, S. 379–382.

DOWNS, A.: Ökonomische Theorie der Demokratie, hrsg. von R. Wildemann,
in: Boettcher, E. (Hrsg.), Die Einheit der Gesellschaftswissenschaften,
Band 8, Tübingen 1968.

DRAHEIM, G.: Die Genossenschaft als Unternehmungstyp, Göttingen 1952.

DRECHSLER, H. et al. (Hrsg.): Gesellschaft und Staat, Lexikon der Politik,
5. neubearb. und erweiterte Aufl., Baden-Baden 1979.

DROSDOWSKI, G. et al. (Hrsg.): Herkunftswörterbuch der deutschen Sprache,
Duden Band 7, Mannheim, Wien, Zürich 1963.

DÜLFER, E.: Strukturprobleme der Genossenschaft in der Gegenwart, in:
Forschungsinstitut für Genossenschaftswesen an der Universität Wien
(Hrsg.), Neuere Tendenzen im Genossenschaftswesen, Wiener Studium,
Neue Folge, Band 1, Göttingen 1966, S. 5–34.

– Feldforschung und Entwicklungshilfe im ländlichen Genossenschaftswesen
der Entwicklungsländer, in: Zeitschrift für ausländische Landwirtschaft,
8. Jg. (1969), S. 93–109.

– Organization and Management of Cooperatives, in: Sixth Internatinal Conference on Cooperative Science, Gießen 1969, in: ZfgG, Sonderheft,
1971, S. 74–101.

– Operational Efficiency of Agricultural Cooperatives in Developing Countries,
(FAO), Rom 1974.

– (Hrsg.), Zur Krise der Genossenschaften in der Entwicklungspolitik, in: Schriften des Instituts für Kooperation in Entwicklungsländern, Marburger
Schriften zum Genossenschaftswesen, Reihe B, Göttingen 1975.

DÜLFER, E.: Bewertungs- und Meßprobleme bei der Evaluierung von Genossenschaften in Entwicklungsländern, in: ders. (Hrsg.), Zur Krise der Genossenschaften in der Entwicklungspolitik, in: Schriften des Instituts für Kooperation in Entwicklungsländern, Marburger Schriften zum Genossenschaftswesen, Reihe B, Göttingen 1975, S. 17–57.

– Eine analytische Methode zur Evaluierung von (ländlichen) Genossenschaften in Entwicklungsländern, (FAO-Paper), Marburg/Lahn 1976.

– Die Evaluierung von Genossenschaften, in: ZfgG, Band 27, 1977, S. 316– 366.

– Aufbau und Förderung von Selbsthilfe-Organisationen in Entwicklungsländern nach „Phasenschema", in: ZfgG, Band 27, 1977, S. 15–35.

– Leitfaden für die Evaluierung kooperativer Organisationen in Entwicklungsländern, in: ders. (Hrsg.), Organisation und Kooperation in Entwicklungsländern, Band 17, Göttingen 1979.

– Zielsystem der Genossenschaften, in: Mändle, E. et al. (Hrsg.), Handwörterbuch des Genossenschaftswesens, Wiesbaden 1980, Sp. 1857–1872.

– Entwiclungsländer und Genossenschaften, in: Mändle, E. et al. (Hrsg.), Handwörterbuch des Genossenschaftswesens, Wiesbaden 1980, Sp. 403–421.

– Kooperative Organisationen in Entwicklungsländern, in: Grochla, E. (Hrsg.), Handwörterbuch der Organisation, 2. völlig neugest. Aufl., Stuttgart 1980, Sp. 1117–1130.

EBEL, R.: Überlegungen zu einem zielgruppenorientierten Projektansatz, in: Müller, J.O. (Hrsg.), Gesellschaftspolitische Konzeptionen der Förderung von Selbsthilfe durch Fremdhilfe in Afrika, Theorie und Praxis im Test konkreter Vorhaben, in: Studien und Berichte des Instituts für Kooperation in Entwicklungsländern, Nr. 13, Marburg/Lahn 1981, S. 38–43.

ELIAS, N.: Über den Prozeß der Zivilisation, Soziogenetische und psychogenetische Untersuchungen, Band 1: Wandlungen des Verhaltens in den weltlichen Oberschichten des Abendlandes, Frankfurt a.M. 1977.

ELSÄSSER, M.: Die Rochdaler Pioniere, Religiöse Einflüsse in ihrer Bedeutung für die Entstehung der Rochdaler Pioniergenossenschaft von 1844, in: Engelhardt, W.W. und Thiemeyer, Th. (Hrsg.), Schriften zum Genossenschaftswesen und zur öffentlichen Wirtschaft, Band 5, Berlin 1982.

ENGELHARDT, W.W.: Utopien als Problem der Sozial- und Wirtschaftswissenschaften, in: Zeitschrift für die gesamte Staatswissenschaft (125), 1969, S. 661–676.

– Utopien im Verhältnis zu Ideologien und politischen Konzeptionen, in: Die Mitarbeit, 22. Jg. (1973), S. 108–125.

– Besprechungsaufsatz: Zur Theorie der Gewerkschaftsentwicklung, in: WSI-Mittelungen 27, 1974, S. 491–502.

ENGELHARDT, W.W.: Die Bedeutung von Utopien und Leitbildern für sozialpolitische Konzeptionen und soziale Reformen, in: Sozialer Fortschritt,
24. Jg. (1975), Heft 8, S. 169–173.

– Geschichte und Grundlagen mittelständischer Genossenschaften als Ansatzpunkt theoretischer Kooperationsanalyse, in: ZfgG, Band 26, 1976, S. 287
bis 301.

– Politische Ökonomie und Utopie, in: Lührs, G., Sarazin, Th., Spreer, F. und
Tietzel, M. (Hrsg.), Kritischer Rationalismus und Sozialdemokratie II, Berlin, Bad Godesberg 1976, S. 201–233.

– Zur Frage der Betrachtungsweisen und eines geeigneten Bezugrahmens der
Genossenschaftsforschung, in: ZfgG, Band 27, 1977, S. 337–352.

– Entscheidungslogische und empirisch-theoretische Kooperationsanalyse, in:
WiST, 1978, Heft 3, S. 104–110.

– „Der genossenschaftliche Grundauftrag" – Leerformel oder Verpflichtung,
Sonderheft der ZfgG, 1979, S. 160–199.

– Zum Verhältnis von sozialen Utopien und politischen Konzeptionen, in:
Sozialer Fortschritt, 29. Jg. (1980), Heft 1, S. 1–6, Heft 2, S. 41–45 und
Heft 3, S. 66–68.

– Selbsthilfe, in: Schober, Th. et. al. (Hrsg.), Evangelisches Soziallexikon, 7.
vollst. neubearb. u. erweiterte Aufl., Stuttgart 1980, Sp. 1130–1132.

– Genossenschaftsorganisation, in: Grochla, E. (Hrsg.), Handwörterbuch der
Organisation, 2. völlig neu gestaltete Aufl., Stuttgart 1980, Sp. 767–775.

– Genossenschaftstheorie, in: Mändle, E. et. al. (Hrsg.), Handwörterbuch des
Genossenschaftswesens, Wiesbaden 1980, Sp. 812–838.

– Die Frage der Auswirkungen von Ökonomisierungs- und Ökonomismusten-
denzen auf die Sozialisation und zu den Voraussetzungen der Gegensteue-
rung mittels Sozialpolitik, Sozialpädagogik und Kooperation, in: Sozialer
Fortschritt, 30. Jg. (1981), Heft 1, S. 10–18 und Heft 2, 541–44.

– Grundlagen empirisch-theoretischer Analysen der Genossenschaftsgeschichte,
in: ZfgG, Band 31, 1981, S. 108–117.

ENGELMANN, K.: Soziologische und psychologische Aspekte des genossenschaftlichen Aufbaus in Entwicklungsländern, Frankfurt a.M. 1966.

ESCHENBURG, R.: Ökonomische Theorie der genossenschaftlichen Zusammenarbeit, in: Boettcher, E. et. al. (Hrsg.), Schriften zur Kooperationsforschung, A Studien, Band 1, Tübingen 1971.

FESTINGER, L.: A theory of cognitive dissonance, Evanston (Ill.) 1957.

FLOHR, H.: Probleme der Ermittlung volkswirtschaftlicher Erfolge, Göttingen
1964.

– Bemerkungen zur Frage der Erfolgswürdigung bei gemeinwirtschaftlichen
Unternehmen, in: Archiv für öffentliche und freigemeinnützige Unternehmen, Band 8, 1966/67, S. 148–153.

FREEMAN, H.E., ROSSI, P.H. und WRIGHT, S.R.: Evaluating social projects in developing countries, in: Development Centre of the OECD (Hrsg.), Development Centre Studies, Paris 1979.

FREIRE, P.: Pädagogik der Unterdrückten, 1. Aufl., Stuttgart, Berlin 1971.

— Pädagogik der Solidarität, Für eine Entwicklungshilfe im Dialog, Wuppertal 1974.

— Erziehung als Praxis der Freiheit, Reinbek bei Hamburg 1977.

FRIEDRICH-EBERT-STIFTUNG (Hrsg.): Guide de l'Agent de Base aux Coopératives, Braunschweig 1978.

— Grundsätze für die Förderung von Selbsthilfeorganisationen, Bonn 1979.

FRIEDRICHS, J.: Methoden der empirischen Sozialforschung, 5. Aufl., Reinbek bei Hamburg 1976.

FROMM, E.: Man for Himself, Greenwich (Conn.) 1947.

FUCHS, W.: Paternalismus, in: ders. et al. (Hrsg.), Lexikon der Soziologie, 2. verb. u. erweiterte Aufl., Opladen 1978, S. 561.

GÄFGEN, G.: Theorie der wirtschaftlichen Entscheidung, 3. erw. u. erg. Aufl., Tübingen 1974.

GALBRAITH, J.K.: The nature of mass poverty, Cambridge (Mass.), London 1979.

GERNER, B. (Hrsg.): J.H. Pestalozzi: Interpretationen zu seiner Anthropologie (Studienbücher Pädagogik), München 1974.

GHAUSSY, A.G.: Das Genossenschaftswesen in den Entwicklungsländern in: Tuchtfeldt, E. (Hrsg.), Beiträge zur Wirtschaftspolitik, Band 2, 1. Aufl., Freiburg i.Br. 1964.

GOLDSTEIN, R.: Landwirtschaftliche Beratung im Gebiet der Diözese Idah, Benue State, Nigeria, unveröffentlichtes Manuskript eines Vortrages, gehalten im Seminar: Integrierte ländliche Entwicklung, veranstaltet von der Wissenschaftlichen Kommission des Katholischen Arbeitskreises für Entwicklung und Frieden vom 20.6.–22.6.1978 in Aachen.

GOMEZ, P., MALIK, F. und OELLER, K.-H.: Systemmethodik, Bern 1975.

GOODENOUGH, W.H.: Cooperation in change, An anthropological approach to community development, New York 1963.

GRAUMANN, C.F. (Hrsg.): Allgemeine Psychologie, in: Lersch, Ph. et al. (Hrsg.), Handbuch der Psychologie, Band 1, Göttingen 1966.

— Sozialpsychologie, in Lersch, Ph. et al. (Hrsg.), Handbuch der Psychologie, Band 7, Göttingen 1972.

GRIMM, K.: Theorien der Unterentwicklung und Entwicklungsstrategien, in: Studienbücher zur Sozialwissenschaft, Band 38, Opladen 1979.

GROCHLA, E.: Erkenntnisstand und Entwicklungstendenzen in der Organisationstheorie, in: ders. (Hrsg.), Unternehmungsorganisation, Neue Ansätze und Konzeptionen, Reinbek bei Hamburg 1972, S. 20–41.

– Organisationstheorie, in: ders. (Hrsg.), Handwörterbuch der Organisation, 2. völlig neu gestaltete Aufl., Stuttgart 1980, Sp. 1795–1814.

GRONEMEYER, M.: Motivation und politisches Handeln, Hamburg 1976.

GURR, T.R.: Rebellion, Düsseldorf, Wien 1972.

HAAG, F., KRÜGER, H., SCHWÄRZEL, W. und WILD, J. (Hrsg.): Aktionsforschung, Forschungsstrategien, Forschungsfelder und Forschungspläne, 2. Aufl., München 1975.

HÄSELBARTH, Ch.: Wie werden unsere Projekte wirksamer? Empfehlungen aus der Praxis der Technischen Zusammenarbeit mit Entwicklungsländern, Eschborn 1976.

HÄTTICH, M.: Lehrbuch der Politikwissenschaft, Band 1: Grundlegung und Systematik, Mainz 1967.

HALBACH, A.: Theorie und Praxis der Evaluierung von Projekten in Entwicklungsländern, München 1972.

HANEL, A.: Conditions for Selected Problems of De-Officialisation of Rural Cooperatives in Developing Countries – the Lessoning of State Administrative Control, in: Konopnicki, M. u. Vandewalle, G. (Hrsg.), Cooperation as an Instrument for Rural Development, Ghent 1978, S. 116–123.

– Government Concepts and Strategies for the Promotion of Cooperation and other Forms of Self-help Organizations, in: DSE (Hrsg.), Government Promotion of Cooperatives and other Self-help Organizations for Rural Development (Seminar vom 22.9.–3.10.80 in Berlin/West), Seminar Report, Vol. 2. o.O., o.J., S. 105–118.

– Probleme staatlicher Genossenschaftspolitik und ländlicher Armut in Entwicklungsländern, in: ZfgG, Band 31, 1981, S. 131–140.

– Die Entwicklung von kooperativen Organisationen im Agrarbereich der Dritten Welt unter wirtschaftsordnungspolitischen Aspekten, in: Der Tropenlandwirt, Zeitschrift für die Landwirtschaft in den Tropen und Subtropen, Beiheft Nr. 14, o.J., S. 64–81.

– Aspekte staatlicher Förderungsstrategien für Genossenschaften in Ländern der Dritten Welt, in: ZfgG, Band 31, 1981, S. 27–36.

– Selbsthilfeförderung durch staatliche und halbstaatliche Organisationen, in: ZfgG, Sonderband, Die Genossenschaften zwischen Mitgliederpartizipation, Verbundbildung und Bürokratietendenz, Arbeitsergebnisse der X. Internationalen Genossenschaftswissenschaftlichen Tagung 1981 in Marburg, hrsg. von Dülfer, E. und Hamm, W., Göttingen 1983, S. 201–220.

HANEL, A.: Staatliche Entwicklungspolitik und die Förderung moderner Genossenschaften, in: Kuhn, J. (Hrsg.), Die Genossenschaft – eine anpassungsfähige Form der Selbstorganisation ländlicher Gruppen? in: Studien und Berichte des Instituts für Kooperation in Entwicklungsländern, Nr. 14, Marburg/Lahn 1981, S. 131–169.

HANEL, A. und MÜLLER, J.O.: On the Evaluation of Rural Cooperatives with Reference to Governmental Development Policies – Case Study Iran, in: Dülfer, E. (Hrsg.), Marburger Schriften zum Genossenschaftswesen, Reihe B, Band 15, Göttingen 1976.

HANEL, A., MÜLLER, J.O. und MÜNKNER, H.-H.: Ausblick, in: Müller, J.O. (Hrsg.), Gesellschaftspolitische Konzeptionen der Förderung von Selbsthilfe durch Fremdhilfe in Afrika, Theorie und Praxis im Test konkreter Vorhaben, in: Studien und Berichte des Instituts für Kooperation in Entwicklungsländern, Nr. 13, Marburg/Lahn 1981, S. 114–125.

HARTFIEL, G.: Innovation, in: ders. (Hrsg.), Wörterbuch der Soziologie, 2. überarb. u. erg. Aufl., Stuttgart 1976, S. 306.

– Ethnozentrismus, in: ders. (Hrsg.), Wörterbuch der Soziologie, 2. überarb. u. erg. Aufl., Stuttgart 1976, S. 170.

HASSELMANN, E.: Am Anfang war die Idee, Robert Owen, Sturm und Drang des sozialen Gewissens in der Frühzeit des Kapitalismus, in: Zentralverband deutscher Konsumgenossenschaften e.V. (Hrsg.), Wegbereiter und Organisatoren, Lebensbilder großer Genossenschafter, Heft 3, Hamburg 1958.

HECKHAUSEN, H.: Hoffnung und Furcht in der Leistungsmotivation, Meisenheim 1963.

HEID, H.: Zur logischen Problematik der pädagogischen Maxime „wirtschaftlich richtigen Verhaltens", in: Wirtschaft und Erziehung, 1969, Heft 3, S. 106–120.

– Zur pädagogischen Legitimität gesellschaftlicher Verhaltenserwartungen, in: Zeitschrift für Pädagogik, 16. Jg. (1970), S. 365–394.

– Zur logischen Struktur einer empirischen Sozialpädagogik, in: Ulich, D. (Hrsg.), Theorie und Methode der Erziehungswissenschaft, 2. Aufl., Weinheim, Basel 1974, S. 254–291.

HEINEN, E.: Das Zielsystem der Unternehmung, Grundlage betriebswirtschaftlicher Entscheidungen, Wiesbaden 1966.

– Entscheidungstheorie, in: Sellien, R. u. Sellien, H. (Hrsg.), Wirtschaftslexikon, 9. neubearb. u. erw. Aufl., Band 2, Wiesbaden 1976, Sp. 1287–1295.

HERDER-DORNEICH, Ph. und GROSER, M.: Ökonomische Theorie des politischen Wettbwerbs, Göttingen 1977.

HETTLAGE, R.: Genossenschaftstheorie und Partizipationsdiskussion, Frankfurt a.M., New York 1979.

HETZER, H. (Hrsg.): Pädagogische Psychologie, in: Lersch, Ph. et al. (Hrsg.), Handbuch der Psychologie, Band 10, Göttingen 1959.

HILLEN, K.B.: Lebenslage-Forschung in den Sozialwissenschaften, insbesondere in der Sozialpolitik, Dargestellt am Beispiel der Lebenslage von Arbeitnehmern nach einem Arbeitsplatzverlust, Diss. Bochum 1975.

HIRSCHBERG, W.: Völkerkunde, in: ders. (Hrsg.), Wörterbuch der Völkerkunde, Stuttgart 1965, S. 470–475.

– Kulturanthropologie, in: ders. (Hrsg.), Wörterbuch der Völkerkunde, Stuttgart 1965, S. 244.

HOFFMANN, L. und SANDERS, H.: Entwicklungspolitik I.. Strategien, in HdWW (Handwörterbuch der Wirtschaftswissenschaft), Band 2, Stuttgart, New York, Tübingen, Göttingen, Zürich 1980, S. 393–407.

HOFMANN, V.: Die Auswahl eines Kooperationssystems als Entscheidungsproblem mittelständischer Einzelhandelsunternehmer, in: Engelhardt, W.W. u. Thiemeyer, Th. (Hrsg.), Schriften zum Genossenschaftswesen und zur öffentlichen Wirtschaft, Band 7, Berlin 1982.

HOFSTÄTTER, P.R.: Gruppendynamik, Kritik der Massenpsychologie, durchgesehene und erweiterte Neuauflage, Hamburg 1971.

den HOLLANDER, A.N.J.: Soziale Beschreibung als Problem, in: KZfSS, 17. Jg. (1965), S. 201–233.

HONDRICH, K.O.: Demokratisierung und Leistungsgesellschaft, Stuttgart et al. 1972.

– Menschliche Bedürfnisse und soziale Steuerung, Reinbek bei Hamburg 1975.

HORN, K. (Hrsg.): Aktionsforschung: Balanceakt ohne Netz?, Methodische Kommentare, Frankfurt 1979.

HRUSCHKA, E.: Methodische Aspekte des Beratungsgesprächs, in: Der Förderungsdienst, 22. Jg., Sonderheft 2, S. 44–48.

HUBER, V.A.: Die gewerblichen und wirthschaftlichen Genossenschaften der arbeitenden Classen in England, Frankreich und Deutschland, Tübingen 1860.

– Die genossenschaftliche Selbsthülfe der arbeitenden Klassen, Elberfeld 1865.

HUCKE, J.: Politische Handlungsspielräume, Möglichkeiten und Probleme ihrer empirischen Bestimmung, Bad Honnef 1980.

INTERNATIONAL LABOUR ORGANIZATION (ILO) (Hrsg.): The Basic Needs Approach to Development, Genf 1977.

JONGEBLOED, H.-C. und TWARDY, M.: Wissenschaftstheoretische Voraussetzungen zur Grundlegung der Fachdidaktik Wirtschaftswissenschaften, in: Twardy, M. (Hrsg.), Fachdidaktik Wirtschaftswissenschaften, Studienbriefe der Fernuniversität Hagen, Kurseinheit 1, Hagen 1980.

KADE, G.: Die Grundannahmen der Preistheorie, Berlin, Frankfurt a.M. 1962.

KANTONA, G.: Rational Behaviour and Economic Behaviour, in: Gore, W.J. und Dyson, J.W. (Hrsg.), The Making of Decision, Glencoe 1964, S. 51–63.

KANTOWSKY, D.: Möglichkeiten und Grenzen der teilnehmenden Beobachtung als Methode der empirischen Sozialforschung, in: Soziale Welt, 1969, Heft 4, S. 428–434.

– (Hrsg.), Evaluierungsforschung und -Praxis in der Entwicklungshilfe, Zürich 1977.

KASTENING, W.: Die Werturteilsproblematik in den Wirtschafts- und Sozialwissenschaften – eine vergleichende Darstellung der bekanntesten wissenschaftstheoretischen Positionen, in: WiST, 1978, Heft 2, S. 71–77.

KAUFMANN, F.: Methodology of Social Science, New York 1958.

KERN, W.: Investitionsrechnung, Stuttgart 1974.

KIEFER, K.: Die Diffusion von Neuerungen, Kultursoziologische und kommunikationswissenschaftliche Aspekte der agrarsoziologischen Diffusionsforschung, Diss. Heidelberg 1965.

KIRSCH, O.C., BENJACOV, A. und SCHUJMANN, L.: The Role of Self-Help Groups in Rural Development Projects, A Project Report on Documentation Research prepared for the International Labour Office with the financial support of the United Nations Development Programme, Research Centre for International Agrarian Development (Hrsg.), Publication Vol. 11, Saarbrücken, Fort Lauderdale, Plantation 1980.

KIRSCH, W.: Einführung in die Theorie der Entscheidungsprozesse, Bände I–III als Gesamtausgabe, 2. durchgesehene und ergänzte Aufl., Wiesbaden 1977.

KLAFKI, W.: Normen und Ziele in der Erziehung, in: ders. et al. (Hrsg.), Erziehungswissenschaft, Eine Einführung in drei Bänden, 12. Aufl., Band 2, Frankfurt a.M. 1979, S. 13–51.

– et. al. (Hrsg.), Erziehungswissenschaft, Eine Einführung in drei Bänden, 12. Aufl. Frankfurt a.M. 1979.

KLEINHENZ, G.: Probleme wissenschaftlicher Beschäftigung mit der Sozialpolitik, Berlin 1970.

KLÜVER, J. und KRÜGER, H.: Aktionsforschung und soziologische Theorien, in: Haag, F. et al. (Hrsg.), Aktionsforschung, Forschungsstrategien, Forschungsfelder und Forschungspläne, 2. Aufl., München 1975, S. 76–100.

KNALL, B.: Entwicklungstheorien, in: HdWW (Handwörterbuch der Wirtschaftswissenschaft), Band 2, Stuttgart, New York, Tübingen, Göttingen, Zürich 1980, S. 421–435.

KÖNIG, R.: Die Beobachtung, in: ders. (Hrsg.), Handbuch der empirischen Sozialforschung, Band 2: Grundlegende Methoden und Techniken der empirischen Sozialforschung, Erster Teil, 3. Aufl., Stuttgart 1973, S. 1–65.

KÖNIG, R. (Hrsg.): Handbuch der empirischen Sozialforschung, Band 1: Geschichte und Grundprobleme der empirischen Sozialforschung, Stuttgart 1967.

KRAUSE, K.: Weiße Experten nicht gefragt, Selbsthilfe in indonesischen Dörfern, Protokolle, Reinbek bei Hamburg 1981.

KROKER, D.: Innovatives Handeln und Motivation, Beitrag zur interregionalen Typologie von Landwirten in Entwicklungsländern − dargestellt am Beispiel des Togo, in: Breitenbach, D. (Hrsg.), SSIP-Schriften, hier: Schriften des Zentrums für regionale Entwicklungsforschung der Justus-Liebig-Universität Gießen, Band 5, Saarbrücken 1977.

KUHN, J.: Genossenschaftsfähigkeit (in Entwicklungsländern), in: Mändle, E. et al. (Hrsg.), Handwörterbuch des Genossenschaftswesens, Wiesbaden 1980, S. 753−755.

− Zur Partizipation und Leistungsfähigkeit ländlicher Selbsthilfeorganisationen in Entwicklungsländern, in: ZfgG, Sonderband, Die Genossenschaften zwischen Mitgliederpartizipation, Verbundbildung und Bürokratietendenz, Arbeitsergebnisse der X. Internationalen Genossenschaftswissenschaftlichen Tagung 1981 in Marburg, hrsg. von Dülfer, E. und Hamm, W., Göttingen 1983, S. 403−414.

− Aspekte der Mitgliederpartizipation in ländlichen Genossenschaften der Entwicklungsländer, in: ZfgG, Band 31 (Heft 1), S. 37−44.

− Unterschiedliche Voraussetzungen für genossenschaftliche Zusammenarbeit von Landwirten in verschiedenen Bodennutzungssystemen der Entwicklungsländer, in: ZfGG, Band 31, 1981, S. 155−170.

− Voraussetzungen genossenschaftlicher Zusammenarbeit − einige Mitgliederaspekte, in: ders. (Hrsg.), Die Genossenschaft − eine anpassungsfähige Form der Selbstorganisation ländlicher Gruppen?, in: Studien und Berichte des Instituts für Kooperation in Entwicklungsländern, Nr. 14, Marburg/Lahn 1981, S. 75−101.

− (Hrsg.), Die Genossenschaft − eine anpassungsfähige Form der Selbstorganisation ländlicher Gruppen?, in: Studien und Berichte des Instituts für Kooperation in Entwicklungsländern, Nr. 14, Marburg/Lahn 1981.

KUHN, J. und STOFFREGEN, H.: How to measure the Efficiency of Agricultural Cooperatives in Developing Countries, Marburg/Lahn 1971.

LACHENMANN, G.: Evaluierungsforschung − historische Hintergründe, sozialpolitische Zusammenhänge und wissenschaftliche Einordnung, in: Kantowsky, D. (Hrsg.), Evaluierungsforschung und -Praxis in der Entwicklungshilfe, Zürich 1977, S. 25−88.

LAKANWAL, A.G.: Situationsanalyse landwirtschaftlicher Beratungsprogramme in Entwicklungsländern, in: Kuhnen, F. (Hrsg.), Sozialökonomische Schriften zur Agrarentwicklung, Band 30, Saarbrücken 1978.

LANGENHEDER, W.: Theorie menschlicher Entscheidungshandlungen, Stuttgart 1975.

LE VINE, R.: Dreams and Deeds: Achievement Motivation in Nigeria, Chicago 1966.

LEVITT, Th.: Innovative Imitation, in: Witte, E. und Thimm, A.L. (Hrsg.), Entscheidungstheorie, Wiesbaden 1977, S. 190–203.

LEWIN, K.: Die Lösung sozialer Konflikte, 1. Aufl., Bad Nauheim 1953.

LEWIN, K., DEMBO, T., FESTINGER, L. und SEARS, P.S.: Leval of Aspiration, in: Hunt, J.M. (Hrsg.), Personality and the Behaviour Disorders, New York 1944, S. 333 ff.

LINDZEY, G. und ARONSON, E. (Hrsg.): Handbook of social psychology, Vol. I.: Historic Introduction / Systematic Positions, 2. Aufl., Cambridge (Mass.) 1968.

LOUIS, D.: Zu einer allgemeinen Theorie der ökonomischen Kooperation, Verhaltenstheoretische Grundlegung der wirtschaftlichen Zusammenarbeit, in: Marburger Schriften zum Genossenschaftswesen, Band 50, Göttingen 1979.

LUHMANN, N.: Soziologische Aufklärung, Köln, Opladen 1970.

MARCH, J.G. und SIMON, H.A.: Organizations, New York, London 1958.

MARX, K. und ENGELS, F.: Die deutsche Ideologie (1845–1846), in: Adoratskij, V. (Hrsg.), Marx-Engels Gesamtausgabe, 1 Abt., Band 5, Berlin 1932.

MASLOW, A.H.: Motivation and Personality, 2. Aufl., New York, Evanston, London 1970.

– Toward a Psychology of Being, New York et al. 1968.

MAYNTZ, R., HOLM, K. und HÜBNER, P.: Einführung in die Methoden der empirischen Soziologie, 5. Aufl., Opladen 1972.

MEAD, G.H.: Mind, Self and Society, Chicago 1937.

MEAD, M. (Hrsg.): Cooperation and Competition among Primitive Peoples, enlarged edition with a new preface and appraisal by Margaret Mead, 3. Aufl., Boston (USA) 1967.

McCLELLAND, D.C.: Die Leistungsgesellschaft, Psychologische Analyse der Voraussetzungen wirtschaftlicher Entwicklung, Stuttgart, Berlin, Köln, Mainz 1966.

– Motivation und Kultur, Bern, Stuttgart 1967.

McCLELLAND, D.C., ATKINSON, J.W., CLARK, R.A. und LOWELL, E.L.: The Affective Arousal Model of Motivation, in: Haber, R.N. (Hrsg.), Current Research in Motivation, New York et al. 1966, S. 451–464.

MEIER, H.: Die geplante Misere, Zur soziologischen Problematik fehlgeschlage-
ner Entwicklungsprojekte, in: Mühlmann, W.E. et al. (Hrsg.), Studia Ethno-
logica, Band 4, Meisenheim am Glan 1971.

MITCHELL, R.E.: Survey materials collected in the developing countries:
sampling, measurement, and interviewing obstacles to intra- and international comparisons, in: International Social Science Journal (UNESCO),
Vol. XVIII, Nr. 1, 1965, S. 665–685.

MOLLENHAUER, K.: Theorien zum Erziehungsprozeß, in: ders. (Hrsg.), Grundfragen der Erziehungswissenschaft, Band 1, München 1972.

MONTESSORI, M.: Mein Handbuch, Grundsätze und Anwendung meiner neuen
Methode der Selbsterziehung der Kinder, 2. umgearb. Aufl., Stuttgart 1928.

– Kinder sind anders, 3. Aufl., Stuttgart 1952.

– Von der Kindheit zur Jugend, hrsg. und eingel. von Paul Oswald und Günter
Schulz-Benesch, Freiburg, Basel, Wien 1966.

– Über die Bildung des Menschen, hrsg. u. eingel. von Paul Oswald und Günter
Schulz-Benesch, Freiburg, Basel, Wien 1966.

– Grundlagen meiner Pädagogik und weitere Aufsätze zur Anthropologie und
Didaktik, besorgt und eingel. von Michael Berthold, 4. Aufl., Heidelberg
1968.

– Die Entdeckung des Kindes, hrsg. u. eingel. von Paul Oswald und Günter
Schulz-Benesch (XII), 4. Aufl., Freiburg, Basel, Wien 1974.

MÜLLER, J.O.: Utopie und Wirklichkeit der Genossenschaftsidee und des
Gruppenkonzepts von Raiffeisen, Ihre Bedeutung für die Agrarentwicklung in der Dritten Welt, in: Zeitschrift für ausländische Landwirtschaft,
10. Jg. (1971), Heft 1, S. 135–159.

– Zur Theorie und Methode der empirischen Erforschung von Mitgliederzielen
in ruralen Genossenschaften, in: ZfgG, Band 26, 1976, S. 114–137.

– Voraussetzungen und Verfahrensweisen bei der Errichtung von Genossenschaften in Europa vor 1900, in: Marburger Schriften zum Genossenschaftswesen, Reihe B, Band 11, Göttingen 1976.

– Kritische Bemerkungen zum Konzept der Selbsthilfe und dem Problem ihrer
exogenen Anregung, mit einem Blick auf historische Erfahrungen, in:
DSE (Hrsg.), Selbsthilfeorganisationen als Instrument der ländlichen Entwicklung (Seminar vom 1.–12.10.1979 in Berlin/West), Seminarbericht,
o.O., o.J., S. 81–88.

– Motivation und Anleitung zur Partizipation von Selbsthilfeorganisationen, in:
DSE (Hrsg.), Selbsthilfeorganisationen als Instrument der ländlichen Entwicklung (Seminar vom 1.–12.10.1979 in Berlin/West), Seminarbericht,
o.O., o.J., S. 175–202.

MÜLLER, J.O.: Bedingungen und Motive für die Partizipation von autochthonen Selbsthilfeorganisationen und Genossenschaften, in: Münckner, H.-H. (Hrsg.), Wege zu einer afrikanischen Genossenschaft, in: Studien und Berichte des Instituts für Kooperation in Entwicklungsländern, Nr. 11, Marburg/Lahn 1980, S. 15–35.

– Rural Poverty, traditional forms and conditions of Cooperation in Europe – Some basic consequences for establishing modern rural self-help organizations in Developing Countries, in: DSE (Hrsg.), Government Promotion of Cooperatives and other Self-help Organizations for rural development (Seminar vom 22.9.–3.10.1980 in Berlin/West), Seminar Report, Vol. 2, hrsg. von Baldus, R.D. et al., o.O., o.J., S. 21–37.

– (Hrsg.), Gesellschaftspolitische Konzeptionen der Förderung von Selbsthilfe durch Fremdhilfe in Afrika, Theorie und Praxis im Test konkreter Vorhaben, in: Studien und Berichte des Instituts für Kooperation in Entwicklungsländern, Nr. 13, Marburg/Lahn 1981.

MÜNCH, R.: Theorie sozialer Systeme, Opladen 1976.

MÜNKNER, H.-H.: Die Gründung und Entwicklung von SHO-soziokulturelle und rechtliche Aspekte, in: DSE (Hrsg.), Selbsthilfeorganisation als Instrument der ländlichen Entwicklung (Seminar vom 1.–12.10.1979 in Berlin/West), Seminarbericht, o.O., o.J., S. 91–101.

– Die Rolle der staatlichen Entwicklungsbürokratie bei der Förderung von Selbsthilfeorganisationen – Beispiele aus dem frankophonen Afrika, in: ders. (Hrsg.), Wege zu einer afrikanischen Genossenschaft, in: Studien und Berichte des Instituts für Kooperation in Entwicklungsländern, Nr. 11, Marburg/Lahn 1980, S. 107–129.

– (Hrsg.), Wege zu einer afrikanischen Genossenschaft, in: Studien und Berichte des Instituts für Kooperation in Entwicklungsländern, Nr. 11, Marburg/Lahn 1980.

– Vorgenossenschaften in Entwicklungsländern, in: Mändle, E. et al. (Hrsg.), Mändle, E. et. al. (Hrsg.), Handwörterbuch des Genossenschaftswesens, Wiesbaden 1980, Sp. 1645–1648.

– Traditionelle Kooperationsformen und moderne Genossenschaftsstrukturen im Vergleich, Erfahrungen im frankophonen Afrika, in: Kuhn, J. (Hrsg.), Die Genossenschaft – eine anpassungsfähige Form der Selbstorganisation ländlicher Gruppen?, in: Studien und Berichte des Instituts für Kooperation in Entwicklungsländern, Nr. 14, Marburg/Lahn 1981, S. 45–74.

MUSTO, St.A.: Evaluierung sozialer Entwicklungsprojekte, Berlin 1972.

MYRDAL, G.: Das Wertproblem in der Sozialwissenschaft, Hannover 1965.

NEUBERGER, O.: Motivation, in: Grochla, E. (Hrsg.), Handwörterbuch der Organisation, 2. völlig neu gestaltete Aufl., Stuttgart 1980, Sp. 1356 bis 1365.

NIGGEMANN, W.: Praxis der Erwachsenenbildung, Freiburg, Basel, Wien 1975.

NOACK, P. und STAMMEN, Th.: Politikwissenschaft, in: dieselben (Hrsg.), Grundbegriffe der politikwissenschaftlichen Fachsprache, München 1976, S. 237–239.

NUSCHELER, F.: Bankrott der Modernisierungstheorien?, in: ders. (Hrsg.) und Nohlen, D., Handbuch der Dritten Welt, Band 1, Hamburg 1974, S. 197 bis 207.

NUSCHELER, F. (Hrsg.) und NOHLEN, D.: Handbuch der Dritten Welt, Band 1, Hamburg 1974.

OLSON, M. Jr.: Die Logik des kollektiven Handelns, Kollektivgüter und die Theorie der Gruppen, in: Boettcher, E. (Hrsg.), Die Einheit der Gesell-schaftswissenschaften, Band 10, Tübingen 1968.

OSWALD, P. und SCHULZ-BENESCH, G.: Grundgedanken der Montessori-Pädagogik, Freiburg, Basel, Wien 1967.

OUEDRAOGO, L.B.: Les groupements précoopératifs au Yatenga, Haute Volta, Essai de modernisation d'une structure éducative traditionelle: Le Naam, EHESS, Centre de Recherches coopératives, Paris 1977.

– Participation et Auto-Développement, le cas de Groupements Naam au Yatenga, UNESCO, Division de l'étude du développement, Rapports-Etudes, Paris o.J.

– Associations Coopératives Traditionelles et Développement Moderne, Ministère du Développement Rural, République de Haute-Volta, o.J.

o.V.: Quellen zur Geschichte der Erziehung, ausgewählt von Günther, K.H. et al., 9. Aufl., Berlin 1980.

– Episcopal Relief Fund, Misereor, in: DSE (Hrsg.), Self-help Organizations – Projects, Models, Experiences, Report of the International Conference from 26. to 28.3.1979 in Berlin (West), o.J., S. 187–194.

– Conclusions and Recommendations of the Discussion Group Nr. 2, in: DSE (Hrsg.), Self-help Organizations – Projects, Models, Experiences, Report of the International Conference from 26. to 28.3.1979 in Berlin (West), o.J., S. 48–53.

von OVEN, R.: Common Problems in Monitoring and Evaluation of Agricultural Development Projects, in: Zeitschrift für ausländische Landwirtschaft, 18. Jg. (1979), Heft 3, S. 226–239.

PESTALOZZI, J.H.: Meine Nachforschungen über den Gang der Natur in der Entwicklung des Menschengeschlechts, in: Buchenau, A., Spranger, E. und Stettbacher, H. (Hrsg.), Pestalozzi, Sämtliche Werke, Band 12: Schriften aus der Zeit von 1797–1799, Berlin 1938.

PESTALOZZI, J.H.: Gesammelte Werke in 10 Bänden, hrsg. von E. Bosshardt, E. Dejung, L. Kempter und H. Stettbacher, Band 10, Zürich 1948.

PETER, H.-B.: Wirtschaftsstrukturelle Bedingungen der Entwicklungsländer, in: ders. und Hauser, J.A. (Hrsg.), Entwicklungsprobleme – interdisziplinär, Bern, Stuttgart 1976, S. 131–151.

PETER, H.-B. und HAUSER, J.A. (Hrsg.): Entwicklungsprobleme – interdisziplinär, Bern, Stutgart 1976.

PÖSSINGER, H.: Ländliche Genossenschaften in Angola, Ein unterbrochenes Experiment, in: „africa spectrum", Deutsche Zeitschrift für moderne Afrikaforschung, 10. Jg. (1975), Heft 5, S. 233–244.

POLLARD, S. und SALT, J. (Hrsg.): Robert Owen, Prophet of the Poor, London, Basingstoke 1971.

POPP, U.: Zukunft der traditionellen Genossenschaftsförderung, in: Entwicklung und Zusammenarbeit, 1973, Heft 12, S. 19–20.

POPPER, K.R.: Naturgesetze und theoretische Systeme, in: Albert, H. (Hrsg.), Theorie und Realität, Tübingen 1964, S. 87–102.

– Logik der Forschung, 4. verb. Aufl., Tübingen 1971.

– Objektive Erkenntnis, Hamburg 1973.

POWDERMAKER, H.: Der soziale Wandel, Sein Ausdruck in Bildern und Werten junger Afrikaner aus Nordrhodesien, in: Heintz, P. (Hrsg.), Soziologie der Entwicklungsländer, Köln, Berlin 1962, S. 163–201.

PREISWERK, R.: Kognitive Grundlagen westlichen Handelns in der Dritten Welt, in: Peter, H.-B. u. Hauser, J.A. (Hrsg.), Entwicklungsprobleme – interdisziplinär, Bern, Stuttgart 1976, S. 151–165.

PREISWERK, R. und PERROT, D.: Ethnocentrisme et Histoire: L'Afrique, l'Amérique indienne et l'Asie dans les manuels occidentaux, Paris 1975.

PRIM, R. und TILMANN, H.: Grundlagen einer kritisch-rationalen Sozialwissenschaft, 2. Aufl., Heidelberg 1975.

RADCLIFFE-BROWN, A.R.: Structure and Function in Primitive Society, New York 1965.

RADNITZKY, G.: Contemporary Schools of Metascience, 2 Bände, Göteborg 1968.

RHIE, J.C: Community Development durch Selbsthilfegruppen, Eine sozialökologische, sozialpsychologische und kommunikationswissenschaftliche Untersuchung zum Problem der effektiven Gestaltung von Selbsthilfegruppen in Entwicklungsländern, in: Breitenbach, D. (Hrsg.), SSIP-Schriften, Heft 31, Saarbrücken 1977.

RICHTER, D.: Versuche zur Operationalisierung des genossenschaftlichen Förderungsauftrages, Ein Überblick über den Stand der Diskussion, in: ZfgG,
Band 27, 1977, S. 223–239.

– Möglichkeiten der Operationalisierung des genossenschaftlichen Förderungsauftrages, Zur Frage der Ziele, Maßstäbe und Erfolge genossenschaftlicher
Arbeit (Branchen, Märkte – Unternehmen, Band 3: Genossenschaft), Düsseldorf 1981.

RITTER, U.P.: Dorfgemeinschaft und Genossenschaften in Peru, in: Göttinger
Wirtschafts- und Sozialwissenschaftliche Studien, Band 4, Göttingen 1966.

ROE, R.: Anthropology Today, 1. Aufl., Kalifornien 1971.

RÖPKE, J.: Primitive Wirtschaft, Kulturwandel und die Diffusion von Neuerungen, Theorie und Realität der wirtschaftlichen Entwicklung aus ethnosoziologischer und kulturanthropologischer Sicht, Tübingen 1970.

ROGERS, E.M. (with F.F. Shoemaker): Communication of Innovations, A
Cross-Cultural Approach, 2. Aufl., New York, London 1971.

ROSSI, P.H., FREEMAN, H.E. und WRIGHT, S.R.: Evaluation, A systematic
approach, 1. Aufl. (Sage Publications), Beverly Hills, London 1979.

ROTHERMUND, D.: Selbsthilfe – Instrument oder Ziel ländlicher Entwicklung, in: Bodenstedt, A.A. (Hrsg.), Selbsthilfe: Instrument oder Ziel ländlicher Entwicklung, SSIP-Schriften, Heft 24, Saarbrücken 1975, S. 103–
106.

RÜCKRIEM, G.M.: Der gesellschaftliche Zusammenhang der Erziehung, in:
Klafki, W. et al. (Hrsg.), Erziehungswissenschaft, Eine Einführung in drei
Bänden, 12. Aufl., Band 1, Frankfurt a.M. 1979, S. 257–323.

RÜEGG, W.: Soziologie, in: Funk-Kolleg zum Verständnis der modernen Gesellschaft, 4. Aufl., Band 6, Frankfurt a.M. 1971.

RUNCIMANN, W.G.: Relative Deprivation and Social Justice, Berkeley, Los
Angeles 1966.

SACHS, R.E.G.: Zur Konstanz von Verhaltensmustern bei Bauern, in: Zeitschrift für ausländische Landwirtschaft, 18. Jg. (1979), Heft 1, S. 35–49.

SCHEUCH, E.K.: Das Interview in der Sozialforschung, in: König, R. (Hrsg.),
Handbuch der empirischen Sozialforschung, Band 2: Grundlegende Metho-
den und Techniken der empirischen Sozialforschung, Erster Teil, 3. Aufl.,
Stuttgart 1973, S. 66–190.

SCHNEIDER, E.: Einführung in die Wirtschaftstheorie, II. Teil: Wirtschaftspläne und wirtschaftliches Gleichgewicht in der Verkehrswirtschaft, Tübingen 1949.

SCHOECK, H.: Entwicklungshilfe, München, Wien 1972.

SCHÖNHERR, S.: Neue Extension-Methoden zur beschleunigten Verbreitung agrarischer Innovationen, in: Wurzbacher, G. (Hrsg.), Störfaktoren der Entwicklungspolitik, Empirische Materialien zur Entwicklungsländerforschung, Stuttgart 1975, S. 242—254.

— Konzeptionen ländlicher Entwicklungspolitik, in: Zeitschrift für ausländische Landwirtschaft, 18. Jg. (1979), Heft 1, S. 5—19.

SCHÖNHERR, S. und GUPTA, B.S.: Probleme und Erfahrungen empirischer Forschung in Entwicklungsländern unter besonderer Berücksichtigung standardisierter Erhebungstechniken, in: Wurzbacher, G. (Hrsg.), Störfaktoren der Entwicklungspolitik, Empirische Materialien zur Entwicklungsländerforschung, Stuttgart 1975, S. 229—241.

SCHRAML, W.: Selbstbewußtsein, Selbstwerterlebnis, in: Lexikon der Pädagogik, 4. Aufl., Band IV, Freiburg, Basel, Wien 1965, S. 267—270.

SCHÜTZ, A.: Der sinnhafte Aufbau der sozialen Welt, Eine Einleitung in die verstehende Soziologie, Wien 1960.

SCHUMACHER, E.G.: Evaluierungsproblematik bei ländlichen Genossenschaften in Entwicklungsländern, Darstellung und Würdigung des Dülferschen Ansatzes, unveröffentl. Diplomarbeit an der Universität zu Köln vom 9.9.78.

SCHUMPETER, J.: Der Unternehmer, in: Witte, E. u. Thimm, A.L. (Hrsg.), Entscheidungstheorie, Texte und Analysen, Wiesbaden 1977, S. 14—22.

SCHWEFEL, D.: Bedürfnisorientierte Planung und Evaluierung, hrsg. vom Deutschen Institut für Entwicklungspolitik (DIE), Berlin 1977.

SEIBEL, H.D.: Die wirtschaftliche Entwicklung Liberias, Teil I: Allgemeine Wirtschaftsgeschichte seit 1800, in: Internationales Afrikaforum, Heft 11, 1967, S. 532—540.

— Industriearbeit und Kulturwandel in Nigeria, Köln, Opladen 1968.

— Traditional Cooperatives among the Kpelle in Liberia, in: Oberndörfer, D. (Hrsg.), Africana Collecta I, Düsseldorf 1968, S. 115—125.

— Arbeitsgenossenschaften bei den Mano in Liberia, in: Afrika heute, Sonderbeilage Nr. 10, 1968.

— Landwirtschaftliche Entwicklung in Afrika: Durch Einführung moderner oder Modernisierung traditionaler Genossenschaften, in: Zeitschrift für ausländische Landwirtschaft, 1968, Heft 3, S. 219—232.

— Das liberianische Genossenschaftswesen, in: ZfgG, 1970, Heft 1, S. 61—70.

— Achievement and Modernization, in: Oberndörfer, D. (Hrsg.), Africana Collecta II, Materialien des Arnold-Bergstraesser-Instituts, Band 30, Düsseldorf 1971, S. 93—115.

— Abweichendes Verhalten und soziale Integration, Grundlagen einer allgemeinen Theorie des abweichenden Verhaltens, in: KZfSS, 1972, Heft 1, S. 1—23.

SEIBEL, H.D.: Leistung in vorindustriellen Gesellschaften, in: „africa spectrum",
Deutsche Zeitschrift für moderne Afrikaforschung, 7. Jg. (1972), Heft 3,
S. 5–20.

– Systems of Status Allocation and Receptivity to Modernization, in: Ukandi,
G.D. u. Seibel, H.D. (Hrsg.), Social Change and Economic Development in
Nigeria, New York 1973.

– Gesellschaft im Leistungskonflikt, Düsseldorf 1973.

– The Dynamics of Achievement, A Radical Perspektive, in: The Bobbs-Merill
Studies in Sociology, 1. Aufl., USA 1974.

– Offene und geschlossene Rollen, Ansätze zu einer sozialpsychologischen Rol
lentheorie, in: Soziale Welt, 1975, Heft 4, S. 414–440.

– Problemlage und Schichtungssystem in der Sowjetunion, in: KZfSS, 28. Jg.
(1976), Heft 2, S. 212–238.

– Offene und geschlossene Gesellschaften, Überprüfung einer Hypothese im
interkulturellen Vergleich: Melanesien und Polynesien, in: Zeitschrift
für Soziologie, 1978, Heft 3, S. 273–298.

– Die Entstehung von Macht und Reichtum, in: Argument, Sonderband 32
(Gesellschaftsformationen in der Geschichte), Berlin 1978, S. 101–116.

– Struktur und Entwicklung, Stuttgart 1980.

– Autochthone Kooperationsgruppen und ihre Eignung für die Projektarbeit:
Ansätze zu einer „Entwicklung von unten und innen" durch einheimische
Organisationen und Vereinigungen in ländlichen Gebieten, in: DSE (Hrsg.),
Selbsthilfeorganisationen als Instrument der ländlichen Entwicklung (Semi-
nar vom 1.–12.10.1979 in Berlin/West), Seminarbericht, o.O., o.J., S.
129–150.

– Indigenous Self-Help Organizations and Rural Development: Some Liberian
and Ghanaian Cases, in: Rural Development participation review, Vol. III,
No. 1, Ithaca, New York 1981, S. 11–16.

– Voraussetzungen und Folgen von Selbsthilfeprojekten in der Dritten Welt, in:
Matthes, J. (Hrsg.), Lebenswelt und soziale Probleme, Verhandlungen des
20. Deutschen Soziologentages zu Bremen 1980, Frankfurt a.M. 1981, S.
229–304.

– Das Entwicklungspotential autochthoner Kooperationsformen in Afrika, in:
Archiv für öffentliche und freigemeinnützige Unternehmen – Jahrbuch
für nichterwerbswirtschaftliche Betriebe und Organisationen (Nonprofits),
13. Jg. 1981, S. 313–333.

– Die Evaluation öffentlichkeitswirksamer Maßnahmen, in: Bauch, J. et al.
(Hrsg.), Handbuch für zahnärztliche Öffentlichkeitsarbeit, Köln 1982,
S. 1–16.

SEIBEL, H.D. und KOLL, M.: Einheimische Genossenschaften in Afrika, in: Oberndörfer, D. (Hrsg.), Materialien des Arnold-Bergstraesser-Instituts für kulturwissenschaftliche Forschung, Band 18, Freiburg i.Br. 1968.

SEIBEL, H.D. und MASSING, A.: Traditional Organizations and Economic Development, Studies of Indigenous Cooperatives in Liberia, New York, Washington, London 1974.

SEIBEL, H.D. und SCHRÖDER, G.: Ethnographic Survey of Southeastern Liberia: The Kran and the Sapo, in: Liberian Studies Monograph Series Number 3, Liberian Studies Association in America, University of Delaware, Newark, Del. 1974.

SEIBEL, H.D. und UKANDI, G.D.: Self-help Organizations, Guidelines and Case Studies for Development Planers and Field Workers, A Participative Approach, hrsg. von Bardeleben, M. (Friedrich-Ebert-Stiftung), Bonn 1982.

SELLIEN, R. und SELLIEN, H.: Sozialwissenschaften, in: dieselben (Hrsg.), Wirtschaftslexion, 9. neubearb. u. erw. Aufl., Band 5, Wiesbaden 1976, Sp. 1319–1321.

SENGHAAS, D.: Weltwirtschaftsordnung und Entwicklungspolitik, Plädoyer für Dissoziation, Frankfurt a.M. 1977.

SIMON, H.A.: Das Verwaltungshandeln, Stuttgart 1955.

– Models of Man, Social and Rational, New York 1957.

SKINNER, B.F.: Science and Human Behavior, New York 1953.

– Jenseits von Freiheit und Würde, Reinbek bei Hamburg 1973.

STEINMETZ, S.R.: Selbsthilfe, in: Vierkandt, A. (Hrsg.), Handwörterbuch der Soziologie, Stuttgart 1959, S. 518–522.

STELZIG, Th.: Gerhard Weissers Konzept einer normativen Sozialwissenschaft, in: v. Ferber, Ch. u. Kaufmann, F.X. (Hrsg.), Soziologie und Sozialpolitik, KZfSS, Sonderheft 19, 1977, S. 260–289.

STERN, W.: Differentielle Psychologie, 3. Aufl., Leipzig 1921.

von STOCKHAUSEN, J.: Zur Planung von Genossenschaften als Entwicklungsträger in den Ländern der Dritten Welt, in: ZfgG, Band 32, 1982, S. 216 bis 226.

STOLBER, W.B.: Effizienz in der Abwasserwirtschaft, in: Schmolders Jahrbuch für Wirtschafts- und Sozialwissenschaften, 88. Jg. (1968), S. 419–440.

STROHAL, R.: Bemerkungen zu dem Begriff der psychischen Disposition und seiner Bedeutung für die Pädagogik, in: Brezinka, W. (Hrsg.), Weltweite Erziehung, Freiburg, Basel, Wien 1961, S. 251–262.

STÜCKRATH-TAUBER, E.: Erziehung zur Befreiung, Volkspädagogik in Lateinamerika, Paulo Freire, Rezeption und Kritik, Reinbek bei Hamburg 1975.

STURTEVANT, W.C.: Studies in Ethnoscience, in: Romney, K.A. und D'Andrade, R.G. (Hrsg.), Transcultural Studies of Cognition, American Anthropologists Special Publication, American Anthropologist, Vol. 66, No. 3, Part. 2, 1964, S. 99–131.

THOMAE, H.: Das Selbstverständnis des Menschen in psychologischer Sicht, in: Schwarz, R. (Hrsg.), Menschliche Existenz und Moderne Welt, Teil 1, Berlin 1967, S. 327–342.

THURN, H.: Charakterologie, in: Lexikon der Pädagogik, Band I, 4. Aufl., Freiburg, Basel, Wien 1964, S. 618–620.

TRAPPE, P.: Die Entwicklungsfunktion des Genossenschaftswesens, in: Maus, H. u. Fürstenberg, F. (Hrsg.), Soziologische Texte, Band 31, Neuwied a.R., Berlin 1966.

TWARDY, M.: Konsumpädagogik, Versuch eines wirtschaftswissenschaftlich orientierten curricularen Ansatzes, unveröffentlichte Habilitationsschrift, Duisburg 1978.

– Zur Lehr- und Lernzielpräzisierung als speziellem Problem der Fachdidaktik Wirtschaftswissenschaften, in: ders. (Hrsg.), Fachdidaktik Wirtschaftswissenschaften, Studienbriefe der Fernuniversität Hagen, Kurseinheit 5, Hagen 1981.

UKANDI, G.D. und SEIBEL, H.D.: Social Change and Economic Development in Nigeria, New York, Washington, London 1973.

VIERKANDT, A.: Sozialpsychologie, in: ders. (Hrsg.), Handwörterbuch der Soziologie, Stuttgart 1959, S. 545–564.

– Solidarität, in: Bernsdorf, W. (Hrsg.), Wörterbuch der Soziologie, Stuttgart 1969, S. 944–946.

WEBER, E.: Der Erziehungs- und Bildungsbegriff im 20. Jahrhundert, Bad Heilbrunn 1969.

WEBER, M.: Wirtschaft und Gesellschaft, 5. revidierte Aufl., Tübingen 1976.

WEBER, W.: Kooperativneigung und Genossenschaftsdichte in Entwicklungsländern, in: Blätter für Genossenschaftswesen, 113. Jg. (1967), Heft 20, S. 358–360 und Heft 22, S. 394–397.

WEINER, B.: Theories of motivation, From mechanism to cognition, Chicago 1972.

WEINERT, F.E., GRAUMANN, C.F., HECKHAUSEN, H. und HOFER, M. (Hrsg.): Pädagogische Psychologie, 2 Bände, 7. Aufl., Frankfurt a.M. 1979.

WEISS, C.H.: Evaluierungsforschung, Methoden zur Einschätzung von sozialen Reformprogrammen, Opladen 1974.

WEISS, R. und REIN, M.: The evaluation of broad-aim programs: Experimental design, its difficulties, and an alternative, in: Administrative Science Quarterly, Vol. 15, Nr. 1, 1970, S. 97—109.

WEISSER, G.: Politik als System aus normativen Urteilen, Göttingen 1951.

— Selbsthilfeunternehmen, in: v. Beckerath, E. et al. (Hrsg.), Handwörterbuch der Sozialwissenschaften, Band 9, Stuttgart, Göttingen, Tübingen 1956, S. 217—219.

— Wirtschaft, in: Ziegenfuß, W. (Hrsg.), Handbuch der Soziologie, Stuttgart 1956, S. 970—1101.

— Praktische Axiome der normativen Sozialpolitiklehre, unveröffentlichtes Manuskript, Köln 1958.

— Distribution II, Politik, in: Handwörterbuch der Sozialwissenschaft, Band 2, 1959, S. 635—654.

— Das Problem der systematischen Verknüpfung von Normen und von Aussagen der positiven Ökonomik in grundsätzlicher Betrachtung, Erläutert anhand des Programms einer sozialwissenschaftlichen Grunddisziplin aus Empfehlungen und Warnungen, in: v.Beckerath, E. und Giersch, H. (Hrsg.), Probleme der normativen Ökonomik und der wirtschaftlichen Beratung, Berlin 1963, S. 16—31.

— Selbsthilfe, in: Karrenberg, F. (Hrsg.), Evangelisches Soziallexikon, 6. Aufl., Stuttgart 1969, Sp. 1074—1076.

WEUSTER, A.: Theorie der Konsumgenossenschaftsentwicklung, Die deutschen Konsumgenossenschaften bis zum Ende der Weimarer Zeit, in: Engelhardt, W.W. und Thiemeyer, Th. (Hrsg.), Schriften zum Genossenschaftswesen und zur öffentlichen Wirtschaft, Band 2, Berlin 1980.

WHITE, R.W.: Motivation Reconsidered: The concept of Competence, in: Psychological Review, Vol. 66, Nr. 5, 1959.

WIESEBACH, H.P.: Entwicklungspolitik II: Entwicklungshilfe, in: HdWW (Handwörterbuch der Wirtschaftswissenschaft), Band 2, Stuttgart, New York, Tübingen, Göttingen, Zürich 1980, S. 407—421.

WITTE, E. und THIMM, A.L. (Hrsg.): Entscheidungstheorie, Texte und Analysen, Wiesbaden 1977.

WITTIG, E.: Innovation, in: Fuchs, W. et al. (Hrsg.), Lexikon der Soziologie, 2. Aufl., Opladen 1978, S. 343.

WÖHE, G.: Einführung in die allgemeine Betriebswirtschaftslehre, 11. Aufl., München 1973.

WOODSWORTH, R.S.: Dynamics of Behavior, New York 1958.

WOODWARD, J.: Industrial Organization, Theory and Practice, London 1965.

WULF, Ch. (Hrsg.): Evaluation, Beschreibung und Bewertung von Unterricht, Curricula und Schulversuchen, in: Flitner, A. (Hrsg.), Erziehung in Wissenschaft und Praxis, Band 18, München 1972.

WURDACK, E.: Wirtschaftspädagogik, in: HdWW (Handwörterbuch der Wirtschaftswissenschaft), Band 9, Stuttgart, New York, Tübingen, Göttingen, Zürich 1982, S. 155–178.

WURR, R.: Die Strategie des Einlebens und die teilnehmende Beobachtung bei der Erforschung fremder Gesellschaften, in: Sociologica Internationalis, 8. Jg. (1970), Heft 2, S. 167–178.

WURZBACHER, G. (Hrsg.): Störfaktoren der Entwicklungspolitik, Empirische Materialien zur Entwicklungsländerforschung, Stuttgart 1975.

ZIMMERMANN, G.: Sozialer Wandel und ökonomische Entwicklung, Stuttgart 1969.

ZUREK, E.C.: Self-hep Organizations within integrated rural development, Some propositions for Discussion, in: DSE (Hrsg.), Self-help Organizations – Projects, Models, Experiences, Report of the International Conference from 26. to 28.3.1979 in Berlin (West), o.J., S. 19–26.